세계우주개발사

정영진 엮음

WORLD HISTORY
OF SPACE
EXPLORATION

박영사

머리말

2009년 7월 파리 11대학에서 "국내 우주활동의 법체계"라는 주제로 박사학위를 취득한 후 같은 해 10월부터 2022년 8월까지 한국항공우주연구원에서 근무하면서 국제협력 및 정책 업무를 담당하였다. 이 기간 "우주정책이란 무엇일까?"라는 질문을 항상 스스로 던졌다. 이 질문에 대한 어느 정도의 답변은 파리 11대학의 우주통신법 과정에서 찾곤 하였다. 우주통신법 과정은 국제우주공법과 국제우주사법을 기반으로 유럽경쟁법, 국제우주기구, 우주활동과 지적재산, 주파수 관리, 우주보험, 우주국내법 비교, 국제우주협력 등 다양한 과목으로 구성되었다. 그리고 우주과학을 비롯하여 우주공학 등의 수업은 유럽우주기구(ESA), 프랑스우주청(CNES), 에어버스 등의 전문가로부터 학교와 현장에서 동시에 진행되었다. 이러한 모든 과목의 내용이 우주정책을 구성한다는 것이 잠정적인 결론이었다.

2022년 9월 국방대학교로 이직하여 석사학위 과정인 우주정책 협동과정에서 우주법, 우주개발사 등을 가르치고 있다. 우주정책을 공부했다고 말할 수 있기 위해서는 우주활동을 규율하는 국제법을 기반으로 인공위성, 우주발사체 등 우주비행체 관련 기술, 주요 우주활동국의 국가우주정책과 국내법 그리고 우주 거버넌스 등에 대한 포괄적인 이해를 갖추는 것이 무엇보다 중요하다고 판단하였다. 그리고 이러한 생각을 우주개발사 과목을 통해 구현해 보고 싶었다.

한 학기 동안 학생 장교들이 해당 국가의 우주정책과 법제도, 우주 연구개발 활동 등을 조사하여 발표하였고 서로 질문과 답변을 통해 이해를 제고하였다. 이후 본격적인 원고 작성에서 탈고에 이르기까지 총 약 1년 6개월이 걸렸다. 학생 장교가 작성한 글을 같이 읽으며 하나하나 수정하고 보완하고 때로는 삭제할 때, 학생 장교들의 표정이 아직도 생생하다.

초판이어서 미흡한 부분이 많이 있다. 독자들의 양해를 부탁드린다. 앞으로 개정을 통해 보완할 것을 약속드리며, 이 책이 정부, 연구기관, 산업체, 학교 등에서 우주 분야에 종사하는 모든 분들에게 도움이 되기를 희망한다.

국방대학교 전략학부 교수 정영진

차례

Part 03　중국 우주활동역사
- 배진호

Part 04　　인도 우주활동역사　　　　　　　　　　　　　　　- 김태영

Part 06　　북한 우주활동역사
- 이승현, 이우석

Part 08　프랑스 우주활동역사

- 최수진, 김남기

Part 09   **영국 우주활동역사**   - 주 연

Part 10   미국 우주활동역사   - 양윤영, 남정현

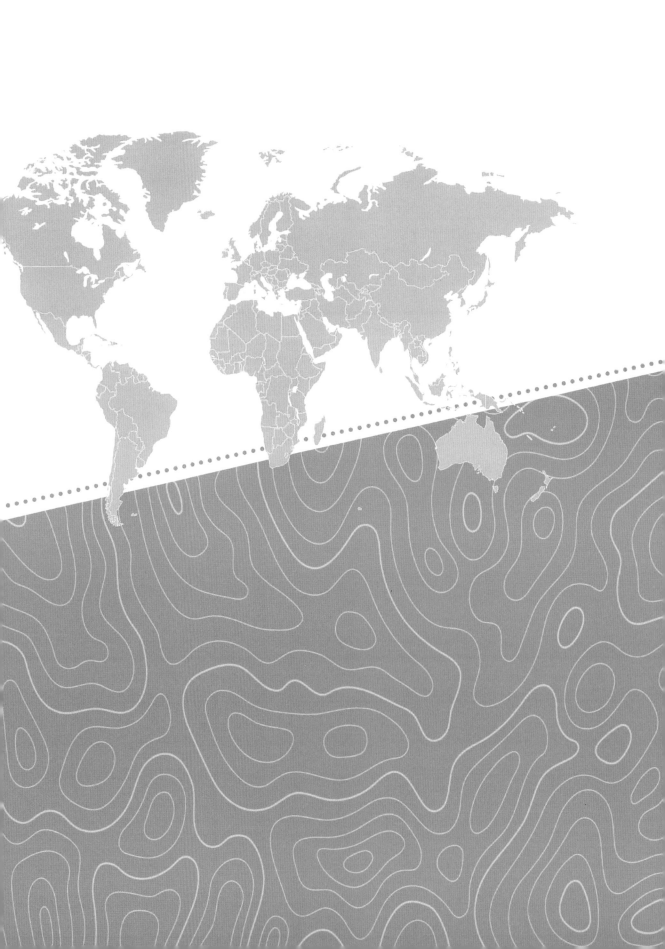

Part

01

유엔 우주활동역사

- 정영진

Chapter 01

유엔 우주 평화적 이용 위원회

1957년 10월 4일 Sputnik 1이 발사되자 유엔 총회는 같은 해 11월 14일 결의 1348[1]를 채택하였다. 결의 1348은 우주는 오직 평화적 목적으로만 이용되어야 한다는 인류 공동의 이익을 인정하고, 아르헨티나, 호주, 벨기에, 브라질, 캐나다, 체코슬로바키아, 프랑스, 인도, 이란, 이탈리아, 일본, 멕시코, 폴란드, 스웨덴, 소비에트 연방, 통일아랍공화국, 영국 및 미국으로 구성되는 우주 평화적 이용 잠정 위원회(ad hoc Committee on the Peaceful Uses of Outer Space)를 설립하였다. 잠정 위원회의 임무는 다음 네 가지 사항을 검토하여 유엔 총회에 보고하는 것이었다.[2]

첫째, 우주의 평화적 이용과 관련하여, 유엔, 유엔 전문기구 및 기타 국제기구의 활동;

둘째, 국가의 경제적 또는 과학적 발전과 상관없이 모든 국가의 이익을 위하여 유엔에서 수행될 수 있는 국제협력 분야;

셋째, 유엔 내에서 국제협력을 촉진하기 위한 조직 정비;

넷째, 우주탐사 프로그램의 수행 시 발생할 수 있는 법적 문제의 성격.

잠정 위원회의 보고에 따라, 1959년 12월 유엔 총회의 상설 위원회로서 우주 평화적 이용 위원회(COPUOS: Committee on the Peaceful Uses of Outer Space)가 설립되었다.[3] COPUOS의 설립 회원국은 알바니아, 아르헨티나, 호주, 오스트리아, 벨기에, 브라질, 불가리아, 캐나다, 체코슬로바키아, 프랑스, 헝가리, 인도, 이란, 이탈리아, 일본, 레바논, 멕시코, 폴란드, 루마니아, 스웨덴, 소비에트 연방, 통일아랍공화국, 영국 및 미국으로 총 24개국이었다. COPUOS를 설립한 총회 결의는 COPUOS에 두 가지 임무를 부여하였다. 첫째는 국제 협력 분야를 검토하고 유엔의 감독 하에서 평화적으로 우주 프로그램을 실행할 수 있는 실질적인 방안을 연구하는 것이며, 둘째는 우주의 탐사로부터 발생할 수 있는 법적 문제를 연구하는 것이다. COPUOS는 상기 임무를 수행하기 위하여 산하에 과학기술소위원회(COUPOS STSC: Scientific and Technical Subcommittee)와 법률소위원회(COPUOS LSC: Legal Subcommittee)를 각각 설립하였다. 과학기술소위원회는 매년 2월 2주간 개최되며 현재 우주쓰레기, 우주 시

---

1) UN GA Resolution 1348(XIII), Question of the peaceful use of outer space.
2) 정영진, "우주활동 국제규범에 관한 유엔 우주평화적이용위원회 법률소위원회의 최근 논의 현황", 『한국항공우주정책법학회지』, 29권 1호, 133면.
3) UN GA Resolution 1472(XIV), International co−operation in the peaceful uses of outer space.

스템 기반 재난관리 지원, 글로벌 항법위성 시스템, 우주기상, 근지구 물체, 우주활동의 지속 가능성, 우주에서 핵동력원 사용 등의 의제를 다루고 있다. 법률소위원회는 매년 3월 또는 4월에 2주간 개최되며, 우주 관련 유엔 5개 조약의 현황과 적용, 우주의 정의, 우주자원의 탐사·채굴·활용의 향후 법적 모델, 우주쓰레기 경감 관련 법제도, 우주교통관리, 소형위성 활동에 대한 국제법 적용 등의 의제를 다루고 있다.

그림
1   유엔 내 COPUOS

표 1   COPUOS 회원국 수 변화

COPUOS 회원국은 1959년 24개국을 시작으로 2022년 현재 102개국에 이른다.

연도	1961	1973	1977	1980	1994	2001	2002
회원국 수	28	37	47	53	61	64	65
연도	2004	2007	2010	2011	2012	2013	2014
회원국 수	67	69	70	71	74	76	77
연도	2015	2016	2017	2018	2019	2021	2022
회원국 수	83	84	87	92	95	100	102

출처: COPUOS 홈페이지

COPUOS와 COPUOS의 소위원회의 업무를 지원하고, 우주의 평화적 이용을 위한 프로그램을 관리하고 이행하기 위하여 유엔 우주업무국(UNOOSA: UN Office for Outer Space Affairs)이 설치되어 있다.

UNOOSA는 1962년 유엔 정치안보국(Department of Political and Security Council Affairs)에서 우주를 담당한 작은 부서에서 시작되었다. 이 부서가 1968년 정치안보국 내 우주부(Outer Space Affairs Division)로 변경된 후, 1992년 현재의 UNOOSA로 개편되었으며, 사무소는 오스트리아 비엔나에 소재한다.

> 그림 2 **UN OOSA 조직도**

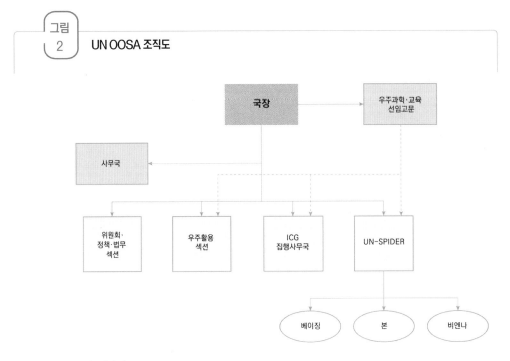

출처: COPUOS 홈페이지

UNOOSA는 UNOOSA의 업무를 총괄하는 국장 하에 위원회·정책·법무 섹션(Committee, Policy and Legal Affairs Section)과 우주활용 섹션(Space Applications Section) 등으로 구성된다. UNOOSA의 주요 기능은 다음과 같다:

- 유엔 총회와 COPUOS의 결정 사항을 이행
- 지속가능한 경제적·사회적 발전과 지구환경의 보호와 관리를 위한 우주기술의 활용에 있어서 국제협력의 촉진
- 우주활동을 규율하는 법제의 수립 지원
- 우주기술 이용을 위한 개발도상국의 역량 강화
- COPUOS 회원국, 국제기구와 기타 유엔 기관에 대한 기술 정보 및 조언 제공
- 우주활동, 우주기술과 우주활용과 관련된 법적·과학적·기술적 발전의 모니터링
- 우주법의 역량 구축

위원회·정책·법무 섹션은 COPUOS, COPUOS의 소위원회, 유엔 총회 제4위원회(Special Political and Decolonization Committee)의 업무 중 우주의 평화적 이용에 관한 국제협력 의제에 대하여 사무국으로서의 업무를 수행한다. 그리고 정부 간 국제기구를 위한 과학적·법적 연구의 검토, 유엔 사무총장을 대신하여 유엔 우주물체 등록부 관리 등의 업무를 담당한다.

우주활용 섹션은 국제협력을 통해 개발도상국의 지속가능한 경제적·사회적 발전을 위한 우주기술과 데이터의 이용을 촉진하고, 우주기술 이용을 통해 습득하게 될 비용 효율과 이익에 대한 결정권자의 인식 향상을 위해 노력한다. 이외에도 개발도상국의 우주기술 이용 능력을 향상하고, 우주기술 이익에 대한 인식을 보급하기 위한 다양한 활동을 수행한다.

글로벌 위성항법시스템 국제위원회(ICG: International Committee on GNSS)는 민간 목적의 인공위성에 기반을 둔 위치·항법·시각 정보에 대한 자발적인 협력을 촉진하기 위하여 2005년 유엔 내에 설립되었다.[4] ICG 집행사무국의 주요 임무는 ICG의 사무국으로서의 역할을 기초로, 과학 목적으로 글로벌 위성항법시스템의 이용을 촉진하고, 개발도상국의 지속 가능한 발전을 위하여 글로벌 위성항법시스템의 이용 역량을 구축하는 것이다.

재난관리 및 긴급 대응을 위한 우주 기반 정보 유엔 플랫폼(UN-SPIDER: UN Platform for Space-Based Information for Disaster Management and Emergency Response)은 재난 위험을 경감하기 위한 목적으로 우주 데이터를 활용하는 UNOOSA의 프로그램으로 2006년 수립되었

---

4) UN GA Resolution 59/2.

다.[5] UN−SPIDER는 예방에서부터 준비, 조기 경보, 대응 및 복원에 이르기까지 재난관리의 모든 단계에서 국가들이 우주 기반 정보에 접근하여 활용할 수 있도록 지원한다. UN−SPIDER는 오스트리아 연방정부의 재정 지원을 기반으로 베이징 사무소는 중국 응급관리부의 재정 지원으로, 그리고 본 사무소는 독일 경제에너지부와 독일 항공우주센터(DLR: German Aerospace Center)의 재정 지원을 받아 운영된다. UN−SPIDER의 활동은 크게 세 가지로 이루어진다. 재난 위험의 경감을 위하여 지원이 필요한 정부에 정책적·기술적 자문을 제공하거나 맞춤형 훈련 프로그램을 실시하는 것이다. 그리고 정부 간 및 비정부 간 국제기구, UN−SPIDER 네트워크 참여 기관 등과 함께 컨퍼런스 등을 개최하여 재난 분야에서 우주 데이터의 활용을 촉진한다. 마지막으로 지식포털을 운영함으로써 UN−SPIDER 및 인공위성에 기반을 둔 재난 관리 정보를 제공한다.

---

5) UN GA Resolution 61/110.

Chapter 02

우주법의 성문화와 점진적인 발전

1 국제우주법의 개요

1 우주 관련 유엔 5개 조약 및 5개 원칙·권고

COPUOS의 임무는 우주탐사로부터 발생하는 모든 법적 문제를 다루는 것으로, COPUOS는 설립 이후 조약, 총회 결의, 가이드라인 등 우주활동에 관한 '국제법의 점진적 발전(progressive development of international law)'과 '국제법의 법전화(codification of international law)'[6]를 이끌어 왔다. 국제법의 점진적 발전이란 국제법에 의하여 아직 규율되지 않은 주제 또는 법이 국가관행에서 아직 충분히 발전되지 않은 주제에 관하여 협약안을 준비하는 것이고, 국제법의 법전화는 이미 광범위한 국가관행, 선례 그리고 이론이 존재하는 분야에서 국제법 규칙을 보다 명확하게 형성하고 체계화하는 것이다.[7] 국제법의 점진적인 발전과 국제법의 법전화에서 COPUOS의 최대 성과가 우주 관련 5개 조약의 제정과 유엔 총회 결의로 채택한 5개 원칙과 선언이다. COPUOS는 이외에도 다수의 권고, 가이드라인 등을 채택하였다.

---

6) 유엔 헌장 제13조:
   1. 총회는 다음의 목적을 위하여 연구를 발의하고 권고한다.
      가. 정치적 분야에 있어서 국제협력을 촉진하고, 국제법의 점진적 발전 및 그 법전화를 장려하는 것.
      나. 경제, 사회, 문화, 교육 및 보건 분야에 있어서 국제협력을 촉진하며 그리고 인종, 성별, 언어 또는 종교에 관한 차별 없이 모든 사람을 위하여 인권 및 기본적 자유를 실현하는데 있어 원조하는 것.
7) Statute of the International Law Commission, 제15조.

[우주 관련 유엔 5개 조약]

- 달과 다른 천체를 포함하여 우주의 탐사와 이용에서 국가의 활동을 규제하는 원칙에 관한 조약(Treaty on Principles Governing the Activities of States in the Exploration and Use of Outer Space Including the Moon and Other Celestial Bodies[8], '1967년 우주조약'으로 약칭);
- 우주인의 구조와 귀환 및 우주에 발사된 물체의 반환에 관한 협정(Agreement on the Rescue of Astronauts, the Return of Astronauts and the Return of Objects Launched into Outer Space[9], '1968년 구조협정'으로 약칭);
- 우주물체에 의하여 발생한 손해에 대한 국제책임 협약(Convention on International Liability for Damage Caused by Space Objects[10], '1972년 배상협약'으로 약칭);
- 우주에 발사된 물체의 등록협약(Convention on Registration of Objects Launched into Outer Space[11], '1975년 등록협약'으로 약칭);
- 달과 기타 천체에서 국가 활동을 규제하는 협정(Agreement Governing the Activities of States on the Moon and Other Celestial Bodies[12], '1979년 달협정'으로 약칭).

조약명	체결일 / 발효일	비준국 / 서명국(수)	한국 발효일
1967년 우주조약	1967.1.27. / 1967.10.10.	114 / 22	1967.10.13
1968년 구조협정	1968.4.22. / 1968.12.3	100 / 23	1969.4.4.
1972년 배상협약	1972.3.29. / 1972.9.1.	100 / 18	1980.1.14.
1975년 등록협약	1974.11.12. / 1976.9.25	75 / 3	1981.10.15.
1979년 달협정	1979.12.5. / 1984.7.11.	18 / 4	–

---

8) UN *Treaty Series*, vol. 610, No. 8843.
9) UN *Treaty Series*, vol. 672, No. 9574.
10) UN *Treaty Series*, vol. 961, No. 13810.
11) UN *Treaty Series*, vol. 2013, No. 15020.
12) UN *Treaty Series*, vol. 1363, No. 23002.

특히 2022년 유엔 자료를 기준으로 인공위성을 최소 1기 이상 보유한 국가가 91개국이라는 사실을 고려하면, 100개국 이상이 비준한 1967년 우주조약, 1968년 구조협정 및 1972년 배상협약은 우주활동을 규율하는 보편적인 국제규범으로 성립되었다고 평가할 수 있다.

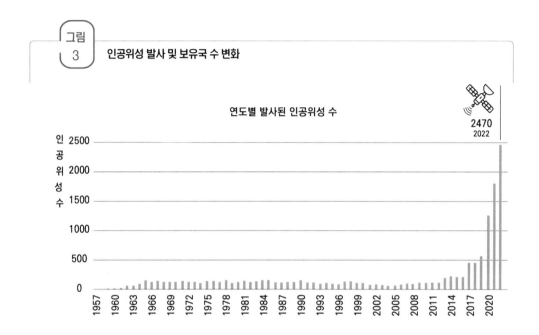

그림 3 인공위성 발사 및 보유국 수 변화

연도별 발사된 인공위성 수

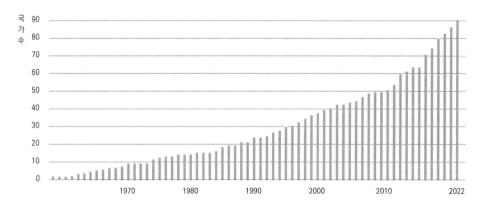

1기 이상 인공위성 보유국 수 변화

출처: UN Doc. A/77/CRP.1/Add.6

[우주 관련 유엔 5개 원칙 및 선언]

- 우주 탐사와 이용의 국가 활동을 규제하는 법원칙 선언(Declaration of Legal Principles Governing the Activities of States in the Exploration and Uses of Outer Space, '1963년 법원칙 선언'으로 약칭)[13];

- 직접위성방송을 위한 국가의 인공위성 이용 규제 원칙(The Principles Governing the Use by States of Artificial Earth Satellites for International Direct Television Broadcasting, '1982년 직접위성방송 원칙'으로 약칭)[14];

- 우주 원격탐사에 관한 원칙(The Principles Relating to Remote Sensing of the Earth from Outer Space, '1986년 원격탐사 원칙'으로 약칭)[15];

- 우주에서의 핵동력원 이용에 관한 원칙(The Principles Relevant to the Use of Nuclear Power Sources in Outer Space, '1992년 핵동력원 원칙'으로 약칭)[16];

- 모든 국가의 이익 특별히 개발도상국의 필요를 고려하여 우주의 탐사와 이용에 있어서 국제협력에 관한 선언(The Declaration on International Cooperation in the Exploration and Use of Outer Space for the Benefit and in the Interest of All States, Taking into Particular Account the Needs of Developing Countries, '1996년 이익 선언'으로 약칭)[17]

② 기타 총회 결의, 가이드라인 등

COPUOS는 우주 관련 유엔 5개 조약 및 5개 원칙·권고 이외에도, 다수의 총회 결의를 비롯하여 COPUOS 차원의 가이드라인 등을 채택함으로써 국제우주법의 법전화에 노력하고 있다.

---

13) UN GA Resolution 1962 (XVIII)
14) UN GA Resolution 37/92
15) UN GA Resolution 41/65
16) UN GA Resolution 47/68
17) UN GA Resolution 51/122

[총회 결의]

- 2000년 우주의 평화적 이용에서 국제협력 중 정지궤도 이용(International Cooperation in the Peaceful Uses of Outer Space)[18];

- 2004년 발사국 개념의 적용(Application of the concept of the "launching State")[19];

- 2007년 우주물체 등록에 있어 국가 및 정부 간 국제기구의 관행 강화 권고 (Recommendations on enhancing the practice of States and international intergovernmental organizations in registering space objects)[20];

- 2013년 우주의 평화적 탐사와 이용에 관한 국내입법 권고(Recommendations on national legislation relevant to the peaceful exploration and use of outer space)[21];

- 2017년 달과 다른 천체를 포함하여 우주의 탐사와 이용에서 국가의 활동을 규제하는 원칙에 관한 조약 50주년 선언(Declaration on the fiftieth anniversary of the Treaty on Principles Governing the Activities of States in the Exploration and Use of Outer Space, including the Moon and Other Celestial Bodies)[22]

[COPUOS 가이드라인]

- 2009년 우주에서 핵동력원 사용 안전 체계(Safety Framework for Nuclear Power Source Applications in Outer Space)[23];

- 2010년 COPUOS 우주쓰레기 경감 가이드라인(Space Debris Mitigations Guidelines of the Committee on the Peaceful Uses of Outer Space)[24];

- 2021년 COPUOS 우주활동 장기지속성 가이드라인(Guidelines for the Long-term Sustainability of Outer Space Activities of the Committee on the Peaceful Uses of Outer Space)[25]

---

18) UN GA Resolution 55/122
19) UN GA Resolution 59/115
20) UN GA Resolution 62/101
21) UN GA Resolution 68/74
22) UN GA Resolution 72/78
23) UN Doc. A/AC.105/934
24) UN GA Resolution 62/217
25) UN GA Resolution 74/20

2 국제우주법의 국내 이행

① 국내 이행의 근거

인공위성, 우주발사체 등 우주비행체의 발사 후 비행, 궤도 비행 등과 같은 우주활동은 일국의 영토 및 관할권 밖에서 수행되므로, 원칙적으로 우주활동은 국내법이 아닌 국제법의 적용 대상이다. 이 원칙은 우주활동의 헌장(Magna Carta)인 1967년 우주조약 제3조에서 "조약의 당사국은 우주의 탐사와 이용에서의 활동을 유엔 헌장을 포함한 국제법에 따라 국제평화와 안전의 유지를 위하여 그리고 국제협력과 이해를 증진하기 위하여 수행하여야 한다"고 명시되어 있다.

미국 항공우주국(NASA: National Aeronautics and Space Administration), 프랑스 국가우주연구센터(CNES: Centre National d'Etude Spatiales), 독일 항공우주센터(DLR: German Aerospace Center), 일본 우주항공개발기구(JAXA: Japan Aerospace Exploration Agency) 등과 같이 법적으로 또는 기능적으로 정부 기관뿐만 아니라, 민간기업이 독자적인 계획과 예산으로 우주활동을 수행하고 있다. 이러한 민간기업의 우주활동도 국제법의 적용 대상인 것은 60여 년 전인 1963년 법원칙 선언과 1967년 우주조약에 이미 명시되어 있다. 1963년 법원칙 선언은 총 9개 원칙을 규정하였고 이 중 다섯 번째 원칙이 일부 문구만 수정되어 1967년 우주조약 제6조로 이어졌다.

[1967년 우주조약 제6조]

조약 당사국은 달과 기타 천체를 포함하는 우주에서의 국내활동이 정부 기관(governmental agencies) 또는 비정부 주체에(non-governmental entities) 의하여 수행되는지 여부에 상관없이 국내활동에 대하여 그리고 이 조약의 규정에 따라 수행되도록 국제 책임을 부담하여야 한다. 달과 기타 천체를 포함하는 우주에서의 비정부 주체의 활동은 이 조약의 적절한 당사국에 의한 허가와 지속적인 감독(authorization and continuing supervision)을 요한다.

달과 기타 천체를 포함한 우주에서 국제기구가 활동을 행한 경우, 이 조약에 의한 책임은 동 국제기구와 이 기구에 가입한 이 조약의 당사국들이 공동으로 부담한다.

1967년 우주조약 제6조에 따라, 국가는 자국의 우주활동이 정부 기관 또는 민간기업, 대학, 개인 등과 같은 비정부 주체에 의하여 수행되는지에 상관없이 자국의 관할권 내의 우주활동에 대하여 국제적으로 책임을 진다. 특히 비정부 주체의 우주활동은 국가의 허가와 지속적인 감독을 전제로 한다.

[1967년 우주조약 제7조]

달과 기타 천체를 포함한 우주에 물체를 발사하거나 그 물체를 발사하여 궤도에 진입케 한 본 조약의 각 당사국과 그 영역 또는 시설로부터 물체를 발사한 각 당사국은 지상, 공간 또는 달과 기타 천체를 포함한 우주에 있는 이러한 물체 또는 동 물체의 구성 부분에 의하여 본 조약의 다른 당사국 또는 그 자연인 또는 법인에게 가한 손해에 대하여 국제적 책임을 진다.

일국의 우주활동 수행 과정에서 타국의 정부, 법인, 개인 등에 손해가 발생하는 경우에도 국가가 국제적으로 손해배상 책임을 부담한다는 것이 기본 원칙이다.

[1967년 우주조약 제8조]

우주에 발사된 물체의 등록국인 본 조약의 당사국은 동 물체가 우주 또는 천체에 있는 동안 동 물체 및 동 물체의 인원에 대한 관할권 및 통제권을 보유한다. 천체에 착륙 또는 건설된 물체와 그 물체의 구성 부분을 포함한 우주에 발사된 물체의 소유권은 동 물체가 우주에 있거나 천체에 있거나 지구에 귀환하였든지 상관없이 영향을 받지 아니한다.

이러한 물체 또는 구성 부분이 그 등록국인 본 조약 당사국의 영역 밖에서 발견된 것은 동 당사국에 반환되며 동 당사국은 요청이 있는 경우 그 물체 및 구성 부분의 반환에 앞서 동일 물체라는 자료를 제공해야 한다.

국가가 자국의 정부 기관 또는 비정부 주체의 우주활동에 대하여 손해배상을 포함하여 국제적으로 책임을 부담하기 위해서는 우주비행체와 특정 국가 간에 명확한 법적 관계를 맺어주는 것이 필요하다. 그것이 우주비행체의 등록이다. 국가가 해당 우주비행체를 유엔에 등록함으로써, 국가는 등록된 우주비행체에 대하여 관할권과 통제권을 법적으로 보유하게 된다.

② 국내 이행의 내용

가. 우주의 평화적 탐사와 이용에 관한 국내 입법 권고

1967년 우주조약 제6조, 제7조 및 제8조는 국가가 우주활동을 수행할 경우 관련 국내법 및 제도를 마련해야 하는 근거 규정이며, 특히 제6조의 '허가'와 '지속적인 감독'은 민간기업의 우주활동을 규율하기 위한 국내 입법을 제정하라는 것으로 이해되고 있다.[26] COPUOS 법률소위원회는 2007년 "우주의 평화적 탐사와 이용에 관한 국내입법에 대한 정보 교환"이라는 의제를 채택하고 작업반을 구성하여 논의한 끝에 2013년 '우주의 평화적 탐사와 이용에 관한 국내 입법 권고'를 유엔 총회 결의로 채택하였다. 이 권고는 국가가 우주활동을 규율하는 국내 입법을 하거나 개정하는 경우 포함되어야 할 사항을 상세하게 나열하고 있다. 우주의 평화적 탐사와 이용에 관한 국내 입법 권고는 아래와 같이 폭넓게 여덟 개 사항을 권고한다.

1. 국내 규제체계의 대상이 되는 우주활동의 범위는 물체의 발사와 우주로부터 지구 귀환, 발사 또는 재진입 시설 운용, 그리고 궤도상 우주물체의 운용과 통제를 적절하게 포함할 수 있다; 기타 고려되어야 할 요소로 우주비행체의 설계와 제조, 우주과학기술의 활용, 그리고 탐사활동과 연구가 포함될 수 있다.

2. 유엔 우주 관련 조약 상 발사국과 책임 있는 국가로서의 국가 역할을 고려하여, 국가는

---

26) 정영진, "일반 국제법상 민간기업의 우주활동에 대한 국가책임의 성립요건", 『한국항공우주정책법학회지』, 33권 1호, 130면.

자국 영토에서 수행되는 우주활동 및 그 이외의 지역에서 개인과 법인을 포함하는 자국민에 의해 수행되는 우주활동에 대한 국내 관할권을 결정하여야 한다. 그러나 다른 국가가 그 활동에 대하여 관할권을 행사하고 있다면 국가는 중복 요건을 삼가는 것을 고려해야 하고 우주물체 운용자에게 불필요한 부담을 피해야 한다.

3. 우주활동은 권한 있는 국가기관에 의한 허가를 요구한다; 허가의 부여, 변경, 정지 및 취소를 위한 요건과 기관 및 절차는 예측할 수 있고 신뢰할 수 있는 규제 체계를 수립하여 명확하게 마련되어야 한다; 국가는 우주활동을 수행하는 사업자에 대한 허가 부여와 특별한 프로젝트와 프로그램 허가를 위해 별도의 절차를 사용할 수 있다.

4. 허가 요건은 유엔 우주 관련 조약과 관련 국제 문서상 국가의 국제의무 및 약속과 일치하여야 하며, 국가의 안보 및 외교정책을 고려할 수 있다; 허가 요건은 안전하게 그리고 사람, 환경 또는 재산에 위험을 최소화하도록 수행될 것이라는 것을 입증하는 데 도움이 되어야 한다; 그러한 요건은 신청자의 기술 자격과 관련될 수 있으며, 우주폐기물 경감 가이드라인 특히 유엔 우주 평화적 이용 위원회의 우주쓰레기 경감 가이드라인과 같은 안전과 기술 표준을 포함할 수 있다.

5. 적절한 절차는, 예를 들면 현장 심사 또는 일반적인 보고 체계 등 허가 받은 우주활동의 지속적인 감시와 모니터링을 확보해야 한다; 시행 방법은 행정조치 또는 제재제도를 적절하게 포함할 수 있다.

6. 우주에 발사된 물체의 국내 등록부는 적절한 국내 기관에 의하여 유지되어야 한다; 사업자는, 우주물체 등록협약, 1961년 12월 20일 총회 결의 1721(XVI)B와 2007년 12월 17일 총회 결의 62/101를 포함하는 적용 가능한 국제 문서에 따라, 국가가 유엔 사무총장에게 관련 정보를 제출할 수 있도록 국내 기관에 정보를 제출하여야 한다; 우주물체 사업자는 우주물체의 주요 특징에 대한 일체의 변경에 대한 정보를, 특히 기능하지 않은 우주물체의 경우, 제출하도록 요청받을 수 있다.

7. 국가가 국제 손해배상 책임을 부담하는 경우 국가는 사업자에 대한 구상권 청구 방안을 고려할 수 있다; 손해배상 의무를 이행하려는 방안으로 보험을 허가 요건으로 규정할 수 있다.

8. 비정부 우주활동의 지속적인 감독은 궤도에서 우주물체의 소유권 또는 통제가 이전되

는 경우에도 보장되어야 한다; 국내 규제는 허가 요건 또는 우주물체 운용의 변경에 관한 정보 제출 의무를 규정할 수 있다.

나. 우주물체 등록

1967년 우주조약 제8조를 기반으로, 1975년 등록협약은 우주물체 등록에 관한 상세한 규정을 두고 있다. 우주물체의 등록은 항공기 및 선박의 등록과 같이 우주물체와 국가 간에 '진정한 관련(genuine link)'을 맺어주는 행위이다. 항공기는 국제민간항공협약[27]에 따라, 선박은 공해에 관한 협약 및 유엔 해양법협약[28]에 따라 등록국의 국적을 각각 보유한다.

우주물체의 등록은 1967년 우주조약을 기초로 1975년 등록협약과 1961년에 채택된 유엔 총회 결의[29]를 근거로 한다. 즉 1975년 등록협약에 근거한 등록부와 1961년 총회 결의에 근거한 등록부가 있다. 1975년 등록협약의 우주물체 등록부가 1961년 총회 결의 등록부를 대체하지만, 1975년 등록협약의 당사국이 아닌 국가는 1961년 총회 결의에 따라 우주물체

---

27) Convention on International Civil Aviation, UN *Treaty Series*, vol.450, No.6465.
제3장 항공기의 국적
제17조 [항공기의 국적]
항공기는 등록국의 국적을 보유한다.
제18조 [이중 등록]
항공기는 일개 이상의 국가에 유효히 등록할 수 없다. 단, 그 등록은 일국으로부터 타국으로 변경할 수는 있다.
제19조 [등록에 관한 국내법]
체약국에 있어서 항공기의 등록 또는 등록의 변경은 그 국가의 법률과 규칙에 의하여 시행한다.
28) United Nations Convention on the Law of the Sea, UN *Treaty Series*, vol.1833, No.31363.
제91조 선박의 국적
1. 모든 국가는 선박에 대한 자국국적의 부여, 자국영토에서의 선박의 등록 및 자국기를 게양할 권리에 관한 조건을 정한다. 어느 국기를 게양할 자격이 있는 선박은 그 국가의 국적을 가진다. 그 국가와 선박 간에는 진정한 관련이 있어야 한다.
2. 모든 국가는 그 국기를 게양할 권리를 부여한 선박에 대하여 그러한 취지의 서류를 발급한다.
제92조 선박의 지위
1. 국제조약이나 이 협약에 명시적으로 규정된 예외적인 경우를 제외하고는 선박은 어느 한 국가의 국기만을 게양하고 항행하며 공해에서 그 국가의 배타적인 관할권에 속한다. 선박은 진정한 소유권 이전 또는 등록변경의 경우를 제외하고는 항행중이나 기항중에 그 국기를 바꿀 수 없다.
2. 2개국 이상의 국기를 편의에 따라 게양하고 항행하는 선박은 다른 국가에 대하여 그 어느 국적도 주장할 수 없으며 무국적선으로 취급될 수 있다.
29) UN GA Resolution 1721 (XVI)

를 등록한다. 인공위성, 심우주 탐사선, 유인 우주선, 우주정거장 등 지구궤도 및 그 이원에 발사된 모든 우주물체의 약 88%가 유엔의 우주물체 등록부에 등록된 것으로 평가된다.

[1975년 등록협약 제2조]
1. 우주물체가 지구 궤도 또는 그 이원에 발사되었을 때, 발사국은 유지하여야 하는 적절한 등록부에 등재함으로써 우주물체를 등록하여야 한다. 각 발사국은 동 등록의 확정을 국제 연합 사무총장에게 통보하여야 한다.
2. 그러한 여하한 우주물체와 관련하여 발사국이 둘 또는 그 이상일 경우, 그들은 달과 기타 천체를 포함하여 외기권의 탐색 및 사용에 관한 국가의 활동을 규율하는 원칙에 관한 조약 제8조의 규정에 유의하고, 우주물체 및 동 승무원에의 관할권 및 통제에 관하여 발사국 사이에 체결되고 장래 체결될 적절한 협정을 저해함이 없이, 그들 중의 일국이 본 조 제1항에 따라 동 물체의 등록을 하여야 함을 공동으로 결정하여야 한다.
3. 각 등록의 내용 및 그것이 유지되는 조건은 관련 등록국에 의하여 결정되어야 한다.

[1975년 등록협약 제3조]
1. 국제연합 사무총장은 제4조에 따라 제공된 정보가 기록되어야 하는 등록부를 유지하여야 한다.
2. 본 등록부상의 정보에 대한 완전하고도 개방된 접근이 가능하여야 한다.

[1975년 등록협약 제4조]
1. 각 등록국은 등록부상 등재된 각 우주물체와 관련한 다음 정보를 실행 가능한 한 신속히 유엔 사무총장에게 제공하여야 한다.
    (a) 발사국 및 복수 발사국명
    (b) 우주물체의 적절한 기탁자 또는 동 등록 번호
    (c) 발사 일시 및 발사 지역 또는 위치
    (d) 다음을 포함한 기본 궤도 요소
        (i) 노들주기
        (ii) 궤도 경사각
        (iii) 원지점
        (iv) 근지점
    (e) 우주물체의 일반적 기능

2. 각 등록국은 때때로 등록이 행해진 우주물체에 관련된 추가 정보를 국제연합 사무총장에게 제공할 수 있다.

3. 각 등록국은 이전에 정보를 전달하였으나 지구 궤도상에 존재하지 않는 관련 우주물체에 대해서도 가능한 한 최대로, 또한 실행 가능한 한 신속히 국제연합 사무총장에게 통보하여야 한다.

우주물체 등록은 등록국에게 해당 물체에 대한 관할권과 통제권을 법적으로 부여한다는 것뿐만 아니라 등록된 물체가 손해를 야기한 경우 등록국의 손해배상 책임, 정보 공유와 같은 국제협력 등 우주활동국에게 다양한 국제 의무를 부과하는 근거이다. 따라서 우주물체 등록은 1967년 우주조약 제8조와 1975년 등록협약 이외에, 1967년 우주조약 제5조와 제11조, 1968년 구조협정 제5조, 1992년 핵동력원 원칙 제4~5원칙[30] 등에 따라 이루어지기도 한다.

[1967년 우주조약 제5조]

조약의 당사국은 우주인을 우주에서 인류의 사절로 간주하며 사고나 조난의 경우 또는 다른 당사국의 영역이나 공해상에 비상착륙한 경우에는 그들에게 모든 가능한 원조를 제공하여야 한

---

30) 핵동력원 원칙 4: 안전평가

발사국은 핵동력원을 이용하는 우주물체를 발사하기 전에, 핵동력원을 설계 및 제작한 국가, 우주물체를 운용할 국가 또는 우주물체가 발사될 시설 및 영토의 국가와 함께 완전하고 포괄적인 안전평가를 실시하여야 한다. 안전평가의 수행 주체가 복수인 것은 1975년 등록협약 제1조의 발사국 개념에서 찾을 수 있다. 그리고 안전평가의 결과는 우주물체의 발사 일정과 함께 발사 전에 공개되고 유엔 사무총장에게 통보되어야 한다. 이러한 통보는 1967년 우주조약 제11조가 규정하는 국제협력의 일부를 구성한다.

핵동력원 원칙 5: 재진입 통보

핵동력원을 이용하는 우주물체가 기능 고장으로 지구에 추락할 경우 방사능 물질에 의하여 대기 및 토양이 오염될 수 있다. 따라서 추락 위험이 있는 경우 발사국은 방사능 물질에 영향을 받을 우려가 있는 모든 국가와 유엔 사무총장에게 아래와 같은 정보를 알려야 한다:

(a) 시스템 요소;
 - 발사국명과 책임 기관의 주소
 - 우주물체의 명칭
 - 발사일, 발사 영토 및 위치
 - 궤도수명, 비행경로 및 영향을 받는 지역을 예측하기 위해 필요한 정보
 - 우주물체의 일반적인 기능

(b) 핵동력원의 방사능 위험에 관한 정보;
 - 핵동력원의 유형: 방사성동위원소/원자로
 - 지상에 도달할 가능성이 있는 연료와 오염되었거나 활성화된 부품의 예상되는 물리적 유형, 양 그리고 일반적인 방사능 특징.

다. 우주인이 이러한 착륙을 한 경우에는 그들은 그들의 우주선의 등록국에 안전하고 신속하게 송환되어야 한다.(생략)

[1967년 우주조약 제11조]

우주의 평화적 탐사와 이용에 있어서 국제협력을 증진하기 위하여 달과 기타 천체를 포함한 우주에서 활동을 수행하는 조약의 당사국은 그러한 활동의 성격, 수행, 위치 및 결과를 실행 가능한 최대한도로 일반 대중 및 국제적 과학단체 뿐만 아니라 유엔 사무총장에 대하여 통보하는데 동의한다. 동 정보를 접수한 유엔 사무총장은 이를 즉각적으로 그리고 효과적으로 배포하도록 하여야 한다.

[1968년 구조협정 제5조]

1. 우주물체 또는 그 구성 부분이 체약국의 관할권 하의 영역 내의 지구상, 공해 또는 어느 국가의 관할권에도 속하지 않는 기타 어떤 장소에 귀환하였다는 정보를 입수하거나 여하한 사실을 발견한 체약국은 발사 당국 및 유엔 사무총장에게 이 사실을 통보하여야 한다.

2. 우주물체 또는 그 구성 부분이 발견된 영역상에 관할권을 보유하는 각 체약국은, 발사 당국의 요청에 따라, 그리고 또한 발사 당국의 요청을 받은 경우에는 동 당국으로부터의 원조를 받아, 동 물체 또는 그 구성 부분을 회수하기 위하여 시행할 수 있다고 생각하는 조치를 취하여야 한다.

3. 발사 당국의 영역 한계 외에서 발견된 우주에 발사된 물체 또는 동 구성 부분은, 발사 당국의 요청에 따라, 발사 당국의 대표에게 반환되거나 동 대표의 처분하에 보관되어야 한다. 발사 당국은 요청을 받은 경우 동 물체 및 그 구성 부분이 반환되기 전에 그 물체가 동일 물체임을 확인하는 자료를 제공하여야 한다.

4. 본 조 제2항과 제3항의 규정에도 불구하고, 체약국의 관할권 하에 있는 영역에서 발견되거나 체약국이 기타 다른 장소에서 회수한 우주에 발사된 물체 및 그 구성 부분이 위험성이 있거나 이와 유사한 성질의 것이라고 믿을만한 이유가 있는 경우, 동 체약국은 여사한 사실을 발사 당국에 통보할 수 있다. 발사 당국은 전기 체약국의 지시와 통제하에서, 유해 위험성을 제거하기 위한 가능한 효과적인 조치를 즉시 취하여야 한다.

5. 본조 제2항과 제3항에 따라 물체 또는 그 구성부분을 회수 및 반환하기 위한 임무를 수행함에 있어서 발생하는 경비는 발사국이 부담하여야 한다.

다. 우주쓰레기 경감

2023년 12월 기준 유럽우주기구(ESA: European Space Agency)의 통계에 따르면,[31] 인공위성 Sputnik 1를 발사한 Sputnik 로켓을 시작으로 2023년까지 약 6,500기의 우주발사체가 약 16,990기의 인공위성을 성공적으로 발사하였다. 약 16,990기 중 11,500기는 우주에 있으며, 11,500기 중 약 9,000기가 정상 운용 중이다. 따라서 수명 종료 후 지구대기권에 재진입하여 연소된 인공위성을 제외하면, 운용을 종료한 인공위성, 인공위성을 궤도에 진입시킨 후 지구궤도를 떠도는 우주발사체 일부분 등은 우주쓰레기가 된다. ESA의 통계에 따르면 약 640회에 이르는 인공위성의 파열, 폭발, 충돌 등으로 우주쓰레기가 기하급수적으로 증가하고 있다. 우주쓰레기의 수는 10cm 이상은 약 36,500개, 11cm ~ 10cm는 1,000,000)개, 그리고 1mm ~ 1cm는 약 1.3억 개에 달하는 것으로 분석되고 있지만, 미국의 우주감시 네트워크(U.S. Space Surveillance Network)가 규칙적으로 추적하고 있는 우주물체의 수는 정상 운용 중인 인공위성과 우주쓰레기를 포함하더라도 약 35,150개에 불과하다.

COPUOS는 우주쓰레기 확산의 심각성을 인식하여 2010년 우주쓰레기 경감 가이드라인을 채택하고 우주활동국에게 이 가이드라인의 준수를 권고하고 있다. 주요 우주활동국은 자국의 국내 법령에 2010년 COPUOS 우주쓰레기 경감 가이드라인의 준수를 명기하거나 우주쓰레기 경감을 위한 법적·행정적·기술적 조치를 마련하였다. 이와 관련하여 한국은 2020년 7월 우주쓰레기 경감을 위한 우주비행체 개발 및 운용 권고[32]를 채택하였다. 이 권

---

31) https://www.esa.int/Space_Safety/Space_Debris/Space_debris_by_the_numbers
32) 과학기술정보통신부 2020.7.24. 보도자료, 향후 3년간 국가 우주개발 구체적 방향 제시.
  우주쓰레기 경감을 위한 우주비행체 개발 및 운용 권고의 주요 내용은 아래와 같다:
  - 우주비행체 개발 프로그램 등 사업계획에 우주쓰레기 생성을 줄이기 위한 조치를 포함하기 위하여 노력해야 한다;
  - 발사체 상단을 포함한 우주비행체의 발사단계, 임무단계, 임무종료 및 폐기단계 등 전 과정에서 우주쓰레기 배출을 최소화할 수 있는 적합한 기술을 적용하기 위해 노력해야 한다.
  - 임무단계 및 임무종료 후 우주비행체의 궤도상 파열을 최소화하는 조치를 설계에 반영하도록 노력해야 한다;
  - 다른 우주비행체 등에 위해를 끼칠 수 있는 고의적인 파괴나 위험 행위를 금지한다;
  - 발사체 상단을 포함하는 모든 우주비행체는 임무를 마친 경우 제어를 통해 적절한 폐기 절차를 고려해야 한다;
  - 지구정지궤도의 보호영역에서 운용되는 경우 임무종료 후 보호영역 밖으로 이동한다;
  - 지구저궤도의 보호영역에서 운용되는 경우 임무 종료 후 남은 궤도수명이 최대 25년 이하가

고는 권고가 공표된 2020년 7월 23일 이후 한국의 산업체, 대학, 정부출연연구기관 등이 수행하는 우주비행체 개발 사업에 적용되며, COPUOS 우주쓰레기 경감 가이드라인을 준용한다는 점을 명확히 하고 있다.

COPUOS 우주쓰레기 경감 가이드라인은 아래와 같이 총 7개의 세부 가이드라인의 준수를 권고한다.

첫째, 우주물체의 정상 운용 중에 우주쓰레기가 배출되지 않도록 우주시스템을 설계하는 것이다. 우주활동 초기에, 발사체 및 우주비행체 설계자들은 센서 커버 등과 같이 임무 관련 물체의 지구 궤도로의 의도적 방출을 허용하였다.

둘째, 운용 단계에서 우발적 파열을 초래할 수 있는 실패 모드를 회피하도록 우주비행체와 발사체 최상단을 설계하여야 한다.

셋째, 우주비행채와 발사체 단의 선계와 임무 프로필 개발 시, 기존의 우주물체와의 우발적 충돌 가능성을 예측하여 제한하는 것이다.

넷째, 지구궤도에서 우주비행체와 발사체 최상단의 의도적 파괴는 장기 잔존 우주쓰레기를 발생시키므로 이러한 해로운 활동을 회피해야 한다. 단 의도적 파괴가 필요한 경우, 파편의 궤도상 수명을 제한하기 위하여 충분히 낮은 높이에서 파괴를 수행해야 한다.

다섯째, 우발적 파열로 인해 다른 우주비행체와 발사체 최상단에 대한 위험을 제한하기 위하여, 모든 저장된 에너지원이 임무 운용 또는 임무 후 처분에 더 이상 필요하지 않은 경우, 모든 저장된 에너지원을 전부 소모하거나 안전하게 처리해야 한다.

여섯째, 지구궤도에서 운용 단계를 종료한 후 지구저궤도를 통과하는 우주비행체와 발사체 최상단은 궤도로부터 제거해야 한다.

마지막으로 지구정지궤도에서 운용 단계를 종료한 후 지구정지궤도를 통과하는 우주비행체와 발사체 최상단은 지구정지궤도 이원의 궤도에 둔다.

되도록 조치한다;
- 그 밖의 궤도에서는 지구저궤도 잔존 궤도수명인 25년을 고려하여 폐기 기동하거나, 활용성이 높은 궤도와의 간섭 회피를 위해 이동 조치한다;
- 보호영역 밖으로의 이동 조치 등을 이행한 우주비행체의 연료, 배터리 등 모든 남은 에너지는 전부 소모하거나 방전하여 우주비행체의 추가 파손 가능성을 최소화하여 처리한다.

Chapter 03

우주활동국의 국내법

유엔 헌장 제13조에 따라 유엔 총회의 임무 중 하나는 국제법의 점진적 발전 및 그 법전화를 장려하는 것이다. 따라서 유엔 총회의 상설 위원회인 COPUOS의 핵심 역할도 우주활동을 규율하는 국제법을 점진적으로 발전하고 법전화를 촉진하는 것으로, COPUOS가 독자적으로 인공위성, 우주발사체 등과 같은 우주비행체의 개발, 발사 및 운용을 수행하지는 않는다. UN−SPIDER와 같이 우주 데이터의 활용을 촉진하는 프로그램을 운영하는 정도이다.

COPUOS는 우주 관련 유엔 5개 조약의 규정에 대한 당사국의 국내 이행을 점검하고, 우주 관련 유엔 5개 원칙·권고, 기타 가이드라인 등에 대한 COPUOS 회원국의 준수를 권고한다. 이에 따라 주요 우주활동국들은 이미 국내 입법과 정책을 통해 국제규범을 준수해 오고 있다. 특히 최근 민간 기업, 대학 등이 정부의 우주활동과 독립적으로 우주활동을 수행하자 상당수의 국가들이 민간 기업의 우주활동을 규율하기 위한 입법에 착수하였다. 주요 우주활동국의 국내 입법 노력은 아래과 같다.

(일본)
- 2008년 우주기본법 제정
- 2016년 인공위성 등의 발사 및 인공위성 관리에 관한 법률
- 2016년 원격탐사 기록의 적정한 취급의 확보에 관한 법률
- 2021년 우주자원 탐사·개발에 관한 사업활동의 촉진에 관한 법률 등

(중국)
- 2001년 우주 공간에 발사된 물체의 등기관리 방법
- 2002년 민용 우주발사 허가관리 임시방법
- 2010년 우주쓰레기 완화 및 우주선 보호를 위한 행정 조치 등

(인도)
- 2017년 우주활동법 초안

(호주)
- 2018년 우주(발사·귀환)법 등

[독일]

• 2007년 고성능 지구원격탐사시스템 확대를 위한 독일 보안위험 보호를 위한 법 등

(프랑스)

• 2008년 우주 운용에 관한 법률 등

(영국)

• 1986년 우주법

• 2018년 우주산업법 등

(미국)

• 연방법전 제51편 등

(러시아)

• 1993년 우주활동법 등

　　본서에서는 상기 국가들의 우주활동 역사를 살펴본 후 각국의 우주활동을 위한 국내법과 정책, 그리고 분야별 기술 수준을 서술한다.

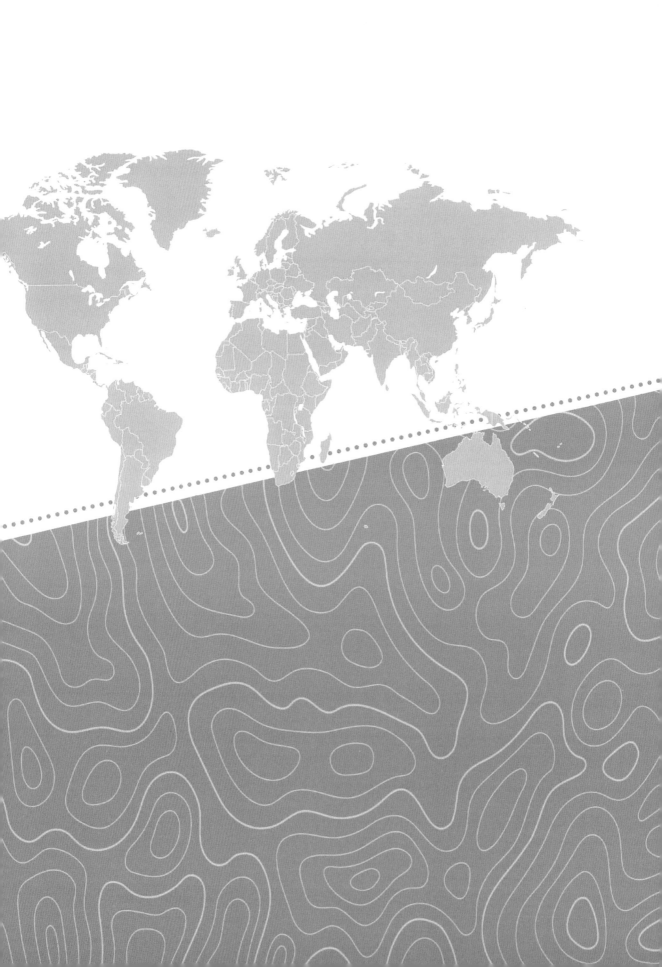

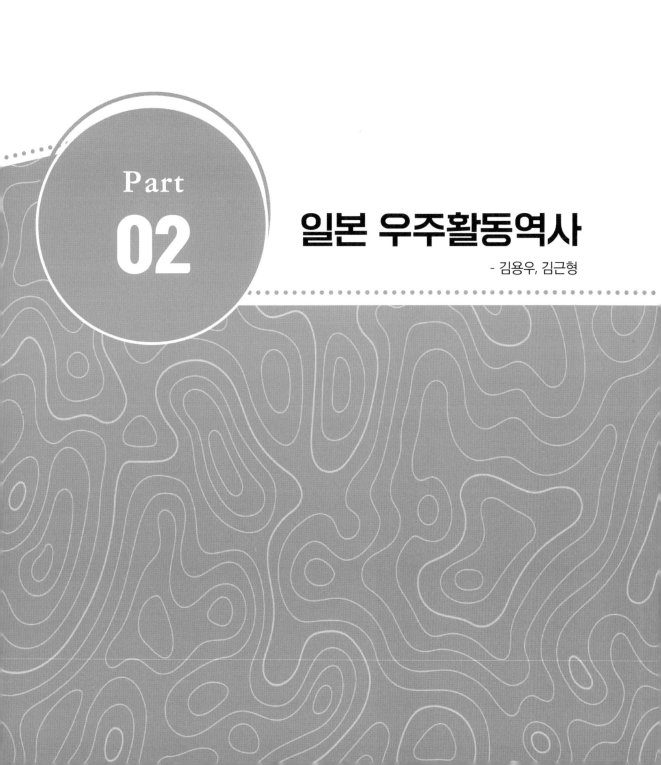

Part

02

일본 우주활동역사

- 김용우, 김근형

Chapter

01

서론

일본은 1970년 2월 아시아에서 최초로, 세계에서 네 번째로 인공위성을 발사한 국가다. 일본의 우주활동은 1955년 도쿄대학 교수 이토카와 히데오의 펜슬 로켓 실험을 시작으로 현재 개발 중인 H−Ⅲ 발사체에 이르기까지 약 80여 년간 우주분야에서 지속적인 발전을 이루었다.

일본은 우주분야 투자를 지속적으로 늘려가고 있으며, 2020년에는 GDP의 0.06% 수준인 약 3,670억 엔(약 33억 달러)의 예산을 우주분야에 투자하였다. 2020년 일본의 민간분야 우주예산은 준천정위성시스템(Quasi−Zenith Satellite System 이하 QZSS), 국제우주정거장(International Space Station 이하 ISS) 임무, H−Ⅲ 발사체 개발 등으로 약 2,500억 엔 규모였으며, 2020년 기준 국방분야 우주예산은 정보수집위성 및 통신위성을 포함하여 약 1,110억 엔 규모였다. 민간과 국방의 우주예산은 7대3의 비율을 지속 유지하고 있으며, 이 같은 예산을 바탕으로 일본은 국제사회에서 주요 우주활동국으로 자리매김하고 있다.

본서에서는 일본의 우주활동역사를 살펴봄에 있어 일본이 우주활동에 뛰어든 1955년부터 현재까지의 우주활동 역사를 연구개발, 법령 및 정책, 거버넌스의 세 부분으로 나누고 기간은 3기(1기: 1955년 ~ 1969년, 2기: 1969년 ~ 2003년, 3기: 2003년 ~ 현재)로 나누어 다룬다. 80여 년간의 일본의 우주활동 역사를 이해하고 최근 제정된 법령과 정책 그리고 거버넌스를 살펴봄으로써 일본의 우주분야에 대한 이해도 제고에 도움이 될 수 있도록 정리하였다.

우주기술 분야에서는 현재 일본이 운용 중이거나 개발 중인 인공위성과 우주발사체에 대해 소개한다. 또한 우주탐사 분야에서는 일본의 소행성 탐사와 미국, 유럽 등 여러 국가와 국제협력을 통한 우주탐사(베피콜롬보 프로젝트, ISS, 아르테미스 프로그램)에 대해 알아본다.

마지막으로 결론에서는 일본의 2020년 우주기본계획을 토대로 미래 주요 우주활동 프로그램과 활동전망 등에 대해 기술하였다. 본서를 통해 일본의 우주활동을 이해할 수 있는 계기가 되기를 바란다.

Chapter 02

우주활동역사

일본의 우주활동은 시기에 따라 제1기부터 제3기까지 3단계로 분류할 수 있다. 먼저, 일본의 초기 우주활동 시기인 1955년 이토카와 히데오의 펜슬 로켓의 개발부터 일본이 1969년 「우주개발사업단법」을 통해 우주개발사업단(NASDA: National Space Development Agency of Japan)을 창설한 시점까지를 제1기(1955년 ~ 1969년)로 분류한다. 제2기(1969년 ~ 2003년)는 일본이 「일본과 미국간의 협력에 관한 교환공문」[1]을 통해 미국과 우주개발에 대하여 본격적으로 협력하기 시작한 시기로 NASDA 창설 이후부터 일본우주항공연구개발기구(JAXA: Japan Aerospace eXploration Agency)가 설립되기 전까지로 분류하며, 마지막으로 JAXA 설립 이후부터 현재까지를 일본의 우주활동 제3기로 분류한다.

이 장에서 기술할 일본의 우주 활동 역사는 제1절 우주 연구개발, 제2절 법령 및 정책, 제3절 거버넌스로 구분하고 각 절은 위에서 분류한 3단계의 시기에 따라 설명한다.

---

[1] The exchange of notes concerning the Cooperation Space Exploitation between USA and japan of 1969, https://www.jaxa.jp/library/space_law/chapter_1/1－2－2－8_j.html (검색일: 2023. 4. 18.)

1 우주 연구개발

1 제1기(1955년 ~ 1969년)

일본 우주 연구개발의 역사는 1954년 창립한 도쿄대학 생산기술 연구소에서 이토카와 히데오 교수가 수행한 펜슬 로켓 실험으로부터 시작된다.[2] 일본에서는 태평양 전쟁 후 생산기술의 중요성을 인식하고 각 분야의 전문성을 넘어 광범위한 연구를 통합한 새로운 연구개발 프로젝트들이 출범했는데 관측로켓(Sounding rocket)[3] 특별사업이 그중 하나의 프로젝트였다. 제2차 세계대전을 계기로 발전한 관측로켓은 전 세계 각국이 협력하여 지구물리학적 제 현상을 관측하는 국제 프로젝트인 국제지구물리관측년(IGY: International Geophysical Year)[4]

---

2) 일본 우주활동의 시작을 도쿄대학 생산기술 연구소와 함께, 1952년 경찰예비대에서 개편된 보안청 기술연구소의 미사일 연구개발과, 1955년 총리부 내에 설립된 항공기술연구소에서 태동하였다는 관점(渡邉 浩崇)도 있으나, 우주활동과 직접적인 관련은 없는 연구개발 활동이며, 통상 우주활동의 시작은 도쿄대학에서부터로 보는 시각이 주를 이룬다. 渡邉 浩崇, "日本の宇宙政策の歴史と現状－自主路線と国際協力", 日本国際問題研究所, 国際問題, No.684(2019), pp.34－35.

3) "관측로켓은 관측 장치와 송신기를 탑재하여 발사되는 발사체로, research rocket이라고 불리기도 한다. 보통 관측로켓은 대기층, 플라즈마 현상, 태양전파, 전리층 전자밀도, X선, 행성대기층, 천문, 천체학 등 우주 환경 계측에 활용되고 더 나아가 미소중력장에서의 화학, 재료, 생명공학 등의 연구와 재진입 기술 확보 연구를 수행한다. 이러한 연구를 통하여 우주 분야 관련 기관의 활발한 참여를 유발, 관광 산업 대국민 홍보 효과 및 대기를 관측/보존할 의무를 실현할 수 있다". 김진용·이원복·서혁·이영우, "Sounding Rocket의 국내외 개발 현황 및 고찰", 『한국추진공학회 2009년도 춘계학술대회 논문집』(2009), 207－208면.

4) IGY 이전에 제1회 국제극년(IPY, International Polar Year)이 1882년 ~ 1883년, 제2회가 1932년 ~ 1933년에 이루어졌으며, 일본은 첫 회부터 참가하여 아시아 지구로서 상당한 성과를 보였다.

의 1954년 9월 예비회합에서 새로운 관측 수단으로 추가되었다. 이에 따라 관측 로켓에 의한 상층 대기 관측이 프로젝트의 새로운 임무로 추가되었고, 일본에서도 관측로켓의 본격적인 개발이 시작되었다.[5]

1955년, 이토카와 교수가 처음으로 개발한 발사체는 "펜슬 로켓"이라고 하는 길이 12.3cm, 무게 215g의 아주 작은 고체추진 1단 발사체였다.[6] 펜슬 로켓의 실험을 통해 이토카와 교수는 발사체 모터 분출구의 크기와 무게중심의 위치, 공기역학적인 문제 그리고 고체 추진제의 배합률 등을 알아내고자 하였다. 펜슬 로켓 다음으로 개발한 발사체는 "베이비로 켓"[7]으로 로켓 상부에 관측기구와 16mm 촬영기를 실어서 발사했다.

1958년에는 길이 547cm, 지름 24.5cm, 무게 257kg의 고체추진 2단 발사체인 K(kappa)－6 발사체를 사용하여 대기권 관측에 도전하였고, 목표했던 고도인 60km까지 발 사하는데 성공했다.[8] 일본은 K－6가 포착한 관측 데이터로 IGY에 참가했고 이후에도 본격 직인 관측로켓의 개발을 계속해 1960년에는 발사고도 200km의 성능을 가진 K－8 발사체 를 개발하였다.[9]

도쿄대학이 주도한 발사체 개발은 국외 수출 성과로 이어지기도 했는데, K－6 발사체는 1960년에 유고슬라비아에, K－8 발사체는 1964년 인도네시아와 계약이 체결되어 수출되었 다. 이 같은 발사체의 국외 수출은 미국이 일본의 우주기술 연구개발을 경계하게 되는 계기 가 되었다.[10]

이토카와 교수를 비롯한 도쿄대학의 연구자들은 발사체 연구개발에서 나아가 1962년부 터 인공위성의 개발에 착수하게 되었다. 제한된 예산과 환경으로 어려움을 겪으면서도 1966 년에는 K(kappa)시리즈 발사체에 이어서 위성을 탑재한 보다 규모가 큰 관측 L(Lamda)시리

---

5) 齋藤成文, "観測ロケットから科学衛星の胎動まで",生産研究 51巻 5号(1999), pp.266－267.
6) 1954년 4월 도쿄대학 생연 내에 설립된 AVSA 연구회에서 연구개발 계획을 수립하여 생연 자체 예산 60만 엔, 문부성 과학 연구 조성금 40만 엔, 그리고 협력사인 주식회사 후지 정밀 공업의 연구보조금 250만 엔을 지원받아 연구가 실시되었다. Ibid, p.267
7) 최대로 상승한 베이비로켓은 고도 4km까지 비행했으며, 낙하산으로 회수하는 방식으로 개발되었다.
8) 공현철·최영인·이준호·조미옥·조광래, "우주발사체 개발 동향", 『항공우주산업기술동향』, 1권 1 호(2003), 92－93면.
9) 加治木 紳哉, 宇宙科学研究所の歴史に関する調査報告:理学と工学の連携の系譜, 宇宙航空研究 開発機構(2020), p.40.
10) 渡邉 浩崇, supra note 2, p.35.

즈 발사체를 개발하기 시작하였다. L 발사체의 목표는 1,000km까지 상승하여 밴 앨런 방사
능대를 관측하는 것이었다.

그러나 L 발사체는 네 번에 달하는 발사 실패를 거듭했고 언론에서도 이와 관련하여 비판
적인 뉴스를 자주 보도하게 된다. 제한된 여건과 비판적 여론의 어려움 속에서도 이토카와
교수가 도쿄 대학에서 은퇴한 지 3년 후인 1970년, 마침내 L−4S 발사체에 탑재한 일본 최초
의 인공위성 "오스미"가 발사에 성공하게 되었다. 오스미의 발사 성공으로 일본은 세계에서
네 번째, 아시아에서는 최초로 위성과 발사체 기술을 모두 보유하게 된 국가가 되었다.[11]

이처럼 1950년대와 1960년대에 펜슬 로켓에서 출발하여 오스미 위성까지 이어지는 1기
일본 우주활동의 중심을 담당한 것은 도쿄대학의 연구자들이었으며, 초기 우주 연구개발을
선도해나간 이토카와 교수의 공적은 현재의 JAXA에까지 이어지게 되었다.

가. 1964년 우주항공연구소(ISAS의 전신)의 설립

앞서 설명한 바와 같이 발사체를 비롯한 우주 연구개발은 1950년대 중반 도쿄대학의 생
산기술 연구소에서 시작되었고 이후 1964년 4월 우주 이학·우주공학 및 항공 원리와 그 응
용의 종합연구를 수행하는 것을 목적으로 한 도쿄대학 "우주항공연구소"가 설립되었다. 훗
날 우주항공연구소는 1981년에는 도쿄대학 부설 연구소에서 문부성의 독립적인 기관인 "우
주과학연구소(ISAS: Institute of Space and Astronautical Science)"로 재발족하였다. 우주항공연
구소에서 ISAS로 이어지는 문부성과 도쿄대학을 중심으로 한 연구그룹에 의해 고체 발사체
와 과학위성, 대기구를 이용한 우주 및 항공에 대한 관측이 본격화되었다.[12]

---

11) 塚田有那, "宇宙ベンチャーへの投資規模は世界第2位。日本の宇宙開発はいかに行われてきたの
か。", thejapantimes, https://sustainable.japantimes.com/jp/magazine/95 (검색일: 2023. 4. 18.)
12) 加治木 紳哉, supra note 9, p.1.

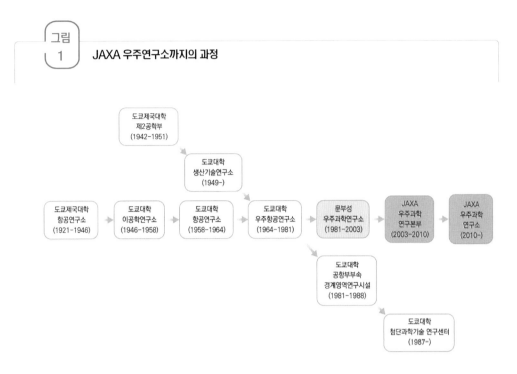

> **그림 1** JAXA 우주연구소까지의 과정

출처: 宇宙科学研究所の歴史に関する調査報告 理学と工学の連携の系譜, 2020, 宇宙航空研究開発機構

나. 1955년 NAL의 설립

한편 각국의 우주활동이 본격화됨에 따라 민간인 도쿄대학뿐만 아니라 정부 차원에서도 우주 관련 조직을 만들었다. 1955년에 총리부 내에 설립된 항공기술연구소(NAL: National Aerospace Laboratory of Japan)는 1956년 과학기술청이 설립된 후 과학기술청의 소관이 되었고, 설립 8년 후인 1963년에 우주부문를 추가하여 항공우주기술연구소(NAL)로 명칭을 변경하였다. NAL은 2003년 JAXA로 통합될 때까지 항공기·발사체 등 항공·우주 수송 시스템과 관련 기술에 관한 연구를 수행했다.

다. 1969년 NASDA의 설립

1969년 국회에서 우주개발사업단법이 통과되어 NASDA가 설립되었다. 실용위성 발사를 목적으로 1969년 과학기술청 산하에 설립된 NASDA를 중심으로 국가 주도의 우주활동이 본격화되고 액체추진 발사체를 본격적으로 개발하기 시작하였다. 일본의 우주활동은 실용위성(통신·방송·기상위성) 및 액체추진 발사체의 개발 중심의 NASDA와 과학위성 및 고체추진제 발사체 중심의 ISAS로 이원체제를 형성하였다.

② 제2기(1969년 ~ 2003년)

가. ISAS 중심의 우주연구개발: 국내개발

ISAS를 중심으로 1975년에 소형 과학관측 발사체인 S-310[13] 발사체를 개발하였고 1980년에는 S-520[14] 과학관측 발사체를 개발하여 첫 발사에 성공하였다. 또한 1981년에는 도쿄대학 부설 연구소였던 "우주항공연구소"가 문부성의 독립적인 "우주과학연구소"로 재발족하였다. ISAS는 1960년대부터 고체추진 발사체 M(Mu) 시리즈를 지속 개발, 발사하여 1998년도에는 일본 최초의 화성 탐사선을 발사하기도 하였다.

---

13) S-310 발사체: 지름 310mm / 길이 7.1m / 무게 700kg / 탑재중량 70kg / 최대상승고도 190km / 1단 발사체
14) S-520 발사체: 지름 520mm / 길이 8m / 무게 2.1t / 탑재중량 70~150kg / 최대상승고도 430 ~350km / 1단 발사체 / 10회 이상 발사하여 각종 과학실험을 수행

나. ISAS의 1970년 ～ 2003년 위성발사현황

표 1　1970년 ~ 2003년 위성발사현황
(도쿄대학 우주항공연구소: 1964년 4월~1981년 3월
문부성 우주과학연구소: 1981년 4월~2003년 9월)

발사일	발사체	임무/탑재 위성	발사장소
1970년 2월 11일	L-4S 5호기	시험위성 '오스미'	우치노우라 우주공간관측소
1971년 2월 16일	M-4S 2호기	시험위성 '탄세이(MS-T1)'	우치노우라 우주공간관측소
1971년 9월 28일	M-4S 3호기	전리층관측위성 '신세이(MS-F2)'	우치노우라 우주공간관측소
1972년 8월 19일	M-4S 4호기	플라즈마관측위성 '덴파(REXS)'	우치노우라 우주공간관측소
1974년 2월 16일	M-3C 1호기	시험위성 '탄세이2(MS-T2)'	우치노우라 우주공간관측소
1975년 2월 24일	M-3C 2호기	태양관측위성 '타이요(SRATS)'	우치노우라 우주공간관측소
1977년 2월 19일	M-3H 1호기	시험위성 '탄세이3호(MS-T3)'	우치노우라 우주공간관측소
1978년 2월 4일	M-3H 2호기	오로라관측위성 '쿄코(EXOS-A)'	우치노우라 우주공간관측소
1978년 9월 16일	M-3H 3호기	자기권관측위성 '지키켄(EXOS-B)'	우치노우라 우주공간관측소
1979년 2월 21일	M-3C 4호기	X선천문관측위성 '하쿠쵸(CORSA-b)'	우치노우라 우주공간관측소
1980년 2월 17일	M-3S 1호기	시험위성 '탄세이4(MS-T4)'	우치노우라 우주공간관측소
1981년 2월 21일	M-3S 2호기	태양관측위성 '히노토리(ASTRO-A)'	우치노우라 우주공간관측소
1983년 2월 20일	M-3S 3호기	X선 천문 위성 '텐마(ASTRO-B)'	우치노우라 우주공간관측소

발사일	발사체	임무/탑재 위성	발사장소
1984년 2월 14일	M-3S 4호기	중층대기관측위성 '오오조라(EXOS-C)'	우치노우라 우주공간관측소
1985년 1월 8일	M-3S-II 1호기	핼리혜성탐사시험기 '사키가케(MS-T5)'	우치노우라 우주공간관측소
1985년 8월 19일	M-3S-II 2호기	핼리혜성탐사기 '스이세이(PLANET-A)'	우치노우라 우주공간관측소
1987년 2월 5일	M-3S-II 3호기	X선천문위성 '긴가(ASTRO-C)'	우치노우라 우주공간관측소
1989년 2월 22일	M-3S-II 4호기	자기권관측위성 '아케보노(EXOS-D)'	우치노우라 우주공간관측소
1990년 1월 24일	M-3S-II 5호기	공학실험위성 '히텐(MUSES-A)'	우치노우라 우주공간관측소
1991년 8월 30일	M-3S-II 6호기	태양관측위성 '요우코우(SOLAR-A)'	우치노우라 우주공간관측소
1993년 2월 20일	M-3S-II 7호기	X선관측위성 '아스카(ASTRO-D)'	우치노우라 우주공간관측소
1995년 1월 15일	M-3S-II 8호기	회수형위성 'EXPRESS'	우치노우라 우주공간관측소
1995년 3월 18일	H-II 시험기 3호기	우주실험・관측 프리플라이어'SFU'	다네가시마 우주센터
1997년 2월 12일	M-V 1호기	전파 천문 관측 위성 '하루카(MUSES-B)'	우치노우라 우주공간관측소
1998년 7월 4일	M-V 3호기	화성 탐사선 '노조미(PLANET-B)'	우치노우라 우주공간관측소
2003년 5월 9일	M-V 5호기	소행성 탐사선 '하야부사(MUSES-C)'	우치노우라 우주공간관측소

출처: JAXA 홈페이지

그림
2
가고시마 우주공간관측소(KSC)에 설치된 일본 최초의 인공위성 「오스미」 기념비 및
일본 최초의 인공위성 「오스미」

출처: 齋藤成文(1999) p.82 및 JAXA 홈페이지

다. NASDA 중심의 우주연구개발: 미국과 국제협력의 시작

표 2   1975년 ~ 1986년 NASDA 위성발사 현황

발사일	발사체	임무/탑재 위성	발사장소
1975년 9월 9일	N-I 1호기	기술시험위성 '키쿠 1호(ETS-I)'	다네가시마 우주센터
1976년 2월 29일	N-I 2호기	전리층관측위성 '우메(ISS)'	다네가시마 우주센터
1977년 2월 23일	N-I 3호기	기술시험위성 '키쿠 2호(ETS-II)'	다네가시마 우주센터
1978년 2월 16일	N-I 4호기	전리층관측위성 '우메 2호(ISS-b)'	다네가시마 우주센터
1979년 2월 6일	N-I 5호기	실험용 정지 통신위성 '아야메(ECS)'	다네가시마 우주센터
1980년 2월 22일	N-I 6호기	실험용 정지 통신위성 '아야메(ECS-b)'	다네가시마 우주센터

발사일	발사체	임무/탑재 위성	발사장소
1981년 2월 11일	N-II 2호기	기술시험위성 '키쿠 3호(ETS-IV)'	다네가시마 우주센터
1981년 8월 11일	N-II 2호기	정지기상위성 '히마와리 2호(GMS-2)'	다네가시마 우주센터
1982년 9월 3일	N-I 7호기	기술시험위성 2형 '키쿠 4호(ETS-III)'	다네가시마 우주센터
1983년 2월 4일	N-II 3호기	실험용 정지 통신위성 '사쿠라 2호a(CS-2a)'	다네가시마 우주센터
1983년 8월 6일	N-II 4호기	실험용 정지 통신위성 '사쿠라 2호b(CS-2b)'	다네가시마 우주센터
1984년 1월 23일	N-II 5호기	실험용 중계 방송위성 '유리 2호a(BS-2a)'	다네가시마 우주센터
1984년 8월 3일	N-II 6호기	정지기상위성 '히마와리 3호(GMS-3)'	다네가시마 우주센터
1986년 2월 12일	N-II 8호기	실험용 중계 방송위성 '유리 2호b(BS-2b)'	다네가시마 우주센터

출처: JAXA 홈페이지

미국과의 국제협력은 1969년 7월 31일 미일 간에 맺어진 「우주 개발에 관한 일본과 미국 간의 협력에 관한 교환 공문」으로 공식적으로 시작되었다. 미일 교환 공문에 의해, 추진 중이던 국내개발에 의한 발사체 계획이 잠정 중단되고 미국의 소어 델타(Thor Delta) 발사체 기술(핵심기술인 재진입 기술 제외)의 도입으로 1970년 N-I 발사체 개발에 착수함으로써 대형 액체추진 발사체가 개발되었다.

1970년 미국의 델타 발사체 기술을 도입하여 개발에 착수한 N-I 발사체[15]는 90.4톤의 3단 액체추진 발사체로, 1970년 개발 착수 이후 1975년 9월 개발에 완료하여, 인공위성 키쿠 1호[16]를 탑재한 1호기가 발사되었다. 1976년 10월부터는 N-II 발사체[17] 개발이 시작

---

15) "N-I ロケット", 宇宙航空研究開発機構, https://www.jaxa.jp/projects/rockets/n1/index_j.html
　　(검색일: 2023. 5. 20.)
16) 기술시험위성 1형 키쿠(きく) 1호(ETS-I)는 N-I 발사체 발사 기술, 위성의 궤도 진입, 추적

되었고 1977년 2월 일본 최초의 정지궤도 위성 키쿠 2호가 N－Ⅰ 발사체 3호기에 탑재되어 발사되었다. N－Ⅰ 발사체는 1982년에는 7기의 성공적인 발사를 끝으로 운용이 종료되었다. N－Ⅰ 발사체의 후속으로 개발된 N－Ⅱ 발사체는 1981년 운용이 시작되었으며, 1987년에는 총 8기를 끝으로 N－Ⅱ 발사체의 운용이 종료되었다.

라. NASDA 중심의 우주연구개발: 국제협력에서 국내개발로

표 3) 1986년 ~ 2003년 NASDA 위성발사 현황

발사일	발사체	임무/탑재 위성	발사장소
1986년 8월 13일	H-I 시험기 1호기	측지실험위성 '아지사이(EGS)'	다네가시마 우주센터
		자기베어링플라이휠 실험장치 '진다이(MABES)'	
		아마추어위성 '후지(JAS-1)'	
1987년 2월 19일	N-II 7호기	해양관측위성 '모모1호(MOS-1)'	다네가시마 우주센터
1987년 8월 27일	H-I 시험기 2호기	기술시험위성 2형 '키쿠 5호(ETS-V)'	다네가시마 우주센터
1988년 2월 19일	H-I 3호기	실험용 정지 통신위성 '사쿠라 3호a(CS-3a)'	다네가시마 우주센터
1988년 9월 16일	H-I 4호기	실험용 정지 통신위성 '사쿠라 3호b(CS-3b)'	다네가시마 우주센터
1989년 9월 6일	H-I 5호기	정지기상위성 '히마와리 4호(GMS-4)'	다네가시마 우주센터
1990년 2월 7일	H-I 6호기	해양관측위성	다네가시마

및 운용 기술 등을 종합적으로 습득하기 위해 NASDA의 첫 번째 인공위성으로 발사되어 1982년 4월 28일에 운용을 중지하였다. "技術試驗衛星I型「きく1号」(ETS－I)", 宇宙航空研究開發機構, https://www.jaxa.jp/projects/sat/ets1/index_j.html (검색일: 2023. 5. 20.)

17) "N－II ロケット", 宇宙航空研究開發機構, https://www.jaxa.jp/projects/rockets/n2/index_j.html (검색일: 2023. 5. 20.)

발사일	발사체	임무/탑재 위성	발사장소
		'모모1호b(MOS-1b)'	우주센터
		신장전개기능 실험탑재체 '오리즈루(DEBUT)'	다네가시마 우주센터
		아마추어위성 1호-b '후지2호(JAS-1b)'	다네가시마 우주센터
1990년 8월 28일	H-I 7호기	실험용중간방송위성 '유리3호a(BS-3a)'	다네가시마 우주센터
1991년 8월 25일	H-I 8호기	실험용중간방송위성 '유리3호b(BS-3b)'	다네가시마 우주센터
1992년 2월 11일	H-I 9호기	지구 자원 위성 '후요1호(JERS-1)'	다네가시마 우주센터
1994년 2월 4일	H-II 시험기 1호기	H-II 성능 확인용 페이로드 '묘죠(VEP)'	다네가시마 우주센터
		궤도 재진입 실험기 '류세이(OREX)'	
1995년 3월 18일	H-II 시험기 3호기	정지궤도 기상위성 '히마와리5호(GMS-5)'	다네가시마 우주센터
1996년 2월 12일	J-I 1F	극 초음속 비행 실험 'HYFLEX'	다네가시마 우주센터
1996년 8월 17일	H-II 4호기	지구 관측 플랫폼 기술 위성 '미도리(ADEOS)'	다네가시마 우주센터
		아마추어 위성 3호 '후지3호(JAS-2)'	다네가시마 우주센터
1997년 11월 28일	H-II 6호기	기술시험위성VII형 '키쿠7호(ETS-VII)'	다네가시마 우주센터
		열대 강우 관측 위성 'TRMM'	다네가시마 우주센터
1998년 2월 21일	H-II 5호기	통신방송 기술위성 '카케하시(COMETS)'	다네가시마 우주센터
2001년 8월 29일	H-IIA 시험기 1호기	레이저측거장치 'LRE'	다네가시마 우주센터
		H-IIA성능확인용 페이로드 2형 'VEP-2'	

발사일	발사체	임무/탑재 위성	발사장소
2002년 2월 4일	H-IIA 시험기 2호기	부품구성품실증위성 '츠바사(MDS-1)'	다네가시마 우주센터
		H-IIA성능확인용 페이로드 3형 'VEP-3'	
		고속 재진입 실험기 'DASH'	
2002년 9월 10일	H-IIA 3호기	데이터 중계 기술 위성 '코다마(DRTS)'	다네가시마 우주센터
		차세대 무인우주 실험시스템 'USERS'	
2002년 12월 14일	H-IIA 4호기	환경관측 기술위성 '미도리 II(ADEOS-II)'	다네가시마 우주센터
		소형 실증 위성 'Microlabsat 1호기'	
2003년 3월 28일	H-IIA 5호기	정보 수집 위성	다네가시마 우주센터

출처: JAXA 홈페이지

H-I 발사체는 1981년 개발이 시작되어 1986년 운용되기 시작했으며, 1992년까지 총 9기를 끝으로 운용이 종료되었다. H-I 발사체는 미국의 기술력으로 제작해 온 1단 엔진을 국산으로 만들었다는 점에서 성과가 있었다.

이후 1970년대부터 1980년대에 걸쳐 미국과의 국제협력을 바탕으로 한 일본의 실용위성과 액체추진 발사체의 개발은 일본의 우주 관련 기술력을 급속도로 성장시켰고, 자체의 기술력으로 국내개발하여 1992년 발사하는 것을 목표로 1986년부터 H-II 발사체 개발이 시작되었다. NASDA 설립 이후 미국 기술력에 의존해왔기 때문에 발사체 개발에 필요한 핵심기술을 자체 개발하는데 막대한 예산이 소요될 것으로 예상되었으나, 당시 일본은 버블경제로 호황을 누리고 있었기에 국내개발은 문제없이 추진되었다.[18]

---

18) 스즈키 가즈토, 이용빈 역, 『우주개발과 국제정치』(한울아카데미, 2013), 231면.

| 그림 3 | 일본의 발사체 |

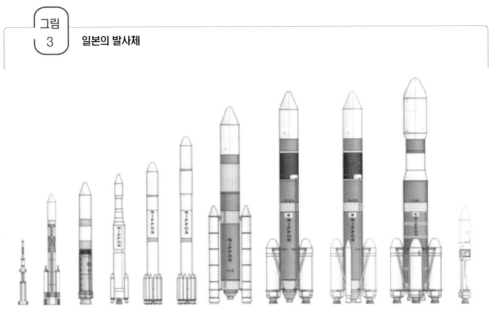

(좌측부터 L−4S, M−3−SII, M−V, N−1, N−2, H−1, H−2, H−2A, H−2A−2022, H−2B, Epsilon)

출처: historicspacecraft.com

H−Ⅱ 발사체 개발과정에서 1987년에 1단 엔진 연소시험 중 화재사고가 발생하였고, 1992년에는 엔진에서 수소가 새면서 폭발사고가 발생하는 등 난항을 겪었지만, 결국 1994년 발사체 제작을 완료하여 첫 발사를 성공하였다. 하지만 이후로 1998년 5호기의 궤도 진입 실패와 1999년 8호기의 발사 실패로 NASDA는 H−Ⅱ 7호기 발사를 중단하고 1996년부터 개발 중이던 차세대 H−2A 발사체 개발에 집중하기로 결정했다.[19] H−ⅡA는 H−Ⅱ 개발을 통해 확보된 기술을 개량하여 생산 비용을 낮춘 발사체로 2001년 최초 발사에 성공하였다.[20]

일본은 발사체의 개발과 함께 1990년까지 정부와 NHK가 사용하는 통신·방송·기상 위성 12기를 개발 운용하게 되었으며, 자국 위성 발사뿐만 아니라 발사 서비스 회사인 RSC(Rocket Service Co.)를 설립하여 타국의 위성을 발사할 수 있도록 우주사업 시장에 진출하였다.[21]

---

19) "第6回 国産液体ロケット、試練続く", 朝日新聞デジタル, https://www.asahi.com/special/rocket/history6/ (검색일: 2023. 5. 20.)

20) H−Ⅱ 로켓은 2톤의 정지 궤도 위성 발사 능력을 갖춘 2단 발사체로 1톤 정지궤도 위성 두 개를 동시에 발사할 수 있어 경제성을 갖춘 발사체로 평가된다. 宇宙航空研究開発機構, supra note 17

21) 공현철·송병철·서윤경, "일본의 기간 로켓, H−ⅡA의 개발 동향", 『항공우주산업기술동향』, 4권

가. JAXA의 설립

(표 4) **기존 우주 기관 임무 비교**

구 분	NASDA	NAL	ISAS
설립년도	1969년	1963년 (전 항공연구소는 1955년 설립)	1981년 (전신인 동경대학 우주항공 과학 연구소는 1964년 설립)
조직형태	정부산하 특별연구소	독립행정연구소 (2001년까지 과기청의 국가연구소)	문부성의 대학내 연구소
인력(2002년)	1,090명	413명	291명
예산(2002년)	1,200백만 불	190백만 불	150백만 불
주요기능	우주개발 프로그램수행	항공우주분야 관련 첨단 및 기초기술연구	우주과학기술의 대학기반 활동 촉진
감독기관	문부성(전 과기청) 공공관리, 내무, 통신성 (전 우정통신성) 국토, 기반구축 운수성 (전 운수성)	문부성(전 과기청)	문부성

출처: Godai, T., & Sato, M. (2003). Reorganization of the space development structure in Japan. Space policy, 19(2), 101－109., 103p.

일본의 연구개발은 NASDA, NAL, ISAS 세 기관으로 연구개발 기관 세 곳의 목적과 역할은 구분되어 있었으나, 업무가 진행됨에 따라 우주와 관련된 업무가 세 연구기관에서 중복되는 문제가 발생했다. 이와 관련해 인공위성 발사 등을 위한 우주개발과 관련한 자본지출이 차지하는 비중이 높았기 때문에 NASDA와 ISAS를 하나의 기관으로 통합하는 것이 국가적

2호(2006), 96면.

관점에서 더 효율적일 것이라는 주장이 나왔다.[22] 또한 1998년과 1999년에 연속적으로 발생한 H−Ⅱ로켓(NASDA 개발)의 실패와 2000년에 발생한 M−V로켓(ISAS 개발)의 실패에 따라 3개의 우주 연구개발 기관이 상호 보완하며 우주개발 시스템을 재구축하기 위해 협력해야 한다는 견해가 대두되었다.[23]

이런 상황 속에서 일본은 2002년 12월 13일 JAXA법(일본항공우주개발기구에 관한 법률 이하 JAXA법)을 제정함으로써 연구개발조직을 재정비하였다. 이 법은 NASDA와 NAL을 문부과학성 우주과학연구소(ISAS)로 통합하고, 새로운 일본 우주기구를 설립한다는 것을 주요 내용으로 한다. 이로 인해 2003년 10월 1일자로 JAXA가 설립되었다. JAXA의 주요 업무는 대학과 공동으로 한 우주과학에 관한 학술연구, 우주과학기술에 관한 기초연구 및 우주에 관한 연구개발 및 인공위성 등의 개발, 발사 추적 및 운용 등으로 법률에 명시하고 있다.

나. 2003년 ~ 2008년 위성발사 현황

표 5   2003년 ~ 2008년 위성발사 현황

발사일	발사체	임무/탑재 위성	발사장소
2003년 11월 29일	H-IIA 6호기(실패)	정보수집위성	다네가시마 우주센터
2005년 2월 26일	H-IIA 7호기	신형 다목적 위성 No1. '히마와리 6(MTSAT-1R)'	다네가시마 우주센터
2005년 7월 10일	M-V 발사체 6호기	X선 천문위성 '스자쿠(ASTRO-EII)'	우치노우라 우주전망대
2006년 1월 24일	H-IIA 8호기	첨단 육상관측위성 'ALOS'	다네가시마 우주센터
2006년 2월 18일	H-IIA 9호기	다목적 위성 No2. '히마와리-7(MTSAT-2)'	다네가시마 우주센터
2006년 2월 22일	M-V 발사체 8호기	적외선 천문위성	우치노우라 우주전망대

22) Godai, Tomifumi·Masahiko Sato, "Reorganization of the space development structure in Japan", *Space policy*, Vol.19 No.2(2003), p.102.
23) *Ibid*, p.102.

발사일	발사체	임무/탑재 위성	발사장소
		'AKARI(ASTRO-F)'	
2006년 9월 11일	H-IIA 10호기	정보수집위성	다네가시마 우주센터
2006년 9월 23일	M-V 발사체 7호기	태양관측위성 '히노데(SOLAR-B)'	우치노우라 우주전망대
2006년 12월 18일	H-IIA 11호기	기술 테스트 위성 유형 VIII 'Kiku-8(ETS-VIII)'	다네가시마 우주센터
2007년 2월 24일	H-IIA 12호기	정보 수집 위성	다네가시마 우주센터
2007년 9월 14일	H-IIA 13호기	달 궤도 위성 '카구야(셀레네)'	다네가시마 우주센터
2008년 2월 23일	H-IIA 14호기	초고속 인터넷 위성 '키즈나(WINDS)'	다네가시마 우주센터
2008년 3월 11일	우주왕복선	KIBO Japan 실험관, 선상보관실	케네디 우주센터
2008년 6월 1일	우주왕복선	KIBO Japan 실험관, 선상실험실	케네디 우주센터

출처: JAXA 홈페이지

2003년 11월 29일 정보수집위성이 탑재된 H-ⅡA 발사체 6호가 발사에 처음으로 실패하였는데, 실패 원인은 발사 약 105초 후 고체로켓부스터(SRB-A) 2개 중 1개가 분리신호에 작동되지 않아 위성궤도에 올리는 속도와 고도가 부족했기 때문이었다.[24] 이 같은 H-ⅡA 6호기의 실패에 따라 M-V로켓에도 전반적인 점검이 이루어졌으며, JAXA는 2004년 5월 28일 우주개발위원회에 사고원인을 보고하였다.[25] 이후 H-ⅡA 7호기가 2005년 2월 26일 신형 다목적 위성 MTSAT-1R(히마와리-6)을 성공적으로 발사했고, 이어서 2005년 7월 10일 M-V 발사체 6호기가 X선 천문위성 ASTRO-EⅡ(스자쿠)[26]를 성공적으로 발사하였다.

---

24) "平成15事業年度 事業報告書", 獨立行政法人 宇宙航空研究開發機構(2003), p.10.
25) "平成16事業年度 事業報告書", 獨立行政法人 宇宙航空研究開發機構, p.9.
26) ASTRO-EⅡ(스자쿠)의 임무는 은하단의 뜨거운 가스의 진화와 우주의 구조, 블랙홀 유동물질의 운동, 고에너지 입자의 가속에 대한 단서 등을 목표로 하고 2015년 8월 운영 중단될 때까지 약 10년 동안 관측작업을 하였다. "X線天文衛星「すざく」", 宇宙科學研究所, https://www.isas.jaxa.jp/missions/spacecraft/past/suzaku.html (검색일: 2023. 4. 21.)

JAXA는 2006년 H−ⅡA 발사체는 1월 24일 육상관측위성 ALOS, 2월 18일 다목적 위성 MTSAT−2(히마와리−7), 12월 18일 기술테스트 위성 유형Ⅷ Kiku−8이 H−ⅡA 발사체 8, 9, 11호기를 각각 이용하여 성공적으로 발사하였고, 9월 11일 H−ⅡA 10호기을 이용해 정보수집위성을 발사했다. 같은 해 M−V 발사체도 2006년 2월 22일 적외선 천문위성 ASTRO−F(AKARI)[27]와 9월 23일 태양관측위성 SOLAR−B(히노데)[28]를 성공적으로 발사했다. M−V 발사체는 세계 최고수준의 기술을 달성했으나, 비용이 높은 이유로 2006년 9월 이후 운용을 중단[29]하고, M−V 발사체를 대체하는 차기 고체로켓을 검토하기 시작한다.[30]

2007년에는 2월 24일 정보수집위성을 H−ⅡA 12호기로 발사한다. M−V로켓 발사 중단 이후에는 과학위성도 H−ⅡA로 발사하기 시작하였다. 2003년 11월 H−ⅡA 6호기 발사 실패 이후 연속적인 성공으로 H−ⅡA 발사체는 일본의 주력 발사체가 되었다. 2007년 4월 일본은 축적된 기술을 바탕으로 세계 상업위성 시장에 진출하기 위해 JAXA가 주도해오던 H−ⅡA 발사체의 기술 및 업무 등을 미쓰비시중공업에 이전하였다.[31] 기술 이전 후 미쓰비시중공업에서 2007년 9월14일 달궤도위성 SELENE(카구야)[32]를 최초 발사하였다.

---

27) ASTRO−F(AKARI)는 천체의 적외선을 관측한 일본 최초의 위성이다. 은하의 진화를 탐구하기 위해 고감도 적외선 관측에 의한 원시은하 탐색 등을 조사하였으며, 2011년 11월 24일 운영이 중단되었다. "赤外線天文衛星「あかり」", 宇宙科学研究所, https://www.isas.jaxa.jp/missions/spacecraft/past/akari.html (검색일: 2023. 4. 21.)
28) 태양관측위성 SOLAR−B(히노데)는 SOLAR−A(요코)의 후속으로 일본, 미국, 영국이 공동 개발하였다. "太陽観測衛星「ひので」(SOLAR−B)", 宇宙航空研究開発機構, https://www.jaxa.jp/projects/sas/solar_b/index_j.html (검색일: 2023. 4. 21.)
29) 大塚浩仁・矢木一博・岸光一・野原勝・佐野成寿, "次期固体ロケットの研究概要", IHI 技報, Vol.49 No.3(2009), p.164.
30) "平成 18 事業年度 事業報告書(平成 18 年 4 月 1 日~平成 19 年 3 月 31 日)", 獨立行政法人 宇宙航空研究開發機構, p.9.
31) 조홍제, "아시아의 우주개발과 우주법", 『항공우주정책・법학회지』, 28권 2호(2013). 356면.
32) SELENE(카구야)는 달의 기원과 진화를 밝히기 위한 과학적 데이터를 확보하고 달궤도 관측 임무 등을 수행하고 2009년 6월 11일 임무가 종료되었다. "月周回衛星「かぐや」(SELENE)", 宇宙科学研究所, https://www.isas.jaxa.jp/missions/spacecraft/past/kaguya.html (검색일: 2023. 4. 21.)

그림
4
일본실험모듈(JEM) KIBO

출처: JAXA 홈페이지

　　2008년 2월 23일에는 H − ⅡA 14호기를 이용해 아시아 태평양 지역의 기가비트급 인터넷 통신 기술 확립을 목적으로 JAXA와 정보통신연구기구(NICT[33])에서 공동으로 개발한 위성인 초고속 인터넷 정지궤도 위성 키즈나(WINDS)[34]를 발사했다. JAXA는 국제우주정거장 내에 자체 유인 실험실인 KIBO를 운영하고 있다. 또한 2008년에는 우주왕복선 개발 기술이 부족하여 2008년 3월과 6월에 미국의 우주왕복선 엔데버호 및 디스커버리호를 이용해 ISS내 KIBO 설치에 필요한 실험장비를 성공적으로 운반하였다.[35]

---

33) National Institute of Information and Communications Technology
34) 키즈나(WINDS)는 위성을 이용한 초고속 인터넷 통신 기술 실현 등을 통해 동일본 대지진 당시, 피해 지역에 통신 회선을 제공하거나, 관련 기관에 피해 지역의 영상을 제공하는 등 사용 측면에서 많은 성과를 거두었고 2019년 3월 1일 운행 종료하였다. "きずな(WINDS)", 宇宙航空研究開発機構, https://www.satnavi.jaxa.jp/ja/project/winds/ (검색일: 2023. 4. 23.)
35) 전완주, "최근 일본의 우주개발 확대 동향과 특징 고찰", 『국가안보와 전략』, 8권 3호(2008), 179면.

다. 2009년 ~ 2012년 위성발사 현황

표 6 2009년 ~ 2012년 위성발사 현황

발사일	발사체	임무/탑재 위성	발사장소
2009년 1월 23일	H-IIA 15호기	온실 가스 관측 위성 'IBUKI(GOSAT)' 소형데모위성 유형1 'SDS-1'	다네가시마 우주센터
2009년 7월 16일	우주 왕복선	Kibo Japan 실험 모듈 선외 실험 플랫폼	케네디 우주센터
2009년 9월 11일	H-IIB 시험발사체 (1호기)	우주 정거장 이송 차량 'KOUNOTORI No. 1 (HTV 기술 시연기)'	다네가시마 우주센터
2009년 11월 28일	H-IIA 18호기	정보 수집 위성	다네가시마 우주센터
2010년 5월 21일	H-IIA 17호기	금성 탐사선 'AKATSUKI(PLANET-C)'[36] 소형태양광발전 돛 시연기 'IKAROS'[37]	다네가시마 우주센터
2010년 9월 11일	H-IIA 18호기	최초의 준천정위성(QZSS) '미치비키'	다네가시마 우주센터
2011년 1월 22일	H-II B 2호기	우주 정거장 환승 차량 '코우노토리2호(HTV2)'	다네가시마 우주센터
2011년 9월 23일	H-IIA 19호기	정보 수집 위성	다네가시마 우주센터
2011년 12월 12일	H-IIA 20호기	정보 수집 위성	다네가시마 우주센터
2012년 5월 18일	H-IIA 21호기	물 순환 변화 관측위성 '시즈쿠(GCOM-W1)'[38] 소형 데모 위성 'SDS-4'	다네가시마 우주센터
2012년 7월 21일	H-IIB 3호기	우주 정거장 환승 차량 '코우노토리3호(HTV3)'	다네가시마 우주센터

출처: JAXA 홈페이지

36) 금성 탐사선 'AKATSUKI(PLANET-C)'는 금성의 대기를 적외선, 가시광선, 자외선으로 촬영하는 5대의 카메라와 온도 등의 고도 분포를 관찰하는 장비를 갖추고 대기의 흐름과 구성, 번개와 화산 활동의 존재 유무 등을 조사 중이다. "金星探査機「あかつき」(PLANET-C)", 宇宙航空研究開発

2009년 1월 23일에는 H−ⅡA 15호기를 이용해 온실가스 관측위성 이부키(GOSAT)[39]와 소형 데모 위성 SDS−1[40]을 발사했다. 또한 2009년 9월 11일 최초로 H−ⅡB 발사체를 성공적으로 발사하여, 코우노코리 1호를 이용해 국제우주정거장(이하 ISS)으로 약 4.5톤의 보급품 운반하였다.[41] H−ⅡB 발사체는 1996년 우주개발위원회에서 ISS로의 우주 스테이션보급시스템(HTV) 및 3톤급 정지위성 발사 능력을 가지는 H−ⅡA 개량형 시험기의 개발이 착수가 결정되었다. 이후 2003년 8월 HTV 설계능력요구가 16.5톤으로 변경되었고 H−ⅡA 발사체와 주요 기기를 공통화 및 유지 발전한 수송 능력 향상 형태를 개발하기로 하였다. 구체적으로는, 제1단의 탱크 직경을 5m(표준형은 4m), LE−7A 엔진을 2기 클러스터화함으로써 능력을 향상시켰다.[42] 2009년 9월 11일 H−ⅡB 시험기가 발사된 후 2011년 1월 22일

機構, https://www.jaxa.jp/projects/sas/planet_c/index_j.html (검색일: 2023. 4. 28.)

37) IKAROS는 2010년 5월 21일 H−ⅡA 로켓에 의해 발사되어 회전 원심력을 사용하여 우주에서 14미터 평방 돛을 배치하여 태양 전지에 의한 발전을 확인하고, 태양광의 힘에 의해 가속되는 것을 실증함과 동시에 액정 장치를 사용하여 돛의 방향을 소성하여 궤적을 제어하는 것으로 태양 돛을 사용한 항법 기술 최초로 확인했다. "小型ソ─ラ─電力セイル実証機「IKAROS」", 宇宙航空研究開発機構, https://www.jaxa.jp/projects/sas/ikaros/index_j.html (검색일: 2023. 4. 28.)

38) 시즈쿠(GCOM−W1)는 기후변화 예측의 정확성을 높이기 위해 물의 움직임을 관찰하기 위해 발사되었다. 마이크로파 스캐닝 Radiometer2; AMSR2) 안테나로 해수면에서 방출되는 약한 전파와 약 700km 고도에서 대기 중의 수증기를 포착하고 전파를 분석하여 얻은 다양한 정보를 사용하여 이상 날씨를 유발하는 기후 변화를 분석한다. "しずく(GCOM−W)", 宇宙航空研究開発機構, https://www.satnavi.jaxa.jp/ja/project/gcom−w/ (검색일: 2023. 4. 28.)

39) 이부키(GOSAT)는 JAXA와 환경부가 공동으로 개발한 프로젝트로 1997년 교토에서 개최된 제3차 당사국총회(COP3)에서 교토의정서가 채택되었고, 선진국들은 2008~2012년 5년간 이산화탄소 및 기타 배출량을 1990년 수준보다 평균 6~8% 감축할 의무가 있었다. 또한 세계기상기구(WMO)와 유엔환경계획(UNEP)은 지상, 해양, 우주에 대한 관측을 더욱 강화하기 위해 지구기후관측시스템(GCOS)을 제안했다. 이에 온실가스 농도를 확인하기 위해 발사되었다. "温室効果ガス観測技術衛星「いぶき」(GOSAT)", 宇宙航空研究開発機構, https://www.jaxa.jp/projects/sat/gosat/index_j. html (검색일: 2023. 4. 24.)

40) SDS−1은 실제로 우주에서만 얻을 수 있는 환경하에서의 검증, 종합적인 시스템으로서의 검증을 위해 발사된 위성으로 스페이스 와이어 증명 모듈(SWIM), 다중 모드 통합 트랜스폰더(MTP), 첨단 마이크로 프로세서 궤도상 실험장치(AMI)로 구성되었다. SWIM 초고감도 가속도 센서에 의한 우주 지상 동시 중력파 관측 수법의 성립성을 확인하는 등의 성과를 얻었다. 小型実証衛星1型 (SDS−1) 成果概要と運用終了, 平成２２年９月２２日, 宇宙航空研究開発機構 研究開発本部

41) 코우노토리 1호의 임무목표는 ISS에 대한 랑데부 비행 기술 검증, 안전 및 제어 기술 검증 궤도의 대형 기체 구조 검증, 다중화 항공 전자 공학 및 추진 시스템 구성 검증(약 80만 개 부품), 우주 비행사가 탑승할 수 있는 유인 설계 (ISS에 계류)의 검증을 목표로 성공하였다.

42) 独立行政法人宇宙航空研究開発機構, "独立行政法人宇宙航空研究開発機構 の中期目標を達成するための計画 (中期計画) (平成 15年 10月 1日~平成 20年 3月 31日)?", p.8.

H−ⅡB 2호기 '코우노토리2호(HTV2)'를 통해 약 5.3톤의 보급품을 ISS로 운반하였고, 2012년 7월 21일 3호기 '코우노토리3호(HTV3)'도 약 3.5톤의 선상 자재와 1.1톤의 선외 자재를 ISS로 운송하여 총 약 4.6톤을 운송하였다. 이후 2020년 5월 21일 '코우노토리9호(HTV9)'를 끝으로 H−ⅡB 발사체는 종료되었다.

2010년 9월 11일 H−ⅡA 18호기로 발사된 준천정위성시스템(Quasi−Zenith Satellite System 이하 QZSS) '미치비키'는 2008년 우주기본법 제정과 지리공간정보활용추진기본법[43]을 토대로 지역위성항법시스템 구축 사업으로 내각 우주개발전략본부가 사업추진을 담당하고, 2017년까지 4기 체계가 구축될 계획이었다.[44] 이후 2015년 우주기본계획에서는 QZSS를 2023년도까지 7기로 확대 구축하여 2024년에 총 7기로 구성되는 QZSS를 구축한다는 계획을 세웠다.[45]

라. 2013년 ~ 2015년 위성발사 현황

표7 2013년 ~ 2015년 위성발사 현황

발사일	발사체	임무/탑재 위성	발사장소
2013년 1월 27일	H-IIA 22호기	정보 수집 위성	다네가시마 우주센터
2013년 8월 4일	H-IIB 4호기	우주 정거장 환승 차량 '코우노토리4호(HTV4)'[46]	다네가시마 우주센터
2013년 9월 14일	엡실론 시험발사체	행성 분광 관측 위성 '히사키(SPRINT-A)'	우치노우라 우주전망대
2014년 2월 28일	H-IIA 23호기	글로벌 강수량 측정 프로젝트 (GPM/DPR)[47]	다네가시마 우주센터
2014년 5월 24일	H-IIA 24호기	첨단 육상 관측 위성 No. 2 'ALOS-2'[48]	다네가시마 우주센터

---

43) 지리공간정보활용추진기본법 제21조(국가는 위성측위를 통해 얻을 수 있는 지리공간 정보의 활용을 추진하기 위하여 위성측위와 관련된 연구개발과 기술 및 이용가능성에 관한 실증을 추진하는 동시에 그 성과를 바탕으로 위성측위의 이용 촉진을 도모하기 위해 필요한 시책을 강구한다.)
44) 조홍제·신용도, "우주개발동향과 주요 이슈", 『항공우주정책·법학회지』, 29권 1호(2014). 106면.
45) 宇宙開発戦略本部, "宇宙基本計画(平成 27年 1月 9日)", p.16.

발사일	발사체	임무/탑재 위성	발사장소
2014년 10월 7일	H-IIA 25호기	정지궤도 기상위성 '히마와리-8'	다네가시마 우주센터
2014년 12월 3일	-IIA 26호기	소행성 탐험위성 '하야부사 2'	다네가시마 우주센터
2015년 2월 1일	H-IIA 27호기	정보 수집 위성	다네가시마 우주센터
2015년 3월 26일	H-IIA 28호기	정보 수집 위성	다네가시마 우주센터
2015년 8월 19일	H-IIB5호기	우주 정거장 환승 차량 '코우노토리5호(HTV5)'[49]	다네가시마 우주센터
2015년 11월 24일	H-IIA 29호기	통신 위성 Telstar 12 VANTAGE[50]	다네가시마 우주센터

출처: JAXA 홈페이지

2013년 9월 14일 발사된 엡실론 시험발사체는 M－V 로켓의 후속 발사체로 2010년 개발
에 착수되었다. 개발에는 비용절감과 함께 H－ⅡA 및 M－V 개발에서 확보된 기술이 최대
한 활용되고, 계승되었다. 2023년에 발사된 엡실론 시험발사체의 경우 1단에 H－ⅡA 고체
부스터, 2단 및 3단에 M－V 과학로켓 기술이 활용되고 유도제어시스템과 항법 장비에 H－

46) KOUNOTORI 4는 Kibo Japan 실험동에 설치하기 위해 새로 개발된 휴대용 냉동고와 냉장고
   (FROST)와 Kibo에서 실시한 실험 샘플 등 약 5.4톤의 화물을 운송 "「こうのとり」4号機(HTV4)
   ミッション", 宇宙航空研究開発機構, https://iss.jaxa.jp/htv/mission/htv－4/ (검색일: 2023. 4.
   28.)
47) GPM 프로그램은 일본과 미국이 공동 개발한 GPM 핵심 위성과 일본이 개발한 Ka－band와
   Ku－band의 두 주파수의 전파로 비와 눈을 조사하고 강수량의 분포를 입체적으로 관찰할 수 있
   는 이중주파수 강수 레이더(DPR), NASA가 개발한 빗방울에서 지속적으로 방출되는 마이크로파를
   감지하여 비의 강도를 측정하는 마이크로파 복사계(GMI)를 통해 전 세계 강수량을 고정밀, 고주
   파로 관측임무를 수행한다. "GPM/DPR", 宇宙航空研究開発機構, https://www.satnavi.jaxa.jp/
   ja/project/gpm/ (검색일: 2023. 4. 28.)
48) ALOS－2는 재난상황, 산림 분포, 지각 움직임 측정 등 다양한 임무를 수행 중이다. 특히 위성에
   서 지상까지의 거리 변화를 감지하여, 지진과 화산 활동에 대한 관측 및 분석을 하고 있다. "陸域
   観測技術衛星2号「だいち2号」(ALOS－2)", 宇宙航空研究開発機構, https://www.jaxa.jp/projects
   /sat/alos2/index_j.html (검색일: 2023. 4. 28.)
49) KOUNOTORI 5는 소형동물사육장비(MHU) 등 약 5.5톤의 선상 및 선외 자재(약 4.5톤의 선상
   자재와 약 1톤의 차량 외 물품)를 운반 "「こうのとり」5号機(HTV5)ミッション", 宇宙航空研究
   開発機構, https://iss.jaxa.jp/htv/mission/htv－5/ (검색일: 2023. 4. 28.)
50) Telstar 12 VANTAGE는 캐나다 Telesat Company에서 개발한 캐나다 통신 위성이며, 일본의
   H－ⅡA 발사체를 이용해 발사하였다.

ⅡA 기술이 최대한 활용되었다.[51] 이후 엡실론 로켓에 대해 2014년 개량형 로켓 개발을 착수했으며, 2016년 12월 20일 엡실론 2호기 발사에 성공하였다.

엡실론 4호기부터는 우주기본계획상 '산업·과학기술 인프라를 포함한 우주활동 종합기반 강화'의 일환으로 대학, 연구기관, 민간기업 등이 개발한 부품·장비, 초소형 위성, 큐브샛 등에 대한 우주 실증 기회를 제공하기 위한 사업을 추진하는 혁신 위성기술 실증사업[52]을 통해 2019년 1월 18일 7개의 위성(소형 실증위성 1기, 초소형 위성 3기, 큐브위성 3기)을 발사했다.

2014년 12월 3일 H−ⅡA 26호기를 통해 발사된 소행성 탐험위성 "하야부사 2"는 2019년 2월 22일 소행성 류구에 표면 샘플을 채취하기 위해 성공적으로 착륙하였다.

마. 2016년 ~ 현재 발사체 및 위성발사 현황

표 8   2016년 ~ 현재 위성발사 현황

발사일	발사체	임무/탑재 위성	발사장소
2016년 2월 17일	H-IIA 30호기	X선 천문위성 '히토미(ASTRO-H)'[53]	다네가시마 우주센터
2016년 11월 2일	H-IIA 31호기	정지궤도 기상위성 '히마와리-9'	다네가시마 우주센터
2016년 12월 9일	H-IIB 6호기	우주 정거장 이송 차량 'KOUNOTORI6(HTV6)'[54]	다네가시마 우주센터
2016년 12월 20일	엡실론 2호기	지구 공간 탐사 위성 'Arase(ERG)'[55]	우치노우라 우주전망대
2017년 1월 24일	H-IIA 32호기	X-밴드 국방통신위성 2호	다네가시마 우주센터
2017년 3월 17일	H-IIA 33호기	정보 수집 위성	다네가시마 우주센터
2017년 6월 1일	H-IIA 34호기	준천정위성 'Michibiki-2'	다네가시마 우주센터

---

51) 서대반·이기주·김철웅·이금오·이준성·임병직·박재성, "일본 고체연료 기반 소형발사체의 기술동향 및 시사점", 『항공우주산업기술동향』, 18권 2호(2020), 112면.
52) 宇宙開発戦略本部, "宇宙基本計画, 平成２７年１月９日", p.22.

발사일	발사체	임무/탑재 위성	발사장소
2017년 8월 19일	H-IIA 35호기	준천정위성 'Michibiki-3'	다네가시마 우주센터
2017년 10월 10일	H-IIA 36호기	준천정위성 'Michibiki-4'	다네가시마 우주센터
2017년 12월 23일	H-IIA 37호기	초저고도 위성 기술 테스터 '츠바메(SLATS)'[56] 기후 변화 관측 위성 '시키사이(GCOM-C)'[57]	다네가시마 우주센터
2018년 1월 18일	엡실론 3호기	고성능 소형 레이더 위성 (ASNARO-2)	우치노우라 우주전망대
2018년 2월 27일	H-IIA 38호기	정보 수집 위성	다네가시마 우주센터
2018년 6월 12일	H-IIA 39호기	정보 수집 위성	다네가시마 우주센터
2018년 9월 23일	H-IIB 7호기	우주 정거장 이송 차량 'KOUNOTORI7호(HTV7)'[58]	다네가시마 우주센터
2018년 10월 20일	아리안 5 로켓	국제 수성 탐사 프로그램 "BepiColombo" 수성 자기권 탐사선 'Mio(MMO)'	기아나 우주센터
2018년 10월 29일	H-IIA 40호기	온실 가스 관측 위성 -2 'IBUKI-2(GOSAT-2)'[59]	다네가시마 우주센터
2019년 1월 18일	엡실론 4호기	혁신위성기술 실증 1호	우치노우라 우주전망대
2019년 9월 25일	H-IIB 8호기	우주 정거장 이송 차량 'KOUNOTORI8호(HTV8)'[60]	다네가시마 우주센터
2020년 2월 9일	H-IIA 41호기	정보 수집 위성	다네가시마 우주센터
2020년 5월 21일	H-IIB 9호기	우주 정거장 이송 차량 'KOUNOTORI9호(HTV9)'[61]	다네가시마 우주센터
2020년 7월 20일	H-IIA 42호기	아랍 에미리트 화성 탐사선 'HOPE'	다네가시마 우주센터
2020년 11월 29일	H-IIA 43호기	광학 데이터 중계 위성	다네가시마 우주센터
2021년 10월 26일	H-IIA 44호기	준천정위성 후속위성	다네가시마 우주센터
2021년 11월 9일	엡실론 5호기	혁신위성기술 실증 2호[62]	우치노우라 우주전망대

발사일	발사체	임무/탑재 위성	발사장소
2022년 10월 12일	엡실론 6호기 (실패)	혁신위성기술 실증 3호	우치노우라 우주전망대
2023년 3월 7일	H-Ⅲ 시험기 (실패)	첨단 육상 관측 위성 'ALOS-3'	다네가시마 우주센터

출처: JAXA 홈페이지

---

53) '히토미(ASTRO-H)'는 블랙홀 주변과 초신성 폭발 등 고에너지 현상으로 가득한 극한 우주의 탐사·고온 플라즈마로 채워진 은하단의 관측을 실시해, 우주의 구조나 그 진화를 탐구하는 것을 목적으로 한다. 2016년 2월 17일에 다네가시마 우주 센터에서 H-IIA 로켓 30호기로 발사되어, 3월 26일에 통신이 중단, 4월 28일에 운용 종료하였다. "X線天文衛星「ひとみ」", 宇宙科学研究所, https://www.isas.jaxa.jp/missions/spacecraft/past/hitomi.html (검색일: 2023. 4. 23.)

54) KOUNOTORI 6은 소형위성방출기구, 이산화탄소 제거(CDRA) 궤도 교환 장치 등 약 5.9톤의 선상 및 선외 자재 (약 3.9톤의 선상 자재 및 1.9톤의 선외 자재)를 운반함. "宇宙ステーション補給機「こうのとり」(HTV)", 宇宙航空研究開発機構, https://iss.jaxa.jp/htv/mission/htv-6/ payload/ (검색일: 2023. 4. 28.)

55) 지구 공간 탐사 위성 'Arase(ERG)'는 태양풍 교란에 의한 태양폭풍으로 인해 고 에너지 입자가 어떻게 발생하고 태양폭풍이 어떻게 발생는지 확인하기 위한 위성이다. "ジオスペース探査衛星「あらせ」(ERG)", 宇宙科学研究所, https://www.isas.jaxa.jp/missions/spacecraft/current/erg. html (검색일: 2023. 4. 29.)

56) 츠마베(SLATS)는 고도 300km 미만에서 지구관측을 하기 위한 기술테스터 위성으로 발사되었다. "つばめ(SLATS)", 宇宙航空研究開発機構, https://www.satnavi.jaxa.jp/ja/project/slats/ (검색일: 2023. 4. 29.)

57) 시키사이(GCOM-C)는 대기와 초목을 관측하는 임무를 통해 지구 온난화, 기후변화를 관측하는 위성이다. "しきさい(GCOM-C)", 宇宙航空研究開発機構, https://www.satnavi.jaxa.jp/ja/project/gcom-c/ (검색일: 2023. 4. 29.)

58) KOUNOTORI 7은 미국의 실험 랙 2개 등 총 약 6.2톤의 선외 자재(약 4.3톤의 선상 자재 및 약 1.9톤의 차량 외 자재)를 운반 "宇宙ステーション補給機「こうのとり」(HTV)", 宇宙航空研究開発機構, https://iss.jaxa.jp/htv/mission/htv-7/payload/ (검색일: 2023. 4. 28.)

59) IBUKI-2(GOSAT-2)는 JAXA, 환경부(MOE), 국립환경연구소(NIES)의 공동 프로젝트로 발사된 온실가스 관측 위성 IBUKI(GOSAT)의 후속 프로젝트이다. 2018년 10월 29일 발사되어 IBUKI 임무를 계승하고 보다 정교한 관측 센서를 설치하여 온실가스 관측의 정확도를 높이고 관측 데이터를 제공함으로써 지구 온난화 방지를 위한 국제적 노력에 기여중이다. "いぶき2号(GOSAT-2)", 宇宙航空研究開発機構, https://www.satnavi.jaxa.jp/ja/project/gosat-2/ (검색일: 2023. 4. 29.)

60) KOUNOTORI 8은 CBEF-L(Cell Biology Experiment Facility-Left: CBEF-L), SOLISS(Small Optical Link for International Space Station: SOLISS) 등 약 5.4톤의 선상 및 선외 자재 (약 3.5톤의 선상 자재 및 1.9톤의 선외 자재)를 운반 "宇宙ステーション補給機「こうのとり」(HTV)", 宇宙航空研究開発機構, https://iss.jaxa.jp/htv/mission/htv-8/payload/ (검색일: 2023. 4. 28.)

61) KOUNOTORI 9는 고체 연소 실험실 장비(SCEM)와 스페인의 우주 벤처 기업인 Satlantis에서 개

2018년 10월 20일 국제 수성 탐사 프로그램 "BepiColombo(이하 베피콜롬보 프로젝트)"를 통해 아리안 5 발사체로 발사된 수성 자기권 탐사선 'Mio(MMO)'는 1993년에 유럽에서 제안되었고, 1999년 수성 탐사에 대한 공동연구를 위해 유럽우주기구(ESA: European Space Agency)에서 당시 일본 ISAS로 제안을 하면서 2000년 수성의 국제 공동 탐사참여 발표를 하고, 유럽우주기구(ESA)에 의하여 주도적으로 진행되어왔다.[63] 베피콜롬보 프로젝트는 유럽과 일본의 공동 프로젝트로서, JAXA는 MMO(Mercury Magnetospheric Orbitor)를 개발하여 제공하고 수성의 자기권을 관측하는 형식으로 참여하고, 그 외 모든 부분은 유럽우주기구(ESA)에서 담당하였다.[64] MMO는 자기계, 이온분광기(spectrometer), 전자에너지분석기, 플라즈마 탐색기, 플라즈마 파동분석기, 영상기의 5개 탑재체를 탑재하고 있다.

2021년 6월 20일 QZSS의 후속 위성은 2015년 우주기본계획[65]에서 2023년까지 QZSS를 7기로 운용한다는 계획하에 2021년 QZSS의 후속 위성이 발사되었다. 또한 2020년 우주기본계획에서도 QZSS의 7기 체제를 확립하기 위해 3기에 대한 추가 발사와 2023년 운용개시를 위한 노력, 후속 위성 개발에 착수하기 시작했다.[66]

엡실론 6호기는 2022년 10월 12일 혁신 위성기술 실증사업[67]으로 진행된 혁신 위성기술 실증 3호를 탑재하여 발사하였으며, 발사 후 2/3단 분리 시점에서 목표 자세에서 벗어나 지구 궤도 투입 불가 판단으로 자체 폭발 신호를 보냈다.[68]

H－ⅡB 발사체 사업은 2020년 5월 21일 H－ⅡB 9호기 발사를 끝으로 종료되고, 2015

발한 초소형 위성용 지구 관측 카메라 iSIM(Integrated Standard Imager for Microsatellites) 등 총 약 6.2톤의 선상 및 선외 자재 (약 4.3톤의 선상 자재 및 1.9톤의 선외 자재)를 운반 "宇宙ステーション補給機「こうのとり」(HTV)", 宇宙航空研究開発機構, https://iss.jaxa.jp/htv/ mission /htv－9/payload/ (검색일: 2023. 4. 28.)

62) 혁신위성기술 실증 2호기는「소형 실증 위성 2호기(RAISE－2)」(6개의 실증 테마를 탑재)와 8기의 초소형 위성·큐브위성의 총 9기의 위성으로 구성되어 발사되었다. "革新的衛星技術実証 2 号機", 宇宙航空研究開発機構, https://www.kenkai.jaxa.jp/kakushin/kakushin02.html#asc (검색일: 2023. 4. 29.)

63) "水星磁気圏探査機", 宇宙科学研究所, https://mio.isas.jaxa.jp/project/ (검색일: 2023. 5. 2.)

64) 이호형, "수성탐사 역사 및 베피콜롬보 현황",『항공우주산업기술동향』, 15권 1호(2017), 94－105면.

65) 宇宙開発戦略本部, "宇宙基本計画(平成 27年 1月 9日)", p.16.

66) 閣議決定, "宇宙基本計画(令和 2年 6月 30日)", p.13.

67) 宇宙開発戦略本部, "宇宙基本計画(平成 27年 1月 9日)", p.15.

68) 国立研究開発法人 宇宙航空研究開発機構, "イプシロンロケット 6 号機 打上げ失敗の原因究明に係る 報告書(2023年 5月 19日)", p.15.

년 우주기본계획[69]상 H－ⅡA/B 발사체 후속으로 H－Ⅲ발사체가 개발 시작되었다. 일본은 발사체 시장에서 상업 발사 서비스 시장에서의 경쟁력 확보를 최우선 과제로 두고 현재 개발중인 H－Ⅲ은 기존 발사체 대비 발사 가격을 절반으로 줄이는 것을 목표로 하고 있다.[70] 그러한 과정에서 2023년 3월 7일 H－Ⅲ 발사체 1호기(시험기)가 발사되었으나 실패하였다. 2023년 4월 27일 우주개발이용에 관한 조사 및 안전 전문가 회의에서 발표한 H－Ⅲ 시험발사체 1호기 발사실패 원인 조사 상황 2단 엔진 점화 실패 원인으로 발사에 실패했다.

---

69) 宇宙開発戦略本部, "宇宙基本計画(平成 27年 1月 9日)", p.15.
70) 이준·정서영·임창호·임종빈·박정호·김은정·신상우, "2016년 세계 정부 우주개발의 국가별·분야별 동향 분석", 『항공우주산업기술동향』, 15권 2호(2017), 41－65면.

2 법령 및 정책

 제1기(1955년 ~ 1969년)

일본의 우주활동이 처음 시작된 1950년대에는 미국과 소련만이 인공위성 발사에 성공한 우주활동국이었으며, 일본이 국내법과 제도를 수립하기에는 우주와 관련된 국내의 기반이 부족했다. 따라서 정책과 조직 측면의 검토가 비로소 시작된 것은 1960년대에 들어서였다. 1960년 5월, 총리부에 설치된 "우주개발심의회"와 1964년 7월에 과학기술청에 설치된 "우주개발추진본부", 그리고 1968년 우주개발심의회를 대신하여 총리부에 설치된 우주개발위원회 등의 회의체 및 기관에서 우주 기술 연구와 관련 정책적 검토가 이루어졌다.

이 시기의 일본의 우주 관련 법·제도적 논의는 두 가지로 특징지어진다. 하나는 일본 국내 우주 법령 및 정책의 담론인 '우주의 비군사적 활용 논의'가 시작이 된 "평화적 이용에 한하여" 수행한다는 NASDA법 1조와 동 내용을 확인하기 위해 같은 해 국회에서 채택된 결의이며, 다른 하나는 미국과의 국제협력의 근거 문서인 "우주 개발에 관한 일본과 미국 간의 협력에 관한 교환 공문"이다.

가. NASDA법 제1조, 국회 결의 채택

일본에서 우주 이용에 관한 논의는 "우주의 평화 이용 결의"에 기초하여 이루어져 왔다.

1967년 일본 국회에서 열린 우주조약 비준을 위한 심의에서 평화 이용이 의미하는 것이 비군사라고까지는 말할 수 없다는 점이 정부 위원으로부터 국회에 설명되었으나, 이듬해 과학기술청 장관은 일본의 우주의 평화 이용이란 원자력의 평화 이용과 같은 의미로 바로 비군사이용을 뜻한다고 발언하며 비군사 논의가 시작되었다.

우주의 비군사적 활용에 관한 일본 국내적 담론은 1969년 NASDA법을 규율함에 있어 영향을 미쳤다. 국회에서는 정부 원안에 없던 내용이 논의되었는데 그 내용은 일본의 우주 이용은 헌법의 취지에 따라, 비핵·비군사이어야 함을 의미하는 것이었다. 따라서 NASDA의 활동인 위성과 발사체의 개발, 발사 및 추적은 "평화의 목적에 한하여" 수행한다는 문구를 NASDA법 1조[71]에 삽입하게 되었다.

나아가 일본은 이미 발효된 1967년 우주조약을 포함하여 국제적으로 우주의 "평화적 이용"에는 방위 목적의 군사적 이용이 포함된다는 국제적 이해가 있었기 때문에 NASDA법 1조만으로는 우주의 군사적 이용을 방지하기에 충분하지 않다고 판단하여 비군사적 이용이 평화적 목적임을 확인하는 수단으로서 1969년 국회에서 결의가 채택되었다.[72]

NASDA법 채택에 있어서 일본 국회가 "평화의 목적에 한하여"라고 표현한 것은 우주를 비군사적 이용으로 해석한다는 의사를 명확히 한 것이며, NASDA법에 반영된 국회의 결의는 향후 일본의 우주개발이 비군사의 범위에서 벗어나지 않도록 제안하였다.[73]

나. 1969년 우주 개발에 관한 일본과 미국 간의 협력에 관한 교환 공문

1969년 7월 31일 「우주 개발에 관한 일본과 미국 간의 협력에 관한 교환 공문」으로 미국과의 국제협력이 공식적으로 이루어지게 되었다. 이 같은 국제협력을 이해하기 위한 일본의

---

71) 우주개발사업단법(쇼와 44년 법률 제50호) 제1조(목적) 우주개발사업단은 평화의 목적에 한하여, 인공위성 및 인공위성 발사용 발사체 개발, 발사 및 추적을 종합적, 계획적, 또한 효율적으로 수행하고 우주개발 및 이용의 촉진에 기여하는 것을 목적으로 설립된다.
72) 青木節子, "適法な宇宙の軍事利用決定基準としての国会決議の有用性", 義塾大学総合政策学ワーキングペーパーシリーズ No.68(2005), p.16.; 青木節子, "21世紀のスプートニク・ショック 米国の長い影 | 日本の宇宙政策(2)", nippon.com, https://www.nippon.com/ja/japan －topics/ c06509/ (검색일: 2023. 5. 2.)
73) "宇宙外交・安全保障等の現状、課題及び今後の検討の方向(案)", 内閣府宇宙戦略室, https://www 8.cao.go.jp/space/comittee/dai5/siryou5.pdf (검색일: 2023. 5. 2.)

국내적 배경은 1962년 5월 내각총리대신에 대한 자문 제1호「우주개발 추진의 기본방책」에 대한 "우주개발심의회의" 답신 중에서 찾을 수 있다.

답신에는 일본의 우주 개발은 평화 목적에 한하여 "① 자주성의 존중, ② 공개의 원칙, ③ 국제 협력의 중시"라는 세 가지 원칙에 따라 수행하는 것이 제시되었다. 그 이후로 독자노선과 국제협력은 일본 우주정책의 기본원칙이 되었고 국제협력의 원칙은 제2차 세계대전 후 일본의 국제사회로의 복귀에 중요한 역할을 했다. 일본은 이후 세 가지 기본원칙에 따라 우주 정책에 관한 중요한 결정을 내려왔다.[74]

한편 국제적 측면에서 본다면, 미국과의 국제협력의 배경에는 미국 측에서 일본의 로켓 개발 능력을 인식하고 일본의 우주 연구개발이 제3국으로의 기술이전, 핵무기 투발 수단으로서의 미사일 개발, 미국 주도의 국제통신위성기구(INTELSAT: International Telecommunications Satellite Organization)와의 경쟁 등으로 이어지는 것에 대한 우려가 작용하였다. 따라서 미국은 이 같은 우려 상황을 방지하기 위해 우주 협력이라는 형태로 일본의 우주 활동을 미국이 관리할 수 있도록 하려고 했다.

미국뿐만 아니라 일본 역시 이 같은 정책 결정에는 특별한 배경이 있었다. 발사체 발사 실패가 잇따라 일어난 상황을 타개하기 위해 미국과의 협력을 통해 일본에서 인공위성을 발사함으로써 국제적 지위의 향상을 목적으로 하였고, 미일 간 오키나와 반환 협상 촉진과 경제적 마찰 해소를 고려한 결과였다. 미일 간 교환공문의 주요 내용은 다음과 같다.

표 9	우주 개발에 관한 일본과 미국 간의 협력에 관한 교환 공문」 내용

(1) 미국정부는 일본의 Q로켓, N로켓 및 통신위성, 기타 평화적 이용을 위한 위성 개발을 위해 비밀이 아닌 기술 및 기기로서 이 서한의 부속서에 제시된 것을 미국기업, 일본정부 그리고 일본정부와 계약관계에 있는 일본 민간기업에 제공하는 것을 미국의 법률 및 행정절차에 따라 허가할 것을 약속한다.
(2) 일본 정부는 다음을 약속한다.
　(a) (1)에서 정하는 바에 따라 일본으로 이전된 기술 또는 기기는 평화 목적으로만 사용되도록 확보할 것

---

74) 渡邉 浩崇, supra note 2, p.35.

> (b) 이러한 기술 및 기기, 그리고 이러한 기술과 기기를 사용하여 제작된 로켓 통신위성, 기타 위성
> 및 이들의 구성부분, 부품, 보조장치 및 부속품의 제3국 이전이 양국 정부 간에 합의되는 경우를
> 제외하고는 이루어지지 않도록 일본의 법령 및 행정절차에 따라 모든 가능한 조치를 취할 것.
> (c) 미국의 협력을 얻어 개발되거나 발사된 통신위성은 현행 인텔샛 약정(동약정에서 발전하는 것
> 포함)의 목적과 양립할 수 있도록 사용할 것

출처: JAXA 홈페이지

 ## 제2기(1969년 ~ 2003년)

비군사, 국제협력으로 특징지어진 1기 일본의 법령과 정책은 2기에서도 이어져, "평화적
이용에 한하여"라는 우주의 비군사적 이용 개념은 일반화 이론으로 발전하였으며, 국제협력
은 미국이 주도한 포스트 아폴로 계획에 참가하는 과정에서 심화되었다. 한편 국제협력과 함
께 H−Ⅱ 발사체 개발 등 국내개발이 추진되기도 하였다. 이 같은 발전 과정을 통해 우주 안
보, 국제협력, 국내개발 등 일본의 우주활동과 관련된 정책이 구체화되고 체계화되어 3기에
서 JAXA 설립, 우주기본법 제정과 같은 중요한 정책결정의 기반을 형성하게 된다.

가. 1978년 우주 개발 정책 대강

일본은 1969년 미국과의 국제협력 정책을 결정한 이후 두 번째 국제협력 차원에서의 정
책적 결정으로 미국의 스페이스 셔틀 계획에 참가하게 된다. 미일 교환공문 체결 후 8개월 후
인 1970년 3월 미국은 "포스트 아폴로 계획"을 국제사회에 제안했다.

일본은 1970년 7월 "포스트 아폴로 계획 간담회"를 우주개발위원회에 설치하여, 미국의
포스트 아폴로 계획 제안에 응하고자 했다. 간담회 설치라는 일본의 정책적 대응은 미국과의
우주협력을 통해 최첨단의 우주과학 기술을 습득하는 동시에 일본의 국제적 지위를 높이려
는 목적에서 기인한 것이었다. 하지만 일본은 한정된 우주과학 기술력과 인재 그리고 예산을
고려할 때 참가를 쉽게 결정할 수 없었고, 약 4년 간의 검토 끝에 1974년 5월, 최종보고서를

제출하게 되었다.

일본의 정책적 검토가 이루어지는 동안 미국은 1972년 1월 포스트 아폴로 계획으로 스페이스 셔틀 계획을 공식적으로 결정하여, 본체는 자체적으로 개발하고 본체의 부속 부분은 유럽과 캐나다에서 개발하는 방향으로 합의되었다. 일본은 미국의 최초 제안으로부터 4년 반 만인 1974년 9월에 스페이스 셔틀 계획의 개발이 아닌 이용분야에 대한 참가 의사를 미국에 전했다.

발사체와 인공위성의 기술 도입이라는 미국과의 양자 간 협력을 우선한 결과 일본은 미국을 중심으로 한 다자 간 협력, 즉 스페이스 셔틀 계획에 참가가 늦어지게 되었다. 일본이 미국의 스페이스 셔틀 계획에 처음부터 개발자로 참가하지 못한 이유는 주로 우주 과학 기술력과 경제력의 부족이었지만, 다른 한편으로는 우주를 둘러싼 국제정세의 이해 부족과 우주 활동에 관한 장기적이고 포괄적인 비전이 부족했기 때문이기도 하였다.

일본은 이 같은 교훈을 통해 1978년 3월 "우주 개발 정책 대강"을 만들었다. 우주 개발 정책 대강은 우주활동에 관한 향후 15년의 기본방침으로서 자주성, 국제협력, 장기비전의 중요성을 강조하고 독자노선과 국제협력의 양립을 실현하는 두 가지 계획, 순수 일본 기술력으로 H-Ⅱ 발사체를 개발하는 것과 미국의 우주 정거장 계획에 참가하는 장기적인 목표를 제시했다.[75]

이후 1984년 "우주개발정책대강개정"에는 1990년대에 H-Ⅱ 발사체로 2톤급 정지궤도 위성을 발사하는 계획이 명시되었고, 1985년 "우주개발계획"을 통해 일본은 1990년대에 대형위성을 발사할 국내개발 발사체 H-Ⅱ 발사체를 개발할 것을 발표했다. H-Ⅱ 발사체 개발은 국제협력에서 독자노선으로의 전환이었다.

나. 1985년 일반화 이론

안전보장을 위한 우주 이용이 필요해짐에 따라 1985년 2월에, 나카소네 내각은 1969년 국회 결의를 어떻게 해석하고 다룰 것인지에 대한 견해 "정부 통일된 견해"를 발표했다. 그것은 자위대가 위성을 직접 살상적, 파괴적으로 이용하는 것은 당연히 인정될 수 없지만, 이

---

75) 渡邉 浩崇, supra note 2, p.37.

미 "이용이 일반화되고 있는 위성 및 그와 같은 기능을 가지는 위성"에 대해서는 자위대가 사용해도 무방하다는 "일반화 이론"이었다.[76]

1998년 8월 31일 북한이 발사한 대포동 탄도 미사일이 일본 영토를 넘어 태평양 바다에 낙하하였다. 이 같은 안보위협에 따라 전수방위를 표방하는 일본은, 자국에 대한 위협을 식별하기 위해서 정보수집 위성이 필요하다는 인식이 한층 깊어졌다. 이에 따라 1998년 12월 일반화 이론에 근거하여 정부가 운용하는 정보수집 위성 도입을 내각회의를 통해 결정하였다.

 ## 제3기(2003년 ~ 현재)

가. 법령

1) 2008년 우주기본법

가) 우주기본법 제정 배경

2008년 5월 28일에 제정된 우주기본법이 제정되기까지 배경에는 두 가지 변화가 있었다. 첫 번째 변화는 일본 국내 경제 및 행정 변화다. 1990년대 일본의 장기불황에 따른 재정지출 축소를 위해 행정개혁이 논의가 시작되었고, 1996년 하시모토 총리는 장관 구조 합리화와 공무원 수 감축사업에 착수했다.[77] 작고 효율적인 정부를 만들기 위해 2001년 과학기술청(STA)과 교육문화부(MoE)가 문부과학성(MEXT)으로 합쳐졌다. 일본의 우주정책결정 과정이 분산되어 있었기 때문에 정부기관 통합에 따른 시너지효과를 기대했으나, 문부과학성으로 통합의 결과는 정책결정 과정에서 혼란을 초래했다. 우주정책의 행정중심인 문부과학성의 우주정책과장은 전직 교육관이 맡고 학자금 지원, 교환학생 업무, 초등교육 분야에 주로 경험이 있는 사람들이 차지하게 되었다.[78] 이러한 행정개혁의 결과는 오히려 우주정책의 혼란

---

76) 青木節子・佐藤雅彦, "宇宙法とはなにか", 日本航空宇宙学会誌 53巻 617号(2005), p.177
77) Suzuki, K, "Administrative reforms and the policy logics of Japanese space policy", Space Policy Vol.21 No.1(2005), p.16.

을 가중시켰고, JAXA가 우주정책의 명확한 비전을 제시할 수 없게 만들었다. 또한, NASDA, ISAS, NAL이 JAXA로 통합됨에 따라 각 연구기관 간의 조직문화, 행정시스템의 차이[79]가 문제점으로 대두되었다.

두 번째 변화는 국제환경의 변화이다. 1998년 북한의 대포동 미사일 발사 후 일본은 독자적인 위성을 보유해야 한다는 여론과 함께 북한의 미사일 및 핵 개발을 감시하기 위한 첩보위성 개발과 미사일 방어망 구축에 관심을 갖기 시작했다.[80] 이후 일본 정부는 H-IIA 5호기를 이용해 2003년 3월 2개의 정보수집위성을 발사하였고, 2006년 9월과 2007년 2월에도 추가로 정보수집위성을 발사했다. 또한 일본 정부는 미군과의 합동작전을 분담할 가능성이 높아지면서 우주개발의 중요성을 인식했다. 당시 일본 자위대는 1969년 '평화적 이용'원칙에서 인공위성을 활용할 수 없는[81] 상황이었다. 그러나 미국의 미사일 방어 프로그램 참여로 일본 자위대 자체의 조기경보 위성의 필요성이 대두되었고, 자유민주당 등에서는 정부가 1969년 국회결의인 '평화적 이용' 조항이 변경되어야 한다는 목소리가 나왔다.[82] 그리고 중국은 2003년 미국과 소련에 이어 세 번째로 유인 우주비행의 성공을 통한 우주기술을 발전시켰고, 2007년 1월 11일 자국의 기상위성을 ASAT 미사일을 통한 격추시험 성공[83] 등 우주개발을 둘러싼 중국의 영향력 증가도 일본의 우주기본법 제정의 영향으로도 작용되었다.

그러나 이러한 일본의 국내·외적 환경의 변화 속에서 나타난 문제점들이 정부나 정치권에서 조치는 소극적이었다. 문부과학성 장관을 역임한 자민당 국회의원 카와무라 다케오(Kawamura Takeo, 河村建夫)가 장관직에서 물러난 후 문부과학성, 산업통상자원부 등 각 부처에서 차관으로 활동하는 자민당 의원들과 함께 국가우주전략 입안위원회(國家宇宙戰略 立案委員會, 소위 Kawamura Consultation Group)라는 비공식 연구회를 결성하였다.[84] 10회의 회

---

78) Suzuki, K, "Basic law for space activities: Anew space policy for Japan for the 21st century", Yearbook on Space Policy 2006/2007: New Impetus for Europe(2008), pp.225-238.
79) Suzuki, K, supra note 77, p.17.
80) 전완주, 앞의 주 35), 181면.
81) 조홍제, 앞의 주 31), 366면.
82) Suzuki, K, "Transforming Japan's space policy-making", Space Policy Vol.23 No.2(2007), p.76.
83) Neuneck, G, "China's ASAT test—A warning shot or the beginning of an arms race in space?", Yearbook on space policy 2006/2007: new impetus for Europe(2008), p.211.
84) Suzuki, K, supra note 82, p.77.

의 후 국가우주전략 입안위원회는 2005년 10월에 보고서를 작성하였다.

국가우주전략 입안위원회 보고서는 우주정책 결정 과정에 있어 일관된 구성을 위한 세 가지 방향을 제시한다. 첫째, 정부가 우주 문제에 대한 전략적 사고와 계획을 갖춘 장관직을 신설해야 한다고 제안하였으며, 둘째, 정부가 우주 활동과 관련된 부처(문부성, 경제산업성, 국토교통성, 총무성)에서 새로운 포럼을 설립해야 한다고 주장했다. 마지막으로 협의회 구성원을 포함한 정치권이 '평화적 목적' 결의안에 대해 새로운 해석을 시작해야 한다고 제안했다.[85]

여기에서 그치지 않고 2005년 10월 카와무라는 자민당 정책연구회 밑으로 우주개발특별위원회(宇宙開發特別委員會, Spacial Committee on Space Dvelopment 이하 SCSD)를 설립하여 관련문제를 지속적으로 논의해왔다. 이후 카와무라는 2006년 4월 '새로운 우주개발 이용제도의 구축을 위한 평화국가 일본의 우주정책'이라는 중간보고서를 공표하였다.[86] 2006년 7월 대포동 2호의 발사를 계기로 '평화적 이용'의 보다 유연한 해석을 통해, 2007년 6월 '우주 활동에 관한 기본법'을 자민당의 누카가 후쿠시로 의원 등이 의원입법 법안을 제출하고, 2008년 4월 여야의 합의를 통해 2008년 5월 28일 '우주기본법'이 제정되었다. 우주기본법은 전체 5장, 총 35개 조문으로 구성되었고, 우주개발 정책 추진체계는 내각부로 통일되고 내각부 산하에 우주개발전략본부와 우주정책위원회를 설치하였다.

나) 우주기본법 주요 내용

2008년 5월 28일 제정된 '우주기본법(宇宙基本法)'은 전체 5장, 총 35개 조문으로 구성되어 있다. 세부구성은 제1장 총칙(제1조 ~ 제12조), 제2장 기본시책(제13조 ~ 제23조), 제3장 우주기본계획(제24조), 제4장 우주개발전략본부(제25조 ~ 제34조), 제5장 우주활동에 관한 법제의 정비(제35조)이다.

제1조[87]는 '세계평화 및 인류복지의 향상에 공헌한다.'라는 문언을 통해 이 법이 국제법

---

85) Suzuki. K, supra note 78, pp.225-238.
86) 김영주, "인공위성의 발사 및 관리에 관한 규제 논점-2016년 일본 '우주활동법'을 중심으로", 『한국항공우주정책·법학회지』, 35권 3호(2020), 154면.
87) 우주기본법 제1조 과학기술의 발전과 국내·외 정세의 변화에 따라 우주의 개발 및 이용(이하 우주개발이라고 한다.)의 중요성이 증대하고 있고, 우리나라가 우주개발을 완수하는 역할을 확대하기 위해 우주개발에 관한, 기본이념 및 그 실현을 도모하기 위해서 기본이 되는 사항을 정하여 국가의 책무 등을 분명히 하고, 아울러, 우주기본계획의 작성, 우주개발전략본부의 설치 등에 의

적 합법성, 특히 유엔헌장과의 합헌성을 가지고 일본 헌법의 '평화주의'가 주요 목적인 '세계 평화'와 모순되지 않다는 것을 말한다.[88]

제2조[89] 우주의 평화적 이용과 제14조[90] 국제사회의 평화 및 안전확보 및 일본의 안전 보장에서 일본은 지금까지 우주의 군사적 이용을 표면상으로 인정하지 않았지만 이러한 규정으로 우주의 군사적 이용을 합법적으로 해결할 수 있게 되었다.[91]

우주기본법이 제정되기 전에도 인공위성이 운용되고 있었지만, 얻은 정보들은 잘 활용되지 못했다. 예를 들어, 2007년에 발생한 니가타현 쥬에즈오키 지진과 2005년에 발생한 후쿠오카 서쪽 지진 때에도 위성 데이터는 잘 활용되지 않았다.[92] 그러나 우주기본법 제정으로 제3조[93] 국민생활 향상과 제13조[94] 국민생활 향상 등에 이바지하는 인공위성의 이용과 활용이 적극적으로 나타나기 시작했다. 또한 제23조[95] 우주개발에 관한 정보의 관리에서도 정보수집위성, 준천정위성, 정지궤도기상위성, 육상관측위성 등으로 사회적 요구에 대응하여 이용이 가능하도록 인공위성의 연구개발 진행과 목적에 따른 분류를 통해 효과적이고 효율적인 활용을 도모할 수 있게 되었다. 이어서 제4조[96], 제16조[97]에서는 산업의 진흥을 도모

하여 우주개발에 관한 시책을 종합적이고 계획적으로 추진하여, 국민생활의 향상 및 경제 사회의 발전에 기여함과 동시에, 세계평화 및 인류복지의 향상에 공헌을 목적으로 한다.

88) 稻原泰平, "宇宙基本法(2008 . 8 . 27 施行)の国際法上の意義", 金沢星稜大学論集 Vol.42 No. 2(2008), p.4.

89) 우주기본법 제2조 우주개발은, 달과 그 외 천체를 포함한 우주공간의 탐사 및 이용에 국가활동을 규정하는 원칙에 관한 조약 등의 우주개발에 관한 조약과 그 외의 국제약속이 정하는 바에 따르고, 일본국 헌법의 평화주의 이념에 따라 수행한다.

90) 우주기본법 제14조 국가는 국제사회의 평화 및 안전의 확보, 우리나라의 안전보장에 이바지하는 우주개발을 추진하기 위하여, 필요한 시책을 강구한다.

91) 松掛暢, "宇宙基本法と日本の宇宙開発利用:宇宙条約の視点とともに", 阪南論集 社会科学編 Vol.45 No.1(2009), p.116.

92) 松掛暢, supra note 91, p.118.

93) 우주기본법 제3조 우주개발은 국민생활의 향상, 안전하고 안심하고 살 수 있는 사회의 형성, 재해, 빈곤과 그 외의 인간의 생존 및 생활에 대한 여러 가지 위협의 제거, 국제사회의 평화 및 안전의 확보, 우리나라의 안전보장에 이바지하여야 한다.

94) 우주기본법 제13조 국가는, 국민생활의 향상, 안전하고 안심하고 살 수 있는 사회의 형성 및 재해, 빈곤과 그 외의 인간 생존 및 생활에 대한 여러 가지 위험의 제거에 이바지하기 위하여, 인공위성을 이용한 안정적인 정보통신 네크워크, 관측에 관한 정보시스템, 측위에 관한 정보시스템 등의 정비의 추진과 그 외의 필요한 시책을 강구한다.

95) 우주기본법 제23조 국가는 우주개발의 특성을 감안하여, 우주개발에 관한 정보의 적절한 관리를 위해서 필요한 시책을 강구한다.

96) 우주기본법 제4조 우주개발은 우주개발의 적극적이고 계획적인 추진, 우주개발에 관한 연구개발

하여, 미쓰비씨 중공업 등 민간기업으로의 발사체 기술 이전, 혁신 위성기술 실증사업을 통한 민간기업의 우주 연구개발을 촉진하고 있고, 2016년 인공위성 등의 발사 및 인공위성의 관리에 관한 법률과 원격탐사 기록의 적정한 취급의 확보에 관한 법률 제정에도 기초가 되었다.

그리고 제25조[98])에서는 내각에 우주개발전략본부를 두고 제24조[99])를 통해 우주개발전략본부에서 우주기본계획을 체계적으로 작성하기 시작하였고, 2009년부터 우주기본계획이 시달되어 체계적인 우주계획으로 운용되고 있다. 우주개발전략본부장은 내각총리대신이 그 직위를 맡고, 부본부장은 내각 관방장관 및 우주개발담당 대신이 그 직위를 갖는다. 부칙 제3조[100])는 JAXA의 목적, 기능, 조직에 관한 검토를 다루고 있다.

2) 2012년 JAXA법 개정

가) JAXA법 개정 배경

일본 국회는 2008년 우주기본법 제정 4년 후인 2012년 6월 20일에 내각부 설치법 등에 관한 법률 일부를 개정하는 법률[101])(2012, 법률 제35호)과 우주기본법에 따라 우주개발 및 이용의 종합적인 추진을 위한 새로운 제도를 마련하였다.[102]) 2008년 우주기본법이 제정되기

성과의 원활한 기업화 등에 의하여, 우리나라의 우주산업과 타 산업의 기술력 및 국제경쟁력의 강화를 통하여 우리나라 산업의 진흥에 이바지하여야 한다.

97) 우주기본법 제16조 국가는 우주개발에 민간이 수행하는 역할의 중요성을 감안하여, 민간 우주개발에 관한 사업활동(연구개발포함)을 촉진하기 위하여, 자력으로 우주개발과 관련되는 사업을 수행할 때 민간사업자의 능력을 활용하여, 물품 및 역무의 조달을 계획적으로 실시하도록 배려함과 동시에, 발사장(로켓의 발사를 실시하는 시설을 말한다.), 시험연구 설비와 그 외의 설비 및 시설 등의 정비, 우주개발에 관한 연구개발 성과의 민간사업자에게 이전의 촉진, 민간이 우주개발에 관한 연구개발의 성과의 기업화 촉진, 우주개발에 관한 사업에 민간아업자의 투자를 용이하게 하기위한 세제상 및 금융상의 조치와 그 외의 필요한 시책을 강구한다.

98) 우주기본법 제25조 우주개발에 관한 시책을 종합적이고 계획적으로 추진하기 위하여, 내각에 우주개발략본부(이하 본부라고 한다.)를 둔다.

99) 우주기본법 제24조 우주개발전략본부는 우주개발에 관한 시책의 종합적·계획적 추진을 도모하기 위해 우주개발에 관한 기본계획(이하 우주기본계획이라고 한다.)을 작성한다.

100) 우주기본법 부칙 제3조 정부는 이 법률의 시행후 신속하게, 독립행정법인 우주항공연구 개발기구와 그 외 우주개발에 관한 기관에 대하여 그 목적, 기능, 조직에 관한 검토를 더하고, 필요시 재검토를 실시한다.

101) 주요 내용은 내각부에서의 우주정책위원회의 설치, JAXA는 우주기본법 제2조의 우주공간의 평화적 이용에 관한 기본원칙에 따라 인공위성의 개발, 발사, 추적, 운용 등의 업무를 포괄적이고 체계적으로 수행한다.

전까지 일본의 모든 우주개발은 1969년 국회결의와 이후 국회심의에서 '평화적 목적'으로 해석된 우주의 평화적 목적에 근거하여 비군사적이어야 했다. 이후 우주기본법의 제정과 함께 일본 헌법의 평화주의 이념을 토대로 자위대의 우주활동에 문을 열어줄 것으로 기대되었다. 그러나 당시 의원들은 2002년 JAXA 설립법(2002년 법률 제161호)의 우주의 평화적 이용에 관한 문구를 수정하지 않았다. 이는 우주기본법은 국회의원의 발의로 만들어졌지만 2012년 개정법안의 실제 입안은 문부과학성 장관을 비롯한 내각이 맡았기 때문에 원활한 소통이 되지 않았던 것이다.[103] 따라서 우주기본법의 취지에 부합하도록 2012년 JAXA법이 개정이 된 것이다. 이번 개정으로 JAXA는 자위대와 일본 헌법 9조 평화주의 원칙에 따라 다양한 우주 프로그램을 운영하게 되었다.

나) 2012년 JAXA법 개정 주요 내용

일본 국회는 2008년 우주기본법 제정 4년 후인 2012년 6월 20일에 내각부 설치법 등에 관한 법률 일부를 개정하는 법률[104](2012. 법률 제35호)에 따라서 우주기본법의 취지에 부합하도록 2012년 JAXA법을 개정하였다. 개정된 JAXA법은 제1장 총칙(제1조 ~ 제8조), 제2장 임원 및 직원(제9조 ~ 제17조), 제3장 업무 등(제18조 ~ 제23조), 제4장 기타조항(제24조 ~ 29조), 제5장 처벌(제30조 ~ 제31조)로 구성되어 있다.

제4조[105]는 JAXA의 업무 목적에 관하여 기술되어 있으며, 그 목적을 달성하기 위해 제18조[106]에서 세부적인 업무를 나열하고 있다. 또한 제4조에서 기존의 '평화적 목적에 한하

---

102) Anan. K, "Administrative reform of Japanese Space Policy Structures in 2012", Space Policy Vol.29 No.3(2013), 210p.

103) *Ibid*, p.213.

104) 내각부 우주정책위원회의 설치, JAXA는 우주기본법 제2조의 우주공간의 평화적 이용에 관한 기본원칙에 따라 인공위성의 개발, 발사, 추적, 운용 등의 업무를 포괄적이고 체계적으로 수행한다.

105) JAXA법 제4조 국립연구개발법인 우주항공연구개발기구(이하 기구라고 한다.)는 대학과의 공동 등에 의한 우주과학에 관한 학술연구, 우주과학기술(우주에 관한 과학기술을 말한다. 이하 동일)에 관한 기초연구 및 우주에 관한 기반적 연구개발 및 인공위성 등의 개발, 발사, 추적 및 운용 및 이들과 관련된 업무를 우주 기본법(2008년 법률 제43호) 제2조의 우주의 평화적 이용에 관한 기본 이념에 근거해, 종합적이고 계획적으로 실시하는 것과 동시에, 항공 과학 기술에 관한 기초연구 및 항공에 관한 기초적 연구 개발 및 이들과 관련된 업무를 종합적으로 수행함으로써, 대학 등에서의 학술연구의 발전, 우주과학기술 및 항공과학기술의 수준의 향상, 우주의 개발 이용의 촉진을 도모하는 것을 목적으로 한다.

106) JAXA법 제18조 기구는, 제4조의 목적을 달성하기 위해, 다음의 업무를 실시한다. 1. 대학과의

여'라는 문구가 '우주기본법(2008년 법률 제43호) 제2조의 우주의 평화적 이용에 관한 기본 이념에 따라'로 변경되었다. 이는 일본이 우주활동에 있어서 자위대의 군사적 이용의 가능성을 열어둔 것으로 해석될 수 있다. 또한 JAXA법 제24조[107] 2항에서 "국제적인 평화 및 안전의 유지를 위해 특별히 필요하다고 인정되는 경우 및 긴급한 필요가 있다고 인정되는 경우에 따라 주무대신은 필요한 조치를 취할 것을 요구할 수 있다."를 추가하였으며, 이는 국가안보 차원에서 우주의 군사적 이용을 합법화한 것으로 이해된다.

3) 2016년 인공위성 등의 발사 및 인공위성 관리에 관한 법률과 원격탐사 기록의 적정한 취급의 확보에 관한 법률

가) 제정 배경

2010년 이후부터 미쓰비시 중공업과 인터스텔라 테크놀러지스(Interstellar Technologies Inc.) 등과 같은 일본 내 민간기업에서 우주활동의 참여가 확대되면서, 정부의 승인, 인·허가 및 감독에 대한 법적 관리가 문제되기 시작했다.[108] 2015년 2월부터 내각부 산하의 우주정책위원회에서 입법 작업을 시작하여, 2015년 6월 우주정책위원회는 '우주활동법에 관한 기본방침'(宇宙活動法に関する基本的考え方)을 발표하고, ① 법률의 허가 및 계속적 감독의 대상이 되는 우주활동의 범위, ② 인공위성 등 발사에 관한 허가제도 및 인공위성 관리에 관

공동 그 외의 방법에 의한 우주 과학에 관한 학술 연구 실시, 2. 우주과학기술 및 항공과학기술에 관한 기초연구 및 우주 및 항공에 관한 기초적 연구개발 실시, 3. 인공위성 등의 개발 및 이에 필요한 시설 및 설비의 개발 실시, 4. 인공위성 등의 발사, 추적 및 운용 및 이들에 필요한 방법, 시설 및 설비의 개발 실시, 5. 전 호의 업무에 관련된 성과를 보급하고, 그 활용을 촉진, 6. 제3호 및 제4호의 업무에 관해, 민간 사업자의 요구에 따라 원조 및 조언, 7. 기구의 시설 및 설비를 학술연구, 과학기술에 관한 연구개발 및 우주의 개발 및 이용을 하는 자에게 제공, 8. 우주과학 및 우주과학기술 및 항공과학기술에 관한 연구자, 기술자를 양성하고 그 자질의 향상을 도모, 9. 대학의 요청에 따라 대학원에서의 교육 및 그 대학에서의 교육협력, 10. 과학기술·이노베이션 창출의 활성화, 11. 전 각호의 업무에 부대하는 업무를 실시

107) JAXA법 제24조 (주무대신의 요구) 주무대신은 다음에 제시하는 경우에 기구에 대하여 필요한 조치를 취할 것을 요구할 수 있다. 1. 우주의 개발 및 이용에 관한 조약 기타 국제약속을 우리나라가 성실하게 이행하기 위해 필요하다고 인정되는 경우 2. 관계 행정기관의 요청을 받아, 일본의 국제 협력의 추진 혹은 국제적인 평화 및 안전의 유지를 위해 특히 필요가 있다고 인정되는 경우 및 긴급한 필요가 있다고 인정되는 경우

108) 김영주, 앞의 주 86).

한 허가제도 사항, ③ 제3자 손해배상제도 등을 논점으로 제시하여 법률안 작업 검토를 진행하였다. 2016년 11월 16일 인공위성 등의 발사 및 인공위성의 관리에 관한 법률(人工衛星等の打上げ及び人工衛星の管理に関する法律 이하 우주활동법)과 원격탐사 기록의 적정한 취급의 확보에 관한 법률(衛星リモートセンシング記録の適正な取扱いの確保に関する法律, 이하 위성원격탐사법)로 각각 제정되었다.[109]

나) 인공위성 등의 발사 및 인공위성 관리에 관한 법률(이하 우주활동법)

우주활동법은 우주기본법(2008년 법률 제43호)의 이념에 근거하여, 일본에서의 인공위성 등의 발사 및 관리와 관련된 허가제도와 인공위성 등의 낙하 등에 의하여 발생하는 손해배상에 관한 제도를 마련함으로써, 우주개발 및 이용에 관한 모든 조약들을 정확하고 원활하게 실시하는 동시에 공공의 안전을 확보하고, 피해자 보호를 도모함으로써, 국민생활의 향상 및 경제사회의 발전에 기여하는 것을 목적으로 한다(제1조). 우주활동법은 총 8장으로 구성되어 인공위성 등의 발사·관리에 관한 허가제도 부분과 인공위성 등의 낙하에 따른 손해배상 제도 부분이 중심적인 골격을 이루고 있다.[110] 우주활동법의 목차는 제1장 총칙(제1조 ～ 제3조), 제2장 인공위성 등의 발사에 관한 허가 등(제4조 ～ 제19조), 제3장 인공위성 관리에 관한 허가 등(제20조 ～ 제30조), 제4장 내각총리대신에 의한 감독(제31조 ～ 34조), 제5장 로켓낙하 등의 손해배상(제35조 ～ 제43조), 제6장 인공위성 낙하등의 손해배상(제53조 ～ 제54조), 제7장 잡칙(제55조 ～ 제59조), 제8장 벌칙(제60조 ～ 제65조)으로 내용이 세부기술되어 있다.

(1) 인공위성 발사 및 관리에 관한 허가제도

우주활동법상 인공위성 발사의 허가권자는 '내각총리대신'이며, 발사하고자 하는 자는 '발사시'마다 허가를 받아야 한다(제4조 1항[111]). 또한 허가기준을 우주활동법 6조에서 기술하고 있다.

---

109) 김영주, 앞의 주 86), 159면.
110) 김영주, 앞의 주 86), 161면.
111) 우주활동법 제4조 1항 일본에 소재하는 발사시설을 이용하여 또는 일본 국적의 선박 또는 항공기에 승선하여 인공위성 등을 발사하고자 하는 자는 매번 총리대신의 허가를 받아야 한다.

표 11 우주활동법 제6조 인공위성 발사에 관한 허가기준

6조	내 용
1항	인공위성 발사용 로켓의 설계가 인공위성 발사용 로켓의 비행경로 및 발사시설 주변의 안전을 확보하기 위한 인공위성 발사용 로켓의 안전에 관한 기준으로 내각부령에서 정하는 기준[112] (이하 '로켓 안전기준'이라 한다.)에 적합하거나 제13조 1항[113]의 형식인정 혹은 외국인정을 받은 경우여야 한다.
2항	발사시설은 무선설비를 갖추고 있고, 기타 인공위성 발사용 로켓의 비행경로 및 발사시설 주변의 안전을 확보하기 위한 발사시설의 안전에 관한 기준으로서 인공위성 발사용 로켓의 형식에 따라 내각부령에서 정하는 기준[114](이하 형식별 시설안전 기준이라 한다.)에 적합한 경우 제16조 1항[115]의 적합인정을 받은 경우에 가능하다.
3항	로켓 발사 계획에 있어 비행 중단 조치, 기타 인공위성 발사용 로켓의 비행경로 및 발사시설 주변의 안전을 확보하는 방법이 정해져 있어야 한다. 또한 그 내용이 공공의 안전을 확보하는데 적절하고 신청자가 해당 로켓 발사 계획을 실행할 수 있는 충분한 능력을 가지고 있어야 한다.
4항	인공위성 발사용 로켓에 탑재되는 인공위성의 목적 및 방법이 기본이념에 의거한 것이어야 하며, 우주개발 및 이용에 관한 모든 조약들의 정확하고 원활한 실시와 공공의 안전확보에 지장을 줄 우려가 없는 것이어야 한다.

출처: 내각부 홈페이지

---

112) 우주활동법 시행규칙 제7조 우주활동법 제6조 제1항에서 정하는 기준은 다음과 같다. 1. 위성 등을 발사하기 위해 비행할 수 있는 능력이 있을 것, 2. 점화장치 등의 고장, 오작동 또는 오동작(이하 "고장 등"이라 함) 위성 발사체의 비행 경로와 발사 시설 주변의 안전을 보장하기 위한 조치를 취할 것, 3. 위성 발사체의 위치, 자세 및 상태를 나타내는 신호를 전송하는 기능을 가질 것, 4. 위성의 발사 로켓의 비행을 정지시킴으로써 위성 발사체의 비행경로와 발사시설 주변의 안전을 확보하는 기능을 가질 것, 5. 위성 발사로켓의 비행경로를 구성하는 중요 시스템 등의 충분한 신뢰성 확보 및 다중화 및 오작동 발생시에도 작동할 수 있도록 발사시설 주변의 안전성 확보 기능(동일 시스템에 동일한 기능을 가진 2개 이상의 시스템 또는 장비를 배치하는 것을 말한다.)을 조치할 것, 6. 위성 등이 분리될 때 가능한 한 파편 등의 방출을 방지하기 위한 조치가 필요, 7. 인공위성용 발사체를 구성하는 단계 중 궤도에 진입할 단계에서 위성을 분리한 후 가능한 한 파쇄되지 않도록 조치를 취할 것.

113) 우주활동법 제13조 1항 내각총리대신은 신청에 의해 인공위성 발사용 로켓의 설계에 대한 형식인정을 진행한다.

114) 우주활동법 시행규칙 제8조 우주활동법 제6조 제2항에서 정하는 기준은 다음과 같다. 1. 발사시설은 발사시설 부근에서 안전이 확보될 수 있는 장소에 위치하고, 중요한 장비 등에 대해서는 적절한 보안조치를 취한다, 2. 발사시설은 위성발사체와 그 주변의 비행경로를 보장하기 위하여 적절한 발사를 수행할 수 있는 장비를 갖추어야 한다, 3. 위성의 발사 로켓에 사용되는 점화 장치와 관련된 중요한 시스템의 오작동이 있더라도 발사체의 비행 경로와 발사시설 주변을 확보하기위한 조치가 취해져야 한다, 4. 비행 안전관제나 비행 중단 조치를 취하는 데 필요한 다음 무선 설비를 갖추어야 한다. (다만, 다음의 무선설비를 구비한 다른 장소를 이용하여 비행안전통

또한 제3장에서 인공위성 관리에 관한 허가[116]와 허가기준이 제22조에 기술되어 있다. 우주활동법 제22조 인공위성 관리에 관한 허가기준은 다음 표와 같다.

표 12 우주활동법 제22조 인공위성 관리에 관한 허가기준

22조	내 용
1항	인공위성 이용의 목적 및 방법이 기본이념에 의거하고 동시에 우주개발 및 이용에 관한 모든 조약이 정확하며 원활한 실시 및 공공의 안전확보에 지장을 줄 우려가 없는 것일 것
2항	인공위성의 구조에 해당 인공위성을 구성하는 기기 및 부품의 비산을 방지하는 구조가 강구되어 있고, 그 밖에 우주공간탐사 등 조약 제9조에서 규정하는 달과 그 밖의 천체를 포함하는 우주공간의 유해한 오염 및 그 평화적인 탐사 및 이용에 있어 타국의 활동에 대해 잠재적으로 유해한 간섭(다음 호 및 제4호에서 "우주 공간의 유해한 오염 등"이라 한다.)의 방지 및 공공의 안전 확보에 지장을 줄 우려가 없는 것으로서 내각부령에서 정하는 기준[117]에 적합한 것일 것
3항	관리계획에 있어서 다른 인공위성과의 충돌을 피하기 위한 조치와 그 밖에 우주 공간의 유해한 오염 등을 방지하기 위해 필요한 것으로서 내각부령에서 정한 조치 및 종료조치[118]를 강구하고 있어야 하며, 신청자(개인의 경우에는 사망시 대리인을 포함한다.)가 해당 관리계획을 실행할 충분한 능력을 가지고 있을 것
4항	종료조치의 내용이 다음의 가목에서 라목 중 어느 하나에 해당할 것. 　가. 인공위성의 위치, 자세 및 상태를 제어함으로써, 해당 인공위성의 고도를 하강시켜 공중에서 연소시키는 것(이는 인공위성을 구성하는 기기 일부를 연소시키지 않고, 지표나 수면에 낙하시켜 회수하는 것을 포함한다.)으로, 해당 인공위성의 비행경로 및 해당 기기 일부의 착지 또는 착수가 예상되는 지점 주변의 안전을 확보하여 행해질 것 　나. 인공위성의 위치, 자세 및 상태를 제어함으로써, 해당 인공위성의 고도를 상승시켜 시간 경과에 따라 고도 하강이 이루어지지 않는 지구회전 궤도에 투입하여 다른 인공위성의 관리에 지장을 줄 염려가 없을 것

제 및 비행정지조치를 취하는 경우에는 해당되지 않는다.) (a) 위성 발사체의 위치, 자세 및 상태를 나타내는 신호를 전자파 또는 그 밖의 수단을 이용하여 수신하여 파악하는 기능을 갖는 무선설비, (b) 위성발사체가 신호를 수신하여 비행정지조치를 취하는 때, 비행정지 조치를 취하기 위하여 필요한 신호를 송신하는 기능을 갖는 무선설비, 5. 인공위성용 발사체의 비행경로를 구성하는 중요 시스템 등의 충분한 신뢰성 및 다중화 및 발사시설 부근에서의 안전성 확보 기능을 확보하여 오작동 시에도 기능할 수 있도록 조치를 취한다.

115) 우주활동법 제16조 1항 내각총리대신은 신청에 의해 국내에 소재하거나 또는 일본 국적을 가진 선박 혹은 항공기에 탑재된 발사시설에 대하여, 이를 이용하여 인공위성 등의 발사에 관한 인공위성 발사용 로켓 형식(그 설계가 제13조 제1항의 형식 인정 혹은 외국인정을 받은 경우에 한한다.)별로 적합인정을 행한다.

116) 우주활동법 제20조 국내에 소재하는 인공위성 관리설비를 이용하여 인공위성의 관리를 하고자 하는 자는 인공위성별로 내각총리대신의 허가를 받아야 한다.

22조	내 용
	다. 인공위성의 위치, 자세 및 상태를 제어함으로써, 해당 인공위성을 지구 이외의 천체를 회전하는 궤도에 투입하거나 해당 천체에 낙하시킴으로써, 해당 천체의 환경을 현저하게 악화시킬 우려가 없을 것
	라. 가목에서 다목까지 열거되는 조치를 강구할 수 없는 경우, 오작동 및 폭발방지, 그 밖의 우주공간의 유해한 오염 등을 방지하기 위해 필요한 것으로서, 내각부령에서 정한 조치를 강구해야 하고, 인공위성의 위치, 자세 및 상태를 내각총리대신에게 통지한 후, 그 제어를 중지할 것

출처: 내각부 홈페이지

(2) 손해배상 책임 제도

우주활동법은 인공위성 등의 낙하, 충돌 폭발에 따른 손해배상 책임 유형을 로켓낙하 등의 손해배상(제5장)과 인공위성 낙하 등의 손해배상(제6장)으로 구분하고 지상 낙하 등에 대해서는 무과실 책임을 원칙으로 하고, 발사자에게는 책임의 집중과 정부보상을 강화하고 있다. 또한 지상낙하 등의 경우 위성관리자에게도 무과실 책임을 부과하여 손해에 관한 제3자 배상제도를 명시하고 있다.[119]

로켓 낙하 등의 손해배상 책임 제35조[120]에 의하면 발사자는 로켓 낙하 등의 손해가 발

---

117) 우주활동법 시행규칙 제22조(인공위성의 구조에 관한 기준) 우주활동법 제22조 제2항에서 정하는 기준은 다음과 같다. 1. 인공위성을 구성하는 장비 및 부품(이하 "장비 등"이라 한다) 비산을 방지하기 위한 구조가 강구되어 있어야 한다, 2. 인공위성을 구성하는 장비 또는 부품을 분리하거나 위성을 다른 위성 등과 결합하는 경우에는 다른 위성의 관리에 지장을 주지 않는 기구를 마련하여야 한다, 3. 위성의 위치, 자세 또는 상태의 이상이 감지되면 위성이 파손되는 것을 방지하는 구조가 강구되어 있어야 한다, 4. 인공위성 관리기간 중 또는 그 이후에 지구에 추락하는 인공위성 또는 인공위성을 구성하는 장비는 공중에서 태워 공공의 안전을 확보하는 데 지장을 주지 않는 구조를 갖추어야 한다, 5. 지구 이외의 천체를 궤도에 올려 놓거나 인공위성 또는 천체에 떨어진 인공위성을 구성하는 장비나 부품을 지구에 떨어뜨려 회수하는 경우에는 외계 물질의 유입으로 인한 지구 환경의 악화를 방지하기 위한 장치가 마련되어야 한다, 6. 인공위성 또는 인공위성을 구성하는 장비가 지구 이외의 천체 주위를 공전하거나 천체에 투하되는 경우, 그러한 천체의 유해한 오염을 방지하기 위한 구조를 강구하여야 한다.
118) 우주활동법 시행규칙 제23조(위성관리를 위한 조치) 우주활동법 제22조 제3항에서 정하는 조치는 다음과 같다. 1. 인공위성을 구성하는 장비 또는 부품을 분리하거나 위성을 다른 위성 등과 결합하는 경우 다른 위성의 관리를 방해하지 아니한다, 2. 위성의 위치, 자세 또는 상태에 이상이 감지되면 위성의 파쇄를 방지하거나 종료를 위한 조치를 취한다, 3. 법 제20조 제2항 제3항에 규정된 궤도로부터 이동할 수 있는 능력을 가진 인공위성의 경우, 다른 인공위성 등과의 충돌의 우려가 있다고 인정되는 때에는 회피하는 것이 적절하다고 인정되는 때에는 회피한다.
119) 김영주, 앞의 주 86), 178면.
120) 우주활동법 제35조 국내에 소재하거나 일본 국적을 가진 선박 또는 항공기에 탑재된 발사시설을

생하는 경우 제3자에 대해 무과실 책임, 즉 절대적 책임을 져야 한다. 다만 제37조[121]에는 예외 조항을 두어 배상액 산정시 이를 참작할 수 있게 하였다. 또한 제53조[122] 인공위성 낙하 등의 손해의 배상도 그 예외(제54조[123])를 제외하고 배상의 책임을 진다고 명시하였다.

다) 원격탐사 기록의 적정한 취급의 확보에 관한 법률(이하 위성원격탐사법)

위성원격탐사법은 원격탐사 기록의 적정한 취급을 확보하기 위해, 국가의 책무를 정하고 원격탐사장치 사용에 관한 허가제도를 마련하여, 위성원격탐사기록 보유자의 의무, 취급자의 인정, 내각총리대신에 의한 감독 및 그 밖의 위성원격탐사기록 취급에 관해 필요한 사항을 정하기 위해 제정되었다(제1조).

위성원격탐사법은 총 7장으로 구성되어 있다. 법의 목차는 제1장 총칙(제1조~ 제3조), 제2장 위성원격탐사장치의 사용에 관련된 허가 등(제4조 ~ 제17조), 제3장 위성원격탐사기록의 취급에 관한 규제(제18조 ~ 제20조), 제4장 위성원격탐사기록을 취급하는 자의 인정(제21조 ~ 제26조), 제5장 내각총리대신에 의한 감독(제27조 ~ 제30조), 제6장 잡칙(제31조 ~ 제32조), 제7장 벌칙(제33조 ~ 제38조)으로 내용으로 구성되어 있다. 위성탐사기록의 적정취급에 관한 범주를 크게 위성원격탐사장치의 사용에 관한 허가, 위성원격탐사기록 보유자의 의무, 위성원격탐사기록 취급자의 인정 및 범위로 나누어 규정하고 있다.[124]

(1) 위성원격탐사장치의 사용에 관한 허가

'위성원격탐사 장치[125]'란 원격탐사 미션에 사용하는 센서 전반을 가리키는 용어가 아니

이용하여 인공위성 등의 발사를 하고자 하는 해당 인공위성 등의 발사에 의해 로켓 낙하 등의 손해가 발생한 경우 그 손해를 배상할 책임을 진다.

121) 우주활동법 제37조(배상에 대한 참작) 제35조 및 제36조의 규정에도 불구하고, 로켓낙하 등의 손해 발생에 관하여 천재지변이나 그 밖의 불가항력이 경합하는 경우, 법원은 손해배상 책임 및 배상액을 정함에 있어 이를 참작할 수 있다.

122) 우주활동법 제53조 국내에 소재하는 인공위성 관리설비를 이용하여 인공위성의 관리를 하는 자는 해당 인공위성 관리에 따라 낙하 등 손해가 발생한 경우 그 손해를 배상할 책임을 진다.

123) 우주활동법 제54조 제53조의 규정에도 불구하고, 인공위성 낙하 등 손해발생에 관하여 천재지변이나 그 밖의 불가항력이 경합하는 경우, 법원은 손해배상 책임 및 배상액을 정함에 있어 이를 참작할 수 있다.

124) 김영주, "위성원격탐사에 관한 비교법적 고찰", 『한국항공우주정책·법학회지』 35권 1호(2020), 203-319면.

라 그 분해능이 내각부령으로 정하는 위성원격탐사법 시행규칙 상에 있는 기준치 이상의 고성능 센서를 가리킨다.[126] 위성원격탐사법 시행규칙 상 기준치는 표 13과 같다.

표 13 위성원격탐사 센서 기준치

기준치
• 광학 센서: 물체 식별 정확도 2m 미만
• SAR 센서: 물체 식별 정확도 3m 이하
• 초분광 센서: 물체 식별 정확도 10m 이하여야 하며, 검출할 수 있는 파장대는 49를 초과
• 열적외선 센서: 물체 식별 정확도 5m 이하

출처: 衛星リモートセンシング記録の適正な取扱いの確保に関する法律施行規則

표 13 상의 기준치보다 낮은 성능의 센서는 위성원격탐사법에 해당되지 않는다. 또한 '위성원격탐사장치'는 지구표면을 관측하는 것으로 우주상황감시(SSA) 위성 등 우주원격탐사를 실시하는 경우에도 별도의 허가신청이 필요없다. 위성원격탐사법 제4조 1항에 의하면 국내 소재하는 조작용 무선설비를 이용하여, '위성원격탐사장치'를 사용하고자 하는 자(특정사용기관을 제외한다.)는 '위성원격탐사장치' 별로 내각총리대신의 허가를 받아야 한다. 이 조항에 따르면 조작용 무선설비가 국외에 소재할 때에는 원격탐사장치를 사용하려는 자가 일본

---

125) 위성원격탐사법 제2조 2항 "위성원격탐사장치"란 지구회전궤도에 투입하여 사용하는 인공위성(이하 "지구주회 인공위성"이라 한다.)에 탑재되어, 지표나 수면(이들에 근접한 지중 또는 수중을 포함한다.) 또는 이들 상공에 존재하는 물건으로부터 방사되거나 반사된 전자파(이하 "지상방사 등 전자파"라 한다.)를 검출하여, 그 강도, 주파수 및 위상에 관한 정보와 검출 시 해당 지구주회 인공위성의 위치 및 그 밖의 상태에 관한 정보(다음 호에서 "검출정보"라 한다.)를 전자적 기록(전자적(電子的) 방식, 자기적 방식 및 그 밖의 인간의 지각으로는 인식할 수 없는 방식으로 만들어지는 기록으로, 전자계산기에 의해 정보처리용으로 제공되는 것을 말한다. 이하 동일.)으로서 기록하고, 이를 지상으로 송신하는 기능을 갖춘 장치로서, 이들 기능을 적절한 조건 하에 작동시킨 경우, 지상에서 수신한 해당 전자적 기록을 전자계산기의 영상 화면에 시각으로 인식할 수 있는 상태로 했을 때 판별이 가능한 물체의 정도(이하 본조 및 제21조 제1항에서 "대상물 판별정밀도"라 한다)가 차량, 선박, 항공기 및 그 밖의 이동시설의 이동을 파악하기에 충분한 것으로서, 내각부령에서 정한 기준에 해당하며, 이러한 기능을 작동시키거나 정지시키기 위해, 필요한 신호 및 해당 전자적 기록을 다른 무선설비(전자파를 이용하여, 부호를 보내거나 또는 받기 위한 전기적 설비 및 이것과 전기통신 회선으로 접속한 전자계산기를 말한다. 이하 동일.)와 전자파를 이용하여 송신하거나 수신할 수 있는 무선설비를 갖춘 것을 말한다.

126) 青木節子, "衛星リモセン法: 国内宇宙法, 外国法制との比較の視点から", 日本リモートセンシング学会誌 Vol.41 No.2(2021), p.322.

인이라도 허가를 취득할 필요는 없다.[127] 그리고 사용허가에 대한 기준은 제6조에서 다루고 있으며, 위성원격탐사장치 사용자는 부정사용을 방지하기 위해 조작용신호, 원격탐사장치에서 송신하는 기록의 암호화(제8조), 원격탐사 위성이 허가된 궤도에서 벗어난 경우 기능정지(제9조), 허가된 수신설비 이외에는 사용금지(제10조), 위성원격탐사 장치의 이용에 대한 기록 등을 실시하여야 한다.

표 14 위성원격탐사법 제6조 위성원격탐사장치의 사용에 관한 허가기준

6조	내 용
1	위성원격탐사장치의 구조 및 성능, 해당 위성원격탐사 장치가 탑재된 지구주회 인공위성의 궤도 및 조작용 무선설비 등과 수신설비의 장소, 구조 및 성능과 이들 관리방법이 신청자 이외의 자가 위성원격탐사장치를 사용하는 것을 방지하도록 필요한 적절한 조치가 강구되고 있고, 기타 국제사회의 평화 확보 등에 지장을 줄 우려가 없는 것으로서 내각부령에서 정하는 기준에 적합할 것
2	위성리모트센싱기록의 누출, 멸실 또는 훼손 방지와 기타 해당 위성리모트센싱기록의 안전관리를 위하여 필요 적절한 것으로서 내각부령에서 정하는 조치가 강구되어 있을 것
3	신청자(개인의 경우에는, 사망 시 대리인을 포함한다.)가 제1호에 규정하는 신청자 이외의 자가 위성리모트센싱장치를 사용하는 것을 방지하기 위한 조치 및 전호에서 규정한 위성리모트센싱기록의 안전관리를 위한 조치를 정확하게 실시하기에 충분한 능력을 갖추고 있을 것
4	기타 해당 위성원격탐사장치의 사용이 국제 사회의 평화 확보 등에 지장을 줄 우려가 없는 것일 것.

출처: 衛星リモートセンシング記録の適正な取扱いの確保に関する法律

(2) 위성원격탐사기록 보유자의 의무

'위성원격탐사기록[128]'은 위성원격탐사로 획득한 데이터를 말한다. 이것은 위성원격탐사법 제2조 6항에 내각부령에서 정하는 기준에 해당되는 데이터를 말하며, 그 기준은 표 15

---

127) *Ibid*, p.322.
128) 위성원격탐사법 제2조 6항 "위성리모트센싱기록"이란 특정사용기관 이외의 자가 국내 소재의 조작용 무선설비를 통해 위성원격탐사장치를 사용하여 지상에 송신한 검출정보의 전자적 기록 및 해당 검출정보의 전자적 기록에 가공을 한 전자적 기록 중 대상물 판별정밀도, 그 가공에 의하여 변경이 가해진 정보의 범위·정도, 해당 검출정보의 전자적 기록이 기록된 이후의 경과시간, 그 밖의 사정을 감안할 때 그 이용이 우주기본법 제14조에서 규정하는 국제사회의 평화, 안전 확보 및 우리나라의 안전보장(이하 "국제사회의 평화확보 등"이라 한다)에 지장을 줄 우려가 있는 전자적 기록으로서, 내각부령에서 정하는 기준에 해당하는 것과 이들을 전자적 기록매체(전자적 기록에 관련된 기록 매체를 말한다.)에 복사한 것을 말한다.

에 나타나 있다. 이 데이터는 위성원격탐사기록 보유자, 특정취급기관, 원격탐사기록 취급자에 한해 유통이 허용된다.[129]

<table>
<tr><td colspan="2">표 15   위성원격탐사법 제2조6항 위성원격탐사기록 기준</td></tr>
</table>

	내 용
1차 데이터	• 광학센서: 물체 식별 정확도 2m 이하, 기록 후 5년 이내 • SAR 센서: 물체 식별 정확도 3m 이하, 기록 후 5년 이내 • 초분광 센서: 물체 식별 정확도 10m 이하, 검출 파장대가 49를 넘고, 기록 후 5년 이내 • 열적외선 센서: 물체 식별 정확도 5m 이하, 기록 후 5년 이내
2차 처리 데이터	• 광학 센서: 물체 식별 정확도 25cm 미만 • SAR 센서: 물체 식별 정확도 24cm 미만 • 초분광 센서: 물체 식별 정확도 5m 이하, 검출할 수 있는 파장 대역 49를 초과 • 열적외선 센서: 물체 식별 정확도 5m 이하

출처: 衛星リモートセンシング記録の適正な取扱いの確保に関する法律施行規則

(3) 위성원격탐사기록 취급자의 인정 및 범위

위성원격탐사기록 취급자가 되기 위해서는 신청을 하고 내각총리대신은 신청자가 제21조 3항[130]에 따라 결격사유가 없는 경우 인정하여야 한다.

---

129) 青木節子, supra note 126, p.322.
130) 위성원격탐사법 제21조 3항 내각총리대신은 제1항의 인정 신청이 다음 기준에 적합하다고 인정될 때에는 이를 인정하여야 한다. 1. 신청자가 다음의 어느 하나에 해당하지 않는 경우. 가. 이 법률과 기타 국제사회의 평화 확보 등에 지장을 줄 우려가 있는 행위의 규제에 관한 법률로, 정령에서 정하거나 혹은 이들 법률에 근거한 명령 또는 이들에 상당하는 외국 법령의 규정을 위반하여 벌금 이상의 형벌(이에 상당하는 외국 법령에 의한 형을 포함한다.)에 처해져 그 집행이 끝났거나 또는 그 집행 종료의 날로부터 5년이 경과하지 않은 자, 나. 제17조 제1항의 규정에 의해 허가가 취소되거나 또는 제25조 제1항 혹은 제26조 제1항의 규정에 의해 인정이 취소되어, 그 취소된 날로부터 3년을 경과하지 않은 자, 다. 국제테러리스트, 라. 심신의 장애에 의한 위성리모트센싱기록의 취급을 적정하게 행할 수 없는 자로서 내각부령에서 정하고 있는 자, 마. 법인으로, 그 업무를 행하는 임원 또는 내각부령에서 정한 사용인 중 가목에서 라목의 어느 하나에 해당하는 자가 있는 경우, 바. 개인으로, 그 내각부령에서 삭한 사용인 중, 가목에서 라목의 어느 하나에 해당하는 자가 있는 경우, 2. 신청자가 해당 신청에 관련된 구분에 속하는 위성리모트센싱기록을 취급하는 것에 대해 신청자에 의한 위성리모트센싱기록 이용의 목적 및 방법, 위성리모트센싱기록의 분석 또는 가공을 행하는 능력, 위성리모트센싱기록의 안전관리를 위한 조치 및

4) 우주자원 탐사·개발에 관한 사업활동의 촉진에 관한 법률(이하 우주자원법)

2021년 6월 23일 제정된 "우주자원의 탐사 및 개발에 관한 사업 활동의 촉진에 관한 법률"은 우주자원 탐사 및 개발에 관한 우주활동법의 규정에 따른 허가 가능한 특별 사례(제3조)를 마련하고 우주자원의 소유권 취득(제5조)에 필요한 기타사항을 결정함으로써 우주활동 및 이용에 관한 조약의 정확하고 원활한 구현과 민간 사업자에 의한 우주자원 탐사 및 개발에 관한 사업 활동을 촉진하는 것을 목적으로 하는 법률이다.[131]

우주자원법은 총 8개의 조문으로 구성되어 있으며, 이 법에 따라 일본은 미국과 룩셈부르크, 아랍에미리트에 이어 천체에서 채굴된 우주자원[132]에 대한 소유권을 인정한 세계 4번째 나라가 되었다.

제5조[133]에 해당하는 우주자원의 소유권 취득은 무조건 취득을 인정하는 것이 아니라, 사업활동계획에 따라 채취한 우주자원으로 한정되어 있으며, 사업활동계획과 무관하게 취득한 우주자원에 대해서 소유권을 인정받지 못함으로 우주자원 취득과 관련하여 국가의 감독이 미치고 있다고 볼 수 있다.[134] 또한 제6조[135]와 제7조[136]에는 우주자원 취득에 있어 국제협약의 성실한 이행과 국제체제 구축 및 협력 확보를 다루고 있다.

그 밖의 사정을 감안하여 국제사회의 평화 확보 등에 지장을 줄 우려가 없는 것으로서 내각부령에서 정한 기준에 적합한 경우.

131) 黒根祥行, "宇宙ビジネスの拡大と宇宙法整備の必要性", 甲南法務研究 No.18(2022), p.39.
132) 우주자원법 제2조 1항 우주자원은 달과 다른 천체를 포함하여 우주공간에 존재하는 물, 광물 및 기타 천연자원을 의미한다.
133) 우주활동법 제5조 우주자원 탐사 및 개발허가에 관한 사업활동계획의 규정에 따라 우주자원의 탐사 및 개발에 관한 사업활동에 종사하는 자가 채굴한 우주자원의 소유권은 채굴 등을 수행한 자가 소유권을 가지고 점유함으로써 취득한다.
134) 黒根祥行, supra note 131, p.40.
135) 우주자원법 제6조 1. 이 법을 시행함에 있어서는 일본이 체결한 조약 및 기타 국제협정의 충실한 이행을 방해하지 않도록 주의하여야 한다, 2. 이 법의 어떠한 규정도 달과 다른 천체를 포함한 우주 공간의 탐사 및 사용의 자유를 행사하는 다른 국가의 이익을 부당하게 침해하지 아니한다.
136) 우주자원법 제7조 1. 국가는 국제기구 및 기타 국제기구와의 협력을 통하여 각국 정부와 협력하여 우주자원의 탐사 및 개발을 위한 국제적으로 일관된 체계를 구축하기 위하여 노력한다, 2. 국가는 민간사업자의 우주자원 탐사 및 개발과 관련된 사업활동과 관련하여 국제정보공유를 촉진하고 국제조정을 위한 조치를 취하며 국제협력을 보장하기 위하여 필요한 조치를 취한다, 3. 국가는 전 두 항에 규정된 조치를 취함에 있어서 일본의 우주자원의 탐사 및 개발과 관련된 산업의 건전한 발전과 국제경쟁력의 강화를 충분히 고려하여야 한다.

나. 정책

1) 2009년 우주기본계획 수립

2008년 8월 27일에 우주기본법이 시행된 후 우주개발이용에 관한 시책의 종합적이고 계획적인 추진을 도모하기 위해 우주개발이용 기본계획(이하 '우주기본계획')을 작성[137]하였다. 이렇게 2009년 6월 2일 우주기본계획이 작성되었고, 6가지 목표[138]와 이를 시행하기 위한 육상 및 해상 관측 위성, 데이터 중계 위성, 안전보장을 목적으로 하는 위성, 지구 환경 관측 위성, 기상 위성, 통신/측위 위성, 과학 위성 등 각종 위성과 국제 우주 정거장을 효율적이고 효과적으로 조합하거나 하나의 인공위성을 다목적으로 활용함으로써[139] 9가지의 구체적인 시스템과 프로그램[140]을 설정하였다. 이를 통해 구체적인 목표와 달성기간을 정하고 향후 10년 간의 상황을 예상하고, 5년을 직접적인 계획수립의 대상 시기로 삼고 5년마다 재검토한다.

2) 2013년, 2015년 우주기본계획 수립

2008년 우주기본법의 제정으로 미국은 미일동맹이 우주분야로 강화할 수 있다는 인식이 높아졌다. 그러나 우주기본법의 성립에도 불구하고, 방위성이 우주활용에 소극적이었고 큰 변화가 나타나지 않았다. 결국, 2012년 4월 미·일 정상회담에서 미국은 우주에 있어 국가안보, 국제안보 등 다양한 문제를 다루는 '정부 전체 접근(Whole-of-government approach)'이 필요하다고 호소했다.[141] 이는 일본의 우주정책과 관련된 부처가 개별적으로 정책을 집행하

---

137) 宇宙本法 第24条(우주기본법 제24조)
138) 2009년 수립된 우주기본계획의 6가지 목표는 1) 우주를 활용한 안전하고 풍요로운 사회구현, 2) 우주를 활용한 안전 보장강화, 3) 우주외교 추진, 4) 첨단연구개발 추진에 의한 활력있는 미래창조, 5) 21세기 전략적 산업육성, 6) 환경에 대한 배려를 목표로 한다.
139) 宇宙本計画 平城21년 6月 2日, 宇宙戦略本部決定(2009년 6월 2일 우주기본계획 우주전략본부 결정)
140) 2009년 우주기본계획의 6가지 목표를 시행하기 위한 9가지 시스템과 프로그램은 1) 아시아 전역 공헌하는 육상·해상 관측 위성시스템, 2) 지구환경 관측, 기상 위성시스템, 3) 고도의정보통신 위성시스템, 4) 측위위성 시스템, 5) 안전보장을 목적으로하는 위성 시스템, 6) 우주과학 프로그램, 7) 유인우주활동 프로그램, 8) 우주 태양광 발전 연구 개발 프로그램, 9) 소형 실증 위성 프로그램을 토대로 구체적인 계획을 작성하였다.

고 목표를 설정하여 프로그램을 전개하고 있기 때문에 미·일 간 제휴가 불가능하다는 표현이었다. 그러나 2012년 12월 노다 총리가 정권을 잃고 우주정책의 근본적인 변경을 실현하지 못했다. 이후 정권을 이어받은 아베 정권도 2013년 1월 우주기본계획 책정 시 우주 분야에 있어서 2009년 우주기본계획을 그대로 2013년 우주기본계획에 이어온 것이다.

2015년 우주기본계획의 수립 배경은 다음과 같다. 2013년 우주기본계획 책정 이후 일본의 외교 및 안전보장 환경이 급속히 변화하면서 일본의 안보에서 우주의 중요성이 현저하게 증대되었다.

또한 우주 관련 기업의 사업 철수와 인원 감소에 따라 우주개발 이용 산업기반이 흔들리고 있어 이를 회복하기 위해 새로운 우주기본계획을 책정하기로 했다.[142] 이에 따라 새로운 우주기본계획이 2015년 1월 9일 수립되었다. 이 계획은 아베 정권의 안보 및 경제정책을 충분히 반영하여, 안보적 측면과 산업적 측면을 강조하고 있다. 또한 미·일 간 공조를 통한 우주안보 역량 강화 및 10년 내 우주산업 규모 5조억 엔 달성을 주요 목표로 설정하였다.[143] 2015년 우주기본계획의 주요 내용은 표 16과 같다.

표 16 2015 우주기본계획 주요 내용

안전보장 이용확대
• 우주시스템을 외교·안보, 자위대 운용에 직접활용할 수 있도록 정비
• 현재 1기뿐인 준천정위성을 23년도까지 7기로 확대
• 기밀이 높은 방위위성 통신망을 자위대가 독자적으로 운영
• 정보수집위성의 증가와 기능 강화
• 민간사업 추진에 필요한 법안을 '16년 정기국회에 제출

미·일 협력강화
• 우주 쓰레기의 감시강화
• GPS 고장·공격으로 무력화된 경우 상호보완

141) Fact Sheet: United States−Japan Cooperative Initiatives, The White House, https://obama whitehouse.archives.gov/the−press−office/2012/04/30/fact−sheet−united−states−japan−cooperative−initiatives (검색일: 2023. 5. 4.)
142) 河野 隆宏, "我が国の宇宙政策・宇宙開発の動向～宇宙を活用した新たなビジネスの可能性", 宇宙航空研究開発機構(2014), p.6.
143) 이준·정서영·임창호·임종빈·박정호·김은정·신상우, 앞의 주 70), 41−65면.

산업육성
• 국산 기간로켓으로 향후 10년간 위성 등 44기 발사 · 운용 • 신형 기간 로켓(가칭 H3 개발) • 향후 10년간 관련산업을 민관 5조 엔 규모로 확대

출처: 일본 경제리포트, 일본의 「신 우주기본계획」, KJCF((재)한일사업 · 기술협력재단)

3) 2020년 우주기본계획 수립

안보에서 우주 영역의 중요성과 경제, 사회 부분에서 우주시스템에 대한 의존도가 증가되었고, 우주 활동국 및 우주물체의 수적 증가, 민간 기업의 우주활동, 과학기술의 급속한 진화 등 최근의 우주를 둘러싼 환경변화의 영향으로 2020년 6월 30일 2020년 우주기본계획이 개정되었다.[144] 새롭게 개정된 우주기본계획은 안전보장을 위해 「平成 31 年度以降に係る防衛計画の大綱(平成 30年 12月 閣議決定))」에서 우주활동에서 우위를 확보할 수 있도록 항공자위대에 우주작전대를 신편하였으며, 국가안보전략(「国家安全保障戦略(平成 25年 12月 閣議決定))을 근거로 정보수집 위성의 기능 확충 등 국가안보 상황에 있어 중장기적인 관점에서 계획하고, 특히 우주 상황파악, 해상 상황파악 등에 있어 미국과 우주 협력을 강화하기 위한 노력을 펼칠 예정이다. 또한 전략적으로 동맹국 등과 연계를 통해 우주 활동의 자립성을 지원하는 산업 · 과학기술 기반을 강화하고 우주 이용을 확대하여, '자립적 우주 이용대국' 건설을 목표로 하고 있다.

표 17) **2020년 우주기본계획 목표와 세부 방안**

우주안보 확보	

① 준천정위성 시스템
  - 7기 체제 확립과 후속 개발 착수
② X-밴드 방위 위성 통신망
  - 2022년도까지 3호기 발사
③ 정보수집위성
  - 10기 체제 확립, 기수 증가 실시
	⑥ 조기 경계기능 등 미사일 탐지, 추적 등 미국과 제휴 및 자체 연구
	⑦ 해양 상황파악
	⑧ 우주 상황파악
	⑨ 우주시스템 전체의 기능 보증 강화
	⑩ 동맹국, 우호국 등과 전략적으로 연계한 국제규

144) 閣議決定, "宇宙基本計画(令和 2年 6月 30日)".

④ 즉응형 소형 위성 시스템 ⑤ 상용위성 등의 활용	범 작성

재해대책 . 국토 강인화 전 지구적 과제 해결에 공헌	

① 기상위성
  - 2022년 히마와리-9호 운용을 목표
② 온실가스 관측 위성
  - 2023년도에 3호기 발사를 목표
③ 지구관측 위성·센서
  - 선진 광학·레이더 위성의 발사
  - 핵심 위성 기술의 지속적인 고도화
  - 정보 기반 (DIAS) 강화
④ 준천정위성 시스템
  - 위성 서비스를 2021년까지 20개 광역 자치단체로 보급을 목표
	⑤ 정보 수집 위성
	  - 재해 상황 조기 파악 등을 위해 데이터 활용
	⑥ 재해 대책·국토 강인화에 위성 데이터 활용
	  - 2022년까지 재해 상황의 신속한 파악 등을 위한 시스템 개발
	⑦ 자원 탐사 센서
	  - 하이스펙트럼 센서「HISUI」의 정상운용 조기에 개시

우주 과학·탐사에 의한 새로운 지식의 창조	

① 우주 과학·탐사
  - '하야부사' 등의 세계적으로 높은 평가를 받는 기술 등 지속 추진
② 국제우주탐사 참가
  - 미국의 국제 우주 탐사(아르테미스 계획)에 참가 기회를 활용해 일본 우주인의 활동 기회 확보하는 등 우주 선진국으로서의 역할을 실시
	③ 국제 우주 정거장 (ISS)을 포함한 지구 저궤도 활동 활용

우주를 추진하는 경제 성장과 혁신 실현	

① 위성 데이터 이용 확대
② 정부 위성 데이터 개방 및 자유화
③ 정부 위성 데이터 플랫폼
  - 위성 데이터의 국제 공유 추진
④ 민간 사업자에게 우주 상황 파악 서비스 제공을 위한 시스템 구축
⑤ 국가 프로젝트의 벤처기업 등 민간참여 확대
⑥ JAXA의 사업 창출·개방형 혁신(Open Innovation)에 관한 대처 강화
	⑦ 다른 산업 기업의 우주산업 진입 촉진
	⑧ 제도 환경 정비
	  - 준궤도 비행, 우주 자원 개발, 궤도상 서비스 등에 필요한 제도 환경 정비
	⑨ 발사장
	  - 준궤도 비행 등 새로운 비즈니스를 위한 발사장 검토
	⑩ 해외 시장 개척
	⑪ 달 탐사 활동에 대한 민간 기업 참여 촉진
	⑫ 지구 저궤도 활동에서 경제 활동 촉진

출처: 宇宙基本計畫の槪要 令和 2 年 6 月 3 0 日 閣議決定(우주기본계획의 개요 2020년 6월 30일 각의결정)

4) 「미-일 우주협력 기본협정」 체결[145)

2023년 1월 14일 미국과 일본은 평화적 목적을 위한 우주협력에 필요한 사항을 담은 기본협정을 체결하였다. 총 21개 조항으로 구성되어 있으며, 제1조[146)에는 협력분야와 협력방식이 기술되어 있다. 또한 제5조 세제 및 수수료 부분에서 세금의 면세를 보장하고, 관세 면제에 대한 조항이 명시되었다. 이 협정의 결과로 미국과 일본은 아르테미스 프로그램, 달 궤도를 도는 우주정거장인 루나 게이트웨이(lunar Gateway) 개발에 있어 양자 협력을 강화하는 계기가 되었다.

---

145) 공식명칭은 "평화적 목적을 위한 우주 탐사 및 달과 기타 천체를 포함한 우주의 사용에 대한 협력을 위한 일본 정부와 미합중국 정부 간의 기본협정(the Framework Agreement for Cooperation in the Exploration and Use of Outer Space, including the Moon and Other Celestial Bodies, for Peaceful Purposes)"이다.

146) 미-일 우주협력 기본협정 제1조 1. 협력분야: 우주과학, 달을 포함한 우주탐사, 항공, 우주기술, 우주운송, 안전 및 임무보장 등, 2. 협력방식: 우주비행체 및 우주연구 플랫폼, 과학장비, 유인 우주비행, 사운딩로켓과 과학기구의 사용, 항공기, 지상기반 안테나 사용, 지상우주연구시설 이용, 과학자·기술자·전문가 교류, 과학자료 교환, 우주교육, 대중봉사 등, 3. 활동은 지구, 공중 또는 달과 다른 천체를 포함한 우주 공간에서 수행될 수 있다, 4. 이 기본 협정에 따른 모든 활동은 국제법을 포함한 모든 관련 법률 및 규정에 따라 수행된다, 5. 이 기본 계약은 IGA 또는 IGA에 따라 수정, 수정 또는 체결되는 후속 계약이 적용되는 활동에는 적용되지 않는다.

3 우주 거버넌스

1 제1기(1955년 ～ 1969년)

일본의 우주활동은 1950년대에 시작되었으나, 국가 전체로서의 우주정책과 이를 위한 체제나 조직이 완성되어 간 것은 1960년대에 들어서였다. 1960년 5월, 일본 최초의 우주정책 결정 기관인 "우주개발심의회"가 총리부에 설치되었다. 우주개발심의회는 과학기술청을 사무국으로 하고 정부 관계 부처 사무차관이나 국장, 학계의 대학교수, 산업계 인사 등 30여 명으로 구성되었다. 우주개발심의회는 1968년 8월에 "우주개발위원회"가 그 역할을 대신하게 될 때까지 우주정책에 있어서 중요한 사항을 조사 및 심의하는 역할을 하였다.

일본 내각은 1960년대 우주개발심의회가 총리의 자문에 대해 제출한 답신과 건의에 근거하여 우주정책과 계획을 집행하고 체제 및 조직을 정비했다. 1964년 2월 자문 제3호 답신에서는 국제적 지위를 확보해 국민의 복지와 함께 경제의 발전에 기여하는 국가적 사업으로서 우주개발의 중요성을 확인했다.[147] 이후 일본은 국가 우주활동의 중요성을 인식하고 본격적인 정책활동을 추진했다.

과학기술청에 우주개발추진본부가 설치된 1964년에 문부성의 관리를 받는 도쿄대학에서도 "우주항공연구소"가 설립되어 과학기술청과 문부성에 각각 하나의 개발기관이 서로 양

---

147) 渡邉 浩崇, supra note 2, p.35.

립하게 되었다. 이후 1966년 우주개발심의회의 건의에 의해 실용위성은 과학기술청, 과학위성은 문부성이라는 명확한 선이 그어졌고, 두 개발기관이 JAXA로 통합되기 전까지 각각의 기관에 의한 이원체제가 이어졌다.[148]

이후 1968년 미일 교환공문의 검토가 이루어지고 있을 무렵 우주개발심의회 제4호 답신에 따라 「우주개발위원회(이하 구 우주개발위원회)」[149]가 총리부에 설치되었고 구 우주개발위원회는 우주개발심의회를 대신하게 되었다. 우주개발위원회는 위원장인 과학기술청장관과 국회에서 동의를 받은 민간 전문가 4명의 위원을 포함하여 총 5명으로 구성되었으며, 우주개발에 관한 중요사항의 종합조정과 우주예산의 기획, 심의, 결정하고 총리에게 의견을 제시하는 업무를 수행하였다. 하지만 관계성청과 조율이 되지 않았기 때문에 소관 업무에서 우주이용에 관한 사항은 제외하였다. 또한 1969년 10월 과학기술청 우주개발추진본부가 NASDA로 개편되었다.[150]

---

148) 그러나, 같은 시기의 국회에서는, 조직의 일원화 가능성을 포함한 우주항공연구소의 운영에 관한 논의가 반복되고 있었다. 우주항공연구소가 설치된 1964년부터 1967년에 걸쳐 국회에서 우주항공연구소에 대해 지속적인 논의가 이루어졌으며, 정부는 향후 조직을 일원화하는 방안도 검토하고 있었다. 그러나 1970년대 들어 일원화 논의는 급속히 줄어들면서 ISAS와 NASDA에 의한 이원체제는 30년 가까이 유지된다. 그리고 2000년대 들어 다시 출현하게 되는데, 그 배경 중 하나로 양측 조직에서 잇따른 로켓 발사 실패(M-V 로켓 4호기, H-Ⅱ 로켓 5호기, 8호기)가 있다는 점은 1960년대의 상황과 유사하다. 加治木 紳哉, supra note 9, pp.59-61.
149) 2001년 중앙성청재편 이전의 우주개발위원회는 이후의 우주개발위원회와 동일한 명칭이지만 소관업무에 차이가 있어 본 글에서는 구 우주개발위원회로 구분하여 서술한다.
150) 榎 孝浩, "宇宙政策の司令塔機能をめぐる議論", 調査と情報－ISSUE BRIEF－No.748(2012), p.7.

② 제2기(1969년 ~ 2003년)

그림 5 일본의 우주정책의 거버넌스 체제(우주기본법 제정 전)

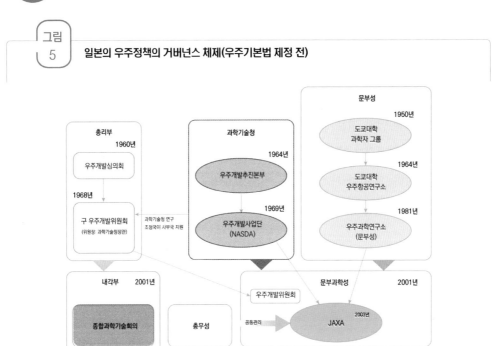

출처: 宇宙分野のイノベーションとそのガバナンス[151]

"행정개혁"은 행정이 정책목표를 가장 적절하고 효과적으로 실현하기 위해 필요한 제도, 시책, 조직체제, 업무운영의 개혁을 의미하는 용어로 1981년 등장했다. 행정개혁의 기조는 1960년대부터 계속되어 온 일본의 우주활동의 이원체제에도 영향을 미쳤다.

일본 정부는 1996년 11월 행정개혁회의를 설치하여 중앙성청 개혁을 위한 논의[152]를 시작하였고, 행정개혁회의의 최종보고를 반영한 중앙부처 등 개혁기본법(1998년 6월 12일 법률

---

151) 城山英明, "宇宙分野のイノベーションとそのガバナンス", 第4回GSDM国際シンポジウム イノベーション、宇宙開発及び政策(2017)

152) 개혁의 핵심은 비대해지고 경직된 정부조직을 개혁하여 제도에 따른 피로도가 높은 전후형 행정시스템을 근본적으로 고쳐 자유롭고 공정한 사회를 형성하고 이를 위한 중요한 국가기능을 유효하고 적절하게 수행하는 데 있었다. 간단하고 효율적이며 투명한 정부를 실현하기 위해 "① 내각기능 강화와 행정목적별 조직 통합 재편성, ② 행정정보 공개와 정책 평가 기능을 통한 투명한 행정 실현, ③ 사업의 근본적인 재검토 및 독립행정법인 제도 창설으로 행정 간소화·효율화" 이 같은 세 가지의 기본적인 정책기조가 강조되었다. 加治木 紳哉, supra note 9, p.220.

제103호)에는 내각부 설치와 중앙성청 10개 성으로의 재편성[153]과 함께 독립행정법인제도 창설, 특수법인 정리와 합리화, 국가 시험연구기관을 포함한 시설 등 기관의 통합과 정리 등이 포함되었다. 관련 업무를 수행할 조직으로 중앙성청 등 개혁추진본부가 설치되고 "중앙성청 등 개혁에 관한 입안방침(1998년), 중앙성청개혁에 관한 대강(1999년), 국가 행정조직 등의 간소화·효율화 등에 관한 기본계획(1999년), 중앙성청 등 개혁의 추진에 관한 방침(1999년)"이 정해졌다.

이러한 과정을 거쳐 2001년 4월 중앙성청 재편이 실시되었고 우주 관련 과학분야와 실용분야를 각각 소관하고 있던 문부성과 과학기술청이 통합되어 "문부과학성"이 되었다. 이에 따라 NASDA 그리고 ISAS 등의 실시기관도 모두 통합되었으며, 과학기술청이 사무국을 맡고 있던 "구 우주개발위원회"도 문부과학성의 심의회가 되어 이관되었다. 따라서 과학기술·학술과 관련된 6개의 심의회[154]의 기능이 통합되어 문부과학성의 과학기술·학술심의회로 변경되었고 위원장도 민간전문가가 맡게 되었다.[155]

향후 2003년에는 특수법인 개혁에 의해, 과학기술청 산하의 NASDA 및 독립 행정법인 항공우주기술연구소(National Aerospace Laboratory of Japan: NAL), 문부성 산하의 ISAS의 세 기관이, JAXA로 통합되어 일원화 되었다.

또한 2001년 1월에 내각부에 설치된 "종합과학기술회의"가 우주개발위원회를 대신하여 우주정책의 기본방침을 정하게 되었고, 종합과학기술회의에 설치된 "우주개발이용전문조사회"에서 검토가 이루어졌다. 우주개발이용전문조사회는 종합과학기술회의의 민간 전문가 4명과 관계기관이나 학계 또는 경제계에서 15명의 전문위원에 의해 구성된다.

내각부의 종합과학기술회의가 우주정책 결정 기관의 역할을 담당함으로써 관계 성청 간의 조정 역할과 우주기술의 이용과 산업 등을 고려할 수 있었다. 하지만 우주정책이 과학기술 측면에 집중한 나머지 외교, 안보 측면의 검토는 미흡하였다. 그 후 우주의 연구개발뿐만 아니라 우주의 활용, 우주 안보, 우주산업 진흥과 촉진 그리고 정책을 추진하는 정부 컨트롤타워의 필요성을 이유로 2008년 우주기본법이 제정되었다.[156]

---

153) 이 단계에서 방위성은 내각부의 외국(外局)이 되었다.
154) 항공·전자 등 기술심의회, 해양개발, 자원조사회, 기술사심의회, 학술심의회, 측지학심의회
155) 加治木 紳哉, supra note 9, p.220.; 榎 孝浩, supra note 150, p.7.
156) 榎 孝浩, supra note 150, p.39.

③ 제3기(2003년 ~ 현재)

2008년 우주기본법 제정을 통해 내각 우주개발전략본부가 설치되었으며, 2012년 내각부 설치법 등에 관한 법률 일부를 개정하는 법률(2012, 법률 제35호)에 의하여 내각부 예하에 우주정책위원회가 설치되었다. 또한 내각부 예하에 우주개발전략추진사무국을 설치하여 우주 관련 행정조직을 일원화 하였다.

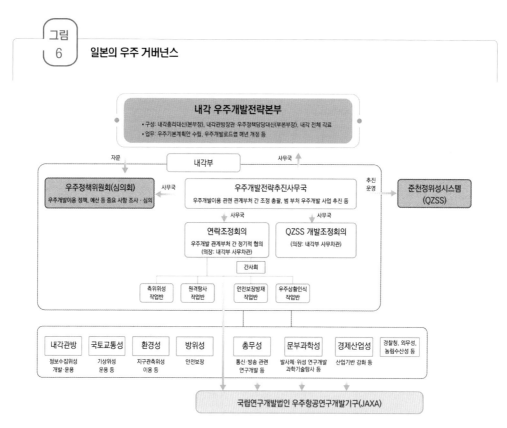

그림 6 일본의 우주 거버넌스

출처: 정영진, (2022), 해외 주요 우주활동국의 국가 우주거버넌스, 항공우주연구원

가. 내각 우주개발전략본부

내각 우주개발전략본부는 2008년 우주기본법 제25조[157)에 의거하여 설치되었다. 우주개발전략본부에서는 ① 우주기본계획을 작성하여, 그 실시를 추진 ② 우주개발에 관한 시책으로 중요 기획에 관한 조사·심의, 그 시책의 실시의 추진 및 종합조정을 실시하고 있다(우주기본법 제26조). 내각 우주개발전략본부는 우주개발전략본부장, 우주개발전략 부본부장, 우주개발전략본부원으로 구성(우주기본법 제28조 ~ 제30조)되며, 우주개발전략본부에 관한 사무는 내각부에서 처리한다. 또한 우주개발전략본부는 소관업부의 수행을 위하여 필요하다고 인정하는 경우, 관계행정기관, 지방공공단체와 독립행정법인의 장 그리고 특수법인 대표에게 자료제출, 입장표명, 설명 등 필요한 사항을 요구할 수 있다(우주기본법 제31조).

나. 내각부

내각부는 내각에 중요정책에 관한 내각의 사무를 돕는 것을 입무로 한다(내각부 설치법 제3조). 내각부 설치법 내 우주와 관련된 사무는 우주의 개발 및 이용(이하 우주개발이용)의 종합적이고 계획적인 추진을 도모하기 위한 기본적인 정책에 관한 사항을 소관 사무로 하고 있다(내각부 설치법 제4조 17항). 구체적인 사무는 ① 우주개발이용에 관한 관계 행정 기관의 사무 조정, ② 우주개발이용의 추진에 관한 사항, ③ 다양한 분야에 있어 공공용 또는 공용으로 운용되는 인공위성 등에 대하여 정령으로 정하는 사항 및 인공위성 운용에 필요한 시설 또는 설비의 정비, 관리에 관한 일, ④ 상기 세 가지 사항 외, 우주개발이용에 관한 시책에 관한 업무를 구체적인 사무로 하고 있다.

1) 우주정책위원회

우주정책위원회는 내각부 설치법 등에 관한 법률 일부를 개정하는 법률(2012, 법률 제35호)에 의하여 2012년 문부과학성의 우주정책위원회를 폐지하고, 내각부 예하에 우주정책외원회를 설치하였다. 우주정책위원회는 심의회로서 내각총리대신의 자문에 따라 ① 우주개발

---

157) 우주기본법 제25조 우주개발에 관한 시책을 종합적이고 계획적으로 추진하기 위하여, 내각에 우주개발전략본부(이하 본부라고 한다.)를 둔다.

이용의 정책에 관한 중요한 사항, ② 관계 성청 우주개발이용에 관한 비용의 선정에 관한 중요사항, ③ 상기 중요사항 이외에 우주개발이용에 관한 중요사항을 조사·심의한다(내각부 설치법 제38조).

우주정책위원회는 위원 9명 이내에서 조직[158]하며, 내각총리대신이 임명[159]한다. 위원의 임기는 2년으로 하고 위원은 재임될 수 있다.[160]

2) 우주개발전략추진사무국

우주개발전략추진사무국은 내각의 중요 정책에 관한 종합 조정 등에 관한 기능의 강화를 위한 국가 행정 조직법 등의 일부를 개정하는 법률(2015, 법률 제66호)에 의하여 2016년 4월 1일에 관방 우주개발전략본부사무국과 내각부우주전략실을 내각부 우주개발전략추진사무국으로 일원화 하였다.

따라서 우주개발전략추진사무국은 내각 우주전략본부와 우주정책위원회의 사무국 역할을 수행하며(내각부 설치법 제40조의 6), 우주개발이용 추진에 관한 관계 성청 등 연락조정회의와 준천정위성시스템(QZSS) 개발조정회의 사무국 역할을 수행한다.

3) 우주개발 이용 추진에 관한 관계부성 등 연락조정회의

우주개발이용에 관한 시책을 종합적이고 계획적으로 추진하기 위한 연락·조정을 도모하기 위해, 우주개발이용의 추진에 관한 관계 성청 등 연락조정회의(이하 연락조정회의)를 정기적으로 그리고 필요에 따라 수시로 개최한다.[161]

연락조정회의 의장은 내각부 사무차관이며, 개별사항에 대해 전문적인 검토를 할 필요가 있을 때는 연락조정회의 아래에 워킹그룹을 설치할 수 있으며, 현재 4개의 워킹그룹이 설치되어 있다.[162]

---

158) 平成二十四年政令第百八十六号, 宇宙政策委員会令 第一条
159) 平成二十四年政令第百八十六号, 宇宙政策委員会令 第二条
160) 平成二十四年政令第百八十六号, 宇宙政策委員会令 第三条
161) 宇宙開発利用の推進に関する関係府省等連絡調整会議 第１回会合 議事次第, https://www8.cao.go.jp/space/kaigi/kankeisyoutyou/dai1/gijisidai.html (검색일: 2023. 5. 4.)
162) 内閣府, 宇宙開発利用の推進に関する関係府省等連絡調整会議について(案), 平成 24年 8月 2

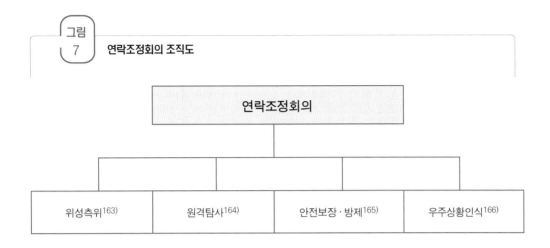

그림 7 연락조정회의 조직도

연락조정회의

위성측위[163] | 원격탐사[164] | 안전보장 · 방제[165] | 우주상황인식[166]

4) 준천정위성시스템(Quasi-Zenith Satellite System 이하 QZSS) 개발조정회의

QZSS는 산업의 국제 경쟁력 강화, 산업 · 생활 · 행정의 고도화 · 효율화, 아시아 — 태평양 지역에의 공헌과 일본의 역할 향상, 미 · 일 협력의 강화 및 재해 대응 능력의 향상 등 광의의 안보에 기여하는 것이다. 또한 미국 GPS를 보완하고 보강하는 것으로 공공 전용 신호를 사용하여 일본 안보에 기여한다. QZSS의 이용은 공공기관과 민간에게 개방되므로 향후 폭넓은 분야에서의 내각부가 개발 및 운용한다. 하지만 개발단계에서부터 관계 행정기관이 서로 긴밀한 연락을 하고, 실용화에 관한 각 기관의 요구를 정확하게 반영하고 운용해 나가는 것이 필요했다. 이를 위해 QZSS개발조정회의를 신설하게 되었다.[167]

QZSS 개발조정회의는 내각부 사무차관이 의장을 맡으며, 관계 행정기관의 협력을 얻어 내각부 우주개발전략추진사무국에서 수행한다. 또한 회의의 운영에 관한 사항 및 그 외 필요한 사항은 의장이 정한다.

日, 関係府省等申合せ(改訂: 平成 25年 8月 13日)
163) 위성 측위에 관한 전문적 검토, 지리 공간 정보의 활용 추진을 도모하기 위해 지리 정보 시스템 과 위성 측위에 관한 시책 전체의 종합적이고 효과적인 추진 도모
164) 원격탐사에 관한 개발과이용에 있어 각 부처 간 조정 도모
165) 안보 · 방재와 관련된 우주개발이용을 추진하기위해 관계 부처 간의 연계 도모
166) 우주상황감시에 관한 시책을 추진하기 위해 관계 부처 간 제휴 도모
167) 準天頂衛星システム開発調整会議の開催について, 平成 24年 11月 21日, 関係府省申合せ

다. 방위성

일본은 2013년 국가안전보장전략을 통해 인공위성 충돌 등으로 발생하는 우주쓰레기의 증가를 비롯해 지속적으로 위험이 존재한다는 것을 인식함에 따라, 우주상황인식체제 구축 필요성을 강조하였다. 2013년 국가안전보장전략(国家安全保障戦略(平成 25年 12月 17日 閣議決定)) 상에는 인공위성 간의 충돌 등에 의해 발생되는 우주쓰레기의 증가를 비롯해 지속적이고 안정적인 우주영역의 이용을 방해하는 위험이 존재하고 있음을 밝히며, 이에 따라 각종 위성의 활용을 도모함과 동시에 우주상황인식(Space Situational Awareness: SSA) 체제 확립에 대한 필요성을 최초로 언급하였다.

또한 2013년 방위계획대강(平成25年 防衛計画の大綱)에서는 우주영역의 안정적인 이용 확보가 안보상의 중요한 과제이며, 우주영역에서 자위대의 활동을 방해하는 행위를 사전에 방지하기 위해 지속감시태세를 구축하고 피해발생 시 신속히 피해를 복구한다는 내용과 함께 미국과 우주상황인식에 있어 유기적인 협력에 관한 내용을 다루고 있다. 2014년 중기방위력정비계획(平成26年 中期防衛力整備計画)에서도 우주상황인식에 관련된 대처를 적극적으로 추진하고 인공위성의 방어력 향상에 노력한다는 내용이 포함되었다. 이에 대한 노력으로 2016년부터 미군 주관의 Global Sentinel[168] 연합연습에 참여하고 있으며, 2018년부터는 미우주군 사령부가 주관하는 우주·사이버 분야 연합·합동 훈련인 Schriever Wargame을 참가하였다. 2017년 11월부터 항공자위대원을 JAXA로 파견하여 우주상황인식에 관한 업무를 추진하고 있다.

2022년 기시다 내각이 결정한 일본의 안보전략 관련 3문서(국가안전보장전략, 국가방위전략, 방위력정비계획)에서도 다차원 통합방위력의 목표를 달성하기 위해 우주영역에서의 안전보장에 대한 방향성을 제시하고 있다. 「국가방위전략」에는 "우주작전능력을 강화하여 우주이용의 우위성을 확보할 수 있는 체제를 정비한다"고 명시하였으며, 구체적으로 스탠드오프 미사일 운용 등을 위한 목표 탐지·추적 능력 획득을 목적으로 한 군집 위성 구축, 위성통신대역 복층화, 우주작전지휘통제시스템 정비 등을 통해 2027년도까지 5년간 우주영역인식

---

168) 우주영역에서 책임있는 행동을 촉진하기 위한 목적으로 미국 우주사령부가 주체하는 안보 협력행사, "Global Sentinel", U.S. Department of Defense, https://www.defense.gov/Multimedia/Photos/igphoto/2003044197/ (검색일: 2023. 5. 7.)

(Space Domain Awareness: SDA)능력과 10년 후까지 우주작전능력을 더욱 강화하는 것을 목표로 하고 있다.[169]

1) 우주작전군

2018년 방위계획대강(平成30年 防衛計画の大綱)에서는 우주·사이버·전자파 영역에 있어서 다차원 통합방위능력을 강화하기 위해 항공자위대에 우주작전대(宇宙作戦隊) 창설을 언급하였으며, 2019년 중기방위력정비계획(平成31年 中期防衛力整備計画)에서는 항공자위대에 우주작전대를 창설하고 우주상황인식 시스템을 정비하고 광학망원경 및 우주상황인식 장비 도입을 명시하였고 2020년에 우주작전대가 창설되었다.

우주작전대의 임무는 우주쓰레기 등으로부터 인공위성을 보호하기 위한 감시부대로 약 20명으로 구성되었다. 2021년 방위백서(令和3年版 防衛白書) 상에는 우주 영역 전문 부대를 강화하기 위해, 2020년 5월의 우주 작전대 신편에 이어 우주 영역에 있어서의 다양한 활동을 계획·수행하기 위한 지휘 통제를 담당하는 부대를 신편하는 것과 동시에 각 부대의 상급 부대로서 우주작전군(宇宙作戦群, Space Operation Group)을 2021년에 신편하는 것으로 하고 있다.

이에 따라 2022년에 120명 규모의 우주작전군이 창설되어 기존의 우주작전대가 제1우주작전대로 개편되고, 위성에 대한 전파 방해를 감시하는 제2우주작전대는 일본 항공자위대 북부 공군 기지(야마구치현)에 창설되었다. 제2우주작전대는 야마구치현에 설치된 감시 레이더가 완성된 후, 2023부터 본격적인 작전을 시작하는 것을 목표로 하였다.[170]

또한, 2023년도에 예정된 우주상황인식 시스템의 실운용을 위한 각종 대처를 추진함과 동시에 2026년도까지의 발사를 목표로 하는 우주상황인식위성(우주 설치형 광학망원경) 등의 도입에 관한 대처를 진행하고 있다.

2022년 개정된 방위력정비계획에서는 "우주영역파악능력 증강한 우주영역전문부대를 보유를 명시"하고 있으며, "우주작전능력 강화하기 위해 우주영역파악능력 정비를 착실히

---

169) 防衛省(2022), 『国家安保戦略書』, 防衛省(2022), 『国家防衛戦略』, 国家安全保障会議(2022), 『防衛力整備計画』.
170) "自衛隊に「宇宙作戦群」発足 指揮統制を担当、23年度にも本格運用", 朝日新聞デジタル, https://www. asahi.com/articles/ASQ3L6QMWQ3LUTFK01X.html (검색일: 2023. 5. 7.)

추진하고 장성을 지휘관으로 하는 우주영역전문부대를 신편하며, 항공자위대를 항공우주자위대로 한다"고 명시하였으며, 주요부대로 우주영역 전문부대 1개 대급 부대를 정비 규모로 제시하였다. 항공자위대에서 항공우주자위대로 개칭하는 시기는 아직 미정인 상태이나, 1954년 자위대 창대 이래 처음으로 명칭을 변경하는 것이므로 우주영역에서의 안보능력을 확보하기 위한 정책적 의미가 크다고 할 수 있다.[171]

> **그림 8** 우주작전군 로고

출처: 방위성 홈페이지

---

171) "[防衛戰略 ⑪] 優位性確保へ 宇宙作戰能力を抜本的強化", 防衛日報デジタル, https://daily
defense.jp/_ct/17598593 (검색일: 2023. 5. 23.)

Chapter

03

분야별 우주기술

일본의 분야별 우주기술에서는 제2장 우주활동역사에서 과거부터 현재까지 이어진 인공위성, 우주발사체 등에 대해서 충분한 기술을 하였기 때문에, 현재 운용 및 개발되고 있는 수준에서 인공위성, 발사체, 우주탐사에 대해 정리하여 기술하기로 한다.

1 인공위성

① 정보수집위성

　1998년 북한의 대포동 미사일이 일본 상공을 통과해 약 1,500km 비행 후 낙하하였다. 이후 일본은 독자적인 위성을 보유해야 한다는 여론과 함께 북한의 미사일 및 핵 개발을 감시하기 위한 첩보위성 개발과 미사일 방어망 구축에 관심을 갖기 시작했다.[172] 1998년 12월 각의 결정에 따라 정보수집위성(Information Gathering Setellite: IGS) 4기를 보유할 것을 의결하였다. 이후 일본 정부는 2003년 3월 2개의 정보수집위성을 발사하였고, 2006년 9월, 2007년 2월 추가로 정보수집위성을 발사하여, 광학위성 2기, 레이더위성 2기 체제를 구축하였다.[173] 이후 2020년 우주기본계획에서는 광학・레이더 위성 4기에 시간축 다양화 위성 및 데이터 중계 위성을 더하여 총 10기의 인공위성 구축을 추진하고 있다.[174]

---

172) 전완주, 앞의 주 35), 181면.
173) 한은아, "일본 우주개발정책의 군사적 변화에 관한 연구", 『일본연구논총』, 37권(2013), 97－120면.
174) 宇宙基本計画, 令和 2年 6月 30日, 閣議決定, p.13.

② 준천정위성시스템(Quasi-Zenith Satellite System 이하 QZSS)

QZSS의 위성 '미치비키'는 2008년 우주기본법 제정과 지리공간정보활용추진기본법[175]을 근거법령으로 지역위성항법시스템 구축 사업으로 내각부 우주개발전략본부에서 사업추진을 담당하고, 2017년까지 4기 체계를 구축할 계획이었다.[176] 이후 2015년 우주기본계획에서 23년도까지 7기로 확대 구축하여 2024년에 총 7기로 구성되는 QZSS를 구축한다는 계획을 세웠다.[177] QZSS는 준천정궤도를 도는 3기의 인공위성과 정지궤도를 사용하는 4기의 인공위성으로 구성된 위성부문과 주제어국, 추적제어국, 감시국 등으로 구성된 지상국 부문으로 구성되어 있다.[178]

그림 9 **준천정위성시스템 서비스 지역**

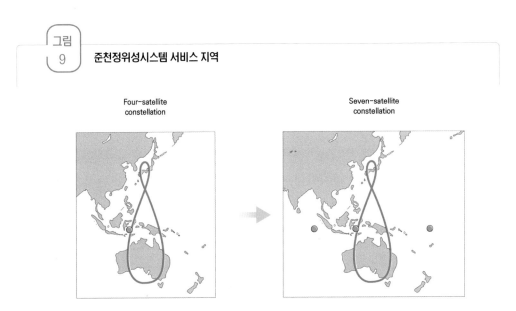

출처: https://qzss.go.jp/en/overview/services/seven − satellite.html

175) 지리공간정보활용추진기본법 제21조(국가는 위성측위를 통해 얻을 수 있는 지리공간 정보의 활용을 추진하기 위하여 위성측위와 관련된 연구개발과 기술 및 이용가능성에 관한 실증을 추진하는 동시에 그 성과를 바탕으로 위성측위의 이용 촉진을 도모하기 위해 필요한 시책을 강구한다.)
176) 조홍제·신용도, 앞의 주 44), 97−126면.
177) 宇宙基本計画(平成27年1月9日宇宙開発戦略本部決定), 우주기본계획(2015).
178) 정영진, "일본 준천정위성시스템(QZSS)의 법제도에 관한 연구", 『한국항공우주정책·법학회지』, 36권 1호(2021), 165면.

3 지구관측위성

가. 온실가스 관측위성

IBUKI−2(GOSAT−2) 온실가스를 관측하기 위해는 JAXA, 환경부, 국립환경연구소의 공동 프로젝트로 발사된 온실가스 관측 위성 IBUKI(GOSAT)의 후속 프로젝트이다. 2018년 10월 29일 발사되어 IBUKI 임무를 계승하고 보다 정교한 관측 센서를 설치하여 온실가스 관측의 정확도를 높이고 관측 데이터를 제공함으로써 지구 온난화 방지를 위한 국제적 노력에 기여하고 있다. 그중 하나는 이산화탄소와 일산화탄소의 조합을 관찰하고 분석하여 "인위적 기원"의 이산화탄소 배출량을 추정하는 것이다. 이 데이터는 파리협정과 각국의 기후변화 대책에 기여하고, 유엔기후변화정부 간 협의체(IPCC)에서 각국의 온실가스 배출량 계산의 정확성을 높이기 위해 활용되고 있다. [179]

> **그림 10** 온실가스 관측위성 IBUKI-2(GOSAT-2)

- 발사일: 2018년 10월 29일
- 주요 관측대상: 이산화탄소, 메탄, 일산화탄소
- 궤도고도: 613km
- 설계수명: 약 5년
- 재방문 주기: 6일
- 무게: 2,000kg

출처: 온실가스관측 위성 팸플릿

---

[179] "温室効果ガス観測技術衛星2号「いぶき2号」(GOSAT−2)", 宇宙航空研究開発機構, https://www.jaxa.jp/projects/sat/gosat2/index_j.html (검색일: 2023. 5. 6.)

나. 기상위성

서태평양과 아시아 지역의 관측을 위해 2016년 11월 2일에 발사된 정지궤도 기상위성 '히마와리−9호'는 2022년부터 운용을 시작했다.[180] 태풍·집중호우의 감시·예측, 항공기·선박의 안전운행, 지구환경이나 화산 감시 등의 임무를 실시하고 있다.

> **그림 11** 정지궤도 기상위성 히마와리-9

- 발사일: 2016년 11월 2일
- 임무시작일: 2022년 12월 13일
- 중량(연료 제외): 약 1,300kg
- 길이: 약 8m
- 설계수명: 임무 8년, 본체 15년

출처: 일본 기상청 홈페이지

다. 기후변화 관측위성

기후변화를 관측하기 위해 2017년 12월 23일 발사된 시키사이(GCOM−C)는 우주에서 지구의 기후변화를 관찰하는 것을 목표로 한다. 사람의 눈에는 보이지 않는 파장의 빛을 포착하여 대기 중 미세 입자와 식물의 활동을 조사하는 광학 센서를 탑재하여, 지구의 기후 형성에 영향을 미치는 다양한 현상을 관찰하고 미래의 기후 변화 예측하는 역할을 수행 중에 있다.[181]

---

180) 宇宙基本計画, 令和 2年 6月 30日, 閣議決定.
181) "気候変動観測衛星「しきさい」(GCOM−C)", 宇宙航空研究開発機構, https://www.jaxa.jp/projects/sat/gcom_c/index_j.html (검색일: 2023. 5. 6.)

그림
12 기후변화 관측위성 시키사이(GCOM-C)

- 발사일: 2017년 12월 23일
- 가시 · 근적외선 방사계 해상도: 250m
- 적외선 스캐너
- 단파적외선 해상도: 250m/1km
- 열적외선 해상도: 500m
- 중량: 8t
- 운용궤도: 태양동기궤도 고도 약 800km
- 설계수명: 5년

출처: JAXA 홈페이지

라. 육상관측위성

2014년 5월 24일에 발사된 다이치−2(ALOS−2)는 재난상황, 산림 분포, 지각 움직임 측정 등 다양한 임무를 수행 중이다. 특히 위성에서 지상까지의 거리 변화를 감지하여, 지진과 화산 활동에 대한 관측 및 분석하고 있다.

2023년 3월 7일 H−Ⅲ 시험기로 다이치−3(ALOS−3)이 발사되었으나 실패하였다.

그림
13 육상관측위성 다이치-2(ALOS-2)

- 발사일: 2014년 5월 24일
- 중량: 2t
- 운용고도: 태양동기궤도 고도 약 628km
- 재방문일수: 14일
- 설계수명: 5년(목표: 7년)

출처: JAXA 홈페이지

2 우주발사체

① H-IIA 발사체

H−ⅡA 발사체는 상업시장 진출을 겨냥하여 개발되었다. 2001년 8월에 첫 발사된 H−ⅡA(202형)는 2개의 고체연료엔진(SRB−A)과 2단의 액체연료엔진으로 총 3단으로 구성되었다. 이어서 2002년 2월 발사된 H−ⅡA 2호기(2024형)는 4개의 소형보조고체연료엔진(SSB) 4개와 2개의 고체연료엔진(SRB−A) 및 2단 액체연료엔진으로 구성되었다.[182]

또한 H−ⅡA2022형[183]과 H−ⅡA204형[184]은 2005년 2월 26일, 2006년 12월 18일에 각각 발사되었다.

---

182) 공현철·송병철·서윤경, 앞의 주 22), 93면.
183) 소형보조고체연료부스터 2개, 고체연료부스터 2개, 2단 액체연료부스터로 구성되어 있다.
184) 고체연료부스터 4개, 2단 액체연료부스터로 구성되어 있다.

H-IIA발사체 라인업

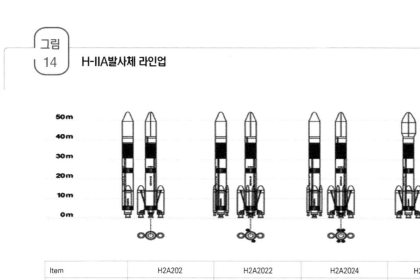

Item	H2A202	H2A2022	H2A2024	H2A204
Length(m)	53	53	53	53
Mass(ton)	289	321	351	443
2nd stage	1	1	1	1
1st stage	1	1	1	1
SRB-A	2	2	2	4
SSB	-	2	4	-

출처: JAXA 홈페이지

2002년 6월 종합과학기술회의 및 우주개발위원회에서 H－ⅡA 표준형을 일본의 기간 로 켓으로 자리매김함에 따라 민간으로 이관하는 것이 결정되었다. 미쓰비시중공업이 H－ⅡA 발사체 사업회사로 선정되어 2003년에 우주개발사업단은 미쓰비시중공업과 기본협정을 체 결하고 2007년 최종적으로 기술을 이전하였다.[185] 이와 동시에 발사체 개발 비용 절감을 위 해 소형보조로켓을 사용하는 2기종을 폐지하고 발사능력 지구정지궤도 4.1톤의 202와 6톤 의 204로 기종 수를 총 4기종에서 2기종으로 줄인다고 발표하였다.[186]

---

185) 文部科学省, "H－IIAロケットの開発に関する今後の取組みについて(平成 16年 6月 16日)", pp.2 －3.
186) 공현철·송병철·서윤경, 앞의 주 22), 96면.

H-IIA 형상 및 제원

구분	H-IIA 202(포준형)	H-IIA204(증강형)
길이	53m	
이륙 중량	289t * 탑재체 미포함	443t * 탑재체 미포함
발사 능력	• 정지궤도: 4t • 태양동기궤도: 3.3t • 지구저궤도: 10t	• 정지궤도: 6t
유도 방식	관성유도	
1단 액체 엔진	추력(KN)	1,098
	비추력(s)	440
	연소시간(s)	390
2단 액체 엔진	추력(KN)	137
	비추력(s)	448
	연소시간(s)	530
고체 연료 엔진 (SRB-A)	추력(KN)	5,040(2units)
	비추력(s)	283.6
	연소시간(s)	98(고압연소)/ 116(장초연소)

위성페어링
2단 액체 수소탱크
2단 액체 산소탱크
탐재기기
가스 제트 시스템
2단 엔진 LE-5B
1단 액체 산소탱크
1단 액체 수소탱크
고체 로켓 부스터 SRB-A
1단 엔진 LE-7A
제2단
제1단

출처: JAXA 홈페이지를 참조하여 작성

    이후 H－ⅡA는 39회 발사되는 동안 단 1번의 실패를 제외하고 약 98%에 가까운 완벽한 발사 기록을 자랑하는 일본의 기간 로켓으로 성장하였다.

② H-ⅡB 발사체

2002년 6월 종합과학기술회의 및 우주개발위원회에서 H-ⅡA 표준형 이상의 능력을 가지는 발사체를 개발하는 경우 H-ⅡA 표준형을 기본으로 하며 관민이 공동으로 개발하되 민간이 주도하기로 결정하였다.[187] 이에 2005년 우주 개발위원회 계획·평가위원회 H-ⅡA 로켓 수송 능력 향상 평가 소위원회(宇宙開発委員会 計画·評価部会 H-ⅡA ロケット輸送能力向上評価小委員会)의 'H-ⅡA 로켓 수송 능력 향상에 관한 평가결과(H-ⅡA ロケット輸送能力向上に係る評価結果)'에서 HTV 설계에 의해 HTV궤도 발사능력 요구가 기존 15톤에서 16.5톤으로 변경되었으며, H-ⅡA 증강형에서 H-ⅡA 능력 향상형으로 형태를 변경하고 시험기를 2007년까지 발사하는 것을 목표로 개발을 진행하기로 하였다.[188]

---

187) 文部科学省, H-ⅡAロケットの開発に関する今後の取組みについて, 平成 16年 6月 16日
188) H-ⅡA ロケット輸送能力向上 に係る評価結果, 平成 15年 8月 18日, 宇宙開発委員会 計画·評価部会 H-ⅡA ロケット輸送能力向上評価小委員会

그림 16 H-IIB 형상 및 제원

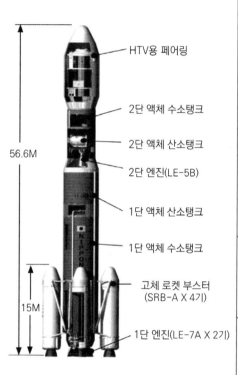

구분	H-2B	
길이	56.6m	
이륙 중량	531t * 탑재체 미포함	
발사 능력	• HTV 이송 궤도: 16.5t • 정지궤도: 8t	
유도 방식	관성유도	
1단 액체 엔진	엔진	LE-7A×2
	추력(KN)	1098KN×2
	비추력(s)	440
2단 액체 엔진	엔진	LE-5B
	추력(KN)	137
	비추력(s)	448
고체 엔진 (SRB-A)	엔진	SRB-A×4
	추력(KN)	5,040(2units)
	비추력(s)	283.6

HTV용 페어링

2단 액체 수소탱크

2단 액체 산소탱크

2단 엔진(LE-5B)

1단 액체 산소탱크

1단 액체 수소탱크

고체 로켓 부스터 (SRB-A X 4기)

1단 엔진(LE-7A X 2기)

56.6M

15M

출처: JAXA 홈페이지를 참조하여 작성

이후 발사계획을 수정하여 2009년, 시험기를 발사하였으며, H−ⅡB는 4개의 고체연료 엔진(SRB−A), 1단 액체연료엔진(LE−7A) 2개, 2단 액체연료엔진(LE−5B)으로 구성되었다. 2020년 5월 20일 HTV−9 호기를 끝으로, H−IIB는 총 9기가 성공적으로 발사되었으며, 이후는 H−III 발사체를 개발 중이다.

③ H-Ⅲ 발사체

2015년 우주기본계획[189]에서 H-ⅡA/B 발사체의 후속으로 H-Ⅲ발사체의 개발이 시작되었다. H-Ⅲ발사체는 ① 주문접수부터 발사까지 시간을 단축하는 것, ② 높은 발사성공률 및 안정적인 발사를 하는 것, ③ 발사비용을 약 50억 엔으로 설정하는 것을 목표로 개발하고 있다.[190]

H-Ⅲ발사체의 광범위한 발사능력 요구를 원활하게 대응하기 위해 ① 고체연료로켓(SRB-3)의 수, ② 1단 액체연료(LE-9)의 수, ③ 위성 크기에 따라 발사체를 선택할 수 있으며 발사체 형태는 "H3-abc"(a: 1단 액체엔진(LE-9)의 수(2, 3), b: 고체연료로켓(SRB-3)의 수(0, 2, 4), c: 페어링 크기 (W: 와이드 / L: 롱 / S: 숏)로 표시된다.

그림 17 **H-Ⅲ 발사체 종류**

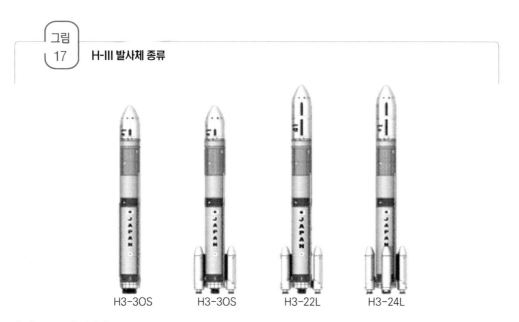

H3-30S   H3-30S   H3-22L   H3-24L

출처: JAXA 홈페이지

---

189) 宇宙開発戦略本部決定, 宇宙基本計画, 平成 27年 1月 9日(JAXA, 2015년 우주기본계획), p.15.
190) "H3ロケット", 宇宙航空研究開発機構, https://www.rocket.jaxa.jp/rocket/h3/outline.html (검색일: 2023. 5. 6.)

2023년 3월 7일 H – Ⅲ발사체 시험기가 최초 발사되었으나, 2단 엔진이 점화되지 않으면서 발사에 실패했다고 보고되었다. H – Ⅲ발사체 시험기는 'H3 – 22S' 발사체이며, 1단 액체연료 2개, 고체연료 2개, 작은 크기 위성페어링으로 구성되어 발사되었다.

> 그림 18 | H-Ⅲ 발사체 시험기 형상 및 제원

구분	H-Ⅲ 발사체 시험기			
전장	57m			
이륙중량	422t * 탑재체 미포함			
각 단	1단	2단	고체연료	페어링
전장(m)	37	12	15	10.4
외경(m)	5.2	5.2	2.5	5.2
무게(t)	240	28	152.5 (2기)	1.8
추진약 무게(t)	225.7	24.6	134.4 (2기)	–
추력(KN)	2942 (2기)	137	4600 (2기)	–
연소시간(s)	300	694	110	–

출처: JAXA, H3ロケット試験機1号機打上げ失敗原因調査状況, 2023年 4月 27日

④ 엡실론 발사체

엡실론 발사체는 2010년 개발에 착수하여, H – ⅡA 발사체의 고체연료로켓(SRB – A)과 M – V 발사체의 3단과 4단 엔진을 활용하고, 유도제어시스템과 계측 및 항법장비에서 H – Ⅱ A의 기술을 활용하였다.[191] 그 결과 엡실론 발사체의 가격은 38억 엔으로 M – V 로켓 가격

191) 서대반·이기주·김철웅·이금오·이준성·임병직·박재성, 앞의 주 51), 112면.

(75억 엔) 대비 대폭 절감되었다. 2013년 9월 14일 엡실론 1호기가 발사에 성공하였다. 이후 투입성능향상과 위성탑재 공간 확장 목적으로 2014년부터 개량형 개발에 착수하여, 2016년 12월 20일 엡실론 2호기(개량형)가 발사되었으며, 엡실론 발사체 3호기는 소형액체추진시스템(Post – Boost Stage: PBS)이 추가되어 위성 투입 정확도가 향상되었다. 또한 엡실론 발사체 4호기는 여러 개 위성을 동시에 발사하고 각각 정확한 궤도에 투입 시킬 수 있는 다중위성 탑재 구조(Epsilon Satellite Mount Structure: EESM)와 큐브위성 방출 장치(Epsilon SmallSatellite Orbital Deployer: EESOD)를 개발함으로써 다중투입기술 확보에 성공하였다.

그림
19
H-III 발사체 시험기 형상 및 제원

구분		엡실론(개량형)	
전장		26m	
이륙중량		95.7t(옵션형)	
엔진구성		옵션형: 고체연료 3단, PBS	
발사능력		• 지구저궤도: 700kg • 태양동기궤도: 450kg	
PBS	추력(KN)	0.4	
	연소시간(s)	1,100	
3단 (KM-V2c)	추력(KN)	99.8	
	연소시간(s)	90	
	비추력(s)	301	
2단 (M-35)	추력(KN)	372	
	연소시간(s)	140	
	비추력(s)	300	
1단 (SRB-A)	추력(KN)	2,271	
	연소시간(s)	116	
	비추력(s)	284	

출처: JAXA, EpsilonLaunch Vehicle User's Manual, July 2018 Revision A

엡실론 발사체 6호기는 2022년 10월 12일 발사되었으나, 발사 후 2/3단 분리 시점에서 목표 자세를 벗어나면서 지구 궤도 투입 불가 판단 후 자체 폭발 신호를 보냈다. [192] 엡실론 (개량형) 7호기부터는 1단 엔진에서 H－Ⅲ발사체에서 고체연료로 사용되는 SRB－3을 사용할 예정이다. [193]

---

192) イプシロンロケット6号機 打上げ失敗原因調査状況 令和5(2023)年4月18日 宇宙航空研究開発機構(엡실론 로켓 6호기 발사 실패 원인 조사 상황 2023년 4월 18일, JAXA)
193) "Epsilon Launch Vehicle", Japan Aerospace Exploration Agency, https://global.jaxa.jp/projects/rockets/epsilon/ (검색일: 2023. 5. 6.)

3 우주탐사

일본은 우주탐사를 위한 기술개발도 활발하게 진행하고 있다. 2022년 각의에서 의결된 우주기본계획에서 우주안보와 우주경제, 재해대책 등의 정책과제와 함께 우주과학·탐사를 중심 과제로 제시하였다. 우주탐사는 1985년 ISAS가 발사한 두 개의 헬리혜성 관측탐사선 "사키가케"와 "스이세"를 시작으로 현재는 소행성 탐사선 "하야부사2"를 비롯한 태양, 수성, 금성 등 천체 관측 위성을 운영 중이며, ISS를 통한 유인 우주탐사와 국제 우주탐사 프로그램인 "아르테미스 프로그램"의 참여까지 이어지고 있다. JAXA의 우주과학연구소는 2013년 우주과학·탐사 로드맵을 발표하고 2019년, 2021년 두 차례 개정을 통해 천문학·우주물리학 분야, 태양계 탐사 과학 분야, 우주 공학 분야에서 구체적인 비전과 전략을 제시했다.[194] 아래에서는 일본의 주요 우주탐사 프로그램을 소개한다.

① 소행성 탐사

일본은 2010년 하야부사를 통해 세계최초로 소행성에서 표면 샘플을 성공적으로 채취해 귀환하였다. 이를 계기로 소행성 탐사에 지속적으로 예산을 반영하고 있으며, 2019년 2월 22일 기존의 하야부사에 비해 약 100kg 중량을 늘여 개선된 "하야부사－2"가 표면 샘플 채취를 위해 소행성 류구에 성공적으로 착륙하였다.

---

194) 宇宙航空研究開発機構 宇宙科学研究所, 宇宙科学・探査ロ_ドマップ, 2021. 1.20. 개정

표 18   하야부사 - 2의 개선사항

구분	하야부사	하야부사-2
본체 크기	1m×1.6m×1.1m	1m×1.6m×1.25m
무게(연료 포함)	510kg	609kg
통신시스템	X밴드	X밴드 + Ka밴드
추진장치	이온 스러스터	이온 엔진
자세제어장치	3개	4개
소형로버	–	3대 탑재

출처: JAXA 홈페이지

샘플 채취를 완료한 "하야부사－2"는 같은 해 11월 13일 류구를 출발하여, 2020년 12월 5일 샘플이 담긴 캡슐을 분리하였으며, 이 캡슐은 12월 6일 호주에서 성공적으로 회수되었다. 채취한 시료는 목표치인 0.1g을 훨씬 상회하는 5.4g으로 확인되었으며, 일부 시료를 초기 분석한 결과 아미노산, 수분 등의 유기물이 함유되어 있는 것을 확인하였다.

그림 20   하야부사-2

출처: JAXA 홈페이지

2 수성탐사 "베피 콜롬보 프로젝트"

'베피 콜롬보 프로젝트'는 유럽과 일본이 공동으로 추진한 수성탐사 프로젝트로서 1993년 유럽에서 수성 자기권 탐사가 제안되어, 1999년 수성탐사에 대한 공동연구를 위해 유럽 우주기구(European Space Agency 이하 ESA)에서 ISAS로 협력을 제안하고 2000년 ISAS는 ESA와 수성의 국제 공동 탐사참여 발표를 함으로써 시작되었다.[195]

프로젝트는 ESA 주도로 진행되어 왔으며, 탐사기는 수성 표면 탐사기(MPO, Mercury Planetary Orbiter)와 수성 자기권 탐사기(MMO, Mercury Magnetospheric Orbiter)로 구성되었는데, 이 중 JAXA가 MMO를 개발 및 제공하고 수성의 자기권 관측을 담당하게 되었다.[196]

고유 자기장과 자기권을 가진 지구형 행성은 지구와 수성뿐이므로 베피 콜롬보 프로젝트를 통해 행성 자기장의 보편성과 특수성에 대한 연구 성과를 기대하고 있다.[197]

표 19   '베피 콜롬보 프로젝트' 임무 일정

일 자	임 무
2018년 10월 20일	발 사
2020년 4월 10일	지구 근접비행
2020년 10월 15일	1차 금성 근접비행
2021년 8월 11일	2차 금성 근접비행
2021년 10월 1일	1차 수성 근접비행
2022년 6월 23일	2차 수성 근접비행
2023년 6월 20일	3차 수성 근접비행

195) 宇宙科學研究所, supra note 69.
196) 이호형, "수성탐사 역사 및 베피콜롬보 현황", 『항공우주산업기술동향』, 15권 1호(2017), 94－105면.
197) "水星探査機 Bepi Colombo(ベピ・コロンボ)", 文部科学省研究開発局 宇宙開発利用課, https://www8.cao.go.jp/space/comittee/dai5/sankou2－12.pdf (검색일: 2023. 5. 22.)

일 자	임 무
2024년 9월 5일	4차 수성 근접비행
2024년 12월 2일	5차 수성 근접비행
2025년 1월 9일	6차 수성 근접비행
2025년 12월 5일	수성궤도 진입
2026년 3월 14일	MPO 마지막 관측
2027년 5월 1일	정상임무 종료
2028년 5월 1일	연장임무 종료

출처: 유럽우주기구(ESA) 홈페이지

 ## 국제우주정거장(ISS) 실험동 '키보(KIBO)'

일본은 1988년 우주정거장 정부 간 협력협정(IGA) 서명(당시 서명국: 미국, 캐나다, 유럽, 일본)과 1989년 국회 승인을 통해 우주정거장 프로그램에 참가하게 되었다. 2009년 우주 정거장 보급기 코우노토리(こうのとり) 1호기부터 2020년 9호기까지 운영하며 배터리 운송 등 중요한 임무를 수행하여 ISS 운영의 기반을 뒷받침해왔다. 또한 우주 환경을 이용한 다양한 실험과 관측을 위해 유인 시설인 실험동 키보(きぼう, Kibo Japan Experimental Module)를 개발하고 운영 중이다.

키보는 우주인이 여러 가지 실험을 수행할 수 있는 장비를 갖춘 "선내실험실"과 우주에 노출된 실험 공간인 "선외실험 플랫폼", 실험용 도구, 시료, 소모품 및 예비 기계를 보관하는 창고인 "선내보관실" 그리고 선외실험을 위해 필요한 "로봇팔"까지 총 4가지 부분으로 이루어져 있다.

키보 운영을 위한 지상국인 쓰쿠바 우주센터는 실험장비와 우주인 활동에 최적의 환경을 유지하기 위해 24시간 운영되고 있다. 키보와의 통신은 ISS의 키보에서 NASA의 데이터 중계위성을 중계하여 NASA의 뉴멕시코주 화이트샌즈 우주국을 경유하고 미션관제센터(텍사

스주 존슨우주센터)와 페이로드 운용통합센터(앨라배마주 마샬우주비행센터)를 거쳐 JAXA의 쓰쿠바 우주센터로 이어지는 운용 네트워크에 따라 처리된다.

그림 20 키보-지상국 간 통신체계

출처: JAXA 홈페이지

아르테미스 프로그램

그림
22
국제 우주탐사 로드맵

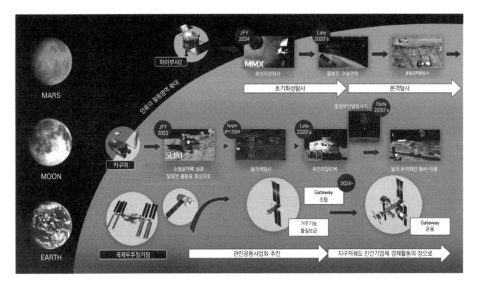

출처: JAXA 홈페이지

ISS가 활동하는 지구 저궤도를 넘어 지구에서 멀리 떨어진 환경에서의 유인 우주 활동은 국제협력을 통해 실현될 계획이다. 일본은 JAXA를 중심으로 유·무인탐사를 통해 얻은 기술과 지식을 활용하여 국제 유인 우주 활동에 기여할 것으로 예상된다. 미국이 제안하는 국제 우주 탐사 프로그램인 "아르테미스 프로그램"에 대해서는, JAXA의 국제우주탐사센터 (Intenational Space Exploration Center)를 중심으로 최초의 일본인 첫 달 착륙을 실현하기 위해, 일본의 역할을 구체화하는 검토·조정을 진행하고 있다. 그 일환으로 향후 지속적인 달 탐사의 핵심 요소가 되는 유인 로버 시스템 개발 기술(측위, 통신 등)을 검토하고 있으며, 달궤도 유인 거점 "게이트웨이(Gateway)"[198]의 거주동 기술을 개발 중이다. 또한 달에서의 지속

---

198) 주거 기능 및 재보급에 대한 기여를 염두에 두고 게이트웨이 미니 주거용 건물(HALO)에 장비를 제공하고, 유럽 우주기구(ESA) 및 NASA와 협력하여 국제 주거용 건물(I-HAB)의 하위 시스템

가능한 탐사활동을 위한 수자원 이용의 가능성을 조사하는 "달 극역(極域) 탐사기(LUPEX, LUnar Polar EXploration)"[199]와 화성 위성 탐사 프로그램(MMX, Martian Moon Exploration) 연구개발 등을 추진 중이다.

(환경 제어 및 생명 유지 시스템)에 참여하고, 우주 정거장 이동 차량 "KOUNOTORI"를 통해 지구에서 게이트웨이로 보급품을 공급할 것이다. 현재 개발 중인 HTV－X에 달 비행 기능을 추가하여 사용을 고려하고 있다(출처: JAXA홈페이지).

199) 최근 몇 년 동안 관측 데이터의 분석 결과는 달의 극지방에 물이 존재할 가능성을 시사함에 따라, JAXA는 인도우주연구기구(ISRO)와 함께 수질에 대한 데이터를 확보하여 향후 달의 수자원이 지속 가능한 우주 탐사 활동에 사용될 수 있는지 여부를 결정하기 위한 국제 협력 임무다.

향후 일본의 우주계획과 전망

일본은 우주활동 초기에는 우주의 군사적 이용을 배제하였다. 그러나 북한의 대포동 미사일 발사를 계기로 정찰위성 활용 등 우주의 군사적 이용이 대두되었으며, 2008년 우주기본법의 제정과 함께 본격적으로 자위대를 통한 우주활동이 증가하게 되었고, 우주활동 예산도 민간부분과 국방부분에 있어 7대3 비율을 유지하면서 지속적으로 운영되고 있다. 이를 통해 과학기술 및 법·정책 등 우주활동의 다양한 분야에서 성과를 창출하며 발전해왔으며, 국제적인 우주활동의 증가와 민간 산업계의 참여로 그 발전 속도는 더욱 가속화될 것으로 예상된다.

일본은 H−Ⅲ 발사체가 다수위성의 동시발사를 가능하도록 하는 등의 추가 경쟁력 강화를 위한 연구개발을 추진하고 있으며, 민간 소형발사체의 사업화를 촉진시켜 나가고 있다. 또한 우주상황인식 시스템의 운용을 2023년도부터 시작하고 동시에 우주상황감시위성을 2026년도까지 발사하는 등 우주상황인식 체계를 강화하고 있다.

'우주기본계획 공정표 개정을 위한 중점사항'을 살펴보면, 일본이 아르테미스 프로젝트에 참가하여 미국, 캐나다, 유럽과 함께 달궤도 유인 정거장인 게이트웨이의 기지개발을 진행하는 미션에 참가한다는 내용과 JAXA와 도시바가 공동으로 2019년부터 달에서 2명의 우주인이 생활할 수 있고, 이동 수단의 기능도 하는 '루나 크루저'라는 별칭의 유인여압로버를 개발한다는 내용이 명시되었다. 이러한 연구개발은 민간과 협동으로 추진하여 2020년대 후반에 일본인의 달착륙 실현을 목표로 하였다.

또한 미래의 달과 행성 탐사에 필요한 고정밀 착륙 기술을 소형 우주선으로 실증하는 계획인 SLIM(Smart Lander for Investigating Moon) 프로젝트와 달에서 물의 존재 가능성을 찾기 위해 인도우주연구기구(ISRO)와 함께하는 달극역탐사임무 LUPEX(Lunar Polar Exploration Mission)등 국제협력을 통한 우주탐사를 추진하고 있다. 또한 2029년에 화성의 두 위성 '포보스와 데이모스'에서 샘플을 채취하여, 수분 광물, 물, 유기물 등을 분석하고 두 화성 위성의 기원과 진화 과정을 연구하기 위한 프로젝트인 화성위성탐사MMX(Martian Moons eXploration)를 수행할 계획이다. 이를 위해, 2024년도에는 탐사선을 발사할 예정이다.

또한 준천정위성시스템 7기 체제와 통신위성·정보수집위성 강화 및 우주 상황파악 체제 구축 등을 통해 우주영역에서의 안전보장을 달성하고, 지구 기후변화 관측 및 자연재해 대책을 위해 위성 관측 데이터를 수집하여 국제사회에 제공함으로써 재난대비에 공헌함과 동시에 유엔의 지속 가능한 개발 목표 달성에도 기여함을 목표로 하고 있다.

이 같은 우주활동의 지속적인 발전을 위해 필수적인 계획은 일본 우주개발전략본부에서 우주기본계획공정표(로드맵)와 안보전략문서, JAXA의 중장기목표 등 문서를 통해 확인할 수 있다. 최상위 계획인 우주기본계획에서는 향후 일본의 우주계획으로 다섯 가지 중점 목표와 이를 실현하기 위한 24개의 구체적인 시책을 제시하고 있다.

일본 정부는 민간기업을 이용하여 저비용·고효율을 위한 발사체 개발, 우주기기 수출 및 준천정위성시스템의 보급확대 등의 노력을 하여 해외시장을 개척하고자 한다. 또한 정부와 기업의 우주활동을 위한 종합적 기반 강화를 위해 법령 및 정책 수립과 함께 다양한 우주 서비스를 창출하는 등 우주활동국의 위상을 제고하기 위한 노력을 기울이고 있다.

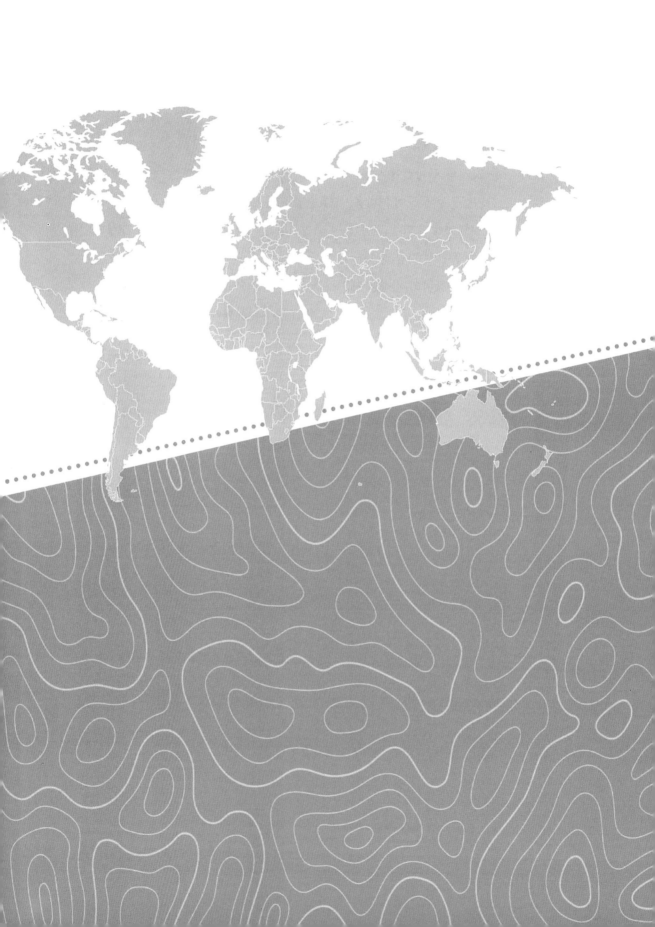

Part

03

중국 우주활동역사

- 배진호

Chapter
01

서론

과거, 낙후된 경제 상황과 혼란스러운 정치 상황이었던 냉전 시기의 중국은 국가 역량이 미흡함에도 불구하고 우주활동에 꾸준한 관심을 가졌고, 1970년 4월 중국 최초의 인공위성 '둥팡훙 1호' 발사에 성공하였다. 당시 인공위성 발사에 성공한 국가들이 구소련(1957년) 미국(1958년), 프랑스(1965년), 일본(1970년)과 같이 강대국임을 고려할 때, 경제·기술이 상대적으로 낙후된 중국이 인공위성 발사에 성공하였다는 것은 이례적인 성과로 평가할 수 있다.

현재, 시진핑 정부의 중국은 경제적 부흥과 폭발적인 과학기술 발전을 기반으로 자체적인 우주 기반 기술을 연구하여, '베이더우 위성항법시스템', '톈원 1호'의 화성 착륙, '창어 5호'의 달 표면 착륙, '선저우 유인우주선' 발사 성공, 톈궁 우주정거장 건설 등의 성과를 거두면서 우주활동에 국력을 집중하고 경제 안보 등 분야에서 우주기술을 활용할 방법을 다각적으로 모색하고 있다.

중국은 2015년 인민해방군 내에 전략지원부대를 창설하여 우주활동 및 기술을 군사적으로 이용하는 한편, 자본력과 우주력을 무기로 일대일로(BRI: Belt and Road Initiative)와 디지털 실크로드(DSR: Digital Silk Road)를 활용해 주변국에 대한 영향력을 확대하고, 향후 국제사회에서 보다 유리한 위치를 차지하기 위해 노력하고 있다.

위와 같은 중국 우주활동의 과거, 현재, 미래는 국제협력의 가능성을 보여주지만 동시에 우려도 야기한다. 본서는 이러한 배경에 따라 중국의 우주개발사, 우주 거버넌스, 법과 정책, 분야별 우주기술 등을 분석한다.

Chapter

02

우주활동역사

1 연구개발사

중국의 우주활동 역사는 크게 3단계로 분류할 수 있다. 1단계는 개혁개방 이전 시기 (1956－1977)로 우주활동 시작배경과 핵·미사일개발의 연관성을 알아보고, 2단계는 개혁개 방 이후(1978－2012)로 중국의 괄목할만한 경제성장이 우주활동에 미치는 영향을 살펴본다. 마지막 3단계는 시진핑 시기(2013－2023)이며, 현재 중국이 미국패권에 도전하는 과정을 기 술한다. 이처럼 중국이 추진해온 우주활동 역사를 핵개발, 개혁개방, 경제발전, 우주패권 등 의 키워드와 지도자의 특성으로 구분하여 자세히 살펴보고자 한다.

1단계: 개혁개방 이전(1956년 ~ 1977년)

중국의 우주활동 배경을 분석하기 위해서는 중국의 핵개발에 대한 이해가 선행되어야 한 다. 1945년에 일본의 히로시마와 나가사키가 미국의 원자폭탄으로 파괴될 때, 마오쩌둥은 핵무기를 '종이호랑이'라 조롱하였다. 핵무기의 파괴력으로 인해 핵무기 사용이 온 인류의 비난받을 것이며, 앞으로는 핵무기 사용이 없을 것으로 보았기 때문이다.[1] 하지만 중국은 1950년 한국전쟁 당시, 미국의 핵공격 위협이 증가함에 따라 핵무기 개발을 결정하고 전 국 력을 결집시킨다.[2]

---

1) 毛澤東, 『毛澤東選集』第五卷(北京: 人民出版社, 1977), pp. 499－500.; 殷雄·黃雪梅(編著), 『世界原子彈風雲錄』(北京: 新華出版社, 1999), pp. 258－259, pp. 307－310.
2) 양순창, "중국핵전략의 이중성", 『대한정치학회보』, 20집 2호(2012), 227면.

중국은 핵무기 개발과 동시에 핵전략 또한 발전하게 되었고 자연스럽게 핵 투발수단의 하나인 미사일 개발의 필요성을 인식하였다. 이에 구소련은 1950년 중반 중국에게 독일의 탄도미사일 V−2[3] 기술을 적용한 R−2(NATO명칭: SS−2) 미사일을 제공하였고, 이후 중국은 동펑(東風, DF)[4] 단거리 미사일을 만들었다. 1960년 초 구소련과의 관계가 이념분쟁의 영향을 받으면서, DF−1생산 시설을 이용해 DF−2를 자체개발 생산하였다. DF−1, DF−2는 액체연료를 사용했으며 액체연료는 장기간 저장할 수 없다는 단점을 가지고 있었다. 중국은 1970년대에 들어 장기간 연료저장이 가능한 DF−3미사일을 개발하여 단점을 극복하려고 시도했으나, DF−3은 미국이나 구소련의 모스크바와 같은 핵심 지역에 도달할 수 없는 사거리를 가졌다. 1988년에 이르러서야 중국은 장기간 저장이 가능한 원거리 미사일 DF−3A을 완성하였다.[5]

한편, 1단 로켓인 DF−3에서 2단으로 개량된 DF−4는 1965년에 개발이 시작되어 1970년에 시험발사가 이루어졌다. 2단은 액체형이지만 DF−3처럼 장기간 연료를 저장할 수 있도록 개발이 되었다. DF−4는 이후 창정(長征: Long March, CZ)[6] 발사체의 모체가 되었다. DF−5는 DF−4의 시험비행을 통해 핵심기술과 장비들을 개발하여, 사거리가 현저히 증가하게 되었다. 또한 정확도와 안정성이 향상되어 1986년부터 현재까지 운영되고 있다. 이후, 중국은 DF−5A 탄도미사일 기술을 우주분야에 적용하여 CZ−2C를 개발하였고, 이는 CZ−2D, CZ−2E, CZ−2F, CZ−3, CZ−4, CZ−5 발사체 개발의 기초가 되었다.[7]

1956년 첸쉐썬(錢學森)[8]이 국방부 산하의 제5연구원 설립하였고, 제5연구원은 미사일

---

3) 독일의 V−2는 관성유도 장치를 장착한 1단 액체 추진식의 탄도미사일이다. 이동형 발사대를 사용 하였으며 고성능 폭약 750Kg이 장착가능하며, 독일은 1944년 9월 350Km 떨어진 영국에 이 V−2를 최초로 발사하였다. V−2는 정확성이 많이 떨어졌으나 영국의 도시에 큰 피해를 입혔다.
4) 중국의 탄도미사일에는 항상 DF(Dong Feng)라는 알파벳이 표시된다. DF는 동펑(東風)을 말한다. 동쪽에서 부는 바람이라는 뜻이다. 마오쩌둥은 1957년 11월 모스크바를 방문, 연설을 통해 "오늘날 세계에는 동풍과 서풍이라는 두 개의 바람이 있다."면서 "나는 동풍이 서풍을 압도할 것이라고 믿는다"고 말한 바 있다(출처: 중국국가항천국(CNSA)).
5) 이동현, "중국의 탄도미사일 발전추세", 『국방과 기술』, 403호(2012), 56면.
6) 창정(長征: Long March)은 중국의 우주발사체이다. 중국 공산당의 장정에서 이름을 따왔다. 창정은 장정의 중국식 발음이다. 창정을 영어로는 Chang Zheng이라고 표기하며, 줄여서 CZ라고 표기한다. 중국국가항천국은 로켓 곁면에 "중국 항천 CZ−2F"식으로 표기하고 있다[출처: 중국국가항천국(CNSA)].
7) 이동현, 앞의 주 5), 58면.
8) 첸쉐썬(錢學森)는 중국 국비 유학생 출신으로 36세 나이에 MIT 최연소 종신 교수직을 제의받은

개발의 주도적 역할을 수행하였다. 1957년 구소련의 스푸트니크(Sputnik) 1호 인공위성이 발사에 성공하자, 1958년 1월 제5연구원은 중국 인공위성 발사를 위한 프로그램를 추가로 실시하였다.[9] 더불어 마오쩌둥은 1958년 5월, 제8차 공산당 대회 2차 회의에서 인공위성 개발 의지를 밝혔고, 이에 중앙위원회 정치국은 인공위성 개발을 결정하기 위한 회의를 개최하여 천문학적 예산을 책정하였다. 그러나 당시의 경제상황을 고려할 때 미사일과 위성개발을 동시에 수행하는 것은 불가능할 것으로 보였다. 그리하여 덩샤오핑은 구소련과 미국의 현대화 군에 맞서기 위해 미사일 개발에 집중해야 한다고 결정하였다.[10]

이후 1964년 6월 29일, 중국이 자국의 힘으로 개발한 최초 탄도미사일 DF−2가 시험발사에 성공하면서 상황이 변하였다. 중국의 지도자와 중국과학원(이하 Chinese Academy of Sciences, CAS)의 과학자들은 인공위성의 발사를 다음 목표로 설정하였다. 당시 중국의 탄도미사일 기술은 상당히 발달되어 있었기 때문에 미사일을 개조하여, 위성을 쉽게 발사할 수 있을 것이라고 판단했기 때문이다.[11] 1964년 11월, 중국은 제5연구원과 제3, 4, 5기계공업부의 우주관련 부서를 합병해 모든 미사일 및 우주 프로그램를 담당하는 제7기계건설부를 창설하였다.[12] 더불어 당 중앙위원회는 1965년에 인공위성 발사를 국가 계획에 포함시키고, 구체적인 계획을 제출하도록 CAS에 지시하는 등 본격적인 위성발사 준비에 돌입하였다.[13]

'651 프로그램'이라 불리는 중국의 최초 우주계획은 중국이 만든 위성을 국경절 10주년을 맞이하여 발사하는 것이었다. 중국지도부의 결정으로 '동방홍(东方红, DFH) 1호'로 명명

적도 있다. 미국 시민권까지 취득했지만 1950년 매카니즘의 영향으로 공산주의자로 몰려 1955년 미국과 중국의 비밀교섭을 통해 한국전쟁 미군포로와 교환되었다. 중국에 돌아온 그는 중국의 원자폭탄과 수소폭탄, 인공위성 개발 등 거의 모든 중국의 군사무기 개발 프로그램에 참여한다. 후에 중국의 우주 개발을 최소한 20년 앞당겼다고 평가받는다.

9) Kulacki, Gregory, and Jeffrey G. Lewis, A place for one's mat: China's space program 1956−2003(Cambridge: American Academy of Arts and Sciences, 2009), pp. 4−14.

10) Chandrashekar, S., Sonika Gupta, and Rajaram Nagappa, "An assessment of China's ballistic and cruise missile programme", NIAS Report, No. R4−2007(2007), pp. 4−7.

11) Kulacki, Gregory, supra note 9, pp. 4−14.

12) 이춘근, et al, "2017년 중국 (중화권) 첨단기술 모니터링 및 DB 구축사업: 우주개발 분야를 중심으로", 『조사연구』 (2017), 9면.

13) Chandrashekar, S, China's space programme: From the era of Mao Zedong to Xi Jinping(New York: Springer Nature, 2022), pp. 7−8.

된 중국 최초 위성은 1970년 4월 24일 21시 30분, 마오쩌뚱의 '발사' 명령과 함께 발사체 CZ-1를 통해 발사함으로써, 중국은 구소련, 미국, 프랑스, 일본에 이어 세계 다섯 번째로 인공위성 발사에 성공하게 되었다.[14]

한편, 위성 프로그램의 전반적인 과정은 마오쩌뚱의 문화대혁명과 맞물려 있었다. 문제는 문화대혁명이 항공우주산업의 사회적, 정치적 흐름과 불가분의 관계에 있다는 것이었다. 즉 마오쩌뚱이 대중을 동원하고 계급투쟁을 지원하며 지식인 계층을 박해하는 동시에 국가 방위를 위한 첨단 기술개발을 지원하는 모습이 당시 문화대혁명의 모순을 단적으로 보여준다. 이를 해결하기 위해 문화대혁명 기간 CAS산하의 항공우주 프로그램은 대대적인 개편이 이루어졌다. 많은 우주관련 프로그램이 CAS에서 분리되어 군의 통제 하에 넘겨졌으며, 덕분에 문화대혁명의 혼란 속에서도 우주프로그램은 홍위병으로부터 보호받을 수 있었다. 중국의 최초 인공위성 동방홍-1호 역시 발사되기 직전에 프로그램 전체가 중국인민해방군 제7 기계공업부에 이관되었다.[15]

> 그림 1
>
> 중국 최초의 인공 위성 동방홍 1호(좌), FSW(우)

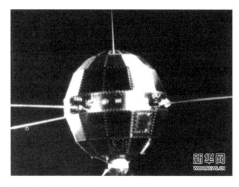

출처: (좌)신화망, (우)Reuters

---

14) Harvey, Brian, China in space: the great leap forward(New York: Springer Nature, 2019), p. 9.
15) Solomone, Stacey, China's Strategy in Space(New York: Springer, 2013), p. 8.

② 2단계: 개혁개방 이후(1978년 ~ 2012년)

1978년 8월, 덩샤오핑은 마오쩌둥의 우주정책을 대폭 수정하여 새로운 우주정책을 발표하였다.

중국은 개혁개방 정책과 동시에 다양한 CZ 발사체가 개발되면서 해외 고객에게 상업용 위성 발사서비스를 제공하기 시작하였다.[16] 그리고 이를 계기로 중국은 외국인 투자와 과학 분야의 국제협력도 개방한다. 1980년 중국 천문학회(CHINESE SOCIETY OF ASTRONAUTICS)는 국제우주연맹(IAF, International Astronautical Federation)에 가입했으며, 중국은 UN우주평화적이용위원회(UNCOPUOS, Untied Nations Committee on the Peaceful Uses of Outer Space)에도 가입하였다. 유럽우주기구(ESA), 프랑스, 일본의 우주 전문가들이 중국을 방문하고 미국 대표단도 방문하면서 세계 우주 공동체로부터 고립되었던 20년의 세월이 종식되었다.[17]

반면 덩샤오핑의 단기적이고 즉각적인 기술발전에만 초점을 맞춘 개혁 정책은 중국 과학자들 사이에서 우려를 불러일으켰다. 지도부가 경제 및 사회적 연관성에 지나치게 집중하면, 장기적으로는 중국의 과학기술 역량이 크게 약화될 것으로 판단하였기 때문이다. 이에 왕간 청 등 4명의 과학자는 중국의 과학 기술 역량을 세계 선진국 수준으로 끌어올리기 위한 계획을 덩샤오핑에 제안하였다. '863 프로그램'이라고 알려진 이 제안은 생물, 우주, 정보, 국방, 자동화, 에너지 및 신소재 기술 7개 영역을 중점 지원하는 것을 골자로 한다. 이후 1986년 8월 자오쯔양 총리 주재로 열린 회의에서 우주가 '863 프로그램'에서 가장 중요한 우선 지원 분야 중 하나로 부상하였다.[18] 현재 중국의 우주발전은 '863 프로그램'이 제공하는 전략적 방향과 대부분 일치한다고 볼 수 있다. 덩샤오핑은 '863 프로그램'을 실행한 이유를 다음과 같이 설명했다.

"원자폭탄, 수소폭탄, 그리고 1960년대 이후 발사한 인공위성이 없었다면 중국은 현재의 위대

---

16) Handberg, Roger, Zhen Li, Chinese space policy: A study in domestic and international politics(Routledge, 2006), pp. 84–85.
17) Harvey, Brian, China in Space: The Great Leap Forward(Springer Science & Business Media, 2013), p. 46.
18) Feizenbaum, E. A, "Who's behind China's high–technology revolution?", *International Security*(24.1 1999), pp. 109–111.

136 세계우주개발사

하고 영향력 있는 국가로서 국제적 위상을 갖지 못했을 것이다. 그러나 이러한 성과는 과거의 일이며, 미래에는 중국이 미래의 기술적 도전에 맞설 준비가 되어 있어야 한다."[19]

그 배경에는 초기에 첨단 기술 연구개발에 참여하지 않으면 나중에 따라 잡기가 매우 어려워질 것이라는 덩샤오핑의 신념었다.

'863 프로그램'은 총 7개의 핵심 항목(바이오테크놀로지, 우주조직, 정보기술, 레이저 기술, 자동화, 에너지, 신물질)과 15개의 세부 항목으로 이루어져 있으며, 7가지 핵심 항목 중 하나가 우주기술이다.[20] 우주조직에 대한 세부 항목은 고성능의 대형 발사체를 개발하는 것으로, 투입되는 예산과 장기적인 세부 계획이 여타 계획들을 크게 앞서는 것이었다. 이를 통해 CZ 시리즈 발사체와 유인우주선, 우주정거장 개발이 비약적으로 발전하였다.[21]

우주에 대한 '863 프로그램'의 장기 목표는 다음과 같다.

- 우주 정거장 건설
- 대형 발사체 개발
- 우주 운송 시스템 개발

이에 맞추어 1986년 3월, 국무원은 '우주 기술개발 가속화 보고서'를 승인했고, 이 보고서에는 DFW−3(통신위성), FY−2(기상 위성), 지구 자원 위성인 ZY−1, FWS−2 시리즈에 대한 연구개발 가속화가 명시되었다.[22]

1990년대 장쩌민 시기에 가장 큰 정책 변화는 우주 정거장 건설이었다. '863 프로그램'의 장기 목표의 한 단계인 우주 정거장 건설은 많은 의미를 내포하고 있다.

우주정거장 건설계획인 '921 프로젝트'는 1992년 9월에 열린 중국공산당 중앙정치국 상무위원회에서 장쩌민 주석이 유인 우주비행의 발전이 "정치, 경제, 과학기술, 군사 모든 분야에 의미가 있는, 종합적인 국력의 상징"이라고 언급하면서 본격적으로 시작되었다. 이후

---

19) Deng Xiaoping, "China Must Take Its Place in the Field of High Technology", http://english.people.com.cn/dengxp/vol3/text/c1920.html (검색일: 2023. 6. 18.)
20) Zhi, Qiang, and Margaret M. Pearson, "China's hybrid adaptive bureaucracy: The case of the 863 program for science and technology", *Governance*(30.3, 2017), pp. 413−414.
21) 이춘근, 앞의 주 12), 53면.
22) Handberg, Roger, supra note 16, p. 100.

'유인 우주비행 3단계 발전전략'을 통해 구체화 되었는데,[23] 이 유인 우주 비행 프로그램은 꽤 오랫동안 비밀에 부쳐져 있었다. 원래 로드맵에는 2010년까지 구소련의 미르(MIR)유형의 우주 정거장을 건설하는 매우 야심찬 계획이었으나, 프로젝트의 일정 및 범위가 수차례 수정 되면서 현재의 3단계의 구성을 가지게 되었다. 1단계는 선저우 우주선을 이용해 인간을 지구 저궤도에 올려 놓는 것이고, 2단계는 우주 정거장 건설에 필요한 기술과 기법의 개발 및 테스트였다. 여기에는 EVA(우주선 활동), 궤도 랑데부 및 도킹 기능이 포함되었다. 또한 미래 우주 정거장의 기술 시연을 위해 사람이 탑승하는 두 개의 단일 모듈 우주 실험실도 포함되었다. 마지막 단계는 지구 저궤도에 60톤 규모의 우주 정거장을 건설하고, 이 정거장에 3명의 우주 비행사가 최대 6개월 동안 체류하는 것이었다.[24]

③ 3단계: 시진핑 시기(2012년 ~)

개혁개방 이후 1990년대부터 2010년대까지가 중국 우주활동의 개발기라면, 2010년 이후부터는 중국의 개화기라 칭할 수 있다. 1990년 이후 중국은 급격하게 성장한 경제력과 신장된 국력을 바탕으로 한정된 분야에만 집중하던 우주활동이, 2000년대에는 국방, 기후, 경제, 통신 등 전반적인 분야로 확대의 필요성을 인식하고 계획했다면, 2010년 이후에는 그 결과의 성과가 나왔다.

중국의 유인우주 프로그램은 덩샤오핑 시대에서부터 시작하여 1992년 "921 프로젝트"를 거쳐 2003년 10월 중국 최초의 우주인 양리웨이가 탑승한 첫 유인우주선 '선저우 5호'가 성공함으로써 유인 우주개발 프로젝트의 3단계 중 1단계를 완성하였다. 이후 후진타오 정부의 "유인 우주정거장 공정 실시방안(載人空間站工程實施方案)"을 통해 2단계, 3단계 계획 또한 가속화 되었다.[25]

2단계는 우주 정거장 건설에 필요한 기술의 개발 및 테스트이며, 여기에는 우주선 활동

---

23) 이동규·신문경, 『톈궁 우주정거장 건설과 중국의 우주력』, 서울: ASAN REPORT(2022), 24면.
24) Chandrashekar, S, supra note 13, pp. 183−188.
25) 国务院公报. "牛紅光: 天宮一號, 神舟八號將於2011年發射." http://www.gov.cn/2010lh/content _1552602.htm (검색일: 2023. 7. 22.)

(EVA), 궤도 랑데부 및 도킹 기능 등이 포함되었다. 1단계가 완료한 이후 중국은 유인우주선 선저우 11호를 포함한 총 11회의 우주실험실과 유·무인 우주선을 발사하였다. 최종적으로 2017년 발사된 화물우주선 톈저우 1호가 유인 우주선 선저우 11호, 우주실험실 톈궁 2호와 도킹에 성공하면서 2단계를 성공적으로 마무리하였다.

유인 우주비행 계획의 마지막 단계는 지구 궤도에 과학실험이 가능한 영구 정거장을 건설하는 것으로 정거장 건설에 필요한 대부분의 요소는 이미 유인 우주비행 2단계를 통해 테스트가 완료되었다. 2021년 4월에 톈허(天和) 실험모듈 발사를 시작으로, 2022년 10월 마지막 실험모듈인 멍톈(夢天)이 설치됨으로써 톈궁 우주정거장이 완성되었다.

처음부터 중국이 독자적으로 우주정거장 건설을 시도한 것은 아니었다. 중국은 국제우주정거장(ISS) 프로젝트에 참여하려고 했지만, 미국 의회는 중국의 참여를 단호하게 거절하였다. 일부 미국 의원들은 중국 스파이가 우주 정거장 주변을 돌아다니는 것을 원치 않는다는 선동적인 발언도 하였다.[26]

중국은 러시아와 협력하면서 2000년 3월에는 양국 간의 협력 협정에 우주 정거장 관련 내용이 추가되었다. 이를 바탕으로 러시아는 기술 지원과 조언을 제공하였다.[27] 이후 유인 우주비행 프로그램의 성공으로 중국은 높은 국제적 위상을 얻게 되었고 달 탐사 프로젝트로 이어졌다.

중국은 1970년대에도 달 탐사 계획이 있었지만, 달 표면을 로봇으로 탐사한다는 구상이 탄력을 받은 것은 1990년대 초부터였다. 중국 국가 항천국(China National Space Administration, CNSA)은 1993년에 설립된 달 탐사에 관련된 타당성 조사를 실시했으며, CAS 과학자들은 지속적으로 달 탐사에 관한 의견을 전달하였다.[28] 2000년 중국이 최초 발행한 우주백서에는 중기 발전 목표로 달을 중심으로 한 심우주 탐사가 명시되었다.[29] 이로써 달 탐사가 국가 정책의 주요 의제가 되었다. 달 탐사는 "중국의 심우주 탐사 노력의 첫 단계"로서,[30] 2003년

26) Harvey, Brian, supra note 17, p. 12.
27) Harvey, Brian, supra note 14, p. 411.
28) Aliberti, Marco. When China Goes to the Moon...(Vol. 10. Cham: Springer International Publishing, 2015). pp. 97－99.
29) 國務院, "中国的航天", https://www.gov.cn/gongbao/content/2001/content_61247.htm (검색일: 2023. 6. 5.)
30) 國務院, "2011年中国的航天", https://www.gov.cn/zhengce/2011－12/29/content_2618562.htm (검색일: 2023. 5. 14.)

3월, 달 탐사 211프로젝트 창어(嫦娥)가 승인되었다.[31] 창어의 승인까지의 과정에서 가장 눈에 띄는 특징은 정책 결정권자에게 정책 제안을 추진하는 데 있어 CAS 과학자들이 상당한 역할과 영향력을 행사했다는 점이다.

중국은 달 탐사 프로젝트를 크게 3단계로 다음과 같이 구분한다.[32]

- 1단계 "달 근접 탐사", 달 주변을 회전하며 달 지형과 원소, 지표면, 우주환경을 등에 대한 종합 탐측을 실시하여 달 탐측 시스템을 일차적으로 구축하는 것이다.
- 2단계 "달 착륙단계", 달 착륙과 순찰 진행을 목표로 로봇 제작, 통신, 발사체 개발 등 핵심 기술을 습득하고 착륙 지역 지형 및 지질 구성 등을 탐측하는 것이다.
- 3단계 "달 착륙 및 귀환단계", 샘플을 추출 후 귀환하는 것이다.

이 임무를 수행하기 위해 2005년에 설립된 달 탐사 및 엔지니어링 센터[33]는 비용 절감을 위해 기존 시스템인 CZ－3A를 활용하여 달 탐사 임무를 수행하였다. 2007년에 발사된 '창어 1호'의 궤적은 1968－1969년 소련과 미국이 최초로 달을 탐사한 것과는 상당한 차이를 보였다. 소련과 미국은 달을 향해 직접 쏘아 올렸지만 중국은 CZ－3A의 달궤도 진입 기술의 한계를 고려해 높은 지구 궤도에 올려놓고 한 달에 걸쳐 달 궤도에 진입시키는 전략을 선택하였다.[34] 창어 1호의 가장 큰 과학적 성과는 3D 달 지도를 작성했다는 것이며, 이 지도에는 지구의 지각판처럼 산맥을 따라 형성된 단층 구조와 같은 달의 새로운 세부 사항도 포함되었다.[35]

창어 1호의 후속 임무는 달로 로버를 보내는 것이었지만 중국 정부는 자체적으로 창어 프로젝트를 보강하여 달의 화학 성분을 추가로 연구하고 더 자세한 사진을 찍어 후속 로버와 샘플 귀환 임무를 지원하기 위해 창어 2호를 2010년에 발사한다.[36]

창어 3호는 로버(중국명 유투)를 탑재하여 2013년 시창위성발사센터에서 발사하여 12일

31) Aliberti, Marco, supra note 28, p. 98.
32) 中國探月與深空探測網. 中國探月工程, http://www.clep.org.cn/n487137/n5989571/index.html (검색일: 2023. 8. 4.)
33) 소련 과학아카데미의 베르나드스키 연구소와 유사한 기능을 수행했다.
34) 심은섭, "달 탐사위성 개발 현황", 『항공우주산업기술동향』 5.1(2007), 48면.
35) Ping, JinSong, et al. "Lunar topographic model CLTM－s01 from Chang'E－1 laser altimeter," *Science in China Series G: Physics, Mechanics and Astronomy*(52.7, 2009), p. 1106.
36) Harvey, Brian, supra note 14, pp. 452－453.

후 달 착륙에 성공하였다. 이로써 중국은 세계에서 세 번째로 달 착륙에 성공하였다.[37]

창어 4호는 창어 3호기의 예비기로 창어 3호가 임무에 성공하자 기존 계획과 임무를 바꿔 2018년에 발사하여 역사상 처음으로 달 뒷면에 착륙한다.[38] 창어 5호는 2020년 11월 23일 원창에서 발사되어, 12월 15일 달 샘플을 실은 캡슐이 귀환하였다.[39]

그림 2　창어 5호가 달에서 가져온 새로운 광물 "창어석"

출처: CLEP(中国探月工程)

이어서 2020년에는 화성 탐사선 톈원(天問) 1호를 실은 CZ−5호가 발사되었다. 2021년 5월에는 화성 유토피아 평원에 안착한 탐사로봇 주룽(祝融)이 화성 탐사를 시작하였다.[40] 미국에 이어 세계 2번째로 중국은 화성 탐사에 성공함으로써 러시아를 앞선 신흥 우주강국에 오르게 되었다.

3단계 시기 중국의 두 번째 성과는 수많은 인공위성 개발과 발사이다. 중국은 2001년부터 2020년까지 310여 개의 발사체를 이용하여 585개의 위성을 발사했다. 2018년에 106개 위성, 2019년엔 82개 등 다양한 임무의 위성을 발사하였다.[41] 중국은 군사 위성의 성능 및

---

37) 주광혁, "국내외 우주탐사 프로그램 및 관련 기술의 개발현황", 한국항공우주학회지 44권 8호 (2016), 741−757면.
38) Weiren, W. U., et al. "China lunar exploration program." *深空探测学报 (中英文),* (6.5, 2019), p. 409.
39) Chandrashekar, S, supra note 13, p. 52
40) "天問一號成功着陸", 『新華通信』2021年 5月 15日. (검색일: 2023. 6. 18.)

제원을 비공개하고 있지만, 정찰 위성인 야오간 시리즈 68개를 포함하여 군사 위성은 총 136개로 추측되며 이들의 임무는 중국의 접근금지구역 거부 전략에 필요한 핵심적인 C4ISR기능을 수행하는 것이다. 또한 직접적인 인공위성 타격 실험을 포함한 ASAT실험을 2005년부터 2018년까지 10회를 실시했다.[42] 그 외에도 21세기 들어 국가차원에서 민용 우주개발을 장려하였고, "과학기술발전 중장기 계획(2006‒2020)[43]이 수립되어 다양한 분야에 위성 연구개발이 활발히 진행되고 있다. 기상위성 펑윈, 해양위성 하이양, 환경위성 환징 등이 지구관측위성이며 통신 위성으로는 동팡홍, 중싱, 야타이, 톈통, 톈롄 등이 있다. 과학기술 및 탐사 시험위성은 스젠, 톈후이, 탄처, 시왕 등이 있고, 차세대 우주선도 프로그램으로는 양자과학 실험위성, 암흑물질입자 탐측위성, 하드 X선 변조 망원경, 과푸위성 관측계획, 아인슈타인위성, 태양관측소, 물순환 관측위성, 태양극궤도 망원경 등이 있다.

마지막으로 글로벌 위성 항법 시스템인 베이더우(北斗, BDS)는 1983년에 계획되었으며, 기존의 GPS나 GLONASS와는 다른 트윈셋 시스템으로 두 개의 위성을 이용하는 방식으로 시작된다. 1989년에 두 개의 정지궤도 통신위성을 사용하여 테스트를 진행하였고, 1993년에는 북두 프로그램이 공식적으로 시작되었다. 2000년에 2대의 시험위성을 발사하고 2003년에 세 번째 예비 시험위성을 발사했다. 두 개의 위성만을 사용하여 글로벌 시스템이 아닌 지역적 시스템을 제공하였으나, 계획을 수정하여 2006년에는 새로운 개념의 베이더우‒2를 발표하였다. 베이더우‒2는 기존의 트윈셋 시스템에서 탈피하여 GPS, GLONASS, 갈릴레오와 동일한 원리를 사용하였는데, 트윈셋 시스템은 지협적이었으며 세계를 커버하기에는 한계가 분명했다. 최종적으로는 3단계에 걸쳐 베이더우가 구축되었으며 1단계는 중국 전 지역을 커버, 2단계는 태평양지역, 3단계는 전 세계 커버로 2020년 7월에 완전히 배치되었다.

한편, 2015년 중국은 인민해방군을 개편하여 전략지원군을 신설한다. 이 개편의 목적은 군대가 우주활동을 원활하게 활용하는 데에 있으며, 새롭게 변화된 조직 구조는 '정보화 조건 하에서 국지전을 치르고 승리해야 한다'는 전략적 명령과 일치하는 군사 태세이다. 이를

---

41) Chandrashekar, S, supra note 13, p. 55.
42) Harrison, Todd, et al. Space threat assessment 2020. Center for Strategic & International Studies(2020), p. 11.
43) 國務院. "國家中長期科學和技術發展規劃綱要 (2006—2020年)." https://www.gov.cn/gongbao/content/2006/content_240244.htm (검색일: 2023. 6. 18.)

위해 각 군의 우주지원부서는 '군사 지역'이라는 개념을 벗어나 국지전을 치르고 승리하기 위해 필요한 모든 자원을 통제하는 전구 사령부로 전환되어 전투책임이 각 군에서 전구 사령부로 이관되었다.[44]

---

44) Chandrashekar, S, supra note 13, p. 53.

2 법·정책

① 법률

개혁개방 이후 중국은 외국인 투자와 민간 기업뿐만 아니라 과학 분야의 국제 협력에도 개방하기 시작했고 1983년에는 UN의 우주조약(Outer Space Treaty)과 1988년에 손해배상 협약, 구조협정 및 우주물체 등록협약에 가입하였다.

중국의 국가 우주법 초안을 작성하기 위한 초기 노력은 1994년경부터 시작되었지만, 가장 실질적인 작업은 중국이 산업 행정 시스템을 개혁한 1998년 이후에 이루어졌다. 1998년에는 연구와 우주 관련 입법을 위하여 '국방과학기술위원회(Commission for Science, Technology and Industry for National Defense, COSTIND)'를 설립했지만, 현재 중국에는 포괄적이고 구체적인 국가 우주법이 존재하지 않는다.[45]

가. 국가 우주활동에 적용되는 일반원칙[46]

2006년에 발행된 중국 우주 활동 백서에서는 중국 우주 산업 발전을 위해 준수해야 할 원칙을 다음과 같이 명시하고 있다. 첫째, 국가의 전반적인 발전 전략을 유지하고 봉사하며 국

---

45) Jakhu, Ram S., ed. National regulation of space activities(Vol. 5. Springer Science & Business Media, 2010), p. 247-248
46) 國務院. "2006年中国的航天", https://www.gov.cn/ztzl/zghk50/content_419658.htm (검색일: 2023. 6. 7.)

가의 수요를 충족하고 국가의 의지를 반영하는 것이고, 둘째, 독립과 자립 정책을 견지하고 자주적으로 혁신하며 비약적인 발전을 실현하는 것이며, 셋째, 종합적이고 조화로우며 지속 가능한 발전을 유지하고 국가의 과학기술 부문과 경제 및 사회 발전을 촉진하고 유지하는데 우주 과학기술의 기능을 충분히 발휘하는 것이다. 마지막으로 대외 개방 정책을 고수하고 국제 우주 교류와 협력에 적극적으로 참여하는 것이다.

나. 우주 공간에 발사된 물체의 등기관리방법[空间物体登记管理办法]47)

COSTIND는 우주물체 등록협약을 준수하기 위해 2001년 중국외교부와 함께 '우주공간에 발사된 물체의 등기관리방법'을 발표했다. 이 조항은 중국 영토에서 발사된 모든 우주 물체와 중국이 다른 국가와 협력하여 해외로 발사한 우주 물체에 적용된다(제3조). 등록 의무는 우주 물체를 발사하거나 발사를 조달하는 모든 주체에게 있다(제4조).

절차는 다음과 같다. 등록자는 물체가 궤도에 진입한 후 60일 이내에 제6조에서 요구하는 모든 정보(등록 번호, 소유자, 발사 정보, 궤도 매개변수 등)를 COSTIND에 제공해야 한다. 궤도 변경 또는 심각한 오작동과 같은 중대한 변경이 발생하는 경우, 등록자는 발생일로부터 60일 이내에 이를 알려야 한다. COSTIND는 국가 등록부를 관리하며, 등록 후 60일 이내에 외교부를 통해 유엔 사무국에 해당 물체를 등록한다.

다. 민용 우주발사 허가관리 임시방법[民用航天发射许可证管理暂行办法]48)

우주 부문에 대한 민간 투자가 증가함에 따라 COSTIND는 2002년에 또 다른 행정 규정인 "민간 우주 발사 프로젝트 허가 관리에 관한 임시 조치"를 발표했다. 이러한 프로젝트에 대한 심사, 승인 및 감독 권한은 COSTIND에 있다. 신청서는 발사가 예정된 시점 9개월 전에 COSTIND에 제출해야 하며, 위원회는 30일 이내에 이를 검토해야 한다. 모든 요건이 충족되면 허가가 발급된다.

---

47) jakhu, Ram s, supra note 45, p. 251−252.
48) Ibid, p. 251−252.

라. 위성통신망 건립과 기지국 설치 사용 관리 규정(建立卫星通信网和设置 使用地球站管理规定)49)

위성 통신 네트워크의 구축과 동일한 주파수 대역을 공유하는 다른 무선국 간의 상호 간섭을 방지하기 위해 2009년 4월 10일 제정되었다. 이 규정은 중국 영토 내에서 사용하기 위한 위성 통신망 및 기지국 설치에 적용된다. 위성통신망의 설립을 위한 허가제도를 실시하고 허가를 받지 않고는 어떠한 단체 또는 개인이 위성 통신망을 설립할 수 없다.

마. 2016년, 민용위성공정관리임시조치(民用卫星工程管理暂行办法)50)

국무원의 '국가 민간 인프라 중장기 발전 계획(2015 – 2025)'에 의거, 요구 사항을 이행하기 위해 국방과학기술공업국(SASTIND)과 CNSA는 2016년에 민간위성 프로젝트 관리를 위한 임시 조치'를 발표하였다. 주요 내용은 민간 위성 프로젝트를 관리하고, 우주산업에 대한 감독을 강화하며 위성 프로젝트의 투자 및 응용 혜택을 최대한 활용하기 위해 제정되었다.

② 정책/전략

2016년 시진핑 중국 주석은 우주의날 기념 연설에서 "광활한 우주를 탐사하고 우주사업을 발전시켜 우주강국을 세우는 것은 우리가 끊임없이 추구하는 우주몽"51)이라면서 가용한 자산을 집중하여 우주력을 발전시켜야 한다고 강조하였다. 이에 따라 중국은 2030년 우주강국, 2045년에는 우주 선도국의 구체적인 비전을 제시하였다.

다음 그림 3은 거시적, 장기적, 추상적 상층수준에서의 정책에서 보다 구체적인 중층 수

---

49) Ibid, p. 252 – 264,
50) 國務院. "民用卫星工程管理暂行办法." http://fgcx.bjcourt.gov.cn:4601/law?fn=chl542s817.txt (검색일: 2023. 5. 11.)
51) "習近平引領航天夢助推中國夢", 『人民網』, 2016年 9月 15日.http://cpc. people.com.cn/xuexi/ n1/2016/0915/c385474 – 28718006.html.

준의 정책, 그리고 가장 미시적이고 단기적이며 구체적인 하층 수준에서의 프로젝트로 구분하였다. 그리고 각 정책들의 추구하는 방향성을 과학 기술, 민간 산업, 군사 안보 등으로 구별하고, 우주활동의 특성상 이중성을 고려하여 도식화하였다.

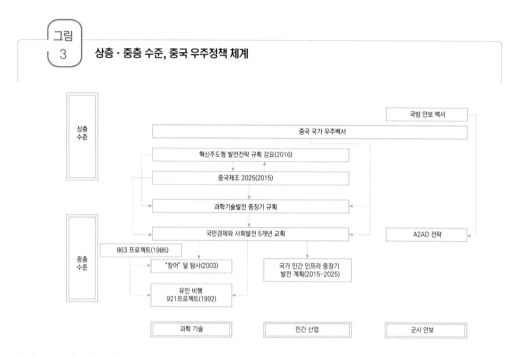

| 그림 3 | 상층 · 중층 수준, 중국 우주정책 체계 |

출처: 중국 위성별 기관 및 항천과기집단공사

상층 수준 정책인 중국우주백서(China's Space Program; 中国的航天)는 현재까지 2000년, 2006년, 2011년, 2016년, 2021년 등 총 5회 발간되었다.

중국 우주백서는 발전목표와 핵심원칙, 과거 주요 발전 내용, 향후 5년 동안의 주요 발전 목표 및 과제로 구성된다.

가장 최근 작성된 2021년 중국 우주백서의 주요 목표는 아래와 같다.

① 우주공간의 탐사와 인식을 넓혀 중국 종합국력 증진을 도모하며 우주영역에서 인류 운명공동체 구축을 추진한다. ② 우주 기술 및 시스템 개발 등 핵심 기술 연구와 응용을 촉진하고 우주활동 시스템을 발전시켜 이용과 관리 능력을 전면적으로 향상하여 지속 가능한 발전을 추진한다. ③ 위성 공공복지 서비스, 우주 응용산업 등 중국의 경제사회 발전 및 효율성

제고에 초점을 맞춘다. ④ 우주과학 탐사, 우주환경 하 과학시험 등 우주의 기원과 진화, 태양계와 인간의 간계 등 과학적 주제에 초점을 맞춘다. ⑤ 우주 혁신 능력 지속 향상, 우주 공업 기초능력 강화, 우주응용산업 발전 가속, 상업용 우주발전 장려, 법치 우주건설 적극 추진, 높은 수준의 우주 인력 육성 등 중국 정부는 우주 산업 발전을 위한 정책과 조치를 적극적으로 수립하기 위해 우주 거버넌스를 현대화 한다. ⑥ 우주 공간의 평화적 탐사, 개발, 이용은 세계 모든 국가가 누리는 평등한 권리이므로 중국은 세계 모든 국가가 함께 인류 운명 공동체 건설을 촉진하고 평등과 상호 이익, 평화적 이용, 포용적 발전을 바탕으로 우주 비행 분야에서 심도 있는 국제 교류와 협력을 추진한다.[52]

중국의 우주 정책은 중국의 첨단과학기술 발전에 기반을 두고 있는데, 2050년을 지향하는 과학기술 발전 청사진인 "혁신주도형 발전전략 규획강요(2016년)"는 '과학굴기'를 위한 3단계 목표 및 실천과제 등 구체적 로드맵을 제시한다.[53] 우주와 관련된 전략임무는 우주 접근 및 활용의 기술 역량을 적극적으로 강화하고, 우주 인프라를 개선하며, 위성원격 감지, 위성 통신, 내비게이션 및 위치 서비스 기술 개발 및 적용을 촉진하고, 위성 애플리케이션의 혁신 및 산업 체인을 개선하는 것이다.[54]

중국은 독일의 'Industry 4.0'을 모델로 제조강국 진입 전략을 구상하여 2015년에 "중국 제조 2025"을 발표하였다. 2025년까지 주요 제조업 강국, 2049년까지는 세계 제조강국 상위권 진입을 목표로 공표하고 이를 실현하기 위해 10대 중점분야를 제시하였다. 그중 하나가 항공우주이다. 제조업은 우주활동과 직·간접적으로 관련된다.[55] 이처럼 상층 수준의 우주 활동 정책은 우주백서뿐만 아니라 과학기술, 제조업 등의 단계별 발전 시기와 비슷하다.

상중급 수준의 "과학기술발전 중장기 규획"은 정부에서 추진하는 과학기술 활동 기본 계획 중 하나로 과학기술 자원의 합리적 배분을 실현하는 중요한 수단이다. 중화인민공화국 설립부터 현재까지 총 8차례 과학기술발전 중장기 계획이 수립·실시되었고, 현재 실시 중인

---

52) 國務院. "2021中国的航天." http://www.gov.cn/zhengce/2022−01/28/content_ 5670920.htm (검색일: 2023. 5. 14.)
53) 윤대상, "중국 과학기술혁신 정책 동향과 한중 협력방안", 『과학기술 동향 심층분석보고서』 32(2018), 10면.
54) 國務院. "国家创新驱动发展战略纲要", https://www.gov.cn/zhengce/2016−05/19/content_5074 812.htm (검색일: 2023. 5. 14.)
55) 윤대상, 앞의 주 53) 14면.

중장기 계획은 "과학기술발전 중장기 규획(2021－2035)"이다. 7차 과기발전 중장기 규획 (2006－2020)에서는 기업의 기술 혁신을 촉진하기 위한 정책을 시행하는 등 민간 주도의 우주연구개발을 장려하고, 군과 민간 부문을 통합하기 위한 제도를 개선하는 등 민관겸용(이중 용도)의 인공위성개발 장려에 중점을 두고 있다.[56]

중층 수준의 5개년 규획은 1953년 이후 5년마다 시행하고 있으며 정식명칭은 '중국인민 공화국 국민경제와 사회발전 제14차 5개년 규획'(이하 14.5규획)이다. 다음은 2000년 이후 각 규획별 우주관련 정책중점이다. 10.5차 규획(2001－2005)에는 국가 우주 정보 서비스와 같은 정보 기술, 우주발사체에 중점을 두었으며,[57] 11.5차 규획(2006－2010)에는 우주기술을 응용 중심에서 비즈니스 서비스 중심으로 전환을 예고하며, 항공우주 산업 촉진, 군 및 민간 협력, 국제 협력을 정책 방향으로 삼는다.[58]

13.5차 규획(2016－2020)에서는 심우주 탐사와 기업의 우주산업 진출에 대한 전략을 다루고 있으며,[59] 마지막으로 14.5차 규획(2021－2025)은 비전 2035의 개요와 같이 발표되었다. 14.5차 규획에서는 "과학기술 2030 중대프로젝트"의 심우주 탐사, 유인 우주비행, 달 탐사, 양자통신 위성, 베이더우 위성 시스템의 성공을 바탕으로 우주 극지 탐사, 베이더우 위성위치확인시스템 응용 등 응용분야에 도전할 것을 명시하였다.[60]

민간우주시스템의 빠른 개발과 우주자원의 대규모 산업화를 촉진시키기 위해 중국은 2015년 국가 민간 인프라 중장기 발전계획(2015－2025)을 수립하였다. 민간 인프라는 위성 원격탐사시스템, 항법위성시스템, 위성통신 및 방송시스템을 포함하며, 민간 및 국가 산업의 다양한 요구를 충족시키고 국민의 삶의 질 향상, 국가 안보를 증진시키기 위해 단계적으로 개발될 계획이다.[61]

---

56) 國務院. "國家中長期科學和技術發展規劃綱要 (2006—2020年)." https://www.gov.cn/gongbao/ content/2006/content_240244.htm (검색일: 2023. 6. 18.)
57) 國務院. "中华人民共和国国民经济和社会发展第十个五年计划纲要." https://www.gov.cn/gongb ao/content/2001/content_60699.htm (검색일: 2023. 6. 19.)
58) 國務院. "中华人民共和国国民经济和社会发展第十一个五年计划纲要", https://www.gov.cn/gon gbao/content/2006/content_268766.htm (검색일: 2023. 6. 18.)
59) 國務院. "中华人民共和国国民经济和社会发展第十三个五年规划纲要", https://www.gov.cn/xin wen/2016－03/17/content_5054992.htm (검색일: 2023. 6. 18.)
60) 國務院. "中华人民共和国国民经济和社会发展第十四个五年规划纲要", https://www.gov.cn/xin wen/2021－03/13/content_5592681.htm (검색일: 2023. 6. 28.)
61) 國務院. "国家民用空间基础设施中长期发展规划 (2015－2025年)." https://www.ndrc.gov.cn/xx

그림 4에서 보는 것처럼 하층 수준의 세부정책과 프로젝트들은 구체적인 실행 정책들을 의미한다. 이들 세부정책과 프로젝트들은 상층 및 중층 수준의 정책과 연계되어 있으며 우주 영역의 특성상 하나 이상의 상위 정책과 연결되는 경우가 많다.

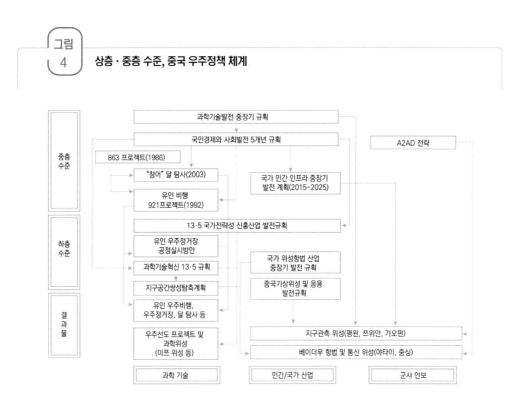

그림 4 상층 · 중층 수준, 중국 우주정책 체계

출처: 중국 위성별 기관 및 항천과기집단공사

gk/zcfb/ghwb/201510/W020190905497791202653.pdf (검색일: 2023. 6. 18.)

3 우주 거버넌스

중국의 우주 거버넌스는 1956년 1월 국무원의 "12년 과학기술발전계획"과 더불어 첸쉐 썬이 국방부 산하의 제5연구원 설립을 기점으로 마오쩌둥의 문화대혁명, 덩샤오핑의 개혁개 방, 시진핑의 효율적인 정부 규제, 자본시장 확대 등을 통해 개편되었다.

① 형성과 발전 그리고 문화대혁명(1956 ~ 1980)

중국은 1956년 1월 '12년 과학기술발전계획(1956 ~ 1967)'에 제트 및 로켓 기술이 포함되 었고 연구개발 기관인 '제5연구원'을 첸쉐썬이 설립하면서 우주활동 거버넌스가 시작되었 다. 다음 그림 5는 초기 제5연구원의 조직 구조에 대한 개요를 보여준다. 이후 4개의 분원으 로 분리되었다.[62]

---

62) Chandrashekar, S, supra note 13, p. 3.

그림 5 초기 제5연구원 조직구조

출처: Chandrashekar, S. "China's space programme"(2022)

다음 그림 6은 제7기계공업부의 구조를 간략하게 보여준다. 제7기계공업부에서 원래의 제5연구원을 조정해 1, 2, 3, 4연구원으로 개편했다.

그림 6 제7기계공업부 세부 조직

출처: Chandrashekar, S. "China's space programme"(2022)

위성 프로그램의 시작은 마오쩌둥의 문화대혁명과도 맞물려 우주 및 미사일 프로그램을 담당하는 여러 작업 센터 내에 심각한 분열이 발생했다. 홍위병이 이끄는 반군세력은 작업장 내 활동을 심각하게 위협하는 분위기를 조성했으며, COSTND와 국방공업판공실의 권위는 심각하게 약화되었다. 우주 프로그램을 보호하기 위한 긴급한 조치가 필요했다. 이에 1969년 12월, 국무원과 중앙군사위원회의 결정으로 중앙군사위원회 산하 국방공업영도소조와 판공실(軍委國防工辦)을 설립하고 국방공업판공실을 폐지한다. 이후 1973년 다시금 국방공업영도소조와 판공실이 폐지되고 국방공업판공실을 다시 설립하여 국무원과 중앙군사위원회의 이중 지도를 받되, 주로 국무원이 지도를 하였다. 그러나 결국 1977년 9월 국방공업판공실은 군으로 이전하였다. 같은 해에 국무원과 중앙군사위원회의 결정으로 중앙군사위원회 산하 과학기술장비위원회(中央軍委科技 裝備委員會)가 설립되어 제7기계공업부의 업무도 총괄하게 되었다.[63] 우주 프로그램에 대한 군부의 통제는 오늘날에도 계속되고 있다.

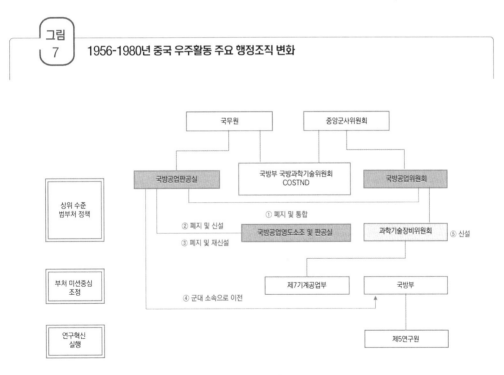

그림 7 1956-1980년 중국 우주활동 주요 행정조직 변화

출처: 손은정 · 이혜진, "중국 우주개발 행정조직 변동과 시사점." (2019)

---

63) 이춘근, 앞의 주 12), 7-8면.

② 개혁개방과 효율화(1981 ~ 2008)

    덩샤오핑의 개혁개방에 따라 우주조직도 많은 변화가 일어났다. 기존의 비효율적인 문제들을 해결하기 위해 전문인력 충원과 효율적 행정체제 개혁이 시행되었다.[64] 1982년 7월, 국무원과 중앙군사위원회의 결정으로 COSTND, 국방공업판공실, 중앙군위 과학기술장비위원회를 합병하여 국방과학기술공업위원회(國防科技工業委員會, COSTIND)를 설립하였다. 국무원과 중앙군사위원회의 이중 지도를 받으며, 국무원에서는 공업부문의 국방과학연구와 군수품 업무를, 중앙군사위원회에서는 군방관련 과학기술 업무를 지도를 하였다.[65] 이러한 변화는 중국의 사회적 요구를 충족하기 위해 과학 기술연구를 산업과 직접 연결하려는 덩샤오핑의 의지를 보여주었다.

    제7기계공업부도 커다란 변화를 겪게 되는데, 1981년 9월 제8기계공업부와 통합하고, 1982년 3월, 국무원의 조직개편에 따라 항천공업부(航天工業部)로 개칭하였다. 이후 1988년 4월에 또다시 국무원 조직 개편에 따라 항공공업부(航空工業部)와 항천공업부를 통합해 항공항천공업부(航空航天工業部)를 설립하여 비효율을 낮추고 전문성을 강화하는 등 세계시장에서 경쟁성을 갖추고자 하였다.[66] 다음 그림 8은 위의 내용을 종합하여 정리 및 도식화 한 것이다.

---

64) 정해용, "중국의 행정개혁과 '중국모델': 신공공관리에 대한 반성과 새로운 개혁이념", 『현대사회와 행정』, 21권 2호(2011), 102면.

65) Kan, Shirley, "China: Commission of Science, Technology, and Industry for National Defense (COSTIND) and Defense Industries", *Congressional Research Service, Library of Congress*(1997), p. 1.

66) 이춘근, 앞의 주 12), 9면.

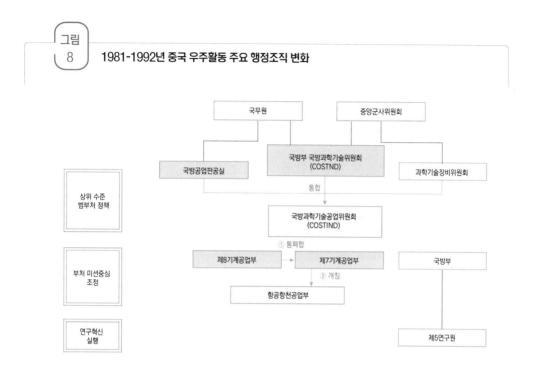

그림
8
1981-1992년 중국 우주활동 주요 행정조직 변화

출처: 손은정·이혜진, "중국 우주개발 행정조직 변동과 시사점."(2019)

1990년대에 중국의 빠른 성장을 토대로 우주활동과 산업이 급속하게 발전하는 가운데, '국무원이 우주자산 및 활동을 직접 관리하는 체계'가 새로운 환경에 부합하지 않다는 내부 지적이 제기되어 우주산업의 국유기업화가 결정되었다. 1993년 3월 전국인민대표대회를 통해 항공항천공업부가 폐지되고 우주와 항공을 분리하는 중국항천공업총공사(中國航天工業總公司)/국가항청국(国家航天局, CNSA)과 중국항공공업총공사(中國航空工業總公司)를 각각 설립할 것을 결정하여 6월에 정식 설립하였다. 중국항천공업총공사/CNSA는 일시적으로 1개의 기관이지만 2개의 이름을 가졌고, 1998년 5월 CNSA는 COSTIND 산하로 이전되어 국가 우주사업의 최고 행정관리부서가 되었다. 그리고 항천공업총공사는 정부기능을 지우고 국유기업화가 되었다.[67]

또한 상위부처인 COSTIND는 1998년 4월, 군사 업무 부분과 총후근부의 군사 관련 부서들을 통합해 인민해방군 총장비부(總裝備部, GAD)를 설립하여, 군의 무기개발과 생산을 총괄

---

67) 위의 주, 9－10면.

하였다.[68)

2008년에는 효율적인 정부규제, 자본시장 확대, 표준화된 중간 서비스 등을 위해 '국가안보를 위한 과학기술 및 산업의 투자 시스템 개혁 심화를 위한 의견(深化国防科技工业投资体制改革的若干意见)정책'[69) 문서를 승인하며 국방과학 기술산업의 특수성을 공식화 하였다. 그 결과 COSTIND를 폐지하고 그 기능을 공업정보화부(工业和信息化部, MIIT)와 발전개혁위원회(NDRC) 등으로 이전하였다.[70) 표면적인 목적은 민간 및 군사 활동의 더 나은 통합일 수 있지만 GAD와 유사한 지위를 누렸던 COSTIND가 폐지되고 대부분의 책임이 새로운 상위 부처와 산하 부서로 이관됨에 따라, 의사 결정 엘리트와 직접 연결되어 있는 기관인 GAD의 역할이 강화되었다고 볼 수 있다.

MIIT는 COSTIND의 기능은 물론, 정보기술부(MIT) 산하조직과 기관도 통합하고, 국방과 관련된 핵심 분야를 관리하기 위해 이 부처 산하에 국방과학기술공업국(国家国防科技工业局, SASTIND)이라는 새로운 기관을 설립하였다. SASTIND의 창설은 어떤 의미에서 우주 프로그램에 대한 COSTIND의 초기 조정 및 감독 기능을 복제했다고 볼 수 있다. 그러나 우주 프로그램을 국가의 정치 엘리트와 직접 연결했던 COSTIND와 달리 SASTIND는 권력 계층 구조에서 훨씬 낮은 수준에 머물러 있다. 2008년 9월에는 CNSA가 MIIT산하로 이전한다. 또한 구조조정 과정에서 MIIT 산하에 민군통합추진부(CMIPD)라는 새로운 부서가 신설되어 민군 활동을 통합하는 임무를 맡게 된다.[71) 다음 그림 9는 위의 내용을 종합하여 2002−2012년 중국 우주활동 주요 행정조직 변화를 정리 및 도식화 한 것이다.

---

68) 손은정·이혜진, "중국 우주개발 행정조직 변동과 시사점."(2019), 231−259면, 248면.
69) 國務院. "深化国防科技工业投资体制改革的若干意见." http://www.gov.cn/zwhd/2007−05/15/content_614666.htm (검색일: 2023. 5. 14.)
70) 苗圩, et al, "Ministry of Industry and Information Technology", *MIIT*(2013). p. 1.
71) Chandrashekar, S, supra note 13, pp. 52−53.

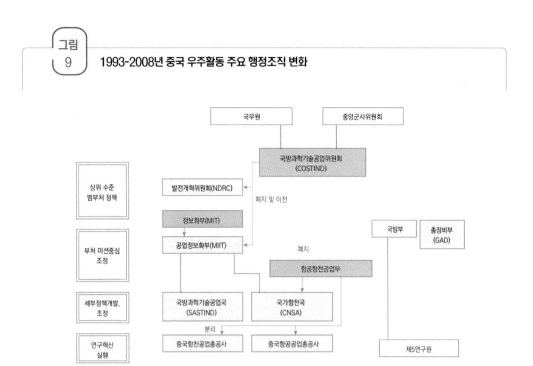

출처: 손은정·이혜진, "중국 우주개발 행정조직 변동과 시사점."(2019)

③ 민간 개방(2009 ~)

시진핑 시기, 중국의 우주정책 결정에 관여하는 주요 부처 및 기관으로는 SASTIND, 발전개혁위원회(NDRC), 과학기술부(MOST) 등이 있다. 특히 SASTIND는 우주산업 정책, 개발계획, 규정 및 표준을 수립하고 주요 우주 프로그램을 조직 및 조정하는 역할을 담당한다. 거시경제 계획, 운영 및 조정을 담당하는 NDRC는 국무원 장관급 위원회로써 우주산업 정책 결정 및 우주기술 상용화에 관여하며, MOST는 과학기술 정책 수립 및 프로그램 관리를 담당한다.[72] 국방과 관련된 우주업무는 GAD가 주로 담당하며, 우주무기 개발과 생산을 총괄한다.[73] 하지만 2015년 국방 우주에 대한 감독 책임을 맡은 전략지원군(SSF)의 창설과 함께

---

72) Schrogl, Kai-Uwe, et al, Handbook of space security, (Springer Reference, 2015) p. 524.
73) Francis, Ed, and Susan M. Puska, "Contemporary Chinese Defense Industry Reforms and Civil-Military Integration in Three Key Organizations", *SITC*(Policy Brief 5, 2010), p. 2-3.

GAD가 폐지되고 인민 해방군이 재편되면서 GAD가 맡았던 우주 프로그램을 관리하던 방식에도 변화가 있을 것으로 보인다.[74] 그리고 우주관련 행정기구 CNSA는 MIIT의 위탁 요청에 따라 SASTIND의 관리를 받고 있으며, 국유기업 등 민간 우주활동 정책과 관리를 담당하고 있다. 또한 SASTIND를 대신하여 우주관련 국제협력 시 중국을 대표한다.[75]

중국의 대표적인 국유기업은 중국항천과기집단유한공사(中国航天科技集团公司, CASC)와 중국항천과공업집단유한공사(中國航天科工集團公司, CASIC)가 있다. CASC는 16만 명의 직원이 있으며 주로 CZ계열 발사체, ICBM, 유인 우주선 등과 각종 민간 위성의 개발, 시험 및 생산을 맡고 있다.[76] CASIC는 15만 명의 직원이 있으며 고체 우주발사체, 우주부품과 더불어 첨단 무기 등을 생산 개발하고 있다.[77] 다음 그림 10은 위의 내용을 종합하여 현재 중국 우주활동 주요 행정조직을 정리 및 도식화 한 것이다.

그림 10 현재 중국 우주활동 주요 행정조직

출처: 이춘근, 중국의 우주굴기, 지성사(2020)

---

74) Chandrashekar, S, supra note 13, p. 51.
75) Ibid, pp. 35−36.
76) 中国航天科技集团公司(CASC), "Company Profile." http://english.spacechina.com/n17138/n17229/index.html (검색일: 2023. 10. 4.)
77) 中国航天科工集团(CASIC), "Introduction of CASIC", http://www.casic.com/n189298/n189314/index.html (검색일: 2023. 10. 4.)

분야별 우주기술(최근)

1 인공위성

중국은 1970년 첫 인공위성 동팡홍-1 발사를 기점으로 위성개발에 착수하여 연간 수십 개의 위성을 우주에 보내고 있다. 현재 운용하고 있는 위성의 종류도 통신, 항법, 지구관측, 심우주관측, 기상 등 다양하고, 기술은 상당한 수준이며 자원 또한 풍부하다. 이하에서는 각 분야별 인공위성 탑재체를 최근 기술위주로 통신, 항법, 기상/해양, 정보감시정찰(ISR), 랑데부 위성 순으로 살펴본다.

① 통신위성

중국은 60개 이상의 통신 위성을 소유 및 운영하고 있으며, 이 중 최소 4개는 군사용으로 사용 중이다.[78] 2016년 발사된 톈통(Tiantong)-1 모바일 통신 위성도 군사적 기능을 수행할 가능성이 높다. 다른 우주 강대국들과 마찬가지로 중국도 민간 통신 위성의 일부 용량을 군사 목적으로 사용할 것으로 예상된다. 또한 중국은 대량의 데이터를 전송할 수 있는 첨단 통신 위성을 배치하며,[79] 글로벌 위성통신 산업의 선두로 도약하기 위해 노력하고 있다. 나아가 우주기반 양자지원 통신위성과 같은 차세대 기능을 테스트하고 있다.

---

78) U.S. Defense Intelligence Agency, Challenges to Security in Space (Washington, DC: 2022), p. 3.
79) Stokes, Mark A., et al. "China's Space and Counterspace Capabilities and Activities." (2020), p. 28.

가. 미쯔(Micius)

2016년에 발사된 중국과학원의 양자통신[80] 위성 미쯔는 양자 기능을 갖춘 저궤도 위성이며 위성 기반 양자 통신 네트워크의 토대를 마련했다.[81] 미쯔의 2017년 시연에서, 1200km 떨어진 두 지상국 간의 위성 링크는 광섬유 링크보다 15배 더 효율적이었다.[82] 2015~2017년간 중국은 양자통신관련 프로젝트에 13조 원의 예산을 투입할 만큼 양자통신 연구개발에 적극적이고 상당히 구체화 되었으며, 궁극적인 계획은 2030년까지 해킹이 불가능한 양자 링크를 구축하기 위해 미쯔 2호, 3호를 추가로 발사하는 것이다.[83]

그림 11 양자 통신위성 미쯔의 개념도

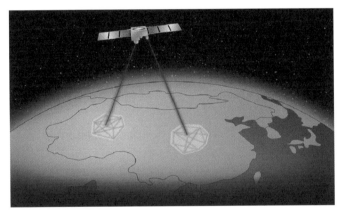

출처: physics.aps.org

---

80) 양자통신은 양자가 지니고 있는 중첩성(quantumentanglement)의 원리, 즉 서로 멀리 떨어진 두 입자가 존재적으로 연결돼 있어 한 입자의 상태가 확정되는 즉시 다른 입자의 상태도 변하는 것을 활용하는 새로운 통신방법으로 광자(빛의 최소단위)에 정보를 실어 보내는 통신방식이다. 전송 과정에서 중첩성으로 인해 해킹을 시도하려는 순간 속성이 변하거나 암호키 자체가 손상되는 특성을 지니고 있어 도감청, 해킹이 불가능한 꿈의 보안 방식이다. 출처: 박환일, et al. "2017년 과학기술계 주요 이슈", 『과학기술정책』 233호(2017), 41면.

81) Chapman, Joseph C., and Nicholas A. Peters. "Paving the Way for Satellite Quantum Communications." Physics(15, 2022), p. 172.

82) J. Yin et al., "Satellite−based entanglement distribution over 1200 kilometers", Science 356(2017), p. 1140.

83) 박환일, et al. "2017년 과학기술계 주요 이슈", 『과학기술정책』, 233호(2017), 40−41면.

② 항법 위성: 베이더우(北斗, BDS)

베이더우는 중국의 위성 기반의 위치 결정 시스템이다. 중국은 2022년말 기준으로 61개의 항법 위성을 발사했으며 여기에는 동기궤도(GSO) 위성 15개, 경사정지궤도(IGSO) 위성 12개, 중궤도(MEO) 위성 32개가 포함된다.[84] 현재 55개의 위성으로 구성되어 있으며, 디지털 플랫폼 및 통신, 군사용 용도로 다음과 같은 단계로 추진되었다.

1단계는 2003년에 4기의 시험 위성으로 중국 본토에서 1호 시스템 운용이 시작되었다. 이 단계에서는 베이더우의 초기 개발과 기술 검증이 이루어졌다. 2단계로 2018년에 구축된 2호 시스템은 아시아태평양 지역으로 범위를 확장했다. 이로써 동남아시아, 동유럽, 아프리카 등 100개국 이상에서 베이더우가 교통, 운송, 도시 관리, 어업 등 다양한 분야에서 활용되었다.[85] 3단계는 2020년 완성되었으며 24기의 MEO, 3기 IGSO 그리고 3기의 GEO위성 등 총 30기로 구성되어 전 세계를 대상으로 한다. 베이더우의 신호의 항법 성능은 2020년 FOC 기준으로 다음과 같다. 수평 정확도 < 1.5m (95%), 수직 정확도 < 2.5m (95%), 시각동기 성능: 9.8ns (95%)이며[86] 기본 위성항법 서비스는 물론 SBAS 서비스,[87] 지역 및 글로벌 단문 메시지 서비스, 국제 탐색구조 서비스를 전 세계에 제공한다. 또한 중국은 중궤도 베이더우 위성을 활용하여 초정밀 위성항법 서비스(PPP:Precise PointPositioning service)를 전 세계를 대상으로 실시할 계획이다.[88]

베이더우의 세가지 주요 특징은 다음과 같다. 첫째, 베이더우는 세 가지 종류의 궤도에 있는 위성으로 구성된 하이브리드 시스템이다. 이는 다른 항법 위성 시스템과 비교하여 더 나은 차폐 방지 기능을 제공하며, 특히 저위도 영역에서 성능을 높일 수 있다. 둘째, 베이더우

---

84) Chandrashekar, S, supra note 13, p. 169

85) 김영대, "[Focus] 미국 GPS 독점 깼졌다 중국 '베이더우' 완성", 『마이더스』, 2020.10 (2020), 94-95면.

86) Shen, Jun, and Changjiang Geng. "Update on the BeiDou navigation satellite system (BDS)." 32nd International Technical Meeting of the Satellite Division of The Institute of Navigation(Miami, FL. 2019), pp. 21-25.

87) 위성기반 포지셔닝 보정 시스템(SBAS:Satellite Based Augmentation System)

88) 이상욱, 유준규, 변우진, "위성항법 시스템 및 기술 동향", 『[ETRI] 전자통신동향분석』 36권 4호 (2021), 67면.

는 여러 주파수의 항법 신호를 제공한다. 이를 통해 다중 주파수 신호를 결합하여 서비스 정확도를 향상시킬 수 있다. 다중 주파수 신호는 위성 신호의 강도, 안정성 및 신호 처리 성능을 향상시키는 데 도움이 된다. 셋째, 베이더우는 항법, 단문메시지 통신, 국제수색, 정밀지점 위치 확인 등 다양한 서비스 기능을 제공한다. 이를 통해 여러 분야에서 신속하고 정확한 정보 및 통신 서비스를 제공할 수 있다.

> **그림 12** 베이더우 위성수

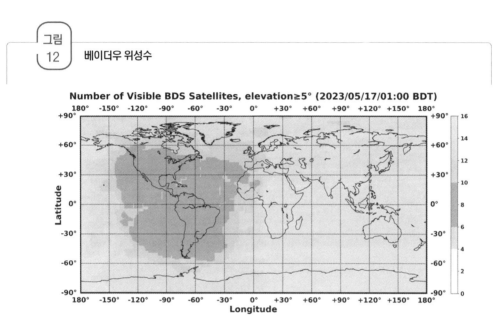

출처: 중국 베이더우 정부홈페이지, en.beidou.gov.cn

③ 기상/해양 위성: METEOROLOGY/OCEANOGRAPHY

가. 기상 위성 펑윈(FY)-3 시리즈

펑윈 3 시리즈는 가시광선, 적외선 및 마이크로파 대역에서 작동하는 다양한 센서를 갖추고 있으며, 날씨, 기후와 관련된 해양 및 대기 매개변수를 모니터링할 뿐만 아니라 방사선 및 우주 기상 매개변수를 모니터링하는 센서도 포함하고 있다.[89]

---

89) Chandrashekar, S, supra note 13, p. 126.

2023년 4월 18일 중국 기상청 국가위성기상센터(NSMC)에서 발사한 펑윈－3G 위성은 세계에서 세 번째로 강수량을 측정할 수 있는 기상위성이다. 펑윈－3G 위성은 세계기상기구(WMO)의 가이드라인을 준수하며, 전 세계의 강수량 관측에 중요한 역할을 한다.

그림 13 **전 세계 기상상태 촬영**

출처: 국가위성기상센터(NSMC), nsmc.org.cn

나. 해양 위성 시리즈

중국은 세 가지 해양 위성 시리즈를 개발 및 구축할 계획이다. 첫째, 하이양(HY)－1위성은 주로 해양 지역의 부유 퇴적물, 해수 투명도, 엽록소 농도 등을 관측하는 데 중점을 둔다. 하이양－1 위성은 해양 환경 모니터링과 자원 조사에 활용된다. 둘째, 하이양－2 위성은 마이크로 탑재체를 장착하여 주로 해수면 풍장, 파도, 해수면 높이, 해수면 온도 및 기타 해양 동적 환경 요소의 관측을 목표로 한다. 하이양－2 위성은 해양 기상 예보, 해양 환경 모니터링, 해양 자원 개발 등에 활용될 수 있다. 셋째, 하이양－3 위성은 SAR(Synthetic Aperture Radar) 탑재체를 장착하여 주로 해수면 표적, 파도, 해수면 풍장 및 내부 파도의 관측을 목표로 한다.[90]

---

90) Lin, Mingsen, and Yongjun Jia. "Past, Present and Future Marine Microwave Satellite

그림
14
해양 풍장 글로벌 분포도

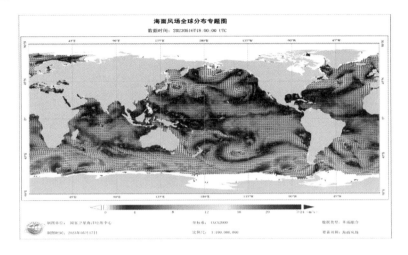

출처: 국가 해양위성 응용센터(NSOAS) 정부홈페이지, nsoas.org.cn

 ## 4 정보수집위성

중국은 미국에 이어 세계에서 두 번째로 많은 정보수집(ISR) 위성 시스템을 보유하고 있다. 통합 군사 감시 시스템으로 여겨지며, 지구 관측, 합성 개구 레이더, 전자 정보 기능 등이 통합되어 있다. 이러한 시스템은 군사적인 목적으로 사용되며, 지구의 다양한 영역을 감시하고 정보를 수집하는 역할을 한다.[91]

가. 야오간(YG) 위성 시리즈

2006년부터 운용되기 시작한 야오간 시리즈는 탑재체 종류에 따라 광학, SAR, ELINT(Electronic Intelligence)로 분류되며 500~1200km 상공에 걸쳐 위성고도와 관측시간

Missions in China," Remote Sensing 14.6(2022), pp. 2−3.
91) Ryan Duffy, "Challenges to Security in Space", U.S. Defense Intelligence Agency(2022), p. 11.

을 달리하여 다양한 정보를 획득한다. 일반적으로 해양에서의 선박의 위치나 움직임을 등을 감시하는 위성으로 알려져 있다.[92]

ELINT위성은 선박의 전기적 항행신호를 수집하여 위치를 파악하는 것이 주된 목적이며, 광학위성 야오간 2, 4, 7, 11, 24, 30은 640km 상공에서 1~3m 해상도의 영상을 관측할 수 있다. 2014년에 발사한 야오간 26은 단일 광학탑재체를 장착하여 최대 약 0.2m의 해상도 성능을 가지고 있는 것으로 평가된다.[93] 야오간 1, 3, 10, 29, 33은 620km 상공에서 1.5m의 레이더 해상도를 가지고 있을 것으로 추정되며,[94] 야오간 13, 18, 23은 500km 상공에서 0.5m의 해상도의 차세대 SAR X밴드 센서를 탑재했다.[95]

나. 가오펀(GF) 시리즈

가오펀 위성 시리즈의 배경은 2010년 중국의 주요 국가 개발 전략 프로젝트의 하나인 중국 고해상도 지구 관측 시스템 CHEOS(China High-resolution Earth Observation System)이며 CHEOS의 주된 목적은 고해상도의 가시광영역 채널을 장착한 위성을 통해 기상, 재난, 수자원, 국가 안보 등 다양한 정보들을 획득하는 것이다.

고해상도 가오펀 위성은 2013년부터 발사하기 시작하여 2023년 가오펀 13-2호까지 발사했으며 SAR위성인 가오펀-3호를 제외하고는 모두 광학탑재체를 장착한 위성들인데 특히 가오펀-4호 위성은 세계 최초로 정지궤도용으로 개발된 고해상도 지구 관측위성으로 5개의 가시광채널과 1개의 적외선채널(MWIR)이 사용되며 각각 50m, 400m의 해상도를 가지고 있다. 가오펀-6위성을 기반으로 한 가오펀-8위성도 0.2m의 해상도 영상을 제공할 수 있으며 CHEOS의 목표는 공간해상도를 0.1m까지 높이는 것이다.[96]

---

92) 명환춘, "중국의 지구관측 위성 개발 현황", 『항공우주산업기술동향』, 16권 1호(2018), 47면.
93) Ibid.
94) Harvey, Brian, supra note 14, p. 324.
95) Zhao, Fei, et al, "Slant-range accuracy assessment for the YaoGan 13", The Journal of Engineering(19, 2019), p. 5957.
96) 명환춘, 앞의 주 92), 48면.

⑤ 랑데부

2021년 10월 24일, "우주 쓰레기 경감"임무를 가진 스젠(SJ)－21 위성이 발사되어 곧바로 정지궤도에 안착하였다. 특이한 점은 일반적으로 위성 분리 후 최종 기동을 수행한 후 위성과의 충돌 위험 때문에 멀리 떨어지는 아포직 킥 모터(AKM)가 스젠－21과 정지궤도에 나란히 근접해 있음을 포착했다.

스젠－21과 AKM은 RPOs(Rendezvous and Proximity Operations)을 수행한 후, 2009년 발사 후 통제를 잃은 항법위성 베이더우 G2를 향해 서쪽으로 기동하여 RPOs를 수행하고 G2를 지구 상공 3,000km 상공으로 이동시켰다. 또 다른 정찰 위성인 스젠－17호도 수년 동안 비슷한 작업을 수행했으며 지금은 임무를 완료하거나 일시 중단한 것으로 보인다. 최근 2023년 1월 6일 스젠－23호도 발사되어 주목을 받고 있다. 중국은 이러한 작전과 기술의 목적을 우주쓰레기 경감이라고 설명하고 있지만 군사적 목적 및 대우주 무기로 활용될 가능성이 높다.[97]

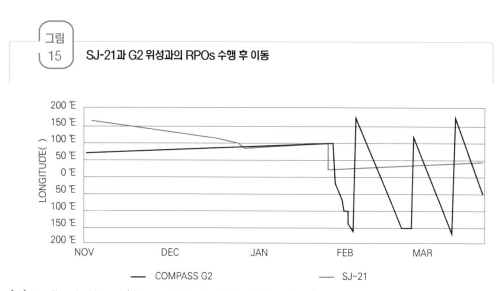

그림 15 SJ-21과 G2 위성과의 RPOs 수행 후 이동

출처: satellite dashboard (data available at satellitedashboard.org)

---

97) CSIS, "Space threat Assessment 2022".

2 우주발사체

중국은 여러 발사체 시리즈를 지속적으로 개발하였다. 창정의 CZ-1은 처음 두 번의 임무 후 단종되었고, CZ-2와 그 후속 발사체인 CZ-3 및 CZ-4는 오늘날까지 계속 사용되고 있다. 하지만 2000년대 초, 구형 로켓을 새로운 세대인 CZ-5, 6, 7로 교체하기로 결정했으며 단계적으로 이루어지고 있다. 다음은 중국의 새로운 발사체에 대한 설명이다.

그림 16 중국 우주발사체

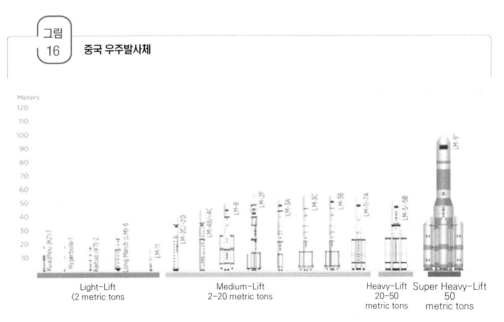

출처: 미국국방정보국(DIA)

① 창정 5호(Long March-5, CZ-5)

　　중국의 우주에 대한 야망은 더 이상 CZ－2 발사체만으로 실현할 수 없게 되었다. 2000년 무렵 새로운 발사체에 필요한 동력을 공급하기 위해 새로운 첨단 로켓 엔진 시리즈의 개발을 승인하고 등유와 액체 산소를 연료와 산화제로 사용하는 120톤 추력 YF 100, 18톤 추력 YF 115, 50톤 추력 YF 77 극저온 엔진을 개발한다. 처음에는 각각의 엔진을 필요에 따라 여러 가지 구성으로 조립하는 모듈화를 계획했지만 기술적 한계로 포기하고 대신 중국은 소형 발사체 CZ－6, 중형 발사체 CZ－7, 대형 발사체 CZ－5, 중소형 발사체 CZ－8 등 4개의 새로운 발사체를 제작하였다. CZ－5는 두 가지 버전이 개발되었으며 CZ－5A는 정지궤도(GTO) 임무에 사용되며, CZ－5B는 저지구궤도(LEO) 임무에 사용될 예정이다. 2016년 11월 3일 새로운 원창 발사 단지에서 CZ－5의 첫 발사가 이루어졌다.[98]

　　CZ－5는 다양한 우주선을 발사할 수 있는 탑재 능력을 가지고 있다. LEO의 경우 최대 25톤, GTO의 경우 최대 14톤까지 탑재할 수 있기 때문에 LEO, GTO 및 태양동기궤도(SSO) 위성, 우주정거장, 달 탐사선 등 다양한 종류의 우주선을 발사할 수 있다.

---

98) Chandrashekar, S, supra note 13, pp. 277－280.

| 표 1 | CZ-5 형상 및 제원 |

발사체	CZ-5 기본형
길이(m)	56.97 m
직경(m)	5m
단 개수	2 + 4 strap-on boosters
추진제(fuel)	LH2 stg 1 and 2 kerosene straprons
산화제	LO2
이륙중량(LOW)	869tonnes
이륙 추력	10,573kN
탑재체(GTO)	14,000kg
첫 발사(년)	2016

출처: Chandrashekar, S. China's space programme: From the era of Mao Zedong to Xi Jinping. Springer Nature, 2022.

② CZ-6 발사체

중국이 오랫동안 개발해 온 차세대 중소형 발사체이며, 700km SSO에 1,080kg의 탑재체를 실을 수 있다. 2009년에 개발이 승인되어 CZ-5를 포함한 다른 발사체의 1단 및 2단을 구동하기 위해 개발된 것과 동일한 엔진을 사용한다. 1단의 길이는 15m, 직경이 3.35m이며 76톤의 추진제를 실을 수 있고 등유와 액체 산소를 연료와 산화제로 사용하는 YF-100 엔진으로 구동된다. 2단의 직경은 2.25m, 길이는 약 7.3m이며, 등유와 액체 산소의 동일한 추진제 조합을 사용하는 YF-100의 축소 버전인 YF-115 엔진으로 구동된다. 3단은 길이 1.8m, 직경 2.25m의 크기로, 필요한 궤도에 트리밍(trimming) 및 삽입할 수 있는 4개의 추진체로 구동되며, 자세 제어에 사용되는 8개의 추가 추력기가 있다.

2015년 9월 19일에 처음으로 발사되어 14개의 소형 위성을 약 520km의 SSO에 배치했다.[99] 이후 2018년 가을 중국 상하이에서 열린 국제 산업 박람회에서 CZ-6X의 모델을 공개했는데 미국 SpaceX의 팰컨 9에 필적하는 재착륙 능력을 개발하겠다는 계획을 발표했다. 또 그해 11월 열린 주하이 에어쇼에서 CZ-6A버전을 선보였는데 이 버전은 훨씬 더 커서 코어 스테이지에 두 개의 YF 100 엔진이 장착되어 있고 측면에 4개의 고체 추진 로켓(총 추력 700톤 이상)이 부착되어 있으며 상단에 두 개의 스테이지가 더 있어 더 큰 자매 모델인 CZ-7의 용량에 거의 도달했다.[100]

표 2) CZ-6 형상 및 제원

발사체	CZ-6
길이(m)	29.24m
직경(m)	3.35m stg 1, 2.25m stg 2 and 3
단 개수	3
추진제(fuel)	Kerosene(all stages)
산화제	LO2
이륙중량(LOW)	103.22tonnes
이륙 추력	1,180kN
탑재체(SSO)	1,080kg
첫 발사(년)	2015

출처: Chandrashekar, S. China's space programme: From the era of Mao Zedong to Xi Jinping. Springer Nature, 2022.

---

99) Chandrashekar, S, supra note 13, pp. 280-281.
100) Harvey, Brian, supra note 14, p. 86.

3 CZ-7 발사체

CZ−7은 중국의 차세대 발사체 중 중형 발사체이며 CZ−2F(8톤)와 CZ−5(25톤) 사이의 간극을 메우기 위해 개발되었다. 우주 정거장을 위한 톈저우 무인 급유선에 딱 맞는 능력이며 외관상으로는 더 넓다는 점을 제외하면 CZ−3B와 크게 다르지 않다. 중심 단에는 1,108kN 추력의 YF 100 엔진 2개와 strap−on에는 YF 100 엔진 4대, 2단 단은 180kN 추력 엔진 YF 115 1대를 사용한다.[101] 첫 비행은 2016년 6월 25일 하이난 섬의 새로운 원창 발사 단지에서 이루어졌으며, 중국은 향후 20년 이내에 발사될 위성의 80% 이상이 중형 발사체로 발사될 것으로 예측된다. 여기엔 고중량 통신위성, 대형 지구 관측 탑재체, 유인 및 화물 비행을 위한 위성이 포함될 것이다.[102]

표 3 CZ-7 형상 및 제원

발사체	CZ-7
길이(m)	53.1m
직경(m)	3.35m
단 개수	2 + 4 strap-on boosters
추진제(fuel)	Kerosene (all stages)
산화제	LO2
이륙중량(LOW)	595tonnes
이륙 추력	7,080kN
탑재체(LEO)	13,500kg 200 × 400 km 42°orbit
탑재체(GTO)	7,000kg
탑재체(SSO)	5,500kg
첫 발사(년)	2016

출처: Chandrashekar, S. China's space programme: From the era of Mao Zedong to Xi Jinping. Springer Nature, 2022.

---

101) Ibid, pp. 88−89.
102) Chandrashekar, S, supra note 13, p. 282.

④ CZ-8 발사체

2017년 6월에 발표된 CZ-8은 지구 상공 고궤도에 진입할 수 있는 중소형 발사체이다. SSO까지 4.5톤, LEO까지 7.6톤, GTO까지 2.5톤을 발사할 수 있어 CZ-6과 CZ-7의 공백을 메울 것으로 보인다.[103) 2020년 12월, CZ-8 발사체의 처녀비행이 원창 발사 센터에서 이루어졌으며, SAR 탑재체를 포함한 5개의 위성을 500km 상공 SSO에 배치했다. 발사체의 구성으로 1단은 CZ-7에 사용된 것과 동일한 액체 산소 등유 엔진으로 구동되며, 2단은 CZ-3 시리즈 발사체에서 파생된 극저온 엔진을 사용한다. 1단 코어에 2~4개의 strap-on 엔진를 추가하여 탑재량을 늘릴 수 있다. CZ-8은 현재 추세에 따라 1단은 수직 착륙 방식을 통해 회수하여 재사용할 예정이다.

표 4   CZ-8 형상 및 제원

발사체	CZ-8
길이(m)	50.3m
직경(m)	-
단 개수	2
추진제(fuel)	-
산화제	LO2
이륙중량(LOW)	356 tonnes
이륙 추력	-
탑재체 SSO	4,500 kg
첫 발사(년)	2020

출처: Chandrashekar, S. China's space programme: From the era of Mao Zedong to Xi Jinping. Springer Nature, 2022.

---

103) Harvey, Brian, supra note 14, pp. 88-89.

5 소형발사체(kaituozhe, Kaizhou, Long March CZ-11)

CZ-11은 단일 또는 여러 개의 소형 위성을 궤도에 올리도록 설계된 4단 고체 발사체이다. 이 발사체는 CALT에서 개발되었으며 DF 31 및 DF 31A ICBM에서 파생되었으며 궤도 진입에 필요한 속도를 제공하기 위해 4단이 추가되었다. 개발은 2010년에 시작되었으며, CZ-11의 첫 번째 발사는 2015년 9월 25일 지우취안 위성 발사 단지에서 이루어졌다. CZ-11의 길이는 20.8m이고 첫 세단의 직경은 2m이며, 4단은 직경이 더 작은 1.4m다. CZ-11의 이륙 중량은 58톤이며 추력은 120톤이다. 700kg 위성을 저궤도에 쏘아 올리거나 350kg 위성을 700km SSO에 쏘아 올릴 수 있다.[104]

Kuaizhou(KZ)시리즈 발사체는 중국항천과공업집단공사(CASIC)에서 개발했으며 DF 21 미사일을 기반으로 하는 중국 최초의 ASAT(KT 409[105]) 무기에서 파생되었다. 4단으로 구성되어 있고, 3단까지 모두 고체 추진제로 연료를 공급받으며 마지막 4단은 작은 액체 연료를 사용한다. KZ 1의 전체 길이는 약 20m이며, 특이점은 4단과 위성 탑재체가 공장에서 하나의 유닛으로 통합되기 때문에 운영 복잡성이 줄어들고 빠른 발사준비를 할 수 있다. 2013년과 2014년에 두 차례의 KZ 1 발사가 이루어졌는데, 두 개의 위성이 극궤도에 가까운 300km 궤도에 배치되었다.[106]

Kaituozhe 발사체도 DF 21 미사일에서 파생된 3단 고체 로켓으로 Kuaizhou 및 CZ-11과 마찬가지로 이동식 발사 플랫폼을 사용하여 탑재체를 궤도에 올려놓을 수 있는 것으로 보인다. 700km 상공 SSO에 250kg, 저궤도에 350kg을 탑재할 수 있으며, 2017년 3월 소형 위성을 400km 상공 SSO에 올려놓았다.[107]

---

104) Chandrashekar, S, supra note 13, pp. 284－285.
105) KT 409는 2005년부터 2007년 사이에 비행 테스트를 거쳤으며 마지막 시험에서는 700km 상공에서 사라진 평원-1C호 기상 위성을 직접 요격하여 파괴하는 데 사용되었다.
106) Chandrashekar, S, supra note 13, p. 285.
107) Ibid, p. 286.

표 5 | 새로운 소형 고체 연료 발사체

구분	Kaitouzhe	Kuaizhou	CZ-11
높이	18m	19.4m	20.8m
직경	2m	1.4m	2m
무게	20 tonnes	30 tonnes	58 tonnes

출처: China Space Report; Mark Wade, Encyclopedia Astronautica.

6 CZ-9 초대형 발사체 개발

2009년 상하이 우주 기술 아카데미는 유인 달 착륙 모드에 대한 자체 개요를 발표하면서 CZ－9을 두 가지 형태로 처음 언급하였다. 첫 번째 버전은 1단에서 YF 650엔진이 사용 되었으며, 두 번째 버전은 YF 220엔진이 사용된다. 그 이후로 다양한 디자인이 제안되면서 많은 변호와 발전이 진행되었다.

2021년 CZ－9이 다시 주목받기 시작하였고, 사이드 부스터를 사용하지 않는 단일 동체 개념이 처음으로 언급된다. 2022년 4월, 베이징 공과대학교에서 열린 발표에서는 CZ－9이 그리드 핀이 등장하며 적어도 부분적으로 재사용이 가능할 것이라고 언급했다. 이륙 질량과 추력이 각각 4,369톤과 6,118톤으로 증가했으며 2033년이 되어야 발사가 가능할 것으로 판단하고 있다. CZ－9가 앞으로 어떤 경로를 택할지는 아직 불분명하지만, 중국이 글로벌 발사체 시장의 상황을 잘 파악하고 있는 것은 분명하다.

3 우주탐사

중국의 우주백서를 분석해 보면, 2006년에 발표된 우주백서에서는 우주기술 발전의 우선순위가 인공위성 탑재체, 발사체, 우주발사장, 우주 제어 기술, 유인 우주기술, 우주탐사 순이었으나 2011년 우주백서 부터는 발사체를 포함한 우주 모빌리티 기술, 인공위성 탑재체, 유인우주, 우주탐사, 우주발사장, 우주제어기술 순으로 변경되어 상대적으로 유인우주, 발사체, 우주탐사가 강조되고 있다.[108] 특히 우주탐사는 기술의 발달에 따라 중국의 관심도가 높아지고 있으며 2021년 발행된 우주백서에서는 달 탐사를 포함한 우주 탐사 활동을 계획하고 15년 내에 심우주 탐사를 실시할 것이라고 언급하고 있다.

① 달탐사

중국은 유인우주 비행 프로젝트의 성공으로 두 가지 목표, 즉 과학 및 정치적 선전을 달성하고 달 탐사 프로젝트를 시작하였다. 중국의 달 탐사 프로젝트 창어는 유인 우주비행 프로젝트의 조직과 구조가 매우 유사하다.[109] 1단계(2007년)는 창어 1호를 통해 기본적인 달 관측 기술확보, 시스템 구축, 과학탐사 진행 및 후속 작업을 위한 경험을 쌓는 것으로 달 표면의 영상 촬영, 표면물질, 토양, 우주환경을 조사하는 것이었다. 이를 위해 전하 결합 소자 카메라,

---

108) 임강희, "중국의 우주백서를 통해 본 중국 우주의 미래", 『국방과 기술』, 498호(2020), 113 −114면.
109) Chandrashekar, S, supra note 13, p. 51.

간섭 분광계, 마이크로파 탐측기 등 8개의 탑재체를 통해 탐사를 완성하였다.[110] 2단계 (2010~2013, 2019)는 창어 2/3/4호를 통해 달 착륙 및 관측을 위한 기술을 검증했으며 창어 3호가 2013년 12월 14일 달에 착륙하였다. 창어 2호는 전하 결합 소자 카메라를 통해 세계 최초로 7m 해상도의 달 전체를 촬영했으며 창어 3호는 달에 착륙하여 탐사 및 심우주 통신 등 임무를 수행했다.[111] 창어 4호는 창어 3호의 백업으로 2015년 중국 우주프로그램 재편에 따라 2019년 1월 3일 달의 가장 먼 쪽에 있는 남극 아이켄 분지에 착륙하여 달의 뒷면을 촬영했다.[112]

2016년 중국우주백서에 따르면 달 탐사 3단계인 창어 5호의 목표는 무인 달 샘플 추출 및 귀환이다.[113] 발사중량이 8톤인 창어 5호는 서비스 모듈, 귀환 차량, 착륙선 등으로 구성되어 있다.[114] 창어 5호는 2020년 11월 23일 발사되어 같은 해인 12월 1일 달 표면에 착륙하였고, 달 샘플을 실은 캡슐이 12월 15일 귀환했다.

② 화성탐사

톈원(天問) 1호는 궤도선, 착륙선 및 탐사선으로 구성되며 2021년 5월 22일 중국 최초의 화성 탐사선 주룽(祝融)이 화성 북반구의 유토피아 평원 표면에서 탐사를 시작했다. 주룽 로버에 탑재된 주요 탑재물 중 하나인 화성 탐사 레이더(RoPeR)는 착륙 지점의 지하 토양에서 물의 존재 가능성을 탐지하는 것이 주요 과학적 목표이다.[115] 이외에 화성의 형태와 지질학적 구조 연구, 화성 표면의 물질 연구, 기후 및 환경특성 연구, 화성 자기장 및 중력장 등의 연구를 수행한다는 목표를 가지고 있다.[116]

---

110) 이춘근, 앞의 주 12), 227-228면.
111) Ibid, 229-232면.
112) Chandrashekar, S, supra note 13, p. 52.
113) 國務院. "2016中国的航天." https://www.gov.cn/zhengce/2016-12/27/content_5153378.htm (검색일: 2023. 6. 5.)
114) Chandrashekar, S, supra note 13, pp. 205-206.
115) Liu, Hai, et al. "Discrimination Between Dry and Water Ices by Full Polarimetric Radar: Implications for China's First Martian Exploration." IEEE Transactions on Geoscience and Remote Sensing(61, 2022), pp. 1-2.
116) Yingzhuo, J. I. A., F. A. N. Yu, and Z. O. U. Yongliao. "Scientific objectives and payoads of Chinese first Mars exploration." 空间科学学报(38.5, 2018), p. 651.

4 인공위성 요격 미사일(ASAT)

중국의 ASAT 미사일 무기에 대한 연구는 CASIC이 SC-19 미사일 개발을 위한 계약을 체결하면서 시작되었다. SC-19는 2005년부터 2007년 사이에 비행 테스트를 거쳐 마지막 시험에서는 700km 상공 평원-1C호 기상 위성을 직접 요격하여 파괴하는 데 사용되었다.[117] 다음 표 6은 중국이 직접 발사한 ASAT 미사일 실험의 결과이다.

표 6 중국 직접발사 ASAT 미사일 실험

종류	연도	무기체계	비고	물리적 영향
ASAT	2005	SC-19	표적 요격 실패, 최초 직접발사	없음
ASAT	2006	SC-19	표적 요격 실패	없음
ASAT	2007	SC-19	표적 요격 성공	3000여 개
미사일 방어	2010	SC-19	궤도 표적 기술실험 성공 요격체의 호밍기술 시험으로	있음
미사일 방어	2013	SC-19 추정	궤도 표적 기술실험 성공 기술실험체로 추정	있음
ASAT	2014	DN-2	고고도 과학 임무 실험으로 발표. 미국은 정지궤도 무기로 추정	없음
ASAT	2015	SC-19	지상기반 미사일 요격체로 대외적 발표 미국은 비파괴식 대위성무기로 추정	타이밍 실험

---

117) Chandrashekar, S, supra note 13, p. 285.

종류	연도	무기체계	비고	물리적 영향
ASAT	2017	DN-3	지상기반 미사일 요격체로 대외적 발표 미국은 비파괴식 대위성무기로 추정	없음
미사일 방어	2017	DN-3	DN-3 미사일 요격체 시험 실시	없음
미사일 방어	2018	DN-3	DF-21 표적 중간단계 요격 성공	있음

출처: CSIS, "Space threat Assessment 2020."

이외에도 중국은 특정 표적 인공위성과 같은 궤도에 들어와 근접작전을 펼치는 실험을 하고 있으며 앞에서 언급한 스젠 21, 23 같은 위성들이다.

5 우주정거장(CSS)

　　중국의 우주정거장 건설은 1990년대부터 단계적으로 시작되었다. 1992년 9월 21일에 개최된 중국공산당 중앙정치국 상무위원회 회의에서 장쩌민 전 주석은 유인 우주비행의 발전이 중국의 정치, 경제, 과학기술, 군사 분야에 모두 의미가 있는 종합적인 국력의 상징이라고 언급하며 중국의 유인 우주비행 계획을 적극적으로 지지하였다.[118] 이후 '유인 우주비행 3단계 발전전략' 계획을 통해 구체화되었고, 1단계는 유인우주선 발사로 초기 유인 우주 개발 시스템을 구축하는 것이며, 2단계는 우주선 건설 및 기술을 바탕으로 단기간 거주가 가능한 유인 우주 실험실 구축 및 일정 규모의 응용실험을 실시하는 것이다. 마지막 3단계가 20톤 규모의 우주정거장 구축이다.[119] 2022년 11월 30일, 중국은 유인우주선 선저우 15호를 발사하여 톈궁 우주정거장과의 도킹에 성공했다.

표 7 　톈궁 우주정거장 구성

순서	모듈	구성	주요기능
1	톈허	핵심 모듈	우주정거장 관리, 우주선 도킹 및 정박
2	멍톈	과학 실험실	미세중력(microgravity) 중점 연구
3	원톈		생명과학, 생물기술 중점 연구
4	선저우	유인우주선	유인 우주비행
5	톈저우	화물우주선	물자 공급

출처: 이동규 · 신문경. 『톈궁 우주정거장 건설과 중국의 우주력』. 서울: ASAN REPORT, 2022.

---

118) 中國載人航天. "中國載人航天新篇章——921工程歷史回眸." http://www.cmse.gov.cn/art/ 2009/9/25/art_1357_22311.html (검색일: 2023. 6. 18.)
119) 이춘근, 앞의 주 12), 189면.

텐궁 우주정거장은 핵심 모듈, 과학실험실, 유인우주선, 화물우주선으로 구성된 우주정거장이며 설계 수명이 10년이다. 주축이 되는 텐허에 원텐과 멍텐이라는 두 개의 실험실이 연결되어 T자형을 이루는 형태로 설계되었는데 이를 위해 CZ-5B 발사체를 이용해 총 12번 발사되었다.

그림 17 우주정거장 비교

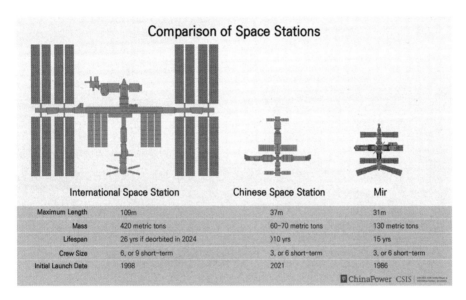

출처: https://chinapower.csis.org/chinese-space-station/

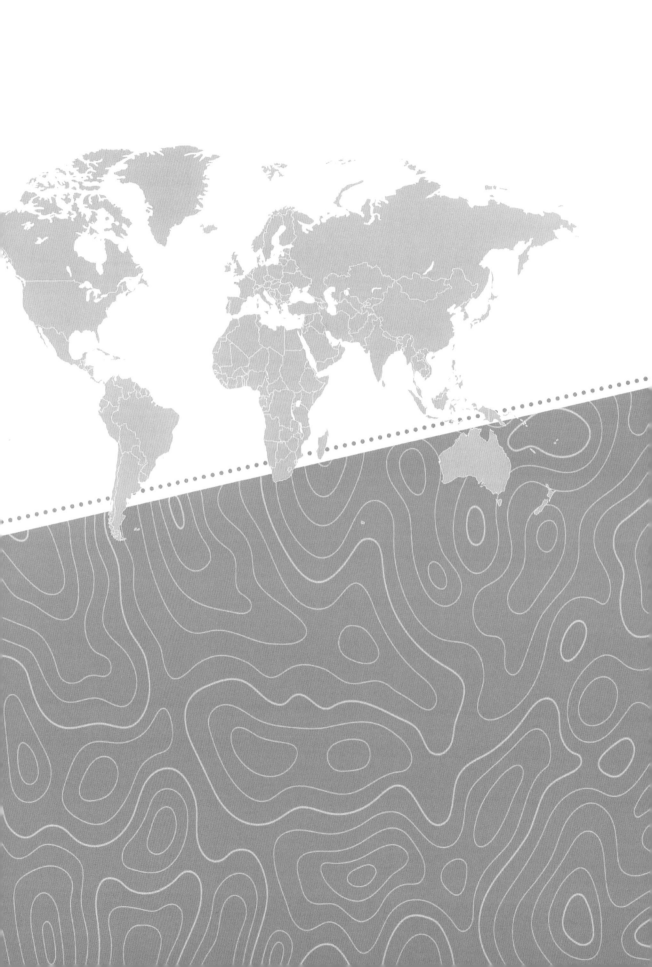

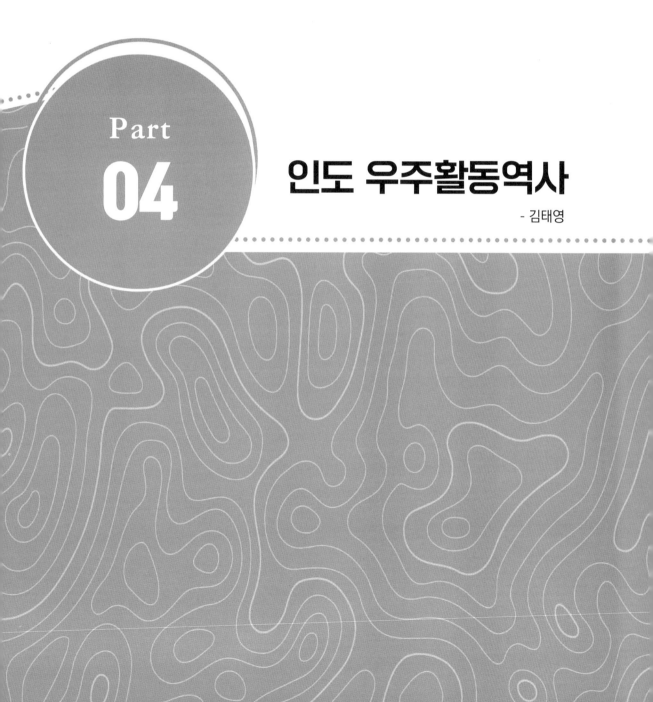

Part
04

인도 우주활동역사

- 김태영

Chapter 01

서론

인도는 총리실 산하 정부 부처인 우주부(Department of Space)가 우주 분야에 관한 업무를 전담한다. 2021년도 기준으로 GDP 대비 우주예산을 비교하였을 때 인도 우주예산은 약 1.7억 달러로 0.07% 수준이며, 미국(0.23%), 러시아(0.24%)를 제외하고 일본(0.08%), 중국(0.07%) 등 우주 선진국 수준의 우주개발 투자를 진행하고 있다.[1]

인도 투자청의 자료에 따르면 2020년 기준으로 인도 우주 부문은 96억 달러로 평가되었으며 이는 세계 우주 경제의 2~3%에 해당하는 경제규모이다. 인도 정부는 인도 우주부문의 규모가 2025년까지 130억 달러에 이를 것으로 예상하며, 2030년까지 세계 우주 경제의 10%에 가까운 점유율을 차지하는 것을 목표로 하고 있다. 인도 우주산업 부흥을 위해 인도우주연구기구(ISRO)를 비롯한 정부기관뿐만 아니라 400여 개의 기업이 우주 산업에 참여하고 있다. 특히 2012년 우주 분야 스타트업 기업은 1개에 불과하였으나 2023년 기준 189개의 스타트업 기업이 설립되어 운영 중이며 관련 정부기관도 설립하였다.

ISRO 산하 우주 인력은 총 1만 6천여 명이며 이중 연구 인력은 75%를 차지하고 나머지 25%는 행정인력이다.[2] ISRO는 전 분야에 걸친 우주프로그램은 운영 중이며 주요 내용으로는 발사체 개발, 유인우주탐사, 지구원격관측, 통신위성군, 지역위성항법시스템, 우주탐사, 우주망원경 등이 있다.

60여 년간의 인도 우주활동을 이해하기 위해 우주활동 역사, 법, 정책, 거버넌스 그리고 우주 기술력을 중점으로 살펴보고자 한다.

---

1) 관계부처 합동, 제4차 우주개발진흥기본계획(관계부처 합동, 2022), 8면.
2) ISRO, 『Annual Report 2022−23』 (ISRO, 2023), p.141.

우주활동역사

1 연구개발사

우주 연구개발에 대한 일련의 과정 중 인도 우주 프로그램에 변곡점이 되었던 주요한 사건들을 기준으로 총 4단계로 구분하여 기술하였다. 제1단계는 인도에서 최초로 우주 연구를 위한 기구인 인도우주연구위원회(INCOSPAR: Indian National Committee for Space research)[3]가 탄생한 1962년부터 현재의 우주 관련 정부조직 구성을 갖춘 1972년까지이며, 이후 인도 우주개발의 국제협력관계에 큰 영향을 미친 1991년 소련의 해체까지를 제2단계로 구분하였다. 1991년 이후 독자적인 기술역량 개발에 노력했던 기간을 제3단계로, 인도 우주활동의 범위를 지구궤도에서 심우주로 확대한 기간인 2000년 이후부터 현재까지를 제4단계로 구분하였다.

1단계(1962년 ~ 1972년)

제1단계의 시작이자 인도 우주개발의 출발점은 1962년 인도우주연구위원회 설립이지만 인도 우주활동사의 기원은 그보다 15년 앞선 인도의 독립에서 확인할 수 있다. 1947년 8월 15일, 영국의 지배로부터 독립한 인도는 자와할랄 네루가 초대 총리가 되며 새로운 시대를 맞이한다. 네루는 인도가 직면한 사회적 문제점을 해결하고 근대화를 이루기 위한 해결책으로 과학적, 기술적 전진을 강조하였다.[4] 인도는 지도자의 과학에 대한 믿음으로 강대국들의

---

3) INCOSPAR는 현재 인도우주연구소(ISRO)의 전신이며, 인도의 우주활동 조정 및 NASA, UN COSPAR(Committee on Space Research), UN COPUOS(Committee on the Peaceful Uses of Outer Space)와 같은 국제기구와 협력을 전담하였다.
4) 박지향, "자와할랄 네루의 나라 만들기"『영국연구』 25권(2011), 223면.

무대였던 우주에 진입할 수 있는 기회를 가질 수 있었다.

　주요국의 우주활동이 국제정치적 측면에서 국가 간 경쟁 심리를 동력으로 삼았던 것과 달리 인도의 우주활동은 순수한 과학적 목적에서 시작되었다는 것이 주목할만한 점이다. 국제지구물리관측년(IGY: International Geophysical Year, 1957~1958) 기간 많은 인도의 과학자들은 태양현상, 지자기, 우주선, 오로라 등의 분야에서 관측연구를 진행하였고 그들 중에는 인도 우주활동의 비전을 제시한 비크람 사라바이 박사(Dr. Vikram Sarabhai)도 있다.

　인도의 많은 과학기관들은 IGY 동안 다양한 위원회를 구성하였으며 미국을 비롯한 국제사회와 많은 교류와 협력을 진행하였다. 이중 미국의 스미소니언 연구소와 NASA는 각각 위성 추적을 위한 망원경 카메라와 대기 관측을 위한 과학로켓을 인도에 대여하는 등 인도 우주과학 연구를 지원하였다.[5] 영국으로부터 독립 직후 국가적 역량이 낮았음에도 국제협력과 과학자들의 노력을 바탕으로 인도는 우주에 대한 연구를 시작할 수 있었다.

> **그림 20** Dr. Sarabhai(좌) with Dr. H. J. Bhabha(우)

출처: Tata Inst. of Fundamental Research

---

5) Doraisamy Ashok Maharaj, "Space for Developmnet: US−Indian Space Relations 1955−1976"(PhD diss., Georgia Institute of Technology, 2011), p.23.

가. 인도우주연구위원회(INCOSPAR)

인도의 핵 프로그램에 큰 영향을 미친 호미 바바 박사(Dr. Homi Bhabha)는 사라바이 박사와 함께 우주선(Comic Ray)을 연구하는 과학자이자 핵에너지부(DAE: Department of Atomic Energy) 장관이었다. 바바 박사와 사라바이 박사는 핵에너지와 우주가 연관성이 있다고 판단하였고 네루 총리에게 별도의 우주위원회를 조직해줄 것을 건의하였다.[6] 인도 정부의 판단에 따라 1962년 2월 INCOSPAR가 원자력부 내에 설립되었으며 초대 의장으로 사라바이 박사가 추대되었다. INCOSPAR는 우주 연구와 우주 탐사 촉진 및 국제 협력에 대해서 인도 정부에 조언하는 역할을 수행하였다. 사라바이 박사는 우주기술의 발전을 통해 인도가 겪고 있는 많은 사회적 문제들을 해결할 수 있다고 믿었고 국가 개발을 위한 인도 우주 연구 프로그램을 계획하였다.

나. 적도로켓발사장(TERLS)

INCOSPAR가 설립되던 같은 해에 인도 남부 적도 인근에 위치한 티루바난타푸람의 작은 어촌 마을인 썸바에 우주 연구를 위한 지상 기반시설인 썸바 적도로켓발사장(TERLS: Thumba Equatorial Rocket Launching Station)건설이 시작되었다. 지구 적도 인근에 위치한 이 발사장은 지구물리학적 연구에 있어서 우주선(Cosmic Ray) 관측을 위한 매우 중요한 지리적 가치를 갖고 있었다. 전문인력과 장비가 부족했던 인도는 NASA와의 협력을 통해 관측장비와 운용에 필요한 교육을 지원받게 되었다. INCOSPAR는 TERLS에서의 지구관측 임무를 위해 8명의 인도 대표를 선발하였으며 NASA에 파견하여 교육을 받게 하였다.[7] 1963년 11월 21일, NASA에서 대여한 Nike Apache 관측 로켓에 프랑스 국가우주연구센터(Centre National D'Etudes Spatiales)에서 제공한 탑재체가 실려 발사되었다. TERLS에서 첫 발사는 사라바이 박사가 계획한 우주 프로그램의 시작이며 인도가 우주시대에 진입한 공식적인 날짜이다.

인도의 독립 후 진행된 우주 연구는 재정상의 이유로 많은 어려움을 겪었다. 이를 해결하기 위해 TERLS는 NASA의 제안으로 UN을 통해 재정지원을 받았으며[8] 프랑스, 독일, 일본,

---

6) A. Lele, "india's policy for outer space", *Space Policy*, Vol. 39－40(2017), p.28.
7) Doraisamy Ashok Maharaj, supra note 5, p.68.
8) Report of the Committee on the Peaceful Uses of Outer Space A/6042(1965), p.2.

영국, 미국, 소련 등 여러 국가에서 공동으로 과학로켓 실험을 수행하는 국제 발사장이 되었다.[9] TERLS에 대한 UN의 후원이 결정되며 사라바이 박사는 인도와 개발도상국의 우주개발에 대한 방향성에 대한 설명을 다음과 같이 남겼다.

"개발도상국에서 우주 활동의 타당성에 의문을 제기하는 사람들이 있습니다. 우리에게는 목적의 모호함이 없습니다.(To us, There is no ambiguity of purpose.) 우리에겐 달, 행성 탐사나 유인 우주비행 같은 분야에서 다른 선진국과 경쟁하려는 환상이 없습니다. 그러나 우주기술 같은 첨단 기술을 활용해서 국가 차원의 다양한 사회적 문제를 해결하기 위함이라면 그 어떤 국가보다 뒤처지지 않아야 한다고 생각합니다.[10]"

이러한 사라바이 박사의 주장은 인도의 우주 프로그램의 목적이 다른 국가들의 기술경쟁과는 달리 인도가 겪고 있는 많은 문제점을 해결하는데 기여해야 한다는 점을 명확히 하고 있다.

다. 인도우주연구기구(ISRO)

1969년 8월, INCOSPAR를 대신하여 인도우주연구기구(ISRO: Indian Space Reserach Organisation)가 원자력부 내 별도의 연구기관으로 설립되었다. 사라바이 박사는 초대 의장으로 선정되었고, 우주 관련 제도적 발전 및 구체적인 10개년 우주활동계획을 수립하였다. 박사는 이 계획을 통해 '인도 우주 프로그램의 주요 목표는 과학적 연구 및 발사체와 인공위성을 구축하기 위한 능력을 개발하는 것'이라 명시하였다.[11]

그러나 1971년 인도 우주개발을 지휘하던 사라바이 박사가 사망하여 우주와 연관이 있던 원자력위원회의 일원이자 항공 엔지니어인 사티시 다완 박사(Dr. Satish Dhawan)가 그의 뒤를 이어 ISRO 소장이 되었다.

이후 새로운 우주 프로그램에 대한 정부의 적극적인 지원으로 1972년 5월에 우주부(DOS: Department of Space)와 우주위원회(Space Commission)를 설립하였고 ISRO를 원자력부로부터 우주부로 이관하여 독립적인 우주활동 기관을 구성하였다.

---

9) Doraisamy Ashok Maharaj, supra note 5, p.76.
10) Padmanabh K. Joshi, VIKRAM SARABHAI: FATHER OF INDIA'S SPACE PROGRAM (Tata Institute of Fundamental Research, 2019), p.6.
11) Doraisamy Ashok Maharaj, supra note 5, p.5.

다완 박사는 새롭게 ISRO를 구성하며 우주 과학연구 분야를 사라바이 박사만큼 우선순위에 두지 않았다. 그는 제한된 예산 속에서 지속적인 우주활동 발전을 위해서는 통신 및 원격감지 인공위성과 인공위성을 탑재할 수 있는 발사체, 이를 위한 기본 인프라 개발의 중요함을 강조하였고 이는 인도 우주 프로그램의 방향을 명확히 하는 중요한 계기가 되었다.[12]

② 2단계(1972년 ~ 1991년)

인도는 독립 후 국제정치적으로 비동맹노선을 내세우면서 미국과 소련 두 강대국과 국제협력을 진행하였으며 비교적 소련과 친밀한 우호관계를 유지하였다.[13] 우주 프로그램 2단계 기간 동안 인도는 우주 강대국과 협력을 통해서 발사체 시스템, 인공위성 설계 및 개발, 지상 기반 시스템 분야에 대한 기술적 지원을 받음과 동시에 자체 개발을 위한 노력을 지속하여 실질적인 우주활동을 위한 역량을 구축하였다.

ISRO 설립 후 초기 우주 프로그램은 실험적이고 기능이 낮은 프로젝트에 중점을 두었다. ISRO는 실험 인공위성(Rohini, Aryabhatta, Bhaskara Ⅰ·Ⅱ, APPLE 등) 및 위성 발사체(SLV-3: Satellite Launch Vehicle-3)를 자체 개발하였다. NASA와 ISRO 간 협력으로 인공위성을 활용한 공동 프로젝트 진행 및 기술적 지원을 받았으며, 소련과는 인도의 인공위성 발사 지원, 인도 우주인 배출 등 긴밀한 관계를 유지하였다.

인도는 ISRO 설립 후 줄곧 과학적 목적으로 우주기술을 개발하였다. 하지만 1983년 안보상의 이유로 국방연구개발기구(DRDO: Defense Research and Development Organization)는 미사일 개발 프로그램을 시작하였으며, ISRO에서 개발한 SLV-3 기술 및 연구인력을 활용하여 Agni 미사일을 개발하였다.[14] 이는 대부분의 국가가 미사일 기술을 우주분야로 전환한 사례와 반대로 우주기술이 국방분야로 전환된 사례이다.

---

12) Doraisamy Ashok Maharaj, supra note 5, pp.87-88.
13) Jehangir Khan, "US-Pakistan Relations: The Geo-Strategic and Geopolitical Factors", *Canadian Social Science*, Vol. 6, No. 2(2010), p.67.
14) Dinshaw Misty, "India's Emerging Space Program", *Pacific Affairs*, Vol. 72, No. 2(1998), p.156.

가. 위성통신 시험(SITE: Satellite Instructional Television Experiment)

SITE는 NASA와 ISRO가 공동으로 설계한 인공위성 통신 시험이다. 1975년부터 1976년 까지 2년간 미국 위성인 ATS-6를 사용하여 실시되었으며, 다양한 지리적 여건을 가진 2400개 농촌 지역(280만 명)을 대상으로 위성 기반 교육용 텔레비전 시스템의 유용성을 입증 하기 위해 진행되었다. 개발도상국이 직면한 농업, 언어, 건강, 가족 계획 등에 관한 텔레비 전 프로그램을 개발하여 지식을 전파함으로써 사회문제를 해결할 수 있다는 것을 입증하였 다. 또한 국가 인공위성 시스템 운영에 대한 비용 추산에도 큰 도움이 되었다.[15]

나. 인공위성 개발

1) Aryabhata

인도는 Aryabhata라는 최초의 인공위성을 독자 개발하였으며 이 위성은 1975년 4월에 소련의 Kosmos-3M 로켓에 실려 궤도에 진입하였다. ISRO는 첫 위성 개발을 통해 위성 시 스템 설계, 제작 및 궤도에서 성능을 평가하는 경험을 얻었다.

2) Bhaskara Ⅰ · Ⅱ

Aryabhata 위성 제작 이후 그 경험을 바탕으로 Bhaskara Ⅰ 위성을 개발하였다. Bhaskara 위성은 첫 번째 원격관측 위성으로 1km 저해상도 TV카메라 및 기상 측정장비를 장착하였 다. 1979년 6월에 소련의 C-1 intercosmos로 발사되었다. 이후 유사한 목적으로 Bhaskara Ⅱ 위성이 1981년 11월 발사되었으며 2천 장이 넘는 이미지를 지상으로 전송하여 많은 연구에 활용되었다. 6년에 걸쳐 진행된 Bhaskara 프로그램을 통해 이미징 카메라 시스 템 구축, 우주 공간의 사진촬영 플랫폼 실현, 수신 이미지 정보처리 등 여러 분야에서 주요 기술적 경험을 쌓을 수 있었다.

---

15) K. Kasturirangan, "India's Space Enterprise—A Case Study in Strategic Thinking and Planning", *The First Ten K R Narayanan Orations* (ANU Press, 2006), pp.191-192.

3) APPLE(The Ariane Passenger Payload Experiment)

APPLE 위성은 프랑스의 협력을 통해 개발된 인도의 첫 번째 독자 통신위성으로 유럽우주기구(ESA: European Space Agency)의 Ariane-1 발사체를 통해 1981년 6월 발사되었다. 이 위성은 지구정지궤도에 진입하여 TV프로그램 중계와 라디오 통신 등 통신과 관련한 실험 임무를 수행하였다. APPLE 프로젝트 수행하며 ISRO는 여러 탑재 장비 및 통신실험뿐만 아니라 지구정지궤도 위성 구축에 대한 경험을 쌓게 되었다.

다. SLV-3(Satellite Launch Vehicle) 개발

TERLS에서의 첫 관측로켓을 성공적으로 발사한 후로 ISRO는 RH로켓(Rohini) 시리즈를 개발하였으며 많은 과학연구에 활용하였다. 관측로켓 개발 및 운용을 통해 축적된 발사체 기술은 이후 인공위성발사체 개발에 적용되었다. 동시에 대형 발사체를 위한 발사장 건설프로젝트를 통해 인도 동쪽 해안에 위치한 스리하리코타 섬이 1969년 발사장으로 선정되었다. 이렇게 현재도 인도의 주력 발사장으로 사용되고 있는 샤르(SHAR: Sriharikota Range) 발사장이 탄생하였다.[16] 1969년 사라바이 박사는 독자적인 발사체 개발을 결정하였고 이 프로젝트의 목표는 인도가 만든 위성(40kg대)을 인도가 만든 발사체로 지구저궤도(400km)에 쏘아올리기 위한 위성발사체를 설계, 개발, 작동시키는 것이었다.[17] 고체연료를 사용하는 총 4단으로 구성된 SLV-3를 개발하는 과정은 비크람 사라바이 우주센터(VSSC: Vikram Sarabhai Space Center) 주도 연구개발과 300개가 넘는 인도 산업체와의 상호공조를 통해 진행되었다. SLV-3는 미국의 Scout 미사일을 기반으로 개발되었으며 발사체 부품의 85%를 자체적으로 생산하였다.

SLV-3의 첫 발사는 1979년 8월 실시되었으나 2단 추진체 작동불량으로 실패하였다. 이어 1980년 7월 인도가 개발한 로히니 실험위성(RS-1)을 탑재한 SLV-3는 성공적으로 발사

---

16) SHAR 발사장은 ISRO 소장이었던 Satish Dhawan 박사를 기리기 위해 2002년 SDSC(Satish Dhawan Space Centre)로 명칭이 바뀌었으며 현재 궤도 발사가 가능한 2개의 발사 패드를 운영 중이다.

17) APJ 압둘 칼람&아룬 티와리, 이정옥 역, 『불의 날개』, (서울: 세상사람들의 책, 2004), 98면.

되어 지구저궤도에 RS-1을 진입시켰다. 비록 SLV-3의 페이로드 탑재량이 제한적이었으나, 자체 발사체를 개발함으로써 인도는 세계 7번째로 독자적인 인공위성 발사 기술 보유한 국가가 되었다.

라. 최초의 인도 우주인, 라케시 샤르마(Rakesh Sharma)

ISRO는 소련의 인터코스모스 프로그램[18]에 참여하여 우주인 선발을 진행하였다. 수많은 우주인 지원자 중에 인도 공군 조종사인 라케시 샤르마가 선발되어 1982년 소련에서 우주인 훈련을 받았으며 1984년 4월 소유즈 T-11을 타고 소련의 살루트 7 우주정거장에 도착하였다. 이후 1주일간 우주공간에서 다양한 우주 실험을 수행하고 복귀하였다.[19]

그림 2　라케시 샤르마

출처: India Today

---

18) 인터코스모스(러시아어: Интеркосмос)는 소련의 우주 프로그램으로, 소련의 동맹국들이 유인 및 무인 우주 임무를 수행할 수 있도록 돕기 위해 고안되었다.
19) James Clay Moltz, *ASIA'S SPACE RACE: National Motivations, Regional Rivalries, and International Risks* (Columbia University Press, 2012), p.118.

③ 3단계(1991년 ~ 2000년)

1980년대까지의 인도 우주 프로그램은 주로 과학실험과 낮은 단계의 프로그램 위주로 진행되었다. 하지만 이 과정을 통해 인도는 인공위성을 제작, 운영하고 자체 개발한 발사체를 발사하는 경험을 획득했다.

3단계 기간 동안 인도는 국제협력으로 쌓은 우주기술력을 바탕으로 여러 분야에서 자체적인 우주 역량을 발전시켰다.

이에 따라 5년 단위로 계획된 우주프로그램의 임무 숫자는 1990~1992년을 제외하고 꾸준히 증가하였으며 관련 예산도 증가하였으나 효율적인 조직운영을 통해 인력의 증가는 일정 수준을 유지하였다(그림 3 참조).

그림
3 예산, 인력, 임무의 변화

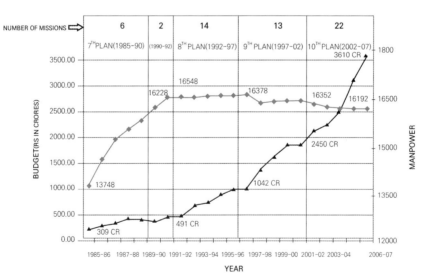

출처: ISRO(DOS)

반면 우주 기술개발에 많은 협조를 했던 소련의 붕괴(1991년)는 인도 우주프로그램에 상당한 영향을 미쳤다. 대표적인 예로 새로운 발사체에 필요한 극저온 엔진과 그 기술을 소련으로부터 도입하기로 계약하였으나 소련 붕괴 후 계약을 승계한 러시아에 대해서 미국이 MTCR 위반을 근거로 한 제재를 가하였고 결국 계약은 무효화 되었다. 그 결과 인도의 새로운 발사체 개발은 단기적으로 영향을 받게 되었다. 이러한 기술금수 조치는 ISRO가 추진했던 여러 우주 프로그램의 지연과 비용 증가를 야기시켰으나 결과적으로는 우주 분야의 기술적 자립으로 이어졌다.

가. 액체연료 엔진 발사체

1) PSLV(Polar Satellite Launch Vehicle)

SLV−3의 개발 이후 증강된 인공위성발사체(ASLV: Augmented Satellite Launch Vehicle)가 1992년 발사되었다.[20] 하지만 상대적으로 가벼운 탑재체를 지구저궤도(LEO)에 한정하여 진입시킬 수 있는 ASLV의 성능은 인도의 우주활동 목표를 달성하기에 부족하였다. 인도는 900kg에 달하는 원격관측위성(IRS)을 태양동기궤도에 투입시키기 위한 발사체를 요구하였고 ISRO는 극지위성발사체(PSLV: Polar Satellite Launch Vehicle)를 개발하기로 결정하였다. PSLV 개발은 액체연료 엔진을 활용하여 1톤 수준의 탑재체를 발사시킬 수 있는 목표로 시작되었다. 1993년 첫 발사는 위성을 궤도에 진입시키는데 실패하였지만 이듬해인 1994년 두 번째 PSLV는 임무를 완수하였다. 이후 1990년대 반복적인 발사 성공으로 PSLV의 신뢰를 쌓아갔으며 특히 1999년 5월, 다섯 번째로 발사된 PSLV는 처음으로 외국 인공위성을 탑재하여 발사되었다.[21] 이후 PSLV를 이용한 여러 국가들의 인공위성을 발사하는 성과를 이루었다.

---

20) ASLV는 고체연료를 활용하는 5단 로켓이다. 150kg 위성을 지구저궤도 400km에 진입시킬수 있는 발사능력을 갖고 있다. 1987년 첫 발사를 하였으나 위성을 궤도에 진입시키는데 실패하였으며 이후 1992년 5월 세 번째 발사에 성공하였다.
21) 인도의 IRS−P4가 메인 페이로드에, 한국의 우리별 3호와 독일의 DLR−TUBSAT이 추가적으로 탑재되어 발사되었으며 동시에 3개 위성을 한 번의 발사로 궤도에 진입시킨 첫 번째 발사였다(출처: ISRO 홈페이지).

출처: ISRO

나. MTCR과 GSLV Mk1 개발과정

인도는 비동맹노선을 채택하며 자국의 안보를 위한 노력으로 1974년 5월 첫 번째 핵실험을 단행하였다. 국경을 접한 중국의 핵실험(1964년)과 파키스탄, 중국과의 전쟁을 치르며 스스로를 지키기 위해 핵과 미사일을 선택하였으나 그로 인해 국제사회의 수출 규제 강화와 여러 제재가 부과되었다. 하지만 인도는 제재에도 불구하고 핵확산방지조약(NPT: Non -Prolife-ration), 미사일기술통제체제(MTCR: Missile Technoloy Control Regime)22) 등 미국 주도의 핵 · 대량살상무기 비확산 정책에 동참하지 않았다.

1980년대까지 인도는 소련과 긴밀한 관계를 유지하며 우주 프로그램 상당 부분을 소련과 협력을 통해 발전시켜왔다. 인도는 소련과 1991년에 극저온 엔진과 관련된 계약을 맺고 극저온 엔진 수입과 관련 기술 이전을 추진하였다. 인도는 정지위성발사체(GSLV: Geosyn chronous Satellite Launch Vehicle) 개발을 위해 소련의 극저온 엔진을 활용하려는 계획을 수립

---

22) 핵무기, 생물 및 화학무기의 운반시스템으로 사용될 수 있는 미사일의 확산을 제한하기 위해 국가 간의 미사일 및 기술을 통제하는 체제로서 1987년 4월 G7 국가 주도로 창설하였다.

하였다. 하지만 미국은 핵무기를 보유한 인도가 해당 기술을 활용하여 장거리 미사일을 개발할 것이라 우려하였고 MTCR 위반을 이유로 인도－소련 간의 계약을 반대하였다.[23] 계약 이후 소련의 붕괴로 러시아가 뒤를 이었으나 러시아의 경제적 고난이 지속되어 미국의 재정적 지원을 받는 상황에 놓였다. 미국의 지원을 받는 러시아는 인도와의 계약으로 발생할 제재를 우려하여 결국 계약을 파기하였고 기술 이전을 제외한 엔진 판매에 한정하는 계약으로 변경하였다.

인도는 러시아 글라브코스모스 사(GlavKosmos)에서 도입한 극저온 엔진을 활용하여 GSLV을 개발하였다. GSLV는 2.5톤의 탑재체를 지구정지궤도에 진입시킬 목적으로 개발된 발사체이며 2001년 4월 첫 발사되었다. 이후 극저온 엔진을 자체 개발하려는 과정에서 많은 실패가 이어졌으나 2014년 GSLV－D5는 인도가 개발한 극저온 엔진을 3단에 적용시켜 성공시켰다. MTCR 제재로 인해 발사체 개발이 10년 이상 지연되었으나 이 기간은 인도 우주 프로그램 목표를 달성하는데 있어서 독자적인 기술이 성숙되었다고 평가받는 시기이다.[24]

다. 대형 인공위성 개발

1) INSAT(Indian National Satellite)

ISRO는 다목적 실용위성인 인도국가위성(INSAT: Indian National satellite) 시스템을 개발하기로 결심하였다. INSAT 프로그램은 1983년 8월 INSAT－1B를 지구정지궤도에 발사하며 시작되었다. 1100kg대의 INSAT－1 위성들은 미국의 포드 에어로스페이스 사(Ford Aeorspace)가 미국에서 제작하여 발사되었다. INSAT 시스템의 라디오·TV 방송, 통신기능을 활용하여 원격 교육, 원격 진료가 시작되었으며, 탑재된 기상측정 장비를 활용한 기상예보 분야에서도 싸이클론과 같은 자연재해를 대비하고 기상을 고려한 농업 분야 발전에 큰 역할을 담당하였다.

---

23) 규범적으로 MTCR 위반에 따른 공식적인 제재 수단은 없으나, 미국은 MTCR 가입 여부를 불문하고 위반 국가에 대해서 국내법에 의거 제재를 가할 수 있다. Ghazala Yasmin Jalil, "India's Membership of Missile Technology Control Regime", *Strategic Studies*, Vol. 37, No. 3 (2017), p.43.

24) Ajey Lele, supra note 6, pp.29－30.

첫 번째 INSAT 위성시리즈에 이어 운영된 2,000~2,500kg대의 INSAT-2 위성은 ISRO가 주도하여 자체 기술로 제작하였으며 기존 INSAT-1 위성보다 더 많은 대역대를 갖춘 탑재체를 탑재할 수 있었다. INSAT-2A 위성은 1992년 7월 발사되었으며 첫 번째 시리즈 위성들의 서비스를 연속적으로 제공하였다. 또한 이전 시리즈 대비 기상 탑재체의 해상도 향상, 휴대전화 서비스 도입 및 비즈니스 통신 시설을 개선을 달성하였다. 이후 INSAT 위성은 네 번째 시리즈까지 개발이 되었으며 현재는 GSAT(Geosynchronous Satellite) 위성이 통신위성 업무를 수행 중이다.

그림 5 | **INSAT**

출처: ISRO

2) IRS(Indian Remote Sensing Satellite)

IRS 위성은 인도의 천연자원 관리 프로그램의 핵심적인 업무를 수행하는 위성 시리즈이다. IRS 이전의 지구관측 자료는 해외 위성을 통해서만 취득할 수 있었으나, 비용 및 국가 전략적 고려사항을 검토한 결과 독자적인 설계 및 개발이 결정되었다.

1988년 3월 자체기술로 제작한 IRS-1A가 러시아의 도움으로 발사되며 인도원격관측위성(IRS: Indian Remote Sensing Satellite) 프로그램이 시작되었다. 이후 IRS 시리즈 위성은 PSLV에 탑재되어 태양동기궤도에서 운영되었다. 지구 관측 및 자원 모니터링을 위한 다양한 장비가 탑재되었으며 이를 통해 얻은 데이터는 도시 계획, 환경 모니터링, 토양 분석, 산림 관리, 수자원 관리, 농경지 분석, 어장 감시 등 다양한 분야에 폭넓게 활용되었다.

IRS-1D 위성

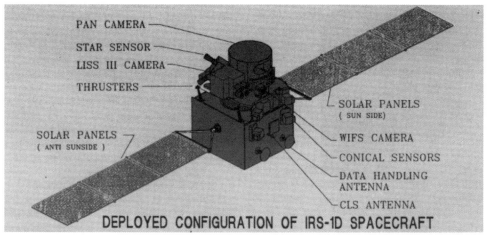

DEPLOYED CONFIGURATION OF IRS-1D SPACECRAFT

출처: ISRO

 4단계(2000년 ~ 현재)

심우주에 도달할 수 있는 여러 발사체가 개발되면서 자연스럽게 인도 과학자들은 심우주 탐사를 희망하였고 1999년 인도 과학 아카데미 회의에서 처음으로 인도의 달 탐사계획이 제기되었다. ISRO는 인도 전역의 주요 과학자 및 기술자들로 구성된 국가 달 탐사 테스크포스를 2000년도에 구성하였다. 2003년 테스크팀은 만장일치로 인도가 달 탐사 임무를 수행해야 한다고 권고하였고 인도 정부는 2003년 11월 찬드라얀 1호 임무를 승인함으로써 인도 우주프로그램의 새로운 장이 열리게 되었다.

우주 프로그램을 실현할 수 있도록 발사체의 성능 또한 지속적으로 발전하였다. PSLV가

태양동기궤도에 원격관측위성을 투입시키기 위해 개발되었으며, 지구정지궤도에 대형 통신위성을 투입시킬 수 있는 능력을 갖추기 위해 GSLV 첫 시험을 2001년 수행하였다

국제협력 측면에서는 2004년 인도-미국 간 전략적 파트너십을 체결하며 우주분야의 양국 간 협력이 재개되었다. 이후 인도는 예외적으로 미국의 우주 관련 수출통제 부품을 포함한 위성 발사가 가능하게 되었으며 미국과 지속적인 협력관계를 유지하여 2016년에는 MTCR 회원국으로 가입하였다.[25]

2000년대 이후 인도 우주프로그램은 발사체와 위성분야뿐만 아니라 우주 선진국 수준의 다양한 우주프로그램으로 확장되었다. 그 결과 3번의 달 탐사, 화성 탐사, 위성항법체계, 유인 우주탐사 등 여러 대형 프로그램을 성공적으로 수행하거나 추진 중이다.

가. 우주탐사

2008년 10월 Chandrayaan-1는 PSLV으로 발사되어 지구의 타원형 전이궤도에 성공적으로 진입하였다. 이후 반복적인 궤도 수정을 통해 그해 11월 달 표면으로부터 100km인 궤도에 진입하여 인도는 달 궤도에 탐사선을 보낸 다섯 번째 국가가 되었다.[26] Chandrayaan-1에는 달 충격 프로브(MIP)라는 장비를 탑재하여 달 궤도 100km에서 MIP를 떨어트려 달 남극 부근에 충돌시키는 임무를 수행하였다. 이 과정을 통해 달 대기 구성요소를 분석하고 달 표면 이미지를 촬영하였으며 달 남극에 물의 존재를 확인하는 성과를 달성하였다. 이후 달 궤도선은 2009년 8월 임무를 종료하였다.

Chandrayaan-1 임무 성공 후 인도 정부는 2012년에 화성궤도선임무(MOM: Mars Orbiter Mission)를 승인하였다. ISRO의 첫 번째 행성 간 임무였던 MOM은 2013년 11월 PSLV으로 발사되었다. 인도는 화성에 탐사선을 보낸 4번째 국가가 되었으며, 첫 시도에 화성임무를 성공적으로 수행한 첫 번째 국가가 되었다. 호만 전이궤도를 활용하여 9개월 간의 비행을 수행하며 행성 간 임무의 설계, 계획, 관리 및 운영에 필요한 기술을 획득하였고, 화성궤도 진입 후에는 화성 표면, 대기, 화성의 위성 관찰 등을 연구하는데 활용되었다. 본래 6

---

25) 최남미, "인도와 중국 우주발사체에 적용된 미국의 비확산정책 연구", 『항공우주시스템공학회지』 10권 4호(2016), 62면
26) 소련, 미국, 일본, 중국에 이은 5번째 국가.

개월의 설계수명을 예상하였으나 지속적인 임무연장을 통해 2022년까지 7년간의 임무를 수행하였다.

2019년 7월 Chandrayaan－2는 GSLV Mk Ⅲ에 의해 발사되었다. 1호와 달리 달 궤도선, 착륙선, 로버로 구성되어 달 표면에서의 연착륙 및 탐사를 통해 달의 표면 지질학, 외기권 측정을 목적으로 설계되었다. 한 달 뒤 Chandrayaan－2는 정상적으로 달 궤도에 진입하였고 착륙선은 착륙 시도를 하였으나 달 고도 2km 지점에서 소프트웨어의 결함으로 정상적인 궤도에서 이탈하여 신호가 두절되었다. 이후 NASA의 달 정찰 궤도선(LRO)을 통해 Chandrayaan －2의 착륙 예상지점을 확인한 결과 착륙선의 파편을 발견할 수 있었다. 하지만 Chandrayaan－2의 궤도선은 지속적으로 달 궤도에서 탑재체를 활용하여 꾸준히 임무를 수행 중이다.

그림 7 chandrayaan-1(좌), 2(중앙), MOM(우)

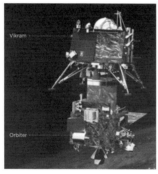

출처: ISRO

나. GSLV MkⅢ 개발

대형 인공위성의 개발과 심우주 탐사가 진행되기 위해서는 기존의 발사체보다 더욱 강력한 추력을 갖는 발사체가 요구되었다. GSLV Mk Ⅲ는 GSLV의 개량된 버전으로 정지궤도 최대 4톤, 저궤도 최대 8톤의 탑재체를 운반할 수 있는 능력을 갖도록 개발되었다.

2000년대 초, 10년 내 첫 발사를 목표로 GSLV Mk Ⅲ 개발이 시작되었지만 2000년대 GSLV 개발이 지연되며 GSLV Mk Ⅲ의 첫 발사도 미뤄졌다. GSLV가 PSLV 스테이지 구성의 상당 부분을 재활용한 예와 마찬가지로 GSLV Mk Ⅲ도 기존의 GSLV의 구성을 도입하였다. 강력한 추력을 얻기위해 기존 GSLV의 1단이 고체엔진이었던 반면 GSLV Mk Ⅲ는 1단을 액체 엔진으로 구성하였으며 엄청난 크기의 대형 고체 부스터 S200 2기를 사용하였다. GSLV Mk Ⅲ 개발에서 가장 난이도가 높았던 3단 스테이지는 대형 극저온 엔진인 CE-20이었다. GSLV에서 최초 적용된 CE-7.5 엔진을 개량하여 추력이 이전 75kN에서 200kN으로 크게 개선되었다. 또한 발사체 상단부에 대형 위성을 탑재하기 위하여 직경 5m의 대형 페어링이 적용되었다.

2017년 6월, 모든 스테이지의 개발이 완료되자 GSLV Mk Ⅲ는 GSAT-19를 탑재하고 첫 비행을 실시하였으며 정지궤도에 위성을 진입시켰다. 이후 Chandrayaan-2, 3 임무에 GSLV Mk Ⅲ가 활용되었으며 Gaganyaan 임무의 발사체로 사용하기 위해 HLVM3 버전으로 개발 중이다.

그림 8 | GSLV Mk Ⅲ

출처: ISRO

다. ASAT(Anti-Satellite) 미사일 시험

2019년 3월 27일, 인도는 인공위성요격미사일(ASAT Missile)을 시험하여 저궤도에 있는 자국 인공위성을 파괴하는데 성공하였다. 이로써 인도는 미국, 러시아, 중국에 이어 ASAT 능력을 보유한 네 번째 국가가 되었다.

그림 9 India ASAT

출처: Press Information Bureau, Government of India

주변국인 중국, 파키스탄과 지속되는 분쟁을 겪으며 인도는 미사일 방어 능력을 지속적으로 발전시켜왔다. 인도의 ASAT 미사일 개발의 직접적인 배경이 된 사례는 2007년 중국의 ASAT 시험으로 알려져 있으며, 직후 DRDO는 ASAT 미사일 개발을 시작하였다.[27] 본질적으로 탄도 미사일과 ASAT 미사일의 구성요소는 유사하기에 기존에 보유하고 있던 미사일 방어 시스템 및 탄도 미사일의 기술이 스핀오프되어 ASAT 미사일 개발에 활용되었다.[28]

---

27) Kelsey Davenport, "Indian ASAT Test Raises Space Risks", *Arms Control Today*, Vol. 49, No. 4 (2019), pp.34–35.

28) Sandeep Unnithan, "India has all the building blocks for an anti-satellite capability",

인도는 ASAT 미사일 시험에서 지구 저궤도인 283km 상공의 자국 위성을 시험 대상으로 선정하였다. DRDO에 따르면 해당 ASAT 미사일의 유효 사거리는 고도 1,200km 범위까지 도달이 가능하기에 지구 저궤도에 있는 모든 위성을 격추할 수 있는 능력을 보유한 것으로 평가된다.[29]

우주 공간에서의 이러한 ASAT 미사일 시험은 필연적으로 많은 파편을 발생시킨다. 그 결과 의도하지 않은 연쇄적인 현상인 케슬러 신드롬(Kessler syndrome)이 발생하여 우주활동의 안전을 저해하는 결과를 낳을 수 있기에 많은 국가들은 ASAT 미사일 시험에 우려를 표하고 반대한다. 2007년 중국의 ASAT 시험은 약 3,000개의 우주쓰레기를 만들어 냈고 이 파편은 중국의 기상위성 펑원-1C와 충돌하여 더 많은 우주쓰레기를 생성하였다. 반면 인도는 미국의 ASAT 미사일 시험 고도와 비슷하게 상대적으로 낮은 저궤도에서 이루어졌으며 높은 정확도로 위성을 타격하여 400개 미만의 우주쓰레기를 만들어냈고 이 조차 3주 이내에 지구 대기권에 진입하여 소멸되었다.[30] 이에 대해 미국 국무부도 인도 ASAT 미사일 시험 직후 별다른 반대 성명을 발표하지 않았다.

(INDIA TODAY, 2012. 4. 27.) (검색일: 2024. 2. 28.)
29) Dinakar Peri, "All low earth satellites in reach of ASAT missile: DRDO chief", (THEHINDU, 2019. 4. 6.) (검색일: 2024. 2. 28.)
30) Doris Elin Urrutia, "India Says Its Anti-Satellite Weapon Test Created Minimal Space Debris. Is That True?", (SPACE.COM, 2022. 8. 10.) (검색일: 2024. 2. 28.)

2 법·정책

① 법적 틀

인도의 우주분야는 총리의 직접적인 통제에 따라 정부 주도하에서 우주 활동이 이루어지기 때문에 우주에 관한 국내 입법 필요성이 낮아 우주 공간에 통합적으로 적용되는 우주법은 미비하다.[31] 하지만 인도는 현재 UN 우주 5개 조약에 서명하였고 달협정을 제외한 모든 조약을 비준하였다.[32] 또한 인도 헌법 제51조 '국제법 및 조약의 의무에 대한 준수'에 따라 UN 4개 조약에 기반하여 우주 활동이 이루어지고 있다.

② 우주활동법 초안(Space Activities Bill 2017)

인도의 우주활동의 개념, 범위가 확장되고 이를 통한 서비스의 수요가 증가함에 따라 민간 산업의 참여가 논의되었으며 정부는 이들의 참여를 장려하였다. 따라서 인도 우주 활동의 전반적인 성장의 지원을 위해 우주법 제정에 대한 필요성을 인지하였고, 우주부 주도로 2017년에 우주활동에 관한 법안의 초안이 작성되어 의견을 수렴하는 절차를 진행하였다.[33]

---

31) 한국항공우주연구원, 『국가 위성항법 시스템 체계 구축 방안 최종보고서』(2020), 71면.
32) COPUOS, Status of International Agreements relating to activities in outer space as at 1 January 2023, A/AC.105/C.2/2023/CRP.3(2023. 3. 20.), p.7.
33) Department of Space(India), Explanatory note on Draft Space Activities Bill(2017), p.3.

이 법안 초안은 상업적 우주 활동 허가 및 감시 메커니즘, 중앙 정부의 권한, 우주 물체의 등록, 손상에 대한 책임, 우주 분야 지적재산권 보호에 대한 근본적인 문제를 다루는 33개의 섹션, 6개의 장으로 구성되어 있다.

가. 정부의 우주활동 조정 메커니즘(제2장)

정부는 해당 법률을 근간으로 평화적 목적과 국가안보 이익을 위해 우주탐사 및 이용과 관련한 정책을 수립하며, 이를 뒷받침하기 위한 우주활동계획을 개발할 권한을 갖는다. 또한 우주활동에 관한 면허를 부여할 수 있으며 안전한 우주활동을 보장하기 위한 요건 및 조치를 취한다. 그리고 모든 우주활동의 수행을 감독하며 이와 관련한 모든 사건, 사고에 대한 조사를 실시한다.

나. 상업 우주활동에 대한 승인 및 면허(제3장)

정부는 상업 우주활동을 수행하려는 당사자가 일정한 요건을 준수할 경우 양도될 수 없는 면허를 부여할 수 있다. 면허를 취득한 당사자는 (i) 우주 및 지구의 오염 방지, (ii) 다른 이용자의 우주활동 방해 금지, (iii) 국제 의무 위반 금지, (iv) 공중보건, 주권, 국가안보, 공공질서, 도덕성 보존 등의 사항을 준수하는 방식으로 우주활동을 수행해야 한다. 또한 우주활동의 결과 발생할 수 있는 제3자의 손해 및 손실과 관련한 모든 책임과 관련한 보험을 가입하여야 한다. 이러한 사항이 만족되지 않을 경우 정부는 면허를 정지, 취소 또는 변경할 수 있다.

다. 우주물체 등록과 책임(제4장)

정부는 우주물체 등록부를 유지해야 하며, 국제 의무를 준수하기 위해 우주물체에 관한 세부사항을 포함하여 이에 등록해야 한다. 또한 면허가 부여된 당사자의 상업적 우주활동으로 인해 발생하는 손해 또는 손실과 관련해서 정부는 면책권을 갖는다.

라. 위반 및 처벌(제5장)

상업 우주활동에 관한 면허 없이 활동하는 사람에게는 1년 이상 3년 이하의 징역 또는 1천만 루피(약 1억 6천만 원)의 벌금이 부과된다. 또한 우주활동 간 지구, 영공, 우주 공간의 환경을 오염을 유발시킬 경우 위 사항과 같은 처벌이 이루어질 수 있다. 우주활동과 관련한 제한된 정보(기술, 시스템, 운영절차, 지역, 인력에 관한 문서, 사진, 계획 등)를 공개하거나 금지구역에 허가받지 않고 출입하는 경우 6개월 이상 2년 이하의 징역에 처할 수 있다.

마. 기타(제6장)

우주활동 과정에서 개발, 창출된 특허, 저작권, 상표 또는 기타 권리 등 지적재산권은 법률에 따라 보호되며, 우주 공간의 우주물체에 탑재되어 개발된 지적재산권은 중앙 정부의 재산으로 간주된다. 또한 정부는 전쟁, 외부의 침략, 천재지변 또는 그 밖에 필요하다고 인정하는 비상사태가 발생한 경우에는 이 법에 따라 등록된 우주물체 또는 우주물체와 관련된 시설의 관리, 통제 또는 감독을 필요하다고 인정하는 기간 동안 인수할 수 있다.

③ 인도우주정책(India Space Policy 2023)

인도는 우주활동을 활발히 수행하였고 기술적으로도 진보된 국가에 속하였지만 거버넌스적 측면에서 기관들의 역할과 책임이 제도적으로 명확하지 않았다. 명확한 역할분담은 자원분배의 맥락에서 국가가 자원의 효율적 운용을 할 수 있게 한다. 또한 우주정책을 개방적으로 운영하게 되면 민간의 우주 프로그램 개발과 경쟁력 강화가 발생한다.[34]

2023년 4월 6일, 인도 안보 내각 위원회는 우주정책을 승인하였으며 ISRO에서는 동년 4월 20일에 공식 홈페이지를 통해서 인도우주정책(2023)을 공개하였다. 인도 우주의 전반적

---

34) Rajeswari Pillai Rajagopalan, "What Do We Know About India's New Space Policy?", (The Diplomat, 2023. 4. 10.) (검색일: 2024. 2. 28.)

인 목표를 설정하였다는 데에서 의의가 크며 단기·장기 목표는 핵심적인 내용이라고 할 수 있다. 이것은 비전을 구현하기 위한 포괄적이고 복합적이며 역동적인 프레임워크이며, 향후 25년간 우선순위를 갖고 국가역량을 활용할 수 있게 할 것이다.[35]

정책서의 구성을 살펴보면 용어 정의를 한 후 비전과 전략은 제시한 뒤에 DoS, ISRO, IN−SPACe, NSIL등 주요 우주 행위자들에 대한 역할과 책임에 관하여 정리하고 이에 대한 설명을 기술하고 있다.[36]

가. 비전: 우주 역량 강화를 위하여

- 우주 산업을 장려하고 개발하여 번성
- 우주를 통한 기술 개발과 동맹의 이점 활용
- 국제 관계를 추구하고 효과적인 우주 생태계를 조성하여 이해관계자들 사이에서 우주를 활용
- 국가의 사회경제적 발전과 안보, 환경과 생명의 보호, 평화로운 우주탐사 추구, 국민의식 고취 및 과학적 탐구 수행

나. 전략

정부는 우주·지상기반 자산을 구축함은 물론, 우주 경제의 전반에 걸친 민간의 참여를 독려하는 전체적인 접근방식을 추구한다. 통신, 원격 관측, 데이터 서비스 및 발사 서비스와 같은 우주 기술 또는 서비스를, 인도 소비자가 공공 부문이든 민간 부문이든 관계없이 직접 조달할 수 있다고 명시하고 있다. 이를 위해서 정부는 다음 사항에 중점을 둔다.

---

35) Rajeswari Pillai Rajagopalan, Ibid.
36) 주요 주체인 ISRO 이전에 비정부사업체(민간)이 정책의 목차상 가장 먼저 설명된다는 점을 주목할 수 있다.

i. 우주 프로그램을 유지·강화하기 위해 우주 분야의 첨단 연구 개발을 장려

ii. 국가 우선순위에 따라 우주기술을 사용하여 공공재 및 서비스를 제공

iii. IN-SPACe를 통해 우주 부문의 비정부 기관에 공평한 경쟁의 장을 제공하기 위한 안정적이고 예측 가능한 규제 프레임워크를 생성

iv. 우주 분야 스타트업 지원을 포함한 우주 관련 교육 및 혁신 촉진

v. 우주를 전반적인 기술 개발의 원동력으로 사용하여 사회의 과학적 기질을 키우고 우주 활동에 대한 인식 증대

다. 적용가능성과 실행

정책서의 적용 대상은 배타적 경제 수역을 포함한 인도 관할권 내의 모든 우주활동이며, 인도 정부는 해당 정책의 조항들에 대하여 사례별로 면제권을 행할 수 있다.[37)]

---

37) 인도안보내각위원회, Indian Space Policy 2023 (2020), p.11.

3 우주 거버넌스

① 개요

인도는 총리실 예하 우주위원회가 국가우주정책을 수립하며, 독립적인 부처로서 우주부는 인도우주연구기구(ISRO)를 비롯한 분야별 연구기관을 관리한다. 조직의 효율성 및 효과성 확보를 위해 우주부 장관은 ISRO 의장직과 우주기술의 상업화를 담당하는 Antrix 社 대표직을 동시에 맡고 있다.

그림 10 **인도 우주거버넌스**

출처: 정영진, (2022), 해외 주요 우주활동국의 국가 우주거버넌스, 항공우주연구원

② 주요 조직

가. 우주위원회(Space Commission)

우주위원회는 국가우주정책의 수립을 비롯하여 우주 관련 가이드라인 등을 제정하는 국가 최고 심의·의결 기관이다. 우주부 장관이 의장을 맡으며 국방장관, 외교장관, 재무장관, 총리실 실장, 국가안보보좌관 등이 위원으로 구성되어 있다.

나. 우주부(Department of Space)

인도 우주 프로그램의 행정을 책임지는 정부 부처로서 국가발전을 지원하기 위해 우주 과학기술 개발 및 적용을 촉진하는 것을 주요 목표로 한다. 우주부는 특히 우주기반 시스템의 구축·조달·이용에 관한 담당부처로서, 정부기관의 모든 위성시스템 설립을 총괄한다. 기타 정부부처가 수도인 뉴델리에 위치하는 것과는 달리, 인도 우주부는 벵갈루루에 소재한다. 인도우주연구기구(ISRO)를 비롯한 물리연구소(PRL), 국가대기연구소(NARL), 인도우주과학기술연구소(IIST) 등 연구기관을 관장하며 우주 상업활동 회사인 Antix, NSIL와 민간 우주활동을 감독하고 규제하는 INSPACe을 운영한다.

다. 인도우주연구기구(Indian Space Research Organization)

ISRO는 인도 우주프로그램의 연구개발을 총괄하는 국가 연구기관이며 "우주 과학 연구와 행성 탐사를 추구하며 국가 개발을 위한 우주 기술을 발전시킨다."라는 비전으로 다양한 임무를 수행한다. 주요 임무로는 우주발사체 및 인공위성 설계·개발, 우주 기반 시스템(통신, 원격관측, 항법 등) 개발, 우주 과학연구 및 행성 탐사, 우주 민간기업 역할 촉진 등을 수행한다.

ISRO는 7개의 핵심 센터와 7개의 연구소 등으로 구성된다.

표 1	ISRO 주요 센터

센터명	임무
비크람 사라바이 우주센터	우주발사체 및 추진시스템 관련 기초 연구개발
액체추진시스템센터	액체 및 극저온 연료시스템 개발
사티시 다완 우주센터	발사시설 및 시험시설, 관제 · 추적시설, 시험 · 조립 기술센터 등
U R 라오 위성센터	과학 · 통신 · 지구관측위성의 설계 · 제작 · 시험 시설 등
우주활용센터	실용위성의 기술개발, 통신 · 기상 · 원격탐사 인공위성의 탑재체 개발 등
국가원격탐사센터	원격탐사위성 데이터의 습득 · 처리 · 배포 등
유인우주비행센터	유인우주비행을 위한 연구개발 시설, 훈련 시설 등

출처: 정영진, 『해외 주요 우주활동국의 국가 우주거버넌스』, (항공우주연구원, 2022)

라. 인도국가우주진흥-허가센터(IN-SPACe)

2020년 6월 24일, 우주부는 IN－SPACe라는 새로운 규제 기관의 설립을 발표했다. IN－SPACe는 민간 기업이 인도의 우주 인프라를 사용할 수 있는 공평한 경쟁의 장을 제공하고 고무적인 정책과 우호적인 규제 환경을 통해 우주 활동에서 민간 산업을 촉진하고 안내하기 위한 것이다. IN－SPACe는 ISRO 하에서 독립적인 네 번째 축으로 설정되어 자율적인 기관으로 기능하며 ISRO의 기능에 영향을 미치지 않는다. 또한 IN－SPACe는 ISRO와 협의하여 ISRO의 테스트 시설 또는 시스템을 민간 기업에 제공하도록 결정할 것이며, 이것은 ISRO 및 이해 관계자들에게 구속성을 갖는다.[38]

IN－SPACe는 해당 국가에서 우주 활동을 촉진 · 관리 · 안내 및 승인할 의무가 있는 자치 정부 조직으로 기능해야 한다. 이를 위해 IN－SPACe는 업무 수행을 용이하게 하는 지침과 절차를 주기적으로 발행해야 한다.[39]

---

38) Seema Jhingan&Khyati Bhatia, "INDIAN SATELLITE COMMUNICATION POLICY: THE RECENT REFORMS", The Law Review Anthology, 2020. 7. 12.
39) 인도안보내각위원회, supra note 37, p.7.

마. Antrix

Antrix사는 인도의 우주기술 및 우주시스템의 상업화를 국내외적으로 추진하기 위하여 인도 정부가 1992년에 설립한 유한책임회사이며, 우주부의 행정 감독 아래에 있다. Antrix 사의 주요 임무는 발사 서비스 제공, 위성 데이터 제공, 우주시스템, 컨설팅 등 매우 다양하다.

ISRO의 발사체인 PSLV(Polar Satellite Launch Vehicle)를 통해 2019년까지 33개국 총 297 기의 인공위성을 발사하였으며, 2016년 9월에는 PSLV C−37을 통해 104기의 인공위성을 동시에 발사하였다.[40] 우리나라의 우리별 3호(KITSAT−3)가 1999년 Antrix사를 통해 PSLV 로 발사되었다.[41]

바. NSIL(New Space India Ltd)

NSIL은 ISRO의 상업부문 자회사이다.[42] 2019년 3월 6일에 DoS의 행정 통제하에 설립 되었으며 ISRO의 상업 부분을 통합한 공공 부문 기업이다. 우주 활동을 '공급 중심' 모델에 서 '수요 중심'으로 옮기는 것을 목표로 ISRO가 수행하는 연구 개발의 이점을 상업적으로 활 용하기 위해 설립되었다.[43]

---

40) 인도 의회가 공개한 자료에 따르면 인도는 지난 23년 3월까지의 37개를 포함하여 8년간 ISRO의 발사체에 의하여 388개의 외국 위성을 발사하였다.
41) 정영진, 『해외 주요 우주활동국의 국가 우주거버넌스』, (항공우주연구원, 2021), 46−47면.
42) 박시수, "인도 육군, 2026년 첫 통신위성 띄운다… 개발은 ISRO 자회사", (SPACERADAR, 2023. 4. 2.) (검색일: 2024. 2. 28.)
43) Nitin Sarin & Vinamra Longani, "INDIA", The Space Law Review, (Law Business Research LTD, 2021), p.103.

분야별 우주기술

1 인공위성

① 통신위성

1983년 INSAT‒1B의 운영으로 시작된 INSTA 시스템은 아시아 태평양 지역에서 규모가 가장 큰 통신위성 시스템 중 하나로, 인도 통신 부문에 큰 혁명을 일으켰으며 현재까지도 통신 서비스를 지속하고 있다.

위성통신 기술은 지형과 거리에 구애받지 않기 때문에 인도는 낙후된 지역 및 오지 개발과 같은 목표를 저렴한 비용으로 단기간에 달성할 수 있으며, 이를 통해 기술 도약을 이룰 수 있었다. 공영 TV부문에서 INSAT 시스템을 통한 서비스 지역은 1983년 14%에서 2005년 78%로 확대되었으며, 그 결과 혜택을 누리는 인구의 변화는 1983년 26%에서 2005년 90%로 증가하였다. 또한 TV채널 수가 2개에서 32개로 증가, 위성 뉴스 수집, 기상 및 사이클론 경보 전파, 훈련 및 교육 매체로서의 TV 활용 등이 주요 효과이다.[44]

현재 INSAT 시스템은 C, 확장 C 및 Ku 대역에 200개 이상의 트랜스폰더 수신장치를 활용해서 ISRO의 상업부문 자회사인 New Space India Limited(NSIL)가 전담하여 정부기관/민간/공공 분야에 상업 서비스를 제공 중이다.

---

44) K. Kasturirangan, supra note 15, pp.203‒205.

그림 11 GSAT-31

출처: ISRO

2 원격관측위성

ISRO가 개발한 원격관측위성(IRS) 프로그램의 첫 번째 위성인 IRS-1A는 1988년 3월 17일에 소련의 발사체를 활용하여 발사되었다. 현재 IRS 프로그램에는 12개 이상의 위성이 운영되고 있으며 이는 세계에서 가장 큰 민간 원격관측위성 군집이다.

IRS 위성시스템은 광학, 적외선, 레이더 등 다양한 센서가 장착된 위성들로 이루어진 군집으로 다음과 같이 구분할 수 있다.

IRS-1 시리즈: IRS 프로그램에서 가장 초기의 원격관측 위성 중 하나로, IRS-1A, 1B, 1C 및 1D와 같은 위성이 포함되었으며, 농업, 임업 및 천연자원 관리와 같은 애플리케이션을 위한 다양한 센서가 장착되었다.

IRS-2 시리즈: IRS-2A 및 2B를 포함한 IRS-2 시리즈는 토지 매핑 및 환경 모니터링과 같은 애플리케이션을 위해 향상된 센서와 향상된 데이터 품질로 프로그램의 기능을 지속적으로 확장했다.

IRS-P 시리즈: IRS-P 시리즈는 해양학, 임업 및 농업 전용의 IRS-P2, P3 및 P4 위성을 통해 특정 주제별 애플리케이션에 중점을 두었다.

Cartosat 시리즈: Cartosat-1, 2, 2B를 포함한 Cartosat 시리즈 위성은 고해상도 pan-chromatic 및 다중 스펙트럼 이미징 기능으로 잘 알려져 있으며, 주로 지도 제작, 도시 계획, 인프라 개발 및 국방 응용 프로그램에 사용된다.

Resourcesat 시리즈: Resourcesat-1, 2를 포함한 Resourcesat 시리즈는 천연자원 모니터링 및 관리를 위해 설계되었으며, 다중 스펙트럼 및 초분광 이미징을 위한 센서가 탑재되어 있다.

Oceansat 시리즈: Oceansat-1, 2를 포함하는 Oceansat 시리즈는 해양 및 대기 응용 분야에 특화되어 있으며, 해양 모니터링 및 일기 예보를 위한 센서를 탑재하고 있다.

RISAT 시리즈: RISAT-1, 2와 같은 RISAT 시리즈에는 전천후, 주/야간 지구 관측을 위한 합성 개구 레이더(SAR)가 장착되어 있으며, 농업, 임업 및 재난 관리와 같은 응용 분야에 활용된다.

HySIS: 초분광 이미징 위성(HySIS)은 초분광 이미징을 위해 설계되었으며, 농업 및 환경 모니터링을 포함한 다양한 응용 분야에서 지구 표면의 상세한 스펙트럼 분석을 가능하게 한다.

국가천연자원관리시스템(NNRMS)은 IRS와 INSAT의 탑재체를 사용하여 인도 전역에 대한 관측을 감독한다. 국가원격관측센터(NRSC)는 데이터의 중앙 배포 허브 역할을 하며 사회와 환경을 위한 다양한 애플리케이션을 지원한다.

③ 항법위성: NavIC(IRNSS)

NavIC(IRNSS)은 인도가 독자적으로 구축한 지역용 위성항법시스템으로 총 7기의 인공위성과 지상시스템으로 구성되어 있으며 인도 및 인도 주변 1500km 지역에 걸쳐 위치, 항법, 시간정보를 제공하는 목표로 개발되었다. 또한 미국의 GPS와 유럽의 갈릴레오와 호환되도록 설계되었다.

인도는 1999년 카르길에서 파키스탄과의 분쟁을 치르며 그 지역에 대한 GPS 데이터를 미국에게 요청하였으나 거부당한 경험이 있으며, 이로 인해 독자적인 위성항법시스템의 필요성에 대해 인식하게 되었다.

기존 명칭은 인도 지역항법위성시스템을 뜻하는 IRNSS였으나, 모디총리에 의해 NavIC(Navigation with Indian Constellation)으로 변경되었다. 2006년에 정부의 승인으로 시작된 이 프로젝트는 2013년 7월 첫 위성(IRNSS-1A)이 발사되었으며 6개월마다 1기씩을 발사시켜 마지막 7번째 위성(IRNSS-1G)이 2016년 4월에 발사되었다.

그림 12 NavIC(IRNSS) 시스템 구성

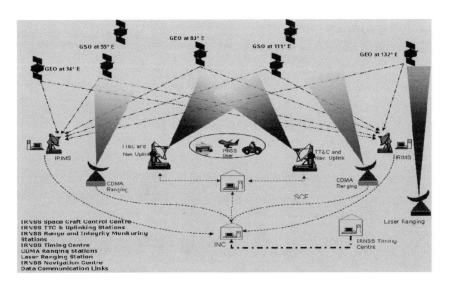

출처: ESA NAVIPEDIA

2 우주발사체

인도 발사체 발전

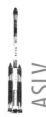

SLV-3

Height	: 22.7m
Lift-off weight	: 17 t
Propulsion	: All Solid
Payload mass	: 40 kg
Orbit	: Low Earth Orbit

ASLV

Height	: 23.5m
Lift-off weight	: 39 t
Propulsion	: All Solid
Payload mass	: 150 kg
Orbit	: Low Earth Orbit

PSLV-XL

Height	: 44m
Lift-off weight	: 320 t
Propulsion	: Solid & Liquid
Payload mass	: 1860 kg
Orbit	: 475 km Sun Synchronous Polar Orbit (1300 kg in Geosynchronous Transfer Orbit)

GSLV Mk II

Height	: 49m
Lift-off weight	: 414 t
Propulsion	: Solid, Liquid & Cryogenic
Payload mass	: 2200 kg
Orbit	: Geosynchronous Transfer Orbit

GSLV Mk III

Height	: 43.43 m
Lift-off weight	: 640 t
Propulsion	: Solid, Liquid & Cryogenic
Payload mass	: 4000 kg
Orbit	: Geosynchronous Transfer Orbit

출처: ISRO

인도 발사체는 PSLV, GSLV Mk II, LVM III(GSLV Mk III)가 있다. PSLV와 GSLV의 기본 발사능력과 다양한 파생형 발사체는 IRS와 INSAT 프로그램의 요구사항에 기초하여 개발되었다.[45)

이러한 발사체 개발 프로그램은 ISRO의 수많은 연구센터의 협업으로 진행되어왔다. 발사체의 설계와 개발은 비크람 사라바이 우주 센터에서 담당하며 액체 추진시스템 센터와 ISRO 추진 단지는 각각 발사체의 액체 및 극저온 엔진을 개발한다. 사티시다완 우주센터(SDSC)는 두 개의 발사대를 통해 통합적인 발사업무를 진행한다.

 ## PSLV(Polar Satellite Launch Vehicle)

극지위성발사체(PSLV)는 인도의 3세대 발사체로서 최초로 액체 연료를 추진체로 활용한다. 1994년 10월 첫 번째 발사를 하였으며, 이후 상업적 발사 서비스로서 외국 인공위성을 발사했다. 2008년 Chandrayaan-1와 2013년 화성궤도선 우주선을 각각 발사하였다. PSLV는 지구저궤도, 지구동기궤도, 정지궤도로에 위성을 진입시킬 수 있으며, 멀티 페이로드 어댑터를 장착하여 여러 페이로드를 다중 궤도에 배치할 수 있다. PSLV는 오랜 기간동안 일련의 발사 성공으로 신뢰할 수 있고 다재다능하며 저렴한 발사체로서의 입지를 다져왔다.

---

45) K. Kasturirangan, supra note 15, p.194.

PSLV

구분	PSLV-XL
길이	44.4m
이륙 중량	320t (XL버전)
발사 능력	• 정지궤도: 1.4t • 태양동기궤도: 1.7t • 지구저궤도: 3.2t
최초발사	• 1993년 9월 20일
4단	• 엔진: 2 x PS-4 • 연료: MMH + MON • 최대추력: 7.3 x 2kN
3단	• 엔진: 모터 S7 • 연료: HTPB(고체) • 최대추력: 240kN
2단	• 엔진: Vikas • 연료: UDMH + N2O4 • 최대추력: 799kN
1단 *부스터 모터 XL 버전 6기, QL 버전 4기, DL 버전 2기, CA 버전(미장착)	• 엔진: S139 • 연료: HTPB(고체) • 최대추력: 4,800kN 〈 부스터 〉 • 엔진: S12 • 연료: HTPB(고체) • 최대추력: 719kN

출처: ISRO

② GSLV(Geosynchronous Satellite Launch Vehicle)

GSLV는 PSLV보다 강력한 발사능력을 갖는 발사체로 PSLV에서 이미 입증된 엔진 구성
요소를 일부 사용한다. GSLV의 주요 페이로드는 INSTA급 통신 위성을 지구정지궤도에 투

입시키기 위해 개발되었다. 초기 버전인 GSLV Mark I은 러시아로부터 도입한 극저온 스테이지(CS)를 사용하며 이후 개발된 GSLV Mark II는 극저온 어퍼 스테이지 프로젝트(CUSP)에 따라 개발된 인도 최초의 극저온 엔진 CE-7.5을 활용한다.

표3 GSLV

구분	GSLV MK-II
길이	51.73m
이륙 중량	420t
발사 능력	• 정지궤도: 2.2t • 지구저궤도: 6t
최초발사	• 2001년 4월 18일(GSLV Mark1) * 2014년 1월 5일(GSLV Mark2)
3단(CUS)	• 엔진: CE-7.5(극저온 엔진) • 연료: LOX + LH2 • 최대추력: 75kN
2단(GS2)	• 엔진: Vikas • 연료: UH25 + N2O4 • 최대추력: 846kN
1단(GS1)	• 엔진: S139 • 연료: HTPB(고체) • 최대추력: 4,800kN
	〈 부스터 〉 2단에 활용된 Vikas 엔진을 4 부착

출처: ISRO

3 LVM III(Geosynchronous Satellite Launch Mk-III)

LVM3는 GTO에 최대 4,000kg에 달하는 더 무거운 통신위성을 진입시키기 위한 ISRO의 새로운 대형 발사체이다. LVM3는 2개의 고체 부스터(S200), 1개의 액체 코어 스테이지(L110) 및 고추력 극저온 상부 스테이지(C25)로 구성된 3단 발사체이다. S200 고체 모터는 204톤의 고체 추진제를 사용하는 세계에서 가장 큰 고체 부스터 중 하나이다. 액체 L110단은 액체 추진제 115톤을 사용하는 듀얼 엔진 구성이며, C25 극저온 상부단은 28톤의 추진제 적재량을 가진 고추력 극저온 엔진(CE20)으로 구성된다. 차량의 전체 길이는 43.5m이고, 총 리프트오프 중량은 640톤이다.

첫 번째 실험비행은 2014년 12월 시험되었으며 2017년 6월 GSAT−19 위성을 GTO에 진입시켰다. 이후 Chandrayaan−2, 3 임무에 활용되었으며, 첫 번째 상업 비행은 OneWeb 위성 36개를 탑재하여 발사하는 다중 위성 임무를 수행하였다.

표 4 LVM III

구분	LVM III(GSLV MK-III)
길이	43.5m
이륙 중량	640t
발사 능력	• 정지궤도: 4t • 지구저궤도: 8t
최초발사	• 2001년 4월 18일(러시아 3단 엔진) * 2014년 1월 5일(3단 엔진 자체개발)
3단(C25)	• 엔진: CE-20(극저온 엔진) • 연료: LOX + LH2 • 최대추력: 200kN
2단(L110)	• 엔진: 2Vikas • 연료: UDMH + N2O4 • 최대추력: 1,598kN
1단(S2000) 부스터	• 엔진: S2000 • 연료: HTPB(고체) • 최대추력: 5,150kN

출처: ISRO

SSLV(Small Satellite Launch Vehicle, 개발 중)

수년에 걸쳐 인도는 국가 우주개발 수요에 충족하기 위하여 다양한 발사체를 개발해왔다. ISRO는 고체, 액체, 극저온 추력 시스템과 관련한 자체 핵심기술력을 개발하였으며 이를 통해 발사체의 항법, 유도, 통제, 임무설계 측면에서 모든 부분을 자체적으로 설계하는 것이 가능하게 되었다. 세계적으로 소형 인공위성 발사 서비스에 대한 수요가 급증함에 따라 ISRO는 이러한 수요에 대응하기 위해 3단 고체연료 엔진을 사용한 SSLV 개발에 착수하였다.

표5 SSLV

구분	SSLV
길이	34m
이륙 중량	120t
발사 능력	• 지구저궤도(500km): 500t * 위성 3기(10kg~300kg) 탑재 가능
최초발사	• 2022년 8월 7일(실패) • 2023년 2월 10일(성공)
Velocity Trimming Module (VTM)	• 엔진: 50N Bipropellant Thrusters • 연료: MMH + MON-3 • 최대출력: 50N X 16 　　　　(궤도조정 8, 속도 조정 8)
3단(SS3)	• 연료: HTPB(고체) • 최대추력: 160kN
2단(SS2)	• 연료: HTPB(고체) • 최대추력: 234.2kN
1단(SS1)	• 연료: HTPB(고체) • 최대추력: 2,496kN

출처: ISRO

3 우주탐사

① 유인 우주비행(Gaganyaan 프로그램)

Gaganyaan 프로젝트는 인도의 유인 우주비행 프로그램으로 3명의 승무원을 인도 발사체를 이용하여 우주 400km 궤도로 발사하고 최대 3일간의 임무를 수행한 뒤 인도 해역에 착수하여 지구로 안전하게 귀환시킬 수 있는 유인 우주 비행 능력을 입증하는 것을 목표로 한다.

HSFC(Human Space Flight Programme, Human Space Flight Centre)는 Gaganyaan 프로그램을 주도하는 기관이며 이를 위해 2019년 1월 7일 설립되었다. HSFC는 Gaganyaan 프로그램의 전체 임무 계획, 승무원 생존을 위한 엔지니어링 시스템 개발, 승무원 선발 및 훈련 등 전반에 걸친 업무를 담당한다.

가. 유인 탑승 발사체(HRLV) 개발

그림 14   HRLV

ISRO가 개발한 가장 강력한 발사체인 LVM3은 Gaganyaan 프로그램의 발사체로 이용될 예정이다. 기존 LVM3 발사체 상단에는 궤도 모듈과 승무원 탈출 시스템(CES)이 탑재될 예정이며 이밖에도 모든 시스템은 유인 탑승을 위한 요구사항을 충족하도록 재구성되어 HRLV(Human Rated Launch Vehicle)로 명명되었다. HRLV의 목표 성능은 궤도 모듈을 400km의 저지구 궤도에 투입시킬 수 있도록 개발 중이다.

HRLV는 빠르게 작동하고 연소율이 높은 고체 모터 세트로 구동되는 승무원 탈출 시스템이 탑재되어 있어 발사대 또는 상승 단계에서 비상 상황이 발생할 경우 승무원과 함께 궤도 모듈이 발사체로부터 안전한 거리까지 벗어나도록 보장한다.

출처: ISRO

나. 궤도 모듈(OM, Orbital Module)

지구 궤도를 돌게 될 궤도 모듈(OM)은 승무원 모듈(CM)과 서비스 모듈(SM)로 구성된다. 궤도 모듈은 사람의 안전을 고려하여 이중화 기능을 갖춘 최첨단 항공 전자 시스템을 갖추고 있다. 승무원 모듈은 승무원이 우주에서 지구와 같은 환경에서 생활할 수 있는 거주 공간이다. 가압 금속 내부 구조와 열 보호 시스템(TPS)이 있는 무가압 외부 구조로 구성된 이중 벽체 구조로 되어 있으며 내부는 승무원 인터페이스, 생명 유지 시스템, 항공 전자 공학 및 감속 시스템 등으로 구성되어 있다. 서비스 모듈은 궤도에 있는 동안 승무원 모듈에 필요한 지원을 제공하는 데 사용된다. 열 시스템, 추진 시스템, 동력 시스템, 항공 전자 시스템 및 전개 메커니즘을 포함하는 비압축 구조이다.

그림 15 궤도 모듈(좌), 승무원 모듈(중앙, 우)

출처: ISRO

다. 우주비행사 훈련

우주비행사 훈련시설은 벵갈루루에 설립되었으며, 훈련 내용으로는 비행 시스템, 포물선 비행을 통한 미세 중력 적응 훈련, 항공 의료 훈련, 회복 및 생존 훈련, 비행 절차 숙달, 승무원 훈련 시뮬레이터 교육 등이 있다.

그림 16 개발과정

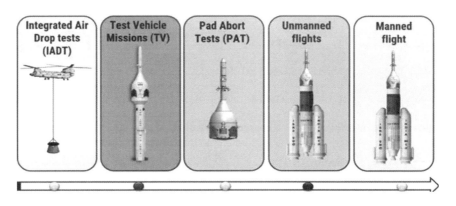

출처: ISRO

2 달 탐사(Chandrayaan-3)

Chandrayaan – 3는 Chandrayaan – 2의 후속 미션으로 달 표면에 안전하게 착륙하고 주행할 수 있는 능력을 입증하기 위한 것이다. 궤도선(추진 모듈), 착륙선과 로버로 구성되어 있으며 인도 남부의 스리하리코타에 위치한 SDSC SHAR에서 2023년 7월 14일 LVM3로 발사되었다. 이후 탐사선은 지구 궤도 상승기동을 통해 8월 5일 달 궤도에 진입하였으며, 8월 17일에 달 착륙을 위해 추진 모듈에서 착륙선 분리를 시작하였고 8월 23일 달 남반구 고위도 근처에 성공적으로 착륙하였다. 이로써 인도는 달 착륙 임무를 성공한 4번째 국가가 되었다.[46]

그림 17 Chandrayaan-3

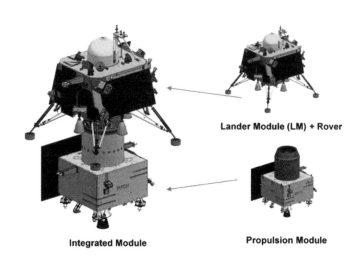

Lander Module (LM) + Rover

Integrated Module

Propulsion Module

출처: ISRO

---

46) 미국, 소련, 중국에 이은 4번째 달 착륙 성공이다.

가. 추진 모듈(Propulsion Module)

추진 모듈의 주요 기능은 발사 이후 지구 궤도에서 최종 달 100km 원형 극궤도까지 착륙선을 운반하고 착륙선을 추진 모듈에서 분리하는 것이다. 추진 모듈에 BARC(Bhabha Atomic Research Centre)가 설계하고 개발한 두 개의 방사성 동위원소 가열 장치(RHU)가 장착되었으며, RHU는 방사성 물질의 붕괴를 사용하여 우주선을 작동 온도로 유지하기 위해 히터에 전기를 공급하는 역할을 한다. 착륙선의 성공적인 분리 후 추진 모듈은 달 궤도에서 지구를 관찰하는 임무를 수행할 예정이었으나, 예상보다 많은 연료가 남게 되어 ISRO는 추가적인 추력을 발생시켜 달 궤도에서 지구 궤도로 이동시키는 임무를 수행하였다. 이 임무는 Chandrayaan−4 미션인 달 토양 샘플을 지구로 가져오는 것에 활용될 가능성이 높은 것으로 알려져 있다.[47)

| 그림 18 | Chandrayaan-3 |

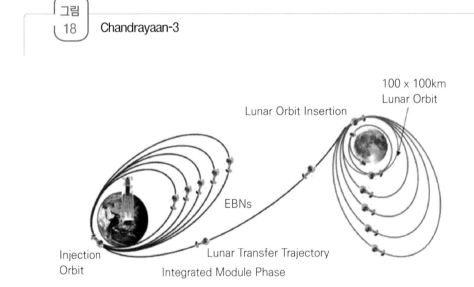

출처: ISRO

47) Jeff Foust, "India returns Chandrayaan−3 propulsion module to Earth orbit", (SPACENEWS, 2023. 12. 4.) (검색일: 2024. 2. 28.)

나. 착륙선

인도 우주프로그램의 창시자인 비크람 사라바이의 이름을 따서 '비크람(Vikram)'이라 명명된 착륙선은 달궤도 100km 상공에서 추진모듈과 분리되어 성공적으로 착륙하였다. Chandrayaan-2의 실패를 교훈 삼아 하강 및 착륙 중 생존성을 개선하기 위해 여러 비상 시스템을 추가하였다. 착륙선은 달 표면의 열전도율과 온도를 측정하는 열물리 실험(ChaSTE), 착륙 지점 주변의 지진을 측정하는 달 지진 활동 측정기(ILSA), 플라즈마 밀도와 그 변화를 추정하는 랭뮤어 프로브(LP), 달 레이저 거리 측정 연구를 위해 NASA의 패시브 레이저 반사판 어레이가 탑재되었다.

그림 19 **착륙선 Vikram**

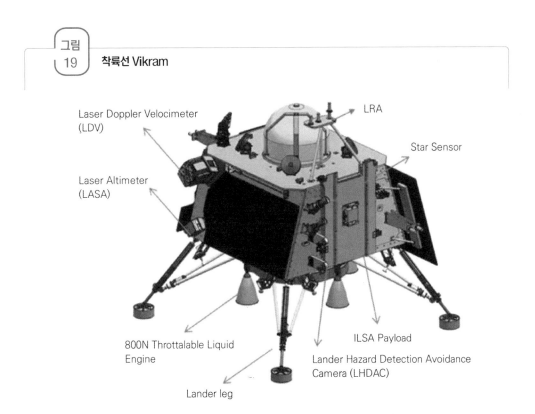

출처: ISRO

다. 로버

고대 산스크리트어로 지혜를 뜻하는 프라가얀(Pragyaan) 이라는 이름을 가진 로버는 착륙 지점 인근의 원소 구성을 도출하기 위한 알파 입자 X−선 분광기(APXS) 및 레이저 유도 분해 분광기(LIBS)를 탑재하였으며 측정한 결과는 착륙선을 통해 지구로 전송되었다.

2023년 8월 25일에 임무를 시작한 로버는 9월 2일까지 정상적으로 임무를 수행하였으나 극저온의 환경에서 장기간 임무를 진행할 수 있도록 설계되지 못하였다. 2주간 지속되는 달의 밤이 시작되자 영하 200도 이하의 온도 속에서 견디기 위해 동면 모드로 진입하였지만 이후 신호가 두절되었다.

그림 20 로버(Pragyaan)

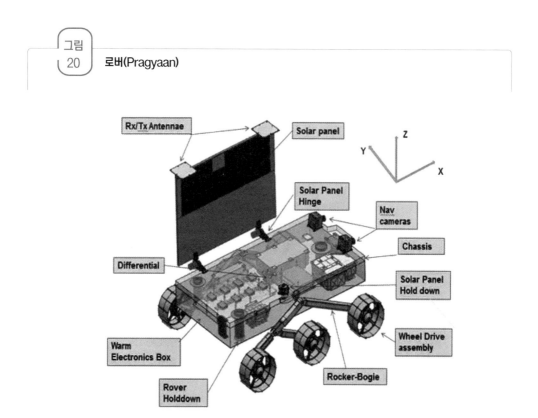

출처: ISRO

Chapter

04

결론

객관적인 지표로써 인도를 설명하면 세계 제1위의 인구 대국(14억 4천만 명, 2024년)이며, GDP 기준 5위(3조 4천 억, 2022년)의 강국이지만 국민 개인의 수준에서는 1인당 GDP가 2,400달러(2022년)로 세계 115위인 국가다.[48] 이렇듯 국민 개개인의 생활 여건이 선진국과 비교하여 부족한 환경이지만 인도는 달에 표면에 착륙선을 성공시켰고 화성에 탐사선을 보냈으며 지역항법위성체계, 통신/지구관측위성 군집을 운영 중인 국가이다. 인도는 우주 분야에서만큼은 눈부신 발전을 이뤄 주요 우주 선진국들과 어깨를 나란히 하고 있다.

인도의 우주활동에는 분명한 목적이 존재한다. 각각의 우주프로그램은 맹목적인 기술개발이 아니라 임무 중심으로 설계되었고 일회성에 그치는 것이 아니라 거듭하여 진화하였다. 이를 위해 거대한 영토와 인구를 보유한 인도가 직면한 여러 사회적 문제를 해결하기 위해 우주를 활용하고자 하였고, 과학기술 분야에 대한 정부의 지원과 국민들의 지지가 지금의 기술 수준에 이르는데 큰 역할을 하였다.

또한 인도는 우주경제 생태계를 조성하기 위해 NSIL, IN－SPACe와 같은 기관을 설치하여 정부의 감독/통제 아래 민간의 참여를 적극 장려하고 있다. 모든 분야에 걸쳐 핵심기술력을 갖고 이를 생산할 수 있는 기업이 존재하는 건강한 산업구조는 우주기술의 성과를 지탱하는 든든한 버팀목일 것이다. 이러한 구조 속에서 앞으로 인도의 우주경제는 어느 국가보다 발전 가능성이 높을 것으로 평가받는다.

우리나라가 최근 발표한 제4차 우주개발진흥기본계획에 따르면 우주경제 실현을 위한 우주개발 2.0 정책으로 전환을 추진하며, 임무 중심(Mission－Oriented) 정책 실현과 이를 통한 경제ㆍ사회적 파급효과를 증대를 목표로 하고 있다. 따라서 인도의 우주 활동 역사를 살펴보는 것은 우주 선진국을 지향하는 우리에게 좋은 이정표가 될 것이다.

---

48) 국가통계포털(KOSIS).

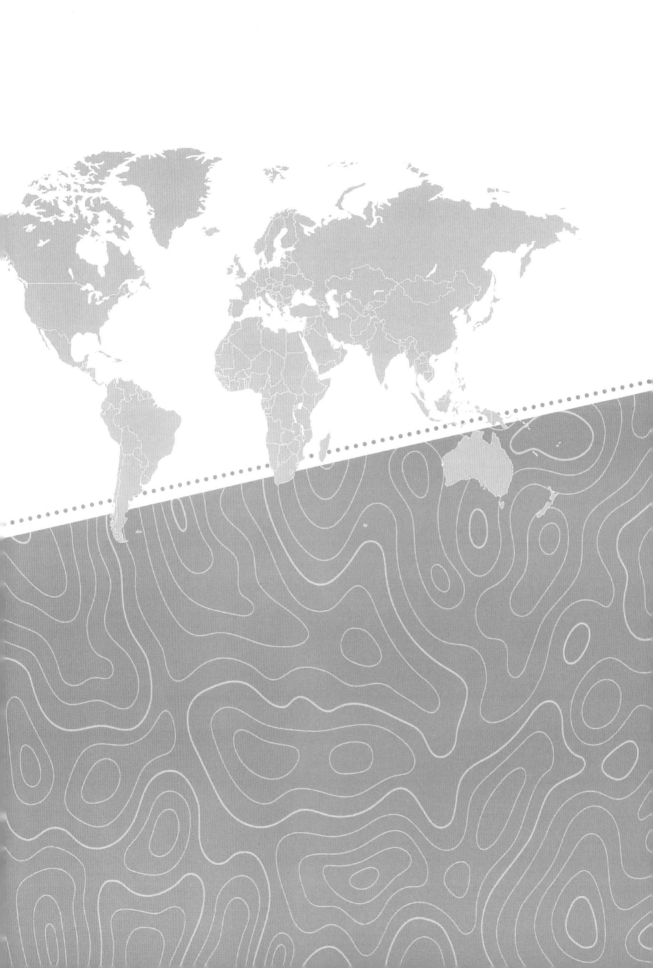

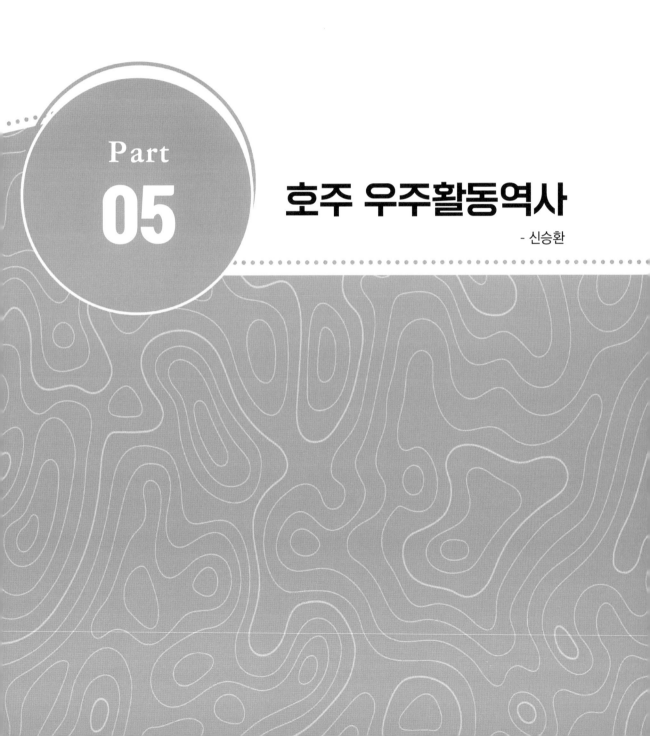

Part

05

호주 우주활동역사

- 신승환

서론

2022년을 기준으로 호주의 우주예산은 69억 호주달러이며 이는 GDP의 0.03퍼센트에 해당한다.[1] 호주는 우주청 설립 이후로 민간 우주부문에 20억 호주달러가 넘는 금액을 투자하였으며, 2030년까지 우주부문 예산규모를 120억 달러로 세 배 늘리고 2만 개의 일자리를 창출하겠다고 공약했다.[2]

호주는 적도 부근에 위치하며, 이는 지리적으로 발사체·위성운영·데이터 수집 등 우주활동을 하기에 용이하다. 그래서 호주는 우주 시대 초창기부터 현재까지 미국·유럽의 우주발사체 시험발사장 및 관측기지로서 역할을 수행해왔다. 동시에 호주는 독자적 우주기술·역량을 갖기 위해 노력했으나, 예산확보와 국가적 거버넌스의 부재로 큰 성과를 거두지는 못하였다. 이에 대한 반성이 공론화되어 2018년에 호주 우주청을 설립하고, 각 부처의 우주역량을 효율적으로 활용하면서 우주 개발·투자에 나서는 중이다.

그림 1

호주 우주경제 성과 인포그래픽[3]

---

1) Euroconsult, *Government Space Programs*(2022), p.483.
2) Hon Melissa Price MP, "*Australia's first national space mission central to Budget 2022−23*" (2022. 3. 29.), 호주 우주청 홈페이지, https://www.minister.industry.gov.au/ministers/price/media−releases/australias−first−national−space−mission−central−budget−2022−23 (검색일: 2023. 8. 19.)
3) AlphaBeta, *The economic contribution of Australia's space sector in 2018−19*(202−1), p.4.

우주활동역사

1 연구개발사

　호주 우주활동사를 크게 4단계로 분류한다.[4] 호주는 지리적 · 지정학적으로 우주활동에 특화된 환경을 갖추고 있으며, 정치적으로도 안정적이다. 이를 기반으로 미국 및 유럽과의 지속적인 교류를 통해 1950년대 후반부터 1970년대 초까지, 초창기 호주 우주 활동은 전성기를 맞았다. 그러나 그 이후 호주 우주 분야는 침체기에 접어들었다. 그 원인은 일관된 정책을 기반으로 우주 분야를 이끌어갈 만한 거버넌스의 부재에 있었다. 1985년에 이르러 호주 정부는 우주사무소(ASO: Australian Space Office)를 개설하는 등 우주분야의 부흥을 꾀했으나 실패하였고, 2000년대까지 우주 부문의 침체가 이어졌다. 그러던 중 2008년에 이르러 'Lost in Space?'라는 경제상임위원회의 상징적인 보고서를 기점으로 호주의 우주정책은 전환점을 맞게 된다. 이어서 2013년에 국가우주정책이 채택되었고, 2018년 우주청이 설립되었다. 이로부터 현재에 이르는 시점까지 호주의 우주 역량은 폭발적인 성장을 이루며 우주 강국으로 도약하고 있다.

---

4) 아래 자료의 연감을 기반으로 판단하였다.
　호주산업과학자원부(AUS DSIR), Australia's history in space: the story of Australia's contribution to space exploration(NationalScienceWeek 2019).

1 1단계(1957-1970년대 초반): 우주활동 선도국으로의 도약 시기

가. 우주 로켓의 발달

호주무기연구소(WRE: Weapon Reserach Establishment)는 Woomera Rocket Range에서 1956년에 호주 최초의 관측(Sounding)로켓 개발을 시작하였다.[5]

1957년 국제지구물리관측년을 계기로 호주와 미국은 남호주 Woomera Rocket 기지에 두 개의 추적 기지를 건설하기로 합의하였다. 같은 해, Woomera에서 호주 최초의 관측 로켓인 Long Tom 우주 로켓이 발사되었으며, 이를 호주 우주사의 시작으로 본다.[6] 호주 남부에 위치한 Adelaide 대학을 중심으로 제작하였으며, 호주가 설계 및 제작하였지만 영국산 로켓 엔진이 사용되었다. 1960년대 전반에 걸쳐 관측 로켓의 국산화가 추진되었고, 마침내 호주의 첫 독자 로켓인 Kookaburra가 발사되었다.[7]

나. 위성 발사

WRE의 발전에 힘입어, 1967년에 호주의 첫 번째 위성인 WRESATA-1이 개발되었다. 이는 미국의 전폭적인 지원에 의한 것으로, 미국에서 10개의 레드스톤 위성을 개발 도구로 제공한 덕분에 제작이 가능하였다. WRESATA-1은 Adeliadie 대학교 물리학부에서 개발·제작하였다. 이를 통해서 호주는 미국, 소련에 이어서 자국의 영토에서 '위성'을 발사한 세 번째 국가이자 전 세계에서 인공위성을 운용한 7번째 국가가 되었다.

1960년대는 호주의 민간 우주산업 또한 태동한 시기였다. 호주의 두 번째 위성은

---

5) 해당 사업은 고고도연구프로그램(HARP: High-Altitude Research Program)이라고 불렸다. 비록 성공하지 못하였지만 우주물체에 강화유리섬유의 사용을 시도하였다는 점에서 의의를 갖는다. Kerrie Dougherty, "Sixty years of Australia in space", Journal & Proceedings of the Royal Society of New South Wales, vol. 153, part 1(2020). quoted in Ordway and Wakeford, 1960; Dougherty, 2017. p.48.
6) kerrie Dougherty, supra note 5, pp.46-47.
7) kerrie Dougherty, supra note 5, p.48.

OSCAR(Orbiting Satellite Carrying Amateur Radio) − 1으로 맬버른 대학교 대학생들에 의하여 개발되었다. 이는 미국 이외의 지역에서 최초로 아마추어들에 의해 개발된 위성이었다. 기술적으로는 수동자세안정화시스템을 처음으로 적용하고 명령시스템을 탑재하였으며 배터리의 온오프 기능을 갖추었다. 이 위성은 1966년 민간 주도로 완성되었으나 동 시기에 발사되지는 못하였고, 1970년이 되어서야 발사가 이루어졌다.[8]

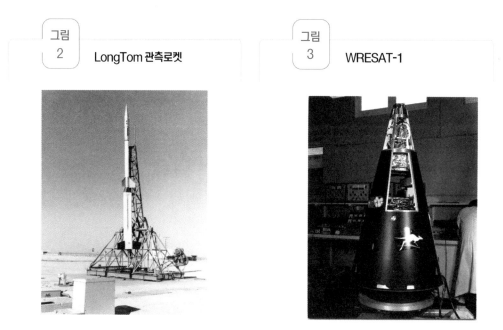

| 그림 2 | LongTom 관측로켓 | 그림 3 | WRESAT-1 |

출처: 호주우주청

다. 추적감시국

초창기 호주의 우주활동은 주로 우주활동의 추적 · 감시 등 과학 연구 분야에 집중되었다. 순서별로 나열해 보면 다음과 같다.

1) Woomera 기지

1947년 Woomera에 로켓 기지가 설립되었다. 처음부터 직접적인 우주 활동을 위한 것은

---

8) Kerrie Dougherty, supra note 5, p.50.

아니었으나 실제로는 이곳에서 호주의 우주연구 · 개발 활동이 시작되었다. Woomera 발사장은 지리적으로나 지정학적으로 우주물체를 발사하고 추적하기 용이한 곳에 위치하였다. 때문에 당시 우주활동을 활발히 수행했던 타 선진국들의 입장에서는 우주활동을 수행하기에 적절한 곳이었으며, 관측로켓이나 인공위성의 발사장소로 이용되기도 하였다.

Woomera 발사장의 주요한 설립목적은 영국의 장거리 미사일 프로그램을 위한 무기 개발 및 시험을 지원하기 위함이었다. 이에 따라 영국과 유럽발사개발기구(ELDO: European Launch Development Organization)의 우주 활동 지원을 활발히 실시하였다. 특히 Long Tom 우주로켓은 영국의 준궤도 로켓 시험 및 우주 대기를 연구하는데 사용되었다. 또한 ELDO는 1964년부터 1970년까지 Woomera에서 10번의 시험 비행을 실시하였다.

미국 또한 이곳이 자국위성 프로그램을 구축하는데 적절한 곳이라고 판단하였다. 1957년에서 1979년까지 이곳에서 수백 개의 영국, 호주, 유럽 및 미국의 관측로켓이 발사되었다.[9]

2) Minitrack Station

Woomera에 설치된 기지국으로서 1957년에 미국에 의해서 운영되기 시작한 추적 시스템이다. 당시의 다른 주파수 시스템보다 작고 가벼운 송신기를 사용하여 Mini라는 명칭이 붙었다.[10] 같은 시기 미국은 전 세계에 10개의 기지국을 운영하였는데, 그중 하나가 Woomera에 설치되었다. 이는 후에 미국이 요구하는 주파수의 범위와 시스템이 변경되게 되면서 Island Lagoon으로 이전되었다.

당시 미국이 Island Lagoon에서 로켓을 발사하였고, 그 비행경로를 추적 · 감시하기 위해서 심우주네트워크를 구축하였다. 미국이 구축한 심우주네트워크(DSN: Deep Space Network)가 그것이며, 구성시설은 심우주계측시설(DSIF: Deep Space Instrumentation Facility)로 명명되어 전 세계에 설치되었다.[11]

---

9) Kerrie Dougherty, supra note 5, p.48.
10) Matthew D. Peters, "NASA's Ground Stations: Solid Footing on the Ground for a　Better View of the Sky", NASA ESC 홈페이지, 2018. 6. 18. https://esc.gsfc.nasa.gov/news/NASA's_Ground_Stations__Solid_Footing_on_the_Ground_for_a_Better_View_of_the_Sky (검색일: 2023.5. 10.)

3) 심우주기지(DSS: Deep Space Station) - 41[12]

1960년 8월, Woomera의 남쪽에 위치한 Lagoon Island에 추적기지가 건설되었다. 심우주계측시설(DSIF: Deep Space Instrumentation Facility) — 41[13]이 설치되었으며 1972년에 사용을 종료하였다.

4) Muchea 기지

1960년 호주의 서쪽지역인 Perth 근처에 완공되었다. Mercury 프로젝트[14]를 위하여 건설되었으며 1964년에 운행을 종료하였다.

5) Carnarvon 추적기지

1964년 서호주에서 개관하였다. 목적은 Gemini 프로젝트였으며,[15] Muchea의 일부 장비가 이관되었다. Gemini 이후, Apollo 프로그램의 초반부를 지원하다가 1975년에 폐관하였다.

6) Tidbinbilla 추적기지 (DSS-43, DSIF-42)

1965년 3월 19일 건립되었다. 미국과의 협약에 의한 것이었으며 NASA를 지원하기 위한

---

11) 우주선을 지속 추적·관찰하기 위해서는 심우주를 관측할 수 있는 최소 3개의 등거리기지가 필요하며, 360도 전방위를 관측하기 위해서 120도의 경도를 담당하는 세 개의 안테나를 설치해야 한다. 미국의 NASA는 1958년에 한 개의 기지를 캘리포니아(DSIF—11)에 설치하였다. 3개의 기지 중 하나는 120도의 경도상에 위치하여야 하는데, 호주가 이에 해당하였다.

12) "HISTORY OF TRACKING STATIONS IN AUSTRALIA", Canberra Deep Space Network (2022), 3)~9)까지 모든 추적기지의 출처이다. https://www.cdscc.nasa.gov/Pages/ other_history. html (검색일: 2023. 5. 1.)

13) 후에 DSS—41로 명칭을 변경하였으며 1972년도에 퇴역하였다.

14) 미국의 Mercury Friendship 7이며 달에 우주인을 보내기 위한 프로젝트였다.

15) 1966년까지 미항공우주국에 의해서 이루어진 미국의 유인 우주비행계획이다. 라틴어로 쌍둥이라는 뜻을 갖고 있으며 별자리 이름에서 유래했다. 무중력 상태에서 장시간 우주비행, 랑데부 도킹, 우주 공간에서의 작업 위주로 진행되었다. 의의는 달 착륙을 NASA에서 실제로 수행하기 전 그것이 가능하다는 것을 우주공간에서 실험하여 증명하는 것이었다.— Sandra May, "What Was the Gemini Program?", NASA Science(2011. 3. 16.)https://www.nasa.gov/learning—resources/ for—kids—and—students/what—was—the—gemini—program—grades—5—8/#:~:text=Gemini%20was%20an%20early%20NASA%20human%20spaceflight%20program.,They%20flew%20between%20the%20Mercury%20and%20Apollo%20programs. (검색일: 2023. 5. 1.)

전 세계적인 네크워크의 구성요소였다. Woomera기지가 심우주 추적에 적합하지 않다는 판단과 함께 국가의 수도를 발전시켜야 한다는 여론이 가세하여 호주 수도 특별구에 설치되었다. Tidbinbilla 계곡의 능선지형은 전파 방해로부터 기지를 보호해주는 동시에, Canberra에서 35km 남서쪽에 위치하여 도시로부터 가까운 장점을 지닌다.[16] NASA의 추적 기지 중에서 오늘날까지 작동하는 유일한 기지이다.

7) Orroral Vally 추적기지

1965년 호주 수도(ACT: Australian Capital Territory)[17]에서 완공되었다. 이곳은 NASA 산하 STADAN[18](Spacecraft Tracking and Data Acquisition Network)의 구성요소로서 지구 궤도 위성을 지원하였다. 기지가 성장하면서 Lagoon Island Minitrack과 Baker Nunn 추적 카메라가 이곳에 재배치되었다. 1985년 호주 내 NASA 시설 통합 과정에서 폐쇄되었다.

8) Cooby 지상국

1966년, Cooby Creek에 6번째 안테나가 설치되어 1970년까지 운영하였다. 위치는 Queensland의 Toowoomba 북쪽이며 ATS[19] 지원이 목적이었다.

9) Honeysuckle 지상국

1969년, ACT에 건립되었다. Apollo 프로그램을 지원하는 것이 목적이었다. 역사적인 미국의 달착륙은, 이곳 기지에서 그 데이터를 수신하여 전 세계에 송출되었다. 1974년에는 DSN에 참여하였으며 DSS−44로 명명되었다. 1981년 문을 닫았으며, 기존의 26−metre 안테나는 Tidbinbilla로 이전되면서 DSS−46으로 명칭을 변경하였다.

---

16) "CDSCC HISTORY", Canberra Deep Space Network(2022)https://www.cdscc.nasa.gov/ Pages/cdscc_history.html (검색일: 2023. 5. 1.)
17) 호주는 6개의 주(State)와 2개의 준주(Territory)로 구성되어 있으며 각 주에는 하나씩 주도(Capital City)가 있다.
18) 1960년대에 Minitrack의 업그레이드 버전으로 개발되었으며 파라볼라 안테나를 사용함. NASA ESC, supra note 16. (검색일: 2023. 5. 1.)
19) Applications Technology Satellites (ATS): 실험통신위성 시리즈 중의 하나로 지구정지 궤도, 기상관측, 우주환경 연구 등을 위해서 발사되었다(출처: NASA).

그림
4

1단계 시기 호주 추적기지 조감도[20]

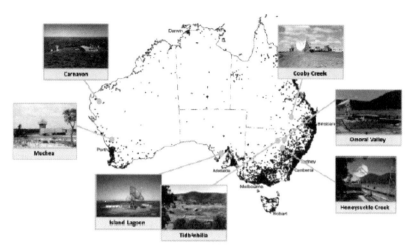

출처: 호주통계청, 캔버라 DSN 홈페이지

라. 추적 · 감시 장비

1) Baker-Nunn 위성추적카메라

1957년에 Woomera에 설치되었으며 Island Lagoon으로 옮겨졌다. 인공위성 촬영을 목적으로 하는 카메라였다. 높이 8피트, 너비 10피트이며 무게는 약 3톤이다. 55mm의 Royal−X 필름을 사용한다. 성능적으로는 달까지의 거리를 기준으로 6미터의 해상도를 지원하였다. 1973년에 Orroral Vally로 이전되었다.[21]

---

20) 인구밀도 지도를 활용한 이유는, 초기 Woomera기지 설립 시에 지리적 문제로 인하여 수도에 건설하는 것보다 비용이 2.5배정도 소요된 것으로 예상되었기 때문이다.[Kerrie A. Dougherty, "Australia in Space", *A History of a Nation's Involvement* (2017). p.34.] 도시와 가까운 동시에 우주 추적 감시에 용이한 위치가 선호되었을 것으로 생각되며 대부분의 기지가 인구 밀집 지역 근방에 있는 것을 알 수 있다.

21) Colin Mackellar, "Baker−Nunn Camera, Island Lagoon".
https://www.honeysucklecreek.net/other_stations/island_lagoon/baker−nunn.html
Honeysuklecreek.net (검색일: 2023. 5. 1.)

2) Parkes 라디오 전파망원경천문대[22]

1961년 만들어졌으며 당대 최신의 기술을 보유하고 있었다. 과학산업연구위원회(CSIR: Council for Scientific and Industrial Research) 산하의 전파물리연구소에서 전시에 실시한 레이더 연구를 기반으로 설립하였다. 이후에 생산된 모든 대형 접시모양 안테나의 모태가 되었다. 천문대는 양호한 날씨 환경과 전파방해를 받지 않는 위치를 고려하여 시드니로부터 서쪽으로 350㎞ 떨어진 Parkes에 설립되었으며, Apollo 임무와 보이저 임무 탐사에도 유용하게 쓰였다.

그림 5 **Parkes 라디오 전파망원경**

출처: CSIRO

---

22) John Sarkissain, "60 years after it first gazed at the skies, the Parkes dish is still making breakthroughs"(2021), CSIRO 홈페이지.
  https://blog.csiro.au/60-years-of-parkes-radio-telescope/ (검색일: 2023. 5. 1.)

2단계(1970년대 초반-1985): 유럽의 쇠퇴와 미국 우주 산업의 지원

가. 국가 우주개발의 쇠퇴

영국은 호주와 교류를 지속하면서 우주발사체 실험을 지속하였다. 그러나 1970년대에 영국 중심으로 ELDO에서 개발 중이던 Blue Streak 미사일계획이 실패로 돌아갔다. 1968년에 ELDO 탈퇴 후, 영국은 마지막으로, Blakc Arrow로 명명된 자국의 발사체 개발을 실시하였다. 4번째의 발사였던 BlackArrow R3는 성공적으로 발사되었으나, 그 직전에 영국은 재정상의 이유로 발사체 개발 사업을 취소하였다.[23] 영국의 우주 프로그램이 쇠퇴하면서 ELDO의 발사능력이 프랑스 등 유럽으로 이전되었다. 이로 인해 Woomera의 시설을 사용하지 않게 되었는데, 이것은 호주가 영위하던 20년 동안의 과학 및 공학 부분의 성과 중 상당 부분이 소실되는 결과를 가져왔으며 이는 호주 우주개발의 쇠퇴를 의미했다.

 그림 6 Blue Streak로켓

출처: 호주 우주청

---

23) 영국은 현재까지 우주발사체를 보유하고 있지 못하다.

나. 미국 우주활동의 지원국 역할 수행

미국과의 교류는 지속적으로 이어졌고 미국 우주활동의 지원국으로서 역할을 수행하였다. 주로 관측장비나 발사장 제공의 형태로 우주활동을 지원하는 형태였으며, 미국의 우주개발 역사와 궤를 같이 하였다.

Honeysuckle Creek에서는 1972년 미국의 추적시설시스템 개념을 호주로까지 연장하여 미국 미사일을 추척하는 최초의 외부 지역 지상 관측소 역할을 수행하였다. 1972년부터 달 탐사 프로그램 종료 시까지 Apollo 프로그램을 지원하였다. Tidbinbilla에서는 미국의 파이오니어 10/11호 발사를 지원하였으며, Parkes 관측소는 보이저 1/2호의 성공적인 통신을 지원하였다. 특히 Tidbinbilla는 보이저 1/2호가 목성에 도달하였을 때 중요한 역할을 부여받았는데 당시의 태양계 내의 정렬상태로 인하여 Tidbinbilla가 촬영에 용이한 곳에 위치하였기 때문이었다.

다. 관측소와 추적기지의 추가적인 개발

Orroral 관측소가 1975년 건설되었다. 여기에는 달까지의 레이저거리 측정시설이 포함되어 지구궤도위성에서 지구까지의 거리를 측정하였으며, 위성의 예측궤도에서의 위치 변화를 감지하여 미국과 호주의 위성 운용을 지원하는 역할을 하였다. 1979년에는 호주 서부 지역에 Moblas5 위성레이저 거리측정관측소가 설립되어서 지구표면 정밀관측을 실시하게 되었다.

라. 위성 통신 시스템의 발달

2단계 시기에서는 위성통신 시스템의 발달이 두드러진다. 호주는 1970년대 후반에 국제 해사위성기구(INMARSAT: International Maritime Satellite) 컨소시엄의 창립멤버이자 주요 주주가 되었다. 또한 1979년에 시작한 국가위성통신시스템(AUSSAT)이 1980년대 초에 설립되었으며 위성 TV와 텔레폰 서비스를 시작하였다. 1985년에는 AUSSAT의 위성이 발사되었으며, 이 시스템은 민영화되어 후에 Optus 통신회사로 변화하였다.

한편, 1979년 호주 정부는 미국 위성인 Landsat에서 지구관측데이터를 직접 수신하기 시작하면서 호주 영토에 대한 위성정보를 수집하게 되었다. 1983년에는 GPS가 전 세계에 개방되면서 호주에서도 위치항법시각(Positioning, Navigation&Timing)데이터를 사용하게 되었다.

마. 호주 최초 우주인의 탄생

1984년 시드니 태생의 폴스컬리파워(Paul Scully-Power)가 호주 최초의 우주인[24]이 되었고, 미국 NASA의 우주 왕복선 챌린저에 탑재체 전문가로 탑승하였다.[25]

바. COSSA 설립

1984년 CSIRO에는 우주과학 및 응용사무소(COSSA: Astronomy, Space Science, Information and Communication Technology Divisions)가 설립되었다. 이는 CSIRO의 우주관련 연구활동을 조정하기 위한 것이었다.

3 3단계(1985-2007): 호주우주사무소(ASO)의 설립과 실패

가. ASO 설립 및 종료

1975년부터 1980년대 중반까지의 시기, AUSSAT 위성 시스템의 발전 및 GPS는 국가우주산업 발전에 대한 관심을 불러일으켰다. 당시 Hawke 정부는 이러한 관심에 따라 호주 기술과학 아카데미에 호주 우주산업 설립에 관한 보고서 작성을 의뢰하였다. 검토 결과

---

24) 미국 시민권자였으며 해군 소속이었다.
25) "Dr Paul Scully-Power AM", Technology Sydney 대학교 홈페이지, https://www.uts.edu.au/current-students/managing-your-course/graduation/past-speakers-and-speeches/2019/dr-paul-scully-power-am (2023. 5. 2. 방문.)

Madigan보고서[26])로 알려진 1985년의 보고서 'A Space Policy for Australia'가 발간되었으며 포괄적인 국가 우주 정책 기반을 제시하였다.[27]) 그 내용은 우주 산업과 국가 우주 프로그램 발전을 위한 국가 우주국을 설립하여 독립적인 활동을 보장해야 한다는 것이었다. 그러나 모든 내용이 반영되지는 못하였고, 1987년에 호주우주국(ASO: Australian Space Office)의 형태로 채택되었다. ASO는 독립된 형태의 기관이 아니었으며 당시 호주 산업기술상업부(Department of Indus-try, Technology and Commerce)의 산하 기관이었다. 예산 또한 기존에 제시된 2천 5백만 호주달러가 아니라 4백만 호주달러밖에 배정받지 못하였다. Howard 정부가 1996년에 집권하면서 ASO가 폐지되었는데, 우주를 별개의 분야로 구분하여 투자할 필요성을 느끼지 못하였기 때문이다.

나. 주요탑재체의 개발

3단계 시기에서도 유럽 및 미국과의 협력을 기반으로 한 우주활동은 계속되었다. 미국과 협력에서 가장 널리 알려진 것은 ASO가 예산을 지원한 En-deavour 최첨단 자외선 망원경이다. 당시에는 기술적 우위를 가졌으나 1986년에 발생한 챌린저호 사고로 인해서 발사가 지연되었고, 1992·1995년에 두 차례 발사를 실시하였을 즈음에는 그 경쟁력이 많이 쇠퇴한 상태였다.

또한 CSIRO 산하 COSSA에서는 영국 기상청과 공동으로 세 대의 원격탐사 센서인 ATSR(Along Track Scanning Radiometer)-1, 2와 AATSR(Advanced ATSR)을 개발하였다. 이 센서들은 유럽의 원격 레이더 감지 위성인 ERS-1(ATSR-1, 1991), ERS-2(ATSR-2, 1995) 그리고 Envisat(AATSR, ESA의 위성)에 탑재되었다.

---

26) 당시 실무위원회 의장의 이름이다.
27) Kerrie Dougherty, supra note 5, p.53.

| 그림 7 ERS위성과 ATSR | 그림 8 FedSat |

출처: ESA

출처: 호주우주청

다. 발사시설 유치 실패

당시 호주는 북부지역에 상업적 발사시설을 유치하기 위한 계획을 세웠다. 대형위성을 정지궤도에 진입시키기 위해서는 적도 근처에서 발사하는 것이 경제적으로 이득이고 성공확률도 높아서 유치가 가능한 것으로 판단했기 때문이다. 러시아의 저렴한 기체를 발사체로 사용할 예정이었으나 여러 개의 섬 지역을 기반으로 하였던 발사체 유치 계획은 실현되지 않았다.

라. 우주위원회법과 우주활동법

1992년 국가우주 프로그램 전문가 패널의 검토를 거쳐서 1994년 호주 우주위원회 법이 통과되었다. 이후 우주 위원회(Council)가 설립되었으며 역할은 호주의 공공·민간 우주 관련 과학 및 기술의 적용을 장려하기 위한 우주 프로그램을 권고하는 것이었다. 그러나 1999년 폐지되었다.

또한 호주 및 해외에 거주하는 국민의 우주활동에 대한 규제 및 안전체계를 제공하기 위한 우주활동법(Space Activities Act 1998)이 통과되었고, 2001년에는 우주활동규율(Space Activities Regulations 2001)이 제정되었다.

마. 위성 데이터 협력

1990년대까지 미국 Landsat 위성, 프랑스 SPOT 위성, 유럽 ERS−1 레이더 위성 및 일본 정지궤도 기상위성(GMS: Geostationary Meteorological Satellite)의 원격 감지 데이터에 접근이 가능하여 이를 제공받고, 분석 처리하는 과정에서 국가적인 데이터 가공 · 처리 기술개발이 이루어졌다.

바. 위성개발 및 발사

1996년 COSSA를 재구성하여 새로운 소규모 위성 프로그램인 FedSat(Federation Saterllite)을 만들었다. CSIRO의 위성 시스템협력 연구센터(CRCS−S: the Cooperative Research Centre for Satellite Systems)에서 개발하였으며 호주의 6개 대학, 4개 회사, 국제파트너가 참여하였다. 이는 호주 연방 100주년을 기념한 것[28]이었으며 2007년까지 미약한 성공을 거두었다. 1998년에는 위성 시스템 협력 연구센터가 설립되었다. 또한 Optus 위성을 성공적으로 발사하였다.[29] 1992년 B1, 1994년 B3, 2003년 C1, 2006년 D1, 2007년 D2 위성을 발사하였다.[30]

사. 호주 태생의 우주인 탄생

Dr Andy Thomas가 Space Shuttle인 Endeavor호를 타고 우주 비행을 하였다. 호주 태생으로는 최초이며, 4번의 비행을 수행하였다. 1998년에는 러시아 미르 우주 정거장에서 연속 141일을 체류하였다.

---

28) 호주의 미래 비전 · 호주 어린이들의 노래가 담긴 CD(문화 타임캡슐)가 실렸다.
29) 1991년, AUSSAT은 Optus Communications에 매각되었다.
30) B2는 위성 발사체 고장으로 궤도상에 진입하지 못하였다.

4단계(2008-2023 현재): 우주정책 변화로 인한 재도약의 시기[31]

가. 우주분야에 대한 반성과 분위기 환기

위성분야 발전 및 유럽·미국과의 지속적인 교류에도 불구하고, 호주의 우주 분야는 답보 상태에 머물렀다. 한 논평가는 호주의 우주활동에 대해서 실망하여 "무게값을 못 하는 펀치력"을 보여준다고 한탄하기도 하였다.[32] 이러한 분위기에 힘입어, 2008년 호주상원 소속의 경제위원회에서는 호주 우주분야에 대한 연구를 수행하였으며 'Lost In Space?'라는 보고서를 제출하였다.[33] 보고서는 우주청의 설립과 우주정책과의 일관된 정책추진 등의 내용을 담고 있으며, 그 목적은 우주과학과 산업분야에서의 새로운 방향성을 제시하는 것이었다.[34] 2009년에는 호주우주연구프로그램(ASRP: the Australian Space Research)를 설립하여 경제 및 교육프로그램 지원으로 4천만 호주달러를 할당하였다.

나. 우주 법령·정책·조직 혁신

호주는 2012년에 '국가우주산업정책에 관한 원칙(Principles for a National Space Industry Policy)'을 발표하였고 2013년에는 호주위성활용정책(Australia's Satellite Utilisation Policy)을 발의하였다. 이를 기반으로 지속적인 경제성장을 위한 우주조정위원회(Space Coordination Committee)를 설치하였다. 2018년 호주 우주청(ASA: Australia Space Agency)이 설립되면서 호주는 본격적인 우주시대의 개막을 알렸다. 기존의 ASO가 가졌던 한계를 벗어나서 독립된 기관으로서 우주 업무를 수행하는 거버넌스가 확립된 것이다. 여세를 몰아서 호주정부는 ASA

---

31) 2000년대 초반에 우주 법률 설립과 위성 산업이 진행된 부분이 있지만, 상직적인 의미가 크다고 판단하여 'Lost In Space?' 보고서를 기점으로 시기를 설정하였다.
32) Jeff Kingwell, "Punching below its weight: Still the future of space in Australia?", *Space Policy*, Vol. 21, Issue 2(2005.3.), pp.161–163.
33) Kerrie Dougherty, supra note 5, p.55.
34) Brett Biddington, *Is Australia Really Lost in Space?*, *Space Policy*, Vol. 57(2021).

와 '민간우주전략(Civil Space Strategy) 2019 − 2028'을 발표하였으며, 2022년 호주 공군에 우주방위사령부가 창설되었고 우주방위사령관이 탄생하였다.

다. 국제교류의 지속과 기술 발전

2019년 'Moon to Mars 구상'을 발표하며 2020년에는 미국의 아르테미스(ARTEMIS) 약정에 가입하였다. LandSat8 임무에 관하여 미국 지질조사국과 양해각서를 체결하기도 하였고, 인도·한국 등 여러 국가들과 국가 간 각서를 체결했다. 2022년에는 호주에서 NASA 위성이 세 차례 발사되었다. 장소는 호주 북부의 Nhulunbuy였으며 이는 본토를 제외한 지역에서 미국이 실시한 최초의 상업용 발사이다.[35] 다윈지역에서 발사되었는데 역시 지리적으로 적도 근처에 위치하여 발사체를 운용하기에 용이하며, 남반구에서만 관측할 수 있는 태양·천체·행성 관측을 그 목표로 한다.

2022년에서는 4기의 자체 개발 위성 발사 사업을 발표하였다. 2023년 미우주군 반덴비그 기지에서 팔콘−9 발사체로 10㎝급 해상도를 가진 Cubesat 저궤도 위성이 발사되었다. 호주는 달 토양 수집을 위해서 NASA와 협업하여 반 자동 Trailblazer 로버를 설계·제작하는 등 원격작업·로봇공학 기술도 개발하는 중이다.

| 그림 9 | G'Day-Moon 캠페인 |

| 그림 10 | Brant IX Rocket |

---

35) 정승임, "美 NASA도 호주서 로켓 쏜다… 한국에도 '기회의 땅'", 『한국일보』, 2022. 6. 20.

그림 11 Spirit 위성[36)]

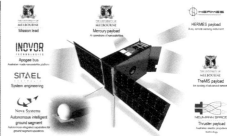

36) 출처: 멜버른연구소.

2  법·정책

법

가. 우주(발사 및 귀환)법: Space(Launches and Returs) Act 2018

1) S(L&R)A 2018

호주법 중 의회에서 제정된 법률들은 헌법, 각종 법률, 법규, 규칙, 조례 또는 내부규정의 위계 질서를 갖는다.[37]

---

37) 판사가 만든 법(Judge-made Law)도 존재하며, 영어사용 국가들 중 판례가 선례가 되어 각종 재판에 영향을 끼치는 국가들을 보통법(Common Law)국가라고 하며 호주가 이에 해당한다. KOTRA, 『법을 알면 호주가 보인다』(학림사, 2004), 11면.

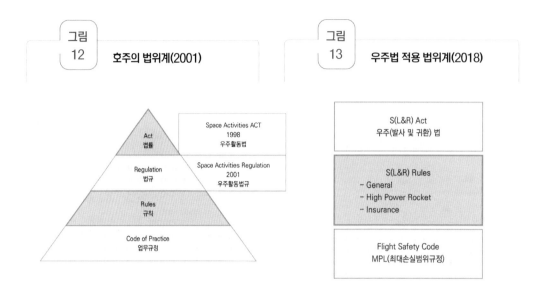

| 그림 12 | 호주의 법위계(2001) |
| 그림 13 | 우주법 적용 법위계(2018) |

1998년에 우주활동법(Space Activities Act 1988)이, 3년 후에 우주활동법규(Space Activities Regulations 2001)이 제정되었으며, 또한 2015년에는 산업과학부장관이 우주활동법을 검토하여 우주활동가이드라인(Space Activities Guidelines 2015)을 발표하였다. 검토의 목적은 호주 우주 규제가 발전에 적합한지 확인하고, 불필요하게 혁신을 저해하는 일이 없도록 하기 위함이었다. 이후 입법제안서가 발행되어 이에 대한 의견을 수합 및 검토한 후 2017년 초반에 도입할 목적으로 초안을 작성하였다.

2018년 호주의 가장 주요한 우주활동법인 "우주(발사·귀환)법, 2018"(Space (Launches and Returs) Act 2018) [38]이 공표되었다. 2018년 개정 시에는 우주탑재체에 관한 면허가 도입되었다. 또한 2001년의 우주활동 규정이 발사 시설의 허가보다는 발사에 초점에 맞추어져 있었기 때문에, 호주 '발사허가'면허로 내용이 이전되었다.[39]

발사귀환법의 주요 목표는 네 가지이며 법률(Act) 제3조에 해당한다.[40]

---

38) "호주 우주법은 우주물체의 이동 및 운행과정을 발사, 귀환, 승인 등의 단계로 구분하고, 우주안전담당관제 및 우주물체 등으로 인한 손해배상 책임 등을 매우 구체적으로 규율하고 있다. 향후 국내 입법시 기초자료로 활용가능하다." 한국법제연구원, "호주우주법", 『미래법제사업본부글로벌법제전략팀2021번역자료집』, 21−17−5(2021), 3면.

39) "Reform of the Space Activities Act 1998 and associated framework", 호주산업과학자원부 (AUS DISR), 2017. 4. 17.https://consult.industry. gov.au/reform−of−the− space−activities −act−1998−and−associated−framework (검색일: 2023. 5. 2.)

40) 한국법제연구원, 앞의 주 38), 10면.

(a) 호주에서 또는 호주 밖에서 호주 국민이 시행하는 우주활동을 규제하는 제도의 정립

(aa) 호주 내에서 고출력 로켓의 발사를 규제하는 제도의 정립

(b) 다음 두 가지 요소 간에 합리적인 균형 보장

(i) 우주활동에 대한 참여를 가로막는 장애물 제거, 우주산업 내 혁신과 기업가 정신 장려

(ii) 본 법을 적용받는 우주활동의 안전, 우주활동의 결과로 발생하는 인명 또는 재산 피해의 위험

(c) UN 우주조약에 따른 호주의 의무 이행

법에 따라 호주에서의 우주 활동을 위해서는 반드시 장관이나 의원에게 허가를 얻어야 하며, 이에 관한 일반사항은 다음과 같다.[41]

표2 우주활동의 허가

허가종류	설명	적용조항
발사장비허가	발사 장비를 호주에서 운용하기 위함	일반규칙 2조 3항
국내발사허가	호주내에서 하나 이상의 물체를 발사 보통 관련 물체의 귀환도 함께 허가	일반규칙 3조 3항 법률 34조
고출력로켓허가	호주에서 고출력 로켓을 발사하기 위함	고출력로켓규칙 3조3항
해외탑재체	(호주 국민이) 해외에서 우주물체를 발사하려 할 때	일반규칙 4조 2항 법률 46G
귀환승인 혹은 해외 탑재체 귀환	(호주 국민이) 호주로 우주물체를 귀환하려 하거나 우주물체를 해외로 귀환하려 할 때	일반규칙 5조 2항
등록승인	위에 해당하지 아니하는 우주 활동	일반규칙 6조

출처: 호주산업과학자원부

예를 들면, 발사귀환법이 발효된 이후 2021년에 호주 우주청은 최초의 상업용 로켓 발사에 대한 승인을 내렸다. Southren Launch 사가 허가받은 웨일러웨이 궤도 발사장에서 태국 국적 회사인 tiSPACE 사 소유의 Hapith I 로켓이 발사 허가를 얻은 것이다.[42]

---

41) 2022년부터는 발사지원서에 수수료를 받지 않음으로써 호주에서의 발사를 장려하고 있다.

42) "First commercial rocket launch under updated Space (Launches and Returns) Act", 호주산

2) S(L&R) Rules 2019[43)]

2019년에는 해당 법의 하위법이 설립되었으며 명칭은 규칙(Rules)이다. 일반법률에 대한 세부사항으로 총 세 종류가 있으며, 일반·고출력 로켓·보험으로 나뉜다.

간단히 살펴보면 일반사항에서는 발사기지 면허·발사체허가·해외 탑재체 허가·발사 안전담당관·사고 시 조사에 관한 구체적인 사항을 다루고 있다. 고출력 로켓 규칙에서는 정의[44)]와 함께, 허가를 얻을 때에 반드시 보험/자금 요건을 충족하도록 규정하고, 안정과 비상대책을 반드시 포함하도록 하며, 발사 후에 보고서를 제출하도록 하고 있다. 보험 규칙에서는 배상책임에 관하여 최소 1억 호주 달러 혹은 명시된 금액이라는 구체적인 배상 한도를 명시하였다.

3) S(L&R) Rules에 관한 Code of Practice

가) 비행안전규정(Flight Safety Code)

비행안전규정은 발사귀환법을 지원하고 규칙 중에서는 일반조항과 고출력로켓 부분에서 적용되며, 호주에서의 민간 우주 활동과 고출력로켓 사용에 있어서의 위험성을 최대한 낮추어 보장하기 위한 정략적 접근법을 사용한다. 즉, 우주물체의 발사나 귀환에 있어서 잠재적으로 발생할 수 있는 위험이 공공의 건강과 안전에 미칠 수 있는 영향을 분석할 수 있는 틀을 제공한다. 위험[45)]들을 분석하고, 최소화하여 그러한 위험성이 기존에 설립된 발사안전기준을 위배하지 않도록 측정 도구를 개발하는 것이 목적이다.[46)] 발사 시 계산 가능한 피해정도

업과학자원부(AUS DISR). 2021. 9. 8.
https://www.space.gov.au/news−and−media/first−commercial−rocket−launch−under−up dated−space−launches−and−returns−act (검색일: 2023. 8. 4.)
43) 일반법과 고에너지로켓법에 관한 개정 논의가 있으며 2022년에 개정 첫 번째 과정을 시작하였다. 2022−2024의 호주우주예산에는 법안의 개정과 국제적인 규제 리더십을 위한 예산이 배정되어 있다.
44) S(L&R)A High Power Rocket Part 2. 5. 고출력로켓의 정의
(a) 889,600뉴턴/초의 추력을 가진 모터/추진되는 로켓
(b) 40,960뉴턴/초의 힘을 가진 모터/추진되는 로켓이 궤적 능동 제어 시스템을 장착한 경우
45) *위험(risk)은 이성적으로 실행가능한 수준에서 최소한의 한도로 보장되어야 한다*
    Code of Practice, *Flight Safety Code,* 1.1.2
46) Code of Practice, *Flight Safety Code,* 1.1.3

를 알고리즘에 따라서 계산하며, 정량적인 방법으로 무게와 추진체의 추력, 환경에 따른 피해규모와 범위를 과학적으로 환산해 놓았다.

그림 14 폭발피해 측정 알고리즘

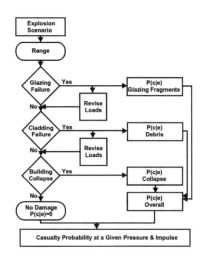

Figure 22. Steps for estimating casualty probability given an explosive event

그림 15 거리·무게에 따른 인명피해 정도

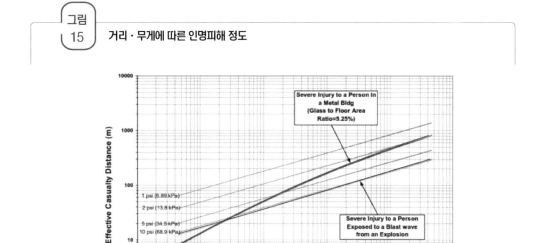

나) 최대손실범위규정(MPL: Maximum Probable Loss Methodology)

최대손실범위규정은 발사귀환법을 지원하고 규칙 중에서 보험 부분에 적용되며 보험가액[47] 을 결정하기 위해서 사용된다.[48]

> 보험가액은 다음 두 가지보다는 같거나 작아야 한다.
> 첫 번째는 최소한의 법률로서 규정된 양이며,
> 두 번째는 해당 MPL에서 제시된 방법을 사용하여 결정된 양이다.[49]

최대손실범위규정은 우주에서의 활동에만 특정되며,[50] 피해를 가정하였을 때 발사체에 최대한 실을 수 있는 무게를 계산한, 위험기반의 분석을 의미한다. 이러한 분석은 발사나 재진입활동의 결과로서 일어날 수 있는 인명이나 재산상의 잠재적인 피해의 최대한도를 계산하기 위해서 고안된 것이다. 최대손실범위규정은 가능성(possibilities)이 아닌 개연성(proba-bilities)을 측정하는 분석도구이며, 충분히 일어날 수 있는 사건을 식별하는 것이다. 이를 통해 그 결과에 대한 충분한 재정적인 보증을 가능하게 하는 것을 목적으로 한다.[51]

나. 통신관련 법률[52]

1) 전파통신법(Radiocommunications Act 1992)

국제전기통신엽합(ITU: the International Telecommunication Union)이 호주에 할당한 주파수[53]를 호주통신미디어 당국(ACMA: the Australian Communications and Media Authority)이 호

---

47) 호주 Code of Practice, *Maximum Probable Loss Methodology*, 2.1.1.
보험가액: 주의 발사허가, 호주 고출력로켓 허가, 해외 유로하중 허가 또는 귀환승인과 관련하여 허가 또는 승인의 소지자가 해당 허가 또는 승인의 대상이 되는 발사(들)와 귀환에 대해 S(L&R)A 제3부 제7편에 따라 보험에 가입해야 하는 금액을 말한다.
48) 호주 Code of Practice, *Maximum Probable Loss Methodology*, 1.1.2.
49) 호주 Code of Practice, *Maximum Probable Loss Methodology*, 1.1.3.
50) 호주 Code of Practice, *Maximum Probable Loss Methodology*, 1.1.4.
51) 호주 Code of Practice, *Maximum Probable Loss Methodology*, 1.1.5.
52) Prof. Melissa de Zwart and Mr. Joel Lisk, 『LOW EARTH ORBIT, SATELLITE CONSTELLATIONS AND REGULATION』, *Flinders University of South Australia*(2022), pp.22-23.
53) Region 3에 해당하며 태평양 및 오세아니아 지역이다.

주 내에 배정하기 위한 것이다. 2020년에 개정되었고, 법의 목적은 '장기적인 공익증진'에 있으며 ACMA는 관련 사업권[54]와 허가를 생산하여 주파수 사용의 효율성을 도모한다.

2) 통신법(Telecommunications Act 1997)

호주 내 통신 자산 및 인프라 사용을 규제하며, 서비스 이용자의 장기적인 이익을 증진하고 호주 통신 산업의 경쟁력 제고를 위한 법안이다. 위성 사업자는 ACMA로부터 통신 사업 면허를 발급받아야 하며, 장관은 개인·조직이 국방·정보기관·특정 산업에 대한 면제권을 행사하도록 허가할 수 있다.

다. 국방무역통제법(DTC: Defence Trade Controls Act 2012)

DTC는 국방전략물품(DSGL: Defence and Strategic Goos List)을 규제하는 법안이다. DSGL은 호주와 미국 간 국방무역협력조약을 기반으로 시행된다.[55] 2024년 2월, 기술보호협정(TSA: Technology Safeguards Agreement)이 체결되었으며, 이는 민감한 기술과 정보를 상호 교환하는 것이다.[56] 미국은 수출관리규정(EAR: Export Administration Regulations)을 통해 핵심 부품을 규제하고 있는데 호주도 이와 정책적 유사성을 보인다. 주요 DSGL로 우주발사체, 관련된 부품, 로켓 노즐 관련 부품, 발사체밸브, 300km 초과 관측로켓과 관련 부품 등이 있다.

---

54) Spectrum, Apparatus, Class의 주요한 세 가지 사업권(License)이 있다.
55) Prof. Melissa de Zwart, supra note 52, p.28.
56) "Everything you need to know about the TSA", 호주우주청 홈페이지(2024)
　　 https://www.space.gov.au/technology-safeguards-agreement-facts (검색일: 2024. 3. 7.)

2 정책

| 그림 16 | 호주 정책 도식화 |

가. 국가우주산업정책원칙(Principles for a National Space Industry Policy)[57]

국가우주산업정책원칙은 국가정책의 우선순위를 정하는 기준으로서, 2011년 호주는 7가지 원칙을 수립하였다. 이는 2008년 상원 경제상임위원회 보고서, "Lost in Space?"가 야기한 첫 결과물이다.

---

57) 호주정부, *Principles for a National Space Industry Policy*, 2011.

표 3 국가우주산업정책원칙

원칙1	국가적으로 중대한 우주 활용분야에 집중
	⇒ 지구관측, 위성통신, PNT가 해당
원칙2	우주시스템의 이용 보장
	⇒ 우주 시스템은 안보 · 경제 · 환경 · 사회복지에서 핵심 역할 수행
원칙3	국제협력 강화 및 확대
원칙4	안정적인 우주 환경에 기여
	⇒ 우주에서의 평화적이고 안전하며 책임감 있는 활동 증진
원칙5	국내 조직의 상호연계성 개선
원칙6	혁신, 과학 및 기술 개발 지원
	⇒ 공공 · 민간 연구 개발 조직을 포함하여 우주 산업과 협력 증진
원칙7	국가안보와 경제적 복지를 강화하고 보호

나. 호주위성활용정책 2013(Australia's Satellite Utilisation Policy)[58]

호주 최초의 국가우주정책이며 향후 발표되는 전략 · 정책의 근간이다.

1) 호주의 우주 활용 증진

우주 역량은 통신, 재난관리, 기상예보, 은행, 운동, 환경 관리 및 국가 안보 운용을 가능하게 한다. 우주역량은 위성과 위성 데이터에 접근하여 호주 사용자에게 유용한 정보로 변환하는 지상 시스템 및 전문성을 의미한다. 또한 단기적 · 장기적인 두 가지 관점에서의 호주역량을 나누었다. 우주물체 발사와 운영, 우주탐사에 국한하지 않으며 호주국민이 의존하는 서비스와 능력을 향상시킨다고 선언한다. 여기에는 2011년 발표한 국가우주산업정책의 7원칙이 포함된다.

---

58) 호주산업혁신과학연구 · 고등교육부, *Australia's Satellite Utilisation Policy*, 2013.

2) 호주 우주활동 참여의 당위성

우주 시스템에 대한 호주의 의존도가 높아져 우주 능력에 대한 접근이 중요해졌다. 우주 역량의 공급자가 변화하고 있으며 과거에는 역량 제공 국가에만 의존하여 발전기회를 놓쳤다. 호주는 최근 우주 의존성을 인식하였다. 우주 정책 기관을 설립하여 국내의 조정을 도왔고 호주의 국제 참여를 개선하였다. 호주 우주 역량을 개발하는 것은 국가적 과제의 해결과 경제성장에 중요한 도움이 된다. 우주 능력은 호주를 효과적으로 감시할 수 있게 해주며, 위협으로부터 호주를 보호하고 재해관리를 돕는다. 호주는 인구 밀도가 낮기 때문에 우주역량 혁신을 통해 많은 이득을 획득할 수 있다. 운영 중인 지구 관측위성의 40%가 5년내 도태될 것이며, 미래가 불확실하다. 이에 따라 장기적인 국익 실현이 필요하고, 우주 쓰레기 문제라는 위험이 내포되어 있다.

3) 호주 우주분야 국가 목표

호주 우주분야의 국가 목표는 우주역량에 대해 지속적ㆍ경제적인 접근을 달성하는 것이다. 구체적인 내용은 다음과 같다.

생산성 향상	위성영상, 고정밀 위치 정보 제공 등을 통해 효율 강화 및 혁신을 독려한다.
환경관리 역량 증대	위성정보는 효율적인 환경관리를 제공할 것이다. 여기에는 접근이 힘든 광활한 범위의 육지와 해양 영역도 포함된다.
안전ㆍ안정한 호주	우주역량은 국가 안보, 법률 강화, 재난으로부터의 안전에 크게 기여할 것이다.
인재 양성	우주역량은 현재의 산업을 변화시키고 새로운 산업을 구축하여 양질의 일자리를 제공할 것이다.
정보ㆍ서비스 접근 형평성 확보	위성 통신은 초고속, 범우주 접근을 가능케 하여 TV방송, 인터넷 및 전화 서비스를 이용 가능하게 할 것이다.

4) 호주의 국가목표 달성

국가우주산업정책 7원칙을 기반으로 국가목표를 달성한다.

다. 호주민간우주전략(Civil Space Strategy)2019-2028: Advancing Space[59]

2018년, 호주는 산업과학기술부처의 주도 하에 호주우주청 설립에 따른 호주 우주 개발 전략을[60] 수립하고, 전략적 비전으로 '국제적으로 책임감 있고 존경받으며, 경제 전반을 활성화시키며 호주인의 삶을 개선하고 영감을 불어넣는 우주 분야'를 설정하였다.

1) 호주 우주 분야의 미래

우주 분야는 급속도로 발전하면서 4차 산업혁명의 중요한 영역으로 자리매김하는 중이다. 호주의 우주 산업 규모는 3,500억 호주달러 규모이지만, 2040년에 이르러서는 1.1조 호주달러 규모로 발전할 것으로 예상된다.

현재 호주의 우주 분야는 10,000개의 일자리와 39억 달러의 시장규모를 갖고 있으나 2030년까지 최대 20,000개의 일자리와 120억 호주달러의 시장규모로 파급효과에 의한 일자리를 증가와 경제성장을 목표로 한다. 이러한 성장을 주도하기 위해서 호주가 우위나 기회를 갖고 있는 국가민간우주 분야에 지속적인 노력을 경주할 것이다.

우주 분야, 우주 기술 및 우주 데이터는 현대 경제에서 더 중요하게 기능하며, 미래 경제성장을 견인하고 비용 절감ㆍ혁신을 통해 비즈니스를 지원한다.

---

59) 호주우주청, *Advancing Space — Australian Civil Space Strategy 2019−2028*, 2018.
60) 남기원, "캐나다와 호주의 달탐사 및 아르테미스 참여 전략과 시사점", 한국항공우주학회 2022춘계학술대회논문집, 517면.

2) 성장전략 - 우주 전략 4개 중심축(Pillars)

	[국제적인]: 문호개방 국제 파트너십을 통해 경쟁력 있는 우주 산업 성장
	[국가적인]: 역량 증가 강점 영역과 도전 과제를 해결하여 경제를 향상시키고 호주의 우주 부문에서 미래 경쟁 우위를 가진다.
	[책임감 있는]: 규제, 위험, 문화 국제적 의무와 규범을 준수하며, 국가 안정 및 보안을 보장하고 우주 부문 문화를 촉진한다.
	[영감]: 미래인력 양성 산학연 · 정부가 차세대 우주인력 성장을 위해 동업한다

호주는 우주 전략의 비전을 구체화하여 4개의 중심축을 설정하였다. 먼저 국제 파트너십을 통한 경쟁력 있는 우주산업의 성장을 도모하고, 강점을 살리면서 도전 과제를 해결하여 국가적 역량을 증가시키는 것이다. 다음으로 국제 의무와 규범을 준수하여 국가 안보와 안정을 보장하면서, 차세대 우주인력을 양성하는 것이다.

3) 국가 우주 우선순위 분야 선정

4개의 중심축을 달성하기 위한 7개의 국가 우주 우선순위 분야를 다음 표 4와 같이 선정하였다.

표 4   국가 우주 우선순위 분야 7가지

순위	분야	내용
1	위성, 항법, 시간(PNT)	농업 · 광업 등 호주 경제성장 영향 ⇒ 기반시설 중요
2	지구관측	농업 · 어업 및 해상운송 관찰 등 경제성장 영향

순위	분야	내용
3	통신	하이브리드 라디오 및 광전송 등 신흥기술 주도적 역할
4	우주상황인식	우주쓰레기 등 우주물체 충돌 감시 ⇒ 지리적 이점
5	R&D 도약	첨단소재, 우주의학, 양자통신 기술 등 세계시장 6.8% 점유
6	로봇과 자동화	광업 · 운송업 · 농업 · 어업 등 산업 전반 자율화 선도
7	우주접근	국제임무 및 상업적 발사활동 활용 가능

4) 우주전략 발전 단계

우주전략은 향후 수십년간 3단계로 수행되며, 2018년 7월 설립된 우주청을 중심으로 작업에 착수할 것이다.

표 5   **우주전략 발전 Phase**

	Phase1 (2018-2019) 성장을 위한 환경조성	Phase2 (2019-2021) 기회의 참여 성장환경 건설	Phase3 (2021-2028) 성공 전달 우주전략중심축 각각의 우선순위에 집중
국제	국제 협업: 프랑스, 캐나다, 영국, UAE 국제 논의: 미국, ESA 우주 분야에서 호주의 국제적, 국내적 네트워크 활용 강화	2020-2022: 국제우주투자에 1500 만달러예산 투자 미국과 ESA를 포함하여 국제 협업 지속 다른 국제 파트너들과의 다자 협력 기회 개발	ISI 2단계를 통해 지속적인 국제협력에 집중 합동 국제 임무 수립 지역내 국익과 합치하는 추가적인 협력
	위치, 항법, 시간(초정밀 GPS 보조시스템, 국립사진분석센터), 지구관측분야의 투자	통신기술	R&D 도약, 로봇과 자동화, 우주접근, 우주상황인식
국내	국내 · 국제적 전략의도성 명서 작성, CSIRO 통한 우주활동 기금마련, 호주 보유 세계적 수준의 국가연구시설인 슈퍼컴퓨터센터 · 국가컴퓨터센터에 의한 데이터 · 연구 협력 지원	1950만$ 규모 인프라기금: 산업 변화 · 성장 지원, 국제우주투자의 산업 성과를 보완 · 증폭, 각 우선순위 영역에 대한 로드맵을 개발투자를 포함한 산업 기회 영역을 식별, 전략 이행 위해 효과적 투자 제공 가능 영역 식별	투자 원칙과 분야별 로드맵에 따른 투자 7개 민간우선투자 영역을 관찰: 우위 · 기회 변화 식별

	Phase1 (2018-2019) 성장을 위한 환경조성	Phase2 (2019-2021) 기회의 참여 성장환경 건설	Phase3 (2021-2028) 성공 전달 우주전략중심축 각각의 우선순위에 집중
책임	우주활동법 2018 개정 통합적인 우주분야 정부기관의 협력 COPUOS를 통한 UN과의 협력활동 지원	우주활동법 2018의 하위 법안 확정, 자국내 발사를 포함하여 국제적 의무에 부합하는 안전한 운용이 가능한 규제 시스템을 설립	지상과 우주에서 안전한 운용을 위한 법률 개혁, 호주의 우주물체 발사·유인 우주비행을 위해 필요한 환경과 기반 고려
영감	호주 지역사회와의 협력	미래의 다양하고 포용적인 인력을 개발 자국민, 인턴십포함, STEM 계획·달탐사 임무 검토: 국가에 영감·확장을 제공하는 역량강화, 우주협력 추구	우주 부분 교육 우선순위 조사: 미래 인력 계획 착수, 잠재적 달탐사 임무(Moonshot)를 포함한 국제협력·산업부분의 지속적인 기회 탐색, 퀘스타콘 국립과학박물관·CSIRO와 협업, '과학, 기술, 공학 및 수학분야' 계획을 지원

> 그림
> 17 **국가 우주 전략 수행도**

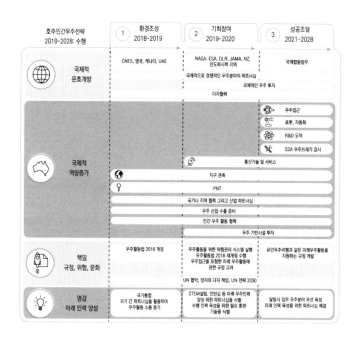

라. 국방분야 우주 정책·전략

1) 국방백서(Defence White Paper)

호주 국방부는 2016년에 국방백서를 발간하고 2035년까지 호주 안보환경에 변화를 가져올 6가지 주요 요인을 선별하였으며, 그중 두 가지가 우주 분야에 해당한다.

하나는 탄도미사일 능력을 포함한 군사력의 현대화 속도 증가이다. 우주역량을 통하여 고급 정보, 감시 및 정찰 네트워크가 지원되면 더 넓은 범위에서 더 정밀한 작전수행이 가능하게 된다. 다른 하나는, 사이버 및 우주영역에서 새로운 위협의 등장이다. 이와 관련하여 호주는 향후 20년 동안 군사력을 포함한 우주역량이 지속적으로 확장될 것으로 전망하였다.

우주 위협과 안보에 관해서는 호주군이 위성에 의존한 통신 및 작전을 수행한다고 판단하며, 이 때문에 잠재적국과 상업적 이용국가들에게 정보적으로 취약할 수 있다고 분석하였다. 이를 위해서 미국과 공동으로 운영 중인 우주감시레이더, 광학우주 망원경의 호주 이전 등을 통해 우주 감시 및 상황인식 능력을 강화해야 한다. 미래 호주방위군의 6대 국방역량 강화에 우주를 포함한, 우수한 상황인식 능력을 포함한다. 또한 국제사회와 협력하고 제도 기반의 시스템을 구축하여야 한다고 주장하고 있으며, 감시·관측 역량 강화를 위한 투자를 통하여 장기적인 발전을 추구하고자 한다.

2) 국방우주전략(Defence Space Strategy)[61]

호주의 국방우주전략은 2040년까지의 국방우주활동에 대한 청사진을 제시하고 있으며 2020년의 국방전략, 국방조직계획, 국방개혁을 기반으로 작성되었다. 국방우주전략은 우주 환경의 전략적 맥락을 설명하고, 우주 영역에 관한 비전과 임무를 명확히 하며, 호주 민·군의 우주에 대한 접근을 보장하기 위한 근본적인 목표를 탐구한다.[62]

국방우주전략의 임무는 "전시 및 평시에 대한 호주의 이익을 확고히 하기 위한 우주력의 준비"이다. 호주는 우주영역을 기존의 육·해·공·사이버 영역과 함께 새로운 작전영역으

---

61) 호주국방부, *Defence Space Strategy*, 2022.
62) 왕립호주공군(RAAF), "Defence Space Strategy"(검색일: 2023. 5. 8.)
　　https://www.airforce.gov.au/our-work/strategy/defence-space-strategy

로 간주한다. 국방우주전략은 호주 민군의 우주 접근성 확보, 정부 부처 전반에 걸친 형태로 이행, 동맹국·국제파트너·산업체들과의 협력을 비전으로 설정하고 있다. 비전을 달성하기 위해서 아래와 같이 5개의 노력선을 제시한다.

표 6	국방우주전략 노력선

노력선 1. 혼잡하고(Congested) 경합적인(Contested) 우주환경에서, 합동군의 우주접근성을 보장하기 위한 우주력 증강
노력선 2. 호주의 국가 안보를 지원하는 동맹국 및 파트너와 함께 정부 전반에 걸쳐 통합된 군사적 효과 제공
노력선 3. 우주의 중요성에 대한 국가적 합의 증진
노력선 4. 지속 가능한 국가 우주 산업발전을 지원하기 위해, 국가의 자주적인 우주 역량 발전
노력선 5. 우주 영역의 일관되고 효율적이며 효과적인 사용을 보장하기 위한, 국방 우주산업의 발전

3) 국방전략 검토 (Defence Strategic Review)

2023년 발간되었으며 통합억제를 기조로 하며 육·해·공의 주요 영역은 물론, 우주의 중요성도 인식한다. 우주분야에서는 우주영역 활용 보장 및 국방부 주도의 위성통신 역량 제고, 국방우주사령부의 효율성을 극대화하기 위한 조직 재편성의 필요성을 강조하였다. 우주 역량 개발 및 전력화 속도를 증가시켜야 하며 국방우주 인력 구축 및 유지 방안 마련도 포함한다.

마. 심우주 탐사 전략

ASA 설립 이후 호주는 본격적으로 심우주 탐사에 참여하려는 국제협력에 노력을 기울이고 있다.[63] 호주는 2020년 10월 아르테미스 약정에 서명하였으며, 2021년 10월에는 NASA가 추진 중인 달 탐사 미션에서 호주에서 개발한 로버를 사용하기로 하였다.[64] 이외에도 심

---

63) 남기원, 앞의 주 (60), 517면.
64) 대한민국 호주 대사관, "호주 우주개발 사업 추진 현황"(2022. 4. 13.)
   https://overseas.mofa.go.kr/au-ko/brd/m_21557/view.do?seq=1346400 (검색일: 2023. 5. 1.)

우주 탐사를 위한 호주의 관련 프로그램 및 움직임은 크게 정부 차원과 산업 차원으로 나눌 수 있으며 다음 표 8과 같다.

표 8   **호주 정부 · 산업 달 탐사 프로그램**[65]

정부 차원 프로그램	산업 차원 활동
'달에서 화성까지' 구상 – 공급망 프로그램 – 협업 프로그램 – 트레일 블레이저 프로그램	– 세븐 시스터즈 – 루나 에센트

3 우주 거버넌스

그림 18   **호주 우주 거버넌스**

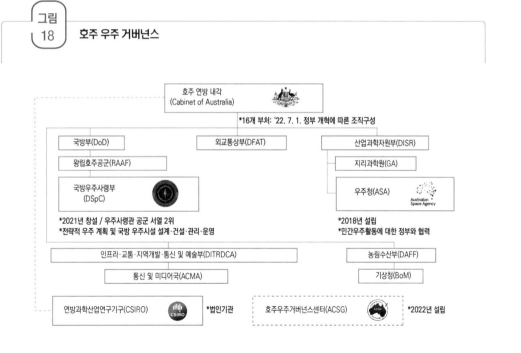

65) 남기원, 앞의 주 (60), 517면.

가. 책임부서와 민간우주활동 협력체계

호주위성정책에서는 우주활동에 관한 부서별 책임 역할을 다음 표 9와 같이 규정하였다.

표 9 **우주분야별 협력 부서와 책임**

협력	• 산업혁신과학부가 민간우주활동을 총괄한다. • 국방부는 국방우주활동을 총괄한다.
지구관찰	• 호주지질자원연구소, 기상청, CSIRO는 지구관측에서 호주의 정부 기관으로서 공동 책임을 갖는다.
위치	• 호주지질자원연구소는 국가 위치시스템의 기반시설과 서비스를 책임진다.
위성통신	• 광대역 · 통신 · 디지털경제부가 민간위성 통신활동을 책임진다.
우주과학	• CSIRO가 민간우주과학 연구분야를 책임진다.
우주기상	• 기상청은 호주 민간 우주 기상활동을 책임진다.
고주파 스펙트럼	• 광대역 · 통신 · 디지털경제부가 무선주파수 정책 책임부서이다. • 호주통신미디어국은 호주 무선주파수의 관리책임 부서이다.
국제협력	• 외교통상부는 우주관련 국제 안보문제의 책임부서이다. • 산업혁신과학부가 국제민간우주협력활동의 책임부서이다.

1) 민간 우주 활동을 위한 호주정부의 협력 체계

민간 우주 활동을 위한 호주 정부의 협의체계

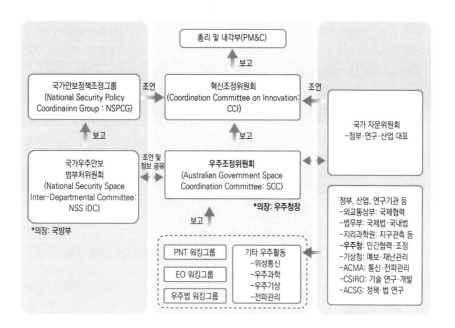

호주 위성활용정책에서는 우주분야에서 국가 역량을 효율적으로 활용하며 민간과 효과적으로 협력할 수 있게 거버넌스를 조직하였다.

호주 정부는 민간과의 협력과 국가 우선순위를 조정하기 위하여 정부 우주조정위원회(SCC: Space Coordination Committee)를 설립하였다. SCC는 혁신조정위원회에 보고서를 제출하고, 국가 안보에 관한 문제는 국가안보부서간위원회(NSS IDC: National Security Space Inter-Departmental Committee)와 협력해야 한다.

가) SCC의 구성과 역할

- 호주 정부의 민간 우주 활동에 대한 부처 간 정보를 공유한다.
- 호주 정부가 수행할 수 있는 민간 우주 활동의 우선 순위는 국가정책에 따라 정해질 것이며 예산 수립 시한에 따라 이루어질 것이다. 이는 2년마다 작성하는 보고서를 통해 공개한다.
- 민간 우주 활동에 대한 국제적 논의에 호주의 참여 및 우선순위를 지정하고 조정한다.
- 호주의 민간우주 활동을 정리한 "우주현황 연례 보고서"를 혁신조정위원회에 제출한다.
- 호주 민간우주활동이 국가안보와 관련될 경우 자문을 받는다.
- 국가조직과 산업 및 연구 부문과 관련될 경우 자문을 받는다.
- 상기의 정책이 내각에서 논의되어야 할 수준일 경우 정부에 조언한다.
- 우주 관련 사안이 발생할 경우 필요시 정부에 자문한다.

SCC는 우주관련 정부부처의 인원으로 구성된다. 산업혁신과학부가 SCC의 의장 겸 사무국 역할을 맡는다. SCC는 1년에 4회 이상 개최되며 필요시 작업그룹을 생성할 수 있다.

나) NSS IDC의 역할

NSS IDC는 SCC와 별개의 기관이며 국방부가 의장 역할을 맡고 있다. 민간 우주에서 국가 안보의 차원을 고려하기 위해 필요시 협조한다. NSS IDC의 의장은 국방부이다.

다) 자문위원회의 역할

자문위원회는 SCC와 CCI에 자문을 제공한다. 산업혁신과학부 총리가 지정한 정부 부처, 산업·연구분야의 대표로 구성된다. 자문위원회는 호주 정부에 전략적 조언을 제공하고, 상위 부서간의 조율을 진행할 책임이 있다.

나. 호주우주청(ASA: Australian Space Agency)

호주우주청은 2018년에 설립되었으며, 산업과학자원부 소속기관이다. 우주청의 설립 목적은 두 가지이다. 첫째는 우주분야에 있어서 민간의 우주활동과 정부의 우주활동을 조정하는 것이다. 두 번째는 호주 우주산업의 발전을 증진 및 지원하는 것이다. 우주청은 운영팀과 자문위원회로 구성된다.

다. 국방우주사령부(Defence Space Command)

국방우주사령부는 왕립호주공군의 우주부대이다. 통합설립본부가 사령부를 구성하였고 공군참모총장에게 업무 보고를 한다. 인력은 당시 육·해·공의 자원과 공무원들을 통합하여 구성하였다. 2022년 1월 18일에 공식적으로 설립되었으며 캐스로버츠(Cath Roberts) 장군이 초대사령관으로 근무하였다.

국방우주사령부는 다음의 업무를 수행한다. 전략적 환경 변화에 맞추어 민관군 및 국제 협력에 있어서 국가 우주 우선순위를 조율한다. 인력양성 조직을 설립하여 우주분야 전문가를 양성한다. 우주전략 계획을 승인하며, 우주정책을 개선하고 개발한다. 우주 과학 기술을 우선순위에 맞게 개발하며 동맹국과 탄력적이고 효과적인 우주시스템을 구성한다.

라. 연구기관

1) 호주연방과학산업연구기구(CSIRO: Commonwealth Scientific and Industrial Research Organisation)

CSIRO는 1949년 과학 및 산업 연구법에 따라 설립된 호주의 국립 과학 기관이다. 과학 연구를 위한 국가시설을 관리하고 다른 국가와의 과학 협력과 차세대 호주 연구인력을 육성한다.

2009년 이후로 CSIRO내에 천문우주과학부서를 운영하고 있으며 300명 이상의 직원이 우주 관련 활동에 참여하고 있다. CSIRO는 위성 및 발사체 추적 및 통신, 지구 관측, 첨단 우주 기술 및 전파 천문학을 포함하는 우주 관련 분야에서 광범위하게 활동하고 있다.

2) 호주과학기술공학협회(ATSE: The Australian Academy of Technological Sciences and Engineering)

응용과학, 기술, 엔지니어링 분야의 호주 최고 전문가들로 구성되어 있다. 국가적 문제에 관하여 조언을 제공하며, 900명 규모의 전문가 집단이다.

독립적 · 비정부적 · 비영리적 조직으로 운영되며 조약에 따른 제약이 존재하고 공제혜택을 받는다. 2012년에는 호주의 위성활용법에 관하여 공식적인 조언을 제공하기도 하였다.[66]

3) 호주우주거버넌스센터(ACSG: Australian Centre for Space Governance)

호주 6개 대학[67]의 우주법, 거버넌스, 정책, 과학 기술 연구, 안보, 재산, 역사, 윤리, 정치 및 사회 과학과 같은 분야의 학계 전문가로 구성된다.

호주우주거버넌스센터의 주요 역할은 아래와 같다.

---

i) 호주의 우주법 및 거버넌스 요구에 대응
   (정부, 산업계 및 광범위한 이해관계자)
ii) 우주 관련 지식 확장을 위한 홍보, 교육 등 수행
iii) 거버넌스 현안 분석 및 해결을 위한 연구활동

---

66) ATSE, *Response to Draft Australia's Satellite Utilisations Policy*, 2012.
67) ANU, Flinders university, RMIT, University of Adelaide, UNSW Canberra, Western Sydney University.

분야별 우주기술

① 산업현황

호주는 전파망원경과 추적시설을 다수 보유하고 있다. 1980년대 GPS 사용이 활성화되고 난 후, 호주는 유럽·미국·일본 등 타국의 위성데이터를 즉시 활용하기 시작하였고 관련 기술이 발달하였다.

그러나 상대적으로 발달이 더딘 분야도 있다. 호주는 우주 역사 시작 초기부터 위성을 발사하기 시작하였으나 현재까지 발사체 기술은 확보하지 못하였으며 관측위성 발사계획은 예산이 삭감되어 취소되었다.

또한 1.5억 호주달러의 예산을 NASA와의 달·화성 탐사계획 지원에 배정하였다.

기반시설 투자도 활발히 이루어지고 있으며 2천만 달러의 예산을 투입한다.[68] 2021년 8월에는 호주 최초의 제조시설단지인 호주우주단지가 설립되었으며 기업투자가 이어지고 있다.[69]

그림 20 호주우주인프라 프로젝트 지도[70]

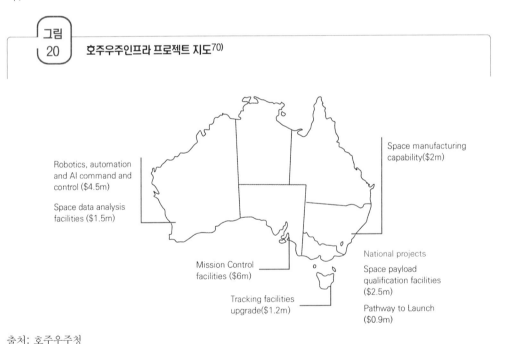

Robotics, automation and AI command and control ($4.5m)

Space data analysis facilities ($1.5m)

Space manufacturing capability($2m)

Mission Control facilities ($6m)

Tracking facilities upgrade($1.2m)

National projects
Space payload qualification facilities ($2.5m)

Pathway to Launch ($0.9m)

출처: 호주우주청

---

68) AUS DSIR, *Eartch Observation Roadmap 2021−2030*, 2021.
69) Invest South Australia, https://invest.sa.gov.au/australianspacepark(23. 5. 10. 방문)
70) *ASA, State of Space 2021*, 2022, p.39

② 우주상황인식(SSA: Space Situational Awareness)

우주상황인식은 안전하고 안정적이며 지속 가능한 우주 활동을 지원하기 위한 우주 물체와 그 운영 환경에 대한 지식과 특성을 의미하며[71] 예측적 정보에 대한 인식 혹은 공유 체계를 포함한다. 구체적으로는 우주물체에 대한 감시역량으로서 우주물체 및 그 주변환경에 대한 직접적인 감시 행동, 획득 정보들의 분석과 조기 경보 체계, 국제협력의 측면으로서 네트워크간 데이터 공유체계 등으로 세분화할 수 있다.[72]

호주는 미국 LandSat 위성을 오랫동안 활용해왔으며, 일본과 유럽 등 타국의 위성을 활용한 데이터 수집 및 분석 능력을 오랜 시간 구축해왔다. 뿐만 아니라 남반구에 위치하여 글로벌 SSA의 측면에서 타 우주선진국이 확보하기 힘든 남반구 데이터를 제공할 수 있는 경쟁력을 갖추고 있다. 호주는 미국과의 파트너십을 강화하는 국제협력을 수행하고 있다.[73] 호주의 입장에서는 미국으로부터 데이터 접근, 훈련 및 조언을 통해서 전문지식과 역량을 얻게 된다. 미국의 우주감시망에 호주가 포함된 이유는 미국의 전 세계적인 우주영역 지배에서 지리적인 활용도가 높기 때문이다.[74]

가. 호주 C 밴드 레이더

저궤도에 최적화된 C−밴드 우주감시 레이더는 호주 북서부 엑스모스 지역의 홀트 기지에 설치되어 있다.[75] 미국의 입장에서는 남반구로부터의 우주감시가 열악하기 때문에 호주의 홀트에 C−밴드 레이더를 배치하고 있다. C−밴드는 위성통신 전송, 일부 Wi−Fi 장치

---

71) White House, *Space Policy Directive−3: National Space Traffic Management Policy* (2018).
72) 박재우 외 11인, 국가 우주상황인식(SSA) 체계 구축 방안 연구 최종보고서, 과학기술정보통신부 한국연구재단, 2020, 11면.
73) 호주 외교통상부, *Australia−United States Space Situational Awareness Partnership AUSMIN 2010*, (2010)
74) Jeanette Mullinax, "Eyes on the Sky: US, Australia collaborate to advance space superiority", 미태평양공군 홈페이지(2020. 5. 5.) https://www.pacaf.af.mil/News/Article−Display/Article/2177532/eyes−on−the−sky−us−australia−collaborate−to−advance−space−superiority/ (검색일: 2023. 5. 1.)
75) 박재우, 앞의 주 72), 28면.

및 무선 전화, 감시 및 기상 레이더 시스템에 사용된다.[76]

나. 우주감시광학 망원경(SST: the Space Surveillance Telescope)

미국에서 개발되었으며 미국 뉴멕시코 지역에서 호주 북서부 지역 해군 통신 기지인 해롤드 홀트로 이전되었다. 이는 뉴멕시코 지역보다 호주 북서부 지역이 훨씬 더 많은 정지궤도 위성을 운용하고 추적하기에 유리한 지역이기 때문이다. 2020년 3월에 첫 시현을 성공하였으며, 2022년 9월에 작전배치 완료를 선언하였다. 미우주군의 델타2와 협력하여 운용하고 있다. SST는 심우주에서 물체의 충돌을 예측하고 경고하여 회피시킬 수 있을 뿐만 아니라 소행성과 혜성을 감지할 수 있고, 정지궤도상의 물체를 식별할 수 있다.[77]

> 그림 21 미국 Space Surveillance Network[78]

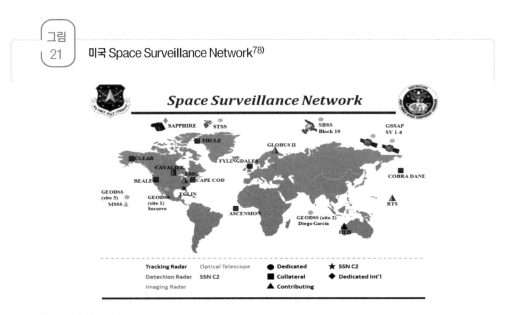

출처: 미공군성우주사령부

---

76) "C-BAND RADAR", 호주우주협회(RAAFA), 2020. 7. 4. https://raafa.org.au/c-band-radar/ (검색일: 2024. 3. 2.)

77) Sandra Erwin, "Space surveillance telescope developed by the U.S. begins operations in Australia", 『SpaceNews』, 2020.9.30.https://spacenews.com/space-surveillance-telescope-developed-by-the-u-s-begins-operations-in-australia/ (검색일: 2024. 3. 2.)

78) "미국은 세계 각 지역에 설치된 우주감시네트워크(SSN: Space Surveillance Network)을 이용하여 하루 380,000~420,000회의 관측 데이터를 획득하고 있다."
우선희, 『미국의 우주상황인식(SSA)을 위한 데이터 획득』, 항공우주연구원(2018.) 참조.

그림
22   C-Band 레이더와 SST

출처: RAAFA(좌), 호주국방부 공식 홈페이지(우)

다. 수동형 레이더 Passive Radar

세계 최초의 수동형 레이더를 활용한 Oculus 천문대가 남호주 보우어에 설립되었다. 수동형 레이더는 200km에서 10,000km 사이의 지구 저궤도 물체의 추적이 가능하다. 남호주 전역의 FM 라디오 타워를 사용하여 신호를 우주로 보내고, 이 신호는 궤도에 있는 물체에 도달한 다음 천문대로 다시 보내져 위치를 추적한다. 이는 능동 시스템에 비하여 직접적인 관리가 덜 필요하고 적은 전력을 사용할 수 있다는 장점이 있다.[79] 또한 기존의 우주감시 기술이 좁은 관찰 반경을 가진 것에 비해 보다 넓은 우주의 일정 공간을 관찰할 수 있다.[80]

---

79) Sam Bradbrook, "First passive radar observatory tracking space from South Australia's Murraylands", 『ABC News』, 2021. 12. 9. https://www.abc.net.au/news/2021−12−09/new −oculus−space−observatory−at−murraylands/100686152 (검색일: 2024. 3. 2.)
80) Debra Werner, "South Australia's Oculus Observatory hosts passive radar to track space objects", 『SpaceNews』, 2021. 12. 9. https://spacenews.com/oculus−observatory−passive−radar (검색일: 2024. 3. 2.)

그림 23

미국과 호주지역의 정지궤도위성 추적범위, [81] 수동형레이더

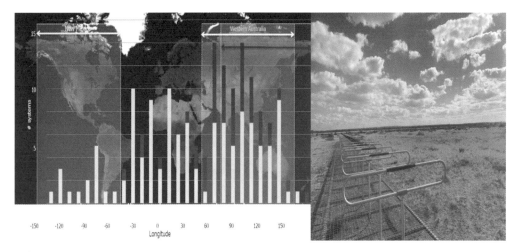

출처: Space News(우)

라. EOS 사 감시 시스템

　호주의 미래 전기−광학 시스템 위성 추적 센서는 레이저 거리측정 기능을 갖는 광학 망원경으로 민간기업인 EOS 사가 인도할 계획이다.[82] 위성 충돌방지, 경고 기능을 제공하며 우주 쓰레기로부터 자산을 보호할 수 있는 역량을 지녔다.[83] 향후 호주는 우주청 산업계획에 의거하여 SSA에 관한 인프라 투자를 장기적으로 계획하고 있으며 미국과의 협력도 확대해 나갈 계획이다.

---

81) 박재우, 앞의 주 72), 29면.
82) 위의 주, 30면.
83) James C. S. Bennett, "Space Situational Awareness in Australia: Overview & details of the Space Environment Research Centre", Space Situational Awareness Workshop: Perspectives on the Future Directions for Korea (2019).

그림
24

EOS 社 감시 시스템

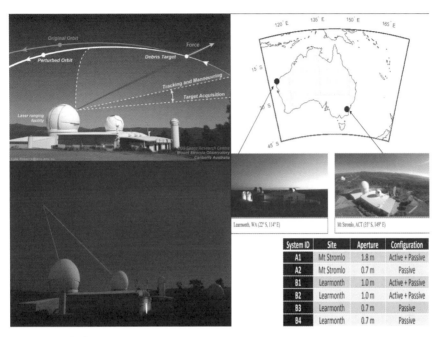

System ID	Site	Aperture	Configuration
A1	Mt Stromlo	1.8 m	Active + Passive
A2	Mt Stromlo	0.7 m	Passive
B1	Learmonth	1.0 m	Active + Passive
B2	Learmonth	1.0 m	Active + Passive
B3	Learmonth	0.7 m	Passive
B4	Learmonth	0.7 m	Passive

출처: EOS 사 2022 연간 리포트

그림
25

호주 SSA계획[84]

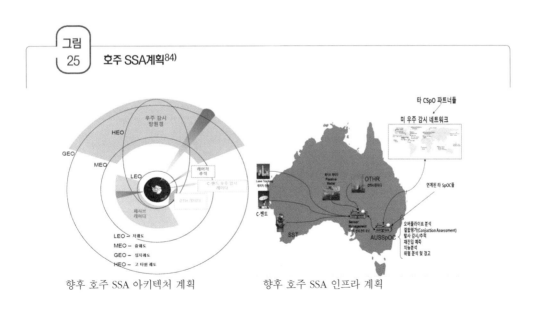

향후 호주 SSA 아키텍처 계획   향후 호주 SSA 인프라 계획

84) 박재우, 앞의 주 72), 32면.

③ 지구관측(Earth Observation)

호주 민간우주전략에서 주창한 7가지 핵심기술분야 중 하나로 지구관측이 있으며, 우선적으로 데이터 접근성 향상과 협력을 추진한다. 호주는 오랜 시간동안 일본, 유럽, 미국 등의 지구관측 위성 데이터를 활용하고 가공하여 왔다. 궁극적으로는 위성·탑재체 개발을 목표로 하고 있으며 호주 우주청의 지구관측 로드맵에서는 2030년까지의 비전과 목표를 제시하였다.

호주는 2022년 3월 4기의 자체 개발 위성 발사 사업을 발표하였다. 지구관측을 위한 국가 우주임무에서는 2022-23년부터 2038-39년까지 총 11.6억 호주달러, 1단계 사업 기간 동안 지속적으로 연간 38.5백만 호주달러의 예산을 투입하여 총 4대의 지구관측 위성을 자체 설계·제작·발사·운영할 계획이었다. 그러나 노동당 정부가 해당 예산을 삭감하였고 관측 위성은 국제협력에 의존하기로 결정하였다.[85] 현재 호주가 자체적으로 운영 중인 지구관측 위성은 없다.

지구관측 시스템은 크게 관측·추적 시설과 분석시스템으로 분류할 수 있으며 기반시설 투자도 활발하게 이루어지고 있다. 정부는 신규 장비와 설비에 있어서 CSIRO에 3천 5백만 호주달러를 투자 중인데, 대표적으로는 NovaSAR-1 기술시연 위성이 있다. 지구관측위성은 대규모 위험을 관찰하고 지도를 작성하는데 용이하여 산불 등 국가 재난이 발생하였을 때 용이하게 활용할 수 있다.

EY Space Tech 사

대표 기업으로 EY Space Tech는 고해상도 위성 이미지 데이터를 인공지능 기계학습과 결합하는 도구를 사용하여 생활환경을 개선하는 업무를 한다.

이외에도 연구기관인 호주지구관측협회(EOA: Earth Observation Australia Inc.), 호주지구

---

85) Theresa Cross, "Australian government cancels billion-dollar Earth observation satellite system", SpaceExplored, 2023. 7. 16.
   https://spaceexplored.com/2023/07/16/australian-government-cancels-billion-dollar-earth-observation-satellite-system/ (검색일: 2024. 7. 1.)

관측회조정그룹(AOCCG: Australian Earth Observation Community Coordinating Group) 등이 활동 중이다.

가. OPTUS

호주에서 유일하게 자체 위성을 소유·운영하는 네크워크 제공업체이며 호주·뉴질랜드에서 가장 큰 위성을 보유하고 있다. 1985년부터 30년이 넘는 기간동안 위성을 발사하였고, 총 10개의 위성을 성공적으로 발사하였으며 5개의 위성 그룹을 운영하고 있다.

> **그림 26** Optus 10 [86]

- 발사일: 14. 9. 11.
- 중량: 발사 3,270kg 궤도내질량 1,677kg
- 운용고도: 지구정지궤도
- 예상수명: 15년
- 발사장소: Guinea(프랑스)
- 발사체: 아리안 5

나. SKYKRAFT

우주교통관제 서비스를 제공한다. 소형위성을 전 세계 저궤도에 배치하여 항공 교통을 관제에 이용하는 것을 목표로 하고 있다.[87]

---

86) "Optus 10", Aerospace-Technology, (2023. 5. 10.) (검색일: 2024. 3. 2.)
　　https://www.aerospace-technology.com/projects/optus-10-satellite
87) 김수경, ""5년동안 위성 1만개 쏘아 올린다"… 누리호 꿈꾸는 호주의 우주 스타트업들", 『조선일보』, 2022. 6. 26.

| 그림 27 | Skykraft Block 1/2[88] |

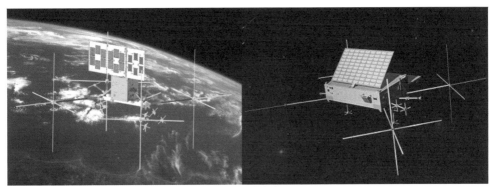

발사일: 23. 1. 3.   발사일: 23. 1월

다. FLEET-SPACE[89]

2018년 11월에 호주 최초로 4개의 상업용 국소위성을 발사하였다. 3주의 기간동안 Proxima 1&2, Centauri 1&2를 저궤도에 발사하였다. 목표는 5년 내 저궤도 위성 260개를 발사하는 것이다. 이미 위성 6대를 쏘아 올렸으며, 3D 프린터를 이용한 소형 위성을 만들어 1년에 100개씩 위성을 쏘아올릴 예정이다.[90]

④ 우주발사체

호주는 우주 시대의 시작부터 로켓 및 위성의 발사 장소로 사용되었으나 아직까지 자국의 기술로 발사체를 운영하지 못하고 있으며 발사체 개발은 근래 우주청 설립을 기점으로 활

---

88) Block 3는 payload 중량이 300kg이며 23년 4월에 발사를 위해 미국으로 보내졌다.
　　출처: skykraft 社 공식 홈페이지
89) 출처: Fleetspace 社 공식 홈페이지
90) 김수경, 앞의 주 87).

발히 진행되는 중이다.

2022−23년 호주 연방정부 예산안에 여타 주요 우주개발 사업이 포함되었다. 호주내 로 켓 발사대 건설·우주자산 발사 조기 확보 및 관련 연구개발 지원항목으로 2021−22년부터 5년간 65.7백만 호주달러의 예산을 배정한다.[91] 또한 과학기술부 총리 멜리사프라이스 (Melissa Price)는 발사체 허가 신청 수수료를 완전히 폐지한다고 밝혔다.[92] 호주에서는 직접 적인 발사체를 개발하는 회사와 함께 타국의 발사체를 호주에서 운영할 수 있도록 지원하는 기업도 활발히 운영 중이다. 주요 우주발사체 관련 기업을 살펴보면 다음과 같다.

가. ELA(Equatorial Launch Australia's)

우주물체 발사를 지원하는 민영기업이다. 아넘우주센터를 운영하고 있으며 허가 및 규제 관리, 발사 준비, 연료·가스 생산 획득 저장 등을 지원한다. 아넘우주센터에서 NASA 소유 의 로켓 세 대가 성공적으로 발사되었다. 미국 이외의 지역에서 상업용으로 발사하는 첫 사 례다.[93]

나. SOUTERN LAUNCH

쿠니빠, 웨일러웨이 등 호주 남부에 실험 지역을 둔 발사체 민영기업으로, 21년부터 활발 히 활동 중이며 4차례의 로켓실험을 실시하였다.

---

91) 대한민국 호주 대사관, 앞의 주 64).
92) Aimee Chanthadavong, "Australian Space Agency charged with developing the nation's unified space strategy", ZDNET. (2022. 3. 2.)
   https://www.zdnet.com/article/australian−space−agency−charged−with−developing−the −nations−unified−space−strategy (검색일: 2024. 3. 2.)
93) Sophia Hong, "미항공우주국(NASA), 27년 만에 호주에서 역사적인 첫 위성 발사", 『SBS』, 2022. 6. 27.

다. Gilmour Space Technologies

2021년 설립된 발사체 기업이며 발사장소는 보우웬 궤도 발사장이다. 2023년 첫 발사를 준비하였으나 아직 이루어지지 않았다. 성공하면 호주의 민간회사로 우주발사체를 운용한 첫 사례가 된다. Eris 로켓의 후속으로 최대 1톤 무게의 화물을 지구 저궤도까지 보낼 수 있는 에리스 블록2 로켓을 개발하고 있다.

라. ATSPACE

2021년 설립되었으며, 하이브리드 로켓 추진 시스템을 전문으로 하는 회사이다. 원격 측정 및 추적 시스템을 통해 유도, 탐색 및 제어에서 실행 가능한 궤도 진입 기술도 개발했다.

그림 28 ERIS 3단 로켓 BLOCK1 2023

- 제원: 높이 23m 직경 1.2/1.5m, 1.5m, 2m
- 중량: 30톤
- 최대화물: 305kg
- 운용고도: 최대 500km
- 발사장소: 웨일러웨이 발사장

출처: Gilmour Space 홈페이지

그림
29
Kestrel I(좌) / Kestrel V(우)

- 최대이륙중량: 3,036kg
- 이륙추력: 7,920kgf
- 최대도달고도: 350km
- 최대수하물중량:150kg

- 최대이륙중량: 35,000kg
- 이륙추력: 65,000kgf
- 최대도달고도: 700km
- 최대수하물중량
  저궤도: 390kg
  태양동기궤도: 350kg

출처: ATSpace 홈페이지

Chapter

04

결론

우메라 기지를 기점으로 호주의 우주 역사가 시작되었다. 호주는 스푸트니크 시기와 크게 다르지 않은 시점에서 우주를 접하였고 국가적 역량을 발전시켜 나갈 여지가 있었다. 그러나 미국과 영국의 우주 개발이 지체되면서 호주 또한 그 역량이 쇠퇴하게 되었다. 이후 우주사무소의 설립으로 우주의 부흥을 꾀하였지만 실패하였고 2000년대에 이르러 국가우주원칙, 정책, 법률정비는 호주우주청의 설립이라는 결과로 이어졌다.

호주는 그동안 지리·지역적 이점으로 서구우방국의 관측기지로서의 역할을 훌륭하게 수행하였으나, 이를 국가적 이익으로 전환하지는 못하였다. 이에 관하여 기술적으로나 경제적으로 큰 이득을 얻게 된 점이 없다는 반성이 있었다. 따라서 앞으로 눈여겨 보아야 할 점은 호주가 가진 지리적 이점을 자국의 역량으로 이끌 수 있는가 하는 점이며, 이는 호주가 국가력을 얼마나 전략적으로 잘 운영하는가 판단할 수 있는 척도가 될 것이다.

호주 정부는 현재 7개의 기술적 로드맵을 기반으로 민간우주전략에 공격적으로 예산을 투입하고 있다. 세계 여러 나라들과 협약을 맺고 있으며 특히나 미국·일본과의 교류를 강화하는 추세이다. 현재 개발 중인 우주발사체가 성공할 경우 경제적 효과와 함께 국격의 현격한 상승이 기대된다.

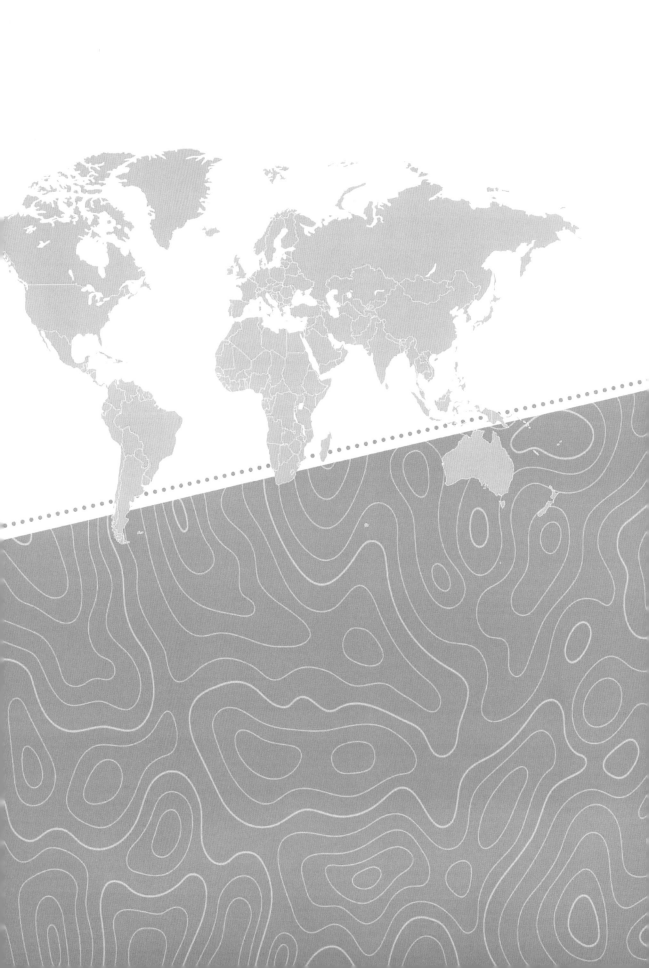

Part

06

북한 우주활동역사

- 이승현, 이우석

Chapter 01

서론

2023년을 기준으로 최소 1개 이상의 인공위성을 보유한 국가는 91개이다.[1] 이중에서도 우주발사체의 자력 발사를 통해 우주영역으로 우주물체를 진입시킬 수 있는 능력을 보유한 국가는 미국, 중국, 일본, 프랑스, 러시아, 우크라이나, 영국, 인도, 이스라엘, 이란, 한국을 비롯하여 북한을 포함한 총 12개국이다.[2] 국제사회의 제재에도 불구하고, 북한이 인공위성의 자력 발사 능력을 보유한 국가의 반열에 올랐다는 사실은 주목할 필요가 있다.

북한은 1980년대부터 우주개발을 시작했다고 주장해왔지만 구체적인 정보 공개에 소극적이었으며, 투명성과 신뢰를 구축할 수 있는 국제협력도 전무하였다. 우주활동에 관한 정보 접근 제한과 불투명성으로 인해 국제사회와 주변국은 지금도 북한이 주장하는 우주활동을 군축과 비확산의 측면에서 탄도미사일 기술에 관한 활동으로 평가하고 있다.

북한을 우주활동국으로 볼 수 있는가? 그리고 북한을 우주활동국으로 인정한다면, 북한의 우주활동에 관한 능력과 역량을 어떻게 평가할 수 있는가?

이를 위해 북한이 주장하는 우주활동의 역사를 연구개발, 법령 및 정책, 거버넌스 측면에서 분석하였다. 북한이 체제 특성에 따라 국가기관의 예산 사용내역, 정책 목표 등을 포함한 사회 제반분야의 정보 접근이 제한되는 국가인 점을 고려하여, 북한 중앙보도기관의 보도자료, 북한사료, 주변국 정부기관 문서, UN을 비롯한 국제기구에서 논의된 자료를 중심으로 연구하였다. 3장에서 북한의 우주능력을 인공위성과 우주발사체 등으로 구분하여 평가함으로써 한국의 안보에 미치는 영향과 시사점을 제시하고자 한다. 그리고 북한에서 사용하는 명칭과 표현을 일정 부분 그대로 사용했다는 점을 먼저 밝힌다.

---

1) UN A/77/CRP.1/Add.6, pp.8−9.
2) 과학기술정보통신부, 『2020 우주개발 백서』(양평: 휴먼컬처아리랑, 2021), 60면.

Chapter 02

우주활동 역사

1 연구개발사

북한은 국가권력이 세습되는 수령유일체제의 권력구조를 3대째, 70년 넘게 이어오고 있다. 이에 따라 우주활동에 관한 역사적 관점도 정치지도자 집권 시기에 맞추어 세 시기로 구분할 수 있다. 김일성 시기(1945–1994)에는 전후 빈약한 경제적·과학기술적·제도적 한계로 군사적 목적의 미사일 개발 이외의 실질적인 우주활동이 명확하게 드러난 사례가 없었다. 김정일 시기(1994–2011)부터 북한은 내부적으로 우주기술 개발과 정책적 기조를 확립하고, 우주활동이라는 명목 아래 발사체에 관한 시험들을 단행하면서 국제사회에 문제를 야기하였다. 김정은 시기(2011–현재)부터 북한은 선대에서 축적한 과학기술 역량을 실용기술로 확장하기 위한 노력을 지속하는 한편, 우주활동에 관한 정책 및 거버넌스를 보다 구체적으로 정비해나가고 있다.

서론에서 언급한 바와 같이, 북한 내부로부터의 공신력 있는 정보의 부재는 북한의 우주활동에 관한 연구개발과정과 산물에 대해 다양한 해석을 만들어냈다. 이러한 해석의 차이는 대표적으로 우주활동에 관한 연구개발의 산물인 발사체의 구분 및 명칭에서 그대로 드러난다. 즉, 북한이 주장하는 우주활동과 대한민국, 미국, 일본 등 주변국을 비롯한 국제사회의 관점에는 분명한 차이가 존재한다. 앞으로 살펴볼 북한의 탄도미사일 또는 우주발사체의 명칭을 <표 1>과 같이 정리하였다.

표 1 **북한의 우주활동 관련 탄도미사일 · 발사체 명칭 정리**

등장시기	북한명칭	외부명칭	비고
1976년 이후	화성-5/6	SCUD-B/C (SRBM)	• 북한 탄도미사일기술의 근원 (외부 수입 후 역설계, 자체생산 성공) • 대포동계열 엔진 체계 구성
1993년 이후	화성-7	노동미사일 (MRBM)	• 대포동계열 엔진 체계 구성 • 우주발사체로 전환 운용 추정 (서울 · 인천지역 촬영영상공개, 2022.12.18.)
1998.8.31.	백두산-1 (SLV)	대포동-1 (IRBM)	• 북한: 인공위성(광명성-1) 탑재, 성공 주장 • 대한민국, 미국, 일본: 실패, 탄도미사일로 규정
2009.4.5.	은하-2 (SLV)	대포동-2 (ICBM)	• 북한: 인공위성(광명성-2) 탑재, 성공 주장 • 대한민국, 미국, 일본: 실패, 탄도미사일로 규정
2012.4.13.	은하-3 (SLV)	대포동-2 (ICBM)	• 북한: 인공위성(광명성-3) 탑재 주장 • 발사 후 공중폭발 과정 대외노출(북한 실패 인정)
2012.12.12.			• 북한: 인공위성(광명성-3 2호기) 탑재, 성공 주장 • 미국: 물체의 궤도 진입 인정 • 대한민국: 탄도미사일로 규정
2016.2.7.	광명성 (SLV)	대포동-2 (ICBM)	• 북한: 인공위성(광명성-4) 탑재, 성공 주장 • 미국: 물체의 궤도 진입 인정 • 대한민국: 탄도미사일로 규정
2020년 이후	화성-17 (ICBM)		• 2차례 정찰위성 개발 시험 주장(2022.2.27; 2022.3.5.) • 미사일 시험 주장(2022.3.5. 이후의 발사)
2023.5.31.	천리마-1 (SLV)		• 북한: 인공위성(만리경-1) 탑재, 실패 인정 2단 추진체 결함으로 인한 추락 주장 • 대한민국: 북한 주장 우주발사체로 규정
2023.8.24.			• 북한: 인공위성(만리경-1) 탑재, 실패 인정 3단 추진체 비상폭발체계 결함 주장 • 대한민국: 북한 주장 우주발사체로 규정
2023.11.21.			• 북한: 인공위성(만리경-1) 탑재, 성공 주장 • 대한민국: 인공위성의 궤도 진입 인정

출처: 미국방정보국,[3] 대한민국 국방부,[4] UN 대북제재위원회 전문가 패널,[5] 조선중앙통신[6]을 참고하여 작성

---

3) Defense Intelligence Agency, *NORTH KOREA MILITARY POWER* (U.S. Government

김일성 시기(1945-1994): 우주과학기술의 토대 형성기

북한이 주장하는 우주발사체의 기술적 기초는 김일성 시기에 군사적 목적으로 추진된 과학기술개발에서 시작되었다. 1976년 북한은 이집트의 스커드-B 미사일을 수입하였다.[7] 스커드-B 미사일을 역설계·개량하여 자체생산에 성공한 북한은 1988년부터 노동미사일(화성-7호)[8] 개발에 착수했고, 1993년 5월 29일부터 30일까지 이틀에 걸쳐서 시험발사에 성공하였다.[9] 이 시기에는 탄도미사일 개발을 제외하면 우주활동과 연관된 연구개발이 사실상 전무하였다. 과학기술에 관한 국가 차원의 계획인 "제1차 과학기술발전 3개년 계획(1988-1991)"과 "제2차 과학기술발전 3개년 계획(1991-1994)"은 농업기술·경공업·에너지 등에 집중되었다.[10]

　　Publishing Office, 2021), pp.4-27.
4) 대한민국 국방부, 『2022 국방백서』(서울: 대한민국 국방부, 2022), 29-32면.
5) UN 안전보장이사회 산하 대북제재위원회 전문가패널(Panel of Experts)의 보고서를 참고. UN S/2012/422 pp.16-18; UN S/2014/147 pp.14-17; UN S/2022/132 p.16; UN S/2023/171 pp.191-216.
6) 조선중앙통신사, "군사정찰위성발사시 사고 발생", 『조선중앙통신』, 2023. 5. 31; 조선중앙통신사, "제2차 군사정찰위성발사시 사고발생", 『조선중앙통신』, 2023. 8. 24; 조선중앙통신사, "국가항공우주기술총국보도 정찰위성 성공적으로 발사", 『조선중앙통신』, 2023. 11. 22.
7) 북한이 이집트의 스커드 미사일을 역설계 및 개량하였기 때문에 자체개발한 화성-5/6호와 노동미사일(화성-7호)의 정체는 선행연구마다 일부 이견이 있다. 다만, 한국 정부가 공식적으로 인정하는 북한 탄도미사일의 기원 및 도입 시기는 중동전쟁 이후 1976년에 북한이 이집트로부터 스커드-B 미사일을 수입한 사건으로 본다. 대한민국 국방부, 『2020 국방백서』(서울: 대한민국 국방부, 2020), 296면; 정규수, 『ICBM, 그리고 한반도』(서울: 지성사, 2012), 77-97면; 장철운, 『남북한 미사일 경쟁史』(서울: 선인, 2015), 145-171면.
8) 북한이 1993년 5월에 발사한 미사일의 명칭을 직접 밝히지는 않았다. '노동'이라는 명칭은 함경북도 화성군 로동리(영문 표기 NODONG)에서 유래하였으며, 이는 미 정보당국이 1990년 5월에 인공위성 영상을 통해 처음 식별했던 지역의 명칭이다. 그리고 UN은 이 노동미사일에 대한 북한식 명칭을 화성-7호로 분류하고 있다. UN S/2023/171, p.216.
9) Daniel A. Pinkston, *The North Korean ballistic missile program* (Carlisle: Strategic Studies Institute, 2008), pp.18-21.
10) 김일성, 『과학기술발전에 큰 힘을 넣을데 대하여: 당중앙위원회, 정무원책임일군협의회에서 한 결론 1987년 11월 15일』(평양: 조선로동당출판사, 2019), 3-12면; 김일성, 『신년사: 1994년 1월 1일』(평양: 조선로동당출판사, 1994), 2-9면.

그림
1
북한의 스커드-B와 노동미사일 사진

스커드－B 미사일(화성－5호) 　　　　　　　 노동미사일(화성－7호)

출처: Missile Defense Advocacy Alliance, 조선중앙통신

2) 김정일 시기[1994-2011]: 국가우주개발전망계획의 시작

　김정일은 집권 초기 경제난을 타개하기 위한 방책으로 과학기술중시노선을 채택하였다. 이에 1998년을 사회주의 강성대국 원년으로 선포하고, 과학기술발전 5개년 계획을 수립하여 국가의 과학기술역량을 제고하기 위한 통합된 노력을 집중하였다.[11] 그 결과 15년간 "제1차 과학기술발전 5개년 계획(1998－2002)"부터 "제2차 과학기술발전 5개년 계획(2003－2007)", "제3차 과학기술발전 5개년 계획(2008－2012)"으로 이어지는 연구개발계획이 추진되었다.[12] 세 차례에 걸친 계획에 첨단기술 분야의 주력 요소로서 우주기술 발전에 대한 내용이 지속 포함되었다. 그리고 위 계획의 일환으로 "국가우주개발전망계획"이 추진되었으나, 우주분야는 여전히 국방산업에 연관된 미사일 개발 중심으로 진행되었다.[13]

11) 이춘근, 『북한의 과학기술』(파주: 한울, 2005), 138－167면.
12) 김영윤, 서재진, 『북한 최고인민회의 제11기 4차 회의 결과분석』(서울: 통일연구원, 2006), 10－35면; "과학기술발전을 다그쳐 강성대국건설을 힘있게 추동할데 대하여", 『로동신문』, 2006. 4. 12; "과학기술발전5개년계획에 따르는 인공위성발사", 『조선신보』, 2012. 12. 13.
13) 북한이 제3차 과학기술발전 5개년 계획의 일환으로 "극소형 위성의 개발, GPS(전지구측위시스템),

1998년 8월 31일에 북한은 대포동－1호(백두산 1호)[14]를 발사하면서 최초의 우주활동임을 주장하였다.[15] 북한 최초의 우주발사체인 대포동－1호는 앞서 언급한 노동미사일과 스커드 계열의 체계를 결합한 산물이었다. 그리고 북한은 보도자료를 통해 탄두부에 탑재한 광명성－1호 시험위성에 대해서 위성을 목표 궤도에 정확히 진입시켰으며, 평화적 목적을 위한 우주활동을 본격화할 것을 천명하였다.[16] 그러나 한국, 미국, 일본을 중심으로 하는 국제사회는 발사체가 최종목표지점까지 도달하지 못했으며, 궤도에 진입한 위성체도 없는 것을 결론으로 하여 북한의 주장을 일축하였다.[17]

> **그림 2** 김정일 시기 북한이 주장하는 우주활동

대포동－1호(백두산 1호)

대포동－2호(은하－2호)

출처: 조선중앙통신

GIS(지리정보시스템)의 도입"을 과제로 설정했다는 주장도 있으나, 김정일 시기에 공개된 과학기술수준의 현실과는 괴리가 있다. 위의 주 12) 참조.

14) 1994년에 인공위성을 통해 처음 식별한 후 미국의 정보당국이 '대포동－1호'로 명명했다. 이 명칭이 국제사회에 공식적으로 통용되어 오늘날에 이르고 있으며, 발사 당시에 명칭을 공개하지 않았으나 사후 북한이 부르는 명칭은 '백두산 1호'로켓임이 확인되었다. Daniel A. Pinkston, supra note 9, pp.23－29; 백과사전출판사, 『조선대백과사전 제12권』(평양: 백과사전출판사, 1999), 402면.

15) 북한은 자국의 역사교과서에서 국가 우주활동에 관한 첫 번째 사례로 1998년 광명성－1호 위성발사를 명시하고 있다. 대외적으로 국제사회에서 북한이 우주활동이라고 주장하는 행동에 대한 관심과 문제제기도 이 시기부터 시작되었다. 교육도서출판사, 『력사(고급중학교 제3학년용)』(평양: 교육도서출판사, 2015), 156－158면.

16) 조선중앙통신사, 『조선중앙년감(1999년)』(평양: 평양종합인쇄공장, 1999), 492면; "한국에서 첫 인공지구위성 성과적으로 발사", 『로동신문』, 1998. 9. 5.

17) UN S/2010/571, p.6.

이후 10년이 넘는 공백기를 지난 2009년, 북한은 조선우주공간기술위원회 대변인 담화 형식으로 국가우주개발전망계획에 따라 은하－2호(대포동－2호)[18]를 발사하겠다고 발표하였다.[19] 이 발표를 통해 조선우주공간기술위원회와 국가우주개발전망계획이 북한 외부에 처음으로 등장했고, 위의 발표대로 북한은 2009년 4월 5일에 은하－2호 로켓을 통해 광명성－2호 시험통신위성을 발사하였다.[20] 당시 북한은 국가우주개발전망계획에 따른 성공적인 발사와 위성의 궤도진입을 확인했다고 주장하였으나, 국제사회는 대포동－1호와 마찬가지로 실패한 것으로 평가하였다.[21]

위의 대변인 담화에서 북한은 국가우주개발전망계획의 1단계로 가까운 몇 해 안에 통신, 자원탐사, 기상예보 등을 위한 실용위성 발사를 목표로 하고 있음을 밝혔다. 위성 발사 1개월 후에도 북한은 재차 조선우주공간기술위원회 대변인 담화를 발표하였다. 여기서 2009년도의 목표가 시험통신위성으로 "위성발사관제체계 수립, 위성 궤도진입, 시험통신"을 달성하여 실용위성발사를 위한 과학기술적 토대를 마련하는 것이었음을 알 수 있다.[22] 그리고 3년 후 국가우주개발전망계획상 2012년도의 목표가 "첫 실용위성(지구관측위성) 발사"였음이 동 기관의 좌담회와 기자회견에서 확인되었다.[23]

추가적으로 2012년 UN 총회 제67차 회의 제4위원회에서 이루어진 북한 대표 리광남의 연설을 통해 국가우주개발전망계획의 시작 시기를 유추할 수 있다. 아래의 <표 2>와 같이, UN 회의록에 따르면 리광남은 국가우주개발전망계획을 언급한 적이 없다. 그럼에도 불구하고 북한은 중앙보도매체를 통해 연설문에 동 계획을 직접 언급했던 것으로 보도했다. 앞서 언급한 2009년 2월의 조선우주공간기술위원회 대변인 담화 발표에서도 동 계획을 소개하면서 "자체의 힘과 기술로 인공위성을 발사하기 위한 연구개발사업이 1980년대부터 진행"[24]되어 왔음을 밝혔다.

---

18) 북한은 2009년 4월 5일에 발사한 발사체를 은하－2호 우주발사체라고 주장하지만 국제사회는 대포동－2호 탄도미사일로 결론지었다. UN S/2010/571, pp.7－8.
19) "조선우주공간기술위원회 대변인담화", 『로동신문』, 2009. 2. 25.
20) 변영립, "인공위성제작국, 발사국의 긍지", 『로동신문』, 2009. 4. 6.
21) UN S/2010/571, pp.7－8.
22) "조선우주공간기술위원회 대변인담화", 『로동신문』, 2009. 5. 8.
23) 조선중앙통신, "조선우주공간기술위원회 일군들과 세계 여러 나라 우주과학기술부문 전문가들, 기자들의 좌담회 진행", 『로동신문』, 2012. 4. 11.
24) UN A/C.4/67/SR.10, p.4.

표 2 제67차 유엔총회에서 북한 대표 리광남의 연설문 비교

UN 회의록	로동신문 보도자료[25]
··· **Since the 1980s**, the DPRK had undertaken independent research and development and had launched several satellites manufactured with its own resources and technology. ···	··· 우리 공화국은 **국가우주개발전망계획에 따라** 인공지구위성 발사를 위한 연구개발사업을 꾸준히 진행하여 자체의 힘과 기술로 제작한 위성을 여러 차례 쏴올렸으며 ···

이러한 사실로 미루어보아 국가우주개발전망계획은 1980년대부터 이어진 발사체 및 인공위성에 관한 다양한 연구개발사업을 총망라하는 개념으로 보인다. 국가우주개발전망계획에 대한 구체적인 목표·기간·과제 등 공개된 자료는 없지만, 보도자료와 북한의 발사시기를 정리하자면 동 계획은 김일성 집권 말기 또는 김정일 집권 초기에 과학기술발전계획의 일환으로 수립되어 추진되었다. 특히 김정일 시기에 두 차례 시험위성 발사와 지구관측용 실용위성 발사를 목표로 하였다. 그러나 김정일의 사망으로 실용위성 발사는 후대의 과업으로 넘어가게 되었다.

3 김정은 시기(2011-현재): 국가우주개발 5개년 계획의 시작

가. 제1차 국가우주개발 5개년 계획(2012-2016)

김정은 집권 첫해인 2012년 3월 17일, 북한은 조선우주공간기술위원회 대변인 담화 형식으로 첫 실용위성인 광명성－3호를 발사하겠다고 밝혔다.[26] 당시 북한은 이번 발사가 은하－3호(개량형 대포동－2호)[27] 로켓을 통해 이루어질 것이며, 외신기자 및 주변국 전문가에게 평양의 위성관제종합지휘소와 서해위성발사장에 대한 참관을 허용하는 자신감을 보였다.[28]

---

25) "유엔총회 제67차회의 4위원회 회의에서 우리 나라 대표 연설", 『로동신문』, 2012. 10. 26.
26) "조선우주공간기술위원회 대변인담화", 『로동신문』, 2012. 3. 17.
27) 한국 정부는 '은하－3' 로켓을 '개량형 대포동－2호'로 규정하였다. 대한민국 국방부, 『2012 국방백서』(서울: 대한민국 국방부, 2012), 292면.
28) 조선중앙통신, 앞의 주 23).

그러나 2012년 4월 13일, 은하-3호 로켓은 발사 2분만에 공중폭발했고 그 모습이 전 세계에 공개되어 북한은 실패를 자인하였다.[29]

북한은 1주일 만에 발사가 실패한 원인을 규명했으며, 다시 발사할 것임을 발표하였다.[30] 그리고 2012년 12월 1일에 북한은 앞선 세 차례의 우주활동 주장과 동일한 방식으로 조선우주공간기술위원회 대변인 담화를 통해 다음 발사계획을 발표하였다.[31] 2012년 12월 12일, 북한은 실용위성 광명성-3호 2호기를 탑재한 은하-3호 로켓을 발사하였고 이어서 인공위성이 정상궤도 진입에 성공했다고 발표하였다.[32] 그러나 미국은 광명성-3호(2호기)가 지구 저궤도에 진입한 사실만 인정하였다.[33]

북한은 광명성-3호 2호기의 성공을 처음 발표하는 순간부터 후속 동향에 이르기까지 위의 발사가 "김정일 동지의 유훈"에 의한 사업이었음을 지속적으로 강조하였다.[34] 즉, 2012년에 이루어진 두 차례의 발사는 김정은 집권 초기에 실행되었으나, 김정일 시기에 추진되었던 국가우주개발전망계획상 지구관측용 실용위성을 발사하겠다는 목표를 그대로 이어왔던 것이다.

그런데 북한은 다음과 같은 2012년의 위성 발사를 김정일의 유훈 사업이면서 새로 시작한 우주개발 5개년 계획의 일환이었던 것으로 공개하였다.[35] 이후 2016년 2월 7일, 북한은 광명성호(대포동-2호)[36] 로켓으로 지구관측위성 광명성-4호를 발사했고 이번 발사가 국가우주개발 5개년 계획 2016년 계획에 따른 것이었다며 "궤도 진입 완전성공"을 주장하였다.[37]

---

29) 조선중앙통신사, "지구관측위성 《광명성-3》호가 궤도진입에 성공하지 못하였다", 『조선중앙통신』, 2012. 4. 13.
30) "미일반동들과 그 주구패당들이 아무리 짖어대도 우리의 위성은 더욱 힘차게 솟구쳐 오르게 될 것이다", 『로동신문』, 2012. 4. 20.
31) 조선중앙통신사, "조선우주공간기술위원회 대변인담화", 『조선중앙통신』, 2012. 12. 1.
32) "인공지구위성 《광명성-3》호 2호기를 성과적으로 발사", 『로동신문』, 2012. 12. 13.
33) Defense Intelligence Agency, supra note 3, pp.23-24.
34) 최고인민회의 상임위원회는 조선우주공간기술위원회에 김정일 훈장을 수여함에 대한 정령 을 발표했다. 정령의 주요 내용으로, "김정일의 유훈을 관철하기 위한 노력"이 가져온 성과임을 치하했다. 본사기자, "경애하는 김정은원수님께서 인공지구위성 《광명성-3》호 2호기발사성공에 기여한 과학자, 기술자, 로동자, 일군들에게 선물을 보내시였다", 『로동신문』, 2013. 1. 1.
35) "우주개발 5개년계획의 필수적공정", 『조선신보』, 2012. 12. 7.
36) 우리 정부는 2012년에 북한의 은하-2호, 은하-3호 로켓을 개량형 대포동-2호로 규정했었으나, 2020년에 광명성호 로켓을 포함하여 모두 대포동-2호로 규정했다. 대한민국 국방부, 앞의 주 7), 296면.
37) "조선민주주의인민공화국 국가우주개발국 보도 지구관측위성 《광명성-4》호 성과적으로 발사",

그림 3

2012년 12월 북한이 주장하는 우주활동

 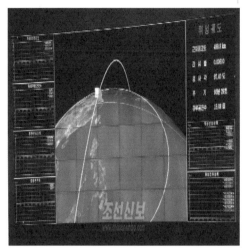

대포동-2호(은하-3호, 2012년 12월)
(위성관제종합지휘소사진 공개)

광명성-3호 2호기 인공위성
(위성관제종합지휘소사진 공개)

출처: 조선신보

즉, 2012년에 김정일 시기의 유훈으로 제3차 과학기술발전 5개년 계획과 국가우주개발전망계획을 마무리 지음과 더불어 김정은 시기의 제1차 국가우주개발 5개년 계획(2012-2016)을 실행한 것으로 보인다. 그러나 미국은 광명성-4호에 대해서 "지구 저궤도에 진입"한 사실만 인정하였다.[38]

나. 제2차 국가우주개발 5개년 계획(2016-2020)

북한은 이상의 다섯 차례 위성발사를 주장한 뒤에 새로운 추진체 엔진 개발에 착수하였다. 2016년부터 2017년까지 세 차례에 걸친 액체연료엔진 지상분출시험을 통해 이른바 '백두산 엔진'[39] 개발에 성공했으며, 김정은은 이를 모두 현장지도하며 그것이 국가차원의 중요

『로동신문』, 2016. 2. 8.
38) Defense Intelligence Agency, supra note 3, pp.23-24.
39) 한국 정부는 북한이 2016년에 액체연료엔진시험에 성공한 것으로 보고 있으며 그 명칭을 "백두산

사업임을 시사하였다.

  그동안 우주의 평화적 이용에 관한 자주적 권리를 주장하기 위해 우주영역과 국방영역을
구분해서 다루던 북한이 이 시기부터, 우주개발국·국가우주개발 5개년 계획 등 우주활동에
관한 분야와 국방과학자·주체무기개발 등 국방과학부문을 동시에 언급하는 새로운 양상을
보였다. 위 추진체 지상분출시험도 북한의 제2차 우주개발 5개년 계획(2016–2020)의 일환이
었던 것으로 보이며,[40] 엔진시험에 관한 세부 내용은 다음의 <표 3>과 같다.

표 3) **2016-2017년 북한의 액체연료엔진 개발 현황**

일시	명칭	주요 내용
2016.4.8.	새형의 대륙간탄도로케트 대출력 발동기	• 국방과학연구사업 치하 • 국방과학부문·군수공업부문 관계자가 현지지도 수행
2016.9.19.	새형의 정지위성운반로케트용 대출력 발동기	• 국가우주개발국 관계자가 현지지도 수행 • 신형 추진체 제원공개 (단일 추진력 80tf, 연소시간 200s) • 국가우주개발국 치하
2017.3.18.	새형의 대출력 발동기	• 국방과학원에서 개발 • 국방과학부문·군수공업부문 관계자가 현지지도 수행 • 주체무기개발완성을 위해 헌신한 국방과학부문 관계자 치하 • 우주개발분야 위성운반능력의 과학기술적 토대가 튼튼해짐을 강조 • 3.18. 혁명으로 기념

출처: 이우석·정영진[41]

엔진"으로 규정했다. 대한민국 국방부, 앞의 주 4), 30면.
40) 2018년 UNUNCOPUOS의 'UNISPACE+50' 고위급 부문에 참석한 북한 특명전권대사 김광섭은
    성명을 발표하면서 "국가우주개발 5개년 계획(2016–2020)을 통한 다양한 인공위성발사" 의지를
    표명했다. "Statement delivered by H.E. Mr. KIM Kwang Sop, Ambassador Extraordinary
    and Plenipotentiary of the Democratic People''s Republic of Korea to the United Nations
    and other International Organizations in Vienna at the UNISPACE+50 high level segment",
    UNOOSA 홈페이지, www.unoosa.org/documents/pdf/UNCOPUOS/2018/hls/07_04E.pdf (검색
    일: 2023. 5. 26.)
41) 이우석·정영진, "김정은 시기 북한의 우주정책에 대한 연구", 『항공우주정책·법학회지』, 38권 2
    호(2023), 136면.

part 06 북한 우주활동역사 **315**

그림
4 2016-2017년 액체추진체 실험

2016년 9월 엔진개발시험(국가우주개발국)　　　　2017년 3월 엔진개발시험(국방과학원)

출처: 조선중앙통신

다. 제3차 국가우주개발 5개년 계획(2021-현재)

2021년 북한은 8차 당대회에서 "새로운 국가우주개발 5개년 계획"을 언급하고, 이 계획에서 군사정찰위성 운용을 "국가 방위력건설의 가장 중차대한 선결적 과업"으로 제시하였다.[42] 앞선 1·2차 국가우주개발 5개년 계획과 시기상 일치한다는 점, 2021년 8차 당대회에서 언급된 국정 기조를 망라하는 "새로운 5개년 계획"의 세부 분야로서 추정 가능한 점으로 미루어보아, 북한은 2021년부터 "제3차 국가우주개발 5개년 계획"을 추진하였다. 그리고 그 계획의 일환으로 2022년에 북한은 총 세 차례 발사체를 발사하며 그것이 정찰위성개발시험임을 주장하였다.[43] 정찰위성개발시험 현황은 다음의 <표 4>와 같다.

---

[42] "우리 식 사회주의건설을 새 승리에로 인도하는 위대한 투쟁강령 조선로동당 제8차대회에서 하신 경애하는 김정은동지의 보고에 대하여", 『로동신문』, 2021. 1. 9; "조선에서의 우주개발", 『내나라』, 2022. 2. 7.

[43] 북한은 정찰위성개발시험임을 주장했으나, 발사체의 명칭이나 제원 등에 대해서는 공개하지 않았다. "국가우주개발국과 국방과학원 정찰위성개발을 위한 중요시험 진행", 『로동신문』, 2022. 2. 28; "국가우주개발국과 국방과학원 정찰위성개발을 위한 중요시험 진행", 『로동신문』, 2022. 3. 6; "국가우주개발국 정찰위성개발을 위한 중요시험 진행", 『로동신문』, 2022. 12. 19.

표 4 2022년 북한이 주장하는 정찰위성개발시험 현황

일시	발사체	탑재위성	발사장소	비고
2022.2.27.	미상발사체 (화성-17호)	위성시험품	평양 순안비행장	한반도 촬영영상 공개
2022.3.5.	미상발사체 (화성-17호)	위성시험품	평양 순안비행장	정찰위성 개발시험주장
2022.12.18.	미상발사체 (화성-7호 추정)	위성시험품	서해위성 발사장 (동창리)	인천, 서울 촬영영상 공개

출처: 국방부(2022), UN 대북제재위원회 전문가패널(2023)[44]을 참고하여 작성.

북한은 2022년 12월 당 중앙위원회 제8기 제6차 전원회의 확대회의에서, 2023년 국방력 발전 5대 중점목표 중 하나로 군사정찰위성 발사 및 운용을 표명하였다.[45] 제3차 국가우주 개발 5개년 계획 시기부터 북한은 공공연하게 우주의 군사적 이용 의지를 공개한 셈이다. 그리고 김정은은 2023년 4월과 5월에 연달아 국가우주개발국 현지지도를 나서며 군사정찰위성 사업에 대한 중대한 관심을 밝혔고, 해당위성을 계획된 시일에 발사하기 위한 일종의 TF(비상설위성발사준비위원회)를 편성하여 국가역량을 집중하였다.[46]

그러나 2023년 5월과 8월에 발사한 군사정찰위성은 궤도 진입에 실패하였다. 북한은 중앙보도기관 보도문을 통해 발사체 명칭이 "천리마-1호"이고 탑재했던 군사정찰위성의 명칭이 "만리경-1호"였으며, 실패한 원인으로 5월에는 "1계단 분리 후 2계단 발동기의 시동 비정상으로 하여 추진력 상실"임을, 8월에는 "3계단 비행 중 비상폭발체계의 오류"임을 공개하였다.[47] 이후 지속적인 발사 의지를 발표해오던 북한은 동년 11월 21일, 천리마-1호 3차 발사만에 만리경-1호를 지구 저궤도에 진입시켰다. 이로써 북한은 자력발사 역량을 다

---

44) 북한은 2022년의 우주발사체에 대해서는 3차례 모두 정찰위성 개발시험임을 주장했으나, 발사체의 명칭을 공개하지는 않았다. 반면에 UN 안전보장이사회에서 최종 채택된 북한제재위원회 지원을 위한 전문가 패널의 보고서에서, 2022년 2월과 3월의 발사체는 '신형 화성-17호'로 추정하고, 12월의 발사체는 노동미사일(화성-7호)과 유사하다고 평가했다. UN S/2023/171, pp.199-217.
45) 대한민국 국방부, 앞의 주 4), 21면.
46) 본사정치보도반, "경애하는 김정은동지께서 국가우주개발국을 현지지도하시였다", 『로동신문』, 2023. 4. 19; 본사정치보도반, "경애하는 김정은동지께서 정찰위성발사준비위원회사업을 현지에서 지도하시였다", 『로동신문』, 2023. 5. 17.
47) 조선중앙통신사, 앞의 주 6).

시 입증하였으며, 만리경－1호의 실질적인 기능 및 능력은 3장에서 구체적으로 분석하겠다. 북한은 여기에 그치지 않고, 동년말에 개최된 노동당 전원회의에서 2024년에는 군사정찰위성 3기를 추가 발사하겠다고 밝혔다.[48] 이에 따라 북한이 주장하는 우주활동은 지속 확대될 것으로 보인다.

2023년 북한이 주장하는 우주활동

천리마－1호(2023. 5. 31. 1차 발사)

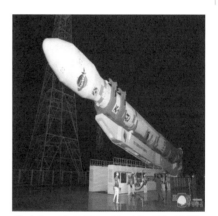
천리마－1호(2023. 11. 21. 3차 발사)

출처: 조선중앙통신

4 북한의 우주활동에 대한 국제사회(UN)의 입장

위와 같이 북한은 1998년부터 2023년까지 우주발사체를 11차례, 그중에서 인공위성을 8차례 탑재하여 발사했다고 주장한다. 그러나 북한의 주장과는 달리 주변국과 국제사회는 북한의 우주발사체에 대해서, 이를 탄도미사일 기술 개발 및 전력화를 위한 방책으로 간주하고 우려를 표명해오고 있다. 이에 대한 국제사회의 대표적인 구속력 있는 대응은 UN 안전보장이사회의 결의이다.

북한의 탄도미사일 발사 및 핵실험과 관련된 UN 안전보장이사회 결의는 1993년부터

---

48) 조선중앙통신사, "조선로동당 중앙위원회 제8기 제9차전원회의 확대회의에 관한 보도", 『조선중앙통신』, 2023. 12. 31.

2023년까지 총 26회, 안전보장이사회 의장성명은 총 4회가 이루어졌으며, 여기에는 북한이 우주의 평화적 이용과 연관지어 주장한 사건들이 포함된다. 그러나 최근 2023년의 천리마 −1호 발사에 대해서는 UN 안전보장이사회가 합의된 결론을 내리지 못하였다.[49) 이에 대한 결정적인 이유는 북한의 우주활동을 UN에서 인정하는 의견이 형성된 것이 아니라, 현재 미국과 중국의 전략경쟁이 고도화되어가는 가운데, 러시아도 중국과 연대하여 대립구도를 형성하는 국제정세 때문이다.[50) 하지만 UN 안전보장이사회에서 채택했던 기존의 결의안과 의장성명은 계속 거론되고 인용되며, 유효하다. 북한이 주장하는 우주발사체에 대한 UN 안전보장이사회의 대응은 다음의 <표 5>와 같다.

북한이 처음 우주활동을 주장한 1998년부터 대내외적으로 우주의 평화적 이용을 강조하여 왔음에도 불구하고, 북한의 우주활동은 국제적인 비난과 제재대상으로 선정되어 지금까지 이르렀다. 그 이유는 군축・비확산의 논리에서 핵무기를 포함한 대량살상무기에 대한 강력한 투발수단인 탄도미사일과 우주발사체의 기술적 유사성 때문이다.[51) 즉, 탄두부의 대기권 재진입체 설계기술만 제외한다면, 군사목적의 탄도미사일과 우주발사체 사이의 기술적 원리에 차이가 없다.

---

49) 천리마−1호 발사에 따라 개최되었던 UN 안전보장이사회 회의마다 중국과 러시아를 제외한 이사국(미국, 알바니아, 에콰도르, 영국, 일본, 몰타, 프랑스, 가나, 가봉, 스위스, 모잠비크, 브라질)은 모두 북한의 로켓 발사 행위와 탄도미사일 기술의 이용에 대해서 규탄하는 의견을 표명했다. 그러나 중국과 러시아는 오히려 한반도 내 긴장을 고조시키는 미국과 대한민국의 군사동맹 및 연합훈련을 비난했으며, 북한에 대한 국제 제재를 강화하는데 반대하는 입장을 표명하였다. UN S/PV. 9336; UN S/PV.9406; UN S/PV.9485.

50) 황일도, 『최근 북한의 중장기 국가비전 언급: 대외・경제정책과의 연관성』(서울: 국립외교원 외교안보연구소, 2022), 21면.

51) 탄도미사일 개발과 우주발사체 개발은 역사적으로도 깊은 연관이 있다. 세계 최초 인공위성인 소련의 Sputnik 1을 탑재했던 우주발사체도 대륙간탄도미사일 R−7과 동일 모델이었으며, 미국의 경우도 유사하게 최초의 우주발사체 플랫폼인 Vanguard 로켓의 1단은 기존의 군사용 로켓을 그대로 사용하였다. 박원화・정영진, 『우주법』(서울: 퍼플, 2013), 21−26면.

구분(관련 UN문서)	배경	주요 내용

표 5 북한이 주장하는 우주활동에 대한 UN 안전보장이사회 대응

구분(관련 UN문서)	배경	주요 내용
UN S/1998/866	대포동-1호 발사 (1998.8.31.) * 북측 위성발사 주장	안전보장이사회 의장명의 대언론 구두성명: 사전통고 없이 로켓추진체를 발사한데 대한 유감 표명 및 긴장 고조 행위 자제 촉구
UN S/RES/1718(2006)	대포동-2호 발사 (2006.7.5.)	안전보장이사회 결의 1718호: (인공위성 또는 우주발사체일지라도)탄도미사일 기술을 이용하는 것이라면 유엔 회원국과 어떠한 기술 협력도 불가능 천명, 대북제재위원회 설치
UN S/PRST/2009/7	은하-2호 발사 (2009.4.5.) * 북측 위성발사 주장	안전보장이사회 의장성명: 북한이 더 이상 발사하지 않을 것을 요구
UN S/RES/1874(2009)		안전보장이사회 결의 1874호: 탄도미사일 기술을 이용하지 않을 것을 요구, 대량살상무기·미사일 활동에 기여 가능한 금융거래 금지, 대북제재위원회 지원을 위한 전문가 패널 설치
UN S/PRST/2012/13	은하-3호 발사 (2012.4.13.) * 북측 위성발사 주장	안전보장이사회 의장성명: 인공위성 또는 우주발사체(SLV) 발사일지라도 탄도미사일 기술을 이용하는 것이라면 어떠한 발사도 기존 결의에 대한 심각한 위반임을 재확인
UN S/RES/2087(2013)	은하-3호 발사 (2012.12.12.) * 북측 위성발사 주장	안전보장이사회 결의 2087호: 탄도미사일 기술을 이용한 발사에 대한 비난, 조선우주공간기술위원회(KCST) 및 관계자 제재대상으로 선정, 대북 수출통제 강화
UN S/RES/2270(2016)	광명성 발사 (2016.2.7.) * 북측 위성발사 주장	안전보장이사회 결의 2270호: 국가우주개발국(NADA)·국방과학원 제재대상으로 선정, 북한 내 외국 금융기관 전면 폐쇄, 탄도미사일 기술을 이용하는 활동이 지속됨에 대한 깊은 유감 표명
UN S/PV.9336	천리마-1호 1차 발사 (2023.5.31.)	안전보장이사회 9336차/9406차/9485차 회의: 합의된 결론 없음. * 북한의 탄도미사일 기술 이용은 기존 결의 위반임을 규탄하는 의견과 북한에 대한 제재를 강화하는 결의에 대해 의견의 충돌
UN S/PV.9406	천리마-1호 2차 발사 (2023.8.24.)	
UN S/PV.9485	천리마-1호 3차 발사 (2023.11.21.)	

2 법·정책

① 법령

북한의 우주활동에 관한 법령을 살펴보기에 앞서, 북한의 입법 및 법률체계의 특징을 확인해 볼 필요가 있다. 북한에서는 주체사상, 김일성·김정일의 유훈과 교시, 조선노동당의 강령과 규약, 국무위원회 위원장(김정은)의 명령이 헌법을 비롯한 성문법보다 우월한 규범으로 작용한다.[52] 그 다음으로 성문법은 그 입법권이 최고 인민회의에 의해 정령 등으로 행사되며, 헌법, 부문법, 규정, 세칙, 준칙 순으로 체계를 이루고 있다.[53]

가. 성문법의 상위규범: 우주활동에 관한 교시와 유훈

김일성은 1993년 또는 1994년에 지구 궤도에 인공위성을 발사하겠다는 뜻을 천명하였다.[54] 그리고 직접적으로 공개된 교시는 확인되지 않으나, 2012년 김일성종합대학의 고영해 박사는 이번 발사체 발사가 김일성의 "영도의 결실"이라고 밝혔다.[55] 즉, 김일성 시기의

52) 이효원, "북한의 입법조직과 작용에 관한 법체계", 『통일과 법률』, 46호(2021), 12면.
53) "조선민주주의인민공화국 법제정법(2021.10.19.)", 법무부·통일부·법제처 통일법제데이터베이스, https ://www.unilaw.go.kr/Index.do (검색일: 2023. 4. 19.)
54) 김일성이 인공위성 발사에 대한 의지를 표명했다는 공식적인 기록이 확인된 바 없으나, 1993년 5월 말에 진행된 노동미사일(화성-7호) 시험발사 시기 전후에 교시로서 확립되었을 것으로 추정한다. 정규수, 앞의 주 7), 87-93면.
55) 고영해, "우리는 이렇게 우주를 정복한다", 『로동신문』, 2012. 3. 17.

교시와 유훈은 기술개발의 토대를 형성하는데 의의가 있다.

1990년대 김정일 시기에는 그가 "여러 차례에 걸쳐 일꾼들이 과학기술에 대한 올바른 견해와 관점을 가지도록 일깨웠다."는 기록과 더불어 "우주공학을 비롯한 중요과학부문을 높은 수준에 끌어올리기 위한 사업을 정력적으로 이끌었다."[56]는 기록으로 그의 과학기술중시정책과 우주개발에 대한 교시적 함의를 확인할 수 있다. 특히, 2003년에 우주산업을 주력분야 중 하나로 집중 육성할 것을 지시[57]함으로써 정치지도자의 우주개발에 대한 의지가 교시로 확인되었다. 김정일 사후에도 광명성-3호 2호기 인공위성에 대해서 김정일의 유훈에 의한 사업이었음을 강조하면서 위의 교시가 재확인되었다.

이후 김정은 집권 초기에 북한 최고인민회의 제12기 제7차 회의에서 우주개발법을 채택하고 국가우주개발국을 설립하기로 결정하였다. 이것은 내부적으로는 우주활동에 대한 기술적 역량과 더불어, 북한의 법적·제도적 역량이 한 층 발전되었음을 시사한다. 즉, 정치지도자의 의지를 교시와 유훈등으로 원칙 없이 표출하는 시기를 지나 국가 최고수준의 입법행위를 명시할 수 있는 체계에서 국가 차원의 우주개발이 시작된 시점이라 하겠다.

나. 과학기술법

1988년 12월 15일 최고인민회의 상설회의 결정 제14호로 채택된 "조선민주주의 인민공화국 과학기술법"은 북한이 대중에 직접 공표한 최초의 우주관련 법령이다.[58] 그러나 명칭에서 보듯이, 이 법령은 우주활동을 규율하기 위한 법적 성격보다 북한의 과학기술발전을 목표로 국가 과학기술에 관한 모든 분야를 망라하는 기본법안이었다.

대표적인 특징으로 과학기술발전계획에 관한 6개 조항(제10조-제15조)이 있다. 위 조항 중에서 과학기술발전계획을 "전망계획"과 "현행계획"으로 나누어 작성하도록 규정한 부분(제11조)은 김정일 시기 국가우주개발전망계획의 명칭에서도 동일하게 드러난다.

---

56) 장영철, "1990년대 과학기술발전에서 새로운 전환을 일으키신 위대한 령도", 『김일성종합대학학보 (력사,법학)』, 4호(2009), 1-7면.
57) 김정일, 『당의 과학기술중시로선을 철저히 관철할데 대하여』(평양: 조선로동당출판사, 2003), 2면.
58) 북한은 2004년에 처음으로 법령집을 대중에 출판하여 공개하였다. 당시 수록된 과학기술법은 "1988년 채택되어 1999년에 수정보충"된 전문이 포함되었다. 법률출판사, 『조선민주주의인민공화국 법전(대중용)』(평양: 평양종합인쇄공장, 2004), 199-207면.

1999년 과학기술법 총 52개 조항 중에서 '우주'는 제3조에 단 한 차례만 확인되었으며, 2013년 우주개발법의 채택 이후 <표 6>과 같이 수정보충되면서 제외되었다. 과학기술법의 의의는 2013년 우주개발법이 제정되기 이전에 북한의 과학기술을 총망라하면서도 우주분야에 관한 규정을 포함한 법령이었다는 점이다.

표 6 북한의 과학기술법 수정내용 비교

법령	내용
과학기술법(1999)	**제3조** 과학기술을 높은 수준에 올려세우는 것은 조선민주주의인민공화국의 일관한 정책이다. 국가는 전자공학, 생물공학, 열공학, 정보공학, 새 재료공학, **우주공학**을 비롯한 첨단과학기술부문을 먼저 발전시키면서 새로운 과학기술분야를 개척하고 기초과학과 응용과학에 대한 연구를 배합하도록 한다.
과학기술법(2013)[59]	**제4조 (핵심기초기술, 기초과학, 기술공학발전원칙)** 국가는 정보기술, 나노기술, 생물공학과 같은 핵심기초기술을 비롯한 첨단과학기술발전에 선차적인 힘을 넣으면서 기초과학과 중요부문 기술공학을 적극 발전시키도록 한다. **제6조 (새 과학기술의 연구개발과 다른 나라 선진과학기술을 받아들이는 사업의 배합원칙)** 국가는 새 과학기술을 연구개발하는 사업과 다른 나라의 선진과학기술을 받아들이는 사업을 합리적으로 배합하도록 한다.

다. 우주개발법

과학기술법이 기술적 측면에서 우주에 대한 국가의 인식이 드러나는 최초의 법안이었다면, 2013년 4월 1일 최고인민회의 법령 제13호로 채택된 "조선민주주의 인민공화국 우주개발법"은 북한의 우주활동에 관한 정책과 거버넌스를 아우르는 기본법이다. 특히 우주활동에 관한 영역을 과학기술법의 하위항목이 아닌 독립된 법령으로 채택했다는 점에서, 북한 지도부가 우주활동에 대해 과학기술적인 분야를 넘어서는 정책적 인식이 드러난다. 우주개발법은 총 23개 조문으로 구성되어 있으며, <표 7>과 같이 구성된다.

---

59) "조선민주주의인민공화국 과학기술법(2013. 10. 23.)", 법무부·통일부·법제처 통일법제데이터베이스, https://www.unilaw.go.kr/Index.do (검색일: 2023. 3. 28.)

표 7　북한의 우주개발법 구성[60]

구분	내용	구분	내용
제1조	우주개발법의 사명	제13조	우주기구의 제작과 조립
제2조	법의 규제대상	제14조	운반수단의 개발
제3조	우주개발의 목적과 원칙	제15조	우주기구의 발사와 관련한 통보
제4조	국가우주개발지도기관과 그 지위	제16조	우주하부구조의 건설
제5조	국가우주개발지도기관의 임무	제17조	우주기구의 발사와 안전보장
제6조	우주개발기관의 임무	제18조	우주기구의 등록
제7조	우주활동에 대한 승인	제19조	사고조사 및 구조, 피해보상
제8조	우주개발기술과 그 성과의 리용	제20조	우주개발분야의 국제협조원칙
제9조	우주개발에 대한 투자	제21조	우주개발분야의 지적소유권보호
제10조	우주개발분야의 일군양성	제22조	국제법의 존중
제11조	우주개발계획의 작성과 승인	제23조	선택성과 이중기준의 적용, 우주의 군사화 반대
제12조	우주기구의 설계		

　우주개발법의 내용은 크게 세 가지로 구분할 수 있다. 크게 세 가지 측면으로 해석할 수 있다. 먼저, "국가우주개발지도기관"을 우주활동에 관한 국가의 최고 기관으로 설립하여 법적 지위를 확립하는 측면이다. 북한은 국가우주개발지도기관이 우주개발사업에 대한 통일적인 지도기관이고, 우주개발분야에서 국가 대표한다고 밝혔다(제4조). 특히, 국가의 종합적인 우주개발 및 우주활동계획 작성, 북한에서 진행되는 모든 우주활동의 감독·통제, 우주기구와 그 운반수단의 제작·조립·발사 지도 등의 총 10가지 임무를 명시하였다(제5조). 그리고 우주개발계획(현행계획과 전망계획)의 작성권한을 국가우주개발지도기관에 부여하였다(제

---

60)　북한은 2022년 8월에 최고인민회의 상임위원회 제14기 제21차 전원회의를 통해 우주개발법을 수정보충했다고 보도했다. 다만 수정된 법안이 공개되지 않아 본고에서는 그전까지 채택되었던 2013년 우주개발법을 다룬다. 법률출판사, 『조선민주주의인민공화국 법전(증보판)』(평양: 모란봉인쇄공장, 2016), 145－147면; 조선중앙통신사, "조선민주주의인민공화국 최고인민회의 상임위원회 제14기 제21차전원회의 진행", 『조선중앙통신』, 2022. 8. 8.

11조). 이처럼 국가우주개발지도기관은 우주개발법 총 23개 조항 중에서 10개 조항에서 언급 되어 있다.

두 번째로, 북한이 자국의 우주활동에 대해서 평화적 권리임을 주장하는 측면이다. 북한 은 우주개발의 사명이 나라의 경제건설을 다그치고 인민생활을 높이는데 이바지함을 제일 먼저 규정하였다(제1조). 그리고 그 목적과 원칙으로 국가 경제건설과 인민생활향상을 재차 강조하며, 주체성·자립성·평화적 목적으로 우주를 개발함을 밝혔다(제3조). 특히, 법령의 마지막에서 우주는 인류공동의 재산이며, 이중기준의 적용 및 우주의 군사화를 반대한다고 명시하였다(제23조). 북한은 위 조항을 통해 자국의 국내법으로 국제사회의 제재를 직접 반박 하고 있는 셈이다. 지속되는 핵실험과 탄도미사일 개발로 판단해 볼 때, 북한의 우주활동에 대한 평화적 의지는 불투명하다. 그럼에도 북한은 1998년 대포동-1호를 발사했던 시기부 터 지금에 이르기까지 일관성있게 대내외적으로 우주의 평화적 이용에 대한 자주적 권리를 주장해 오고 있으며,[61] 우주개발법을 통해 법적으로도 이 원칙을 확립하여 정당성을 가지려 는 의도로 보인다.

세 번째로, 국가우주활동이 국제법에 따라 수행됨을 강조하는 측면이다. 북한은 국가우 주개발지도기관을 통해 국제우주기구·타국의 우주기관들과의 협력과 교류를 진행할 것임 을 밝히고(제5조), 우주기구 발사 사전통보(제15조), 우주기구를 국제기구에 등록(제18조), 우 주활동중 발생한 피해보상에 관한 절차와 권한(제19조), 국제협조원칙(제20조), 국제법의 존 중(제22조)등의 내용을 포함하였다. 북한이 법령에서 국제법을 따른다고 명시한 이유는 평화 적 이용과 더불어 국가 우주활동의 당위성을 확보하려는 의도로 보인다. 북한이 UN의 우주 관련 4개 조약을 체결한 시기가 모두 인공위성발사일로부터 1개월 전후로 이루어졌음을 다 음 <표 8>을 통해 확인할 수 있다.

---

61) 북한은 UN 총회 제4위원회의 정기의제(우주의 평화적 이용에 관한 국제협력)에서 대포동-1호 발 사 직후인 1998년(제53차 총회)부터 2021년(제76차 총회)까지 총 18차례 우주의 평화적 이용과 주권국가의 당연한 권리임을 연설하였다. 이우석·정영진, 앞의 주 41), 124면.

표 8	북한의 우주관련 UN 4개 조약 체결 시기 구분			

조약명칭(통칭)	체결 / 발효일	북한 가입	시기적 연관성
우주조약	1967.1.27. / 1967.10.10.	2009.3.10.	은하-2호 발사(2009.4.5.) 직전
구조협정	1968.4.22. / 1968.12.3.	2016.2.24.	광명성호 발사(2016.2.7.) 직후
배상협약	1972.3.29. / 1972.9.1.	2016.2.24.	광명성호 발사(2016.2.7.) 직후
등록협약	1975.1.14. / 1976.9.25.	2009.3.10.	은하-2호 발사(2009.4.5.) 직전

또한, 북한은 UN총회 제4위원회의 우주의 평화적 이용에 관한 의제에서 수 차례 연설하였고 UNCOPUOS의 활동에도 참여하고자 노력해왔다.[62] 이런 노력은 미국을 비롯한 UNCOPUOS 회원국들의 반대로 인해 저지되어 왔고,[63] 유엔우주업무국(UNOOSA)도 "UN 사무국으로서 UN 안전보장이사회의 결의와 대북제재위원회 전문가패널의 견해를 따라 엄격하게 안전보장이사회 체제를 따른다."는 입장을 발표한 바 있다.[64] 즉, UN은 북한의 우주 활동이 국제협력을 허용할 수 있는 정상적인 활동이 아니라는 점을 분명히 하였다.

북한은 UN을 포함하여 국제전기통신연합(ITU) 헌장과 관련 규칙, 국제해사기구(IMO) 협약, 국제민간항공기구(ICAO) 협약의 당사국으로서 이를 적극적으로 준수해야 함에도 불구하고, 발사의 안전 확보를 위해 국제기구에 사전 통보는 실시하였지만 사후 인공위성에 대한 세부정보를 등록하지 않았다.[65] 게다가 2023년 천리마-1호를 발사한 이후 IMO는 처음으

---

62) 북한은 UN총회 제4위원회 우주평화적이용에 관한 의제를 이용해 자국의 UNCOPUOS 참여를 방해하는 회원국들에 대해 비난하는 발표를 하기도 했다. UN A/C.4/73/SR.13, p.7; UN A/C.4/74/SR.14, p.6.

63) 대표적으로 미국은 UNCOPUOS 산하 과학기술소위원회 제58차 세션의 의견교환 의제에서 북한의 참여를 반대했다. "Statement by the U.S. Chargé d'affaires, Mr. Louis Bono, on Agenda Item 3, "General Exchange of Views"", UNOOSA 홈페이지, www.unoosa.org/documents/pdf/UNCOPUOS/stsc/2021/statements/2021-04-19-PM-Item03-02-USAE.pdf (검색일: 2023. 5. 26.)

64) "Statement by Simonetta Di Pippo, Director, UNOOSA. 59th session of the Committee on the Peaceful Uses of Outer Space Vienna", UNOOSA 홈페이지, https://www.unoosa.org/oosa/en/aboutus/director/director-statements/2016/director-statement-UNCOPUOS-2016.html (검색일: 2023. 5. 25.)

65) 정영진, "국제우주법상 북한 광명성 발사의 적법성", 『국제법학회논총』, 144호(2017), 136-143면.

로 "미사일 발사 규탄 결의문"을 채택했으며, 북한은 이에 반발하여 앞으로 이어질 발사 사전 통보도 미실시하겠음을 시사했다.[66] 이처럼 UN 안전보장이사회 결의에 따른 UNCOPUOS 내 북한 활동 반대, 협약에 대한 북한의 미준수 등은 북한의 우주활동이 국제법상 적법하지 않다는 것을 보여주고 있다.

---

66) "RESOLUTION MSC.531(107)", IMO 홈페이지, https://wwwcdn.imo.org/localresources/en/KnowledgeCentre/IndexofIMOResolutions/MSCResolutions/MSC.531(107).pdf (검색일: 2024. 2. 5.)

3 우주 거버넌스

북한의 우주관련 거버넌스는 북한의 보편적인 정치 권력체계인 당－정체제를 기반으로 유추해볼 수 있다. 그리고 한국 정부에서 공식적으로 인정하고 있는 북한의 권력구조와 형태를 기초로 분석한다. 북한이 우주활동을 주장하면서 등장했거나 기타 국제사회에서 거론되었던 기관 및 기구를 비교 분석하여 아래의 <그림 6>과 같이 북한의 우주관련 거버넌스 체계를 도식화하였다.

그림 6 북한의 우주관련 거버넌스 조직도

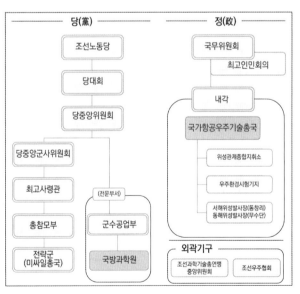

출처: 이우석 · 정영진(2023)

조선우주공간기술위원회(Korean Committee of Space Technology: KCST)

조선우주공간기술위원회는 2009년 은하-2호 발사계획을 발표하면서 실체가 처음 공개되었다.[67] 정확한 시기를 특정할 수 없으나, 북한은 1980년대에 조선우주공간기술위원회를 조직한 것으로 보인다. 그리고 과학기술발전계획의 일환으로 국가우주개발전망계획을 실행하였다.

특히, 과학기술발전계획의 마지막 해인 2012년 3월, 은하-3호 발사를 앞둔 시점에 "조선우주공간기술위원회 우주개발국 부국장"이 조선중앙통신 기자와 회견을 가지면서 "발사종합지휘소", "위성관제종합지휘소"를 직접 설명하였다.[68] 그리고 이어진 외신기자 및 주변국 전문가 참관행사에서도 조선우주공간기술위원회 우주개발국 부국장을 비롯한 동 기관의 조직원들이 대면한 것으로 미루어보아, 조선우주공간기술위원회가 2012년까지 북한의 우주활동을 지도하는 최고 기관인 것으로 보인다.[69]

그림 7 조선우주공간기술위원회 관련 사진

광명성-3호 2호기 발사 최종친필명령　　　광명성-3호 발사 전 외신기자단 참관행사

출처: 조선중앙통신, AP통신

---

67) 조선중앙통신사, "조선우주공간기술위원회 대변인담화", 『조선중앙통신』, 2009. 2. 24.
68) "조선우주공간기술위원회 일군 조선중앙통신사 기자와 회견", 『로동신문』, 2012. 3. 29.
69) 조선중앙통신, 앞의 주 23).

그러나 2013년 1월 22일, UN 안전보장이사회는 은하－3호의 발사를 북한의 핵무기와 탄도미사일 관련 프로그램으로 규정하여 결의 2087호를 채택함으로써 조선우주공간기술위원회와 관계자를 제재대상으로 선정하였다.[70] 그 이후로 조선우주공간기술위원회의 활동은 확인된 바 없다.

국가항공우주기술총국(National Aerospace Technology Administration: NATA)

북한은 최고인민회의 제12기 제7차회의 결정에 따라 국가우주개발국을 설립하였다. 북한은 국가우주개발국에 "우주개발계획의 작성과 실행, 우주개발사업에 대한 감독과 통제를 통일적으로 지도관리하는 국가의 중앙지도기관"으로서 법적 지위를 부여하였다.[71] 즉, 국가의 우주활동을 관장하는 최고 기관으로 기능할 수 있는 제도를 마련하였다. 그리고 후속조치로 "내각과 해당 기관들은 이 결정을 집행하기 위한 실무적 대책"을 요구한 것으로 보아 국가우주개발국은 내각의 산하 기관으로 보인다.[72] 이듬해 설립 1주년 기념보도에서 김정은이 직접 마크를 제정했다고 공개하며 상징성을 부각하였다.[73]

국가우주개발국 설립 2년차인 2015년, 북한은 국가우주개발국 산하의 위성관제종합지휘소를 신설하여 우주역량의 현대화를 추구하였다.[74] 그리고 같은 해 국가우주개발국은 우주활동에 관한 국제민간기구 가입을 통한 국제적 지위 확보를 시도했으나 실패하였다.[75] 다음

---

70) UN S/RES/2087(2013); UN 안전보장이사회의 홈페이지에서 제재기관 코드명 KPe.012로 등재되어있다. "CONSOLIDATED LIST OF ENTITIES AND INDIVIDUALS", UN 홈페이지, https://www.un.org/securitycouncil/sites/www.un.org.securitycouncil/files/informal_compilation_of_original_script_korean_of_designated_entities_and_individuals_list_3.pdf (검색일: 2023. 3. 17.)

71) "조선민주주의인민공화국 최고인민회의 제12기 제7차회의 진행 우리 당과 인민의 최고령도자 김정은동지께서 회의에 참석하시였다", 『로동신문』, 2013. 4. 2.

72) 한국 정부(통일부)도 국가우주개발국을 내각의 산하 기관으로 규정했다. 통일부 정세분석국 정치군사분석과, 『2014 북한 주요기관·단체 인명록』(서울: 통일부, 2014), 133면.

73) 본사기자, "국가우주개발국 마크 그림풀이", 『로동신문』, 2014. 4. 1.

74) 본사정치보도반, "경애하는 김정은동지께서 새로 건설한 국가우주개발국 위성관제종합지휘소를 현지지도하시였다", 『로동신문』, 2015. 5. 3.

75) 국가우주개발국은 2015년 국제우주연맹(IAF) 제66차 총회(2015. 10. 12－16.)를 통해 동 기구에 가입을 신청했다. 총회 과정에서 15일 북한 우주개발국의 가입이 승인되었으나, 16일 UN 대북제

해 광명성-4호 위성발사 후 국가우주개발국은 UN 안전보장이사회 결의 2270호에 따라 제재대상으로 지정되었는데, 탄도미사일 기술을 또 다시 활용한 것이 문제였다.[76]

그럼에도 불구하고 국가우주개발국은 그 활동을 계속 공개해오고 있다. 김정은 시기 이전부터 존재했던 조선우주공간기술위원회가 제재대상으로 지정된 이후부터 공개적인 활동이 전무하여 존재 유무가 불분명하다.

국가우주개발국은 산하의 평안북도 철산군 동창리에 위치한 서해위성발사장에서 각종 발사체 시험발사 및 추진체 시험을 지속적으로 이어오고 있으며, 차기 목표 달성을 위한 발사장을 증축 중이다.[77] 2021년 제8차 당대회를 통해 군사정찰위성 개발을 천명한 이래로, 김정은은 매년 위성관제종합지휘소와 서해위성발사장에서 국가우주개발국 현지지도를 공개하면서 정치지도자의 중대한 관심을 표명하고 있다.[78] 이러한 맥락에서 2023년 9월, 최고인민회의 제14기 제9차회의 결정에 따라 국가우주개발국은 국가항공우주기술총국으로 개편되어 지금에 이른다.[79]

재위원회 전문가 패널과 한국항공우주연구원(KARI)이 반대의사를 표명했고, 국가우주개발국이 국제우주연맹의 목표에 맞는 기관인지 더 조사가 필요하다는 결론과 함께 가입 승인이 취소되었다. "국제우주연맹, 북한 우주개발국 가입 승인 취소", 연합뉴스, https://www.yna.co.kr/view/AKR20151020064200014 (검색일: 2023. 4. 19.)

76) UN S/RES/2270(2016); UN 안전보장이사회의 홈페이지에 제재기관 코드명 KPe.029로 등재되어 있다. "CONSOLIDATED LIST OF ENTITIES AND INDIVIDUALS", UN 홈페이지, https://www.un.org/securitycouncil/sites/www.un.org.securitycouncil/files/informal_compilation_of_original_script_korean_of_designated_entities_and_individuals_list_3.pdf (검색일: 2023. 3. 17.)

77) UN S/2023/171, pp.171-175; 함경북도 화대군 무수단리에 위치한 동해위성발사장에서는 2009년 은하-2호 발사를 마지막으로 활동이 공개되지 않았다. 그리고 북한은 2018년 9월 19일 "평양공동선언"을 통해 동창리 엔진시험장과 미사일 발사대(서해위성발사장을 의미) 폐기를 약속했으나, 이행되지 않고 있다.

78) 조선중앙통신사, "김정은총비서 국가우주개발국 현지지도", 『조선중앙통신』, 2022. 3. 10; 본사정치보도반, "경애하는 김정은동지께서 국가우주개발국을 현지지도하시였다", 『로동신문』, 2023. 4. 19.

79) 조선중앙통신사, "최고인민회의 제14기 제9차회의 진행", 『조선중앙통신』, 2023. 9. 28.

그림
8 국가항공우주기술총국 관련 사진

국가항공우주기술총국 마크   김정은 현지지도(2023. 4. 19.)

출처: 조선중앙통신, 조선신보

3   국방과학원(제2자연과학원, Academy of National Defense Science)

국방과학원은 국방분야 연구개발의 핵심 기관이다. 1964년 김일성의 지시로 "국방 분야에 관한 과학 기술적 문제를 연구"하기 위한 기관으로 평양시 주변 교외지역에 처음 설립되었다.[80] 이후 북한의 4대 군사노선에 따라 1970년대부터 제2경제위원회 산하 "제2자연과학원"이라는 명칭으로도 불리었다가, 김정은 시기부터 지금의 명칭을 다시 사용하고 각종 무기 현대화사업을 주도한 기관으로서 김정은 현지지도 영접, 개발 성공에 따른 보상 등을 공개하고 있다.[81]

앞선 법령과 백두산 엔진의 개발과정에서 볼 수 있듯이, 북한은 인공위성과 우주발사체

---

80) 이정호, "북한 국방과학원의 기능과 역할 분석", 『북한학보』, 46집 2호(2021), 11－13면.
81) 국립통일교육원, 『2021 북한이해』(서울: 국립통일교육원 연구개발과, 2021), 150－151면; 이정호, 위의 주, 25－26면.

에 관한 연구개발을 국가우주개발국의 지도 아래에서 진행하고, 로켓엔진에 관한 연구개발은 국방과학원과 병행하고 있다. 국방과학원은 국가우주개발국과 마찬가지로, 2016년 광명성-4호 위성발사 후 탄도미사일 기술개발에 연관된 부서로서 UN 안전보장이사회 결의 2270호에 따라 제재대상으로 지정되었다.[82]

그러나 국방과학원은 국가우주개발국과 더불어 연구개발을 지속해오고 있으며, 최근 "군사정찰위성 1호기를 계획된 시일안에 발사할 수 있도록 다그치는" 김정은의 국가우주개발국 현지지도에서 "국가우주개발국과 국방과학원의 지도간부"들이 함께 영접하였다.[83] 이를 통해 북한의 우주활동에 관한 연구개발은 위 두 기관이 양대 축으로 기능하고 있음을 알 수 있다.

 4 우주과학기술토론회

북한은 당·정 이외의 외곽기구를 통해서 우주활동에 관한 연구개발 노력도 추진 중이다. 조선과학기술총연맹 중앙위원회는 2014년부터 연단위로 우주과학기술토론회를 진행하고 있다. 지난 보도자료들을 종합해볼 때, 이 토론회는 국가우주개발국, 조선우주협회, 김일성종합대학, 김책공업종합대학, 국가과학원, 사회과학원, 국토환경보호성 등 우주활동에 관한 산·학·연으로 대두되는 다양한 기관과 단체가 참석하고 있다. 토론회에서는 인공위성분과, 우주재료 및 요소, 기초과학, 응용기술, 사회과학분과 등으로 나뉘고 연평균 약 200여 건의 논문이 제출되었다. 위 논문들의 실질적인 연구개발 접목 가능성에 대해서는 평가할 수 없다. 그러나 김정은 시기 우주활동에 관한 거버넌스 측면에서, 산·학·연을 통합한 일련의 학회를 정기적으로 개최하고 연구개발 노력을 위한 다각적인 접근을 시도하는 것으로 보인다.[84]

---

82) UN S/RES/2270(2016); UN 안전보장이사회의 홈페이지에 제재기관 코드명 KPe.018로 등재되어 있다. "CONSOLIDATED LIST OF ENTITIES AND INDIVIDUALS", UN 홈페이지, https://www.un.org/securitycouncil/sites/www.un.org.securitycouncil/files/informal_compilation_of_original_script_korean_of_designated_entities_and_individuals_list_3.pdf (검색일: 2023. 3. 17.)
83) 본사정치보도반, 앞의 주 78).

⑤ 전략군(미싸일총국)

북한은 별도의 우주군을 편성하거나 공개된 우주영역 전담 군사조직이 없다. 그러나 북한의 탄도미사일 능력은 대우주작전과 우주전력투사의 가능성을 내포하고 있고, 북한의 탄도미사일 운용은 "전략군"에서 담당한다. 북한은 총참모부 예하에 육군·해군·공군과 더불어 별도의 군종사령부인 전략군을 편성하고 있다. 전략군은 지난 2012년 김일성 탄생 100주년 기념 열병식에서 김정은의 연설을 통해 독립된 조직으로 처음 공개되었다.[85] 전략군은 예하에 스커드 계열(화성−5,6호), 노동(화성−7호) 등 13개 미사일여단을 운용 중인 것으로 추정된다.[86]

북한은 2023년에 북한군의 군기(軍旗) 개정을 공표하면서 "다수의 부대들이 확대개편"되었음을 밝혔다.[87] 이어서 공개한 탄도미사일 발사훈련에서 훈련을 지도한 주체를 전략군이 아닌 "미싸일총국"으로 보도하였다.[88] 즉, 전략군이 미싸일총국으로 개편되었는지 정보당국의 분석이 필요한 상황이며, 한국 정부는 아직 이 조직에 대해 공식적으로 인정하거나 전략군을 대체하는 다른 조직으로 평가하지 않고 있다.

전략군의 핵심 임무는 다양한 핵탄두 및 투발수단을 통해 전략적 공격능력을 운용하는 것이다. 하지만 전략군이 운용하는 탄도미사일은 인공위성요격미사일(ASAT)로 전환될 가능성을 내포하고 있기 때문에, 미국 국방정보국은 북한의 탄도미사일을 우주영역에 대한 위협요소로 판단하고 있다.[89] 나아가 북한이 보유한 탄도미사일 기술을 제3국에 수출할 경우, 북한과 마찬가지로 해당 국가가 인공위성요격미사일 능력을 개발할 역량을 보유하게 되므로 국제질서에 큰 혼란을 야기할 수 있는 실정이다.

---

84) 이우석·정영진, 앞의 주 41), 132−133면.
85) "위대한 수령 김일성대원수님 탄생 100돐경축 열병식에서 하신 우리 당과 인민의 최고령도자 김정은동지의 연설", 『로동신문』, 2012. 4. 16.
86) 대한민국 국방부, 앞의 주 4), 29−32면.
87) "조선인민군 군기들이 개정되였다", 『조선신보』, 2023. 2. 13.
88) "대륙간탄도미싸일발사훈련 진행", 『조선신보』, 2023. 2. 19.
89) Defense Intelligence Agency, *Challenges to Security in Space 2022* (U.S. Government Publishing Office, 2022), pp.31−32.

그림
9
북한의 탄도미사일관련 수출국 현황(2002-2020)

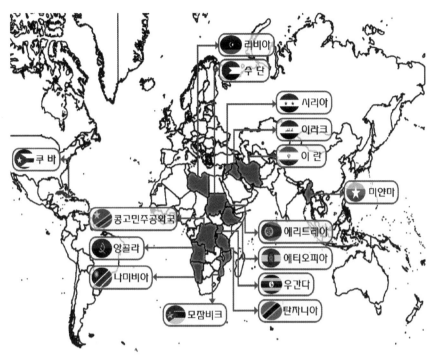

출처: 미국방정보국(2021)[90]을 참고하여 작성.

---

90) 실제로 북한은 UN 안전보장이사회 결의에 따른 제재에도 불구하고, 이란, 시리아, 우간다, 수단 등 아프리카와 중동국가를 중심으로 탄도미사일과 연관되는 장비·부품·기술지원을 지속하고 있는 것으로 추정된다. Defense Intelligence Agency, supra note 3, pp.67－68.

최근 우주기술

1 인공위성

광명성(光明星)이란 환하게 빛나는 별이라는 뜻으로 북한에서는 김정일을 일컫는 말이다. 김일성의 처 김정숙이 백두산의 밀영지에서 김정일을 출산하였고, 당시 크고 아름다운 별 하나가 이들을 비추었다 하여 김정일을 백두광명성이라 칭송하는 것이 그 유래가 되었다.[91]

① 광명성-1호

1998년 8월 30일 북한은 광명성－1호 위성을 탑재한 대포동－1호(백두산－1호) 로켓을 발사하였다. 북한은 언론 보도를 통해 위성이 궤도 진입에 성공하였다고 주장하였으나,[92] 과학적 분석 결과 3단에서 실패한 것으로 추정된다.[93] 1·2단 로켓은 액체연료, 3단 로켓은 고체연료를 사용하였으며, 1단 로켓은 동해 앞 공해상에, 2단 로켓은 일본 동북부 산리쿠 지방 앞 태평양 공해에 추락하였고, 3단 로켓은 대기권을 이탈하지 못하고 추락한 것으로 추정된다.[94]

북한은 상기 발사체의 탑재체인 광명성－1호에서 모스부호를 통해 27Mhz의 주파수로

---

91) 김갑식 외, 『북한지식사전』(서울: 통일부 국립통일교육원, 2021), 56면.
92) 북한의 보도에 따르면, 위성은 지구로부터 제일 가까운 거리 218.82Km, 제일 먼 거리 6978.2Km의 타원궤도를 따라 돌고 있으며 주기는 165분 6초이다. 조선중앙통신사, 앞의 주 16).
93) 심형석·고정환·최규성·노웅래, "우주발사체 비행실패 사례 분석", 『한국항공우주학회지』, 33권 6호(2005), 109－111면.
94) 김호식, "미사일 및 인공위성 발사체계의 기술적 고찰", 『항공우주정책·법학회지』 11권(1999), 444면.

'김일성 장군의 노래', '김정일 장군의 노래', '주체조선'이 전송되고 있다고 보도하였다.[95)]
미국, 일본 등은 해당 주파수에서 수집되는 신호는 없다고 밝혔으며, 한국 정보통신부 중앙
전파연구소(現 과학기술정보통신부 산하 국립전파연구원)에서도 수신한 신호가 없다고 밝힌 바 있
다.[96)]

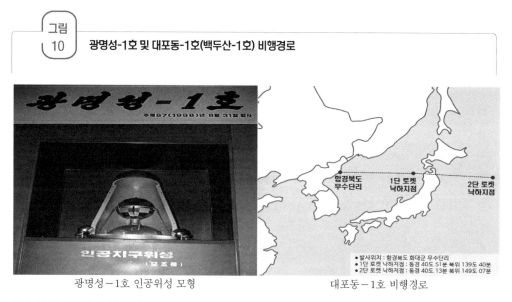

<table>
<tr><td>그림
10</td><td>광명성-1호 및 대포동-1호(백두산-1호) 비행경로</td></tr>
</table>

광명성−1호 인공위성 모형   대포동−1호 비행경로

출처: 통일뉴스, 김호식(1999)

② 광명성-2호

2009년 4월 5일 북한은 대포동에서 광명성 2호를 탑재한 은하−2호 로켓을 발사하였다.
은하는 김정은을 찬양하기 위해 사용하는 용어로 2009년 1월 김정은이 김정일 위원장의 후
계자로 내정된 뒤 여러 분야에서 사용되기 시작하였다.

---

95) 조선중앙통신사, 앞의 주 16).
96) 황보한, "북한의 인공위성 발사와 지구궤도 진입여부", 『서울공대』, 34호(1998), 10−13면.

광명성 2호는 40.6도의 궤도경사각으로 지구로부터 제일 가까운 거리 490km, 제일 먼 거리 1426km 타원궤도를 돌고 있으며 주기는 104분 12초이다. 김일성 장군의 노래와 김정일 장군의 노래 선율과 측정자료들이 470메가헤르쯔로 지구상에 전송되고 있다.

북한은 은하-2호의 발사는 성공적이었으며, 발사 후 약 9분만에 광명성 2호를 인공위성 궤도에 진입시켰다고 주장하였다.[97] 북한의 주장과 달리 은하-2호는 발사체의 3단 분리가 실패하여 바다에 추락하였다. 미국 북미항공우주방위사령부(North American Aerospace Defense Command: NORAD)는 당시 미사일을 대포동-2호로 지칭하고, 1단 미사일은 동해에 추락하였으며 어떠한 물체도 궤도에 오르지 못하였고 나머지는 태평양으로 추락하였다고 발표하였다.[98] 또한, 미국, 일본 등은 북한이 발표한 궤도 데이터상 어떠한 위성도 발견할 수 없으며, 470MHz상 어떤 신호도 수신되지 않았다고 확인하였다.[99]

그림
11 광명성-2호와 은하-2호 비행경로

광명성-2호 인공위성 모형   은하-2호 비행경로

출처: 통일뉴스, Daily NK

97) 조선중앙통신사, "인공지구위성 광명성2호를 성과적으로 발사", 『조선중앙통신』, 2009. 4. 5.
98) "NORAD and USNORTHCOM monitor North Koean launch", NORAD, https://www.norad.mil/Newsroom/Article/578326/norad-and-usnorthcom-monitor-north-korean-launch/ (검색일: 2023. 4. 19.)
99) 정규수, 앞의 주 7), 309면.

광명성-3호

2012년 4월 13일 북한은 동창리 기지에서 광명성－3호를 탑재한 은하－3호를 발사하였다. 은하－3호는 발사 약 2분만에 폭발하여 군산 서쪽 100－150km 정도에 잔해물이 추락하였다.[100] 북한은 이례적으로 발사 4시간 만에 실패를 인정하였다.[101] NORAD 또한 로켓의 1단은 황해에 추락했고 나머지는 실패하여 추적할 수 없었다고 발표하였다.[102]

북한은 광명성－3호 발사 이전에도 ICAO와 IMO에 발사 일정을 통보했고, 세계 여러 나라의 전문가와 기자들을 발사 현장으로 초청하겠다는 의사도 밝혔다.[103] 비록 발사는 실패하였지만, 북한이 광명성－3호를 통해 설계했던 인공위성의 제원을 북한의 보도자료를 통해 추정해 볼 수 있다. 조선우주공간기술위원회 우주개발국 부국장은 조선중앙통신 기자와의 회견에서 광명성－3호는 카메라를 탑재한 지구관측위성으로서 무게는 약 100kg, 예상수명은 약 2년 정도라고 언급하였다. 주요 목표는 북한의 산림자원분포정형과 자연재해, 알곡예정수확고 등을 판정하고 기상예보 및 자원탐사 등에 사용될 것이라 설명하였다.[104]

4 광명성-3호 2호기

북한은 기술적 문제를 보완하여 2012년 12월 12일 다시 광명성－3호 2호기를 은하－3호에 탑재하여 발사하였다. 은하－3호는 1·2·3단까지 로켓 분리가 성공하였고 광명성－3호 2호기도 지구 저궤도에 진입하였다.[105] 북한은 은하－3호를 통한 광명성－3호 2호기 발사가 성공하여 위성이 해당 궤도에 진입하였으며, 위성에서는 '김일성 장군의 노래', '김정일

---

100) 제18대 국회 제306회 국방제1차, "국방위원회회의록", 2012. 4. 13, 2면.
101) 조선중앙통신사, 앞의 주 29).
102) "NORAD and USNORTHCOM Acknowledge Missile Launch", NORAD, https://www.norad. mil/Newsroom/Article/578614/norad－and－usnorthcom－acknowledge－missile－launch (검색일: 2023. 4. 19.)
103) 조선중앙통신사, "조선우주공간기술위원회 대변인담화", 『조선중앙통신』, 2012. 3. 16.
104) "조선중앙통신사 기자와 회견", 『민주조선』, 2012. 3. 29.
105) 제19대 국회 제311회 국방제12차, "국방위원회회의록", 2012. 12. 12, 2면.

장군의 노래'가 송신 중이라고 발표하였다.[106] 이번에도 북한은 발사 이전 ICAO와 IMO에 발사 일정을 통보하였고, 광명성－3호 2호기도 광명성－3호와 동일한 기능을 가진 지구관측을 위한 실용위성으로 해당 위성 발사가 우주의 평화적 이용이라는 주장을 견지하였다.[107] 실제로 북한은 1975년 등록협약에 따라 UN에 아래의 <표 9>와 같은 정보를 바탕으로 우주물체를 등록하였다.[108]

표 9 북한이 UN에 등록한 광명성-3-2호 정보

- 발사국: 조선 민주주의 인민 공화국(DPRK)
- 국제표기: 광명성-3-2호(KWANGMYUONGSONG 3-2)
- 발사일: 2012.12.12.
- 발사장소: 북한 서해 위성발사장(Sohae satellite launch site of DPRK)
- 발사체: 광명성(KWANGMYONGSONG)
- 궤도정보: 주기 95분 25초, 경사 97.4도, 원지점 584.9km, 근지점 492.5km
- 우주물체 기능: 농작물, 삼림자원과 자연재해 조사 목적 지구 관측

출처: 아래의 주 108).

그림 12 광명성-3호와 은하-3호 비행경로

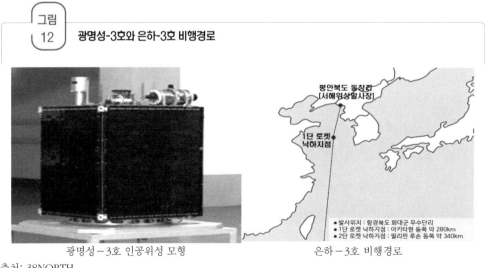

광명성－3호 인공위성 모형   은하－3호 비행경로

출처: 38NORTH

---

106) 조선중앙통신, "출판보도부문 기자들 위성관제종합지휘소 참관", 『로동신문』, 2012. 12. 13.
107) 한경철, "평화적위성발사는 우리의 당당한 합법적권리", 『로동신문』, 2012. 12. 14.
108) UN ST/SG/SER.E/662.

발사 이후 NORAD는 미사일의 1단은 황해, 2단은 필리핀해에 추락하였고 최초 발사체가 처음으로 해당 궤도에 도달한 것으로 평가하면서,[109] 광명성－3호 2호기의 식별번호 '39026'를 부여하여 감시하였다. 미국은 북한의 인공위성이 지구 궤도에 진입한 것으로 인정하였으나, 작동에 대해서는 부정적이었다. 하버드－스미소니언 천체물리학센터의 Mc-Dowell 박사는 광명성－3호 2호기로부터 어떠한 신호도 수신되지 않으며, 지구 공전 간 자세 제어가 되지 않기에(Tumbling) 위성 활동으로 볼 수 없다고 분석하였다.[110] 10년 넘게 작동 여부에 대한 투명한 정보가 확인되지 않던 광명성－3호 2호기는 점차 고도가 낮아져 2023년 9월 13일 지구 대기권으로 점차 진입하여 연소 소멸(decayed)한 것으로 공식 확인되었다.[111]

⑤ 광명성-4호

위성에 대한 선전 활동을 지속하던 북한은 2016년 2월 7일에 우주발사체 광명성호에 광명성－4호를 탑재하여 발사하였다. 광명성－4호는 1·2·3단 추진체 모두 정상 분리된 후 지구 저궤도에 진입하였다.[112] 광명성호는 1단이 분리된 이후 의도적으로 폭파되었고,[113] 1·2단의 착수지점을 특정할 수 없으나 은하 3호와 유사한 비행경로를 보였다.[114]

북한은 광명성－4호의 성공적 발사와 궤도 진입을 김정은의 업적으로 선전하였고, 러시아는 광명성－4호의 작동을 확인했다고 밝혔으나 교신 여부에 대해서는 언급하지 않았다.[115] 그리고 북한은 UHF대역과 S대역에서 원격측정소들과 통신하였고, '김일성 장군의

---

109) "NORAD acknowledges missile launch", NORAD, https://www.norad.mil/Newsroom/Article/578539/norad－acknowledges－missile－launch/ (검색일: 2023. 4. 21.)
110) "Astronomers Say North Korean Satellite Is Most Likely Dead", NY Times, https://www.nytimes.com /2012/12/18/world/asia/north－korean－satellite.html (검색일: 2023. 4. 21.)
111) UNOOSA에서 관리하는 우주물체 등록현황을 참고하였다. UNOOSA, https://www.unoosa.org/oosa/en/spaceobjectregister/submissions/list/dprk.html (검색일: 2024. 1. 30.)
112) 제19대 국회 제339회 국방제1차, "국방위원회회의록", 2016. 2. 7, 3－8면.
113) "北 장거리미사일 잔해물 분석 결과", 국방홍보원, http://demaclub.tistory.com/2982 (검색일: 2023. 4. 28.)
114) "NORAD statement on North Korea Missile Launch", NORAD, https://www.norad.mil/Newsroom/Press－Releases/Article/652263/norad－statement－on－north－korea－missile－launch/ (검색일: 2023. 4. 21.)

노래', '김정일 장군의 노래', '발걸음' 등의 노래와 위성원격측정자료, 시험촬영자료 등을 수신하여 광명성-4호가 정상작동중이라고 주장하였다.[116] 또한 광명성-3호 2호기와 마찬가지로 1975년 등록협약에 따라 UN에 아래의 <표 10>와 같은 정보를 바탕으로 우주물체를 등록하였다.[117]

표 10) **북한이 UN에 등록한 광명성-4호 정보**

- 발사국: 조선 민주주의 인민 공화국(DPRK)
- 국제표기: 광명성-4호(KWANGMYUONGSONG-4)
- 발사일: 2016. 2. 7.
- 발사장소: 북한 서해 위성발사장(Sohae satellite launch site of DPRK)
- 발사체: 광명성(KWANGMYONGSONG)
- 궤도정보: 주기 94분 24초, 경사 97.4도, 원지점 500km, 근지점 494.6km
- 우주물체 기능: 지구 관측

출처: 아래의 주 117).

　　지난 광명성-3호 2호기에서의 사례와 같이, 북한은 광명성-4호의 정상작동 여부를 계속 공개하지 않았다. 광명성-4호도 발사 초기부터 위성으로서 기능을 수행할 수 있는지 여부가 국제적으로 증명되지 않았다. 그리고 미국의 언론에서는 궤도에 이탈하고 있다(Tumbling in orbit)[118]고 보도하였다. 광명성-4호 발사 한 달 뒤인 3월, 하버드-스미소니언 천체물리학센터의 McDowell 박사는 위성 하단이 일관되게 지구를 향하도록 자리를 잡은 것 같다는 의견을 밝혔다.[119] 위성이 발사 직후 불안정한 모습을 보이는 것은 흔한 일이며 자리를 잡는데는 시간이 소요되는데, 북한은 중력경도법을 이용해 궤도를 안정화시켰다

---

115) "조선의 지구관측위성《광명성-4》호는 정상가동하고있다", 『민주조선』, 2016. 2. 28.
116) 위의 주.
117) UN ST/SG/SER.E/768.
118) "North Korean satellite "tumbling in orbit", U.S. officials say", CBS, https://www.cbsnews.com/news/north-korea-satellite-tumbling-in-orbit-u-s-officials-say/ (검색일: 2023. 4. 27.)
119) "미 우주 전문가 "북한 광명성4호, 안정 각도 유지… 성능 개선"", VOA, https://www.voakorea.com/a/3234074.html (검색일: 2023. 4. 27.)

고 평가한 것이다.

그러나 북한은 광명성－4호 위성을 통한 지상관측 영상을 공개한 적이 없고 위성에서의
송출 신호가 2016년 2월 10일 이후 확인된 바 없으며, 미 국방정보국은 광명성－4호가 지구
저궤도에 진입한 사실만 공식적으로 인정하였다.[120] 7년 넘게 작동여부에 대한 투명한 정보
가 확인되지 않던 광명성－4호는 점차 고도가 낮아져 2023년 6월 30일 지구 대기권으로 점
차 진입하여 연소 소멸(decayed)한 것으로 공식 확인되었다.[121]

그림
13   2016년 북한이 주장하는 우주활동

대포동－2호(광명성호)발사체와 광명성－4호 인공위성 기념우표

출처: 통일뉴스

6 만리경-1호

만리경이란 북한 말로 "매우 먼 곳에 있는 것을 볼 수 있는 눈"이라는 의미이며, 일견 한
국의 정지궤도 위성인 천리안(천 리 밖의 것을 볼 수 있는 안력)을 연상시키기도 한다. 북한은
2023년 11월 21일, 세 차례 발사를 시도하여 만리경－1호를 지구 저궤도에 올리는데 성공하

---

120) Defense Intelligence Agency, supra note 3, pp.23－24.
121) UNOOSA, 앞의 주 111).

였다고 주장하였으며,[122] NORAD는 해당 우주물체에 '58400'번호를 부여하고 실제로 궤도를 돌고 있다고 밝혔다.[123] 북한은 만리경－1호를 광명성－4호와 달리 UN에 등록하지 않고 있다.[124]

북한이 만리경－1호의 구체적인 정찰능력을 공개한 바는 없으나, 목적은 군사정찰위성이라 주장하였다.[125] 북한은 위성 시험품 탑재 발사 시험에서는 위성의 성능을 추정할 수 있는 발표를 하였다. 가장 마지막에 수행된 2022년 12월 18일의 발사에서, "20m 분해능시험용전색촬영기(광학카메라체계) 1대와 다스펙트르촬영기(광학기반 다스펙트럼체계) 2대"를 탑재하였다고 밝혔다.[126] 한국 정부기관과 언론에서 밝힌 능력은 아래와 같다.

표 11) 만리경-1호의 정찰능력(해상도)에 대한 분석

일시	근거자료	내용
2023.5.31.	국정원[127] (연합뉴스 보도)	(국정원의 관련내용 현안보고가 포함되어 비공개로 열린 국회 정보위원회 결과 브리핑) 길이 1.3m, 무게 약 300kg, 해상도 최대 1m 내외의 초보적 정찰임무만 가능한 소형 지구관측위성
2023.6.1.	대한민국 국회 국방위원회[128]	제407회: 해상도 1m 정도로 판단
2023.7.6.	대한민국 국방부[129]	인양한 위성체를 바탕으로 한·미 전문가들이 정밀 분석한 결과, '군사적으로 효용성 없음'
2023.7.6.	조선일보[130]	위성체 잔해를 분석한 결과 해상도 10-20m
2023.11.22.	장영근 YTN 인터뷰[131]	장영근(한국국가전략연구원 미사일센터장): 해상도 1-5m급 소형 정찰위성으로 분석
2023.11.23.	대한민국 국회 국방위원회[132]	제410회: 잔해 수거 결과 영상 해상도가 3m급

출처: 상기한 자료 (주 127－132)를 재구성하여 저자 작성

122) 조선중앙통신사, 앞의 주 6).
123) N2YO, https://www.n2yo.com/satellite/?s=58400 (검색일: 2024. 2. 4.)
124) UNOOSA, https://www.unoosa.org/oosa/en/spaceobjectregister/submissions/dprk.html (검색일: 2024. 2. 16.)
125) 조선중앙통신사, 앞의 주 6).
126) "국가우주개발국 정찰위성개발을 위한 중요시험 진행", 『조선신보』, 2022. 12. 19.

그림 14 2022년 북한이 공개한 정찰위성시험품으로 촬영한 사진

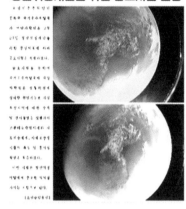

한반도 촬영영상 공개(2022. 2. 27.)

인천·서울지역 촬영영상 공개(2022. 12. 18.)

출처: 로동신문

127) "국정원 "北발사체, 무리한 경로변경에 기술적문제 발생 가능성"", 연합뉴스, https://www.yna. co.kr/view/AKR20230531165900001 (검색일: 2024. 1. 20.)

128) 제21대 국회 제407회 국방제1차, "국방위원회회의록", 2023. 6. 1, 44면.

129) "국방부 일일 정례 브리핑", 대한민국 정책브리핑, https://www.korea.kr/briefing/policyBriefing View.do?newsId=156579211 (검색일: 2024. 1. 20.)

130) "'만리경' 이름 붙인 北정찰위성, 뜯어보니 망원경 수준", 조선일보, https://n.news.naver.com /article/023/0003773947?cds=news_my (검색일: 2024. 1. 20.)

131) "北, 군사정찰위성 발사 성공주장… 만리경 1호 성능과 대응책은?", YTN, https://www.ytn.co.kr/ _ln/0101_2 02311221434008496 (검색일: 2024. 1. 20.)

132) 제21대 국회 제410회 국방제9차, "국방위원회회의록", 2023. 11. 23, 11면.

2 우주발사체

2023년 김정은은 딸 김주애와 함께 미사일 시험 발사 현장을 시찰하고, 이를 선전 목적으로 활용하였다. 일부 언론에서는 김주애를 후계자로 염두에 둔 행보로 분석하였는데, 이는 북한이라는 국가에 미사일이 갖는 의미가 남다르기 때문일 것이다. 김일성·김정일·김정은은 미사일 연구 및 발사에 국가 역량을 집중시키는 한편, 전면에 나서 이를 지도하고, 성과를 수령의 역량으로 과시해왔다. 그렇게 만들어진 미사일은 주변국을 위협하여 정권을 유지하고, 협상의 수단으로 이용되어 왔다. 이러한 맥락에서, 앞으로도 미사일 기술 개발에 국가 핵심역량을 집중하고, 성과를 도출하기 위해 노력할 것이 예상된다.

우주발사체의 발전 또한 미사일의 발전과 궤를 같이 하기 때문에, 북한의 우주발사체 능력을 분석하기 위해 최근 우주발사체뿐만 아니라 군사 목적의 미사일 기술 발전을 함께 살펴보고 기술 역량을 분석한다.

미사일 기술 획득 과정

1976년 북한은 독자적인 미사일 기술 개발을 위해 이집트로부터 획득한 스커드 B 미사일을 통해 획득한 기술로 화성-5 미사일을 대량 생산하기 시작했으며, 화성-6·노동미사일 거쳐 대포동-1호를 제작하기에 이르렀다.[133] 광명성-1호를 탑재한 대포동-1호는 3단

---

133) The International Institute for Strategic Studies and Center for Energy and Security Studies, *DPRK Strategic Capabilities and Security on the Korean Peninsula: Looking*

분리에 실패하여 대기권을 이탈하지 못하고 추락하였다.

이후 북한은 8년 간 미사일 발사를 실시하지 않았다. 1999년 9월 24일 김정일의 결심으로 미국과의 미사일 협상이 체결되었고, 북한 외무성 대변인은 미사일 발사시험 유예를 선언하였다. 2001년 5월에는 EU 의장국 자격으로 방북한 예란 페르손 스웨덴 총리에게 김정일이 직접 2003년까지 미사일 발사유예가 지속될 것이라 확약하였다. 또한, 2002년 9월 방북한 일본 고이즈미 총리와 정상회담 이후 발표한 "평양선언"을 통해 미사일 시험발사 유예를 2003년 이후에도 지속하기로 발표하였다.[134]

그러나 2006년 7월 5일 북한은 대포동-2호를 발사하였고, 이는 발사 44초 만에 공중에서 폭발하였다. 북한 외무성 대변인은 대포동-2호 미사일 발사는 성공적이었으며 종전과는 달리 인공위성이라 주장하지 않고, 군사훈련이라고 밝혔다.[135] 너무 빠른 실패로 이 미사일은 거의 분석되지 못하였고, 광명성 2호가 발사되고 나서야 10년 만에 북한의 미사일 기술을 분석할 기회가 생겼다. 2009년 4월 5일 발사한 은하-2호는 대포동 2호를 개조한 것으로, 1단은 4기의 노동미사일 엔진을 사용하였고 2단은 러시아가 개발한 SLBM R-27 1기를 사용한 것으로 추정된다.[136] R-27은 노동미사일에 비해 비추력(추진제 1kg이 1초 동안 소비될 때 발생하는 추력)이 높고 구조물도 가벼워 기술적으로 크게 개선되었다.[137] R-27 엔진은 이후 무수단 엔진 기술로 활용된 것으로 추정된다. 무수단 엔진을 사용한 화성-13은 2016년 8차례에 걸친 시험발사에서 7번 실패하였고, 북한은 백두산 엔진으로 선회하였다.[138]

Ahead (IISS, 2021), p.59.

134) 박창근, "북한의 미사일 발사와 중·북 관계의 변화", 『사회과학논집』, 37권 2호(2006), 80-96면.

135) 장영근, "북한 탄도미사일의 모든 것 <3> 대륙간탄도미사일(ICBM) 개발", 국가미래연구원 News Insight, https://www.ifs.or.kr/bbs/board.php?bo_table=News&wr_id=406 (검색일: 2023. 6. 4.)

136) 정규수, 앞의 주 7), 309-327면.

137) 위의 주, 310면.

138) 장영근, 앞의 주 135).

우주발사체 은하-3호와 광명성호

미들버리국제연구소 비확산연구센터의 Melissa Hanham에 의하면 광명성호의 외형은 은하－3호와 유사하고, Splash Zone(미사일의 착수 구역)을 봤을 때 2012년의 은하－3호와 내부적으로도 큰 차이가 없을 것으로 분석하였다.[139] 한국 또한 광명성호가 은하－3호의 추진체와 흡사하고, 미사일의 사거리가 5,500km 이상이며, 3단 분리와 유도 조정이 정상적이었다고 평가하였다.[140]

광명성호는 1단 로켓이 의도적으로 폭파되어 270여 개의 잔해로 흩어져 정밀한 분석이 쉽지 않았고, 한국 해군이 잔해의 일부를 회수하여 분석한 결과 은하－3호와 상당히 유사한 것으로 평가하였다.[141]

> **그림 15** **광명성호와 은하 3호**
>
>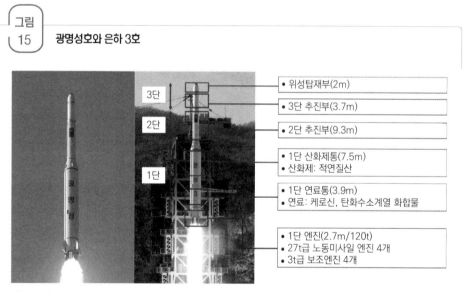
>
> - 위성탑재부(2m)
> - 3단 추진부(3.7m)
> - 2단 추진부(9.3m)
> - 1단 산화제통(7.5m)
> - 산화제: 적연질산
> - 1단 연료통(3.9m)
> - 연료: 케로신, 탄화수소계열 화합물
> - 1단 엔진(2.7m/120t)
> - 27t급 노동미사일 엔진 4개
> - 3t급 보조엔진 4개

출처: 국방홍보원

---

139) Melissa Hanham, "DPRK ANNOUNCEMENT OF ROCKET LAUNCH", ARMS CONTROL WONK, https://www.armscontrolwonk.com/archive/1200942/dprk－announcement－of－rocket－launch (검색일: 2023. 5. 19.)
140) 제19대 국회 제339회 국방제1차, 앞의 주 112), 2－4면.
141) 국방홍보원, 앞의 주 113).

국방부는 2012년 12월 21일 은하−3호 잔해 분석 결과를 브리핑을 통해 공개하였다.[142] 위의 발표에서 국방부는 북한이 사거리 1만 km가 넘는 대륙간탄도미사일을 개발할 수 있는 기술력과 부품 조달경로를 확보한 것으로 평가하였다. 그리고 국방부는 은하−3호가 발사 후 1·2단 분리 시 제동모터로 1단 로켓 속도를 줄이고, 가속모터로 2단 로켓 속도를 올려 1단과 2단 사이에 안전거리를 확보하는 폭압형 외피 파단방식을 사용하였다고 밝혔다. 또한, 엔진 각 작동부위에 일정 압력으로 연료와 산화제를 전달하는 터보펌프 조립체, 주엔진 재생 냉각방식, 3t급 보조엔진 4개로 방향을 제어하는 방식은 북한의 고유기술로 분석하였다. 특히, 나로호와 동일한 액체연료인 케로신을 사용하였으며, 산화제로 액체산소가 아닌 적연질산을 사용한다는 점에서 우주발사체가 아닌 장거리 미사일로 평가(적연질산은 장기보관이 가능하여 주로 군사용으로 사용)하였다.

회수된 은하−3호의 1단은 노동 미사일 4기 엔진을 결합하여 조립한 1개의 대형 격실로 되어 있고, 2단은 4기의 스커드 미사일 엔진을 1개로 연결한 노동 미사일, 3단은 스커드 엔진 1기로 구성되어 있다.[143] 이 중 미사일의 1단 추친체 파편 일부가 2012년 광명성−3호 2호기 발사 시 회수되었고, 2016년 광명성−4호 발사 시에는 위성탑재부에서 떨어져 나간 페어링이 추가로 회수되었다. 여러 기술적 의문이 있으나 북한은 은하 발사체 시리즈의 신뢰성 및 단 분리 기술을 입증하였으며, 한국 정부에서는 북한이 300kg 이하의 인공위성을 자력 발사할 수 있는 것으로 평가하였다.[144]

 백두산 엔진과 화성-17형

2016년 9월 20일 북한은 "새형의 정지위성 운반 로켓용 대출력 발동기"의 지상 분출 시

---

142) "북 장거리미사일 1단 추진체 파편 분석결과", 대한민국 정책브리핑, https://www.korea.kr/briefing/policyBriefingView.do?newsId=148754072 (검색일: 2024. 1. 20.)
143) The International Institute for Strategic Studies and Center for Energy and Security Studies, supra note 133, p.48.
144) 한국항공우주연구원, 『한국항공우주연구원 2018~2021 연구성과계획서』(대전: 한국항공우주연구원, 2018), 8면.

험이 성공했다고 밝혔다.[145] 80tf의 추진력을 가진 엔진을 200초 동안 연소했고, 김정은은 몇 해 안에 정지궤도 위성을 보유하겠다는 의지를 밝혔다. 상기 지상연소시험은 대포동 -1·2호, 은하-3호까지 이어진 스커드 미사일 엔진도 아니었고, 당해 4월에 있었던 무수단 엔진과도 다른 것이었다. 북한 노동신문에 공개된 도면상 "백두산계열 80tf 액체로케트"로 확인되어 흔히 백두산 엔진으로 명명되었다. 앞에서 언급한 것처럼 노동 엔진을 대체하기 위해 무수단 엔진을 개발하였으나, 안정성이 낮은 점을 고려 백두산 엔진을 개발한 결과였다.

UN 안전보장이사회 산하 대북제재위원회 전문가 패널의 2018년 보고서에 따르면, 이 백두산 엔진은 우크라이나의 'RD-250' 엔진에서 파생되었다.[146] RD-250 엔진은 1965년에 구소련에 의해 설계되어 우크라이나에 기술이 이전되었던 액체 로켓 엔진이다. 우크라이나가 패널에 제공한 정보에서 "북한의 엔진이 RD-250의 구성품을 포함하고 있으며, 동일한 추진제 구성품을 사용했을 가능성"을 확인할 수 있다. 또한, 위 자료에서 미국은 "북한이 추진체 엔진 수입에 의존하지 않고 자체 생산하는 능력을 보유"했다고 평가하였다. 이와 더불어 이 엔진은 중국의 YF-20 엔진과 추력 및 성능이 유사하여 모방하였을 개연성이 높고, 4기의 엔진을 클러스터링할 경우 320톤의 추력을 생성할 수 있어 정지궤도위성 발사용 발사체 1단 엔진으로 활용이 가능하다는 분석도 있다.[147]

백두산 엔진은 화성-12호로 여러 차례 실험되어 2017년 5월에는 성공적인 발사를 수행하였고, 그 결과 7월에는 소형 액체 로켓 엔진을 2단에 장착한 화성-14호를 발사하였다. 이어서 2017년 11월에는 화성-15호, 2022년 11월에는 화성-17호 등을 발사하며 사거리와 자세, 방향 제어 등을 실험하였다.[148] UN 전문가패널은 이러한 ICBM(화성-14호, 화성-15호, 화성-17호) 중 하나를 조만간 우주발사체로 전환하여 활용할 것으로 분석하였다.[149] 특히, 화성-17호는 재진입체 600kg 기준 사거리 15,000km를 획득하는데 문제가 없는 것으

---

145) 본사정치보도반, "우주정복의 길에서 이룩한 또 하나의 사변", 『로동신문』, 2016. 9. 20.
146) UN S/2018/171 p.10.
147) 장영근, "북한 탄도미사일의 모든 것 <6.끝> 北미사일 기술의 4계보", 국가미래연구원 News Insight, https://www.ifs.or.kr/bbs/board.php?bo_table=News&wr_id=412 (검색일: 2023. 6. 4.)
148) 장영근, "북한 신형 ICBM의 기술수준은?", 국가미래연구원 News Insight, https://www.ifs. or.kr/bbs/board.php?bo_table=News&wr_id=4562 (검색일: 2023. 6. 4.)
149) UN S/2023/171 p.200.

로 예상되어, 약 200kg인 광명성－4호보다 더 많은 기능이 추가된 탑재체를 궤도로 올릴 수 있을 것으로 판단된다.

4 천리마-1호

2023년 천리마－1호는 세 차례 시도 만에 발사에 성공하였다. 세 번의 발사 중 첫 번째 발사체는 비정상 비행 후 어청도 서쪽 약 200km 해상에 낙하하여 한국을 비롯한 제3국에 이를 분석할 기회를 제공하였다.[150] 전문가들의 분석에 의하면, 천리마－1호는 직전 발사된 광명성호와 외형이 다르고, 화성－15호와 같은 이중 노즐을 사용한 액체연료 엔진(a dual－nozzle liquid－fuel engine like that fitted to North Korea's Hwasong－15 ICBM)을 사용한 것으로 보인다.[151]

> **그림 16** 인양된 천리마-1호 잔해(1단과 2단 사이 원통형 연결단 추정)

출처: 합동참모본부

---

150) 제21대 국회 제407회 국방제1차, 앞의 주 128), 14면.
151) Ankit Panda and Joseph Dempsey, "New North Korean Space Rocket Features Engine Icbms Analysts Say", Reuters, https://www.reuters.com/world/asia－pacific/new－north－ korean －space－rocket－features－engine－icbms－analysts－say－2023－06－01 (검색일: 2023. 6. 10.)

화성-12·15·17호가 모두 백두산 엔진을 사용하였기에 구분이 어렵지만, 특히 화성
-17호와 더 유사하다는 분석도 있다. 두 개의 트윈챔버 로켓 엔진으로, 전체는 4개의 노즐
(two twin-chambered rocket engines, for a total of four rocket nozzles)이 있고 발사체의 총 길
이가 약 29m라는 점을 비추어볼 때 과거 공개된 화성-17호에 더 가깝다고 볼 수 있다는 것
이다.[152] 천리마-1호의 2·3단 지름이 화성-17호와 달리 1단에 비해 작고, 화성-12호
지름(1.65m) 및 화성-15호 지름(2.25m)과도 일치하지 않는 2.1m이기에 새로운 엔진 시스
템일 가능성이 높다.

화성-15·17호 모두 RD-250에 기반한 백두산 엔진을 사용하였기에 천리마-1호 또
한 1단은 백두산 엔진을 사용한 것으로 볼 수 있다. 또한, 천리마-1호는 광명성호에 비해 상
당히 큰 탑재체를 갖추고 있어 200-300kg 이상의 탑재체를 실을 수 있을 것으로 분석된다.

---

152) "First Flight of North Korea's Chollima 1 SLV Fails but More Launches and More New
SLVs are Likely", 38NORTH, https://www.38north.org/2023/06/first-flight-of- north-ko
reas-chollima-1-slv-fails-but-more-launches-and-more-new-slvs-are-likely/
(검색일: 2023. 6. 10.)

Chapter

04

결론

북한은 1976년 미사일 개발을 시작으로 우주개발에 참여하였다. 김일성·김정일 시기에는 평화적 목적의 우주개발을 가장하여 미사일 기술 개발에 집중해왔으나, 김정은은 국제법상 권리를 주장하며 공공연하게 인공위성 발사 및 운용에 대한 의지를 표명하고 있다. 특히, 김정은은 선대에 비해 법령과 제도를 적극 활용하여 통치체제를 확립하고 있는데, 이러한 기조는 우주활동에도 반영되고 있다. 김정은은 우주개발법의 제정, 국가항공우주기술총국 중심의 거버넌스 정비 등 국가우주활동에 관한 제도적 역량을 강화하였고, 국가우주개발 5개년 계획은 2012년부터 1·2·3차에 걸쳐 지금도 추진 중에 있다.

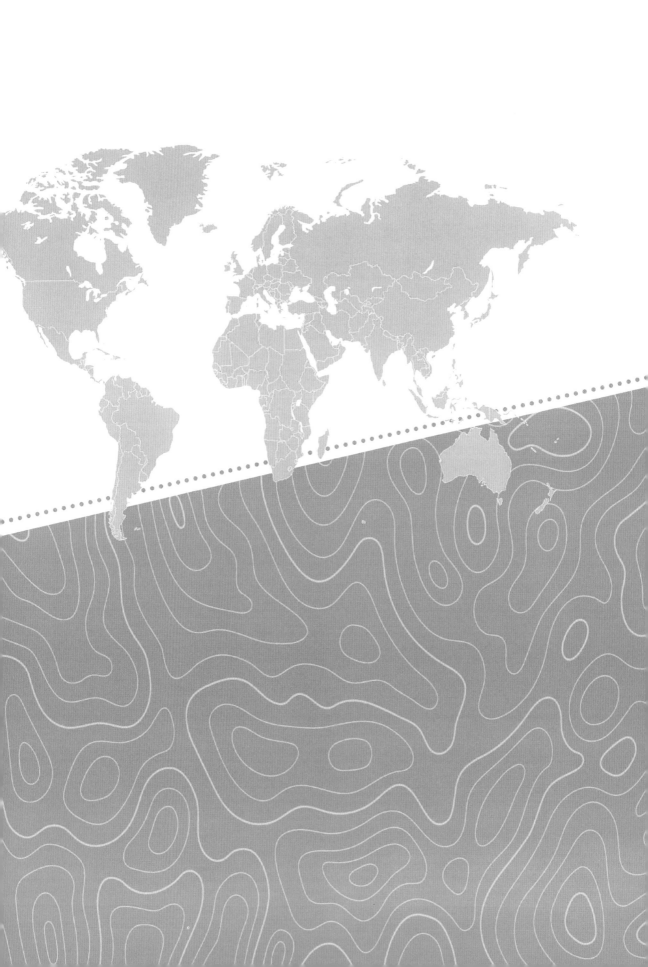

독일 우주활동역사

- 박준우

Chapter 01

서론

독일은 손꼽히는 기술력으로 세계 우주시장에서의 경쟁력을 강화하고 있다. 독일 연방정부가 추구하는 우주정책은 우주과학·지구관측·위성통신·항법위성·로봇 등 우주활동의 모든 영역에서 과학기술 역량 강화에 초점을 맞추고 있다.[1] 하지만, 위성·발사체·우주감시체계·로봇 등 거의 모든 분야에서 세계적인 기술력을 갖고 있음에도 독일은 스페이스클럽[2]에 해당하지는 않는다. 유럽의 또 다른 우주강국 프랑스와 영국이 각각 세 번째와 여섯 번째로 스페이스클럽에 포함된 것과는 대조적인데, 이는 제2차 세계대전 이후 독일이 발사체의 독자적인 개발을 추진하지 않은 정책방향에서 비롯된 것으로 보인다. 비록 스페이스클럽은 아니지만 독일은 세계가 인정하는 우주 강국이며, 현재에도 다양한 분야에서 연구개발뿐 아니라 국제협력을 통한 우주활동에도 많은 기여를 하고 있다.

독일은 2021년 기준 우주분야에 국가예산의 2.6퍼센트인 24억 달러 이상을 투자하였고, 이는 세계에서 7번째로 많은 규모이다. 예산의 90퍼센트가 민간분야의 프로그램에 지원되고 있고 10퍼센트 수준만이 국방분야에 투자되고 있다.[3] 독일의 우주예산 중 25퍼센트가 우주과학기술 연구분야에 투자되어 가장 큰 비중을 차지하고 있는데, 이는 국제협력 임무 중 높은 기술력을 요구하는 위성의 구성품이나 발사체의 엔진 개발 등 부품 단위의 성능향상을 위한 연구가 많기 때문이다. 우주과학기술 연구 다음으로는 우주탐사에 약 19퍼센트, 지구관측에 18퍼센트를 사용하고 있다.[4]

---

1) BMWi, *Für eine zukunftsfähige deutsche Raumfahrt: Die Raumfahrtstrategie der Bundesregierung* (Germany Government, 2012), p.5.
2) 우주에서 임무를 수행할 수 있는 '위성'과 위성을 우주로 보내는 '발사체', 발사체를 쏠 수 있는 '발사장'을 모두 갖춘 나라로 2023년 5월 현재 대한민국을 포함 11개 국가가 있다.
3) 항공우주연구원, 『우주개발 동향과 전망』(대전: 한국 항공우주연구원, 2020), 6-7면.
4) 항공우주연구원, 앞의 주 3), 9-23면.

Chapter 02

우주활동역사

1 연구개발사

　독일의 우주활동은 미사일의 탄도 고도를 올려 사거리를 연장하려는 군사적인 이유에서 시작되었으나,[5] 현재는 그 목표를 '삶의 질 향상'에 두고 있다.[6] 연구개발사에서는 독일의 우주활동 목표가 변화하기까지 역사적 사실들을 4단계로 구분하여 설명한다. 우주발사체의 근원인 1930년대 나치 독일의 로켓 개발부터 종전 후 비무장 및 항공우주연구가 금지되었던 1955년까지를 1단계, 파리조약[7]이 발효되어 독일 연방공화국의 주권이 일정 수준 회복되어 우주분야의 연구가 다시 시작된 1955년부터 유럽우주기구(Europe Space Agency: ESA)가 설립된 1975년까지를 2단계, ESA 설립 이후부터 독일이 통일되는 1990년까지의 시기를 3단계로 구분하며 이때, 통일 이전 시기는 연방공화국으로 표현되는 서독과 민주공화국으로 표현되는 동독을 나누어 제시한다. 마지막 4단계는 1990년 이후부터 현재까지로 구분한다.

---

5) 바이마르공화국의 로켓 선구자로 알려진 Hermann Oberth가 1923년 'Rockets to Inter-planetary Space'라는 책을 발간하여 로켓이 인간을 우주로 보내는 가장 적합한 수송수단임을 주장하며 로켓 연구의 목적을 인간의 우주활동으로 여겼으나, 물리적인 개발이 성공적으로 진행된 V-2 로켓부터를 독일 우주활동의 시작점으로 제시했다.

6) BMWi, supra note 1, p.9.

7) 1954년 10월 파리에서 체결된 조약으로, 제2차 세계대전의 종전 후 탄생한 서독이 주권과 군대를 회복하게 된 조약이다. 이를 바탕으로 서독은 NATO에 가입하고, 미국·영국·프랑스가 서독에서 철회하여 서독의 주권을 회복하였으며, 1955년 5월 파리조약에 참여한 모든 국가들이 비준을 완료하였다.

1 1단계(1930년 ~ 1955년)

독일은 20세기 초부터 미사일의 최대 고도를 높이기 위하여 2단 추진 로켓을 연구하기 시작했다. 1차 세계대전 종전 이후 독일은 자국에 위협이 될 수 있는 국가, 특히 영국에 대한 위협에 대비하기 위하여 장거리 미사일을 연구하기 시작했고, 1931년 3월 14일 독일 과학자 빈클러(Winkler)는 비록 60미터 정도 높이지만 유럽 최초로 액체추진 로켓을 발사하는 데 성공하였다.[8]

이후 1934년 베르너 폰 브라운(Wernher von Braun)의 연구개발팀이 중심이 되어 장거리 로켓인 'Aggregat 1(A-1)'을 개발하고 개량형인 A-2를 이어서 개발하여 고도 약 2,300미터에 이를 수 있게 되었다. 이후 두 차례 성능개량을 더 거친 A-4는 무게 1톤에 달하는 군사 탑재체를 300킬로미터까지 운반할 수 있게 되었으며, 처음으로 음속을 뛰어넘는 로켓이 되었다. 히틀러는 A-4 로켓을 선전 선동 목적으로 보복병기라는 뜻의 'Vergeltungswaffe 2(V-2)'라 명명하였고, 이것은 인류 역사상 처음으로 카르만 선[9]을 넘어 우주를 비행한 인공물체로 1943년 8월 미사일로 시작되어 1944년 9월부터 1945년 3월까지 약 3,200개의 V-2 로켓이 발사되었다.[10]

1945년 3월 19일 전쟁에서 패색이 짙어지자 히틀러는 모든 주요 군사시설을 파괴할 것을 명령했지만 당시 군비장관은 이를 따르지 않았고,[11] 이로 인해 브라운과 그의 연구팀은 로켓 프로그램을 지킬 수 있었다. 한편 연합국은 나치 독일의 기술을 탐냈고, 미국은 이를 위해 연구진들을 강제 이주시키는 '페이퍼 작전(Operation Paperclip)'을 시행하였다. 브라운은 미국을 도와 V-2 개발을 지속하였고, 마침내 1946년 10월에 미군 포병기지에서 V-2를 발사하여 상공 104,6km까지 올려 보내는데 성공했다. 해당 로켓에 설치된 마운트 카메라로 지구 표면을 촬영하는데 성공했고, 이는 인류 역사상 최초로 우주에서 지구를 촬영한 사진이 되었다.

---

8) DLR, 『History of German Space Flight』(Germany: DLR, 2011), p.10.
9) 카르만 선(von Karman line)은 지구의 대기권과 우주 공간 사이의 경계를 정의하려는 이론으로 국제항공연맹에서는 해수면에서부터 100킬로미터 상공부터 우주공간으로 정의한다.
10) DLR, supra note 8, p.15.
11) DLR, supra note 8, p.19.

그림 1 베르너 폰 브라운(중앙)과 나치

출처: Air & Space Magazine (January, 2008)

이것은 결과적으로 미국 등 서방국가의 우주발사체 개발에는 긍정적 효과였지만, 독일에게는 인력의 대량 유출이라는 막대한 피해가 발생하게 된 것을 의미한다.

종전 후 연합국들은 독일의 군사력을 제한하는 일련의 조치를 시행하였고, 독일은 미사일 및 공군력과 긴밀한 연관이 있는 항공우주연구를 사실상 금지당했다. 그리고 히틀러의 나치 독일은 서독과 동독으로 나뉘게 되었다. 서독에 남아있던 로켓 연구자들은 슈투트가르트에서 연구활동을 지속하면서 1947년 우주협력협회(Arbeitsgemeinschaft Weltraum fahrt)를 설립하였고, 우주협력협회는 교육부의 승인을 받아 1962년에 우주연구협회(Gesellschaft für Weltraumforschung: GfW)로 명칭이 개정되었다. GfW는 평화적 목적의 로켓을 지속 개발한다는 목적 하에 서독에 남아있는 로켓 연구자들을 참여시켜 활동했다. 이후 1955년 파리조약이 발효되면서 서독은 주권을 일부 회복했고, 이에 따라 연구진들은 국내외 우주 프로그램에 공식적으로 참여하고 정부 역시 국가적 지원을 할 수 있게 되었다.

② 2단계(1956년 ~ 1975년)

가. 서독

파리조약 이후 서독이 로켓개발에 열중하고 있을 때, 1957년 10월 4일 소련의 Sputnik 1호 위성 발사는 비단 미국에만 충격을 준 것이 아니라 유럽에도 자극을 주었다. 서독은 과학기술의 발전 측면에서 접근하기 어려운 지구 밖 영역에 다가가는 것도 국가의 명성을 증대시키는 행위임을 인식했다. 또한, 1961년 독일연구재단이 연방정부에 우주연구의 중요성에 관한 의견서를 제출하면서 우주분야의 연구개발이 국가 정책 차원으로 인식되기 시작했다. 당시 연방정부 총리였던 콘라드 아데나우에르(Konrad Adenauer)는 두 차례의 세계 전쟁 이후 서독이 국제협력을 통한 발전을 이뤄내는 것이 어려울 것으로 생각했던 관념을 뛰어넘어 프랑스와의 공동 연구나 미국과의 협력 등을 통하여 과학기술 발전을 위하여 정치적인 노력을 강하게 추진하였다.[12] 덕분에 서독은 종전 이후 항공우주연구 금지로 인하여 정체되었던 과학기술의 발전을 협력국들과 관계 속에서 빠른 속도로 성장시킬 수 있었다.

유럽의 공동연구를 위해 설립한 유럽우주연구기구(European Space Research Organization: ESRO)와 유럽발사체개발기구(European Launcher Development Organization: ELDO)에서도 서독은 중요한 역할을 수행했다. 1968년 ESRO의 프로그램 중 행성간 자기장 연구와 태양풍 및 태양입자 연구를 위한 위성 Heos-1에 자기권 연구분야에 참여하였고,[13] 해당 위성은 1968년 12월 5일 성공적으로 발사되었다. 이후 ESRO의 위성 프로그램 Heos-2, TD-1, ESRO-IV에 참여하였다. ESRO의 위성프로그램에서 서독은 충분한 성과를 거두었으나 ELDO의 Europa 로켓 개발에서는 서독의 기업인 Astris가 3단 제작[14]에 대한 책임을 갖고 있었음에도 정치적 혼란으로 제대로 진행하지 못했고 결국 5번의 발사가 모두 서독의 3단 로

---

12) DLR, supra note 8, p.31.
13) Niklas Reinke, "Geschichte der deutschen Raumfahrtpolitik", 『Internationale Poli tik und Wirtschaft』 (2004), p.78.
14) Europa 로켓 1단은 영국의 블루 스트릭 미사일을 사용, 2단은 프랑스 Coralie, 3단은 독일 Astris가 제작했다.

켓 불량으로 인하여 실패하였다. 하지만 이러한 실패에도 불구하고 발사체 개발에 직접적으로 참여한 국내 인력만 700명에 달하는 등 서독의 발사체 기술기반 축적에 중요한 역할을 하였다.[15]

또한, 미국과 협력하여 위성 개발을 추진하여 1969년 11월 8일에 독일 첫 위성[16]인 Azur를 발사했다.

표 1   Azur 위성 기본제원

- 발사체: 미국, Scout B
- 발사장: 미국, 반덴버그 공군 기지
- 임무기간: 1969년 11월 8일 ~
  1970년 6월 29일 / 8개월
- 목적: 태양 입자 및 오로라 연구
- 궤도고도: 368km

출처: DLR

해당 위성은 무게 약 72kg으로 위성의 작동은 11월 15일 이후 서독에서 항공우주기술에 관련되어 있던 3개 조직[17]이 합병되어 새롭게 구성된 독일항공우주연구소(Deutsche Forschungs und Versuchsanstalt fr Luft und Raumfahrt: DFVLR)에서 관리하였다.[18] 1960년대 서독의 우주예산은 미국의 우주활동 투자비용의 30분의 1 수준[19]이었지만, 패전 이후 주춤했던 기술력을 회복했다는 것과 우주활동에서의 국제적 초석을 다졌다는 점에서 성공했다고 할 수 있다.

---

15) 항공우주연구원 정책분석팀, "독일 우주개발 체계의 변천과정과 현주소", 『Space Issue』 4권 (2012), p.3.
16) 서독과 동독을 통틀어 첫 번째 인공위성이며, Azur 위성 발사로 독일은 세계 9번째 위성 보유국이 되었다.
17) 공기역학기관(AVA), 독일항공연구소(DVL), 독일항공연구협회(DFL)
18) DLR, supra note 8, p.34.
19) DLR, supra note 8, p.35.

나. 동독

서독에 비해 동독은 전후 항공우주연구의 금지로 인한 정체기로부터 회복되는 데 오랜 시간이 걸렸다. 전후 동독의 정치부는 우주활동에 대한 어떠한 전략이나 정책도 없었으나, 다른 많은 국가들과 마찬가지로 1957년 소련의 스푸트니크 1호 발사를 계기로 우주분야에 대해 관심을 갖기 시작했다. 스탈린(Stalin)의 사망과 1956년 10월 헝가리에서 발생한 동독의 폭동을 겪은 소련은 이후 우주 분야에서의 주변국과 협력을 위해 긴밀히 움직이게 되었고, 동독은 사회주의 국가로서 소련의 연구에 부분적으로 접근할 수 있었다. 하지만 1957년부터 1961년까지는 소련의 우주 임무를 관찰하고 문서를 분석하는 등의 활동에 제한될 뿐이었다.[20]

1960년 6월 22일에는 동독의 우주학회(Astronautical Society of the GDR)가 설립되었는데, 이는 우주분야 연구는 곧 발사체 기술의 일부인 미사일 개발이라는 정치부의 견해와는 다르게 평화적 목적의 우주연구를 위해 설립되었다는 점에서 주목을 받았다.[21] 동독의 우주학회는 설립 후 같은 해 8월 국제우주연맹(International Astronautical Federation: IAF)에 가입하며, 평화적 목적을 위한 우주에 대한 연구와 활용을 촉진하고 국제 협력에 기여하며 연구에서 얻은 지식들을 공유하겠다는 목표를 갖고 활동하였으나, 크게 주목할 만한 성과는 없었다. 다만, 학회가 설립되고 우주분야에 대한 관심이 높아지면서 동독이 소련의 우주 프로그램에만 몰두한 것이 아니라 우주 분야의 다양한 과학적 연구 프로그램들에도 개발을 진행했다는 점에서 의미를 갖는다.

그럼에도 불구하고 동독은 여전히 국가 차원의 독자적인 우주활동은 없었으며, 소련이 동맹국의 우주활동을 돕기 위해 1967년 4월부터 진행한 인터코스모스(Interkosmos)[22]에서 우주 물리학 · 기상학 · 생물학 · 우주 통신 등의 분야의 연구에 참여할 뿐이었다. Interkosmos 임무 중 동독과 관련된 최초의 위성 임무는 'Sputnik of Friendship'이라는 명칭으로 7개국이 참가한 Cosmos 261호이다. 해당 위성은 1968년 12월 20일 발사되었으며 동독은 이러한

---

20) DLR, supra note 8, p.45.
21) DLR, supra note 8, p.46.
22) 소련은 Interkosmos 참가국에 발사체를 통한 수송과 위성에서 수집한 모든 연구 데이터의 접근을 무료로 허용하고 공유하면서 우주분야의 과학적 발전을 도모했다.

위성 발사 참여를 통하여 대기와 전리층 연구, 태양활동에 대한 영향 등을 더욱 다양하게 연구할 수 있었다. 또한, 소련이 서방국가의 인텔샛(INTELSAT)과 경쟁하기 위해 1971년 설립한 국제간 정부기구 인터스푸트니크(INTERSPUTNIK)에도 가입하였다. 하지만, 인터스푸트니크에서 동독이 자체 위성 네트워크를 공유한 것이 아닌 소련에서 임대된 통신위성을 사용했다[23]는 것은 아쉬운 점으로 남는다.

3 3단계(1976년 ～ 1990년)

가. 서독

ELDO의 Europa 로켓이 실패한 후 서독은 프랑스와 함께 1975년 설립된 ESA의 첫 4단 로켓인 Ariane 개발에 착수하였으며, Ariane 1호는 1979년 12월 기아나 우주센터에서 최초 발사에 성공했다. 이후 1985년 7월 Ariane 1호의 10번째 발사로 핼리 혜성 탐사선인 지오토(Giotto) 발사에 성공했으며[24], 현재는 ESA에서 회원국들과 협력하여 Ariane 시리즈를 6까지 개발하였다. 위성 분야에서는 ESA 내에서도 서독의 과학자들이 주로 연구한 히파르코스(Hipparcos)라는 천체관측위성이 있는데, 1989년에 별들의 정확한 고유운동과 시차 자료를 확보하여 지구로부터 별까지의 거리와 접선 속도를 구할 수 있도록 한 고정밀 시차 수집 위성이 그것이다.[25]

또한, ESA 설립 후 서독의 주요 우주 프로그램 중 하나는 ESA의 스페이스랩 임무[26]에 참여하는 것이었는데, 서독이 제작에 참여한 스페이스랩의 첫 비행은 1983년 11월 28일부터 12월 8일까지 이루어졌고, 이 비행에 서독의 첫 우주인 머볼드(Merbold)[27]가 탑승하였다. 서

23) DLR, supra note 8, p.50.
24) DLR, supra note 8, p.42.
25) "HIPPARCOS", https://www.cosmos.esa.int/web/hipparcos (검색일: 2023. 4. 23.)
26) ESA에서 개발한 재사용 가능한 우주실험실로 우주 왕복선이 비행할 때 가압모듈과 가압되지 않은 모듈 등 구성체를 통하여 미세중력 실험을 주로 수행했다. 1983년 첫 번째 임무를 시작으로 1998년까지 총 22개의 임무가 실행되었다.
27) 울프 머볼드(Ulf Merbold)는 서독 시절 1번, 독일 통일 이후 2번의 우주를 방문하며 독일에서 3

독이 자금을 지원하고 주도적으로 수행한 대표적인 과학 임무는 1985년 10월 30일부터 11월 6일까지 진행된 STS−61−A 또는 스페이스랩 D−1이라고도 하는 임무이다. 스페이스랩 D−1은 NASA의 우주왕복선 프로그램의 22번째 임무와 연계한 임무로, 챌린저호 사고 전 마지막으로 성공한 임무이기도 하다. 이 임무에서는 76개의 과학 실험이 진행되었고 발사체의 통제는 NASA가 아닌 서독의 오베르파펜호펜에 있는 독일우주운용센터(Germany Space Operation Center: GSOC)에서 수행되었다.[28]

그림 2 Spacelab 참가 서명(좌)과 D-1 참가 우주인(우)

출처: ESA

제2차 우주계획(1969년 ~ 1973년)에서는 서독의 우주분야 예산이 ESRO와 ELDO의 유럽 우주프로그램보다 국내프로그램에 많은 비중을 차지하였다. 반면, 제3차 우주계획(1976년 ~ 1979년)에서는 국내와 유럽 프로그램의 예산 비중을 2:1로 한다는 기본방침이 마련되었다.[29] 이후 1982년 수립된 제4차 우주계획에서는 예산을 균등한 수준으로 분배하였다.

차례 우주를 방문한 유일한 우주인이다.
28) "Spacelab D1", https://www.esa.int/About_Us/ESA_history/Spacelab_D1_mission_25_years_ago (검색일: 2023. 4. 23.)
29) 항공우주연구원 정책분석팀, 앞의 주 15), 5면.

나. 동독

1975년 이후부터 통일까지도 동독의 독자적인 우주 활동은 추진된 바 없으며, 우주 관련 연간 예산도 약 5백만 유로로 서독에 비해 적은 금액이었다. 소련의 Interkosmos 프로그램 위성이 1992년까지 총 25차례 발사되었는데, 이중 동독은 15번을 참가하였고, 이를 토대로 발사체와 위성 경험을 축적했다.[30] 또한, 1978년에는 독일인 최초 우주인[31] 지그문트 얀 (Sigmund Jähn)이 소유즈 31호 우주선을 타고 우주궤도를 비행하였다. 얀은 8월 26일부터 7일간 살루트(Salute) 6호[32]에 머물면서 다양한 우주 과학실험을 수행하였다.

한편 동독은 소련의 우주탐사 프로그램에도 참여한 사례가 있다. 금성 탐사 목적으로 수행된 베네라(Venera)와 금성탐사와 병행하여 핼리혜성을 탐사하기 위한 베가(VEGA) 임무에 참여하였는데, 베가는 서독도 참여한 것으로 우주에서의 동독과 서독 간 유일한 협력 사례로 사례로 남게 되었다.[33]

1990년 독일 통일 과정에서 다른 분야에서 그랬던 것처럼 우주분야에서도 서독과 동독의 통합은 쉽지 않았다. 동독의 많은 연구진이 서독의 연구에 흡수되기가 어려웠다. 하지만, 동독이 소련과의 협력으로 얻은 우주활동에 관한 연구가 독일이 통일되면서 미국과 소련 두 개의 우주강대국의 연구개발을 경험했다는 의미를 갖게 되었다.

---

30) DLR, supra note 8, p.51.
31) 2023년 기준 독일 우주인 12명: Sigmund Jähn(1978. 8. 26.), Ulf Merbold (1983. 11. 28. /1992. 1. 22./1994. 10. 3.), Reinhard Furrer(1985. 10. 30.), Ernst Messerschmid (1985. 10. 30.), Klaus Dietrich Flade(1992. 3. 17.), Hans Schlegel (1993. 4. 26./2008. 2. 7.), Ulrich Walter(1993. 4. 26.), Thomas Reiter(1995. 9. 3./2006. 7. 4.), Reinhold Ewald(1997. 2. 10.), Gerhard Thiele(2000. 2. 11.), Alexander Gerst(2014. 5. 28./2018. 6. 6.), Matthias Maurer (2021. 11. 10.).
32) 소련의 8번째 궤도 우주정거장으로 1977년 9월 발사되었다.
33) DLR, supra note 8, p.51.

4 4단계(1990년 ~ 현재)

1990년 10월 3일 독일민주공화국(동독)이 해체되고 5개 주가 독일연방공화국(서독)에 가입하면서 독일의 통일이 이루어졌다. 1990년대 독일의 우주정책 모토는 'Back to the roots and think again'으로 미래에 대한 우주계획을 지속하는 것에 대한 재검토를 실시했다.[34] 당시 독일의 총리였던 헬무트 콜(Helmut Kohl)의 우주정책 방향은 국제우주정거장(ISS)의 ESA의 프로젝트인 콜롬버스(Columbus) 모듈 개발 참여 및 1991년 7월 발사한 ESA의 지구관측위성인 ERS-1호 개발 참여 등 우주분야에 있어서 국제프로그램 참여를 더욱 강화하는 것이었다.[35] 이후 독일은 1995년 ERS-2호, 2002년 Envisat 그리고 2006년 유럽의 첫 기상위성 MetOp 개발 등에 참여함으로써 현재까지도 우주기술 연구개발에 끊임없이 노력해오고 있다.

이 시기 독일의 우주계획은 수립에 무려 7년의 시간이 소요됐다. 배경을 살펴보면, 1989년 독일은 새로운 우주개발전문기관(Deutschen Agentur für RAumfahrtangelegen heiten: DARA)을 설립하였고, DFVLR은 항공우주연구센터(DLR: Deutsches zentrum fr Luft-und Raumfahrt)로 명칭을 개정했다. 하지만, 두 기관은 통일 비용으로 인한 재정적 부담으로 인하여 1997년 통합되었고, 현재의 독립적인 항공우주센터로서의 DLR이 되어 역할을 수행하고 있다. DARA에서 제5차 우주계획(1990년 ~ 2020년)을 수립하였으나 대내외적 상황의 변화로 인하여 해당 계획이 연방정부로부터 채택된 시기는 이미 DLR이 DARA를 흡수·통합한 1997년 7월이었다.[36]

이러한 시기에 우주산업 분야에서 민간 기술이 크게 발전하였고, 민간 기술은 독일의 연구개발에 있어 많은 비중을 차지하게 되었다. 대표적인 예로 DLR과 다국적 기업 Airbus의 자회사 EADS Astrium과 구매 계약을 맺고 진행한 합작 투자 사업인 레이더 지구관측위성 TerraSAR-X가 있다. 위성 개발에 필요한 비용 2억 8900만 달러 중 정부가 80%, 기업이 20%를 각각 부담하였다.[37] 2007년 6월 15일에 발사되어 2008년 1월부터 운영 중인

---

34) DLR, supra note 8, p.87.
35) DLR, supra note 8, p.55.
36) 항공우주연구원 정책분석팀, 앞의 주 15), 6면.

TerraSAR−X 위성에서 촬영한 영상의 50%는 과학적 목적으로 나머지 50%는 상업적 목적으로 이용하고 있으며,[38] 상업적 이용권은 독점적으로 지리정보 서비스 제공업체인 자회사 Inforterra가 보유하고 있으며 2010년 발사된 쌍둥이 위성 TanDEM−X와 함께 고품질 지구원격탐사 자료를 통합하여 Airbus의 WorldDEM 서비스를 제공하고 있다.[39]

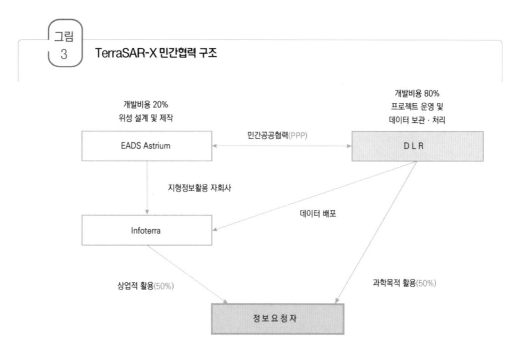

그림 3 · TerraSAR-X 민간협력 구조

출처: DLR 내용 참고, 저자 재구성

---

37) 신상우·김은정, "우주분야 공공민간협력을 위한 정책수단과 운영사례 연구", 『한국항공우주학회지』 49권 4호(2021), 351면.
38) 지식산업정보원, 『항공우주산업 정책/기술개발 분석: 무인항공/인공위성/발사체/폐기물』, 서울: 지식산업정보원, (2021), 423면.
39) "TerraSAR−X(2012.6.18.)", https://www.eoportal.org/satellite−missions/ terrasar−x #mission −capabilities (검색일: 2023. 4. 25.)

가. 위성 분야

1969년 첫 위성 AZUR부터 2022년까지 발사한 216개의 위성[40] 중 독자 개발한 위성은 79개이며, 이 중 71개의 위성이 1990년 독일 통일 이후 제작되었다. 71개의 위성 중 18개는 TerraSAR−X처럼 DLR이 중심이 된 국가 계획에 따라 민간기업 또는 학교와 연계하여 개발되었다. 이외 위성은 민간기업, 대학 및 연구기관에서 상업용도 또는 과학기술 실험·교육용 목적으로 발사한 위성으로 전체 발사량 중 약 76%의 높은 비중을 차지하고 있다.[41] 독일이 쏘아올린 위성 중 2개의 군 통신 목적으로 발사된 정지궤도 위성을 제외하고는 모두 저궤도 위성이다. 군 통신 위성 이전에 2006년부터 2008년까지 군 정찰위성이 먼저 개발되었다. SAR−Lupe는 독일 최초의 정찰위성 시스템으로 OHB −System사에서 개발했으며 고해상도 이미지를 주야간에 기상과 관계없이 촬영할 수 있다.[42] 또다른 위성 EuCROPIS는 DLR에서 개발한 생명 과학 위성으로 다양한 중력 수준에서 식물을 재배할 가능성을 조사하기 위한 것이다.

표 2 독일 통일 이후 DLR 개발·투자 위성 발사 목록

구분	명칭	발사일	목적	운용궤도
1	TUBSAT	1999. 05. 26.	자세제어 시스템 시험	저궤도
2	BIRD 2	2001. 10. 22.	지구 관측	
3	SAR LUPE 1	2006. 12. 19.	군 정찰위성	
4	TERRA SAR X	2007. 06. 15.	지구 관측	
5	SAR LUPE 2	2007. 07. 02.	군 정찰위성	
6	SAR LUPE 3	2007. 11. 01.		
7	SAR LUPE 4	2008. 03. 27.		

---

40) "Online Index of Objects Lauched into Outer Space: Germany(2023. 5. 4.)", https://www.unoosa.org/oosa/osoindex/search−ng.jspx?lf_id= (검색일: 2023. 5. 7.)

41) UCSUSA, 『UCS Satellite Database 2021』(Cambridge: UCS, 2021), p.21.

42) "Synthetic Aperture Radar−Lupe(2012. 6. 14.)", https://www.eoportal.org/satellite−missions /sar −lupe#eop−quick−facts−section (검색일: 2023. 4. 25.)

구분	명칭	발사일	목적	운용궤도
8	SAR LUPE 5	2008. 07. 22.		
9	COMSATBW-1	2009. 09. 30.	군 통신위성	정지궤도
10	COMSATBW-2	2010. 05. 21.		
11	TANDEM X	2010. 06. 21.	지구 관측	
12	BIROS	2016. 06. 22.		
13	COMPASS 2	2017. 06. 23.		
14	MOVE-II	2018. 12. 03.	태양전지 검증	저궤도
15	EUCROPIS	2018. 12. 03.	생명 과학 실험	
16	CARBONIX	2019. 07. 05.	초소형위성 시험	
17	CUBEL	2021. 01. 24.	레이저통신 시험	
18	EnMAP	2022. 04. 01.	지구 관측	

출처: DLR 내용 참고, 저자 재구성

나. 발사체 분야

독일은 독자 발사체를 생산하지는 않았으나, 기술력을 바탕으로 발사체 분야에서 다양한 연구를 하고 있다. DLR은 1999년부터 2004년까지 높은 우주 운송 비용을 획기적으로 감소 시키고 보다 친환경적인 재사용 가능한 액체 로켓 부스터를 개발하기 위한 프로젝트를 진행 했다. 비록 스페이스셔틀과 같은 다른 우주발사체가 이 프로젝트와 유사한 목표를 달성함으로써 프로젝트는 취소되었지만, ESA의 Arine 5호 등에 기술적으로 응용되어 유럽의 발사체 발전에 기여한 부분이 있다. DLR은 2005년에 준궤도 극초음속 수송기인 SpaceLiner 개발에 착수하였다. 이 계획은 장기적인 프로젝트로 현재 개발을 위한 예산이 마련되지 않아 지연되고 있으나[43] 2040년 즈음에는 개발을 완료할 것으로 기대하고 있다. 2010년대에 들어 독일에는 발사체를 개발하는 기업이 등장하기 시작했다. 대표적으로 다단 로켓 RFA One을 개발

---

43) Sippel. M. Trivalio, "Evolution of the SpaceLiner towards a Reusable TSTO-Launcher", 『67th International Astronautical Congress』 (2016), p.19.

중인 기업 Rocket Factory Augsburg가 있고, 소형 위성 시장에 발사체 서비스를 제공하기 위한 Isar, Hylmpulse 등의 기업이 계속해서 생겨나고 있는 추세이다.

이렇듯 현재 독일은 연구의 결과가 새로운 우주활동을 확장하기 위해 다양한 프로그램을 추진하고 있으며, 현재까지도 유럽국가 중에서는 프랑스 다음으로 많은 예산을 투자하는 국가이자[44] 세계에서는 7번째로 많이 투자하는 국가로서 우주활동에서 영향력을 발휘하고 있다.

---

44) EU를 포함하면 7번째이나, 국가로만 판단할 경우 6번째이다.

2 법 · 정책

독일의 우주활동은 국제법과 유럽 내 규정 및 협약 그리고 독일 국내법의 법적 체제를 기반으로 추진된다. 현재 독일은 UN 우주조약 5개 중 달협정을 제외한 우주조약, 구조협정, 책임협약, 등록협약에 가입[45]했다. 이외에도 핵실험금지조약(NTB), 위성신호분배협약(BRS), 국제통신위성협정(ITSO), 아랍우주통신협정(ARB), 국제이동위성기구협약(IMSO), 유럽통신위성기구(EUTL), 유럽탐사위성기구(EUM), 국제전기통신연합(ITU) 등의 국제협약에 가입하고 있다.[46] 독일의 우주관련 국내법으로는 1990년 우주기관설립 시 국가우주활동의 책임을 DARA(현재 DLR)에 위임하는 우주항공분야 행정권한 위임에 관한 법, 2007년 고품질 지구원격관측시스템 확대를 통한 독일 보안위험 보호를 위한 법 그리고 2008년 제정된 위성정보보안법령이 있다.

정책 부분에서는 2010년 발표된 국가우주전략(Für eine zukunftsfähige deutsche Raumfahrt: Die Raumfahrtstrategie der Bundesregierung)을 설명한다.

---

45) UN 우주관련 조약 독일 비준일: 우주조약 1971년 2월 10일 비준, 구조협정 1972년 2월 17일 비준, 책임협약 1975년 12월 18일, 등록협약 1979년 10월 16일

46) OOSA, *Status of International Agreements relating to activities in outer space at 1 January 2022* (UN, 2022), p.11.

1 RAÜG

1990년 제정된 항공우주분야 행정권한 위임에 관한 법(Gesetz zur Übertragung von Verwaltungsaufgaben auf dem Gebiet der Raumfahrt: RAÜG)은 현재 독일의 우주항공기관인 DLR의 전신인 DARA와 연관되었지만, 1998년 개정되어 DLR에게 동일한 역할과 권한을 부여하고 있다. DLR은 정부기관이 아닌 우주정책 기능을 담당하는 정부대행 조직과 연구조직이 상호 독립적으로 운영되는 조직이며, 두 조직의 예산체계는 이원화 되어있다.[47] 정부대행 조직은 국가우주계획을 수립하여 정부의 승인을 얻어 시행하는 역할을 수행하는데, 그 권한을 위임받은 근거가 RAÜG이다.

RAÜG 제1조 1항은 '우주비행업무를 관장하는 연방 최고 부처는 우주비행영역에서의 행정 직무에 관하여 독자적으로 우주 영역 내에서의 행정직무와 공법 내에서의 행위를 할 수 있는 권한을 DLR에 부여한다.'고 명시하였으며, 2항은 행정 직무에 관한 부연 설명을 한다. 행정 직무는 독일우주비행 계획수립과 프로그램 실행 및 계약과 출연 위탁, 국제관계 특히 유럽 내 우주조직 내에서 독일 우주비행의 이해관계 대변이 포함된다. 2조와 3조에서는 DLR의 예산 관련된 내용이며, RAÜG는 현재까지도 유효한 법률이다.

2 SatDSiG

2007년 12월 1일 고품질 지구원격관측시스템 확대를 통한 독일 보안위험 보호를 위한 법(Gesetz zum Schutz vor Gefährdung der Sicherheit der Bundesrepblik Deutschland durch das Verbreiten von hochwertigen Erdfernerkundungsdaten: SatDSiG)[48]이 제정되었다. 이 위성자료 보안법이 제정된 배경에는 TerraSAR−X 위성이 있다. 2007년 발사된 TerraSAR−X와 2010년 발사된 TanDEM−X는 주야간 및 기상 상태와 무관하게 1미터의 고해상도로 지구관

---

47) 항공우주연구원 정책분석팀, 앞의 주 15), 10면.
48) Germany, *Satellitendatensicherheitsgesetz − SatDSiG* (Germany Government, 2007)

측이 가능한 인공위성으로, 독일 위성자료의 상업적 이용을 위해 정부와 기업이 연계하여 개발한 것이다.[49] 위성자료의 상업적 유통은 국가의 안보정책 또는 외교정책의 이익을 위태롭게 할 위험을 내포할 수 밖에 없다.[50] 하지만 반대로 적절한 통제 속에서의 위성정보 활용은 독일의 국익에 도움이 될 수도 있다는 의미이다. 이 법의 목적은 TerraSAR-X와 같은 정밀관측위성으로부터 획득한 지구 관측 자료들이 국제시장에서 상업적 이용과 분배에 따라 독일연방정부에 초래될 수 있는 안보 및 외교정책에 위험으로부터 보호하는 것과 지리정보서비스를 제공하는 기업에 대한 법적 확실성을 부여하기 위함이다.[51]

위성자료보안법은 제1장 적용범위, 제2장 고품질 지구원격관측시스템의 운용, 제3장 정보의 보급, 제4장 독일연방공화국의 요청에 대한 우선적 제공, 제5장 시행규정, 제6장 과태료규정 및 처벌규정, 제7장 경과규정 및 종결규정까지 총 7개의 장으로 구성되어 있다.

제1장 적용범위의 2조 1항에서 '운영자'와 '정보제공자'의 용어를 다음과 같이 정의한다. 운영자란 "자신의 책임 하에 지구원격관측시스템을 조종하는 자"를 의미하며, 정보제공자란 "고품질 지구원격관측시스템에 의해 생산되는 정보를 보급하는 자"를 의미한다. 여기서 정보 역시 정의하고 있는데, 정보란 "궤도시스템 또는 전송시스템으로부터의 하나 혹은 수개의 센서 신호와 데이터의 저장 혹은 표현 형식 및 처리방식 수준과 상관없이 산출된 모든 산물"이 그것이다. 위성자료보안법 적용범위를 보면 운영자와 정보제공자는 독일법 상 독일국민·법인 또는 인적결합체에 의한 운영과 보급, 독일 연방 내에 행정 주소지가 있는 외국 법인 또는 인적결합체에 의한 운영과 보급 시에 적용하고, 정보 보급이 연방영토를 위한 목적으로 이루어지는 경우에 위성자료의 운영과 보급이 가능한 것으로 규정하고 있다.

제2장은 고품질 지구원격관측시스템의 운영자에 대한 규제를 다루고 있는데, 고품질 지구원격관측시스템을 운영하기 위해서는 제4조에 명시된 네 가지의 요건을 충족시켜 반드시 인가를 받아야 한다. 또한 제6조 운영자는 서면 또는 전자문서로 필요 사항을 지체없이 관할기관에 고지하여야 하는 고지의 의무와 제7조 관할 기관이 본 법과 본 법으로부터 위임받은 법규명령의 준수여부를 감시하기 위하여 정보제공과 자료 제출을 요청하는 경우에 따라야

---

49) DLR, 『TerraSAR-X: Das deutsche Radar-Auge im ALL』(Germany: DLR, 2009), p.17.
50) 정영진, "독일 위성자료보안법의 내용 및 시사점", 『항공우주시스템공학지』 13권 2호 (2019), 2면.
51) BMWi, *National Data Security Policy for Space-Based Earth Remote Sensing Systems* (Germany Government, 2008), p.1.

한다는 정보제공의 의무를 준수해야 한다.

제3장은 정보의 공급과 관련된 정보제공자의 규제를 다루며, 운영자가 인가를 받아야 하듯 정보제공자는 제12조 허가요건에 따라 허가를 얻어야 한다. 제3장 2절에서는 정보 공급 절차의 가장 중요한 분야 중 하나인 민감도검사에 대해 규정하고 있다. 정보제공자는 정보 공급에 관한 요청 시 요청사항에 대하여 제3항의 법규명령(SatDSiV)에 부합하도록 민감도를 검사하여야 한다. 법규명령은 요청목록에 독일 연방의 중요한 안보이익, 평화적 공존 혹은 독일 연방의 대외적 관계에 대한 손해발생 가능성이 있는 경우가 포함될 때에는 이를 민감한 요청으로 규정한다. 민감도를 판단하는 네 가지 기준은 '사용된 센서의 작동 방식과 처리 방식을 통해 나온 정보의 내용', '정보에 표시된 목표지점', '정보 생산시점 및 생산과 요청에 따른 제공 사이의 시간', '자료를 전송할 지상 부분을 종합적으로 고려하여 독일의 안보이익과 외교관계, 국제평화관계에 손실을 가할 가능성'으로 제2항에서 제시하고 있다. 정보제공자는 민감한 정보의 공급에 대한 요청이 있을 경우 관할기관의 허가를 받아야만 한다.

제4장은 국가의 요청에 대한 우선 제공에 관한 내용을 규정하며, 북대서양조약 제5조에 의한 동맹의무 사유가 발생한 경우나, 독일기본법 제91조상 긴급사태 발생, 그리고 외국에 파견된 독일의 군대나 외국에서 근무하는 독일 외교관이 위험에 처한 경우 등은 연방정부가 요청한 정보를 다른 요청보다 우선적으로 처리하여야 한다. 이러한 위성자료보안법은 위성 정보 발달에 따라 상업적으로도 가치를 가질 수 있도록 올바른 방향을 제시하고 민간기업들에게 법적 안정성을 제공하고 있다.

③ SatDSiV

민감도를 판단하는 위성자료보안법 제3장의 네 가지 기준에 포함될 경우 상세한 기술적 판단을 하기 위한 위성정보보안법령(Verordnung zum Satellitendatensicherheitsgesetz: SatDSiV)[52] 이 2008년 제정되었다. 위성정보보안법령에서 특별보안정보를 두 가지 유형으로 분류하는

---

52) Germany, *Verordnung zum Satellitendatensicherheitsgesetz－SatDSiV* (Germany Government, 2008)

데, 첫 번째는 지구원격관측시스템의 센서는 단독 또는 다른 센서들과 결합되어 해상도가 2.5미터 이하에서 생산되는 경우이며, 두 번째는 스펙트럼 채널의 수가 49를 초과하고 10미터 이하의 해상도가 생성되는 경우이다. 10미터의 해상도가 특별보안정보에 포함되는 이유는 정보의 질, 즉 중저 해상도의 위성자료라도 위장한 사람 또는 차량을 식별할 수 있는 물질의 탐지 등과 같이 부정적인 목적으로 사용될 수 있기 때문이다.[53] 따라서 법규명령에서는 앞서 언급한 기술적 요소 이외에 정보 요청의 주체, 인공위성 유형, 목표 영역, 제공의 소요기간 등이 추가로 고려되어 정보의 민감성을 최종 판단한다.

민감성 유무를 분별하는 것은 위성자료보안법의 4개 기준을 상세화한 9개 기준의 순차적인 알고리즘에 의해 판단된다. 가장 먼저 위성정보보안법 제21조에 따른 군사적 혹은 정보서비스 업무를 수행하는 정부 기관의 요청은 민감한 요청에 해당하지 않는다. 반대로 정보가 NATO와 EU, 두 조직의 회원국, 호주, 일본, 뉴질랜드, 스위스에서 운영되지 않으며 본 법령 '별지 1[54]'에서 지정한 국가영토 내에 있는 위치로 보내지는 경우 또는 정보가 '별지 2[55]'에 나열되지 않는 경우에 해상도가 2.5미터 이하인 경우는 민감한 정보에 해당한다. 다만 위 설명한 민감한 정보가 '별지 3[56]'에 지정된 지역에 포함되지 않는다면 민감하지 않은 정보로 분류한다. 또는 정보 요청자가 '별지 3'에 해당하지 않고 '별지 4' 수신허용 리스트에 포함된 국가 혹은 기관이라면 해당 정보는 민감하지 않다. 수신허용 리스트는 크게 세 가지로 나뉜다. 첫째, NATO와 EU 또는 이 회원국의 국가 안보기관(군, 경찰, 정보기관), 둘째, 호주, 일본, 뉴질랜드, 스위스의 국가 안보기관(군, 경찰, 정보기관), 셋째, 특정 요건[57]에 해당되는 개인이

---

53) 정영진, 앞의 주 50), 3면.
54) SatDSiV '별지 1' 21개 금지국 리스트: 아르메니아, 아제르바이잔, 코트디부아르, 북한, 이라크, 이란, 콩고, 쿠바, 레바논, 라이베리아, 몰도바, 미얀마, 르완다, 시에라리온, 짐바브웨, 소말리아, 수단, 시리아, 투르크메니스탄, 우즈베키스탄, 벨로루시
55) SatDSiV '별지 2' 허용구역: 남극대륙 및 인접한 바다(남위 60° 이남 모든 지역), 북극지역(84° 이북 모든 지역)
56) SatDSiV '별지 3' 금지구역: 아프가니스탄, 아르메니아, 아제르바이잔, 에티오피아, 보스니아 헤르체고비나, 지부티, 에리트레아, 조지아, 이라크, 이스라엘 및 팔레스타인, 콩고, 코소보, 레바논, 말리, 몰도바, 세네갈, 소말리아, 수단, 남수단, 시리아, 차드, 우크라이나, 우즈베키스탄 서부 사하라, 중앙아프리카 공화국, 키프로스
57) SatDSiV '별지 4' 3항: 국가 안보기관으로부터 정보제공이 공표되고 국가 기관을 대신하여 요청하는 자, 연방경제수출통제청(BAFA)에 정보 제공 신고를 하고 '부록 3'과 관련하여 허가를 받은 자, 국가 안보기관을 대신하여 정보를 요청하고 해당 정보를 국가 안보기관에만 전달하는 것이 보증된 자, 정보제공자가 과거 또는 향후 특별보안정보 관련하여 위반할 특별한 징후가 없는 자.

다. 정보 요청자가 수신허용 리스트에 포함되지 않고 정보의 생산 시점부터 배포될 때까지 5일 미만이거나, 정보가 1.2미터 이하의 해상도를 가진 경우, 정보를 사용하여 위상정보를 재구축할 수 있는 경우, 초분광 센서를 사용하여 생성된 정보의 경우는 민감한 정보로 분류된다.

최종적으로 민감하다고 판단된 정보들은 연방경제수출통제청에 의하여 공급 가능 여부가 결정된다. 심의는 한 달 이내에 이루어지며, 법령 제정 후 5년을 분석한 결과를 보면 민감도검사에서 약 90%의 정보가 민감하지 않은 위성자료로 분류되어 요청자에게 배포되었고, 민감한 위성자료로 분류된 10%의 정보 중 1%만이 배포 금지로 분류되었다.[58]

> 그림 4   민감성 판단 알고리즘

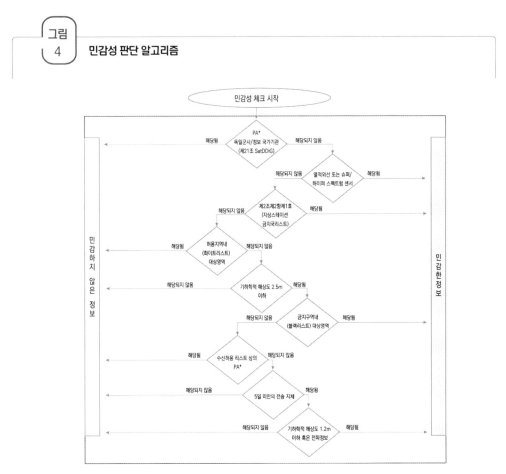

출처: SatDSiV

---

58) EU, "Evaluation of the impact or european space policy on european space manufacturing and the services industry", 『Centre for Strategy & Evaluation Services』 23호 (2012), p.83.

④ 국가우주전략

2010년 독일연방경제기술부(BMWi)가 '독일의 우주산업을 미래에 적합하도록 발전시키는 방안'을 발표한 이후 현재까지도 같은 전략을 계속 유지하고 있다.[59] 연방정부의 우주정책 지침은 필립(Philipp) 연방경제기술부 장관이 같은 해 3월 개최된 국가 우주 로봇공학회 연설에서 발표한 내용을 기초로 하고 있으며, 세 가지로 구성된다.[60]

첫 번째 지침은 독일의 국가우주전략 목표인 국민 생활의 질 향상과 관련된 '이익과 수요를 위한 우주활동'이다. 즉, 높은 수준의 기술 발전을 통하여 국민의 삶에 직·간접적으로 이점을 줄 수 있는 사항들을 실행하는 것이다. 특히, 우주활동을 통한 지구 환경 관리와 경제적 부가 가치 창출을 통하여 우주산업 인프라 구축을 위한 노력을 강조하면서 국제적으로 과학기술 우위를 위해서 다양한 우주연구 프로젝트를 기반으로 활동해야 함을 강조한다.

두 번째 지침은 '우주활동의 지속 가능성'이다. 기술의 발전이 고도로 진행되고 있는 현재의 시점에서 우주활동 중 많은 기업과 단체 등이 비즈니스 활동에서의 영향력을 가져 국민을 보호하기 위한 국가 차원의 많은 노력이 필요함을 제기하면서, 동시에 우주활동에 대한 위협이 증가하고 있다는 점에 주목했다. 본 지침은 우주기상과 운석 등과 같은 자연적 원인뿐 아니라 최근 많은 이슈가 되고 있는 우주쓰레기의 영향 등 다양한 우주위협에 대하여 위성 및 로켓의 발전만큼 위협에 대비하는 활동에 기여해야 함을 강조한다. 또한, 미래 세대가 우주를 최대한 활용할 수 있도록 우주의 지속가능성에 대한 원칙을 중요시 여기며 국가적인 차원에서 국제적인 활동의 참여와 규제의 준수 그리고 우주시스템의 보호를 강조하고 있다.

세 번째 지침은 '국제 협력 강화'로 우주기술의 복잡하고 높은 비용을 요구하는 특성 때문에 국제협력을 강조한다. 특히 ESA 및 EUMETSAT[61]의 구성국으로 유럽에서의 다자간 협력이 중요하고, 장기적으로 신뢰할 수 있는 파트너십을 만들어야 한다며, 우주활동에서 협력과 경쟁의 올바른 균형을 찾는 것으로 경쟁력있는 우주임무를 실현해야 한다고 말하고 있다.

우주전략서에 제시된 세 가지 정책지침에 대한 활동목표는 다음과 같다.

---

59) 과학기술정보통신부, 『2020 우주개발 백서』(양평: 휴먼컬처아리랑, 2021), 89면.
60) BMWi, supra note 1, pp.9-10.
61) EUMETSAT: 유럽의 기상·환경 및 기후변화를 모니터링하는 유럽 위성운용 협력체이다.

- 전략적 우주역량 강화
- 단일 법적 프레임 구축
- 우주연구 영향력 지속적 확장
- 새로운 시장 개척
- 군사 안전보장을 위한 우주 활용
- 유럽에서의 우주비행에 대한 독일 역할 할당
- 유럽에서의 우주탐사에 대한 독일 역할 결정
- 기술적 독립성 보장

다른 분야와 달리 '단일 법적 프레임 구축'에 있어서는 국가우주전략을 발표한 2010년 이후 2023년 현재에도 아직 독일의 국가의 우주법은 마련되지 않은 상태로 해당 분야에서의 활동이 미비한 듯 보인다. 하지만, 우주라는 영역에서의 과학기술은 급속도로 발전하고 있으며, 그에 따른 법을 제정하기가 쉽지 않은 것은 당연하기에 독일의 완성도 있는 국가 우주법 제정을 위한 충분히 심사숙고 하고 있는 관점에서 지속 관심을 가질 필요가 있다.

한편 최근 국제적 이슈가 되고 있는 우주쓰레기의 경감 문제 관련하여 독일은 국제우주쓰레기조정위원회(Inter – Agency Space Debris Coordination Committee: IADC) 및 COPUOS 가이드라인을 참고하여 자체 가이드라인(DLR – RF – PS001)을 2009년 생성하여 DLR의 모든 우주 프로그램에 의무적으로 적용하고 있다.[62]

---

62) 지식산업정보원, 앞의 주 38), 569면.

3 거버넌스

　　연방경제기후보호부(BundesMinisterium für Wirtschaft und Klimaschutz: BMWK)[63])가 독일 우주활동을 총괄하는 연방정부의 부처이다. BMWK 이외에도 군 정찰위성 등 국방우주 프로그램을 총괄하는 국방부(BMVg)와 위성항법시스템 및 지구관측 위성 등에 지원금을 분담하는 연방교통디지털부(BMDV) 등이 국가우주정책 수립에 참여한다.[64] 이미 앞서 설명한 바와 같이, BMWK는 1990년 RAÜG에 따라 우주비행에 관한 연방정부의 업무를 DLR에 위임했다. 즉 DLR은 독일 우주활동의 계획, 국제협력, 사업 관리, 예산 집행, 연구개발 등을 총괄하는 실질적인 기관이다. DLR은 총회, 평의회, 이사회로 구성되며 연방부처의 차관급으로 구성되는 독립된 우주위원회와 DLR 산하 연구시설의 총책임자 등으로 구성된 과학기술자문이사회가 존재한다. 독일의 우주 거버넌스는 그림 5와 같다.

---

63)　2013년 연방경제에너지부(Bundesministerium für Wirtschaft und Energie: BMWi)란 이름이 되었으나, 2021년 12월 출범한 숄츠 내각 이후 기후보호 업무가 붙으면서 연방경제기후보호부(BMWK)가 되었다. 에너지 관련 업무의 일부는 연방환경자연보호원자력안전소비자보호부(Bundesministerium für Umwelt, Naturschutz, nukleare Sicherheit und Verbraucherschutz: BMUV)로, IT 기술관련 업무는 BMDV로 이관되었다.
64)　항공우주연구원, 『해외 주요 우주활동국의 국가 우주 거버넌스』(대전: 한국 항공우주연구원, 2022), 39면.

| 그림 5 | 독일 국가 우주 거버넌스 개념도 |

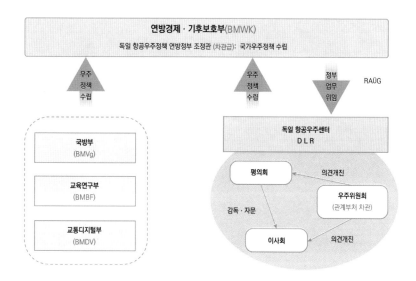

출처: 정영진, (2023), 해외 주요 우주활동국의 국가 우주 거버넌스, 항공우주연구원, 39p.

 독일 항공우주센터(DLR)

항공우주센터(Deutsches zentrum fr Luft – und Raumfahrt: DLR)는 독일 연방 공화국의 항공 및 우주 연구센터로, 항공·우주·운송·디지털 보안 등 다양한 분야에서 연구개발 활동을 수행한다. DLR은 연방 정부를 대신하여 국가 우주 프로그램을 계획하고 실행한다.

현재의 DLR은 1969년 공기역학연구소와 항공연구소, 항공연구협회가 통합되어 항공우주연구소(DFVLR)가 되면서 조직형태를 갖추었다. 독일은 1988년 우주개발전문기관(DARA)을 설립하였고, DFVLR은 항공우주센터(DLR)로 명칭을 개정했다. 두 기관이 1997년 DLR로 통합되면서 현재의 형태가 되었다. 쾰른에 본사를 두었으며, 베를린을 포함하여 독일에 29개[65]의 시설이 분산되어 운영되고 있다. 또한, 국제협력을 원활하게 하기 위한 목적으로 벨

---

65) DLR 연구시설 위치 지역: Aachen, Aachen–Merzbrück, Augsburg, Berlin, Bonn, Brauns

DLR 시설 위치

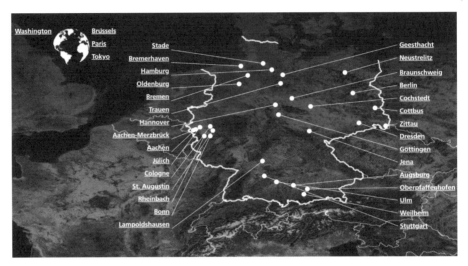

출처: DLR

기에 브뤼셀, 프랑스 파리, 일본 도쿄, 미국 워싱턴 DC에도 지사를 두고 있다.

현재 약 10,000여 명의 직원들이 있으며, 매년 DLR은 350명에 달하는 과학자를 채용하고 400명의 인턴을 관리한다.[66] 재정적인 부분에서 DLR은 BMWK로부터 90%의 예산을 받고 30개의 각 시설이 속한 연방 주에서 10%의 예산을 받는데 금액은 매년 증가하는 추세이다. 2019년에는 약 11억 유로가 배정[67]되었으며, 2020년 DLR의 우주활동 예산은 15억 5200만 유로였다. 예산의 높은 비중을 차지하는 세 항목은 기술, 우주과학 및 탐사, 지구관측 이다.[68] 2020년에 ESA 분담금을 제외한 약 39%의 예산이 DLR의 우주 프로그램을 위하여 사용되었고, 약 3% 수준의 예산이 국방부문 우주예산에 할당되었다.[69]

---

chweig, Bremen, Bremerhaven, Cochstedt, Cottbus, Dresden, Geesthacht, Göttingen, Hamburg, Hanover, Jena, Jülich, Lampoldshausen, Neustrelitz, Oberpfaffenhofen, Oldenburg, Rheinbach, Stade, St. Augustin, Stuttgart, Trauen, Ulm, Weilheim, Zittau
66) DLR, 『DLR at a glance』(Germany: DLR, 2019), p.14.
67) DLR, supra note 66, p.12.
68) 과학기술정보통신부, 앞의 주 59), 91면.
69) 지식산업정보원, 앞의 주 38), 447면.

가. DLR 운영 체계

DLR 체계는 총회, 평의회, 이사회로 구성된다. 총회는 DLR의 최고 의사결정기관으로 이사회를 비롯하여 과학회원, 명예회원, 후원자, 고위퇴직자 등이 참가하고 1년에 1회 개최한다.[70] 평의회는 총회의 위임 업무를 수행하며, 1년에 2회 회의를 개최한다. 평의회는 정부·과학·산업 분야의 대표자가 각각 11명씩 최대 33명까지 구성되며, 의장은 BMWK 차관이 수행한다. 이사회는 DLR을 운영·관리하는 역할을 수행하며 이사회의 수와 업무는 평의회에서 결정한다. 이사회 구성원들은 최대 5년 동안 임기를 지속하며, 재임용도 허용된다.[71] 이사회를 감독하는 역할로 특별부서인 감독위원회가 수행하는데, 이 역시 BMWK 차관이 의장이며 정부의 11명으로 구성되어 있다.[72] 이사회의 과학기술자문위원회는 DLR 운영 시설의 책임자들 및 주요 담당자들로 구성되어 있어 모든 과학 및 기술 문제에 대해 위원회와 평의회에 조언한다.

나. 우주운용센터

DLR은 위성을 관리하기 위하여 우주운용센터(Germany Space Operation Center: GSOC)를 운영한다. GSOC에는 약 300명의 직원이 있으며, 독일 첫 위성 Azur 발사와 같은 1969년에 설립된 이래 50여 년의 경험을 바탕으로 국제 우주활동의 준비 및 구현에서 많은 역할을 하고 있다. 세부적인 GSOC의 임무로는 '위성 기술 분야 실험 통제 및 모니터링', '위성과 지상국 간의 통신', '위성 비행 및 궤도 경로 추적 및 계산', '위성으로부터 데이터 수신, 배포 및 평가', '위성 임무 계획: 지상·궤도상 작업 절차 계획' 등이 있다.[73] 특히 독일의 대표 위성이라고 할 수 있는 TerraSAR−X, TanDEM−X를 운용하고 수집되는 데이터를 관리하는 책임을 갖고 있다.

---

70) 항공우주연구원, 앞의 주 64), 42면.
71) "Executive", https://www.dlr.de/en/dlr/about−us/executive−board−and−committees, (검색일: 2023. 5. 4.)
72) 항공우주연구원, 앞의 주 64), 42면.
73) "Misson of GSOC", https://www.dlr.de/en/research−and−transfer/projects−and −missions/iss/the−german−space−operations−center (검색일: 2023. 5. 20.)

② 우주위원회 및 주요 정부부처 역할

우주위원회는 DLR과 별개의 독립된 위원회로 DLR의 지침에 구속받지 않는다. 우주위원회는 연방 총리청을 포함한 각 부처의 차관급으로 구성되며, 참가하는 부처는 9개로 정부의 내각 구성이 변경될 때마다 유동적으로 변할 수 있다. 현재 우주위원회에 참가하는 부처는 총리청(BKAmt), 외교부(AA), 경제기후보호부(BMWK), 국방부(BMVg), 재무부(BMF), 교육연구부(BMBF), 교통디지털부(BMDV), 식품농무부(BMEL), 환경·자연보호·원자력안전·소비자보호부(BMUV)가 있다.

총리청은 국가의 우주정책 기본지침을 제시하고, DLR에서 수립된 우주정책을 최종 승인하는 조직이며, 외교부는 국제협력 및 국제법적 충돌 방지를 위한 역할을 수행한다. 경제기후보호부는 우주관련 임무를 총괄하는 부처로 관계 부처들을 통합하여 정책을 수립하고, DLR을 관리 및 감독한다. BMWK 차관이 독일의 항공우주정책 연방정부 조정관 임무를 수행[74]하기 때문에 정책 수립에 있어서 가장 핵심인 부처이다.

국방부는 우주를 통한 국가안보 실현을 위해 국방관련 우주 프로그램을 계획하고 관리하며, 재무부 및 교육부 등 각 부처들은 독일의 우주활동과 관계된 다양한 역할을 수행하고 있다.

③ 우주상황인식센터

독일 우주상황인식센터(German Space Situational Awareness Center: GSSAC)는 우주감시 분야의 정보를 분석하고 평가하는 곳으로, 우주 물체를 지속적으로 식별하고 모니터링하는 임무를 갖고 있다. 궤도에는 많은 국가들의 다양한 인공위성과 우주쓰레기가 존재하기 때문에 독일이 운용하는 위성과의 충돌 위험을 항상 내포하고 있다. GSSAC는 이러한 사고를 미연에 방지하기 위하여 정확하고 신뢰할 수 있는 정보와 지식을 분석한다.

GSSAC는 유템 지역에 위치하고 있으며, DLR과 독일 연방군 우주사령부가 함께 운영하

---

74) 항공우주연구원, 앞의 주 64), 39면.

는 민군 합동시설이다. 따라서 GSSAC는 국방부와 경제기후보호부가 협력하여 관리한다. GSSAC는 우주감시 및 추적레이더(GESTRA)[75]로부터 수집된 정보들을 국방부와 경제기후보호부뿐만 아니라 교통디지털부 등의 우주상황인식이 필요한 부처와 기업에 제공함으로써 우주 시스템의 완전한 기능과 민간과 군사의 우주공간 사용에 대한 안정성을 보장한다.

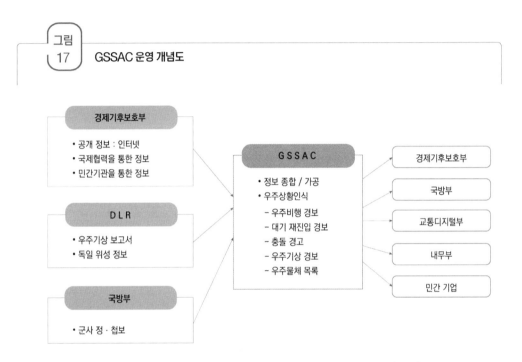

그림 17 GSSAC 운영 개념도

출처: German Space Situational Awareness Centre Current Status & Perspective (2011) 4~5p, COPUOS 과학기술소위원회

---

75) 2020년 10월에는 유럽 최고 수준의 레이더연구소(Fraunhofer FHR)와 협력하여 독일 우주감시 및 추적 레이더(German Experimental Space Surveillance and Tracking Radar: GESTRA) 시스템을 개발 및 도입하였다. GESTRA는 지구 저궤도에 있는 우주물체를 24시간 감시하여 GSSAC에서 모니터링할 수 있게 해준다. GESTRA는 독일 최초의 우주 레이더 시스템으로 두 개의 별도 컨테이너에 전송 및 수신 시스템으로 구성되며, 안테나는 전자적으로 제어되는 256개의 개별 송수신 모듈로 구성된다.

4 독일 연방군 우주사령부

독일은 2021년 7월 13일 공군 예하에 연방군 우주사령부를 창설하였다. 독일 연방군의 우주군은 2009년 공군이 우주자산을 통제하고 상업용 위성 운영 업체 등과 협력하기 위해 부서를 설립한 것을 시작으로, 2020년 우주는 새로운 작전영역이라는 NATO의 선언에 따라 공군의 항공작전본부 산하의 항공우주작전센터라는 구체화된 형태로 출발하였다.[76] 이듬해인 2021년 연방군은 우주 차원의 국방력을 강화하기 위해 사령부를 구성하고 항공우주작전센터를 사령부 예하로 통합시켰다. 지휘권은 공군 예하 부대로서 공군이 갖고 있다. 사령부는 GSSAC가 위치한 유뎀에 위치하고 있으며, 군에서 운용하는 통신 및 정찰위성 7기[77]를 통제하며, GESTRA 등 우주감시장비를 통한 해당 위성들의 피해를 모니터링하는 임무를 갖고 있다. 나아가 우주를 군사작전을 위한 공간으로 인식하여 육·해·공군에 대한 우주로부터의 작전 지원 제공과 적국으로부터의 우주활동 거부 등의 활동을 계획하고 있다.

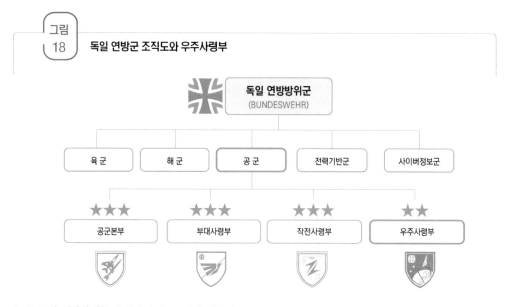

그림 18 독일 연방군 조직도와 우주사령부

출처: 독일 연방방위군 홈페이지 참고, 저자 재구성

---

76) "Germany invests in New Military Space Command (2021. 8. 3.)", https://finabel. org/germany−invests−in−new−military−space−command/ (검색일: 2023. 5. 19.)
77) 지구정지궤도에 위치한 군 통신위성 SATCOMBw 2기와, 정찰위성 SAR−Lupe 5기이다.

5 ESA와 독일

독일은 1975년 5월에 설립된 ESA의 설립 참가국이며, 최근까지도 프랑스와 함께 ESA에 많은 기여를 하고 있는 국가이다. ESA가 최근 중점적으로 수행한 탐사임무 'JUICE'나 지구 관측분야의 'Copernicus'를 비롯하여 유럽의 위성항법시스템 'Galileo' 등 독일은 ESA의 우주프로그램 상당수에 적극적으로 참여하고 있다. 2022년 5월 23일부터 27일까지는 독일 본에서 ESA의 소행성 관련 심포지엄이 개최[78]되기도 하였다. ESA의 각 회원국은 의무적 활동비용과 공동비용을 ESA에 지불하며, 이 분담금 기준은 각 회원국의 최근 3년간 국민소득 평균에 기초하여 ESA 이사회가 결정한다. 2023년 ESA 예산 49억 유로 중 독일은 21.4% 수준인 10억4600만 유로를 부담하며 분담금 기여 1순위에 올랐다.[79] 2021년에도 21.5%를 분담하는[80] 등 매년 20% 수준의 분담금을 지불하는 독일이지만, 2017년 이후 5년간은 프랑스가 더 많은 분담금을 지불했다.[81]

ESA는 프랑스 파리의 본부 이외의 8개의 주요 시설[82]로 이루어져 있는데, 이중 2개가 독일에 위치하고 있다. 다름슈타트에 위치한 유럽우주운용센터(European Space Operations Center: ESOC)는 궤도에서 위성의 원활한 운용을 위해 추적 및 제어하는 역할을 한다. ESA는 사무총장을 보좌하는 10명의 이사진을 구성하였는데, ESOC의 센터장 겸 운영이사 직책을 독일인 롤프 덴싱(Rolf Densing)[83]이 2023년 현재 수행하고 있다. 또다른 시설은 쾰른에 위치하고 있는 유럽우주인센터(European Astronaut Center: EAC)이다. EAC는 유럽의 모든 우주인을 위한 훈련을 제공하는 시설이며, 훈련뿐 아니라 우주인의 의료지원 역할[84]도 수행한다.

---

78) ESA, 『ESA 2021 Annual Report』(Paris: European Space Agency, 2022), p.15.
79) "Funding of European Space Agency", https://www.esa.int/About_Us/Corporatenews/ Funding (검색일: 2023. 5. 9.)
80) DLR, supra note 78, p.39.
81) 지식산업정보원, 『항공우주산업 분야별 육성정책과 국내외 우주개발 산업 동향분석』(서울: 지식산 업정보원, 2020), 429면.
82) 독일에 위치한 ESOC과 EAC, 네덜란드에 위치한 '유럽 우주기술 연구센터(ESTEC)', 이탈리아에 위치한 '유럽 지구관측 연구센터(ESRIN)', 스페인에 위치한 '유럽 천문연구센터(ESAC)', 프랑스에 위치한 '기아나(Guiana) 발사장', 벨기에에 위치한 '유럽 우주보안 및 교육센터(ESEC)', 영국에 위치한 '유럽 우주응용 및 통신센터(ECSAT).
83) ESA 합류 전까지 DLR에서 ESA 협력 및 우주프로그램 참여를 담당하는 임무를 수행했다.
84) "Facilities", https://www.esa.int/About_Us/Corporate_news/Establishments_and_facilities (검색 일: 2023. 5. 9.)

Chapter 03

분야별 우주기술

1 인공위성

독일은 국민의 삶의 질 향상이라는 우주정책 목표에 걸맞게 인공위성 프로그램을 진행하고 있다. 세계적 환경의 변화, 보안 및 통신 등 사회적 과제를 해결하기 위해 우주 기술을 연구한다. 특히 단기간의 성과가 아닌, 지속가능한 발전 목표(Sustainable Develop－ment Goals: SDG)를 위해 지구 관측과 차세대 내비게이션 시스템 기술에 집중하고 있다.[85]

지구관측위성

가. TerraSAR-X

TerraSAR－X는 독일의 지구관측위성으로 능동안테나를 통해 지구 전체에 대한 고품질의 X－대역 레이더 데이터를 수집한다. SAR(Synthetic Aperture Radar)는 합성개구레이더로 지상 및 해양에 대해 레이더를 순차적으로 쏜 이후 굴곡면에 반사되어 돌아오는 미세한 시간차를 처리하여 지표를 관측하는 시스템이다. 이는 주·야간 및 기상조건에 관계없이 최대 1미터의 해상도를 제공할 수 있는 능력을 갖고 있는데, 다양한 작동 모드가 있는 X－대역 레이더의 센서가 폭과 편광 등을 다양하게 조작하여 이미지를 획득할 수 있기 때문이다.

---

85) DLR, 『SDGs at DLR Initiative』(Germany: DLR, 2021), p.7.

표 3	TerraSAR-X 위성 기본제원

- 제조사: EADS Astrium
- 발사체: 러시아, Dnepr
- 발사장: 러시아, Baikonur 발사장
- 임무기간: 2007년 6월 15일 ~ 현재
- 목적: 지구 전체의 레이더 이미징
- 운용고도: 514km

출처: DLR

나. TanDEM-X

TanDEM−X는 디지털 표고 측정을 위해 TerraSAR−X의 일부 성능을 더한 쌍둥이 모델이다. 거의 동일한 두 개의 위성이 514킬로미터의 고도에서 지구 궤도를 돌며 표면을 스캔하는데, 이때 두 위성은 근접 대형으로 비행하면서 같은 지형을 서로 다른 각도에서 동시에 촬영한다. 이를 통하여 평방 12제곱미터의 범위에서 2미터 이내의 표고 정확도를 산출할 수 있다.[86]

표 4	TanDEM-X 위성 기본제원

- 제조사: EADS Astrium
- 발사체: 러시아, Dnepr
- 발사장: 러시아, 바이코누르 발사장
- 임무기간: 2010년 6월 21일 ~ 현재
- 목적: 지구 전체의 레이더 이미징
  (디지털 표고 모델 생성)
- 운용고도: 514km

출처: DLR

---

86) "TanDEM−X", https://www.dlr.de/en/research−and−transfer/projects−and−missions/tan dem−x (검색일: 2023. 5. 14.)

다. EnMAP

독일의 환경관측 · 분석 프로그램(Environmental Monitoring and Analysis Program: EnMAP)은 차세대 독일 위성 프로그램으로 2006년에 승인된 이후 연구개발 되었다. 가장 주목할 만한 특징은 독일 최초로 초분광 센서[87)]가 장착된 카메라가 설치되었다는 점이다. EnMAP의 초분광 카메라를 활용하여 획득한 정보로 독일은 생태계의 역학을 설명하는 지구화학적 · 생물학적 · 물리학적 매개변수를 획득하고 복잡한 지구 환경 프로세스에 대한 이해를 향상시키고자 한다.[88)] 프로그램의 관리는 DLR이 수행하며, 위성은 민간기업 OHB의 주도로 제작되었다.

표5   EnMAP 위성 기본제원

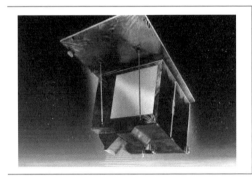

- 제조사: OHB system
- 발사체: 미국, Falcon 9 (Space X)
- 발사장: 미국, 반덴버그 발사장
- 임무기간: 2022년 4월 1일 ~ 현재
- 목적: 암석 · 토양 · 초목 등 내륙과 연안의 상세한 표면 관측
- 운용고도: 653km

출처: DLR

---

87) 초분광 센서는 인접한 스펙트럼 범위를 100개 이상의 밴드로 나누어서 지표면의 매우 상세한 분광정보를 얻을 수 있는 센서로, EnMAP은 244개의 분광밴드로 공간해상도 30미터의 영상을 획득할 수 있다. 또한, 초분광 센서는 30미터의 지상 면적을 30킬로미터의 폭까지 관측이 가능하며, 하루 최대 5000킬로미터의 데이터를 수집할 수 있다. 수집된 데이터는 하루 31분 동안 320Mbits/s의 속도로 다운링크 가능하다. 김윤수, 『독일의 초분광 지구관측 센서』(대전: 항공우주연구원 위성정보센터, 2018), 1면.
88) "EnMAP mission", https://www.enmap.org/mission/organization/ (검색일: 2023. 5. 3.)

② 정찰위성(SAR-Lupe)

독일 최초의 정찰위성으로 무게 770킬로그램의 위성 5개로 구성된다. 2006년 12월 19일 SAR-Lupe 1호를 시작으로 2008년 7월 22일 SAR-Lupe 5호가 발사되면서 체계가 완성되었다. SAR를 사용하기 때문에 TerrSAR-X 등과 같이 주·야간 및 기상과 관계없이 고해상도 영상을 획득할 수 있다. 5개의 위성은 대략 6도 간격으로 이격되어 있으며, 1미터의 해상도로 8×12킬로미터 크기의 지역을 한 번에 촬영할 수 있다.[89] 군용 위성이기 때문에 DLR의 GSOC이 아닌 국방부의 우주사령부가 위성을 통제하고 정보를 관리한다.

표 6   SAR-Lupe 위성 기본제원

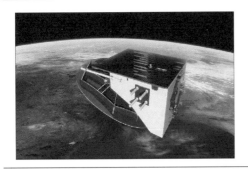

- 제조사: OHB system
- 발사체: 러시아, Cosmos 3M
- 발사장: 러시아, 플레세츠크 발사장
- 임무기간: 2006년 12월 19일 ~ 현재
- 목적: 군 정찰위성
- 운용고도: 468km

출처: ESA

---

89) "SAR-Lupe Constellation", https://www.eoportal.org/satellite-missions/sar-lupe, (검색일: 2023. 5. 17.)

3 통신위성(H2-Sat)

독일은 국가통신위성 사업으로 H2-Sat(Heinrich Hertz Satellite)을 2023년 7월에 발사하였다. 독일의 19세기 물리학자의 이름을 딴 H2-Sat은 정지궤도에 위치하여 광대역 통신을 제공하는 임무를 수행할 것이며, 이는 독일의 독립된 임무로 소형 정지궤도 통신위성을 개발하여 독일 연방군이 기존에 운영하던 통신위성보다 높은 속도의 데이터를 제공하고 고품질의 민간 통신서비스를 제공하는 것을 목표로 하고 있다.

표 7 H2-Sat 위성 기본제원

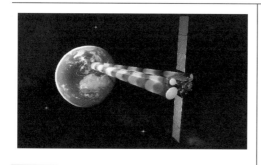

- 제조사: OHB System
- 발사체: ESA, Ariane 5
- 발사장: ESA, 기아나 발사장
- 임무기간: 2023년 ~ 2030년
- 운용고도: 35,786km

출처: DLR

4 과학위성

가. EuCROPIS

달과 화성의 표면과 유사한 중력 수준을 조성하고 해당 환경에서 식물을 재배할 가능성을 연구하기 위한 위성이다. 임무기간 1년 중 6개월은 달의 중력수준에서, 나머지 6개월은 화성의 중력 수준에서 임무를 실시했다.

EuCROPIS 위성 내부에는 온실, 바이오필터, 토마토 씨앗과 녹조류, 합성 소변으로 구성된 두 개의 생명유지시스템이 있다. 임무의 핵심은 소변을 비료로 재활용하면서 우주인에게 현지에서 음식을 공급할 수 있는가를 실험하는 것이다. 결과적으로 씨앗 상태의 토마토를 발아시키는 데에는 실패하였지만 DLR의 연구진들은 EuCROPIS를 통하여 충분한 연구성과를 달성하였고 추후 우주에서 생물학적 연구의 발판이 된 것으로 평가하였다.[90]

표 8   EuCROPIS 위성 기본제원

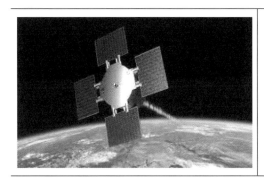

- 제조사: DLR
- 발사체: 미국, Falcon 9 (Space X)
- 발사장: 미국, 반덴버그 발사장
- 임무기간: 2018년 12월 ~ 2019년 12월
- 목적: 생명 유지 시스템 연구개발
- 운용고도: 575km

출처: ESA

나. Sperktr-RG

러시아와 독일 Max Planck 외계행성물리학연구소의 합작 프로그램인 Sperktr－RG는 X선을 관측하는 우주 망원경 위성이다. 위성은 러시아에서 제작하였지만 2개의 망원경 중 eROSITA는 독일에서 제작한 것으로 무게 810킬로그램의 월터 유형[91] 망원경이다. Sperktr－RG는 지구로부터 150만 킬로미터 떨어진 L2 라그랑주점[92]에 위치하여 우주의 모든 천체 지도를 제작한다는 목표로 우주 관측을 하고 있다. 2022년 3월 러시아는 러시아의 우크라이나 침공에 대한 독일의 반응에 대한 대응으로 eROSITA 망원경을 껐다고 발표한 이

---

90) "Farewell to the EuCROPIS mission(2020. 1. 13.)", https://www.dlr.de/en/latest /news/2020/01/20200113_farewell－to－the－eucropis－mission (검색일: 2023. 5. 20.)
91) Wolter 망원경은 매우 얕은 각도에서 X선을 반사하는 거울만 사용하는 X선용 망원경이다.
92) 지구에서 태양의 반대편으로 150만 킬로미터 떨어진 곳으로, L2 지점의 물체는 항상 태양과 지구에 대해 동일한 방위를 유지하기 때문에 차폐 및 보정이 단순해져서 우주망원경의 위치로 유용하다.

후 3개월 뒤 독일에게 별도의 통보 없이 재가동하는 등 일방적인 행동을 보이기도 했다.[93]

 표 9 Sperktr-RG 위성 기본제원

- 발사체: 러시아, Proton M
- 발사장: 러시아, 바이코누르 발사장
- 임무기간: 2019년 7월 13일 ~ 현재
- 목적: 심우주 개체 연구
- 운용고도: 575km

출처: COSMOS

5 기상위성(MERLIN)

독일이 진행 중인 국제협력 프로그램 중 프랑스와 공동으로 계획하고 있는 메를린 (Methane Remote Sensing Lidar Mission: MERLIN)은 2028년 2월 발사 예정인 기상관측 소형 위성으로 지구온난화와 관련된 기후 변화인 메탄 가스의 영향을 연구하는 것이 목표이다.[94] 메를린은 DLR에서 개발한 대기 중의 메탄을 모니터링하는 IPDA LIDAR(Intergrated Path Differntial Absor－ption Light Detection and Ranging)라는 단일 기기를 탑재할 예정이다. IPDA LIDAR는 대기 중 메탄가스의 공간적 및 시간적 변화에 대한 전례없는 정확도와 정밀도를 보유하여 기후 변화 원인 연구에 기여할 예정이다.

93) DW, 『Russia plans to restart German telescope without permission』(Germany: Welle, 2022)
94) "MERLIN", https://www.eoportal.org/satellite－missions/merlin#summary (검색일: 2023. 5. 4.)

- 제조사: DLR 및 CNES
- 발사체: 미정
- 발사장: 미정
- 임무기간: 2028년 최소 3년
- 목적: 지구 대기 중 메탄가스 감시
- 운용고도: 약 500km

출처: CNES

6 항법위성(KEPLER)

유럽은 독자적인 위성항법시스템 갈릴레오(Galileo)를 개발하여 운용 중이지만, DLR을 비롯한 유럽의 우주기관들은 갈릴레오 기반의 항법시스템은 아직 불충분한 것으로 인식하고 있다.[95] 갈릴레오 공공규제서비스[96]에서는 높은 정확성을 갖는 서비스(High Accuracy Service: HAS)가 20센티미터까지의 정확도와 나노초 단위의 시간 제공이 가능하다.[97] HAS가 정밀하게 작동하기는 하지만 아직 초기단계로서 보편적으로 사용하기 위하여 DLR은 고정밀 및 시간 안정 시계와 같은 핵심 기술을 연구하고 있다.

Kepler는 차세대 항법시스템으로 DLR이 민간기업 KEPLER와 지구과학연구센터(Deutches GeoForschungsZentrum: GFZ)와 협력하는 프로그램이다. 차세대 위성항법을 위해 약 2만 킬로미터 지구 중궤도에 24개의 위성을 배치하고 약 1200킬로미터 저궤도에 6개의 위성을 추가배치하여 군집위성을 구축하는 계획이다.[98]

---

95) DLR, 『Space Research at DLR』(Germany: DLR, 2019), p.15.
96) 갈릴레오 위성항법시스템은 무료 서비스로 대중에게 제공되고 있으나 ESA 회원국의 정부, 경찰, 소방서 및 시민 보호와 같은 역할을 수행하는 기관에 대해서는 암호화된 공공규제서비스(Public Regulated Service: PRS)로 보다 정밀한 정보가 제공된다.
97) DLR, supra note 95, p.15.

그림 9 Kepler 운용 개념도

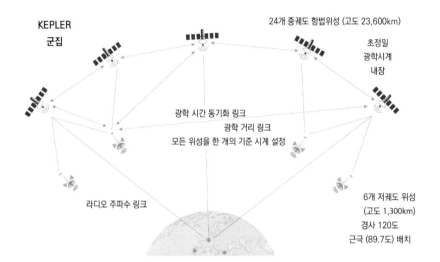

출처: DLR

Kepler는 위성 간 연결을 위한 요오드 기반 광학 단자 기술을 향상시켜 더 나은 정밀도와 무결성을 기대하고 있다. 각 중궤도 위성에는 공동 안정화 레이저가 장착되어 동일한 궤도면에서 전후방 위성에 대한 직접적인 광학 연결을 실시한다. 오류가 발생할 경우 광학 터미널은 다음 위성으로 전환될 수 있고, 이러한 광학터미널은 양방향 위성 간 연결을 가능하게 하여 '모든 위성의 정확한 글로벌 동기화', '위성 간 40마이크로미터 수준의 범위 측정', '모든 위성 간 고속 데이터 전송'을 지원한다.[99] 저궤도 위성군은 경도가 120도 떨어져 있는 두 개의 근극 궤도면에 배치되고 광학터미널을 사용하여 중궤도 위성과 양방향 링크를 설정한다. 또한, 저궤도 위성은 오늘날의 위성항법시스템과는 다르게 대기의 간섭 없이 네비게이션 신호를 측정할 수 있다.[100] 아직 연구 단계이나, 개발되어 우주에 정상적으로 배치된다면 유럽의 위성항법시스템은 더욱 정밀해질 것이다.

98) "KEPLER", https://www.dlr.de/en/research−and−transfer/space/programme−and− strategy/communication−navigation−and−quantum−technology (검색일: 2023. 5. 5.)
99) "Kepler: 3rd generation global navigation satellite system", https://www.kepler. global/conf/system/ (검색일: 2023. 5. 4.)
100) DLR, supra note 95, p.15.

2 우주발사체

    독일은 ESA의 Ariane 발사체에 많은 기술력을 투자하는 국가이지만, 제2차 세계대전 종전 후 독자적인 우주발사체 사업을 추진하지는 않았었다. 최근 들어 발사체의 발사 비용 감소에 따라 독일은 재사용 발사기술(RETro propulsion Assisted Landing Technologies: RETALT)을 연구하기 시작했다.[101] 이를 위해 DLR은 국제협력을 통한 CALLISTO와 독자적으로 추진하는 ReFE를 연구하고 있다.

1) CALLISTO

    CALLISTO(Cooperative Action Leading to Launcher Innovation in Stage Tossback Operations) [102]는 DLR과 프랑스 국가우주연구센터(Centre National d'Etudes Spatiales: CNES), 일본 우주항공연구개발기구(Japan Aerospace eXploration Agency: JAXA)가 공동으로 개발하는 수직이륙 및 수직착륙하는 재사용 발사체 개발 프로그램이다. 미국 SpaceX의 Falcon 9이 대표적인 수직이착륙 발사체인데, CALLISTO 개발의 참여국들도 이와 같은 기술을 확보하기 위하여 최소

---

101) DLR, supra note 95, p.17.
102) CALLSTO는 1단 엔진을 사용하며, 극저온 액체산소(LOX)와 수소(LH2)를 사용한다. 발사체는 13.5미터의 높이에 지름 1.1미터이며, 무게는 4톤에 조금 못 미친다. 운용개념에 많은 과학적 설명이 필요하겠지만, 아주 간단하게 표현하자면 수직으로 발사된 발사체가 착륙지점에 도달하기 위해 무동력 단계를 거칠 때 엔진이 다시 점화되어 발사체를 감속시켜 안정적인 착륙을 할 수 있게 하는 것이다. DLR, 『CALLISTO: a demonstrator for reusable launcher key-technologies』 (Japan Dokyo: DLR, 2019), p.2.

5번의 시험비행을 동일한 발사체로 수행한 뒤, 2022년 최초 발사를 계획[103]하였으나 다소 지연되고 있다.

CALLISTO 발사체는 높이 13.5미터, 직경 1.1미터의 소형발사체로 무게도 4톤이 채 되지 않는다. 해당 발사체의 목적은 특정한 우주임무를 수행하기 위한 것이 아니라 안정적인 수직 이착륙을 위한 공기역학 등의 비행원리를 연구하는 것이 주 목적이다.[104]

② ReFEx

독일에서 진행하고 있는 재사용 비행체 실험(Reusability Flight Experiment: ReFEx)은 공기역학적으로 제어되는 발사체에 대한 설계와 운용 경험을 쌓기 위해 추진되고 있다. ReFEx는 길이 약 2.7미터, 날개 길이 약 1.1미터, 무게 450킬로그램으로 대기 외부에 있는 동안 질소 냉기 반응 시스템에 의해 제어되며 대기효과가 작용할 때만 공기역학적인 제어 표면으로 전환된다.[105] 2024년 시험을 목표로 VSB–30 사운딩 로켓[106]에서 시행되며, 궤적을 따라 반환 비행을 시도할 것이다.

DLR은 2005년부터는 이러한 재사용 발사체 개념을 구상하며 준궤도에서 운용되는 날개 달린 극초음속 여객기 SpaceLiner를 연구했다. SpaceLiner 프로그램의 핵심은 완전한 재사용 가능성으로, 기존 우주 운송 시스템에 비해 비용의 효율성이 크게 증가할 것으로 기대되고 있었지만, 예산 등의 문제로 현재는 연구가 중단된 상태이다.[107]

---

103) "CALLISTO", https://www.dlr.de/irs/en/desktopdefault.aspx/tabid–15409/#gallery/34095 (검색일: 2023. 5. 20.)
104) Marco Solari et al, "Preliminary Design of the Hybrid Navigation System for the CALLISTO RLV Demonstrator" 『8th EUCASS』(Spain: EUCASS, 2019), p.3.
105) "ReFEx", https://www.dlr.de/irs/en/desktopdefault.aspx/tabid–15435/#gallery/34115 (검색일: 2023. 5. 5.)
106) 브라질 발사체로 브라질 우주국과 DLR과 협력하여 개발하였다. 400킬로그램의 탑재체를 270킬로미터의 고도까지 운반할 수 있다.
107) Sippel, M. "Promising roadmap alternatives for the SpaceLiner", 『Acta Astronautica』 Vol. 66, Iss.11 (2010), pp.7–8.

그림
10
ReFEx 실험 개념도

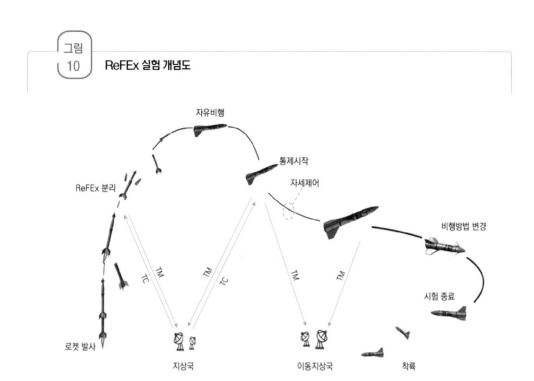

출처: Overview of Flight Guidance, Navigation, and Control for the DLR Reusability Flight Experiment(2019)
3p, Rene Schwarz et al

3 우주탐사

　독일의 독자적인 우주탐사는 2007년 3월 달 궤도선(LEO: Lunar Exploration Orbiter)이 유일하였는데, 2008년부터 5년간 약 3억5천만 유로를 투자하여 달 표면을 지도화하는 것을 목표로 정했지만 연간 예산 배정 당시 독자적인 달 탐사 프로젝트가 ESA의 우주탐사 프로그램에 참여하는 것보다 효율적인가에 대한 의문이 제기되어[108] 프로젝트는 필요성에 대한 공감을 얻지 못한 채 무기한 연기되었다. 이후 수많은 독일의 우주 과학자들이 LEO 프로젝트의 재개를 주장했으나, 현재까지 독일의 달 탐사 임무는 추진되고 있지 않다. 미국의 아르테미스 프로그램[109]에도 ESA의 회원국으로 참여할 뿐 독일은 아르테미스 약정에 서명하지 않았다.

　하지만 우주탐사 분야에서 국제협력을 통한 연구에는 다양하게 참여하고 있다. 우주탐사의 목적은 지구와 유사한 환경 등이 있는 행성, 즉 인간이 거주 가능한 행성을 찾는 것에 있다. 현재에도 여러 국가들이 화성·토성·목성의 위성 등에서 잠재적으로 비슷한 환경이 있다는 가정 하에 탐사 임무를 수행하고 있으며, DLR은 NASA와 ESA 등과 협력하고 있다.

---

108) DW, 『Moon Mission』(Germany: Welle, 2007)
109) NASA와 여러 국가의 우주기구가 협력한 유인 달 탐사 프로그램이다.

① 행성탐사

가. BepiColombo

ESA와 JAXA의 협력 하에 수성을 탐사하는 BepiColombo 임무에서 DLR은 레이저 고도계(BELA), 수성 방사계 및 열 적외선 분광계(MERTIS) 그리고 수은 X선 분광계(MIXS)를 제공했다.[110]

2021년 10월 1일 BepiColombo 위성은 최초로 수성 궤도에 진입하였으며, 2025년 1월 9일까지 5번의 궤도 수정을 통하여 수성의 궤도를 비행할 예정이다. 이후 2025년 12월 5일에 6번째 궤도 비행이 종료되면 우주선을 분리하여 수은 연구를 위한 궤도에 투입되어 임무를 수행하고, 2028년 5월에 임무를 종료할 계획이다.

나. JUICE

ESA에서 2023년 4월 14일 발사한 목성의 얼음 위성 탐사(JUpiter ICy moons Explorer: JUICE) 프로그램에도 목성의 고리 시스템을 관찰하기 위한 카메라 및 분광계, JUICE의 레이저 고도계 등 DLR은 6개의 장비를 개발하여 제공하였다. JUICE는 2031년 7월 목성의 궤도에 진입한 이후 2034년 12월에 얼음 위성 가니메데(Ganymede) 궤도에 진입할 예정이다.[111] 궤도 진입 후 DLR이 개발한 가니메데 레이저 고도계(GALA)를 활용하여 지형을 측정하고 얼음 표면에 대한 목성의 조석 효과를 측정하여 가니메데가 생명체가 생존할 수 있는 환경인지 연구할 계획이다.

---

110) ESA, 『Mercury Planetary Orbiter: Instruments』(Paris: European Space Agency, 2020)
111) "JUICE", https://www.esa.int/Science_Exploration/Space_Science/Juice/ESA_s_Juice_lifts_off_on_quest_to_discover_secrets_of_Jupiter_s_icy_moons (검색일: 2023. 5. 20.)

다. Destiny+

DLR은 JAXA와 소행성 탐사 협력을 위한 공동성명을 2020년 11월 발표한 이래 2024년 소행성 파에톤(Phaeton) 프로그램 'DESTINY+'를 추진하고 있다. 이 임무의 핵심 장비는 독일의 먼지분석기(Destiny+ Dust Analyzer: DDA)로, 이 고해상도 질량 분석기는 소행성 근처에서 비행할 때 우주 먼지 입자를 수집하고 분석한다.[112] DDA는 경제기후보호부의 재정 지원으로 슈투트가르트 대학과 기업이 협력하여 개발하고 있다. DDA를 통해 먼지 입자의 근원을 밝혀냄으로써 생명체의 기본 구성요소인 탄소와 같은 유기 화합물 및 관련 원소가 지구에 영향을 줄 수 있는가를 연구한다.

라. MMX

화성에는 포보스(Phobos)와 데이모스(Deimos)라는 위성이 존재한다. 이 위성들을 탐사하기 위해 JAXA가 주도하고 DLR, NASA, CNES와 협력하여 화성 위성 탐사 프로그램(Martian Moons eXploration: MMX)을 추진하고 있다. DLR은 MMX 프로젝트에서 CNES와 함께 25킬로그램의 소형 이동형 로버 개발을 담당하고 있다. 지구보다 중력이 약 2천배 약한 포보스에서 운용되는 것이 핵심 과제이며, 로버가 공중으로 뜨는 것을 방지하기 위해 초당 1센티미터 미만의 느린 속도로 움직여야 한다. 이 로버는 JAXA의 우주선에 탑재되어 2024년에 발사될 계획이며, 2025년에 화성 궤도에 진입하고 2029년에 지구로 샘플을 반환할 예정이다.[113]

마. PLATO

DLR은 ESA의 PLATO(PLAnetary Transsits and Oscillations of stars) 관측 프로그램에서 국제 컨소시엄을 주도하고 있다.[114] PLATO는 2026년부터 태양계 외부의 행성계를 탐색하는

---

112) DLR, 『DLR News: DESTINY+ Germany and Japan begin new asteroid mission』 (Germany: DLR, 2020)
113) DLR, supra note 95, p.21.
114) 독일, 이탈리아, 영국, 프랑스, 스페인, 스위스, 벨기에, 헝가리, 포르투갈, 네덜란드, 오스트리아, 스웨덴, 브라질, 덴마크의 기관 및 기업이 포함되어 있으며, 독일 베를린에 위치한 DLR 행성연

임무를 수행할 예정이다. 행성계의 형성 원인과 생명체의 존재 조건 등에 대하여 연구하며, 탑재된 26개의 카메라를 활용하여 최대 백만 개의 행성을 조사할 예정이다.[115]

| 표 11 | PLATO 위성 기본제원 |

- 제조사: OHB system
- 발사체: ESA, Ariane 6
- 발사장: 기아나 발사장
- 임무기간: 2026년부터 4년
- 목적: 우주망원경
- 운영위치: 라그랑주 점(L2)

출처: ESA

② 우주정거장

가. ISS

국제우주정거장 ISS는 우주에서의 대표적인 국제협력 프로젝트로 독일 역시 ESA의 회원국으로서 2008년 ISS에 ESA의 실험모듈 콜럼버스[116]가 장착되어 운용되기 시작한 이래로 지금까지도 많은 부분 기여하고 있다. 독일은 ESA가 ISS에 투자하는 비용의 약 40%를 지불하고 있으며,[117] 콜럼버스의 통제센터(Columbus Control Center: Col-CC)를 ESA와의 계약에 따라 DLR이 오베르파펜호펜의 GSOC과 같은 시설에서 운영하고 있다.[118]

구소에서 하이케 라우어(Heike Rauer) 교수가 프로그램을 이끌고 있다.

115) "PLATO", https://www.dlr.de/rd/en/desktopdefault.aspx/tabid-2448/3635_read-48407/ (검색일: 2023. 5. 6.)

116) ESA의 콜럼버스 모듈의 제작부터 독일은 많은 역할을 했다. 14개국 41개의 기업과 기관이 참여하였고, 독일의 EADS Astrium이 주도하여 콜럼버스 모듈을 제작하였다.

117) "ISS", https://www.dlr.de/en/research-and-transfer/projects-and-missions/iss (검색일: 2023. 5. 21.)

118) DLR, 『Deutchland auf der ISS』(Germany: DLR, 2007), p.24.

나. Orbital Hub

　국제우주정거장 ISS가 2024년 중단 예정임에 따라 DLR은 미래의 유인 우주정거장 프로그램인 Orbital Hub의 개념을 작성하고 있다. Orbital Hub는 2028년을 목표로 350~500킬로미터의 저궤도에서 운용될 계획[119]으로, Orbital Hub는 3명의 승무원이 거주할 수 있는 거주 및 서비스의 기본 모듈과 자유비행 모듈(Free Flyer)[120]의 두 가지 주요 부분으로 구성된다.[121] Orbital Hub는 현재 ISS보다 크기가 작고 모듈식으로 구성되어 유연하게 운용할 수 있어, 앞으로 지구 관측이나 과학실험 및 탐사 준비와 같은 목적에서 이점을 가질 것이다.

그림 11　Orbital Hub 구성

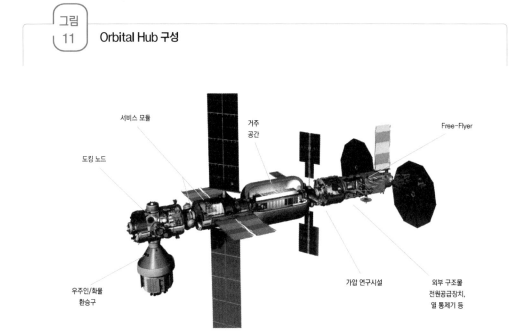

출처: DLR

---

119) DLR, supra note 95, p.9.
120) Free Flyer는 고품질의 마이크로중력을 구현하고 방해받지 않는 환경을 구축하기 위해 화학적·전기적 추진기가 모두 포함된 하이브리드 추진 시스템을 장착한다.
121) Stephan S. Jahnke, 『Orbital Hub: A concept for human spaceflight beyond ISS operations』 (Bremen: DLR, 2018), p.11.

Chapter

04

결론

독일은 앞으로도 우주활동에 있어서 세계적으로 인정받는 기술 강국으로서 입지를 공고히 할 것이며, 매년 많은 예산을 효과적으로 사용하여 위성, 발사체, 탐사로봇 등 다양한 분야에서 달성한 성과를 바탕으로 독일뿐만 아니라 국제사회 전체에 도움이 될 만한 능력을 갖출 것이다. 특히 독일은 앞으로도 우주분야에서 국제협력을 강조할 것으로 판단된다. 국제협력을 통해 실현되는 다양한 우주프로그램에서 기술 강국이 되고자 DLR은 '유럽의 주요 연구기관'이 아닌 '세계 리더 역할을 하는 중요 연구기관'이 되겠다는 목표를 세웠으며, 500개 이상의 기관들과 국제협력을 수행하고 각국의 저명한 과학자들을 DLR의 우주 프로그램에 참가시키는 등의 방침을 내세우고 있다.[122]

현재 독일에 우주관련 국가기본법은 부재하나, 위성정보의 활용과 관련된 법령은 SatDSiG와 SatDSiV에서 알 수 있듯 세부적이며 실용적으로 마련되어 있다. 또한 DLR과 더불어 연방공군 예하에 우주사령부를 창설하여 우주상황인식 및 우주영역에서의 국방 역할을 부여함으로써 다각도로 우주영역에서의 안보위협을 사전에 방지하고 있다.

이렇듯 독일은 자국의 기술력을 바탕으로 견고한 법과 거버넌스 체계를 구성함에 따라 국가의 안보영역을 한 층 강화시켰으며, 이를 통해 위협을 안정적으로 관리하고자 하였다. 또한, 고해상도로 지구 지형 및 환경을 관측하고 더욱 정확한 항법시스템의 구축을 위한 노력에서도 확인할 수 있듯이 '국민 삶의 질 향상'을 위한 우주정책을 추진하고 있다.

---

122) DLR, 『Key Features of the DLR Internationalisation Strategy 2030』(Germany: DLR, 2020), pp.3-4.

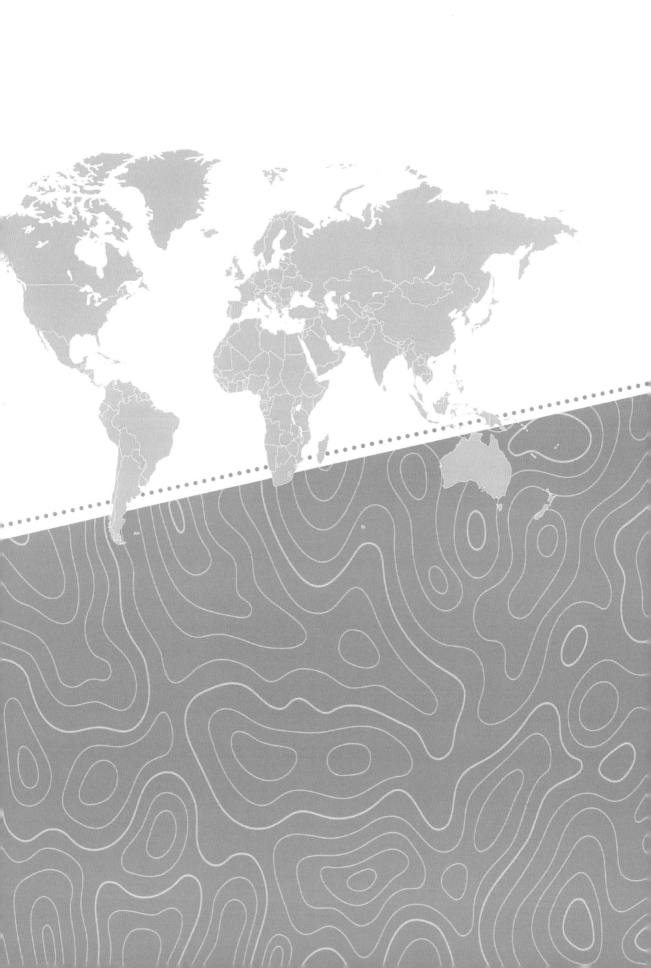

Part

08

프랑스 우주활동역사

- 최수진, 김남기

Chapter

01

서론

프랑스는 국가 주도의 우주 활동을 적극적으로 추진하여 오늘날 우주 분야에서 확고한 위치와 영향력을 가지게 되었다. 대내적으로는 국가우주연구센터(CNES: Centre national d'études spatiales)를 중심으로 한 거버넌스를 구축하고 우주 운용법[1]을 제정하여 국가 주도의 안정적인 틀을 확립하였고 대외적으로 유럽우주기구(ESA: European Space Agency), 미 항공우주국(NASA: National Aeronautics and Space Administration) 등과 국제 협력을 강화해왔다.

계속해서 유럽 우주강국의 지위를 유지하고 발전시키기 위해 프랑스 정부는 독일(22.7%)에 이어 두 번째 규모인 18.4%의 ESA 분담금을 지출하고 있다.[2] CNES의 2023년 예산은 25억 9,800만 유로로 증가하였으며, 꾸준한 예산의 증가는 프랑스 정부의 우주에 대한 강한 의지를 보여줌과 동시에 국가의 안정적인 우주 활동을 보장하고 있다.[3]

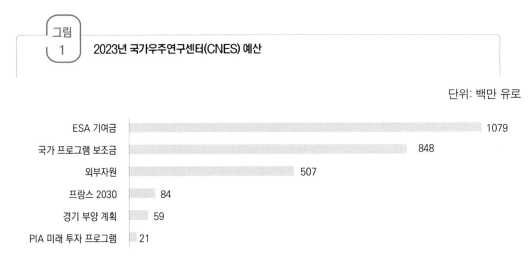

그림 1 2023년 국가우주연구센터(CNES) 예산

단위: 백만 유로

ESA 기여금	1079
국가 프로그램 보조금	848
외부자원	507
프랑스 2030	84
경기 부양 계획	59
PIA 미래 투자 프로그램	21

출처: CNES 홈페이지 참고하여 저자 작성

이어 본론에서는 프랑스가 우주 강국으로 자리매김할 수 있었던 과정과 주요 법령 및 정책, 우주 거버넌스에 대해 다루고 프랑스의 분야별 대표적인 우주 기술을 소개한다.

---

1) 2008년 6월 3일 우주 운용에 관한 법률 제2008-518호(Loi n° 2008-518 du 3 juin 2008 relative aux opérations spatiales). 세부 내용은 제2절 법·정책 참고.
2) CNES, ANNUAL REPORT 2022, p.9.
3) 2023년 CNES 연례보고서는 발행되지 않았으나 CNES 공식 홈페이지에서 2023년 예산을 확인할 수 있다. https://cnes.fr/sit-s/default/files/drupal/202305/default/is_plaquett e-institutionnelle -programmes-perspectives-cnes_2023_en.pdf (검색일: 2024. 2. 21.)

우주활동역사

1 연구개발사

연구개발사에서는 프랑스의 우주개발사를 3단계로 구분하여 기술한다. 1단계는 제2차 세계대전 이후부터 1961년 CNES를 설립하기 전까지의 기간으로, 탄도미사일 개발 정책을 추진하고 로켓 기술을 확보하며 우주 개발에 대한 기초를 마련했다. 2단계는 CNES 설립 이후부터 1979년까지로, 국가 주도의 우주 프로그램을 수행하면서 유럽 국가들과 협력하여 유럽우주연구기구(ESRO: European Space Research Organization)와 유럽발사체개발기구(ELDO: European Launcher Development Organization)를 거쳐 ESA 설립을 주도하였다. 또한, 아리안 1 로켓 개발에 가장 큰 역할을 수행하며 우주의 상업적 활용을 본격화시켰다. 3단계는 1980년 이후부터 현재까지로, 우주를 활용하기 위한 협력체계는 더욱 강화되었으며 민간기업의 우주 진출이 확대되는 추세를 보이고 있다.

프랑스는 우주개발 초기부터 현재에 이르기까지 선두그룹을 유지하고 있으며, 자국의 관심 분야를 유럽 전체로 확장시킴으로써 협력을 통해 기술적, 재정적 부담을 완화하는 모습을 보이고 있다.

① 1단계(1946년 ~ 1961년)

프랑스에서는 우주의 개념이 현대적인 기술 수단으로 다뤄지기 이전부터 문화의 한 부분으로 존재해왔다. 특히, 1865년에 발표된 쥘 베른의 소설 "지구에서 달까지(De la terre à la lune)"는 이러한 관심의 일면으로 꼽히기도 한다. 우주에 대한 관심은 로베르 에스노 펠테리

(Robert Esnault-Pelterie)와 같은 과학자들에게도 호기심과 영감을 불러일으켰으며 액체 로켓에 대한 기초적인 연구와 더불어 우주 비행 개념의 대중화로 이어졌다.

널리 알려진 바와 같이 독일의 V-2 로켓이 연합국 우주 개발에 새로운 영감을 준 것은 사실이지만, 프랑스는 비시정부 당시에도 육군 대령이었던 장자크 바레(Jean-Jacques Barré)의 주도로 EA1941 로켓[4]에 대한 연구를 진행하고 있었다. 제2차 세계대전 종료 후, 프랑스는 미국과 영국, 소련에 비하면 V-2 로켓에 대한 실물이나 관련 문서는 거의 확보하지 못하였다. 그러나 1946년 군비 연구 조달청(DEFA: Direction des Études et Fabrications d'Armement)의 주도로 V-2로켓의 연구와 관련된 40명 이상의 독일인 전문가들을 고용할 수 있었다.[5] 탄도미사일 개발을 위해 설립된 탄도 및 공기역학 연구소(LRBA: Laboratoire de recherches balistiques et aérodynamiques)[6]에 모인 이들은, 페네뮌데(Peenemünde)에서의 경험을 바탕으로 프랑스 로켓 개발의 핵심적인 기반이 되었다.[7][8]

이들의 주요 업적은 1949년 DEFA가 LRBA에 '4213 계획'을 지시하면서 시작되었다. '4213 계획'의 목적은 액체 로켓 엔진의 비행실험과 고도 65km 이상의 대기권을 연구하기 위한 관측로켓(Sounding rocket)의 개발이었다.[9] 이 계획을 통해 프랑스 최초의 액체 추진 로켓 베로니크(Véronique)가 탄생되었다. 베로니크 R과 P를 이용하여 기본적인 실험을 실시하

---

4) 프랑스 최초로 액체산소엔진을 사용한 로켓. 1945년 7월 마지막 발사를 끝으로 성공하지 못하고 중단되었다. Krebs, Gunter D. "EA-1941", https://space.skyrocket.de/doc_lau/ ea1941.htm (검색일: 2024. 2. 1.)

5) John Krige, Arturo Russo, "Volume 1 The story of ESRO and ELDO, 1958 - 1973" *A History of the European Space Agency 1958 - 1987*, Vol. 1 (ESA Publications Division, 2000), p.10

6) 1946년 5월 17일 설립되었으며 군사적 활용을 위한 기술 개발과 더불어 과학 및 산업 분야 연구 목적도 있었다. Hervé Moulin, *La France dans l'Espace 1959-1979, Contribution à l'effort spatial européen*, (ESA Publication Division, 2006), p.9

7) 아리안 발사체의 바이킹 엔진 개발에 참여하는 칼 하인츠 브링거(Karl-Heinz Bringer) 등 주요 인물들이 포함되어 있었다. "Comment la France a recruté des savants de Hitler", 『L'Express』, (1999. 5. 20)

8) 당시 로켓 개발에 대한 각 군의 이해관계와 요구사항이 달라, 예산과 권한의 문제로 이어졌다. 이러한 문제를 해결하기 위해, 1945년 국방과학조정위원회(CCSDN)와 1947년 국방과학연구조정위원회(CCRSDN)를 거쳐, 1948년 국방과학행동위원회(CASDN)가 설립되었다. H. Moulin, Supra note 6, pp.10-11

9) 비슷한 시기 장 자크 바레(Jean-Jacques Barré)의 주도로 EA1941 기반의 Eole 로켓 개발이 진행되었지만, 1952년 두 번의 발사 실패 후 프로젝트가 취소되었다. H. Moulin, Supra note 6, p.3

였고, 본격적인 발사를 위해 개발된 베로니크 N(Normale)[10]이 1952년 5월 22일 발사에 성공하였다.[11] 이에 관심을 가진 CASDN의 폴 베르게롱(Paul Bergeron) 장군은 국제지구물리관측년(IGY)[12]에 12개의 베로니크 로켓을 사용하여 과학 실험을 진행하도록 추진하였다. 하지만 이 계획은 실현되지 못하였는데, 1953년 프랑스 경제의 악화로 1954년 예산에 긴축이 이뤄졌기 때문이다. 이 과정에서 CASDN과 IGY 국가위원회의 노력에도 불구하고 관련 예산이 대폭 삭감되면서 베로니크 로켓의 사용 계획은 폐지되었다.[13]

1955년 미국과 소련이 IGY에 인공위성을 발사할 것이라 발표하였고, CASDN 의장이 모리스 게랭(Maurice Guérin) 장군으로 바뀌면서 프랑스에서 우주에 대한 관심은 다시 뜨거워졌다. 미국과 소련을 이어 프랑스에서도 인공위성 발사의 필요성이 검토되었지만 막대한 비용과 실질적인 효용성에 대한 의문이 제기되었다. 그럼에도 불구하고 CASDN 내부에 인공위성 워킹그룹(groupe satellite artificiel)이 설립되어 기초적인 프로그램 설계가 시작되었다. 또한, 로켓을 이용한 연구의 재개가 결정되었는데, 기존 베로니크 NA보다 성능이 개량된 로켓의 필요성이 제기되었다. 하지만 베로니크 로켓 프로그램을 재개하기 위해서는 적지 않은 준비가 필요했고, 공백을 보완하기 위해 모니카(Monica) 로켓을 활용하기로 결정하였다.[14]

당시 프랑스 내부에서는 우주에 대한 관심이 과학자들과 군인들에 한정되어 있었지만, 1957년 소련이 Sputnik 1을 성공적으로 발사하자 대중들도 관심을 보이기 시작했다. 우주와 로켓에 대한 연구가 세계적인 추세가 되면서, 이를 기회로 프랑스의 국제적 입지를 더욱 높이기 위해 CASDN은 관련 프로그램의 지속과 확대를 강력히 주장했다. 이러한 주장은 1958

---

10) 파생형으로 베로니크 NA, 51, AGI 및 61M이 개발되어 1975년까지 임무를 수행하였다. Krebs, Gunter D. "*Veronique Family*", https://space.skyrocket.de/doc_lau_fam/veronique.htm (검색일: 2024. 2. 1.)

11) 1952년 5월부터 1953년 4월까지 진행된 11번의 발사에서 낮은 성공률(2번)을 보였고, 당초 목표했던 고도가 대기권을 연구하기에 충분하지 않다는 결론이 나오면서 파생형의 개발로 이어졌다. Jean-Jacques Serra. "*Véronique et Vesta*", http://www.sat-net.com/serra/lrba_f.htm (검색일: 2024. 2. 1.)

12) 프랑스어 표기는 AGI(l'Année Géophysique Internationale)

13) 1954년부터 1960년까지 7년 간 16억 프랑을 IGY 예산으로 배정하고자 하였으나 10억 프랑으로 줄어들었고, 9,200만 프랑 규모의 베로니크 로켓 프로그램은 취소되었다. H. Moulin, Supra note 6, p.14

14) 이 프로그램은 1956년 4월 공식화되어 15개의 베로니크 로켓과 15개의 모니카 로켓이 예산에 반영되었다. CASDN은 첫 5개 로켓의 기술분야를 LRBA에, 실험분야를 대기물리학 연구소에 분배하였다. H. Moulin, Supra note 6, pp.15-16

년 5월 집권한 드 골(de Gaulle) 장군이 세계에서 프랑스의 영향력을 높이고자 하는 의도와 일치했으며, 결과적으로 군의 우주 관련 활동에 대한 지원으로[15] 이어졌다. 1959년 예산과 당위성을 확보한 CASDN은 5년(1959~1964)에 걸쳐 40개의 로켓[16] 발사를 포함하는 새로운 프로그램을 계획할 수 있었다. 드 골 장군은 세계무대에서 프랑스의 독립성을 확립하고 동시에 협력에 개방적이어야 한다는 정책 기조를 가지고 있었고, 우주개발은 정부의 우선 정책 중 하나가 되기에 충분했다.[17]

한편, 여러 기관에서 진행되는 우주와 관련된 연구를 총괄하고, 향후 UN 및 국제우주연구위원회(COSPAR: Committee on Space Research)[18] 등 국제 기구에서 프랑스를 대표할 전담 조직 창설을 위한 협의가 시작되었다. 1958년 11월 세이두(R. Seydoux)는 위원회의 필요성과 예산, 관련 법령을 포함하는 보고서를 작성했고, 이는 관련 장관들의 승인을 받아 드 골 장군에게 전해졌다.[19] 그 결과 1959년 1월 7일, 우주연구위원회(CRS: Comité de recherches spatiales)가 설립되었다. CRS는 우주에 대한 국가 프로그램을 구상하고 국제 동향을 전담하는 임무를 담당하였다. 피에르 오거((Pierre Auger)를 의장으로 하여 몇 차례의 위원회가 실시된 후, 4월에 첫 번째 프로그램[20]이 정부에 제출되었다. 비록 첫 번째 프로그램은 내부적인 갈등과 자금 조달의 문제로 실행되지 못하였지만, 이후 CRS가 계획한 다양한 프로그램들이 실제로 수행되었고, 동시에 국제 기구[21]에서 프랑스를 대표하는 기관이 되었다.

같은 해 7월, 프랑스는 독자 기술 확보를 위해 비밀리에 진행해오던 핵 개발 프로그램[22]

---

15) 국방과학연구개발기금(Fonds d'orientation de la recherche scientifique de Défense nationale)의 설립을 지원하여 안정적인 자금 확보가 가능하도록 하였다. H. Moulin, Supra note 6, p.16
16) 베로니크 15개, 모니카Ⅳ 15개, 모니카Ⅴ 10개.
17) Walter A. McDougall, "Space-Age Europe: Gaullism, Euro-Gaullism, and the American Dilemma", in *Technology and Culture*, Vol. 26, No. 2 (1985), pp.179-203
18) 국제학술연합회의(ICSU, 현 ISC)의 연구기관으로 1958년 설립되었다.
19) H. Moulin, Supra note 6, p.23
20) 6년(1959-1964)에 걸쳐 4개의 주요 영역으로 구성되었으며 2억 2천만 프랑의 예산이 요구되었다. 주요 영역은 다음과 같다. 1. 항공학과 천체물리학-지구·태양의 관계, 2. 상층 대기의 전파 및 적외선, 3. 고에너지방사선(우주선), 4. 우주선 내 생존환경에 관한 생물학적 연구. H. Moulin, Supra note 6, p.24
21) 1959년 6월 우주의 평화적 이용 잠정위원회(ad-hoc COPUOS)에 참여했다. H. Moulin, Supra note 6, p.26
22) 프랑스는 전쟁 직후부터 핵무기 개발을 비밀리에 진행하였으며, 1956년 제2차 중동전쟁 당시 미국과 소련으로부터 핵 위협을 경험하면서 필요성을 체감하였다. H. Moulin, Supra note 6, p.23

을 공개하였고, 국방부는 탄도미사일 연구를 위한 조직의 설립을 추진하였다. 프랑스는 기술적 역량을 보완하기 위해 미국 기업23)에 협력을 제안하였으나 미국 정부는 이를 승인하지 않았다. 이에 프랑스는 탄도미사일연구소(SÉREB: Société d'étude et de réalisation d'engins balistiques)24)를 설립하여 관련 기술 개발을 위한 '기초 탄도 연구 프로그램(EBB: Etudes balistiques de base)'을 진행하였다. 이곳에서 다양한 기관과 합작을 통해 연구된 기술들은 향후 우주발사체 개발에 있어서도 핵심적인 역할을 하였다.25)

우주 개발에 대한 프랑스의 열망이 높아지면서, 과학연구부장관의 권한에 따라 재정자립성을 갖춘 공공기관 형태의 '국가우주연구사무소(Bureau national de recherches spatiales)'를 설립하고자 하였다. CRS는 1960년 12월 15일 관련 계획을 과학기술연구총무청(DGRST: Délégation générale à la recherche scientifique et technique)에 제출하였다. 얼마 뒤인 1961년 4월 소련의 유리 가가린이 우주비행에 성공하면서 새로운 조직의 창설을 자극하였고, 7월에는 관계부처 회의와 법안 검토가 시작되었다. 마침내 1961년 12월 19일 우주개발을 총괄하기 위한 공공기관으로 CNES를 설립하는 법안이 공포되었다.26) CNES 초대 청장으로 피에르 오거가 임명되었으며, 이로써 프랑스가 우주 강국으로 진입하기 위한 조직적 틀이 마련되었다.

---

23) 보잉(Boeing)과 록히드(Lockheed).
24) SÉREB은 군사적 목적의 프로그램을 수행하였으며 관성유도, 재진입, 고성능 엔진 등 기술 개발 및 실증을 위한 로켓을 제작하였다. 이후 1970년 수드 아비아시옹(Sud-Aviation), 노드(Nord) 등과 합병하여 항공우주산업공사(SNIAS: Société nationale industrielle aérospatiale)가 되었고, 아에로스파시알(Aérospatiale)로 명칭을 변경하였다. H. Moulin, Supra note 6, p.20
25) Walter A. McDougall, "The Scramble for Space", in *The Wilson Quarterly (1976-)*, Vol. 4, No. 4 (1980), pp.71-82
26) 그 전일인 12월 18일 드 골 장군 주관의 부처간 회의에서 우주발사체 및 인공위성 개발 계획이 승인되었다. 또한, CNES는 설립 확정 이후 준비 기간을 거쳐 1962년 3월 1일부터 실질적인 활동을 시작했다. H. Moulin, Supra note 6, p.29

② 2단계(1962년 ~ 1979년)

CNES의 첫 우주발사체 프로젝트는 1962년 디아망(Diamant) 로켓[27]의 개발에서 시작되었다.[28] CNES는 관측로켓과 우주발사체 개발에 대한 의지가 확고하였고, 이를 위하여 군과 협력하고자 했다. 또한, 경제성과 효율성을 중요시하던 당시 내부 기조로 인하여 새로운 개발보다는 기존의 기술과 설비를 최대한 활용하는 방안을 모색하였다. 그 결과 SÉREB의 보석(Pierres précieuses) 프로그램[29]의 실험용 로켓을 활용하여 우주발사체를 개발하는 방안이 힘을 얻었다. CNES는 관련 프로그램을 SÉREB으로부터 인수하여 개발을 지속하였고,[30] 여기에는 사파이어 로켓과 루비 로켓이 활용되었다. 1965년 11월 26일 알제리의 함마귀르(Hammaguir)에서 디아망A 로켓이 성공적으로 발사되었고, 프랑스 최초의 인공위성 A−1[31]을 궤도에 올렸다. 이를 통해 프랑스는 세계에서 세 번째로 우주발사체를 개발하고 인공위성을 발사한 국가가 되었다. 이 성과는 핵심 전략 기술의 자립에 성공한 것을 의미하였으며, 국가의 독립성을 추구하던 드 골 정권의 정책과 일치했다. 이러한 진전은 프랑스의 우주 개발

---

27) 디아망은 다이아몬드(Diamond)를 의미하며 디아망A 외에도 파생형으로 디아망B 및 디아망BP4 로켓이 개발되었다. 1975년 아리안(Ariane) 로켓으로 대체될 때까지 사용되었다.

28) CNES 설립 당시 베로니크 외에도 수드 아비아시옹의 벨리에(Bélier), 켄타우루스(Centaure), 드래곤(Dragon), 국립항공연구소(ONERA: Office national d'études et de recherches aéronautiques)의 안타레스(Antarès), 베레니체(Bérénice) 등 다양한 종류의 로켓이 존재하였다. Günther Seibert, The History of Sounding Rockets and Their Contribution to European Space Research, (ESA Publication Division, 2006), p.25; ONERA. "1946 to 1962: aeronautical research that is rapidly gaining momentum", https://www. onera.fr/en/history/onera−70−years−1946−1962−aeronautical−research−that−is−rapidly−gaining−momentum (검색일: 2024. 2. 1.)

29) 탄도미사일 개발에 필요한 기술을 확보하기 위한 프로그램으로 VE9, Aigle, Agate, Émeraude, Topaze, Rubis, Saphir 등 실험용 로켓을 개발하였고, 디아망 로켓 개발까지 이어졌다. Alain Chevalier, "Lancement du premier satellite français: Astérix, le 26 novembre 1965", in La Gazette No. 33 (2015), p.10

30) 당시 SÉREB을 총괄하던 국방부 무기국(DMA: Délégation ministérielle pour l'armement)과 CNES는 상호 관계와 책임을 규정하는 의정서를 체결하였고, 4개의 우주발사체를 활용하여 4개의 위성을 발사하기로 계획하였다. H. Moulin, Supra note 6, p.35

31) 우주발사체 궤도 진입 기술 검증을 위한 측정장비를 탑재하였고, 발사 이후 명칭이 A−1(군대를 의미하는 Armée)에서 Astérix(당시 유명 만화의 제목이자 주인공의 이름)로 변경되었다. Alain Chevalier, Supra note 29, pp.10−11

디아망A 로켓   A－1 위성

출처: CNES

프로그램에 다시금 탄력을 주었다.

국가의 독립성뿐만 아니라 국가 간 협력도 중시하였던 프랑스는 1961년부터 미국과 협력을 진행하였다.[32] 그 결과, 디아망A 로켓을 발사한지 열흘 뒤인 1965년 12월 6일에 FR－1[33) 인공위성이 미국의 Scout X－4 로켓으로 발사되었다. 지구의 전자기장을 연구하기 위해 설계된 이 위성이 발사에 성공하면서 프랑스는 우주를 실질적으로 활용할 수 있는 국가가 되었다.[34) 이후에도 CNES에서 개발한 과학위성 D－1A(Diapason)와 1966년에, D－1C(Diadème I)와 D－1D(Diadème II)가 1967년에 각각 디아망A 로켓으로 발사되었다.

한편, 프랑스는 1964년부터 균형도시정책(Métropoles d'équilibre)의 일환으로 항공우주 관련 기관들의 툴루즈(Toulouse) 이전을 추진하였는데, 그 일환으로 1968년 툴루즈 우주센

---

32) 미국 외에도 러시아, 독일, 인도 등 다양한 국가와 협력하였다. H. Moulin, Supra note 6, p.39
33) 1963년 프랑스(CNES, CNET)와 미국(NASA)이 과학위성의 합작 개발을 추진하면서 FR－1(FR 시리즈 첫 번째를 의미) 위성이 개발되었다. 기존 계획으로는 A－1보다 이른 시점에 발사될 예정이었으나, 프랑스 최초라는 상징적인 측면을 고려하여 연기되었다.
34) Walter A. McDougall, Supra note 17, pp.179－203

터(CST: Centre spatial de Toulouse)가 설립되었다.[35] CST는 브레티니쉬르오르주(Brétigny
-sur-Orge)[36]에서 수행하던 임무를 대체하기 시작하였으며 1973년 10월 29일 공식 개소
되었다. 또한, 1962년 알제리의 독립으로 기존 발사장의 사용이 어려워지면서 이를 대신할
새로운 우주센터의 필요성이 제기되었다.[37] 다양한 후보지가 검토된 끝에, 1964년 프랑스
령 기아나의 쿠루(Kourou) 지역이 선정되었다.[38] 이후 약 4년 간의 공사를 거쳐 1968년 4월
9일 베로니크 로켓이 성공적으로 발사되면서 기아나 우주센터(CSG: Centre spatial guyanais)
가 본격적으로 운영되기 시작하였다. 이후 CSG는 프랑스뿐만 아니라 다양한 국가들의 로켓
발사에 사용되면서 각국 우주 개발에 기여하였다.[39]

이처럼 프랑스는 당시 유럽에서 우주 개발에 가장 열정적이었음에도 불구하고 미국과 소
련의 우주 개발 속도를 따라잡기에는 기술적으로도, 재정적으로도 불가능했다. 하지만 우주
개발에 관심을 가지고 있던 유럽 국가들 중 대다수가 강대국에 종속되기보다는 독립적인 능
력을 갖추고자 하였고, 이는 ESRO와 ELDO[40]의 결성으로 이어졌다.[41] 프랑스의 경우에도
다른 유럽 국가들과 협력을 통해 우주 연구 분야를 확장하고 새로운 우주발사체를 개발하고
자 하였다.[42]

---

35) 같은 시기 국립고등항공학교(ENSA), 국립민간항공학교(ENAC), 국립항공우주연구소(ONERA) 지사
    등이 파리에서 툴루즈로 이전하였다. 툴루즈는 현재 남부 옥시타니(Occitanie) 레지옹의 중심도시
    로 성장되었다. 배준구, "프랑스의 지역발전정책: 툴루즈의 공공기관 이전과 클러스터 사례를 중
    심으로", 『프랑스 문화 연구』, 34권 1호(2017), 188-191면.
36) 제2차 세계대전 이후 비행시험센터가 설치된 지역으로 CNES는 1962년에 기술부서를 설치하였다.
    이후 1966년 브레티니 우주센터(CSB)를 설립, 1974년 폐쇄 이전까지 인공위성 관리 및 통제 등
    의 임무를 수행하였다. "Le Centre spatial de Toulouse, fruit de la décentralisation",
    『AIR&COSMOS』, (2018. 3. 6)
37) 1962년 3월 18일 에비앙 협정(conférences d'Évian)을 통해 알제리가 프랑스 지배를 벗어나 독
    립하면서 함마귀르와 콜롬-베차르(Colomb-Béchar) 발사장을 1967년 7월 1일 이후 사용할 수
    없게 되었다. H. Moulin, Supra note 6, p.31
38) 적도 부근에 위치하여 지구의 자전력을 최대한 활용할 수 있으며 인프라 개발의 용이성, 안전성
    및 기후 등을 고려하였을 때, 현재까지도 로켓 발사에 가장 적합한 장소로 평가를 받고 있다. 이
    다현, "세계 주요 우주항 운영 현황", 『항공우주산업기술동향』, 20권 1호(2022), 18면
39) CNES, "*DE L'ALGÉRIE À LA GUYANE*", https://centrespatialguyanais.cnes.fr/fr/centre
    -spatial-guyanais/histoire-du-spatial-en-guyane/histoire-du-csg/la-guyane-port
    -spatial-de (검색일: 2024. 2. 1.)
40) 유럽의 우주 프로그램을 수행하기 위한 우주발사체를 개발하고자 하였으며, 영국과 프랑스의 협력
    에서 출발하였다. John Krige, etc., Supra note 5, pp.81-91
41) John Krige, etc., Supra note 5, pp.1-11

ESRO 설립 준비 당시 프랑스는 자국의 이익을 최대화하기 위하여 노력하였다. 유럽 국가들이 사용하기 위한 우주발사체의 필요성을 주장하며 영국과 주도권을 다투기도 하였고,[43] 우주 프로그램 수행에 항공기 제조업체인 쉬드 아비아시옹사의 켄타우로스(Centaure) 로켓이 사용되도록 적극적으로 행동하였다. 하지만 이러한 모습은 다른 국가들로부터 비판을 받기도 하였다.[44]

ELDO의 본격적인 활동은 영국이 우주발사체 개발을 제안하면서 시작되었는데, 프랑스가 협력의 대가로 핵무기 관련 기술을 요구하면서 난항을 겪게 되었다. 하지만 프랑스에서 해당 조건을 철회하고 발사체 2단부를 담당하기로 협의하면서 우주발사체 개발이 본격화되었다.[45] 그 결과 ELDO－A(Europa－1)[46]가 개발되었으나 연속된 실패로 인하여 영국과 이탈리아는 프로젝트를 포기하고자 하였다. 그럼에도 불구하고 프랑스는 더욱 높은 성능을 가진 ELDO－B(Europa－2)의 개발을 주장하였다. 영국은 재정적 부담과 성공 가능성에 대한 의문을 제기하였으나, 프랑스는 분담금을 조정하고 발사장을 변경하는 조건으로 협의를 이끌어냈다.[47] 1971년 11월 5일 Europa－2의 첫 발사가 이루어졌으나 실패하였고, 더 이상의 발사는 이뤄지지 않았다.[48]

한편, 유럽에서의 협력은 통신 분야에서도 확인된다. 먼저 1962년 12월, 유럽 우편전기통신주관청회의(CEPT: Conférence européenne des postes et télécommunicat ions)에서 미국이 제안한 글로벌 통신 시스템 구축에 대하여 유럽 내 협력이 권고되었다. 미국과의 협상을 준비하기 위해 다음 해 5월에는 프랑스와 영국의 요청으로 유럽전기통신우주회의(CETS:

---

42) CRS에서 계획한 우주 프로그램들은 예산 확보에 많은 어려움이 있었고, 피에르 오거는 국제 협력을 통해 이러한 문제를 해결하고자 하였다. John Krige, etc., Supra note 5, pp.18－19
43) John Krige, etc., Supra note 5, pp.36－39
44) ESRO에 대한 기여금에 비하여 사업 수주율이 과도하게 높은 점을 지적받았다. John Krige, etc., Supra note 5, pp.72－79
45) 2단부 코랄리(Coralie)는 LRBA의 주도로 제작되었으나 오작동으로 발사 실패의 원인이 되기도 하였다. John Krige, etc., Supra note 5, p.342
46) 1단부는 영국의 Blue Streak, 3단은 프랑스의 지원을 받은 독일의 Astris가 사용되었다.
47) 감소된 영국의 분담금은 다른 회원국에서 나눠서 충당하였고, 발사장을 호주 우메라(Woomera)에서 CSG로 변경하였다. John Krige, etc., Supra note 5, pp.269－271
48) 관성유도장치의 고장을 비롯한 일련의 문제로 발사에 실패하였다. 이후 Europa－3, 4에 대한 개발이 검토 및 진행되었으나 실제 발사까지 이어지진 않았다. John Krige, etc., Supra note 5, pp.340－341

Conférence européenne de télécommunications spatiales)가 열렸다. CETS에서는 위성통신분야에서 유럽의 독립성을 확립하고 국제전기통신위성기구(Intelsat) 계약 지분을 확보하기 위한 협력의 필요성이 제기되었다.[49] 이러한 움직임은 1977년 임시기구를 거쳐 1982년 유럽통신위성기구(Eutelsat) 설립으로 이어졌다.

우주 개발을 위한 유럽 내 협력은 많은 성과를 내기도 하였으나 ESRO와 ELDO의 활동은 결과적으로 재정적인 문제와 기술의 한계에 부딪혔다. 하지만 프랑스는 우주발사체와 통신위성 개발을 비롯한 다양한 분야에서 협력의 필요성을 강하게 주장하며 협력체제를 존속하고자 하였다. 이러한 노력은 지속적인 활동[50]과 조직 변화로 이어졌고, 추후 ESA의 설립을 촉진시켰다. 하지만 이는 프랑스 자체 우주 프로그램의 둔화로 이어지기도 하였다. ESA의 설립을 앞두고 있던 1974년 10월 16일, 프랑스 국무회의에서는 디아망 로켓 프로그램 포기, 관측로켓 사용 중단, CNES 예산 축소 등의 조치가 결정되었다.[51] 이와 더불어 브레티니쉬르오르주 우주센터(CSB: centre spatial de Brétigny−sur−Orge)가 폐쇄되었고, CST로 기능을 이전하면서 일부 직원들은 해고를 통보받기도 하였다. 그 결과 CNES 내부에는 직원들의 반발과 미래에 대한 불안이 감돌았다. 이 위기를 타개하기 위해 CNES는 우주기상, 우주통신 및 지구관측 등 우주 응용 프로그램을 확대함으로써 새로운 활력을 불어넣고자 하였다.

CNES에서 추진하던 응용 프로그램 중 하나였던 통신위성 시스템의 구축은 아리안 로켓의 개발과도 관련이 있었다. 프랑스는 1960년대 초부터 통신위성 프로젝트를 추진하였으나 결정적인 성과로 이어지지는 못하고 있었다. 하지만 사프란(Safran) 및 사로스(Saros) 프로젝트가 독일의 올림피아(Olympia) 프로젝트와 병합되어 1967년 심포니(Symphonie) 프로젝트가 탄생하면서 진척을 보이는 듯 하였다.[52] 하지만 위성 발사를 위해 미국의 로켓을 사용하려던 계획이 좌절되면서 다시금 차질을 빚었다. 당시 미국은 자국의 인텔셋 시스템을 보호하

---

49) H. Moulin, Supra note 6, pp.58−59
50) 우주발사체의 경우 Europa−3, 4에 대한 개발이 검토 및 진행되었으나 실제 발사까지 이어지진 않았다. 이후 아리안(Ariane) 프로그램으로 이어졌다 John Krige, etc., Supra note 5, pp.340 −341
51) H. Moulin, Supra note 6, p.44
52) 사프란 프로젝트를 통해 유럽과 아시아의 전화 연결을 위한 위성을 발사할 계획이었으나 당시 발사체(ELDO−A)의 성능 문제로 중지되었다. 이후 새로운 발사체(ELDO−B) 개발이 진행되면서 통신위성 프로그램 역시 사로스라는 이름으로 재개되었다. 독일의 올림피아 프로그램은 1972년 뮌헨 올림픽을 방송하기 위해 진행되었다. H. Moulin, Supra note 6, p.46

기 위해 유럽의 통신위성 발사를 거절했던 것이었다. 하지만 이는 오히려 프랑스와 독일을 비롯한 유럽의 국가들이 내부 협력을 통해 독립적인 발사 시스템을 구축하도록 부추겼다. 특히 프랑스의 3단 발사체 대체 프로그램(LIIIS: lanceur à 3 étages de substitution), 즉 향후 아리안(Ariane) 프로그램 진행에 강력한 동기부여가 되었다.[53]

아리안 프로그램의 또 다른 배경에는 미국의 포스트 아폴로 프로그램 중 하나인 스페이스랩(SpaceLab)이 있었다. 프랑스는 미국의 계획에 적극적으로 동참할 생각은 없었지만 LIIIS 프로그램을 채택하는 조건으로 이에 참가하게 된다.[54] 이러한 배경을 통해 프랑스의 염원이자 ESA 설립 전후 가장 핵심 프로젝트인 아리안 프로그램이 1973년 시작되었다. 당초 정지 궤도에 1,500kg의 탑재체 발사를 목표로 하였지만 1976년에 이르러 CNES는 경쟁력 확보를 위해 성능 향상을 모색했다. 그 결과 아리안1 로켓은 최종적으로 1,850kg의 탑재체를 운반할 수 있는 성능으로 완성되었다.

아리안 1 로켓이 4회의 자격 비행을 수행하기 위해 실제로 제작되는 동안 CNES는 본격적인 상업화를 위해 잠재고객을 발굴할 방법을 고민하였다. 이를 위해 제조 및 발사 절차를 개선하여 발사체의 완성도를 높이고 수요자에게 합리적인 가격으로 제공할 수 있는 프로모션 시리즈(série de promotion)를 계획하였다. 1978년 12월 인텔셋이 아리안1 로켓으로 Intelsat V 위성 발사를 결정하면서 프로모션 시리즈는 총 5개의 아리안 로켓으로 결정되었다.[55] 이 계획이 성공적으로 진행되면서 아리안 1 로켓은 연간 2~4회의 발사 수요가 있을 것으로 예상되었다. 이를 통해 로켓을 계약 전에 사전 제조함으로써 시간과 비용을 절약하고 신뢰성을 확보하였다.

---

53) 심포니 프로젝트에 ELDO－B의 사용이 불가능해지면서 미국의 토르델타(Thor－Delta)를 통해 두 개의 위성을 발사하고자 하였다. H. Moulin, Supra note 6, pp.46－47
54) H. Moulin, Supra note 6, p.62
55) ESA 위성 3대와 프랑스 Telecom 1 위성, 미국의 인텔셋V 위성용 각 1대. H. Moulin, Supra note 6, p.64

③ 3단계(1979년 ~ 현재)

1979년 12월 24일 크리스마스 이브, 프랑스를 비롯한 ESA 회원국에는 하루 먼저 크리스마스 선물이 도착했다. 유럽 국가들의 열망과 노력이 담긴 아리안 1, 1호기(L01)가 CSG에서 발사에 성공하면서 새로운 역사가 시작된 것이다.[56] 한편, 프랑스는 일찍부터 아리안 로켓의 제조, 마케팅 및 발사를 단일 민간 기업에서 수행할 것을 제안하였고,[57] 아리안 로켓 발사 성공 후 얼마 지나지 않은 1980년 3월 아리안스페이스(Arianspace)사를 설립하였다. 이는 아리안 로켓에 대한 영향력을 지속적으로 유지하기 위한 의도였고, 실제로 아리안스페이스사 지분의 60%[58]를 프랑스가 직·간접적으로 확보하도록 계획하였다. 이후 아리안 로켓은 1984년 5월 22일 미국의 Spacenet 위성을 쏘아 올리면서 최초의 상업용 우주발사체가 되었다. 아리안스페이스사는 이러한 경험을 바탕으로 역동성을 가지고 후속 발사체를[59] 개발하며 시장 점유율을 빠르게 확보해 나갔다. 여기에 전통적인 우주 강국이었던 소련은 몰락하고 미국의 우주왕복선 프로그램은 위축되면서[60] 아리안 4는 더욱 탄력을 받았다.[61]

아리안시리즈를 통해 우주에 대한 독립적인 접근 수단을 확보하기 이전까지 프랑스는 유인 임무 및 우주 기반 시설에 대한 별다른 관심을 보이지 않았다. 하지만 1978년 CNES에서 저궤도 유인 우주비행의 수단으로 아리안 5가 논의되기 시작하였다. 미국 우주왕복선의 접근 방식과는 다르게 안정성과 효율성을 추구하는 아리안의 접근 방식[62]에 맞춰서 1979년 아리안 5 - 헤르메스(Hermès) 컨셉이 탄생하였다. CNES의 주도로 아리안 5는 높은 성능과 안

---

56) 총 4번의 자격비행을 실시하였고, 이 중 2번째 발사는 실패하였다. H. Moulin, Supra note 6, p.64
57) 1979년 3월 7일 각료회의에서 회사 설립을 위한 원칙이 승인되었고, 같은 해 6월 파리 에어쇼에서 Transpace 프로젝트가 공개되었다. H. Moulin, Supra note 6, p.64
58) CNES에서 34%, 모든 공기업에서 51%, 프랑스 전체에서 60%를 보유하도록 기준을 설정했다. H. Moulin, Supra note 6, p.64
59) 아리안 1(14/16)을 기반으로 길이를 확장한 아리안 2(5/6), 고체부스터 2개를 장착한 아리안 3(10/11)가 개발되었고, 세 시리즈를 통틀어 28회 발사 중 24회 성공하였다.
60) 1986년 미국 우주왕복선 챌린저호의 사고는 아리안 시리즈의 점유율 증가로 이어졌다. H. Moulin, Supra note 6, pp.63-65
61) 아리안 4의 경우 1988년 첫 발사 이후 2003년까지 총 116회 발사되었다. 기본형인 40에 액체 혹은 고체 부스터 장착에 따라 42P, 42L, 44P, 44LP, 44L으로 나뉘었으며, 통틀어 3회 실패하였다.
62) H. Moulin, Supra note 6, p.66

정성 확보를 목표로 하였으며 ESA의 프로젝트에 포함되도록 노력하였다. 그 일환으로 아리안 5 evolution과 plus의 개발이 각각 1995년과 1999년에 ESA에서 승인되었다. 이와 더불어, CNES에서 연구한 셔틀 모듈의 타당성 조사가 1977년부터 이뤄졌고, 1979년 파리 에어쇼에서는 프랑스의 우주왕복선인 헤르메스(Hermès) 프로젝트가 공개되었다. 많은 국가들이 관심을 가졌지만 독일이나 영국 등 거부감을 가지는 국가들 또한 상당하였다. 프랑스는 아에로스파시알(Aérospatiale)사를 주계약자로 사업을 지속하였고, 1987년 11월 ESA 장관급 위원회에서 프로그램 준비단계가 채택되었다. 하지만 결국 예산의 제약과 독일의 강력한 반발로 프랑스는 이를 포기하였다. 이사회에서 재조정을 제안했으나 결국 실현되지 못하고 헤르메스 프로젝트는 종료되었다. 하지만 당시 발사체로 개발되었던 아리안 5는 2023년까지 117회 임수를 수행하였다.

우주에 대한 상업적 접근이 한창이던 1983년, 미국 레이건 대통령의 전략방위구상(SDI: Strategic Defence Initiative)이 발표되면서 프랑스에서도 우주의 군사적 활용이 화두에 오르게 되었다. 프랑스 미테랑 대통령은 궤도에 무기 시스템 배치를 막기 위해 유럽 국가들의 공조를 요청하였고, 동시에 광학 관측 위성과 통신 위성의 군사적 활용을 중심으로 군사 우주 정책을 계획하게 된다. 해당 정책은 1986년부터 CNES와 방위사업청(DGA: Délégation générale pour l'armement)[63]에 의해서 본격적으로 시작되었지만, 군사 관측 분야의 시작은 1978년 SAMRO[64] 위성의 개발로 거슬러 올라간다. 프랑스는 차드 – 리비아 분쟁에서 군사용 관측 위성의 필요성[65]을 느끼면서 개발을 시작하였다. 하지만 막대한 개발비용에도 불구하고 성능이 기대에 미치지 못하면서 1982년 프로젝트의 중지가 결정되었고,[66] 여기서 개발된 기술과 연구자료는 스팟(SPOT) 및 헬리오스(HELIOS) 군사 관측 위성 개발에 활용되었다.

1977년 시작된 스팟(SPOT: Satellites Pour l'Observation de la Terre) 프로그램은 유럽 최초의 지구 관측 위성 프로그램이었다.[67] 벨기에와 스웨덴이 개발에 협력하였으며 1982년

---

63) 현재 명칭은 Direction générale de l'armement.
64) 군사정찰광학(Satellite militaire de reconnaissance optique)을 의미한다.
65) 프랑스는 미국이 제공한 위성 영상의 진위여부를 확인할 수 없었으며 이로 인하여 군사작전에 대한 독립성에 의문이 제기되었다. "France Cedes Leading Role in Space to Europe", 『Brookings』, (2001. 4. 1)
66) "La France suspend le projet de satellite militaire de reconnaissance", 『Le Monde』, (1982. 9. 11)
67) 미국의 Landsat, 소련의 Meteor, 인도의 Bhaskara 위성이 발사됐다. Alan S. Belward, Jon O.

SPOT 프로그램의 상업적 활용을 위해 SPOT Image사[68]가 설립되었고, 1986년 마트라 (Matra)[69]사와 아에로스파시알사에서 제작한 SPOT-1 인공위성이 발사되었다. 이어서 1990년 SPOT-2, 1993년 SPOT-3가 발사되었으며, 이후 추가적으로 1998년 SPOT-4, 2002년 SPOT-5가 발사되었다. 2015년 SPOT-5가 궤도를 이탈하면서 CNES는 SPOT 프로그램을 종료하였지만, Airbus DS사는 2012년, 2014년 각각 발사한 SPOT-6와 SPOT-7[70]으로 프로그램을 지속하였다. Airsbus DS Geo사는 SPOT-6/7 위성 외에도 플레이아데스(Pléiades)를 비롯하여 다수의 위성 영상을 민간과 군에 제공하고 있다. SPOT 프로그램은 그 자체로도 주목할 만한 것이었지만 비슷한 시기 헬리오스 위성의 제작이나 이후 플레이아데스 위성에도 큰 영향을 주었다.

1985년 군사정찰위성 개발을 위해 시작된 헬리오스 프로그램은 프랑스가 주도하고 이탈리아와 스페인이 함께 참여하였으며 SAMRO와 SPOT 프로그램에 사용된 기술을 근간으로 개발되었다. 1995년 7월 아리안 4 로켓을 이용해 헬리오스 1A, 1999년 1B를 발사되어 각각 2012년, 2004년까지 사용되었다. 1998년부터 시작된 헬리오스 2 프로그램은 이탈리아, 스페인, 벨기에, 그리스가 일부 참여하였고,[71] 2004년 헬리오스 2A, 2009년 2B가 발사되어 현재까지 운용 중이다. SPOT 위성과는 달리 군 전용 위성이므로 프랑스 군사정보국(DRM: Direction du Renseignement militaire)에서 통제하고 있다. 헬리오스 프로그램의 후속으로 CSO/MUSIS 프로그램이 진행되고 있으며, 2018년 CSO-1 위성이 발사되었다.

Skøien, "Who launched what, when and why; trends in global land-cover observation capacity from civilian earth observation satellites", in *ISPRS Journal of Photogrammetry and Remote Sensing*, Vol. 103 (2015), pp.115-128
68) 2008년 EADS Astrium에 인수된 후, 현재 Airbus DS Geo가 되었다.
69) EADS Astrium Satellites를 거쳐 Airbus DS 우주시스템 사업부가 됐다.
70) 2014년 12월 아제르바이젠에 매각을 계약하면서 Azersky로 이름이 바뀌었다. "Airbus Sells In-orbit Spot 7 Imaging Satellite to Azerbaijan", 『SPACENEWS』, (2014. 12. 4)
71) 이후 이탈리아와 토리노(Turin) 협정, 독일과 슈베린(Schwerin) 협정을 통해 상호 위성에 대한 접근 권한을 얻었다.

그림
3

Airbus Earth Observation Constellation

Airbus 지구관측위성

출처: Aibus DS

프랑스의 군사 위성 통신의 경우 시라큐스(Syracuse: Système de radiocommunication utilisant un satellite) 프로그램의 개발로 진행되었다. 프랑스는 1984년 8월 텔레콤(Telecom) 1A[72] 통신 위성을 발사하였는데, 해당 시리즈의 위성을 통해 시라큐스로 통칭되는 군사용 보안 통신망을 사용할 수 있었다. 1991년부터 발사된 텔레콤 2 통신 위성 시리즈에는 이전보다 개량된 시라큐스 2가 탑재되었다.[73] 프랑스는 후속 프로그램으로 독일, 영국과 연합하여 3자간 군사위성통신(Trimilsatcom)을 추진하였으나 영국의 중도 포기로 중단되었고,[74] 2000년 시라큐스 3 프로그램을 시작하였다. 시라큐스 3 시리즈는 우주와 지상의 모든 자산을 군

---

72) 텔레콤 1B, 1C는 각각 1985년, 1987년 발사되었으며 1994년까지 운용하였다. Krebs, Gunter D. "*Télécom 1A, 1B, 1C*", https://space.skyrocket.de/doc_sdat/telecom−1.htm (검색일: 2024. 2. 1.)

73) 텔레콤 2A를 시작으로 2B(1992), 2C(1995), 2D(1996)가 발사되었으며, 프랑스 텔레콤과 DGA가 공동으로 소유하였다. Gunter D. "*Télécom 2A, 2B, 2C, 2D*", https://space.skyrocket.de/doc_sdat/telecom−2.htm (검색일: 2024. 2. 1.)

74) "France Cedes Leading Role in Space to Europe", 『Brookings』, (2001. 4. 1)

이 보유함으로써 이전보다 높은 자율성이 보장되었다.[75] 2005년 시라큐스－3A, 2006년 시라큐스－3B가 발사되었고, 2015년 이탈리아와 협력을 통해 개발한 시크랄(Sicral)[76] 2 위성이 발사되어 시라큐스 위성을 보조하였다. 2018년에는 시라큐스 4 프로그램이 시작되었는데, 시라큐스 4A와 4B는 각각 2021년과 2023년에 발사되었다. 총 3대의 위성을 발사할 예정이었으나 두 개의 위성으로 목표 성능을 충족하였고 예산 전환의 필요성으로 4C 위성은 취소되었다.

---

75) 시라큐스 1, 2는 위성에 탑재된 탑재체였으나, 시라큐스 3부터는 위성 자체의 명칭이 되었다.
76) 이전에 발사된 시크랄 위성은 이탈리아의 군사 통신 위성이었으나 시라큐스 3 위성의 시리즈에 포함되었다. THALES. "*SICRAL 2, THE FRENCH－ITALIAN DEFENSE AND SECURITY TELECOM SATELLITE, REACHES GUIANA SPACE CENTER LAUNCH SITE*", https://www.thalesgroup.com/en/worldwide/space/press－release/sicral－2－french－italian－defense－and－security－telecom－satellite－reaches (검색일: 2024. 2. 1.)

2 법·정책

프랑스는 우주 활동에 관한 법령들을 제정하여 국가 우주 활동의 전반을 규율하고 있다. 우주 운용법을 기반으로 한 파생된 여러 법령들이 하나의 그물망처럼 연결되어 국가 우주 활동 체계를 확립하고 우주 활동의 안정성을 높인다. 법에 근거한 우주 활동을 국가 주도적으로 이끌어나가면서 국제사회에서 선도적인 역할을 하고 있다.

한편, 정책 분야에서는 2012년 프랑스 우주 전략과 목표 및 성과 계약 등으로 구체화 되며 유럽을 넘어 국제사회에서 입지를 공고히 하기 위해 국가 차원의 집중적 투자가 진행되고 있다.

① 법령

가. 2008년 6월 3일 우주 운용에 관한 법률 제2008-518호

우주 운용법(Loi n° 2008-518 du 3 juin 2008 relative aux opérations spatiales, 이하 우주 운용법)은 프랑스 우주 활동의 전반을 규율하는 핵심 법률이며 이를 기반으로 한 여러 법령이 제·개정되었다.

표 1 우주 운용법과 관련된 주요 법령

법령	주요 내용
• 우주 운용법 제2008-518호	정의, 허가 · 라이센스 규정, 우주물체에 대한 책임 등
• 우주 운용법의 제7호 규정을 적용하는 명령 제2009-640호	우주 기반 데이터 특성과 우주 운용자와 정부의 의무 규정
• 허가에 관한 명령 제2009-643호	허가 · 라이센스 발급 세부 규정, 국방 목적 우주 운용 규정 등
• 기술규정에 관한 규칙	정의, 우주물체 기술적 요건, 우주쓰레기 제한 등

출처: 프랑스 우주 관련 주요 법령 종합하여 저자 작성

우주 운용법은 제1절 제1조 1항 손해에 대한 정의로 시작한다.[77] 손해란 '우주 운용 중에 우주물체에 의하여 방출된 신호를 이용한 결과를 제외하고, 우주물체가 직접적인 원인이 되어 사람, 재산, 특히 공중보건 또는 환경에 야기한 모든 손해'로 정의한다. 1972년 책임협약에서 '손해'는 피해 자체에 중점이 있는데 반해 우주 운용에 관한 법에서는 손해의 원인에 대해 명확히 하는 것을 알 수 있다.[78]

동조 3항 우주 운용은 발사체의 발사 시도를 포함하여 지구로의 귀환의 과정에 이르기까지 포괄적으로 정의[79]하며 동조의 다른 항들을 통해 개념을 보충하고 있다. 그러나 본 법률에 반복적으로 언급되는 우주 물체에 대해서는 정의하지 않았다.[80]

프랑스에서의 우주 운용은 허가 및 허가 발급 요건을 고려하여 명령으로 행정 당국[81]의

---

77) 1972년 우주물체에 의하여 발생한 손해에 대한 국제 책임에 관한 협약(Convention on International Liability for Damage Caused by Space Objects) 제1조 역시 '손해'에 대한 정의로 시작하고 있고 우주 운용에 관한 법률이 주로 인가, 의무 및 책임 등을 규정하고 있는 점에서 유사함이 있다.
78) 1972년 책임협약에서 '손해'는 인명의 손실, 인체의 상해 또는 기타 건강의 손상 또는 국가나 개인의 재산, 자연인이나 법인의 재산 또는 정부간 국제기구의 재산의 손실 또는 손해를 말한다.
79) 우주에 물체를 발사하거나 발사하려고 시도하는 모든 활동 또는 달과 다른 천체들을 포함하여 우주에 머무는 동안 우주물체를 제어하기 위한 모든 활동 또는 필요한 경우 물체를 지구로 귀환시키는 동안 발생하는 모든 활동을 의미한다.
80) 우주물체의 정의에 대해서는 1972년 책임협약 제1조 제4항과 기술규정에 관한 규칙(Arrêté) 제1조에서 확인할 수 있다.

사전 허가가 부여된 운용자만이 할 수 있음을 명확히 한다. 특히 우주 운용 간 나타날 수 있는 법인을 포함한 운용자의 성격을 구분하여 대상을 구체적으로 규정하고 있다.[82] 한편, 제26조에서는 국방을 목적으로 궤도가 우주를 통과하는 엔진의 발사와 유도, 특히 탄도미사일에는 적용되지 않음을 밝히고 있어 국내법으로 불필요한 간섭을 줄였다고 볼 수 있다.

발급된 허가는 우주쓰레기와 관련된 위험을 제한하기 위한 규정, 국가안보 이익을 보호하거나 국제의무에 대한 프랑스의 준수를 포함하는 목적으로 할 수 있는 규정을 포함함을 명시하여 허가 소지자에 대한 의무를 부과한다. 관련하여 제9조에서 발급된 허가나 허가는 국방의 이익 또는 프랑스가 국제적 약속을 준수하는데 위반할 가능성이 있는 경우 철회 또는 정지할 수 있다고 명시했다. 허가 소지자에 대해 제13조에 규정된 요건과 제16조와 제17조에 명시된 금액에 한도에서 운용자의 책임이 정해지므로 보험 및 재정 보증 의무를 강제한다.

책임에 관한 제4절은 제3자에 관한 책임, 우주 운용에 참여한 자들에 대한 책임, 예외 조항을 각각 세부적으로 규정하고 있다. 제1장 제3자에 관한 책임에서 제3자에 관해 지상과 영공에서 야기된 손해에 대해서는 당연한 책임과 지상 및 영공이 아닌 곳에서 발생한 손상의 경우 과실에 대해서만 책임이 있다고 한정하였다.

제14조는 1967년 우주조약[83]과 1972년 책임협약에 근거하여 국가가 손해를 배상하였을

---

81) 허가에 관한 명령 제2009-643호 제1조에 의거 우주발사체의 발사, 우주 물체의 귀환 등은 우주 담당 장관이 허가한다.
82) 제1장 허가에 따른 운용 제2조
   1° 국적에 관계없이, 프랑스 영토 또는 프랑스 관할권 하에 있는 시설 혹은 수단으로부터 우주물체를 발사하려고 하는 모든 운용자 또는 프랑스 영토 및 프랑스 관할권 하에 있는 시설 혹은 수단으로 우주물체를 귀환시키고자 하는 모든 운용자
   2° 외국의 영토, 외국의 관할권 하에 있는 시설 또는 수단, 또는 일국의 주권에 종속되지 않는 공간에서 우주물체를 발사하고자 하는 모든 프랑스 운용자, 또는 외국의 영토, 외국의 관할권 하에 있는 시설 또는 수단, 또는 일국의 주권에 종속되지 않는 공간에서 우주물체를 귀한시키고자 하는 모든 프랑스 운용자
   3° 운용자 여부와 상관없이, 우주물체를 발사케 하려는 프랑스 국적을 가진 모든 또는 프랑스에 소재지가 있는 법인, 또는 우주에 우주물체가 머무는 동안 우주물체의 제어를 실행하고자 하는 모든 프랑스 운용자
   제1장 허가에 따른 운용 제3조
   이 법률에 따라 허가를 받은 우주물체 제어의 제3자 이전은 행정 당국의 사전 허가를 받아야 한다.
   제2조 3°의 규정에 따라, 이 법률에서 발사 또는 제어를 허가받지 않은 우주물체를 제어하려는 모든 프랑스 운용자는 행정 당국이 발급하는 사전 허가를 받아야 한다.

때 국가가 배상의 한도 내에서 운용자의 재정 보증 또는 보험으로부터 혜택을 받지 않는 한, 프랑스의 국제책임을 다한 국가는 피해를 유발한 운용자를 상대로 구상권을 행사할 수 있다고 하였다. 반면에 운용자의 보호 조치로 허가된 운용이 국익을 목표로 한 행위에서 발생한 피해는 국가가 구상권을 행사하지 않으며, 운용자가 허가된 운용으로 제3자에게 손해배상을 하였거나 또한 프랑스 영토나 유럽연합의 영토, 프랑스 관할권의 시설로부터 수행되었다면 의도적인 잘못이 아닌 경우 국가의 보증을 받는다고 규정하고 있다.

예외 조항인 제20−1조는 연구법전 L331−2의 4번째 단락[84]에 근거하여 CNES가 행정 당국의 승인을 받아 위탁한 공공 임무에 해당하는 경우에 우주물체의 발사, 지상으로 귀환, 제어단계 및 제어단계 이전에 해당하는 운용은 본 절의 규정을 적용받지 않도록 하여 CNES의 활동을 보장한다.

2022년 2월 23일 우주 운용 및 우주 기반 데이터에 대한 국방 이익 보호 관련 법률명령 제2022−232호(Ordonnance n° 2022−232 du 23 février 2022 relative à la protection des intérêts de la défense nationale dans la conduite des opérations spatiales et l'exploitation des données d'origine spatiale)에 의해 본 법률이 일부 수정되었다. 제1조에 우주 기반 데이터에 대한 정의[85]와 제7절 25−1호[86]가 추가되었고 제25조 개정과 관련 우주 기반 데이터를 정부에 신고하지 않는 경우에 대한 형량이 높아졌다.[87]

제2장 제4조는 행정 당국이 운용자에게 국방의 이익을 위해 국가를 대표하여 수행하는 경우 필요한 범위 내에서 본 규정에 적용된 발급 요건들을 완화할 수 있도록 개정되었다. 신

---

83) 1967년 달과 기타 천체를 포함한 우주의 탐색과 이용에 있어서의 국가 활동을 규율하는 원칙에 관한 조약(Treaty on Principles Governing the Activities of States in the Exploration and Use of Outer Space, including the Moon and Other Celestial Bodies), UN, Treaties Series, vol. 610, No. 8843.
84) 행정 당국의 승인을 위해 이 분야의 국가 이익 연구 프로그램을 준비하고 제안한다.
85) 지구, 천체, 우주 물체 또는 우주에서 기반한 우주에서 획득한 관측, 신호 차단 또는 위치 데이터. 제7절 우주 기반 데이터에 대한 세부 사항은 2009년 6월 9일 명령 제2009−640호에 반영되어 있으나 우주 기반 데이터에 대해 정의하지 않았다.
86) 연구법전 L331−2조의 4에 따라 정부의 승인을 받은 CNES에 위탁된 공공 임무에 해당하는 우주 기반 데이터의 주요 운용자의 활동, 국가가 국방의 이익을 위해 수행하는 우주 기반 데이터의 주요 운용자로서의 활동, 관측 또는 위치가 확인된 우주물체의 운용자의 동의를 얻어 획득한 우주 기반 데이터 등은 제7절의 조항을 적용받지 않는다.
87) 200,000유로에서 3년의 징역형과 300,000유로의 벌금으로 형량이 높아졌다.

설된 제11-1조는 대상을 국가 또는 CNES가 수행하는 우주 운용에 대해 허가, 허가자의 의무, 행정 형사 제제 등에 적용받지 않는다고 명시하였고 제4조 첫 번째 단락의 기술규정도 국방의 이익을 위하여 필요한 범위 내에 예외 적용될 수 있다고 규정하였다.

나. 2008년 6월 3일 우주 운용에 관한 법률 제2008-518호 제7절에 규정된 조항을 적용하는 2009년 6월 9일 명령 제2009-640호

상기 법률의 보충적 성격으로 우주 운용법 제7절 규정을 적용하는 명령(Décret nᵒ 2009-640 du 9 juin 2009 portant application des dispositions prévues au titre VII de la loi nᵒ 2008-518 du 3 juin 2008 relative aux opérations spatiales, 이하 우주 운용법의 제7절 규정을 적용하는 명령)은 우주 기반 데이터의 특성과 우주 기반 데이터의 1차 개발자[88]의 신고 의무를 규정하고 있다. 우주 운용법 제7절에서 언급된 우주 기반 데이터의 특성 조항을 삭제하고 별도로 우주 기반 데이터 대한 구체적 특성 규정한 명령이다. 우주 기반 데이터의 기술적 특성은 기술의 발전과 프랑스의 위협과 안보 이익의 변화를 고려 2022년 명령 제2022-233호에 의해 개정되었다.[89]

우주 기반 데이터는 지구 관측 데이터, 지구에서 방출되는 전자파 신호를 감청한 데이터[90] 등으로 구분하였고 2008년 우주 운용에 관한 법률 제23조에 따라 신고 의무를 규정한다. 제23조에 규정된 행정 당국은 본 명령 제2조에서 국방 및 국가안보 사무총장[91]으로 지정하고, 제3조에서는 우주 운용자의 운용 시작 최소 2개월 전에 신고하도록 하였다.[92]

---

88) 지구 관측 위성 시스템의 프로그래밍 또는 우주로부터 지구 관측 데이터 수신을 실행하는 자연인 또는 법인. 2008년 6월 3일 우주 운용에 관한 법률 제2008-518호 제1조 7항.
89) 2008년 6월 3일 우주 운용에 관한 법률 제2008-518호 제7절에 규정된 조항을 적용하는 명령 제2009-640호를 개정하는 2022년 2월 24일 명령 제2022-233호 (Décret nᵒ 2022-233 du 24 février 2022 modifiant le décret nᵒ 2009-640 du 9 juin 2009 portant application des dispositions prévues au titre VII de la loi nᵒ 2008-518 du 3 juin 2008 relative aux opérations spatiales).
90) 데이터는 1미터 이상의 해상도로 우주물체의 영상을 얻을 수 있거나, 우주 물체에서 방출되는 전자파 신호의 감청으로 인한 결과, 우주 물체의 위치와 관련된 것으로 정의된다.
91) 제5조는 국방 및 국가안보 사무총장에게 2008년 6월 3일 우주 운용에 관한 법률 제24조에 언급된 이익을 보호하기 위한 목적에 한해 신고를 예외적으로 할 수 있음을 보여준다.
92) 제3조는 2013년 명령(Décret) 제2013-653호에 의해 개정되었다. 2008년 6월 3일 우주 운용에

다. 2008년 6월 3일 우주 운용에 관한 법률 제2008-518호에 따라 발급되는 허가에 관한 2009년 6월 9일 명령 제2009-643호

허가 명령(Décret n° 2009−643 du 9 juin 2009 relatif aux autorisations délivrées en application de la loi n° 2008−518 du 3 juin 2008 relative aux opérations spatiales, 이하 허가 명령)은 인가 및 허가에 관한 규정과 주요 통제 권한, 국방 목적의 우주 운용 관련 규정 등을 담고 있으며 2022년 명령으로 일부 개정되었다.[93]

우주 운용의 허가는 우주 담당 장관이 발급하며 허가 서류는 우주 담당 장관과 국방부 장관의 공동 규칙으로 지정한 세 부분으로 구성된다. 세 부분은 제1조 1항 행정부문, 2항 특히 수행할 우주 운용과 신청자가 구현하려는 시스템 및 절차에 대한 설명을 포함하는 기술적인 부분, 3항 해당 운용이 국방의 이익을 저해할 가능성이 없음을 검증하기 위해 필요한 우주물체 탑재체 임무의 특성을 명시한 부분 등이다.[94] 특히 행정 부분에서는 재무 상태나 품질 관리, 직원의 자격뿐만 아니라 형사 유죄 판결 상태 등 도덕적 평가와 우주 운용에 참여하는 자연인이나 법인의 명망 조건 등을 증명 요건으로 제시하였다.

우주 담당 장관은 허가 신청자에게 필요한 경우 서류를 보완하도록 요청하고 서류를 접수한 후 한 달 이내에 접수를 확인해야 한다. 제3조에 따라 신청서를 접수한 우주 담당 장관은 사람과 재산의 안전, 공중 보건 및 환경 보호를 위하여 시행하고자 하는 제도와 절차의 준

관한 법률 제2008−518호 제7절에 규정된 조항을 적용하는 명령 제2009−640호를 개정하는 2013년 7월 19일 명령 제2013−653호(Décret n° 2013−653 du 19 juillet 2013 modifiant le décret n° 2009−640 du 9 juin 2009 portant application des dispositions prévues au titre VII de la loi n° 2008−518 du 3 juin 2008 relative aux opérations spatiales).

93) 2008년 6월 3일 우주 운용에 관한 법률 제2008−518호에 따라 발급되는 허가에 관한 명령 제2009−643호를 개정하는 2022년 2월 24일 명령 제2022−234호(Décret n° 2022−234 du 24 février 2022 modifiant le décret n° 2009−643 du 9 juin 2009 relatif aux autorisations délivrées en application de la loi n° 2008−518 du 3 juin 2008 relative aux opérations spatiales).

94) 세 부분은 2022년 2월 23일 관련 규칙에 의해 상세히 정의된다. 2008년 6월 3일 개정된 우주 운용에 관한 법률 제2008−518호에 따라 발급되는 허가에 관한 2009년 6월 9일 명령 제2009−643호 제1조에 언급된 서류의 세 부분의 구성에 관한 2022년 2월 23일 규칙(Arrêté du 23 février 2022 relatif à la composition des trois parties du dossier mentionné à l'article 1er du décret n° 2009−643 du 9 juin 2009 relatif aux autorisations délivrées en application de la loi n° 2008−518 du 3 juin 2008 modifiée relative aux opérations spatiales).

수를 감독하는 CNES와 수행될 우주 운용이 국방의 이익을 손상시킬 가능성 여부를 확인하는 국방부장관에게 보내야 한다.

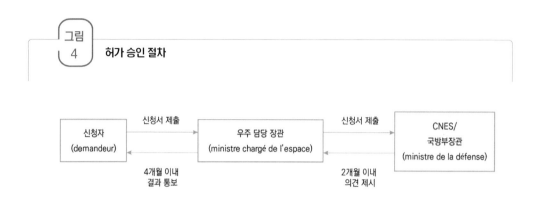

그림 4 허가 승인 절차

신청자
(demandeur)
— 신청서 제출 →
우주 담당 장관
(ministre chargé de l'espace)
— 신청서 제출 →
CNES/
국방부장관
(ministre de la défense)

4개월 이내
결과 통보

2개월 이내
의견 제시

출처: 허가 명령 참고하여 저자 작성

위 그림과 같이 우주 운용의 허가는 우주 담당 장관에게 제출된 후 4개월 이내 결정된다.[95] 허가는 우주 운용 전체 기간 동안 발행되는 것으로 허가를 받은 날로부터 10년 이내 작업을 시작하지 않으면 허가가 만료된다. 허가가 발급된 이후에도 운용자가 작업을 수행하기 위한 조건을 수정하려는 경우 즉시 국방부 장관과 CNES 청장에게 보고해야 하며 허가에 규정되지 않은 사건이나 우주 운용에 영향을 미치는 기술적 사고를 알게 된 경우 즉시 CNES에 알릴 의무를 규정하고 있다.[96]

우주 물체를 제어할 수 있는 모든 기술적 작업 역시 허가의 대상이며 2008년 우주 운용에 관한 법률 제3조 1항에 규정된 우주물체 통제권 이전에 대한 허가는 우주물체의 통제권을 가진 운용자와 이전받을 운용자의 공동신청서를 제출 후, 우주물체의 통제권 이양 허가가 발급된다.

국방 목적과 관련하여 국방부 장관은 우주 운용법 제4조[97]에 따라 국방의 이익을 위해

---

95) 제5조에 의거 허가에 대한 결정은 2개월을 초과하지 않는 범위 내에서 연장될 수 있다. 제4조는 허가 결정에 앞서 우주 담당 장관은 신청자에게 결정 초안을 알려야 하며 신청자는 15일 이내 의견을 제출할 수 있고 의견을 제출한 경우 제5조에 언급된 기간은 15일 연장된다.

96) 제7조는 허가 승인 및 의견 제시 관련 유기적인 관계를 설명하고 있다.

97) 행정 당국이 운용자에게 국방의 이익을 위해 국가를 대표하는 수행하는 경우 엄격히 필요한 범위 내에서 본 규정에 적용된 발급 요건들을 완화할 수 있다.

국가를 대신하여 서비스를 수행하기 위해 운용자의 기술규정 적용[98])을 예외적으로 승인할 수 있으며 이 결정을 우주 담당 장관에게 통보한다.

본 명령 제1－2절에서 국방부 장관의 의무와 권한은 국방의 이익을 위해 국가가 수행하는 우주 운용에 적용되는 조항(제15－1 ~ 4조)에서 구체화된다. 제15－1조는 국방부 장관은 국방을 위한 우주 운용 수행을 우주 담당 장관에게 알리며 제1조 2항에 규정된 기술적인 부분 관한 서류는 CNES로 보내며 CNES 청장은 서류 접수일로부터 2개월 이내 우주 담당 장관과 국방부 장관에게 의견을 보내야 한다. 15－2조는 우주 운용법 제11－1조 제2항에 언급한 국방 목적 임시 통제권 이양에 대해 국방부 장관이 우주 담당 장관에게 통보하는 즉시 이루어지며 15－3조는 임시 통제권 이양이 필요한 경우 사전에 국방부 장관은 지체없이 우주 담당 장관에게 설명해야 함을 규정하고 있다.[99])

15－4조는 국방부 장관 국방의 이익을 위해 국가가 수행하는 운용에 있어 예외 조항들을 설명하며 각 결정은 우주 담당 장관에게 알려야 한다. 첫째, 우주 운용법 제11－1조의 4항에 따라 동 법률 4조에 언급된 기술규정을 위반할 수 있다. 둘째, 본 명령의 제15－1조를 위반하여 기밀 보장을 위해 우주 운용의 전부 또는 일부를 제15－1조의 규정된 통제에서 면제하기로 결정할 수 있다. 셋째, 우주 운용의 기밀을 유지하기 위하여 제15－3조 제1항에 규정된 설명을 우주 담당 장관에게 알리지 않기로 결정할 수 있다.

앞에 자세히 설명한 국방 목적의 우주 활동에 대한 규정들은 2022년에 제정된 명령들[100]) 에 의해 수정되었다. 프랑스 정부는 국방 목적의 우주 운용에 관한 기존 국내 법령들의 한계를 인식하고 정부, 군 및 민간에서 이루어지는 국방 목적의 우주 활동 수행의 법적 기반을 마련하였다.

한편, 2008년 6월 3일 개정된 우주 운용에 관한 법률 제2008－518호에 따라 발급되는 허

---

98) 기술 규정에서 요구하는 검사, 시험 및 분석은 CNES에서 규정한다.
99) 국방 목적의 우주 물체 제어권 이전은 국방법전 제2부 제2편 2－1절에서 근거를 찾을 수 있다. 국방법전 L2224－1조에는 국방 이익의 보호가 정당화되는 경우, 국가는 우주물체에 대해 우호적 합의 또는 징발할 수 있다. 여기서 우호적 합의는 국방부 장관과 우주 운용자 사이에 체결된 합의 형태를 의미한다. 징발에 대한 권리는 우호적 합의가 없거나 합의의 전부 또는 일부 불이행과 같은 다른 수단이 없는 긴급 상황에서만 행사된다. 국가는 이를 통해 우주물체 사용에 대한 직접 기반 서비스를 받거나 우주물체 제어권을 임시 이전받는다.
100) 2008년 우주 운용에 관한 법률은 제2022－232호 법률명령, 제2008－643호 명령은 2022 －234 호 명령으로 각각 수정됨.

가에 관한 2009년 6월 9일 명령 제2009－643호 제1조에 언급된 서류의 세 부분의 구성에 관한 2022년 2월 23일 규칙(Arrêté du 23 février 2022 relatif à la composition des trois parties du dossier mentionné à l'article 1er du décret n° 2009－643 du 9 juin 2009 relatif aux autorisations délivrées en application de la loi n° 2008－518 du 3 juin 2008 modifiée relative aux opérations spatiales)은 명령 제2009－643호 제1조 세 부분에 대해 상세히 규정하였다. 제2절에서는 운용의 기술적 특성과 관련된 부분은 우주물체의 발사와 우주물체의 지구 귀환 제어에 관한 부분으로 구분하였다.

본 규칙은 운용자에게 허가를 신청함에 있어 발사체의 발사, 귀환 등의 경우에 나타날 수 있는 위험, 영향에 대한 연구 및 위험 통제 조치를 주문한다. 특히 환경에 미치는 영향과 우주쓰레기 제한 계획 등을 요구함으로써 다음 서술된 제2009－643호에 따른 기술규정에 관한 규칙과 맥락을 같이 한다고 볼 수 있다.

라. 2008년 6월 3일 우주 운용에 관한 법률 제2008-518호에 따라 발급되는 허가에 관한 2009년 6월 9일 명령 제2009-643호에 따른 기술규정에 관한 2011년 3월 31일 규칙

기술규정(Arrêté du 31 mars 2011 relatif à la réglementation technique en application du décret n° 2009－643 du 9 juin 2009 relatif aux autorisations délivrées en application de la loi n° 2008－518 du 3 juin 2008 relative aux opérations spatiales, 이하 기술규정)[101]은 제1부 정의 및 예비조항(제

---

101) 2017년 5월 31일 규칙, 2022년 2월 23일 규칙에 의해 2차례 개정되었다. 2008년 6월 3일 우주 운용에 관한 법률 제2008－518호에 따라 발급된 허가에 관한 2009년 6월 9일 명령 제2009－643호에 따른 기술규정에 관한 2011년 3월 31일 규칙을 개정하는 2017년 7월 11일 규칙 (Arrêté du 11 juillet 2017 modifiant l'arrêté du 31 mars 2011 relatif à la réglementation technique en application du décret n° 2009－643 du 9 juin 2009 relatif aux autorisations délivrées en application de la loi n° 2008－518 du 3 juin 2008 relative aux opérations spatiales); 2008년 6월 3일 우주 운용에 관한 법률 제2008－518호에 따라 발급되는 허가에 관한 2009년 6월 9일 명령 제2009－643호에 따른 기술규정에 관한 2011년 3월 31일 규칙을 개정하는 2022년 2월 23일 규칙(Arrêté du 23 février 2022 modifiant l'arrêté du 31 mars 2011 relatif à la réglementation technique en application du décret n° 2009－643 du 9 juin 2009 relatif aux autorisations délivrées en application de la loi n° 2008－518 du 3 juin

1~2조), 제2부 우주물체의 발사(제3~27조), 제3부 우주물체 통제 및 지구로 귀환(제28~49조), 제4부 기술규정의 예비 증명(제50~53조), 제5부 모범 사례 가이드(제54조) 등으로 구성된다.

제1부 정의 및 예비조항은 이 규칙에서의 주요 용어에 대한 정의를 내리고 있다.[102] 본 기술규정은 제1부 제2조에 따라 첫째 지상에서 이륙, 제트 추진, 무인 비행 등 세 가지 기준을 충족하는 발사 운용, 둘째 무인 우주물체의 우주 공간에서 제어 운용, 셋째 무인 우주물체의 지구 귀환 운용 등에 적용됨을 명시한다.

제2부 우주물체 발사는 제1절 적용 범위와 제2절 기술 서류로 구분된다. 우주물체 발사의 적용 범위는 발사체의 단과 요소의 수명이 끝날 때까지 발사 운영에 적용(제3조)되는 것으로 제2절에 세부 기술적 요건들이 제시된다.

제2절 제2장 품질 시스템 요구사항은 발사 운용자가 우주 운용 수행을 위해 기술적, 조직적 사실을 포함한 품질 관리 시스템은 물론 내부 표준 및 품질 관리 조항을 구현하고(제11조) 이러한 정보를 CNES에 제공할 수 있는 기술, 수단 및 조직을 갖추도록 한다(제12~13조). 또한 발사 운용자가 공동 계약자, 하청 계약자 및 고객이 이러한 기술규정을 준수하도록 책임을 부여한다(제15조).

5개의 섹션으로 구성된 제3장은 우주물체를 발사하는 데 있어 본 기술규정이 정하고 있는 조항의 준수와 이행을 강조한다. 우주 활동 허가를 위한 우주 운용자는 기술적 규범 참조 시스템 준수, 시스템이 운용되는 기후 환경을 고려, 발사 시스템과 그 하위 시스템이 임무를 수행할 수 있는 능력을 보장, 설계 시 신뢰성 평가 및 중요도 식별을 포함한 운용 안전 분석, 발사체 재진입 또는 무력화 시 파편화 및 우주쓰레기 생성 시나리오 개발 등을 준수해야 한다.

2008 relative aux opérations spatiales).
102) 일부 주요 정의는 다음과 같다.

우주쓰레기	• 지구 궤도에 있거나 지구 대기권에 재진입하는 파편과 그 요소를 포함한 인간이 만든 모든 비기능적 우주물체
우주 물체	• 궤도에 배치된 발사 장치의 요소를 포함하여 발사, 우주 공간의 체류 또는 귀환 중 기능 여부에 관계없이 인간이 만든 모든 물체
우주 시스템	• 특정 임무를 수행하기 위해 하나 이상의 우주물체와 관련 장비 및 시설로 구성된 집합체
우주비행체 (Véhicule de lancement)	• 발사체(lanceur)와 궤도에 진입할 우주물체로 구성된 조립체

섹션3 제21조 우주쓰레기 제한은 발사 운용자에게 발사체의 잔해 생성을 최대한 제한하도록 설계, 생산 및 구현할 것을 주문하고 있다. 불꽃 시스템과 분말 추진의 경우 예외적으로 조항이 적용되지 않으나 최대 크기가 1mm 이상의 물질 또는 연소 잔해물을 생성해서는 안 된다. 동 조 3항에서는 우연한 파괴의 발생 확률은 우주 물체의 수명이 종료될 때까지 10^{-3} 미만이어야 하며, 발사체의 고의적인 파편화는 금지된다고 규정한다. 또한 동 조 5항과 6항에서 각각 규정한 준수 구역 A, B는 발사체의 발사 단계가 종료된 이후 보호 지역 A, B[103])에 대한 지속 가능한 접근과 이용을 위한 요건을 제시한다.

예를 들어 준수 구역 A는 발사체가 발사 단계가 종료된 후, 보호지역 A를 통과하는 궤도에 배치된 발사체의 구성요소가 통제된 대기권 진입의 일환으로 궤도를 이탈할 수 있도록 설계, 생산 및 구현되어야 한다. 예외적인 경우, 발사체의 구성 요소가 발사 단계가 종료된 이후 25년 후에 보호지역 A에 더 이상 존재하지 않도록 해야 한다. 또한 서비스 기동에서 철수 후 발사체의 구성 요소가 목표로 하는 궤도가 A 지역에 있거나 A 지역을 가로지르고 이심률이 0.25 미만인 경우, 자연적인 궤도 교란의 영향을 고려하여 이 조항의 a)와 b)에 명시된 요구 사항을 최소 0.5의 확률로 준수할 수 있어야 한다. 반면 이심률이 0.25보다 큰 경우, 이 조항의 a)과 b)에 명시된 요구 사항을 최소 0.9의 확률로 준수할 수 있어야 한다.

표2) **제2부 우주물체의 발사**

구분			조항
제1절			• 적용 범위(제3조)
제2절[104]	제2장		• 품질 시스템 요구사항(제11~15조)
	제3장	섹션1	• 발사 운용과 관련된 일반 기술 요구 사항(제16~19조)

---

103) 보호 지역 A는 지구 저궤도(LEO)를 의미하며 지구 표면에서 고도(Z) 2,000km까지 이어지는 구형 지역이다. 보호 지역 B는 지구동기영역으로 다음과 같이 정의된 구면의 겉 부분을 의미한다.
　　　－ 하한선 ＝ 지구정지 고도 －200km
　　　－ 상한선 ＝ 지구정지 고도 ＋200km
　　　－ 위도: －15도에서 ＋15도 사이
　　　－ 지구정지고도(altitude géostationnaire): 35,786km(지구정지궤도의 고도)

구분		조항
	섹션2	• 개인 안전을 위한 정량적 목표(제20조)
	섹션3	• 우주쓰레기의 제한 및 충돌 위험 방지(제21~22조)
	섹션4	• 지상으로 낙하물 관련 요구 사항(제23~24조)
	섹션5	• 특별 위험(제25~26조)
제4장		• 발사 장소와 관련된 기술 요구 사항(제27조)

출처: 기술규정 참고 저자 작성

제3부 우주물체의 제어 및 지구로 귀환은 본 규칙 제2부에 적용되는 단과 발사체의 요소의 제어 및 귀환에는 적용되지 않으며(제28조) 우주물체의 지구 귀환 및 우주 환경 등 안전을 위한 특정 기술 요건을 중심으로 다루고 있다. 제3장 궤도 제어 및 우주물체의 지구 귀환에 대한 공통적인 특정 기술 요구 사항에서는 우주물체를 제어하는 능력(제39조), 우주 환경 보호(제40조), 충돌 위험 예방(제41조), 원자력 안전(제42조) 및 행성 보호(제43조)로 구성된다.

표3 제3부 우주물체의 통제 및 지구 귀환

구분		조항
제1절		• 적용 범위(제28조)
제2절[105]	제2장	• 품질 시스템 요구사항(제35~38조)
	제3장	• 궤도 제어 및 우주물체의 지구 귀환을 제어하는데 공통되는 특정 기술 요구 사항(제39~43조)
	제4장	• 우주 물체의 반환을 위한 구체적인 기술 요건(제44~46조)
제3절		• 우주 운용 수행과 관련된 의무(제47~49조)

출처: 기술규정 참고 저자 작성

104) 제2절 제1장(제4~10조)은 2022년 2월 23일 명령으로 폐지되었다.
105) 제2절 제1장(제29~24조)은 2022년 2월 23일 명령으로 폐지되었다.

제40조 우주 환경 보호는 제21조와 유사한 형식을 갖추고 있으나 일부 차이점이 있다. 제40조 3항에서 서비스 철수 단계가 종료될 때 플랫폼과 탑재체의 모든 무선 전송 기능을 영구적으로 중단되어야 함을 추가로 명시하고 있으며 동 조 3항의 조항은 통제된 재진입에는 적용되지 않음을 밝히고 있다. 또한 준수 구역 A는 궤도를 변경할 수 있는 추친 요소가 장착된 시스템은 보호 지역 A를 통과하는 궤도에서 운용 단계를 완료한 후 25년 후에 보호 지역 A에 우주물체가 더 이상 존재하지 않도록 설계, 생산 및 구현되어야 하며 궤도를 변경할 수 있는 추진 요소가 없는 시스템은 우주물체가 궤도에 투입된 후 25년이 지나면 보호 지역 A에 더 이상 존재하지 않는 방식으로 설계, 생산 및 구현되어야 한다(제41조 4항).

제2절 제4장은 우주물체 반환을 위한 구체적인 기술 요건으로 개인, 재산, 공중 보건 또는 환경의 안전에 대해 중점으로 다루고 있다. 우주물체의 반환과 관련하여, 적어도 한 명의 피해자를 초래할 수 있는 최대 허용 확률(집단 위험)로 표현되는 정략적 안전 목표는 10^{-4}으로 규정한다(제44조 1항). 또한 수명이 다한 우주물체의 통제되지 않는 재진입을 대비하기 위해 통제되지 않은 재진입이 가능한 우주물체의 구조와 재료의 선택은 지상에 도달할 수 있는 잔해의 수와 에너지(운동 및 폭발성)를 제한하는 목표를 충족해야 한다(제45조). 통제된 재진입에 대해서는 운용자가 각각 99%와 99.999%의 확률로 지구상에 통제된 대기권 재진입에 대한 우주물체와 그 잔해의 낙하 구역을 결정해야 하며 99.999% 확률과 관련된 낙하 구역은 국가가 동의하지 않는 한 영해를 포함한 모든 국가의 영토에 영향을 미쳐서는 안 됨을 명시한다(제46조).

제4부 기술규정의 예비 증명은 중요 및 하위 시스템에 대한 예비 증명을 받기 위해 허가 명령에 따라 규정된 서류들을 해당 시스템을 개발하는 동안 예비 설계 단계 이후 가장 빠른 시점에 CNES에 제출하도록 한다. 끝으로 제5부를 통해 우주 운용자의 원활한 기술규정의 이해를 돕고 올바른 규정 준수를 위해 CNES에서 제작한 모범 사례 안내서 활용의 법적 근거를 마련했다.

② 정책

가. 프랑스 우주 전략(Stratégie spatiale française)

2012년 3월 22일 고등교육연구부는 프랑스 우주 전략을 발표하였다.[106] 우주 활동과 민간 부문의 성장, 특히 우주 기술 보유국의 증가와 중국과 인도의 성장 등 우주 분야는 중대한 변화를 겪고 있음을 지적한다. 이러한 맥락에서 프랑스 우주 분야의 미래를 위한 방향을 구체화하기 위해 네 가지 정책 지침을 제시하였다.

프랑스의 네 가지 우주정책 지침은 다음과 같다. 첫째, 유럽 우주분야에서 주도적인 역할을 맡는다. 이미 프랑스는 유럽 우주 분야 최강국이며 나아가 유럽 연합의 우주 정책 수립과 발전에 주도적인 역할을 하고자 한다. 둘째, 우주 분야 기술과 우주 접근에서 독립성을 유지한다. 우주 분야의 기술은 국방 분야와 매우 밀접한 부분이 많기 때문에 수출 통제 대상이 되고 있다. 따라서 기술적 독립이 반드시 필요하며 발사체 분야에 대한 유럽 차원의 투자로 유럽 우주 활동의 자유로운 접근을 가능하게 하고자 한다. 셋째, 고부가가치 활용 및 서비스 개발 가속화이다. 우주 영역은 일상과 매우 밀접하게 연관되고 있으며 점점 더 많은 고부가가치 활용과 서비스를 개발할 수 있어야 한다. 이를 위해서 우주 인프라 데이터에 대한 접근 보장과 R&D, 규제 측면에서 직접적인 조치가 필요함을 말하고 있다. 넷째, 도전적인 우주 관련 산업정책을 시도하는 것이다. 유럽 수준에서의 산업 정책을 통해 소비 시장과 유럽 내 각종 규제와 규정을 간소화하는 등의 노력을 통해 산업 경제 활성화를 목표로 한다. 나아가 이러한 프랑스의 정책 지침들은 우주 인력 및 과학 기술 확보, 우주발사체, 우주 통신, 우주 탐사, 국방분야 등 전 영역으로 확대된다.

---

106) Ministère de l'Enseignement supérieur et de la Recherche, Stratégie spatiale française, 2012.

나. 목표 및 성과 계약 2022-2025(COP 2022-2025)

5년마다 프랑스와 CNES는 다년 계약 즉, 목표 및 성과 계약(COP: Contrat d'Objectifs et de Performance)을 통해 중기적인 국가 우주 전략의 방향을 설명한다. 2022년 1월 11일 CNES 청장인 Philippe Baptiste는 '뉴스페이스(Nouveaux espaces)'라는 제목의 COP 2022 – 2025 를 발표하였으며 프랑스 우주 정책은 주권, 기후, 과학 협력 및 경제 경쟁 등의 4대 전략적 축 을 기반으로 추진됨을 밝혔다.[107]

아래 표와 같이 CNES는 국가 우주 전략의 시행 주체임을 알 수 있으며, 이를 위해 정부로 부터 상당한 예산을 배정받았다. 2022년 CNES 예산은 총 25억 6,600만 유로[108]이며 전년도 인 2021년 예산 23억 8700만 유로[109]에 비해 큰 차이 없이 높은 수준으로 유지된다는 것은 제한된 예산 상황 속에서 우주가 국가 정책에 우선 순위가 있음을 알 수 있다. 또한 펜데믹 이후 국가 경제를 빠르게 회복하기 위해 프랑스 정부는 우주 분야에 3억 6,500만 유로 이상 의 투자 계획을 발표하였으며 2021년 10월 발표된 프랑스 2030[110]은 2022년부터 재사용 가 능한 소형 발사체, 초소형 위성, 군집 위성, 기술 및 서비스 혁신의 모든 단기 목표를 제정 지 원한다. 2022년 9월 18일 파리에서 열린 제73차 국제우주대회에서 프랑스 총리는 향후 3년 간 우주 분야에 90억 유로를 투자할 계획을 발표하였으며 이는 프랑스의 우주 정책의 4대 전 략 축을 되새기는 계기가 되었다.[111]

---

107) https://cnes.fr/fr/le – cnes/le – cnes – en – bref/contrat – dobjectifs – et – de – performance – etat – cnes (검색일: 2023. 5. 28.)
108) https://cnes.fr/fr/budget – exceptionnel (검색일: 2023. 5. 25.)
109) CNES, Annual report, 2021. p.16.
110) https://www.gouvernement.fr/france – 2030 (검색일: 2023. 5. 25.)
111) https://www.gouvernement.fr/actualite/lespace – pour – tous (검색일: 2023. 5. 25.)

표 4	뉴스페이스의 우주 전략
주 권	• 프랑스와 유럽에서 우주에 대한 접근의 자율성을 유지하고 프랑스 국방에 더욱 결부되어 국가 주권을 지원
과학 협력	• 도전적인 임무를 수행하고, 국제적으로 프랑스의 과학적 우수성을 홍보하며, 미래의 우주 탐험에 전적으로 참여함으로써 과학을 위해 임무를 계속
경제 경쟁	• 생태계 행위자의 다양화를 동반하고 파괴적인 기술의 개발과 산업과의 파트너십 구축 및 공동 투자의 새로운 모델을 구현함으로써 프랑스 우주 산업의 경제 경쟁력을 강화
기후	• 기후를 최우선 과제로 삼고 지구 관측 프로그램을 통해 프랑스를 이 분야의 선두에 위치

출처: COP 2022 - 2025 참고 저자 작성

3 우주 거버넌스

CNES는 1961년 설립 이래로 발사체, 과학, 지구 관측, 우주 통신, 국방 등 5가지 영역에서 활동하면서 우주 정책을 정의하고 구현하는데 필요한 모든 기술을 다루고 있다.[112] 한편, 2019년에 창설된 우주사령부는 유럽 최초의 우주 훈련인 AsterX를 2021년부터 실시하고 있으며 국제 협력을 강화하기 위해 미국, 독일 등 다른 국가의 참여도 확대되고 있다.

국가우주연구센터(CNES: Centre national d'études spatiales)

프랑스의 우주 활동의 핵심기관인 CNES는 1961년 12월 19일 CNES 설립에 관한 법률 (Loi n° 61−1382 du 19 décembre 1961 instituant un centre national d'études spatiales)에 의해 설립되었다. 이 법률은 2004년 6월 11일 연구법전에 관한 법률명령(Ordonnance n° 2004−545 du 11 juin 2004 relative à la partie législative code de la recherche)에 따라 폐지되어 여러 연구 분야 법률을 통합하는 연구법전[113]에 담기게 되었다.

---

112) https://cnes.fr/fr/web/CNES−fr/3358−les−5−themes−dapplications.php (검색일: 2023. 5. 28.)
113) 연구법전(code de la recherche) 3권 3편 1장 우주 및 항공분야의 연구시설(L331−1 ~ 8조)은 CNES의 임무와 책임에 대해 규정하고 있다. CNES가 재정자립성을 갖춘 산업적, 상업적 성격의 국가 과학기술 분야 공공기관(L331−1조)이며 CNES의 임무는 우주분야의 과학 및 기술 연구를 개발하고 지도하는 것(L331−2조)이라고 명시한다. L331−2조에서는 아래와 같이 CNES 책임에 대해 규정하고 있다.
   − 우주문제와 관계된 국내 및 국제 활동에 관한 모든 정보를 수집
   − 우주분야의 국익 연구 프로그램을 준비, 행정부 승인을 위한 제안

CNES 조직, 운영 등에 대해 규정하는 1984년 6월 28일 CNES에 관한 명령(Décret n° 84－510 du 28 juin 1984 relatif au Centre national d'études spatiales)은 몇 차례 개정을 통해 오늘날까지 적용되고 있다. 이 명령은 제1절 CNES 조직과 기능, 제2절 행정·재정 규정, 제3절 우주 물체의 등록에 관한 규정, 제4절 기아나 우주 센터의 CNES 청장의 권한, 제5절 사람과 재산의 안전과 공중 보건 및 환경 보호에 필요한 비상 조치, 제6절 최종 조항 등으로 구성된다. 제3·4·5절은 2009년 6월 9일 명령(Décret n° 2009－644 du 9 juin 2009 modifiant le décret n° 84－510 du 28 juin 1984 relatif au Centre national d'études spatiales)으로 추가된 것으로 우주 운용법의 허가 및 안전 조치 등의 내용을 담고 있다.

그림 5 　프랑스 우주 거버넌스

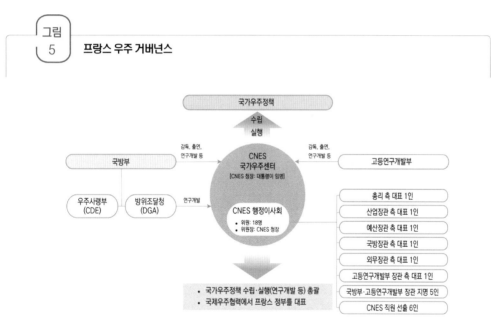

출처: 정영진, (2022), 해외 주요 우주활동국의 국가 우주거버넌스, 항공우주연구원

- 연구소와 기술기관의 프로그램, 타 공공기관 또는 민간기관과 체결한 연구 계약을 통한 프로그램, 재정적 기여를 통한 프로그램 등의 실행을 보장
- 외교부와 협력하여 우주 분야의 국제협력문제를 모니터링하고 프랑스에 위임된 일부 국제프로그램의 실행을 감독
- 우주문제와 관련된 과학 저작물의 출판을 보장
- 국가의 우주활동에 관한 기술조항의 규정을 지원
- 우주 담당 장관의 위임을 받아 국가의 우주활동에 관한 기술조항의 규정에 우주 활동자가 구현하는 시스템 및 절차의 적합성에 대한 통제를 수행
- 국가를 대표하여 우주 물체 등록부를 관리

제1조 제1항에 따라 CNES는 국방부 장관[114], 우주 담당 장관, 연구 담당 장관의 감독을 받는다. 프랑스는 우주부를 별도 두지 않고 있으며 경제재정부양부 장관의 권한에 관한 2020년 7월 15일 명령(Décret n° 2020−871 du 15 juillet 2020 relatif aux attributions du ministre de l'économie, des finances et de la relance) 제1조 제2항[115])에 따라 경제재정산업디지털주권부 장관[116])이 우주 담당 장관을 맡고 있다.

CNES의 행정 이사회는 18명으로 구성되며 임기는 5년, 보수는 무급이다. 위원은 사망, 사임, 임명 또는 선출되어 더 이상 업무를 수행하지 않는 경우 교체되며 이 경우 새로운 위원의 임기는 전임자의 임기 종료일에 만료된다. 세부 사항은 구성은 아래 표와 같다.

표 5) CNES 행정 이사회 구성

조항	구성	
제1조 제2항 제1호	• 명령으로 지명된 정부 측 대표 7명	
	– 총리 측 대표 – 산업 담당 장관 측 대표 – 예산 담당 장관 측 대표 – 국방 담당 장관 측 대표	– 외무장관 측 대표 – 연구 담당 장관 측 대표 – 우주 담당 장관 측 대표
제1조 제2항 제2호	• 센터를 감독하는 장관의 제안에 따라 명령에 의해 지명되는 5명의 위원	
제1조 제2항 제3호	• 1983년 7월 26일 법률 제2편 제2장에 의해 규정된 조건에 따라 센터 직원에 의해 선출되는 6명의 위원	

출처: CNES 관련 명령 참고 저자 작성

114) 2017년 5월 14일 프랑스 25대 대통령으로 마크롱 취임 후 정부 구성에 관한 2017년 5월 17일 명령(Décret du 17 mai 2017 relatif à la composition du Gouvernement)에 따라 국방부 장관은 프랑스어로 기존 ministre de la défense에서 ministre des Armées 변경되었다.
115) 해당 법률은 경제재정부양부 장관에게 프랑스 경제의 성장과 경쟁력을 촉진하고 투자를 장려하고 유도하기 위한 조치에 대한 책임을 규정하고 여러 정책을 담당하게 하는데 그중 우주 정책이 포함된다.
116) 2022년 5월 16일 Elisabeth Borne이 총리로 임명되고 정부 구성에 관한 2022년 5워 20일 명령(Décret du 20 mai 2022 relatif à la composition du Gouvernement)에 따라 기존 경제재정부양부(ministre de l'économie, des finances et de la relance)에서 경제재정디지털주권부(Ministre de l'Économie, des Finances et de la Souveraineté industrielle et numérique)로 변경되었다.

CNES 행정 이사회의 위원장[117]은 이사회의 제안과 센터를 감독하는 장관의 보고서에 따라 국무회의에서 의결된 명령에 의하여 행정 이사회 위원 중에 임명된다. CNES 행정 이사회는 제3조에 따라 행정 이사회 위원장에 의해 최소 4회 소집되고 위원장 또는 과반수로 결정되는 행정 이사회에 의하여 의제에 등록된 모든 문제를 검토한다. 행정 이사회의 의결은 적어도 위원의 절반이 참석하는 경우에만 유효하게 의결되며, 유효표의 과반수로 결정되나 동등한 경우 행정 이사회 위원장의 표가 우선한다. 제4조에는 행정 이사회에서 의결하는 주제를 명시하고 행정 이사회는 프랑스 우주정책의 기본안에 대하여 CNES의 감독 기능을 수행하는 장관과 협의한다. 또한, 행정 이사회는 CNES의 권한에 관한 모든 문제를 협의할 수 있다고 규정한다.

표 6 CNES 행정 이사회의 의

규정	주제
제4조 제1항	• CNES의 활동과 투자 프로그램
제4조 제2항	• CNES의 조직과 기능 계획, 과학프로그램 위원회의 내부 규칙
제4조 제3항	• 예산 그리고 필요한 경우 예산 수정
제4조 제4항	• 연간 활동 보고서의 승인
제4조 제5항	• 재정계정의 승인 및 회계 연도의 결과 할당
제4조 제6항	• 단기, 중기 및 장기 대출 승인
제4조 제7항	• 계약, 협약, 거래의 승인에 관한 일반적인 요건
제4조 제8항	• 계약의 서명 또는 집행 이전에 비용의 사전 지출에 관한 요건
제4조 제9항	• 부동산의 매매 계획, 담보와 저당 설정의 승인
제4조 제10항	• 재정 분담금의 결정, 확대 또는 양도
제4조 제11항	• 증여와 유증의 수락 또는 거절
제4조 제12항	• 인력의 채용, 고용, 급여 제도
제4조 제13항	• CNES의 국제관계 프로그램의 이행을 위해 국제행정협정의 체결에 이를 수 있는 협의 개시 승인
제4조 제14항	• 소송 및 합의

출처: CNES 관련 명령 참고 저자 작성

---

117) CNES 행정 이사회 위원장은 대통령령으로 임명되며 CNES 청장을 겸직한다. 정영진, 해외 주요 우주활동국의 국가 우주거버넌스, 항공우주연구원, 2022-079, 2022, 36면.

제9조에 따라 CNES 행정 이사회는 과학프로그램 위원회(comité des programmes scientifiques, CPS)의 지원을 받는다. 과학프로그램 위원회의 임무는 첫째 CNES의 연구 프로그램의 과학적 이익과 이 프로그램을 제안한 연구실의 과학적 그리고 기술적 역량에 대한 보고서 작성, 둘째 CNES에 고유한 연구 프로그램에 관한 의견과 제안 제시, 셋째 가능한 방법을 고려하여 프랑스에서 우주 연구 개발에 관한 유익한 모든 제안과 이 연구와 관련 있는 기타 규칙의 작성이다. 과학프로그램 위원회는 과학적 또는 기술적 능력에 따라 12명 이내의 전문가로 구성되며 행정 이사회 위원장의 제안으로 CNES를 감독하는 장관의 규칙(arrêté)에 의하여 갱신이 가능한 5년 임기로 지명된다.

제10조에서는 정부 대표 위원들이 CNES에 근무하며 모든 서류, 문서 또는 기록을 항상 열람할 수 있으며 점검할 수 있는 권한을 부여하였다. 제11조는 CNES의 재원으로 CNES에 할당된 국가 예산, 부처 또는 관련 행정부와 체결한 프로그램 계약금, 공채 수익금, 급여, 증여와 유증, 공공 또는 민간 보조금, 재정 수익 및 기타 부수적 수익 등이 있다.

우주 운용법에 의해 상기 법 제1조에 해당하는 모든 우주 운용자[118]는 우주물체의 식별에 필요한 정보를 CNES에 제공함을 규정한다. 이 정보는 발사 후 60일 이내에 CNES에 통보되어야 하며 CNES는 지구 궤도 또는 그 이상으로 발사된 각 우주물체에 대하여 등록번호를 부여하여 국가 등록부에 기록 및 1975년 1월 14일 등록 협약[119]에 따라 관련 정보를 외무부 장관에게 보낼 의무가 있다.

제4절은 1장 보호 임무, 2장 안전 조치 조정 의무, 3장 통제 방법으로 구성되어 있으며 연구법전 L331-6조의 내용을 기반으로 한다. CNES 청장은 기아나 우주 센터 주변에 위치한 시설에 적용 가능한 보호 조치를 수행하며 부여된 권한에 따라 공공 또는 민간의 자연인 또는 법인이 소유하거나 운영하는 모든 시설에 특별 경찰 기능 및 통제 권한을 갖고 있음을 본 규정을 통해 재확인한다.

또한 CNES 청장은 제5절에 의거 사람과 재산의 안전과 공중 보건 및 환경 보호에 필요한 비상조치를 위해 연구법전 L331-7조에 따라 규정된 권한을 행사할 때 명령에 따라 서명을

---

118) 우주 운용자는 자신의 책임 하에 그리고 독립적으로 우주 운용을 수행하는 자연인 또는 법인. 우주 운용법 참고.
119) 1975년 우주에 발사된 물체의 등록에 관한 협약(Convention on Registration of Objects Launched into Outer Space)

위임할 수 있다.

 ## 2 우주사령부(commandement de l'espace)

우주사령부는 2019년 9월 3일 우주사령부 창설과 조직화에 관한 규칙(Arrêté du 3 septembre 2019 portant création et organisation du commandement de l'espace)에 의거 창설되었다. 2010년부터 국방우주 분야를 담당했던 국방참모총장(CEMA: chef d'état−major des armées)의 직속 기관인 합동우주사령부(CIE: Commandement interarmées de l'espace)[120]는 본 규칙으로 항공우주군 산하의 우주사령부(CDE: Commandement de l'espace)로 대체되었다.[121]

우주사령부 창설 규칙 제1조에서는 우주사령부는 합동성을 가진 조직이며 국방참모총장으로부터 기능 지시를 받고 항공우주군참모총장(CEMAAE: chef d'état−major de l'armée de l'air et de l'espace)이 지휘권을 행사함을 명시하였다. 더불어 제6조는 우주사령부의 조직, 운영 절차 및 부속 기관의 목록은 국방참모총장의 승인을 거쳐 항공우주군참모총장의 지시에 따라 정한다고 규정하여 우주사령부의 지휘관계를 구분하였다.

우주사령부는 우주에 대한 접근 및 이용의 자유를 보장하는데 기여하기 위해 우주 상황 인식 확립, 군사 우주 플랫폼 및 군사력에 대한 작전 통제권을 행사하며 군사 우주 작전 안에서 민간 자원의 사용을 조정할 수 있는 권한을 부여받았다.

국방 우주 분야 거버넌스로 운영의 효율성·일관성·가시성·단순성을 개선하기 위해 창설된 우주사령부는 항공우주군사령부이자 합동사령부라는 특수성을 가지고 있다.[122] 따라서, 육·해·공군은 물론 DGA, SCA의 인력과 기능도 배치되어 있다. 기능적인 측면에서 살

---

120) Arrêté du 7 juillet 2010 portant création du commandement interarmées de l'espace et modifiant l'arrêté du 16 février 2010 portant organisation de l'état−major des armées et fixant la liste des autorités et organismes directement subordonnés au chef d'état−major des armées

121) 2019년 7월 25일 발표된 국방 우주 전략(Stratégie Spatiale de Défense)은 우주 위협에 대한 분석과 앞으로의 방향과 계획을 제시하였으며 공군을 '항공우주군'으로 변경하고 '우주사령부' 창설을 공식화하였다.

122) https://air.defense.gouv.fr/cde/article−de−dossier/le−cde−et−la−strategie−spatiale−de−defense (검색일: 2023. 5. 27.)

퍼보면, 국방 우주 유관기관 또는 국제 제도 내에서 작전을 위한 지속적인 통신수단을 안정적으로 제공하며, 우주 공간 상황을 인식하고 예하부대, 유관기관 및 우방국과의 협력을 기반으로 작전 수준의 분석을 처리하여 전략적 수준의 국익을 추구한다.

우주사령부는 다국적 협력 차원에서 국가 작전을 수행하며, 특히 탐색과 우주 상황 분석을 수행하고 우주 관심 정보를 관리한다. 예하부대를 통해 작전 지원을 위한 태양 중심의 우주 기상, 위성항법 신호의 정확도, 위성 궤도의 비행 예보 등의 정보를 제공하며, 우주로부터 재진입하는 고위험 물체에 대한 경보 전파의 임무도 수행 중이다. 우주사령부는 네 가지 작전부대로 구분된다.

표 7 우주사령부의 임무와 기능

제2조 1항	• 국방우주능력에 대한 군의 요구를 수렴하고 이 분야의 중재를 국방참모총장에게 건의
제2조 2항	• 우주통제 능력의 군 필요성을 국방참모총장에게 제공
제2조 3항	• 국방우주능력 개발 전략 수립에 기여
제2조 4항	• 유럽 및 국제 국방우주 협력의 개발 및 수행
제2조 5항	• 군사 우주 문제에 대한 전문지식을 제공함으로써 국방참모총장 및 군 기관에게 조언 • 프랑스가 우주 분야에서 국제적인 약속(engagements)을 준수(respect)하는 데 기여
제2조 6항	• 국방부의 모든 기관 또는 개입이 필요한 공익 임무에 있어 국방부 외의 기관을 지원
제2조 7항	• 군비 통제 분야에서 국방우주능력과 우주탐사 및 우주 이용의 자유에 관한 국방의 이익보전에 기여
제2조 8항	• 우주 환경을 통제에 관여할 책임

출처: 우주사령부 창설 규칙 참고 저자 작성

우주작전지휘센터(C3OS: Centre de Commandement et de Contrôle des opérations spatiales)는 군사 우주 작전을 위한 작전 지휘를 담당하는 부대로 툴루즈에 위치하고 있다.[123] CNES, 작전계획운용센터(CPCO: Centre de planification et de conduite des opérations), 전술 부대, 정부, 상업 사업자 및 동맹국들과 주로 우주 영역 인식(Space Domain Awareness, SDA) 우주에서

---

123) https://air.defense.gouv.fr/cde/article-de-dossier/c3os (검색일: 2024. 2. 14.)

의 행동 분야에서 우주 작전 계획 및 수행에 기여한다. 또한 CMOS와 COSMOS의 전술적 우주 단위에 대한 기능적 권한을 행사하며 국가, 정부 부처 및 국제 작전적 대화에 필수적인 안전한 통신수단을 가지고 있다. C3OS는 전략적 수준의 당국에 유리한 우주 상황을 설정하고 작전 수준을 분석한다. 국가적인 작전을 수행하고, 센서 방향 설정과 우주 상황 분석, 우주 관심 정보와 같은 다국적 협력 관계를 맺고 있다. 우주 기상, GPS 신호 정확도, 위성 비행 예측 등 운영 지원을 제공하며 대기 재진입 시 경보 전파에도 기여하고 있다.

군사위성관측센터(CMOS: Centre militaire d'observation par satellites)는 우주사령부의 한 부서로서, 군사정보처(DRM: Directorate of Military Intelligence)의 통제 하에 CDE로부터 작전 지휘를 받으며, 우주 관측 및 우주 통신을 구현하기 위한 모든 군사 수단을 통합하여 운영한다.[124] CMOS는 위성 시스템에서 획득한 이미지를 국방 목적에 부합하는 대상[125]에게 제공하며, 이미지의 수요를 종합하고 모든 이미지를 처리하는 임무를 수행한다. 위성 탑재체의 통제권을 보유한 DRM은 국가적 우선순위와 선호도에 부합하도록 프랑스에 위임된 우방국의 위성까지 운영한다. 위성의 플랫폼에 대한 통제권을 보유한 CDE는 CNES와 협력하여 위성의 가용성을 보장한다. CMOS는 2025년까지 툴루즈의 우주사령부로 이전할 계획이다.

우주물체군사감시운영센터(COSMOS: Centre Opérationnel de Surveillance Militaire des Objets Spatiaux)는 2014년부터 임무를 수행하다, 2019년 우주사령부의 창설과 함께 임무가 변화되었다.[126] 우주로부터 재진입하는 고위험 물체에 대한 경보, 충돌 대피, 우주 기상, 작전 지원에 국한되지 않고, 지구 저궤도 및 정지궤도에서의 근접 랑데부, 특별 발사 및 ASAT 미사일 발사 분야에서도 임무를 수행 중에 있다. 세부적으로는 국가 이익을 위협하는 우주 사건을 탐지하고 분석하여 궤도 상의 우주 자산과 국가 주권 영역의 보호에 노력하며, 동맹국과 조기경보 능력을 보장·공유하고 우주 분야에서의 작전을 지원한다. 2024년까지 툴루즈의 우주사령부로 이전할 예정이다.

작전준비고용부(DPOE: division préparation opérationnelle et emploi)는 우주사령부의 고용, 교리 작성, 훈련 집행, 사후 검토 등을 수행하고, 타 군을 비롯해 행정부의 다양한 요청에

---

124) https://air.defense.gouv.fr/cde/article-de-dossier/cmos (검색일: 2024. 2. 14.)
125) 국방부; 프랑스에 거주하는 허가받은 사용자; MUSIS(독일, 벨기에, 이탈리아, 스웨덴), Cosmo-Skymed(이탈리아) 및 Sar-Lupe(독일) 등 파트너 국가; DRM 및 CDE; 위성국 유지센터.
126) https://air.defense.gouv.fr/cde/article-de-dossier/cosmos (검색일: 2024. 2. 14.)

응하여 협력을 수행하는 부서이다.[127] 작전수행 및 훈련을 준비하기 위해 CDE의 운영 계약을 체결하고 최신화하며, 직원 및 각종 서비스의 계약에도 관여한다. 또한, 군의 우주 이용에 대한 가이드라인 개발, CDE의 훈련 표준화 및 연합 훈련 계획, 부대의 훈련과 연습 참가와 준비 상태 보고 등을 수행하고 있다. 또한, 우주 영역에서 업무 관리와 교리를 제공하며, 우주작전 대대(BAOS: Brigade aérienne des opérations spatiales)의 작전 환경 및 상태를 감독하는 한편, 부대 훈련을 계획하고 개발한다.

한편, 2023년 6월 국방 우주 아카데미(ASD: l'Académie Spatiale de Défense)는 국방 우주 전략을 실현하기 위해 국방 우주의 전문성을 보유한 인력 양성 목적으로 창설되었다.[128] 특정 분야에서 높은 수준의 교육과 훈련은 물론, 인턴십과 직무연수를 위한 과정 또는 자격 획득을 위한 교육도 운영하고 있다. 관계기관의 엄격한 감독 아래에 고등항공우주대학(ISAE – SUPAERO),[129] 항공우주학교(EAE),[130] 국방 우주 작전 훈련센터(CFOSM)[131] 등 3개 기관의 상호협력으로 운영되고 있다. ASD는 타 부처는 물론 우방국에게도 개방되어 있어, 우주 생태계에도 기여할 것으로 보인다.

2022년 10월 24일 프랑스 국방부는 CNES와 우주사령부 건물을 위한 40년 간의 건설 임대 계약을 체결했으며 향후 우주사령부는 툴루즈 우주센터에서 부지에 위치 CNES와의 긴밀한 교류를 통해 시너지를 극대화할 것으로 보인다.[132] 한편 2023년 1월 18일 프랑스를 중심으로 한 NATO Space Centre of Excellence(COE) 창설을 공식화하고 본부가 툴루즈 연구

---

127) https://air.defense.gouv.fr/cde/article – de – dossier/dpoe (검색일: 2024. 2. 14.)
128) 영어식 표현은 French Space Defense Academy(FSDA). https://air.defense.gouv.fr/cde/dossier/french – space – defence – academy (검색일: 2024. 2. 14.)
129) 항공 및 우주 공학교육을 전담하는 대학 교육 기관으로, 툴루즈에 위치하고 있다. 광범위한 과학 분야의 대학원 교육 기능을 제공하며, 특히 국방부의 수요에 따라 등록된 교육생에게 공학 학사, 항공우주 석사 학위 등을 부여한다.
130) 프랑스 공군 및 우주군 장교를 양성하는 고등 군사교육학교로 민간에게도 개방되어 있다. CDE, CNES, ONERA와 협력하여 우주의 국방과 안보에 대한 전문 석사 학위를 제공하며, 우주 프로그램의 연구 개발, 위기 분석과 관리 등에 대한 전문성을 보유하고 있다.
131) 군사 우주 작전 훈련센터는 CDE의 기관으로, 국방 우주 전문 지식을 작전 분야에서 도출하기 위해 만들어졌다. 우주 분야 교육 과정들을 감독하고, 모든 훈련 센터와 공군 기지 사이에서 조정 역할을 수행하고 있다. 프랑스군의 우주에 대한 미래 수요를 예측하고 작전적 우위를 유지할 수 있도록 접근 방식을 제공하며, 국방 우주 분야의 일반적인 내용을 교육하기도 한다.
132) https://www.defense.gouv.fr/sga/actualites/toulouse – commandement – lespace – monte – puissance – grace – nouvelles – infrastructures (검색일: 2023. 5. 27.)

센터에 설치될 예정임을 발표하였다.[133]

우주사령부는 유럽에서 최초로 우주에서 다양한 위협에 대응하는 AsterX 훈련을 진행하고 있다. CNES, Airbus Defense and Space, ArianeGruoup, ONERA 등이 다양한 분야의 대표가 참석하는 AsterX는 최초 2021년에 시작한 이래로 2023년에 세 번째로 개최되었다. 우주 분야 협력을 강화하기 위해 미국, 독일, NATO 등이 참여하고 있다.

그림 16 AsterX 훈련

출처: 프랑스 항공우주군 홈페이지

3 국가항공우주교육연구소(Office National d'Études et de Recherches Aérospatiales, ONERA)

ONERA는 산업 진흥 목적으로 1946년 설립된 공공기관이다.[134] NASA와는 달리 우주만을 위한 연구를 수행하지는 않으며, 국가 및 항공우주산업체를 지원하기 위한 기초연구가 주요 목적이다. ONERA의 5대 연구 분야는 재료 및 구조, 유체 역학 및 에너지, 물리학, 정보

---

133) https://www.act.nato.int/articles/nato-space-coe-mou (검색일: 2023. 5. 27.)
134) 센터의 위치는 각 기능별로 파리, 툴루즈, 릴 등 8개소로 나누어져 있으며 주요 협력체는 Airbus, Safran, Dassault Aviation, Tales 등이 있다.

처리 및 시스템, 고급 수치 시뮬레이션 등이 있다. 또한, 국방 분야에서 활동에도 많은 역할을 하고 있는데, 특히 군사 목적의 미사일 기술, 핵 운용·억지 전략의 기술적 지원, 무인 항공기, 위성, 발사대 분야에서도 주요한 역할 수행하고 있다. 이런 까닭에 ONERA는 국방부의 감독 하에 운영되고, ONERA의 소장은 국방부 장관의 추천을 받아 이사회에서 임명하고 있다.

주기적으로 작성되는 전략 과학 계획을 통해 연구 활동의 방향을 제시하며, 국제 사무국을 통해 세계 각국과 특히 유럽에서의 연구 활동과 협력에 노력하고 있다.

분야별 최근 우주기술

1 인공위성

1 플레이아데스(Pléiades) NEO

플레이아데스 NEO는 플레이아데스 1A, 1B 위성[135])의 후속으로 계획된 고해상도 저궤도 지구관측 위성이다. 4대의 위성을 통해 30cm급 해상도의 이미지를 제공할 계획이었으나 22년 12월 NEO 5, 6가 궤도 진입에 실패하였다. 민군 겸용으로 사용되고 있으며 Airbus DS Geo에서 서비스하고 있다.[136])

---

135) 플레이아데스(Pléiades) 1세대로 구분되며 2011년, 2012년에 각각 발사되어 70cm급 해상도의 이미지를 민간과 군에 제공하였다. 2003년 CNES에서 계획하고 오스트리아, 벨기에, 스페인 및 스웨덴이 협력하였다. AIRBUS. "Monitoring and understanding Earth", https://www.airbus. com/en/who－we－are/our－history/space－history/monitoring－and－understanding－earth (검색일: 2024. 2. 1.)
136) AIRBUS. "*Pléiades Neo*", https://www.airbus.com/en/space/earth－observation/earth－obser vation－portfolio/pleiades－neo (검색일: 2024. 2. 1.)

그림 7
플레이아데스 NEO

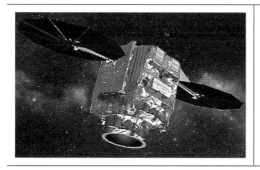

- 발사: 21년 4월 29일(NEO 3)
       21년 8월 16일(NEO 4)
       22년 12월 21일(NEO 5, 6 실패)
- 발사체: Vega / Vega-C
- 중량: 920kg
- 운영궤도: 620km
- 설계수명: 10년
- 개발: CNES, AIRBUS DS

출처: CNES

 ## CSO/MUSIS

CSO(Composante Spatiale Optique) 위성은 헬리오스 2를 대체하기 위해 CNES와 DGA가 계획한 군사용 고해상도 정찰 위성이다. MUSIS[137] 프로그램의 일환이기도 하지만, 별도 합의를 이룬 독일 외 국가들의 접근은 제한적이다. 3개의 위성을 통해 35cm급 해상도의 이미지를 제공하며 위성 1개당 하루 평균 280개 이상의 이미지를 생산할 수 있다.

---

137) 다국적 우주 기반 이미징 시스템(Multinational Space-based Imaging System for Surveillance, Reconnaissance and Observation)을 의미하며 각국의 군사위성 이미지를 공유하기 위해 2006년부터 시작되었다. 프랑스, 이탈리아, 벨기에, 독일, 그리스, 스페인이 참여하였다. CNES. "*CSO/MUSIS*", https://cso.cnes.fr/fr (검색일: 2024. 2. 1.)

그림 8	CSO

- 발사: 18년 12월 19일(CSO-1)
    20년 12월 29일(CSO-2)
    24년 발사 예정(CSO-3)
- 발사체: 소유즈ST-A / 아리안62(CSO-3)
- 중량: 3,655kg / 3,652kg
- 운영궤도: 800km / 400km
- 설계수명: 10년
- 개발: CNES, DGA, ASTRIUM,
    Thales Alenia Space, AIRBUS DS

출처: ASTRIUM

3 시라큐스(Syracuse) 4

시라큐스(Système de Radiocommunication Utilant un Satlite) 4[138) 프로그램은 2015년 DGA의 주도로 시작되었으며 시라큐스 3의 대체를 목표로 한다. X−band 및 Ka−band 주파수 대역을 사용하여 통신 성능이 개선되었으며 전파 방해 방지 시스템을 탑재하여 안정성이 향상되었다. 시라큐스 4A가 2021년 발사되었으며 4B는 아리안 5호의 마지막 비행이었던 2023년 7월 5일에 발사되었다.

---

138) 이전 명칭은 Comsat NG(Communication par satellite de nouvelle génération). CNES, "*SYRACUSE IV*", https://syracuse4.cnes.fr/fr (검색일: 2024. 2. 1.)

> [!NOTE]
> ## 그림 9
> Syracuse

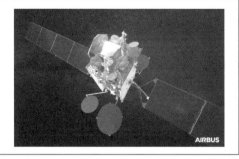

- 발사: 21년 10월 24일(4A), 23년 7월 5일(4B)
- 발사체: 아리안5 ECA(CSG)
- 주파수 대역: X-밴드, Ka-밴드
- 중량: 3,500kg
- 운영궤도: 미공개
- 설계수명: 15년
- 제조: DGA, Thales Alenia Space, AIRBUS DS

출처: AIRBUS

④ CO3D(Constellation Optique en 3D)

CO3D는 3D 입체영상 데이터를 제공하던 플레이아데스 위성을 대신하기 위해 개발 중인 위성이다. 4개의 위성을 기반으로 이미지를 획득하고 3D 지도를 생성하는 민군 겸용 지구 관측 소형 위성으로 2025년 발사를 목표로 하고 있다. 연간 2,500만 평방킬로미터 면적을 3차원 지도화 할 수 있으며, 5년 이내 지구 전 지역을 지도화 할 수 있을 것으로 예상하고 있다.

> [!NOTE]
> ## 그림 10
> CO3D

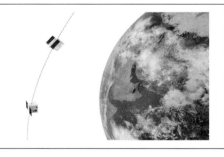

- 발사: 2025년(예정)
- 발사체: Vega-C(예정)
- 해상도: 50cm
- 중량: 300kg
- 운영궤도: 500km 태양 동기 궤도
- 설계수명: 5년
- 개발: CNES, AIRBUS DS

출처: AIRBUS

2 우주발사체

① 아리안 5

아리안 5는 아리안 시리즈 중 가장 많은 비행과 높은 안정성을 자랑한다. 1996년 6월 4일 첫 발사부터 2023년 7월 5일 마지막 발사까지 117번의 발사 중 112번을 성공하였다. 고중량 발사체로 지구저궤도에 21톤, 지구정지궤도에 10.5톤의 탑재체를 쏘아올릴 수 있으며 기본형인 아리안 5G를 포함하여 5개의 파생형[139]이 있다.

┌─────┐
│ 그림 │
│ 11 │   Arian 5
└─────┘

- 1차 발사: 1996년 6월 4일
- 마지막 발사: 2023년 7월 5일
- 탑재성능: 지구 저궤도 21톤
            정지궤도 10.5톤
- 발사장: CSG(ELA-3)
- 개발: ESA, ArianGroup

출처: ESA

---

139) ECA, G+, GS, ES(Evolution Storable) 외에도 ME(Midllife Evolution)이 계획되었으나 아리안 6로 대체되며 취소되었다.

② 아리안 6

아리안 6는 2014년 12월부터 개발이 시작되었으며 2단부에 재점화 가능한 엔진이 탑재되면서 탑재체의 궤도 투입 능력이 향상되었다. 부스터 개수에 따라 아리안62와 아리안64로 구분되며 각각 지구정지궤도 기준 4.5톤과 11.5톤의 탑재량을 가진다. 성능적으로는 아리안5의 역할을 대체하며 신기술 적용으로 발사비용이 크게 감소되었다.

그림 12 Arian 6

- 1차 발사: 2024년(예정)
- 탑재성능: 태양동기궤도 7톤(62)
           정지궤도 11.5톤(64)
- 발사장: CSG
- 개발: ESA, ArianGroup

출처: ESA

③ 베가(VEGA) C

2012년부터 사용된 기존의 베가 발사체의 개량형으로 2014년부터 개발되어 2022년 7월 13일 첫 발사에 성공하였다. 이전보다 추력과 탑재량이 향상되었고 1단부(P120)가 아리안 6의 부스터로 활용되는 만큼, 상당한 비용절감효과를 기대하고 있다.

그림 13 VEGA C

- 1차 발사: 2022년 7월 13일
- 최근 발사: 2022년 12월 21일(실패)
- 탑재성능: 극궤도 2.3톤(700km)
           저궤도 2.5톤
- 발사장: CSG(ELA-1/ELV)
- 파트너: ESA, ASI

출처: CNES

3 우주탐사

① 쥬스(JUICE: Jupiter Icy moons Explorer)

　　JUICE는 ESA의 코스믹 비젼(Cosmic Vision) 프로그램의 일환으로 목성과 3개의 위성 탐사를 임무로 하고 있다. 2030년 목성 주변에 도착 후, 행성의 형성과 생명의 출현에 필요한 조건과 태양계의 기원을 찾기 위한 연구를 진행 할 예정이다. 3.5년의 탐사임무 간 목성의 대기권과 자기장을 탐사와 더불어 가니메데(Ganymede),[140] 유로파(Europa) 및 칼리스토(Callisto) 위성에 대한 탐사도 진행한다. CNES는 7개의 프랑스 연구기관과 MAJIS를 비롯한 6개의 프랑스 탑재체에 대한 지원을 하고 있다.

 그림 14 **JUICE**

- 발사: 2023년 4월 13일
- 발사체: 아리안5ECA+
- 중량: 5,682kg
- 탑재체: 3GM, Gala, JANUS, J-MAG, MAJIS, PEP, RIME, RPWI, SWI, UVS
- 설계수명: 12년(항행 7.6년 / 탐사 3.5년)

출처: CNES

140) 표면 얼음층 아래 거대한 바다가 있는 것으로 밝혀졌으며 해당 미션의 주 탐사 위성이다.

② 유클리드(EUCLID)

　EUCLID는 코스믹 비전 프로그램의 일환으로 암흑물질과 암흑에너지를 관측하여 우주의 구조와 기원 등을 연구하기 위해 계획되었다. 2013년 발사된 GAIA 우주 망원경에 이어 L2 라그랑주점에 투입된 ESA의 두 번째 우주 망원경이며, 가시광선 관측기(VIS)와 근적외선 분광계·광도계(NISP)를 탑재하였다.

```
그림
15
```
EUCLID

- 발사: 2023년 1월 7일
- 발사체: Faclon9
- 탑재체: VIS, NISP
- 설계수명: 12년(항행 7.6년 / 탐사 3.5년)
- 개발: ESA, Thales Alenia Space, AIRBUS DS 등

출처: CNES

Chapter 04

결론

프랑스는 1965년 세계 세 번째로 자체 우주발사체와 인공위성 발사국이 된 이후 꾸준한 연구와 투자를 통해 오늘날 국제 사회에서에서 중요한 역할을 하고 있다. 아리안 로켓 시리즈는 가장 신뢰성 있는 우주발사체로 평가받으며 프랑스의 우주 활동뿐만 아니라 유럽의 우주 활동 주권을 확보하는데 기여하였다. 인공위성 분야에서는 플레이아데스, 시라큐스 등 민-군 이중용도의 목적으로 활용되는 뛰어난 성능을 갖춘 인공위성들을 보유하고 있다. 우주 활동의 시작이 군사적 목적으로 시작했던 만큼 프랑스 역시 이를 분명히 인식하고 우주기술 개발 및 정책 수립에 군사적 목적의 우주 활동을 반영해왔다.

정부의 지속적인 투자, ESA 등 다른 국가 및 기관들과 협력, CNES를 중심으로 한 연구개발과 혁신은 프랑스를 유럽 제일의 우주 강국으로 만들었다. CNES를 중심으로 한 프랑스의 우주 거버넌스는 여러 국가 및 기관과의 협력을 통해 안정적이고 일관된 정책 수립 및 실행에 기여하고 있다. 한편, 국방 목적의 우주 활용, 우주 안보에 대한 관심에 발맞춰 2019년 우주사령부를 창설하고 우주사령부의 본부를 CNES 및 주요 우주 산업체들이 밀집한 툴루즈 우주센터에 이전함으로써 협력 체계를 공고히 하고 있다.

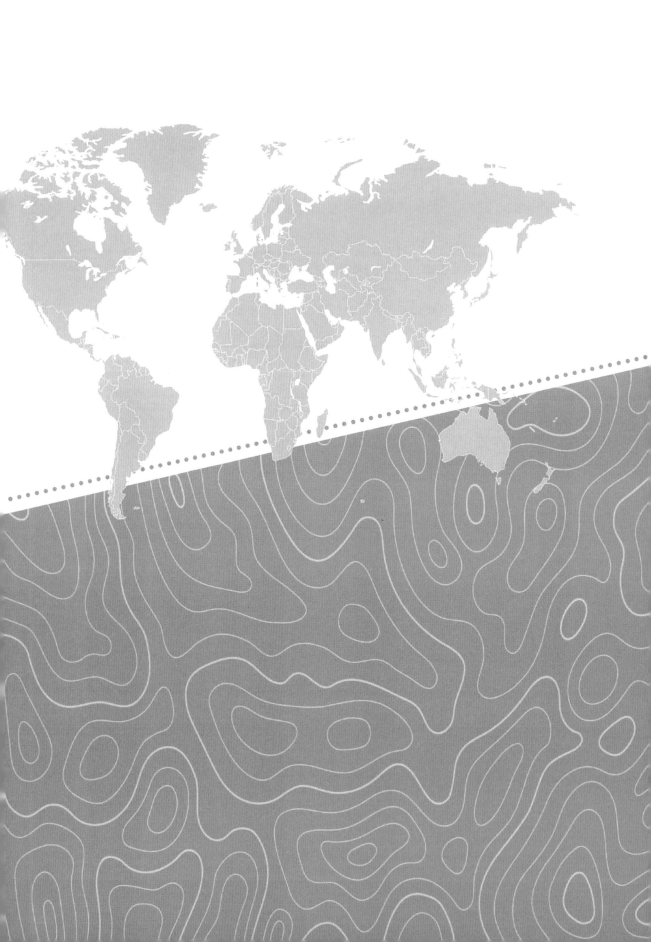

Part

09

영국 우주활동역사

- 주 연

Chapter 01

서론

2022년 영국 우주산업 규모 및 건전성[1])에 관한 영국우주청(UK Space Agency) 보고서에 따르면 영국의 우주 관련 활동을 하는 기관은 산업체 등을 포함하여 약 1,590개이며 총 우주산업 소득은 2020/21년 £175억으로 증가하였다. 전체 소득의 75%를 차지하는 산업은 우주 활용산업(DTH 방송, 고정 및 모바일 위성 통신 서비스, 지리정보 시스템 등)이고, DTH(Direct To Home) 방송이 전체 산업 소득에 46% 비중을 차지하고 있다. 우주제조 산업(12.3%)이 두 번째를 차지한다.

수출 측면에서 영국 우주 산업은 34%(59억 파운드)가 수출 수익이며, 주요 수출시장은 유럽으로 총 수출의 55%를 차지한다. 영국 우주 산업의 총 고용인력은 48,000명이며 우주산업의 노동 생산성은 영국 평균 노동 생산성의 2.5배로 우주 산업이 생산성 측면에서 계속해서 성장할 것임을 시사한다.

GDP 대비 우주에 대한 정부 지출을 국가별로 비교하면, 영국 정부는 GDP의 0.05%를 우주에 지출하는데 이는 미국의 5배, 러시아의 4배, 프랑스보다 거의 3배 낮은 수준이다. 영국의 주요 우주산업인 위성서비스는 2020년 영국 GDP의 17.7%에 해당하는 3,700억 파운드 규모이다.

고용인구, 수출, 투자 등 많은 부분에서 성장하고 있는 영국의 우주산업은 앞으로도 지속적인 높은 수준의 민간 투자를 바탕으로 기존 산업영역에서 우주 감시, 우주 여행 등으로 확장되어 향후 성장 가치가 더 크다는 것이 해당 보고서의 결론이다.

이와 같은 수준의 우주역량을 달성하기까지 영국이 지난 70여년 간 수행한 우주 활동 역사와 우주정책의 변화 및 법, 거버넌스 등에 대해 분석한다.

---

1) KNOW.SPACE1, Size & Health of the UK Space Industry 2022(Know.space, London, March, 2023) 2010년부터 매년 영국 우주국에서 진행하는 영국 우주산업 규모 및 상태 변화 정량화/추적 연구 시리즈이다.

그림 1

2022년 영국 우주산업 규모 및 건전성 인포그래픽[2]

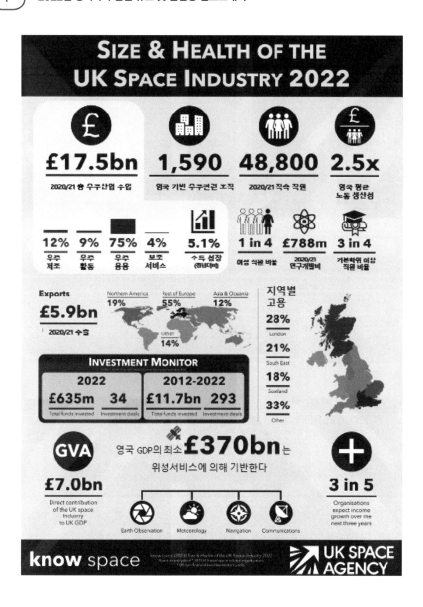

2) KNOW.SPACE, Size & Health of the UK Space Industry 2022(Know.space, London, 2023)

Chapter

02

우주활동역사

1 연구개발사

　영국의 우주 활동 역사를 크게 4가지 단계로 분류한다. 1단계는 국가 우주활동 프로그램의 시작으로 볼 수 있는 블루스트릭(Blue Streak) 로켓 개발에 뛰어 든 해인 1955년부터 1971년까지이다. 1971년은 자체 로켓을 사용하여 독자적으로 위성을 발사한 해이지만, 유럽 발사체 개발 기구(ELDO: European Launcher Development Organisation)에서 탈퇴하고, 소형 위성 발사체 개발 프로그램(Black Arrow Program)의 취소를 발표함으로써 우주 활동의 많은 부분이 위축되기 시작한 해이기도 하다.

　2단계는 1972년부터 국립항공우주센터(BNSC: British National Aerospace Center)를 설립한 1985년까지이다. 이 기간동안 영국의 우주 프로그램은 독립된 부처의 예산으로 편성되지 못하였으며,[3] 미국 NASA나 프랑스의 CNES와 같은 독립된 우주기관을 설립하지 않았다.

　또한 브렉시트 전·후로 영국의 우주 정책이 어떻게 바뀌는지 알아보고자 영국이 EU에 브렉시트를 공식 통보한 2017년을 기준으로 3단계와 4단계를 나누고자 한다.

---

3) Douglas Millard, An Overview of United Kingdom Space Activity 1957－1987(ESA Publications Division, 2005), 9.

① 1단계(1955년 ~ 1971년)

1957년 10월 스프투니크 1호 발사 당시 영국도 자체 우주선을 개발할 만한 기술력을 갖고 있는 나라로 평가받았다. 영국은 제2차 세계 대전이 끝날 무렵 미국, 소련, 프랑스와 함께 독일의 미사일 전문 기술(특히 V2 미사일)을 공유하였다.[4] 1955년 블루 스트릭(Blue Streak) 중거리 탄도 미사일 프로그램 개발에 착수하였으며, 소련과 미국과 함께 로켓기술을 보유한 유일한 국가였다. [5]

그러나 1962년 영국 수상 해롤드 맥밀런(Harold Macmillan)과 존 F 케네디 사이의 나쏘 협정[6]의 결과, 영국 정부는 자체 개발한 로켓 기술에 들어갈 수백만 파운드와 수년간의 개발을 낭비하는 대신 블루 스트릭 개발을 취소하였고 폴라리스(Polaris) 미사일 운영체계를 양국간 공유하기로 결정하였다. 해롤드 맥밀런은 우주 문제에 관하여 회의주의와 실용주의가 혼합된 국가 정책 규범을 수립하였고 이러한 기조는 1987년까지 영국 정부에 남아 있었다.[7]

---

4) *War Office, Report on Operation Backfire*, (London: War Office, 1946. 영국은 1945년 쿡스하펜에서 독일 발사팀에 의한 V2 미사일의 세 번의 시험 발사를 감독했다. 독일 과학자의 심문, V2 관련 미사일 하드웨어 획득을 통해 자체 장래 미사일 프로그램에 대한 충분한 정보를 확보하였다.
5) Whyte, N., *United Kingdom Space Policy 1955−60*,(University of London thesis, 1996)
6) 김진호. (2015). "대서양 핵군(MLF) 핵공유프로그램과 서독", 『군사연구』, 140호(2015), 69−11면. 1962년 12월 19일 캐네디와 맥밀런은 나쏘에서 정상회담을 갖고 폴라리스 시스템의 양국간 공유에 대해 논의했다. 폴라리스 시스템은 핵을 탑재할수 있는 무기체계이며, 영국에 대한 폴라리스 지원은 프랑스를 겨냥한것이었다. 1960년 프랑스의 핵실험이 성공하자 미국은 동맹국들의 지속적인 핵개발의지를 억제하기 위해 미국의 핵공유 프로그램을 추진하게 되었다. 서독과 나토내 동맹국들의 독자적 핵보유를 금지하는 것이 나쏘협정의 목표였다. 나쏘 정상회담은 미국과 영국의 핵협력에 대한 공조를 나타냈으며 미국과 영국의 특별한 관계의 상징이었다.
7) Douglas Millard, *An Overview of United Kingdom Space Activity 1957−1987*(ESA Publications Division, 2005), 10.

그림
2
President Kennedy with British Prime Minister Harold Macmillan at Nassau, Bahamas(좌) / A UGM-27 Polaris missile (우)

출처: Photograph KN C-25831, John F. Kennedy Presidential Library

블루 스트릭의 군용 무기로서의 수명은 끝났지만, 기술을 낭비하지 않기 위해 영국 정부는 유럽 발사체 개발 기구(ELDO: European Launcher Development Organisation) 프로젝트에 블루 스트릭을 사용하기로 하였다. ELDO는 유로파라고 불리는 로켓을 만들기 위해 영국은 블루 스트릭을 로켓시스템의 1단으로, 프랑스와 독일은 2단, 3단을 제공하기로 합의했다. 그러나 유로파 개발에 대한 비용증가 부담으로 영국정부는 1971년 ELDO 프로그램에서 탈퇴하겠다고 발표했다.

한편, 1955년 블랙 나이트(Black Knight) 탄도 시험 비행체 프로그램을 시작하였다.[8] 이와 병행하여 항공부(the Ministry of Aviation)의 Royal Aircraft Establishment 및 산업체는 블랙 나이트 기술을 기반으로 한 소형 위성 발사체를 개발하였다.[9]

블랙 나이트 프로그램은 미사일에서 우주발사체로 개발방향이 바뀌어 블랙 애로우(Black Arrow) 위성 발사체 프로그램으로 바뀌었으나, 영국 정부는 이 프로그램에 적은 예산을 투입하였다. 최초의 발사 시도는 1969년에 이루어졌고 이 발사는 로켓의 유도 시스템 오작동으

---

8) Whyte, N., United Kingdom Space Policy 1955-60,(University of London thesis, 1996)
9) Millard, D., *The Black Arrow Rocket: A history of a satellite launch vehicle and its engines,*(Science Museum, London 2001).

로 실패했다. 1970년에 있었던 두 번째 발사 시도도 로켓의 1단 엔진 문제로 인해 실패했다. 히스 행정부는 1971년 블랙 애로우 로켓의 세 번째 발사를 마지막으로 블랙 애로우 프로그램을 취소한다고 밝혔다. 이 세 번째 발사에서 프리스페로 X-3 위성을 성공적으로 궤도에 진입시킴으로 인해 영국은 자체 발사체를 이용해 위성을 궤도에 올린 6번째 국가가 되었다. 이러한 성공에도 불구하고 블랙 애로우의 추가 발사는 더 이상 이루어지지 않았다. ELDO 프로그램 철회와 블랙 애로우 프로젝트 취소는 오늘날 영국이 우주 선진국 대열에 진입하지 못한 주요 요인이었다.

1962년 미국의 토르-델타 발사체(Thor-Delta vehicle)는 영국의 탑재체가 실린 Ariel 1호를 발사했다. Ariel 1호는 미국 항공우주국(NASA)에서 제작되었지만 영국 대학과 산업계에서 설계하고 제작한 7기의 과학탑재체가 실렸다.[10] 이후 17년 동안 5개의 Ariel 위성이 추가로 발사되었다. 그리고 양국 간의 우주협력을 촉진하기 위해 1958년 영국 국가 우주 연구 위원회(BNCSR, British National Committee on Space Research)가 구성되었다.[11]

이후 우주 부문이 영국 과학 프로젝트에서 상당한 비율을 차지하면서 우선 순위를 정하는 방식에 대해 과학 정책 자문위원회의 우려가 있었다.[12] 이러한 우려에 따라 영국의 산업연구는 기술부가 담당하고 BNCSR이 맡았던 우주 과학 업무는 과학연구위원회(SRC, Science Research Council)로 이관되는 등 개편이 진행되었다. SRC의 예산은 교육 과학부에서 편성하였다. 이러한 방식은 우주 과학 프로젝트가 다른 지상 과학 프로젝트와 경쟁해야 함을 의미했다.[13]

영국은 1950년대부터 1970년대 초까지 우주 비행체를 설계하고, 위성을 운영하는 등 다양한 국제 프로그램에 참여하며 우주 분야에서 활발한 활동을 하였지만, 이와 같은 활동은 우주에 대한 종합적인 정책이 부재한 상태에서 이루어졌다.[14] 1967년 하원보고서는 영국의

---

10) Massey, Sir Harrie and M.O. Robins, History of British Space Science, (Cambridge University Press, Cambridge, 1986).

11) Massey, Sir Harrie and M.O. Robins, History of British Space Science 4장, (Cambridge University Press, Cambridge, 1986).

12) Nicholson, Sir R., C.M. Cunningham and P. Gummett, *Science and Technology in the United Kingdom*, (Harlow: Longman, 1991).

13) Douglas Millard, *An Overview of United Kingdom Space Activity 1957-1987*(ESA Publications Division, 2005), 16.

14) Douglas Millard, *An Overview of United Kingdom Space Activity 1957-1987*(ESA

우주 활동 조직이 파편화 되었다고 비판하고 프랑스의 CNES(Center National d'Etudes Spatiales)와 같은 독립된 우주기관을 설립해야 한다고 조언하였다. 표 1은 1967년 우주에 관심이 있던 모든 정부 부처의 목록이다. 이 기간동안 특정 부처는 바뀌었지만 이해 관계의 분산 문제는 여전하였다. 따라서 영국의 우주 프로그램은 단일 정부 부서의 전담으로 일원화되지 못하였고 그 결과 일부 논평자들은 일관성 없는 정책을 추구한다고 비난하였다.

② 2단계(1972년 ~ 1985년)

1970년대 초 에드워드 히스(Edward Heath) 정부는 영국 우주정책의 효율적 이행을 위해 유럽 공동체에 가입하는 것을 추진하였다. 1966년 초부터 유럽은 우주 조직이 너무 많아 어려움을 겪었고, ESRO, ELDO의 사업을 조정하고 국가 시설과 프로그램을 더 효율적으로 사용하기 위한 노력이 필요하다는 것이 유럽국가들 사이에서 일반적으로 합의되었다.[15]

히스 정부의 항공우주부 장관 Michael Heseltine은 새로운 유럽우주기구의 설립을 강력하게 제안하면서[16] 불필요한 중복을 방지하고 유럽의 역량을 가장 합리적으로 활용하기 위해 영국의 우주 예산이 유럽의 산업체에 전적으로 투입되어야 한다고 판단하였다. 1975년 유럽우주기구(ESA, European Space Agency)가 설립되었고 영국은 창립 회원국이 되었다.

Publications Division, 2005), 9.

15) J. Krige, A. Russo and L. Sebesta, A History of the European Space Agency 1958 - 1987, (ESA Publications Division, Noordwijk, 2000).

16) Heseltine, M. (1999), 'Britain and ESA', The History of the European Space Agency: Proceedings of an International Symposium, SP-436, (European Space Agency, Noordwijk, 1999).

표 1 1967년 영국 정부 부처별 우주 분야 참여현황[17]

	DES	MoT	MoD	GPO	BoT	CO	FO	DoEA	T
민간 통신위성	✓	✓		✓	✓	✓	✓	✓	✓
군사용 통신위성		✓	✓				✓		✓
과학 연구 위성	✓	✓							✓
정찰 위성		✓	✓				✓		✓
기상 위성	✓	✓	✓			✓	✓	✓	✓
군사 우주 시스템		✓	✓				✓		✓
관제 및 정찰 위성		✓	✓		✓		✓	✓	✓
네비게이션 위성		✓	✓		✓			✓	✓
지구 자원 위성	✓	✓			✓	✓	✓	✓	✓
ELDO		✓							✓
CETS	✓	✓		✓	✓		✓		✓
INTERSAT		✓		✓		✓	✓	✓	✓

BoT: Board of Trade (무역 위원회)
CO: Commonwealth Office (영연방 사무소)
DES: Department of Education and Science (교육과학부)
DoEA: Department of Economic Affairs (경제부)
FO: Foreign Office (외무부)
GPO: General Post Office (중앙 우체국)
MoT: Ministry of Technology (기술부)
MoD: Ministry of Defence (국방부)
T: Treasury (재무부)

17) House of Commons, 'Space Research and Development', Thirteenth Report from the Estimates Committee, (HMSO, London, 27 July, 1967)

part 09 영국 우주활동역사 **491**

한편 1980년대 초반 영국의 우주 과학 프로그램은 과학 및 공학 연구 위원회(SERC, Science and Engineering Research Council)[18]에서 운영하였고 여러 과학 연구 분야와 같이 자금을 확보하기 위해 경쟁해야 했다. 맨체스터 대학의 부총장인 Mark Richmond경이 작성한 보고서는 Heseltine이 주장했던 것처럼 ESA가 영국의 우주 지출의 중심이 되어야 한다고 권고했다.[19] 영국은 ESA의 Columbus Polar Platform, 방송위성 건설 및 운영 등 상당한 투자를 하고자 하였다. 하지만 영국이 자국 우주 프로그램보다 ESA 우주 프로그램의 역할을 강조한다면, 단일기구에서 우주활동을 조정하는 것이 효율적인 판단으로 보였다. 그림 3과 같이 영국의 우주 예산의 거의 대부분은 유럽국가와 협력하는 ESRO와 ESA에 지출되고 있는 것을 볼수 있다.

1970년대 영국의 주요기업은 잠재적으로 수익성이 높은 통신 위성사업에 집중하였다. 주요 산업 센터는 Stevenage, Bristol 및 Portsmouth에 위치하였다. 이 세 센터는 영국 위성 건설 산업의 역사라고 볼수 있다. Stevenage 지역은 de Havilland 회사의 블루 스트릭 개발을 시작으로 1961년 Hawker Siddley Dynamics, 1977년에 British Aerospace로 자리를 내어주었다.

1960년대와 1980년대 사이에 Stevenage에서는 ESRO 2와 4, Intelsat III, TD1A, OTS, ECS, Marecs 및 Olympus를 포함한 다양한 우주비행체를 생산하고 개발을 지원하였다. Bristol에 기반을 둔 British Aircraft Corporation은 UK 3, 4, X3를 포함한 다양한 우주비행체를 개발하였다.

---

18) SRC는 1981년 SERC로 대체되었다.
19) Krige, J., A. Russo and L. Sebesta, 'The Story of ESA 1973 to 1987', Volume 2 of A History of the European Space Agency, 1958−1987, (ESA Publications Division, Noordwijk, 2000), 15장

그림 2 1965-1987년 우주 지출[20)

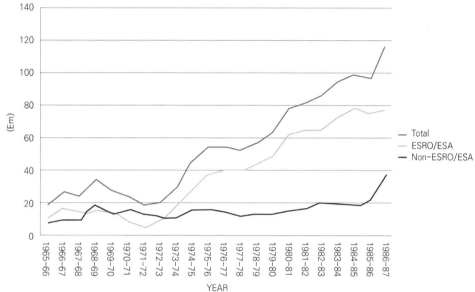

또한 1977년 BAE 배너 아래에 들어갔으며, 1980년대 지구 관측에 초점을 맞춘 우주 과학 전문화, 특히 나중에 엔비샛으로 알려진 ESA의 극지 플랫폼 개발의 선두 센터였다. Portsmouth의 마르코니 우주 시스템 회사는 영국 과학 우주선 두 대의 주계약자였으며, 특히 탑재체과 지상 시스템과 같은 다양한 우주시스템에 대해 하청을 받았다.[21)

1980년대 말까지 영국의 주요 우주 회사인 British Aerospace Space Systems는 ESA 프로그램의 다른 하청업체들과 함께 대부분의 유럽 우주 산업을 주도하였다. 또한 1980년대에 혁신적인 소형 위성 사업이 Surrey 대학교에 설립되었다. 이는 영국 학계에 우주 기술 이전이 활발하게 추진된 최초의 사례이다.

우주분야에 대한 투자가 활성화 되어 가고 있는 가운데, 정부는 영국 통상산업부

---

20) Douglas Millard, *An Overview of United Kingdom Space Activity 1957−1987*(ESA Publications Division, 2005), 24.
21) Wilson, A., Jane's Space Directory, (Coulsden, Surrey: Jane's Information Group, 1993)

(Department of Trade and Industry) 우주과[22]의 역할에 대해 의문을 제기하며 임시 위원회를 구성하여 영국 우주 조직을 검토하고 권고안을 만들도록 지시하였다. 이 위원회의 초기 임무는 1985년 로마에서 열린 ESA 장관 회의 결과를 다루는 영국 우주 계획을 작성하는 것이었다. 1985년 11월, 이 위원회는 전 ESA 국장 Roy Gibson이 초대 사무총장으로 임명되면서 영국 국립우주센터(BNSC, British National Space Centre)로 바뀌었다.

③ 3단계(1986년 ～ 2017년)

1985년 뒤늦게 설립된 영국 국립우주센터는 국가 활동을 위한 조정, 포럼과 국제활동에 초점을 두었고 실제로 예산 집행역할 및 결정적 조정을 할수 있는 권한이 부족했다.

영국 국립우주센터 초대 사무총장인 Roy Gibson이 보고한 1986년 중반 우주계획은 영국의 우주활동을 위한 상당한 예산의 증가를 권장하였다.[23] Gibson의 제안은 Margaret Thatcher 정부에 의해 받아들여지지 않았다. 이에 1987년 Gibson은 사무총장직을 사임했다.[24] 영국 국립우주센터는 우주정책을 조정하고 정부 부처에 조언을 제공하지만 전용예산이 없는 '기관'의 형태로 정착했다.

1990년대 민간 우주 활동에 대한 영국 지출의 대부분은 ESA에 사용되었다. 전체적으로 정책은 영국 국립우주센터에 의해 조정되며, 비록 여러 정부 부처의 후원으로 받기는 하지만 통상 산업부 내에 기반을 두고 있었다. 민간 우주 활동을 위한 예산은 과학연구, 지구관측, 우주 수송, 통신위성 이렇게 네 가지 주요 영역에 중점을 두었다. 우주 수송은 ESA 내에서 가장 큰 프로그램이지만 영국은 우주수송에 대해 예산의 1% 미만을 기여하고 지구관측과 과학연구에 집중하였다.[25]

---

22) 1971년 영국의 국방 조달 재편 및 국방부 구성 이후 기술부(MoT)가 해체되고, 우주 문제에 대한 책임은 무역산업부로 이관되었다.
23) Krige, J., A. Russo and L. Sebesta, 'The Story of ESA 1973 to 1987'(ESA Publications Division, Noordwijk, 2000), 5장.
24) House of Lords, 'United Kingdom Space Policy, I and II, Reports, HL 41−I and 41−II', Select Committee on Science and Technology, (London: HMSO, 1988).
25) William Lea, UK space policy, House of Commons Library Research Paper 95/43, 1995, 5

ESA는 개별 국가의 기여도에 정비례하여 프로그램에 대한 작업계약을 받는 "juste retour" 정책을 운영한다. 일반 예산과 과학예산은 모든 회원국이 필수이고 이러한 프로그램에 대한 기여도는 GDP로 계산되나 다른 모든 프로그램은 선택사항이다. 결과적으로 영국이 선택적 프로그램에 참여하지 않는 경우 영국 회사는 해당 프로그램 내에서 낙찰된 계약에 입찰할 자격이 없다. 표 2는 1993년 당시 이런 선택적 프로그램에 대한 영국의 자금 지원에 대한 내용이다.

표 2 1993년 ESA 프로그램[26]

프로그램	총 분담 액	영국 분담 액 (£m)	영국 분담 비율(%)
우주 수송	985	1.6	0.1
우주 정거장 및 플랫폼	291		
지구 관측	253	45.7	17.8
통신	237	15.6	6.8
과학	233	30.0	10.5
미세중력	53		
기술+타 프로젝트	18	–	–
일반 예산	215	15.9	7.4
파생 프로그램	67	–	–
합계	2,652	108.9	4.1

* At the rate ECU 1m = £0.780m

표에서 보듯, 영국의 우주정책은 지구관측과 과학 프로그램에 집중되었다.[27] 영국 정부는 ESA의 ERS－1 위성 프로젝트 및 Columbus 프로그램에 참여하여 해당 프로그램의 극지 플랫폼 요소에 집중함으로써 지구 관측 데이터를 획득하는 수단을 개발하는데 실질적인 역할을 할 것으로 기대하였다. 또한 Farnborough의 Royal Aerospace Establishment에 있는

---

26) ESA Annual Report '93. BNSC.
27) Select Committee on Science and Technology United Kingdom Space Policy: Government Response, 11 October 1988.

National Remote Sensing Complex에 지구 관측 데이터 센터를 설립하였는데 이는 우주데이터를 활용한 새로운 글로벌 서비스 산업 창출을 위한 것이라고 설명하였다.[28]

정부가 우주 시스템과 같은 우주 기반시설이 아니라 지구관측과 같은 우주 활용프로그램에 더 예산을 쏟는 것에 대해 학계에서는 일부 우려 섞인 비판을 하였다. 1992년 8월 Spaceflight의 기사에서 브리스톨 대학(Bristol University)의 교수 Mark Hempsell은 최근 몇 년 동안 우주에 대한 정부지출이 전반적으로 증가했지만 모든 우주 활동에 고르게 분산되지는 않았다고 강조하면서, 지구관측 위성에 대한 투자도 필수적이기는 하지만 전체 우주산업에는 아무런 도움이 되지 않는다고 비판했다.[29]

2007년 5월 영국을 포함한 14개국은 글로벌 탐사 전략(GES: Global Exploration Strategy)에 합의하였다. 이 전략은 우주탐사 분야에서의 국제 협력을 강화하고 인류의 우주탐사 활동을 미래에도 걸쳐 계획적으로 발전시키는데 초점을 맞추고 있다. GES에 서명한 14개 국가기관 중 오직 BNSC만이 국가 우주 기관이 아니었기 때문에 영국은 향후 GES에 대한 참여 범위를 결정하고 주도적 역할을 수행하기 위해서 현재의 자금 및 제도가 적절한지에 대해 검토하였다.[30]

2007년 과학기술위원회(STC: The Science and Technology Committee)가 영국 우주청 설립을 검토하였다.[31] STC 검토에 따르면 영국은 독립된 우주청이 없는 유일한 G8 국가로 BNSC의 중앙집권적 권한 부재는 국가 우주 전략의 발전을 심각하게 저해한다고 언급했다. 우주청의 설립은 우주과학과 관련된 기술을 개발하는 전략적 관점을 취하고 영국이 미래 임무에서 주도적 역할을 할 수 있도록 지원해 줄 수 있을 것이라 말했다. 물론 STC는 우주청 창설의 반론에 대해서도 수용하였다. 영국의 우주 활동 규모가 기관설립을 정당화 하기에 충분하지 않다는 점과 역사적으로 영국의 우주 정책은 "사용자 주도"접근법에 기초해 왔는데 결과적으로 이러한 효율성이 독립형기관에서는 쉽게 손실될 수 있다는 점이다.

---

28) Select Committee on Science and Technology United Kingdom Space Policy: Government Response, 11 October 1988
29) Mark Hempsell, "Future as a Space Nation Under Threat", Spaceflight, September 1994, p.290.
30) Ian Crawford, "Does the UK need a Space Agency?", Astronomy & Geophysics, Volume 50, Issue 1, February 2009, Page 1.7
31) The Science and Technology Committe, 2007: A Space Policy Seventh Report of Session 2006-07(the House of Commons, 4 July 2007)

그러나 우주에 대한 "사용자 주도" 접근법은 우주기술의 활용 분야와 관련하여 장점이 있을 수 있지만 우주 탐사와 관련하여 의미가 없고, 이러한 임무들은 GES의 틀 안에서 반드시 국제적인 성격을 가질 것이기 때문에 다른나라의 기관들과 동등한 입장에서 협력할 수 있는 기관에 의해 조정되는 것이 중요하다고 밝혔다. 이러한 정책적 고민의 결과로 기존의 BNSC를 대체하는 새로운 영국 우주청(UK Space Agency)이 2010년 3월 23일 설립되었다.

 # 4단계(2017년 ~)

영국 대중이 2016년 6월 23일 유럽연합을 탈퇴하기로 결정하고 이후 2020년 탈퇴하였으나, 영국의 상업 및 과학, 우주부문은 ESA와 EU에 강하게 연결되어 있었다. 그에 따라 브렉시트 이후 영국의 정치/경제적 단절은 우주 산업기반의 악화를 초래하였다.

2018년 에어버스가 EU 글로벌 위성항법 시스템 갈릴레오 개발 계약 수주를 위해 영국에 소재한 에어버스의 방위우주사업부문 일부를 프랑스나 독일 등으로 이전시키기로 했다. 브렉시트 이후 갈릴레오 서비스 제공 여부를 놓고 EU와 영국 간 갈등이 심화되면서 기업 의사결정에까지 영향을 미친 것이다. EU는 갈릴레오 서비스 가운데 기밀 등급인 '공용서비스(PRS)'에서 영국을 배제하는 한편 갈릴레오 위성 보안장비 납품에서도 영국 우주항공업체들을 제외하겠다고 통보했다.[32]

갈릴레오는 미국의 GPS, 러시아의 GLONASS, 중국의 Beidou 등과 경쟁하는 유럽 자체의 항법위성 시스템으로 기본적인 사항은 모두에게 개방될 예정이지만, EU 회원국을 위한 암호화된 기능인 PRS에 영국은 접근 권한을 가질 수 없게 된다. PRS는 다른 무선 주파수 범위를 사용하므로 적대국 교란 행위에도 항법 서비스가 정상적으로 작동할 수 있게 한다. 하지만 이 보안시스템 개발에 중요한 역할을 했던 영국은 정작 서비스에 대한 접근이 거부되었다. EU 역시 미국의 GPS 등에 대항할 수 있는 독자적인 기술 확보를 위해서는 영국의 기술이 필요하지만, 안보 등의 이해관계로 향후 협력적 연구개발은 순탄치 않을 것으로 우려된다.[33]

32) 박대한, 에어버스, '갈릴레오' 둘러싼 영국-EU 갈등에 "유럽으로 이전", 연합뉴스, 2018. 5. 10.
33) Sophia Besch, A hitchhiker's guide to Galileo and Brexit, Centre for european reform, 3

스위스 및 노르웨이와 유사한 쌍무협정이 체결되지 않는 한 갈릴레오와 유럽 정지 항법 오버레이 서비스를 포함한 EU 우주 프로그램에서 영국 기업들은 제외될 것이다. 이와 관련하여, 정부는 갈릴레오를 영국의 국방이나 중요한 국가 인프라에 사용하지 않겠다는 의도와 영국의 글로벌 항법 위성 시스템을 설계하기 위한 18개월 프로그램에 9200만 파운드를 투자하여 대안을 모색하겠다는 계획을 발표했다.[34]

한편, 북아일랜드에 대한 무역협정을 놓고 영국은 EU와 분쟁을 벌이면서 2021년 환경 및 안보 모니터링을 위해 지구 저궤도 위성을 운영하는 코페르니쿠스 프로그램, 호라이즌 과학 연구 프로그램 및 유라톰 핵 프로그램에서 제외됐다. 해당 문제는 2023년 2월 윈저 프레임워크에 서명하면서 해결되었지만 2년의 기간 동안 영국은 주요 코페르니쿠스 계약에서 손실을 입었고 그동안 묶여 있던 예산 중 일부를 다른 우주 예산으로 전용했다. 2023년 현재 영국 우주산업계는 코페르니쿠스 프로그램의 재가입에 대한 논쟁이 지속되고 있다. 에어버스와 같은 영국 우주산업 대기업들은 2023년 말 차세대 위성을 위한 수익성 높은 입찰이 예정되어 있기 때문에 이 프로그램에 다시 참여하는 것을 선호한다. 영국이 그때까지 재가입하지 않으면 영국의 우주산업체는 계약입찰에서 제외될 것이다.[35]

영국은 유럽연합 탈퇴 이후 산업을 강화하기 위한 일련의 조치들 중 하나로 국가우주위원회의 설립을 추진하였다.[36] 국가 우주 위원회는 우주에 대한 국가 비전을 설정하고, 영국의 국가 우주 전략을 개발하는 역할을 하며 2020년에 설립되었다.[37] 그리고 이듬해 2021년에 국가 우주 전략(National space strategy)[38]을 발표했다. 이는 우주산업 육성과 국방, 연구개발, 제도, 국제협력 등 우주개발과 관련된 전분야를 아우르는 종합정책이다.

May 2018.

34) GOV.UK, "Satellites and space programmes if there's no Brexit deal", 2019, https://www.gov.uk/government/publications/satellites−and−space−programmes−if−theres−no−brexit−deal/satellites−and−space−programmes−if−theres−no−brexit−deal#purpose.

35) Andy Bounds, "UK's re−entry into EU's Copernicus space programme is in doubt", Financial Times, APRIL 15 2023.
https://www.ft.com/content/86e803ee −ba6c−4de5−8ad7−6b85139aff7c

36) Sylvia Pfeifer, "UK to set up National Space Council", *Financial Times*, June 5, 2019, https://www.ft.com/content/7f03dde6−86ec−11e9−97ea−05ac2431f453

37) *National Space Strategy* (HM Government, September 2021), 50.

38) HM Government, National space strategy(HM Government, September 2021.)

2 법·정책

① 1986년 우주법(Outer Space Act 1986)

1986년 우주법은 2021년 우주산업법이 제정되기 전까지 영국 연방 국가 및 특정 해외 영토에 설립된 기관 등의 우주활동을 규율하였다.[39] 우주법은 해외발사 및 위성 운용 단체에게 허가를 득하도록 요구한다.

2018년 우주산업법이 제정되면서 우주산업법과 그에 따라 제정된 규제 및 규칙은 영국에서 수행되는 우주 관련 활동을 규제하게 되었다. 다만, 1986년 우주법은 다음과 같은 영국 기업이 해외에서 수행하는 활동에 적용된다.

- 우주 물체의 해외 발사 조달
- 해외시설에서 영국기업의 인공위성 운용

우주법 제10조(1A)에 따르면 허가를 취득한 자가 관리하는 우주물체에 의해 발생한 손실에 대해 정부가 무제한 보상을 해주는 것이 아닌 손실 책임에 대한 제한을 두었다.

---

39) "Section 2" in *Outer Space Act 1986*.

2018년 우주산업법(The Space Industry Act 2018)

2018년 우주산업법은 2018년 3월 왕실 승인을 받아 2021년 7월 발효됐다. 우주산업법은 다음과 같이 영국에서 수행되는 모든 우주 관련 활동에 적용된다.

- 영국 발사체 조달(우주 또는 준궤도)
- 발사(우주 또는 준궤도) 및 귀환(재진입)
- 영국 시설에서 인공위성 운영
- 영국 우주발사기지의 운영
- 영국에서의 구역 통제 서비스(range control services) 제공

우주산업법은 상업 목적의 우주활동을 규율하기 위해 아래와 같이 세부 규정을 두고 있다.

ⓐ 2021년 우주 산업 규정(the Space Industry Regulations 2021)

; 우주 비행 활동(발사 및 궤도 내 운영 포함), 우주발사기지 및 구역 통제 서비스의 인허가 등

ⓑ 2021년 우주비행활동/우주비행 사고조사 규정(the Spaceflight Activities /Investigation of Spaceflight Accidents Regulations 2021)

; 우주비행 사고조사 기구를 설치하고 사고조사 실시를 규정

ⓒ 2021년 우주산업 규정(the Space Industry Regulations 2021)

; 허가 신청자 또는 허가 소지자의 항소 관련 규정

ⓓ 규제당국의 허가 규칙(the Regulator's Licensing Rules)

; 우주산업법에 따라 운영자, 우주 기지 및 구역 통제 허가의 부여 및 갱신과 관련된 민간 항공국의 권한

1986년 우주법과 2018년 우주산업법에서 규정하고 있는 허가는 다양한데 운영자 허가, 우주발사기지 허가 및 구역 통제 허가 등 크게 세 가지로 구분한다. 우주산업법은 다음과 같은 범주의 허가를 통해 영국에서 수행되는 우주활동, 궤도 활동 및 관련 활동을 규제한다.

ⓐ 발사 및 귀환 운영자 허가(launch operator/return operator licence)

영국에서 발사대 또는 항공기 발사대로 발사하려면 발사 운영자 허가가 필요하다. 귀환 운영자 허가는 궤도에서 발사체로 재진입하여 영국 영토에 착륙하거나 영해에서 영국으로 발사체를 회수하려는 운영자에게 적용되는 허가이다.

ⓑ 궤도 운영자 허가(orbital operator licence)

1986년 우주법 허가는 해외에서 위성을 운용하는 영국 사업자에게 필요한 반면, 우주산업법 궤도 운영자 허가는 영국에서 위성을 운용하는 영국 또는 외국 사업체에게 필요하다.

ⓒ 우주발사기지 허가(spaceport licence)

우주발사기지 허가는 '우주선이 발사될 장소' 또는 '우주선의 통제되고 계획된 착륙이 이루어지는 장소'로 정의되는 우주발사기지 운영에 필요한 허가이다. 우주발사기지를 운영에는 발사 활동을 위한 안전한 지상환경 제공 및 발사전/발사 후 활동과 관련된 위험으로부터 우주발사기지 인근 안전과 같은 지상운영도 포함한다.

ⓓ 구역 통제 허가(range control licence)[40]

발사 및 귀환 운영자 허가에서 허가된 운용에 대해 추적 감시 및 경계 관리와 같은 구역 통제 서비스를 제공하려면 구역통제 허가가 필요하다. '구역' 및 위험영역을 식별하고 보호하는 것은 우주 비행활동을 안전하게 수행하기 위한 기본이다. 따라서 우주발사기지 운영자와 발사/귀환 운영자는 우주산업법에 규정된 요건에 부합하도록 구역 통제 서비스 제공자와 긴밀히 협력해야 한다.

각 허가의 요건은 규정에 명시되어 있다. 허가 신청은 규제당국의 허가 규칙에 명시된 양식으로 서면 작성해야 하며 민간항공국에서 요구하는 기타 정보(발사 운영자 또는 우주발사기지 허가 신청과 관련된 환경 영향 평가 등)를 포함해야 한다. 허가 소지자는 정부가 국제적 의무를 이행할 수 있도록 민간항공국에 정보를 제공해야 한다. 제공해야 할 정보는 다음과 같다.

ⓐ 인공위성 상태 점검 연례 보고서

ⓑ 발사 후 상태 보고서

---

40) 'range'와 'range control services' 용어는 우주산업법 Sections 5와 6(1)에 구체적으로 정의되어 있다.

ⓒ 보험 적용 범위의 연간 갱신에 대한 증거

허가를 받은 자가 허가요건을 준수하지 않고 한 위반행위가, 국가안보 또는 국제적 의무에 위험을 초래할 경우 에너지 · 산업전략부 장관은 강제 집행을 할 수 있다.[41]

3 국가 우주 전략(National space strategy)

2021년 9월에 발표된 영국 국가 우주전략은 우주산업 육성과 국방, 연구개발, 제도, 국제협력 등 우주와 관련된 전 분야를 아우르는 영국의 첫 번째 종합정책이다.

Boris Johnson 영국총리는 국가 우주 전략 서문에 영국이 우주산업에 더 많이 투자하여 국제 무대에서 주도적인 역할을 하고, 책임감 있고 안전하게 우주를 이용하기 위해 UN과 협력할 것을 밝혔다.

가. 영국의 비전과 목표

영국 우주 전략의 비전은 다음과 같다.

> 우리는 세계에서 가장 혁신적이고 매력적인 우주 경제 중 하나를 건설할 것이며, 영국은 우주 국가로 성장할 것이다. 우리는 우주에 대한 영국의 이익을 보호하고 방어하며, 우주 환경을 형성하고, 공간을 활용하여 국내외의 도전을 해결할 것이다. 최첨단 연구를 통해 다음 세대에게 영감을 주고 우주 과학과 기술 분야에서 영국의 경쟁력을 유지할 것이다.

그리고 영국이 우주에서, 그리고 우주를 통해 달성할 5가지 목표를 다음과 같이 정의하였다.

> (1) 우주 경제의 성장 및 수준 향상
> (2) 글로벌 영국의 가치 증진

---

41) "Section 33" in *The Space Industry Act 2018.*

(3) 선구적인 과학적 발견을 이끌고 국가에 영감을 줄 것

(4) 우주에 대한, 우주를 통한 국익 보호 및 방어

(5) 우주를 활용하여 영국 국민과 전 세계에 서비스 제공

1) 우주 경제 성장 및 수준 향상

우주산업에서 이미 뛰어난 분야와 새롭게 성장하는 시장을 개발하기 위해 사업을 지원할 예정이다. 영국 전역에 고용을 확산하고, 수출을 촉진하고, 인재와 투자를 유치하고, 우주 데이터와 기술을 일상 생활에 더욱 통합하는 국가 우주 생태계를 만들 것이다.

2) 글로벌 영국의 가치 증진

우주에 대한 참여를 통해 정책적이고 안정적인 국제 질서를 지원할 것이다. 글로벌 리더십을 발휘해서 우주안전, 보안 및 지속가능성에 대한 논의를 주도하고, 다른 국가가 우주에서 행동에 책임을 지도록 할 것이다. 또한 영국은 영국의 파트너들과 함께 평화롭고 책임 있는 우주 사용에 관한 지침을 현대화하여 새로운 기술과 보조를 맞추고 과학 및 산업을 위한 기회를 창출할 것이다.

3) 선구적인 과학적 발견을 이끌고 국가에 영감을 줄 것

지구와 국가를 보호하고 더 건강하고 풍요로운 삶을 살 수 있도록 하여 우주에서 영국의 위치에 대한 가장 큰 질문에 답하는 연구를 지원할 것이다.

차세대 우주 과학자, 엔지니어 및 기업가에게 영감을 주는 영국 전역의 젊은이들과 연간 백만 건의 참여 활동을 제공하도록 우주 부문을 지원할 것이다. 이것은 과학과 기술을 통해 영국의 전략적 우위를 구축하고 유지하는 데 도움이 될 것이다.

4) 우주에 대한, 우주를 통한 국익 보호 및 방어

안보를 강화하고 국내외에서 회복력을 강화할 것이다. 증가된 자율성과 보다 다양한 협업을 통해 우주에서 무슨 일이 일어나고 있는지 파악하고, 위협에 대응하고, 적대적인 행동을 억제할 수 있는 자유를 유지할 것이다.

영국은 5개 작전 영역(해상, 지상, 항공, 우주 및 사이버)에 걸쳐 국방 운영을 통합하는 것을 포함하여, 우주가 국방을 완전히 지원할 수 있도록 할 것이다. 민감한 영국기술이 적대적인 우주 프로그램에 사용을 위해 이전되는 것을 방지하는 능력을 강화할 것이다.

5) 우주를 활용하여 영국과 전 세계에 서비스 제공

우주를 활용하여 기후 변화 및 생물 다양성 손실을 포함한 글로벌 문제를 해결하고 운송 시스템 현대화, NHS 지원 및 국경 보호와 같은 대중에게 더 나은 서비스를 제공할 것이다. 영국은 이러한 서비스를 제공하기 위해서 기업들이 정부 조달에 대한 협력적인 접근을 할 수 있도록 하고, 기업이 전문성을 제공할 수 있는 보다 더 쉬운 경로를 만들어 줌으로써, 새로운 기술과 인프라를 개발하도록 지원할 것이다. 또한 UN의 지속 가능한 우주개발 목표를 달성하는 데 도움을 줄 것이며, 영국이 지구와 인류의 요구를 충족시키는 데 앞장서게 할 것이다.

나. 목표 달성 방법

영국은 다음 4가지 축(pillars)에 걸쳐 행동함으로써 목표를 달성하고자 한다.

---

(1) 우주 부문의 성장 유도
(2) 국제 협력
(3) 과학 기술 강국으로 성장
(4) 복원력 있는 우주 능력 및 서비스 개발

---

1) 우주 부문의 성장 유도

영국은 현재강점 분야, 고성장 분야, 신흥 분야에서 모두 우주 경제 성장 및 수준 향상이란 전략 목표를 달성하기 위해 다음 7가지 영역을 활성화해 우주 부문의 성장을 유도한다.

먼저 ① 글로벌 교역 파트너십을 구축하고, ② 영국 전역의 우주 생태계를 조성하며, ③ 현대적 우주 관련 분야에서 세계를 선도한다. 또한 산업, 학계 및 연구기관에 공동 자금을 제공함으로써 ④ 우주분야에서 혁신을 일으키고, ⑤ 인재를 육성하며 최상의 효과를 위해 ⑥ 공공 부문 조달의 장벽을 무너트릴 것이다. 마지막으로 우주 활동은 높은 자본 지출 및 상당한 위험을 요하기 때문에 우주 기업이 ⑦ 금융 및 보험을 이용할 수 있도록 도울 것이다.

2) 국제 협력

영국은 다자 및 양자 파트너십 강화를 통해 글로벌 파트너십을 구축할 것이다. 앞으로 NASA 및 JAXA와의 다년간의 지속적 협력을 통해 양자 관계를 개선하며, 유럽 우주기구(ESA)와의 긴밀한 다자간 파트너십을 유지할 것이다. 또한 영국은 영국－EU 무역 및 협력 협정에 따라 Horizon Europe 및 Copernicus EU 프로그램에 참여하기로 합의했다. 그리고 2020년 영국은 아르테미스 약정을 통해 향후 10년 동안 Lunar Gateway 개발에 참여하고 우주비행사를 달로 보내는 활동에 지원할 것이다.

정부는 개방적이고 안정적인 국제질서를 위해 외교적 노력을 할 것이다. 국제적으로 책임있는 우주행동에 대한 프레임워크를 구축하기 위해 UN에서 국제 파트너와 협력하고, 군비통제와 비확산 체제를 통해 세계 안정을 지원할 것이며, UN 우주 평화적 이용 위원회, 군축위원회, 군축회의에서 우주의 지속가능성과 안보를 다룰 것이다.

3) 과학 기술 강국으로 성장

향후 10년 동안 화성에서 지구로 샘플을 채취하고, 태양 활동 감시 등 우주 혁신프로그램 개발에 지원할 것이며, NASA가 주도하는 아르테미스 프로그램에 협력할 것이다. 또한 ESA 바이오매스 임무와 같은 지구관측에 집중할 것이다. 국방 우주 포트폴리오 지원을 위한 과학 기술과 연구 개발에 향후 4년 동안 계속 투자할 예정이다.

4) 복원력 있는 우주 능력 및 서비스 개발

영국은 광범위한 영역에서 우주에 의존하고 있다. 또한 국방 및 보안분야에서 우주 기반 기능을 오래 사용해왔다. 따라서 작전 계획, 교리, 능력개발 등을 포함하여 국방 영역 전반에 걸쳐 복원력 있는 우주 능력과 서비스를 통합할 것이다.

2020년 영국은 저궤도 인공위성 회사인 OneWeb의 지분 5억 달러를 인수하였다. OneWeb은 600개 이상의 위성을 궤도에 배치하여 전 세계 광대역 연결을 제공할 예정이다. 이러한 투자 등을 통해 우주 전문성을 높이고 더 넓은 범위의 우주 역량에 대한 통제력을 강화할 것이다.

다. 구현

국가우주전략의 시행을 그림과 같이 4단계로 구분한다.: 1단계(2021년, 카운트다운 단계)

이 전략은 그림 4에서 보는 것처럼 2021년 말까지 1단계를 거쳐, 점화 단계(2022년 ~ 2023년), 추력 단계(2023년 ~ 2030년), 궤도 단계(2030년 이후) 순으로 지원될 것이다.[42]

---

42) 구현단계에서 제시한 내용은 그림 4 참조.

그림
4 | 국가 우주 전략의 구현

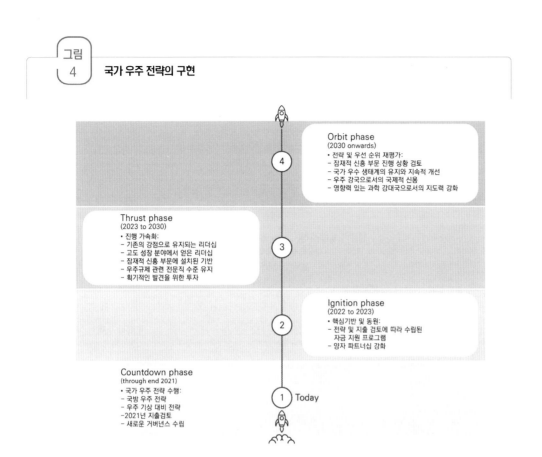

Orbit phase
(2030 onwards)
• 전략 및 우선 순위 재평가:
  - 잠재적 신흥 부문 진행 상황 검토
  - 국가 우수 생태계의 유지와 지속적 개선
  - 우주 강국으로서의 국제적 신용
  - 영향력 있는 과학 강대국으로서의 지도력 강화

Thrust phase
(2023 to 2030)
• 진행 가속화:
  - 기존의 강점으로 유지되는 리더십
  - 고도 성장 분야에서 얻은 리더십
  - 잠재적 신흥 부문에 설치된 기반
  - 우주규제 관련 전문직 수준 유지
  - 획기적인 발견을 위한 투자

Ignition phase
(2022 to 2023)
• 핵심기반 및 동원:
  - 전략 및 지출 검토에 따라 수립된
    자금 지원 프로그램
  - 양자 파트너십 강화

Countdown phase
(through end 2021)
• 국가 우주 전략 수행:
  - 국방 우주 전략
  - 우주 기상 대비 전략
  - 2021년 지출검토
  - 새로운 거버넌스 수립

Today

4 국방 우주전략(Defence Space Strategy: Operationalising the Space Domain)

2022년 2월 영국은 국방 우주 전략(National space strategy)[43]을 발표했다. 영국의 국방 전략은 '국가우주전략'의 목표와 비전을 직접 지원하고, 통합은 '국가 우주 전략'과 마찬가지로 이 전략의 핵심임을 밝히며, 이는 작전영역 간, 국방 간, 정부 간, 국제 파트너 및 산업, 연구 및 과학 부문과의 통합의 중요성을 강조하였다. 국방 우주전략의 전략 구성은 그림 5와 같다.

---

43) Minitsry of Defence, Defence Space Strategy: Operationalising the Space Domain, UK Ministry of Defence(2021).

그림
5
국방 우주전략의 구성

비전
우주영역에서 의미있는 행위자가 되기 위해,
동맹국과 더불어 영국의 이익과 우주 운용의 자유를 보장

임무
글로벌 작전 지원에 있어 우리의 이익을 보호하고 방어하기 위해
우주 역량을 건설, 통합 및 운영

범분야 통합 원칙(Cross-cutting Principles)
다국적 협력을 확대 및 심화
범부처 협력을 개선
혁신 추진 및 기술적 기회의 활용
소유, 협력 혹은 접근

전략적 주제1	전략적 주제2	전략적 주제3
보호 및 방어	군사 작전의 강화	숙련 및 응집력

가. 범분야 통합 원칙(Cross-cutting Principles)

영국 국방은 Five eyes 파트너, NATO 및 기타 동맹국과의 양자 및 다자관계를 강화한다.

BEIS와 긴밀한 협력 및 다른 부서와의 관계를 더욱 발전시켜 우주 정책및 프로그램은 물론 보안 및 정보 서비스를 제공하는 방식을 개선시키고, 우주 의제가 정부 전반에 걸쳐 조율되어 응집력 있는 범정부 우주계획을 전달하는 역할을 국방부가 주도한다.

국방부는 영국의 산업적 강점 활용하고 과학적 협력, 연구개발 지원 및 학계와의 관계를 강화한다.

영국은 대규모 제조 및 상업화 부분에 개발에 대한 리더십과 소유권을 가지고 있으며 여기에는 항상 협력 및 접근의 요소가 포함된다.

나. 전략적 주제1. 보호 및 방어

영국 국방부는 효과적인 작전 성과를 제공하는 우주 역량 개발을 개발하고, 우주 시스템에 대한 위협 식별 및 정의하며, 적대적 활동에 대해 비례적이고 조정된 방식으로 대응한다. 세부 내용은 다음과 같다.

- 정부 중심 전략, 효과적인 작전 우주 통제능력과 탄력적인 궤도, 지상 및 사이버 인프라가 포함된 억제력과 대응 옵션이 필요
- 신뢰성은 단순히 능력에 국한되지 않고, 영국의 국제 동맹, 상업적 파트너십 및 영국의 우주 작전영역 운영 또한 포함
- 정확한 정보 제공 및 민첩한 의사결정 추진을 우주영역에 대한 포괄적 이해가 필요
- 궤도 기반 시설, 지상 우주 기반 시설, 전자기 스펙트럼 및 사이버 취약성을 포함하여 우주 시스템을 보호하는데 가장 혁신적인 솔루션을 사용
- 영국의 이익에 반하는 행동을 지속 감시하고 이에 대응해야 하며, 우주에 대한 혹은 우주로부터의 공격이 동맹의 안보에 대한 명백한 도전이며 북대서양 조약의 조항발동으로 이어질수 있다는 NATO의 인식을 환영
- 영국 우주 사령부를 통해 OLYMPIC DEFENDER 작전에 대한 기여 강화
- 우주영역에 대한 행동 규범 확립을 위해 동맹과 파트너십 활용 우주외교를 강화

다. 전략적 주제2. 군사작전의 강화

우주를 국방 산업의 모든 측면에 통합하여서 군사작전에 중요한 탄력적 우주 서비스 제공을 통해 다중 영역 통합 및 아키텍처 향상을 도모한다.

- 작전계획, 교리, 능력개발, 훈련 및 교육을 포함하여 다 영역 부서활동 전반에 우주역량 및 서비스를 통합
- 동맹국과 함께 데이터 및 정보를 처리, 접근, 분석하는 능력을 향상시키는 방법 모색
- 우주통제, 미사일 경고 및 우주에서의 통합작전을 가능하게 하는 플랫폼 개발
- PNT기능의 보호 및 탄력성과 관련하여 Five Eyes 커뮤니티와의 관계 지속 발전
- 스카이넷 위성통신을 개선 및 활용하여 2035년까지 프랑스, 이탈리아, 미국과 함께 NATO에 위성통신을 제공
- 영국이 자체 소형 위성 기술 개발을 위해 노력함에 따라 이 신흥시장에 대한 국방 이점을 탐색하고 잠재적 기회 고려

라. 전략적 주제3. 숙련 및 응집력

일관된 우주 정책 및 계획을 수립하고, 숙련된 인재채용과 끊임없는 교육을 통해 지속적인 우주 인력을 개발 및 유지한다.

- 영국 우주사령부는 3군의 인력으로 구성되었으며, 일관된 계획을 수립하고 작전적 수준에서 전술적 수준까지의 활동을 관리
- 영국 우주사령부 우선순위 다음과 같다. 국방임무, 해외 작전 및 우발 사태 작전을 지원하고, 우주 역량 개발 주도와 숙련된 국방 우주 인력 양성
- 국방우주 인력 양성을 위해 예비 우주 편대에 대한 가능성이 포함되며 영국 우주 운영센터에 소속된 민간 인력과의 파트너십 개발

3 우주 거버넌스

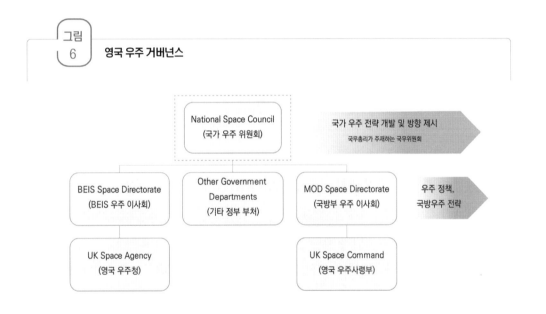

그림 6 영국 우주 거버넌스

① 국가 우주 위원회(National Space Council)

　2019년 영국 정부는 총리가 주재하는 국가우주위원회를 설립할 것을 발표하였으며, 12월 여왕의 연설에도 이러한 내용이 언급되었다. 2019년 12월 여왕의 연설에서 "정부 정책의 중심에 우주를 둘 것이며, 이는 영국의 우주 전략을 전달하는 데 도움이 될 것"이라고 말하며 정부가 국가 우주 위원회를 만들겠다는 의도를 밝혔다.[44] 국가 우주 위원회는 우주에 대한

---

44) Prime Minister's Office, The Queen's Speech 2019 – background briefing notes, 19

비전을 설정하고, 우주에 대한 정부 부처 간 통일된 전략적 방향을 제공하기 위해 2020년에 설립되었다.[45] 국가우주위원회의 설립은 유럽연합 탈퇴 이후 영국의 우주 산업을 강화하기 위한 일련의 조치들 중 하나였다.[46]

그러나 2022년 9월, 새로운 정부의 내각 위원회 목록에서 국가 우주 위원회는 제외되었다. 2022년 9월, 정부에 의해 발표된 내각 위원회 목록에서 국가 우주 위원회는 삭제되었다.[47] 이러한 결정에 대해서 일각에서는 우주 정책과 정부 전반에 걸친 전달에 대한 조정과 감독을 개선하려는 노력이 중요한 시기에 오히려 정부가 거꾸로 가고 있다는 우려를 제기하였다.[48]

② 영국 우주청(UK Space Agency)

영국은 1985년 영국 국립우주센터(BNSC, British National Space Center)가 전문기관으로 설립되어 국가 우주 활동 시 조정 역할을 수행하였다. 하지만 국가 우주 정책을 수행할 수 있는 권한이 없었으며 관련 예산을 편성할 수 없었다.[49] 이러한 이유로 기존의 BNSC를 대체하는 영국 우주청(UK Space Agency)이 2010년 3월 설립되었다.

영국우주청은 우주분야 국제관계에서 영국 정부를 대표하며, EU와 ESA 내에서 영국의 우주관련 활동을 관리할 책임이 있다.

우주청의 직원은 과학자, 기술자, 프로젝트 산업 관리자 등 우주정책 전문가로 구성되며

December 2019, p.108

45) *National Space Strategy* (HM Government, September 2021), 50.

46) Sylvia Pfeifer, "UK to set up National Space Council", *Financial Times*, June 5, 2019, https://www.ft.com/content/7f03dde6-86ec-11e9-97ea-05ac2431f453

47) Cabinet Office, List of Cabinet Committees, September 2022.

48) House of Commons Defence Committee, *"Defence Space: through adversity to the stars?"* (Third Report of Session 2022-23, 11 October 2022), 13.

49) 한국항공우주연구원, "영국의 우주개발 현황 2011", 한국항공우주연구원, 2011년 11월 24일, https://www.kari.re.kr/cop/bbs/BBSMSTR_000000000067/selectBoardArticle.do;jsessionid=B66C4813408215AD3878F8A25A0BE11C?nttId=1867&kind=&mno=sitemap_02&pageIndex=19&searchCnd=&searchWrd=

다음과 같은 업무를 수행한다.[50]

> • 우주 분야에 대한 투자를 촉진하고 계약을 창출하는 프로젝트를 지원
> • 대중의 요구를 충족시키고 우주에 대한 이해를 증진
> • 우주를 통해 사람들에게 영감을 주고, 보다 친환경적인 해결책을 제시하며 지속 가능한 미래를 지원

이 세 가지 임무를 달성하기 위해서 영국 우주청은 다음 8가지 우선순위에 사항에 역량을 집중한다. [51]

> • 발사: 영국 우주발사기지의 위성 발사 서비스 지원
> • 지속 가능성: 현재와 미래에 우주를 안전하고 접근 가능하게 유지하는 데 주도적 역할을 수행
> • 발견: 우주 과학 및 탐사 임무 지원
> • 혁신: 과감한 신기술에 투자
> • 수준 향상: 전국적으로 우주 투자와 일자리의 활성화
> • 지구 관측: 발견을 주도하고 기후 변화에 대처하기 위해 지구를 연구
> • 지구 저궤도: 일상생활에 필수적인 위성 서비스 제공
> • 영감: 우주 서비스 이용자, 투자자 및 다음 세대에게 영감 부여

 ## 3 영국 우주사령부

영국 우주사령부는 국방부의 우주전략을 실현하는 조직으로서 2021년에 창설되었다. 영국 우주사령부는 전군 합동 인원으로 구성되어 일관성 있는 계획을 수립하고 작전에서 전술 수준까지의 활동을 관리한다.

---

50) UK Space Agency, "About us-UK SPACE AGENCY", GOV.UK, 30 March 2023,
    https://www.gov.uk/government/organisations/uk-space-agency/about
51) UK Space Agency, "About us-UK SPACE AGENCY", GOV.UK, 30 March 2023,
    https://www.gov.uk/government/organisations/uk-space-agency/about

영국 우주사령부의 우선순위는 우주기술의 신속한 획득 및 숙련된 국방 우주 인력을 창출하는 것이며 우주 작전을 지휘 통제한다.[52]

우주사령부는 우주를 해양, 육지, 공중 및 사이버전 영역에서 수행되는 연습과 훈련에 효과적으로 통합시킬 예정이다. 또한 영국의 우주산업 잠재력을 최대한 발휘할 수 있도록 우주사령부 산하 우주 작전센터(SpOC)는 민간 우주 산업부분과 다양한 협력 관계를 맺고 있다.

4 유럽 우주기구(ESA)와 영국

영국은 유럽우주기구를 통해 영국 정부의 우주에 대한 주요 목표를 달성하고 있다. 영국의 우주에 대한 공공 투자의 상당 부분이 ESA를 통해 이루어지며 영국 우주청의 연간 예산의 약 75%가 매년 ESA에 할당된다.[53]

2019년 11월 ESA 각료이사회에서 합의된 현재 5년 투자 기간 내에 영국의 연간 분담금은 420~450만 유로로 ESA 연간 예산의 약 10%에 해당한다. 영국은 현재 프랑스, 독일, 이탈리아와 함께 ESA의 4대 분담국 중 하나이다.

영국은 2020년 1월부터 2024년 12월까지 5년동안 2,114만 유로의 부담금을 ESA에 지불하였다.[54] 예산의 90%는 과학, 지구 관측, 통신 및 통합 활용 및 유무인 탐사에 할당된다. 2020년부터 2022년까지 총 392만 유로에 달하는 ESA의 계약이 영국 내 255개 기관과 체결되었고, 이 계약액은 5년간 영국 ESA분담금의 19%에 해당한다. 계약의 88%가 산업체와 체결된 계약이며 6개 기업이 이 계약의 50%를 차지하는데 이는 영국 우주산업의 집중적인 구조를 반영한다.[55]

---

52) Ministry of Defence, Defence Space Strategy: Operationalising the Space Domain, Fevruary 2022.
53) Technopolis, know.space, Cambridge Econometrics, Science－Metrix, "Impact evaluation of UK investment in ESA", (Technopolis 등, April 2022)
54) Resolution on the Scientific Programme and the Basic Activities for Space19＋ Level of Resources for 2020 － 2024, ESA/C－M/CCLXXXVI/Res.2, 28 November 2019
55) Technopolis, know.space, Cambridge Econometrics, Science－Metrix, "Impact evaluation of UK investment in ESA", (Technopolis 등, April 2022)

그림
7

ESA 예산 운영 구조

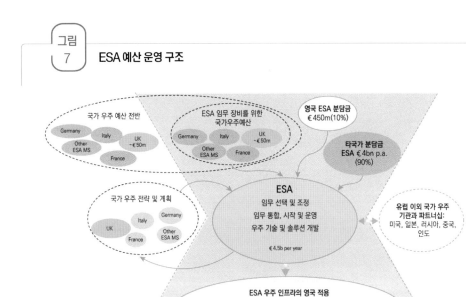

그림
8

영국의 연간 ESA 분담금(좌), 2020년-2024년 ESA 프로그램(우)

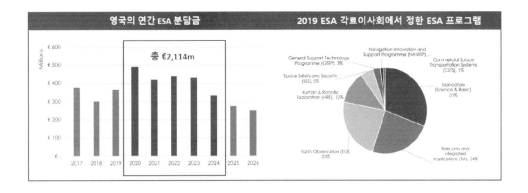

분야별 우주기술

1 인공위성

① 통신위성

가. OneWeb

OneWeb은 저궤도 위성 여러 대를 이용해 우주공간에 전 지구적인 초고속 인터넷 망을 구축하고 있는 글로벌 통신 회사이다. 글로벌 우주 인터넷 위성 시스템의 특징은 지구의 어느 곳에서나 사각지대 없이, 빠르고 끊김이 없는 서비스를 제공한다는 점이다.[56] 2019년 2월 27일 OneWeb은 처음으로 6개의 위성을 남미 프랑스령 기아나에서 발사함으로써 저궤도 위성이 사용하는 KU−Band에 대한 우선권을 확보했다.[57]

그러나 이듬해인 2020년 3월 OneWeb은 최대 투자자인 Softbank가 자금 투자를 거부하자 파산 보호를 신청하였다.[58] 이에 2020년 7월 영국 정부는 인도 통신회사인 Bharti Global Ltd와 함께 OneWeb 인수를 위한 입찰을 주도했다. 영국 정부는 OneWeb인수를 통해 전 세계 국가에 향상된 광대역 서비스를 제공할 수 있는 글로벌 위성 구축을 할 수 있고, 주권 글로벌 위성 시스템을 통해 영국의 우주 능력이 추가로 신장되어 첨단 제조기반이 더욱

---

56) 조윤성, 오대섭. (2022). "글로벌 우주 인터넷 위성 시스템 현황 분석", 한국통신학회 학술대회논문집.
57) OneWeb, OneWeb Secures Global Spectrum Further Enabling Global Connectivity Services, 7 August 2019.
58) Space News, OneWeb files for Chapter 11 bankruptcy, 27 March 2020.

발전될 것이라고 설명했다.[59]

OneWeb은 2023년 5월 20일 19번째 발사를 통해 634개의 저궤도 위성을 배치하여 향상된 복원력과 중복성을 제공할 수 있게 되었다.[60] OneWeb은 지구를 18개의 polar plane으로 분할하여, 총 720개의 위성을 사용할 예정이다. 1,200km 고도에 위치하며, 약 75,000㎢이다. Space X와 마찬가지로 사용자 링크에는 ku−band를, gateway link에는 ka−band를 사용한다. 반면 위성 간 링크를 지원하지 않으며, 수신 받은 신호를 중계해 전달하기만 하는 bent pipe 구조를 갖고 있다.[61]

한편, 한국기업인 한화시스템은 2021년 8월 원웹에 3억 달러를 투자하여, 위성제작·저궤도 위성 통신 서비스 협업 등을 통해 우주 인터넷 시장 진입을 모색중이다.

나. Inmarsat

Inmarsat은 1979년 국제해사기구(IMO)가 해상에서의 생명을 보호하기 위한 위성통신망을 개발하기 위해 설립한 회사로, 글로벌 안전 통신을 위한 전 세계 해양조난안전시스템(GMDSS, Global Maritime Distress and Safety System) 및 국제민간항공기구(ICAO, International Civil Aviation Organization)의 요구 사항을 충족한 최초의 위성 운영업체이다.[62] Inmarsat은 본사를 런던에 둔 영국의 대표적인 통신 서비스 사업자로 35,786km의 정지궤도에서 15개의 위성을 운영하고 있다.

1) The Inmarsat-6(I-6)

영국에서 제작되어 툴루즈에서 Airbus Defence and Space가 조립한 I−6 위성은 지금까지 발사된 세계에서 가장 기술적으로 진보된 상업용 통신위성으로 정부 및 사물인터넷 고객을 위한 통신 네트워크를 제공한다. 또한 L−Band(ELERA) 협대역과 Ka−Band(Global

---

59) HM Government, UK government to acquire cutting−edge satellite network, 3 July 2020.
60) OneWeb, OneWeb confirms successful deployment of 16 satellites including next−generation JoeySat, 20 May 2023.
61) 조윤성, 오대섭. (2022). 글로벌 우주 인터넷 위성 시스템 현황 분석. 한국통신학회 학술대회논문집.
62) Inmarsat, "who we are", https://www.inmarsat.com/en/about/who−we−are.html

Xpress) 고속 광대역 통신 탑재체를 모두 갖춘 최초의 하이브리드 위성이기도 하다.

I−6의 첫 번째 위성 F1은 2021년 12월 22일 JAXA 다네가시마 우주 센터에서 H−IIA F45 발사체에 탑재되어 발사되었고, 두 번째 위성인 F2는 2023년 2월 17일 플로리다주 케이브 커네버럴 우주군 기지에서 스페이스X 팰컨 9 로켓에 실려 발사되었다.

2) Inmarsat ELERA

Inmarsat ELERA는 L−Band 위성 네트워크로서 광대역 글로벌 네트워크(BGAN) 및 사물 인터넷 서비스를 제공한다. 해상 조난 및 안전 시스템의 초석이자 국제 민간 항공 기구의 승인을 받은 안전 서비스로 커버리지를 바다, 하늘, 시골 및 외딴 지역으로 확장하여 선박과 항공기의 운행을 보호한다.

그림 9 **Inmarsat ELERA Coverage(I-4위성)**

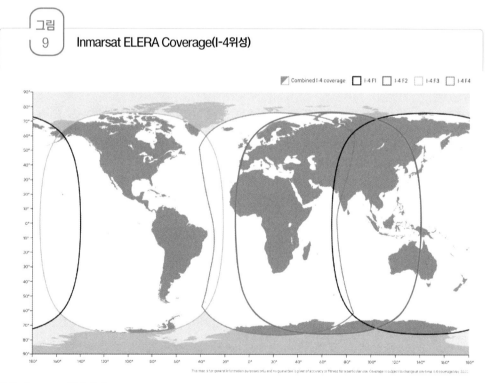

출처: Inmarsat 홈페이지

Inmarsat－4$(I-4)$ 위성군은 세계 최초의 글로벌 3G 모바일 네트워크를 구축하였다. 2005년에서 2008년 사이에 발사된 최초의 3대의 I－4는 영국, 프랑스, 독일, 미국 및 캐나다의 국제협력으로 제작되었다. 각각의 위성이 최대 19개의 광폭 빔과 200개 이상의 좁은 스폿 빔을 생성할 수 있는 I－4는 전 세계 어디에서나 고속 네트워크를 제공한다. 2013년에 Inmarsat은 I－4 위성군을 보완하기 위해 Alphasat을 발사하여 유럽, 중동 및 아프리카 전역에 서비스를 제공하고 더 넓은 대역대 L－밴드 및 더 많은 이동통신 채널 등 새로운 기능을 추가하였다.

2 지구관측(EO: Earth observation)

지구관측 데이터는 기상 예측, 기후 변화 모니터링, 재해 위험 감소, 천연 자원 모니터링 및 국경 보안과 같은 다양한 응용 분야에 사용되며 영국에서 GDP의 1,000억 파운드(4.7%)를 차지하는 것으로 추정된다. 영국은 지구관측 기술 및 데이터 분석 분야를 선도하며 유럽에서 가장 많은 100개 이상의 관련 기업이 활동하고 있다.

가. 코페르니쿠스(Copernicus) 프로그램

코페르니쿠스는 유럽 연합의 공적 자금 지원을 받는 EO 프로그램으로, EU에 "고품질 환경 모니터링, 비상 관리 및 국경 및 해양 보안 지원에 대한 자율성과 리더십"을 제공하는 것을 목표로 한다.[63]

프로그램은 지구관측 데이터를 시민, 기업 및 정책 입안자를 포함한 전 세계의 다양한 이해 관계자에게 무상으로 제공한다. EU는 2014년부터 2020년까지 코페르니쿠스에 43억 유로를 투자했으며,[64] 유럽 이사회는 2021년부터 2027년까지 이 프로그램에 54억 유로를 추

---

63) European Commission, EU budget: A €16 billion Space Program to boost EU space leadership beyond 2020, 6 June 2018
64) ESA, Copernicus operations secured until 2021, 28 October 2014

가로 지출하기로 합의하였다.

코페르니쿠스 계획은 6개의 센티넬 위성으로 구성되어 있는데, 각각의 임무는 지구 표면의 공간적 범위를 증가시키고 대기의 구성, 대기의 질, 해수면과 같은 다른 환경적 요인들을 측정하는 한 쌍의 위성을 발사한다. 이 위성들의 데이터는 옥스퍼드셔의 하웰에 위치한 지역 지상국에 의해 수신된다.[65] 지금까지 8개의 위성이 발사되었고 센티넬 임무의 일환으로 추가 발사가 계획되어 있다.

영국은 센티넬 위성을 위한 기구를 만들고 데이터 배포 및 처리를 수행함으로써 코페르니쿠스 프로그램에 기여했다. ESA의 사무총장인 Josef Ashbacher 박사는 영국이 "코페르니쿠스에서 매우 활동적인 회원"이라고 말했다.[66] 영국은 2021년부터 2027년까지 코페르니쿠스에 참여하기로 합의했고, 프로그램에 대한 기여를 위해 7억 5천만 유로(2021~2027년 프로그램 총 소요 자금의 약 10%)를 책정했다.

나. TRUTHS 미션

> 그림
> 10
>
> TRUTHS 위성(2030년 초 발사 예정)

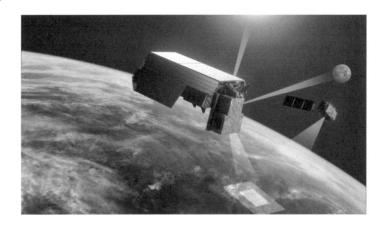

출처: ESA 홈페이지

---

65) ESA, UK joins Sentinel Collaborative Ground Segment, 19 March 2015.
66) Science and Technology Committee, UK space strategy and UK satellite infrastructure, Second Report of Session 2022-23, 26 October 2022.

TRUTHS(Traceable Radiometry Underpinning Terrestrial and Helio Studies), ESA의 Earth Observation Earth Watch 프로그램으로 영국에서 제안하여 ESA의 다른 국가들과 협업하여 개발하고 있으며 Airbus UK가 주도하여 참여한다.

이 임무는 태양 복사의 측정 값을 수집하여 기후 데이터를 개선하고 다른 위성의 관측정보를 보정하는 데 사용된다. 이를 위해 TRUTHS 위성은 극저온 태양 절대 복사계와 초분광 이미징 분광계, 그리고 새로운 온보드 보정 시스템이라는 두 가지 주요 장비를 탑재한다.

Airbus UK는 ESA와 TRUTHS 위성임무 계약을 체결하고 '시스템 타당성 및 사전 개발'을 담당하고, 기후 및 보정 관측 시스템을 구축한다.

임페리얼 칼리지 런던의 헬렌 브린들리 교수를 비롯한 TRUTHS의 전문가들은 TRUTHS가 "전례 없는 방사성 측정 능력과 기후 불확실에 대한 추적 능력으로 기후 변화 연구를 향상시키는 혁신적인 임무이다"라고 말했다.

2 우주발사체

① 발사기지 개발

지난 10년간 위성의 발사 비용이 상당히 감소하였으며 영국이 저궤도 소형위성을 발사하기에 지리적으로 유리한 위치에 있기 때문에, 영국 정부는 영국의 발사역량 구축을 위한 개발에 승인하였다.[67] 정부의 우주 비행 프로그램인 Launch UK는 영국이 유럽에서 첫 위성 발사의 본거지가 될 수 있도록 상업용 수직 및 수평 소형 위성 발사장을 설립하는 것을 목표로 한다. 원래 2018년 7월에 시작된 이 프로그램은 콘월의 뉴키에서 스코틀랜드의 셰틀랜드에 이르기까지 영국 전역의 7개의 잠재적인 우주 발사기지 위치를 제시했다. 그림 11과 같이 7개의 우주 발사기지가 제안되었고, 2023 – 24년에는 다음에 설명할 3개의 우주 기지가 운영될 것으로 예상된다.

---

67) UK Government, How we are promoting spaceflight from the UK, 1 October 2020

그림 11
영국 우주발사기지 위치

가. Spaceport Cornwall

위치	Cornwall Airport Newquay, Cornwall
발사종류	수평 발사
궤도경사	태양동기궤도, 극궤도
탑재체 한도	300kg(저궤도)
운영시기	2023년
계획된 발사	– Virgin Orbit LauncherOne Rocket (Cosmic Girl carrier aircraft) – MoU with Sierra Space for Dream Chaser
시설	– Cornwall Airport Newquay – Space Systems Integration Facility – Space Systems Operations Facility – R&D Facility – Rocket and propulsion test facility – Hangarage – Fuel handling – Mission control

나. SaxaVord UK Spaceport

위치	Lamba Ness, Unst, Shetland Islands
발사종류	수직 발사
궤도경사	태양동기궤도, 극궤도
탑재체 한도	최대 1,000kg
운영시기	2023년
시설	– Launch site – Integration hangars (launch vehicle and payload) – Fuel storage facilities – Pyrotechnic storage – Launch control centre – Range control centre – Off-site offices – Transmit and receive ground station 5M SX and KA bands – Data range – Space situational awareness

다. Space Hub Sutherland

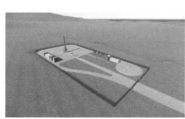

위치	A' Mhòine peninsula, Sutherland, Scotland
발사종류	수직 발사
궤도경사	태양동기궤도, 극궤도
탑재체 한도	500kg 이하
운영시기	2024년
계획된 발사	Orbex Prime
시설	– Launch control centre – Launch integration and assembly facility – Antenna farm – Launch pad with commodity farm

영국의 3개의 우주 발사기지는 다양한 발사 제공업체와 파트너 관계를 맺었다. Virgin Orbit[68]은 Spaceport Cornwall의 주요 발사 파트너이다. Virgin Orbit의 소형 위성 발사 시스템은 로켓(Launcher One)을 운반하는 개조된 Boeing 747(Cosmic Girl)이다.[69] Lockheed Martin은 SaxaVord spaceport에서 발사를 앞두고 있으며, Sutherland Spaceport는 영국에 기반을 둔 발사체 회사인 Orbex와 파트너십을 맺었다.

② Orbex Prime

Orbex Prime 로켓은 소형 로켓 발사체로서 구식 탄화수소에 비해 탄소 배출량을 90%까지 줄이는 재생 가능한 바이오 프로판 연료를 사용한다. 또한 비활성 질량을 약 30% 절약하여 효율성을 증가시키는 새로운 구조로, 3D 프린팅으로 부품을 제작하고 재사용이 가능하도록 설계 되었다.[70]

특히 Orbex Prime 로켓은 처음부터 지구나 지구 대기에 파편을 남기지 않도록 설계되어 우주 쓰레기를 만들지 않는다. Orbex Prime의 발사기지인 Sutherland Spaceport 또한 구성 및 운영 측면에서 모두 탄소 중립적으로 설계되었다. Sutherland Spaceport는 위성을 궤도에 배치하기 위해 연간 최대 12개의 로켓을 발사할 예정이다.

---

68) 2023년 1월 콘월에서 시도한 발사의 실해 이후 Virgin orbit은 심각한 경영난에 빠졌고, 2023년 4월 4일 미정부에 파산보호를 신청하였다.
69) Virgin Orbit, Technology, 15 March 2022.
70) Orbex Space, "Orbex Prime", https://orbex.space/launch−vehicled

구분	Orbex Prime
길이	19m
지름	1.45m
탑재체 무게	189kg
연료	Bio LPG
스테이지 수	2
엔진 수	7

③ LauncherOne

미국에 기반을 둔 Virgin Orbit의 LauncherOne 로켓은 캘리포니아 롱비치에서 설계 및 제조되었으며 개조된 보잉 747 항공기에서 공중발사한다. 2023년 1월 9일 Virgin Orbit이 개조한 보잉 747 항공기인 "Cosmic Girl"은 콘월 우주발사기지에서 영국땅에서의 첫 이륙 및 궤도발사를 시도하였지만 상단 엔진 문제로 인해 궤도에 도달하지 못했다.

Virgin Orbit은 지속적인 경영난으로 인해 결국 파산 매각계획이 2023년 5월 미국에서 승인됨에 따라 회사에 시설 및 자산은 매각절차를 밟게 되었다.[71]

한편, 영국의 과학, 혁신 및 기술부 장관은 Virgin Orbit의 인수 계획은 없음을 밝혔다.[72] 콘월 우주 발사기지는 주력 고객의 파산 이후 더 많은 기업을 유치하기 위해 노력하고 있다.

---

71) Peter Hoskins, "Virgin Orbit: Branson's rocket dream ends after mission failure", BBC News, 24 May 2023, https://www.bbc.com/news/business−65692302
72) Jeff Foust, "U.K. government won't buy Virgin Orbit", 18 May, 2023, SPACENEWS, https://spacenews.com/u−k−government−wont−buy−virgin−orbit/

3 우주탐사

① Lunar Gateway

영국의 Thales Alenia Space UK는 Gateway에 미래의 달 탐사선을 지원할 연료 재급유 모듈을 제공할 계획이다.

② Lunar pathfinder

2024년 발사 예정인 Lunar pathfinder는 세계 최초의 달 전용 통신 중계 위성이다. Lunar pathfinder는 Surrey Satellite Technology Ltd(SSTL)가 설계한 인공위성으로 달 궤도선, 로버 등에 통신 서비스를 제공한다. 해당 미션은 급증하는 달 미션의 수요와 달 뒷면에 대한 과학계의 상세한 연구 및 분석을 할 것이다.

Lunar pathfinder는 ESA를 통해 영국 우주청 자금 지원을 받는다. 영국 회사인 QinetiQ는 그들의 화성 통신 경험을 기반으로 Lunar pathfinder를 위한 Moon−Link 탑재체를 설계하고 제작하고 있다. 지상부분에서는 영국의 콘월지역에 위치한 군힐리 지상국(Goonhilly Earth Station)의 심우주 안테나가 사용될 예정이다.

4 기타

① 우주상황인식(SSA: Space Situational Awareness/SDA: Space Domain Awareness)

ESA의 Space Debris Office는 정기적으로 29,860개의 파편을 추적 중이다.[73] ESA는 "지구 궤도를 도는 물체, 우주 환경 및 우주에서 오는 위협에 대한 완전하고 정확한 정보를 유럽과 그 시민에게 제공"하는 것을 목표로 자체 SSA/SDA 프로그램을 가지고 있다. 영국 또한 SSA/SDA 시스템의 중요성을 인정하고 있으며 UKSA는 최근 "Monitor Your Satellites" 파일럿 서비스를 시작하였다. 국가 우주 전략 발표 이후 2022년 2월 1일에 발표된 영국 국방 우주 전략(The UK Defense Space Strategy)은 또한 SSA/SDA를 일곱 가지 우선 방어순위 중 하나로 나열하였다. 국방우주 전략에 따르면 향후 10년동안 8,500만 파운드 이상을 투자하여 국방 SDA 프로그램을 강화할 예정이다. 국방 SDA 프로그램이 UKSA가 이끄는 민간 우주 감시 및 추적 프로그램과 함께 작동하면 민간, 상업 및 기밀 분야에서 가능한 최상의 데이터 분석을 할 수 있을 것으로 예상한다.[74]

---

73) European Space Agency, Space debris by the numbers, 3 March 2022.29,860개의 우주쓰레기는 2022년 3월 기준 집계이다.
74) Ministry of Defence, Defence Space Strategy, 1 February 2022, p.30

② 우주쓰레기 제거

영국의 우주산업이 우주쓰레기를 제거하는데 필요한 기술 개발을 주도하고 있다. 영국의 우주개발 3개 기업(D-Orbit, Astroscale, ClearSpace)은 UKSA의 재정지원을 받으며 우주쓰레기 제거 기술을 개발하고 있으며, 또한 Astroscale은 우주 충돌이 언제 일어날지 정확하게 예측하는 기술을 개발하기 위해 ESA로부터 80만 유로를 받았다.[75] 2022년 6월 23일에 발표된 정부의 새로운 우주 지속 가능성 조치에서 정부는 "지속 가능한 관행, 투자를 장려"한다고 발표했다. 이에 따라 정부의 우주쓰레기 능동제거(ADR, Active Debris Removal) 프로그램에도 500만 파운드가 확정되었다.[76]

---

75) Astroscale, Astroscale Awarded 800K Euro ESA Contract to Boost Collision Avoidance Maneuver Capability on Congested Orbital Highways, 10 March 2022.
76) UK Space Agency, UK builds leadership in space debris removal and in-orbit manufacturing with national mission and funding boost, 26 September 2022.

Chapter

04

결론

1950년대 영국의 항공 및 유도무기 산업은 우주라는 새로운 영역을 도전하기에 좋은 역량을 이미 갖추고 있었다. 이후 우주분야에서 영국의 우수한 우주 과학자들과 엔지니어들은 혁신과 우수성을 유지하였다. 또한 국제적인 프로그램에 참여했고 세 개의 유럽 우주 기관(ELDO, ESRO, ESA)의 설립에 주도적인 역할을 했다. 그러나 이 모든 활동들을 주도적으로 주관해야 할 정부기관 및 정책은 부재하였다. 1985년에 뒤늦게 설립된 국가우주센터는 우주 관련 결정적인 정책조정 역할을 할 권한이 부족했다.

유럽의 우주 프로그램이 발전함에 따라, 영국의 우주산업은 점차 유럽의 우주 산업의 영향권 아래 있게 되었다. ESA 내에서 각각의 국가 우선 순위가 설정됨에 따라 주요 영국 기업들은 잠재적으로 수익성이 높은 통신 위성 사업에 집중했다.

2023년 1월 콘월 우주발사기지의 첫 로켓발사는 비록 실패로 돌아갔지만, 영국에서 소형 위성을 발사하는 것은 우주산업 활력의 촉매제가 될 것이며, 머지않아 영국은 오랫동안 기다려온 독자적인 발사 능력을 갖추게 될 것이다.

여전히 영국의 우주산업 전망은 밝으며, 영국의 민간 산업, 학계, 군 및 정부는 이를 위해 협력하고 있다. UKSA는 현재 저궤도 근접 임무(궤도 내 서비스 및 우주쓰레기 잔해 제거 포함)와 지구 관측 데이터 배포 등의 관련 산업에 주도적인 정책을 시행하고 있다. 또한 이러한 산업이 활성화 될 수 있도록 절차의 합리화를 포함해 대규모 저궤도 위성의 규제에 관한 요건도 지속 평가 중이다.

기술적, 산업적, 과학적 결과를 고려한다면, 영국의 우주활동은 높은 수준의 성과를 기록했으며, 특히 우주관련 국내법 제정 등을 통해 국제적으로도 높은 수준의 우주 규제 및 허가 제도를 가지고 있다.

그럼에도 불구하고, 영국은 다른 주변 국가에 비해 우주 활동의 성과가 미흡하다는 인식이 자리잡고 있는 국가이다. 이러한 인식의 이유에 PNT시스템에 대한 주권적 접근 권한이 없는 유일한 유엔 안보리 상임이사국이라는 점과 독자적인 발사능력의 부재 등이 있지만, 보다 근본적인 이유는 국가의 우주 정책 일관성 부족 및 우주 거버넌스 조직 등 정책적인 측면에서 찾을 수 있다. 2024년 우리나라 첫 우주전담부처인 우주항공청을 설립한 대한민국 또한 영국의 우주거버넌스 설립과정을 타산지석 삼아 국가 우주 정책의 청사진을 그릴 필요가 있겠다.

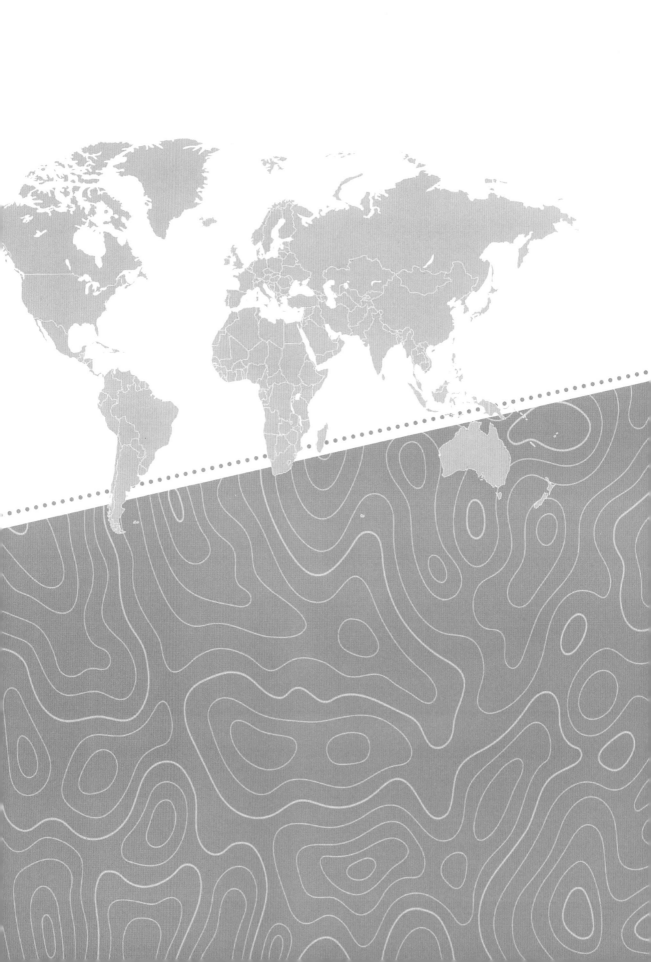

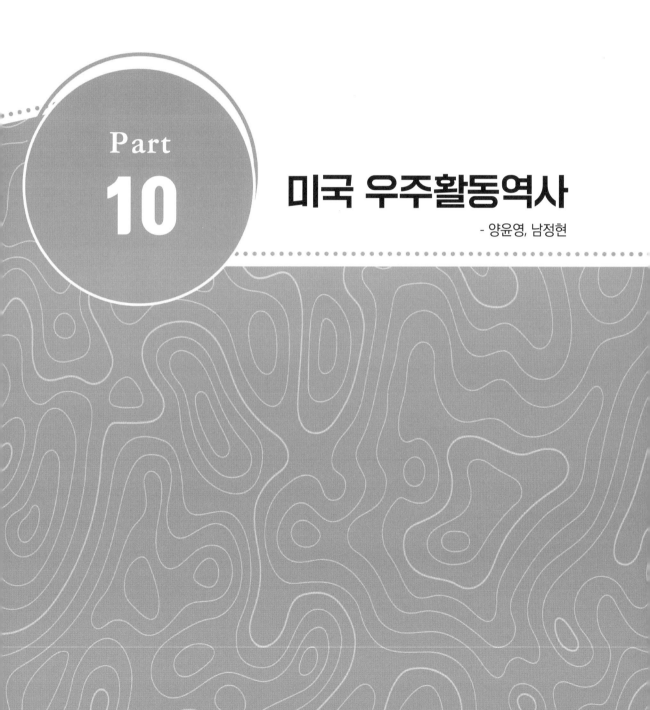

Part

10

미국 우주활동역사

- 양윤영, 남정현

Chapter 01

서론

미국은 1920년대 로켓에 대한 연구와 인류의 본격적인 우주의 탐사 및 이용을 시작한 1950년대 후반부터 현대에 이르기까지 우주와 관련하여 가장 많은 연구를 실시한 나라로, 우주 분야의 선진국이자 강대국으로서 우주에서의 우월적 지위를 이어왔다. 미국은 제2차 세계대전 이후 베르너 폰 브라운(Wernher von Braun) 박사 팀을 통해 독일 V－2 로켓을 연구하며 기술력을 확보하고 1957년에 미국항공우주국(NASA)을 설립한 후 우주 분야에서의 개발 및 연구를 본격적으로 시작하였다. 미국은 소련과 우주 경쟁을 하며 우주 관련 정책 및 제도적인 연구를 병행하였고 미국 내는 물론 UN을 통한 국제적인 차원에서의 우주 분야 논의를 지속적으로 이끌어 왔다. 미국과 소련의 우주경쟁은 소련이 1957년 인류 최초의 인공위성 Sputnik 1의 발사에 성공하며 미국을 앞서가는 모습을 보였으나, 미국이 1969년 Apollo 11의 인류 최초 달 착륙에 성공하면서부터 소련을 앞서나가기 시작하였다. 이후 냉전이 심화되며 미국은 국가 분야의 우선순위 변화로 인해 NASA의 예산 삭감 등을 겪으며 우주 분야에 대한 연구를 지속하는 데 있어 어려움을 겪기도 하였지만, 지속적인 연구가 가능한 분야를 비롯하여 소련과의 국제협력 방안을 모색하였다. 2000년대 이후, 미국은 우주 분야의 정책 및 법률, 제도 등의 정비를 더 활발히 실시하며 우주의 중요성 증대에 따른 우주활동국의 증가를 비롯한 다양한 문제들에 대해 미국의 영향력을 유지하기 위한 노력을 지속해왔다.

Chapter
02

우주활동역사

1 우주개발사

여기서는 미국 우주 개발의 역사를 NASA가 설립된 1958년을 기준으로 전과 후로, 미국의 아르테미스(Artemis) 프로그램이 등장한 2017년을 기준으로 전과 후로 분류하여 설명한다.

① 제1기(~ 1957)

20세기 초부터 미국, 독일, 소련에서는 로켓과 관련한 이론적 연구가 시작되었다. 우주와 관련한 다양한 실험과 기술개발이 진행되며 우주로 먼저 나아가기 위한 국가 간 경쟁이 치열하였고, 로켓과 미사일 기술 수준은 제2차 세계대전을 지나며 급성장하였다. 국제지구물리관측년 기간이었던 1957년 10월 4일, 소련이 인류 최초의 인공위성인 스푸트니크 1을 발사하면서 미국과 소련의 본격적인 우주 경쟁이 시작되었다.

가. 로켓 연구

미국에서는 20세기 초부터 Clark 대학교 교수이자 물리학자였던 로버트 고다드(Robert H. Goddard)[1] 박사가 로켓에 관한 이론적 연구를 시작하였으며, 고다드 박사는 1915년에 로

---

1) 세계 최초로 액체 연료 로켓을 개발하고 만든 미국의 엔지니어, 교수, 물리학자이자 발명가로 '현대 로켓의 아버지'로 불린다. 1919년 "A Method of Reaching Extreme Altitudes"를 저술하였다. 당시 고다드 박사를 비롯하여 소련의 콘스탄틴 치올코프스키(Konstantin Tsiolkovsky), 독일의 헤르만 오베르트(Hermann Oberth) 3명이 20세기 초 로켓 연구의 선구자로 알려져 있다. 후에 그

켓이 비행하기 위해서는 공기를 밀어낼 필요가 없어 진공상태에서도 비행이 가능할 것이라는 이론을 제시하였다. 이것은 로켓 엔진이 우주에서도 추력을 생성할 수 있음을 의미하는 것이었고,[2] 고다드 박사는 연구한 이론을 실제 실험으로 연결지어 1926년 3월 16일 매사추세츠(Massachusetts)주의 어번(Auburn)에서 세계 최초로 액체 연료 로켓을 발사하고 2.5초 동안 96km/h의 속력으로 거리 56m, 고도 12.5m의 비행에 성공하며 우주비행의 시대를 열었다.[3]

> **그림 1** 로버트 고다드 박사와 1926년 3월 16일에 매사추세츠주 어번에서 발사된 액체 산소-가솔린 로켓

출처: NASA, "Dr. Robert H. Goddard"

당시 고다드 박사의 팀은 정부의 투자 없이 민간 투자를 받아 기금을 운용하며 연구개발을 하였는데, 이 팀은 1929년에 또 다른 버전의 로켓을 발사하는 데 성공하였고 1930년에 뉴

의 이름을 딴 고다드(Goddard) 우주비행센터가 메릴랜드(Maryland)주에 만들어졌다.
2) David P. Stern, 26. Robert Goddard and his Rockets, IV. Spaceflight, "From Stargazers to Starships"(1998), NASA (January 14, 2005)
3) Burton Ernie Catledge & Jeremy Powell, AU−18 Space Primer(Air University Press, 2009), pp.1−28

멕시코(New Mexico)주의 로즈웰(Roswell)로 실험실을 옮긴 후, 1941년까지 34개의 로켓 발사에 성공하였다.[4]

1926년에 칼텍(Caltech: California Institute of Technology)에 설립된 구겐하임 항공연구소(GALCIT: Guggenheim Aeronautical Laboratory)[5]는 초기 항공 관련 분야를 연구하는 곳이었으나, 1930년대부터는 당시 칼텍의 항공학 교수였던 테오도르 폰 카르만(Theodore von Karman) 박사[6]의 지도를 통하여 대학원생 프랭크 말리나(Frank Malina)를 비롯한 팀은 로켓 분야의 연구를 시작하게 되었다.

1930년 4월 4일, 당시 SF 잡지사 'Science Wonder Stories'의 편집장이었던 데이비드 래서(David Lasser)는 조지 펜드레이(G. Edward Pendray)를 비롯한 몇몇 작가들과 미국 행성간협회(AIS: The American Interplanetary Society)를 창설하였다. 이들은 로켓 엔진의 지상 테스트에 집중하여 로켓 연구를 수행하였고, 1933년 5월 14일 뉴저지(New Jersey)주에서 처음으로 로켓 시험 발사에 성공하였다. AIS는 1934년 4월 6일 미국 로켓협회(ARS: The American Rocket Society)로 명칭이 변경되었으며,[7] 1930년대 미국의 로켓 연구를 수행하였다.[8]

1936년, GALCIT 연구팀은 캘리포니아(California)주의 파사데나(Pasadena) 외곽의 아로요세코(Arroyo Seco)로 연구실을 옮긴 후 액체 추진 로켓의 설계 및 실험을 시작하였고, 1939년에는 미 육군의 자금을 지원받아 로켓 엔진 개발 연구를 수행하는 JATO 프로젝트[9]를 비롯하여 제2차 세계대전 중에는 무거운 항공기의 이륙 지원을 위한 고체 및 액체 추진 장치를 개발하는 등 고고도 로켓 연구를 진행하였다.[10] 1943년, 미 육군은 폰 카르만 팀에게 연합군

---

4) G. Edward Pendray, "Pioneer Rocket Development in the United States", Technology and Culture, Vol. 4, No. 4(1963), pp.384−392; Robert H. Goddard Library, "1925−1930 Liquid−Propellant Rockets Fly", Robert H. Goddard Papers, pp.581−582

5) 칼텍의 연구기관으로 GALCIT은 최초이자 1936년부터 1940년까지의 유일한 대학교 기반 로켓 연구센터였다.

6) 헝가리계 미국인으로 수학자, 항공우주 엔지니어, 물리학자, 칼텍의 항공학 교수이자 초음속 및 극초음속 공기 흐름을 특징짓는 공기 역학의 중요한 발전을 담당한 20세기의 뛰어난 공기 역학 이론가. 지구 대기와 우주의 경계를 획정하는 카르만 선(Kármán Line)을 주장한 사람이다.

7) 이후 1963년에 Institute of the Aerospace Sciences와 병합되어 American Institute of Aeronautics and Astronautics가 된다.

8) Frank H. Winter, Prelude to the space age: the rocket societies, 1924−1940, (Smithsonian Institution Press, 1983), pp.73−82

9) 미 육군을 위한 JPL의 첫 번째 프로젝트로 'Jet−Assisted Take−Off'의 약자

10) Bill Keeter, "History of Jet Propulsion Laboratory", Last Updated: Aug 4, 2017

정보부가 발견한 독일의 V−2 프로그램에 대한 기술적 분석을 요청하자 그의 연구팀은 영국을 폭격한 V−2 미사일을 이해하고 이를 복제 및 개선하기 위한 연구 프로젝트를 제안하면서,[11] 연구소의 이름을 '제트추진연구소(JPL: Jet Propulsion Laboratory)[12]'로 명명하였다.[13] 이후 JPL이 로켓 관련 연구 등을 집중적으로 수행했다.[14]

제2차 세계대전 말 독일의 V−2 로켓 개발팀을 이끌었던 베르너 폰 브라운(Wernher von Braun)[15]박사는 독일의 패색이 짙어지자 1945년 5월 2일 오스트리아에서 주요 동료들과 함께 미국에 항복하였다.[16] 미 육군은 그를 뉴멕시코주에 있는 화이트샌즈(White Sands) 미사일 발사장[17]에서 V−2 로켓 발사 및 연구를 주도하게 하였다. 이후 1950년에 한국전쟁이 발발하자 폰 브라운 박사와 그의 팀은 앨라배마(Alabama)주의 헌츠빌(Huntsville) 인근 레드스톤 아스날(Redstone Arsenal)로 이전되어 미 육군 탄도미사일국(ABMA: Army Ballistic Missile Agency)[18]에서 로켓 연구를 담당하였으며,[19] 폰 브라운 박사는 미 육군으로부터 맡게 된 첫 번째 주요 프로젝트인 레드스톤(Redstone)[20]을 통해 주피터(Jupiter) C,[21] 주노(Juno), 새턴

https://www.nasa.gov/offices/history/center_history/jet_propulsion_laboratory
11) History JPL's beginnings, NASA JPL. https://www.jpl.nasa.gov/who−we−are/history
12) 1944년 미 육군의 자금 지원을 받아 로켓에 대한 연구를 하였으며, 1944년 미 육군실험용 미사일 Private A의 첫 시험을 비롯하여 미국 최초의 인공위성인 Explorer 1을 제작하였다. NASA 설립 후에는 NASA에 의해 운영되었다.
13) William Sears & Mabel Sears, "The Karman Years at Galcit", Annual Review of Fluid Mechanics(January 1979), pp.9−10
14) Roger D. Launius & Dennis R. Jenkins, *To Reach the High Frontier: A History of U.S. Launch Vehicles*, (University of Kentucky, 2002), pp.39-42.
15) 20세기 우주 탐사의 가장 중요한 로켓 개발자 중 한 명이자 나치 독일에서 첫 번째 탄도미사일인 V−2(Vengeance Weapon−2) 로켓을 개발한 팀을 이끌었던 인물이다. 1958년 창설된 NASA의 마셜(Marshall) 우주비행센터의 책임자로 임명되었고, 미국의 로켓 기술을 최고로 끌어올렸다.
16) Walter A McDougall, *The Heavens and the Earth: A Political History of the Space Age*, (New York: Basic Books, 1985), p.44
17) 1945년 7월 16일 White Sands Proving Ground라는 이름으로 설치된 미국 뉴멕시코주에 위치한 미 육군 군사 시험장 및 사격장. 맨하탄(Manhattan) 프로젝트의 일부로 최초의 원자폭탄(코드명 Trinity)이 지역 내 Trinity 발사장에서 시험 폭발하였고, 제2차 세계대전이 끝난 후 미군이 노획한 독일의 장거리 V−2 로켓 100기 중 67기가 1946년에서 1951년 사이에 White Sands V−2 발사 장에서 시험 발사되기도 하였다. http://www.astronautix.com/w/whitesands.html; https://en.wikipedia.org/wiki/White_Sands_Missile_Range#cite_note−7
18) 미 육군 최초의 대형 탄도미사일을 개발하기 위해 1956년 2월 1일 레드스톤 아스날에 설립된 기관으로 당시 John B. Medaris 소장이 지휘하고 폰 브라운이 기술 이사로 임명되었다.
19) Ethan S. Wilt, "The Pioneering Legacy and Consequence of Wernher von Braun", (Student Publications. 751. 2019), p.2, https://cupola.gettysburg.edu/student_scholarship/751

(Saturn) 등의 많은 발사체를 개발했다.

나. 인공위성 / 발사체

1955년 7월 29일, 아이젠하워(Eisenhower) 행정부는 국제지구물리관측년에 기여하기 위해 인공위성을 발사할 계획이라고 발표하였다.[22] 이를 위해 '미 국방부 잠정 특수 능력에 대한 임시그룹(DoD's Ad Hoc Group on Special capabilities)'[23]은 인공위성과 발사체의 선택을 위해 미 육·해·공군에서 제시한 3가지 선택안[24] 중에서 고민하였고, 결국 위원회는 동년 8월 4일에 미 해군연구소(NRL: U.S. Naval Research Laboratory)의 뱅가드(Vanguard)를 선택하는 공식 보고서를 제출하였다. 이에 따라 1955년부터 미국의 첫 인공위성 프로그램인 뱅가드 프로젝트[25]가 실시되었다.[26]

1957년 10월 4일 소련이 먼저 스푸트니크 1 발사에 성공하며 최초의 인공위성 발사국의 지위를 얻게 되었다.[27] 그러나 당시 케이프 커내버럴 미사일 시험 센터(Cape Canaveral Missile Test Center)에서 발사 준비를 하고 있던 뱅가드 시험발사체(Test Vehicle − 2)는 아직 비행 테스트를 거치지 않았고, 그 당시까지 뱅가드 TV−3는 발사체 자체의 성능을 측정하도록 설계된 실험용 발사체였다. 이러한 상황에도 불구하고 미국의 계획은 TV−3에 최소한의

---

20) 후에 ABMA는 수정된 Redstone 탄도미사일을 위성 발사체로 사용하겠다고 국방부 특수 능력 위원회(DoD Committee on Special Capabilities)에 제안하였는데, 미 해군연구소(NRL)의 뱅가드(Vanguard) 프로젝트가 동 위원회에서 선정된 후 ABMA는 인공위성 관련 작업을 중단하고 대신 군용 미사일에 집중하라는 명령을 받았다.
21) Jupiter C는 Juno Ⅰ으로 개량되어 미국 최초의 인공위성인 Explorer I을 지구 궤도에 안착시켰다.
22) Supra note 14, p.191
23) JPL의 Hommer Stewart를 포함하여 미 육·해·공군에서 지명된 8명으로 이루어진 그룹이다.
24) 3가지: 미 육군과 해군이 지원하는 업데이트된 버전의 Orbiter, 미 해군 연구소가 제안한 Viking을 기반으로 한 새로운 3단 발사체(Vanguard), 미 공군이 설계한 아직 시험 되지 않은 Atlas 대륙간탄도미사일
25) NRL에서 관리한 프로그램으로, 플로리다(Florida)주의 케이프 커내버럴에서 발사된 발사체. 뱅가드 로켓을 사용하여 최초의 미국 인공위성을 지구 저궤도에 발사하는 것을 목표로 했다.
26) Constance M. Green and Milton Lomask, *Vanguard−A History* (SP−4202) (The NASA History Series, 1970), pp.1−24
27) NASA SSDCA, "Sputnik−1", NASA
  (https://nssdc.gsfc.nasa.gov/nmc/spacecraft/display.action?id=1957−001B)
  이에 대한 미국의 반응은 Robert A. Divine, The Sputnik Challenge: Eisenhower's Response to the Soviet Satellite (New York: Oxford University Press, 1993)에도 나와 있다.

탑재체인 16cm, 1.8kg의 위성을 탑재하는 것이었고,[28] 해군의 뱅가드 프로젝트를 통해 TV-3를 이용한 인공위성의 지구궤도 안착을 위해 12월 6일 첫 발사를 시도하였다.[29] 그러나 뱅가드 발사체는 이륙 후 2초 동안 약 1.2m 상승 후 추력을 잃고 연료 탱크가 폭발하면서 발사대마저 손상되었다.[30]

그림 2 1957년 12월 6일 뱅가드 TV-3의 발사 실패 모습

출처: Constance M. Green and Milton Lomask, *Vanguard-A History* (SP-4202) (The NASA History Series, 1970), p.211

TV-3 발사의 실패로 미국의 관심은 기존 1958년 1월 말로 예정되어 있었던 주피터 C 발사체를 준비하는 ABMA와 JPL 팀의 노력에 집중되었다.[31] 1958년 1월 31일 오후 10시 48분 케이프 커내버럴 미사일 시험 센터에서 미국 최초의 인공위성인 익스플로러(Explorer) 1

---

28) Supra note 14, p.195
29) 스푸트니크 1 발사 직후, 폰 브라운과 Medaris는 차기 국방부 장관인 닐 맥엘로이(Neil McElroy)에게 육군이 주피터 발사체를 사용하여 1,620만 달러의 비용으로 4개의 인공위성을 발사하는 인공위성 프로젝트를 진행할 수 있도록 허용해 줄 것을 촉구했으며, 이에 대해 맥엘로이 장관은 11월 8일 미 육군에게 뱅가드 프로젝트 지원에 대비하여 2번의 발사를 준비하라고 하였다.
30) Supra note 26, pp.185-212
31) Supra note 14, p.195

이 주노 I[32]에 탑재되어 발사된 후 궤도 진입에 성공하였다.[33] 익스플로러 1은 354km~2,515km 상의 지구 궤도를 돌며 지구 자기장에 갇혀있는 내부 방사선 벨트인 하전입자의 존재인 '반 알렌 벨트(The Van Allen Belts)'[34]를 처음으로 확인하였다.[35]

> **그림 3** 1958년 1월 31일 ABMA에서 발사된 미국 첫 인공위성 익스플로러 1

출처: Constance M. Green and Milton Lomask, *Vanguard—A History* (SP−4202) (The NASA History Series, 1970), p.216

---

32) Jupiter C로부터 파생된 로켓
33) Supra note 14, p.196;
   https://www.jpl.nasa.gov/missions/explorer−1;
   https://www.nasa.gov/mission_pages/explorer/explorer−overview.html
34) Karen C. Fox, "NASA's Van Allen Probes Spot an Impenetrable Barrier in Space", December 1, 2014, NASA's Goddard Space Flight Center
35) "About Explorer 1", NASA JPL (https://explorer1.jpl.nasa.gov/about/);
   https://www.nasa.gov/mission_pages/explorer/explorer−overview.html;
   Karen C. Fox, NASA's Van Allen Probes Spot an Impenetrable Barrier in Space, 2014, NASA; NASA's Goddard Space Flight Center, Greenbelt, Md. https://www.nasa.gov/content/goddard/van−allen−probes−spot−impenetrable −barrier−in−space

그림 4

익스플로러 1의 성공을 담당한 세 사람. 윌리엄 피커링(William H. Pickering) 박사(왼쪽. 전 JPL 이사), 제임스 반 알렌(James A. van Allen) 박사(중앙, 아이오와(Iowa) 주립대학), 베르너 폰 브라운(Wernher von Brann) 박사(오른쪽, 익스플로러(Explorer) 1을 발사한 1단계 레드스톤(Redstone) 로켓을 만든 육군 레드스톤 아스날(Redstone Arsenal) 팀의 리더)

출처: Sarah A. Loff, "Explorer 1 Overview", NASA, Mar 18, 2015

② 제2기(1958 ~ 2016)

이 시기는 NASA의 설립, 유인 우주 비행 및 달 착륙, 우주정거장, 우주왕복선 등을 비롯하여 우주탐사를 위한 각종 프로젝트가 진행된 시기로, 초기 미·소 간 우주 경쟁으로 인한 우주 분야의 투자 및 연구가 활발하게 진행된 시기이자 국가 우선순위 변화로 인한 1980년대 NASA 예산 삭감 등 우주활동의 침체기가 있었던 시기이다.

가. NASA[36]의 설립과 초기 우주 경쟁

1958년 7월 29일, 국가항공우주법(National Aeronautics and Space Act of 1958)이 의회에서 통과되어 1958년 10월 1일, NASA가 공식 출범하게 되었다.[37] NASA는 43년 동안 운영되었던 국가항공자문위원회(NACA: National Advisory Committee for Aeronautics)[38]와 2개의 소규모 실험 시설들을 흡수하였고, ABMA, NRL, JPL, 미 공군, 국방부 고등연구계획국(ARPA: Advanced Research Projects Agency)[39] 등으로부터의 최첨단 기술과 인력, 우주 관련 프로그램을 인수하였다. 또한, NASA의 임무를 맡기 위한 새로운 우주비행센터로 고다드 우주 비행센터(Goddard Space Flight Center)[40]가 건설되는 등의 많은 노력으로 미국이 소련과의 우주

---

36) 1958년 미국 항공우주법(The National Aeronautics and Space Act of 1958)에 의해 설립된 미 연방 정부의 독립 기관으로 민간 우주 프로그램과 항공 및 우주 연구를 담당한다. 초대 국장은 키스 글래넌(Keith Glennan)으로 국장 후보로 당시 NACA의 위원장이었던 휴 드라이든(Hugh Dryden)이 언급되었지만 대통령 과학기술 보좌관이었던 제임스 킬리언(James Killian)은 드라이든이 NASA를 이끌만한 후보가 아니라는 판단으로 당시 Case Institute of Technology의 사장이었던 글래넌을 추천했으며, 아이젠하워 대통령은 그에게 국가의 냉전 위기 분위기 속에서 광범위하고 합리적인 프로그램을 수행할 수 있는 확고한 기반을 구축할 사람이 필요하다고 말했다. 글래넌은 부국장으로 드라이든을 추천하였으며, 둘은 각각 초대 국장과 부국장을 역임하게 되었다.
37) Gerhard Peters & John T. Woolley, "Statement by the President Upon Signing the National Aeronautics and Space Act of 1958.", The American Presidency Project, July 29, 1958. https://www.presidency.ucsb.edu/documents/statement−the−president−upon−signing−the −national−aeronautics−and−space−act−1958
38) 항공 연구를 수행·촉진 및 제도화하기 위해 1915년 3월 3일에 설립된 미국 연방 기관이다.
39) 국방부 산하 연구기관으로 후에 DARPA가 된다.
40) 1959년 메릴랜드주 그린벨트(Maryland Greenbelt)에 건설된 센터로 당시 NASA 우주비행 프로그램 사무소의 책임자였던 에이브 실버스타인(Abe Silverstein) 박사가 고다드 박사의 이름을 따 고

경쟁을 이어갈 수 있는 여건이 마련되었다.[41]

이후, 이듬해인 1959년에 NASA는 유인 우주비행에 대한 장기 목표 달성에 필요한 단계 식별의 필요성을 인식하고 다양한 임무들을 장기 계획으로 통합하였다. 이를 위해 1959년 봄, 유인 우주비행 연구 운영위원회(Research Steering Committee on Manned Space Flight)[42]가 만들어져 프로그램을 관리하였다.[43]

나. 유인 우주비행의 시작

1) 머큐리(Mercury) 프로젝트(1961 ~ 1963)

1958년 9월 NASA와 ARPA 임원의 합의로 공동 유인위성 패널(Joint Manned Satellite Panel)[44]이 설립된 이후 유인 우주비행과 관련한 계획 및 제안들이 계속되었다.[45] NASA 설립 이후 가장 먼저 시작했던 프로그램은 머큐리 프로젝트[46]로, 이는 NASA가 미 공군으로부터 인계받은 미국 최초의 유인 우주 비행 프로그램이었다.[47] 1959년, NASA는 머큐리 프로

---

41) Roger D. Launius Edited by J.D. Hunley, *The Birth of NASA: The Diary of T. Keith Glennan* (SP-4105) (The NASA History Series, 1993), pp. x - xⅲ

42) 당시 NASA Ames Research Center의 Harry Goett이 위원장을 맡아 Goett 위원회라고도 불렸으며, 위원회에는 Goett 외에도 Alfred J. Eggers, Jr. (Ames), Bruce T. Lundin (Lewis), Loftin (Langley), DeElroy E. Beeler (High Speed Flight Station), Harris M. Schurmeier (JPL), Maxime A. Faget (Space Task Group), and George M. Low, Milton B. Ames, Jr., Ralph W. May, Jr. (Headquarters) 9명이 있었으며, 일부 기관의 고위 대표가 포함되어 있었다. 첫 회의에서 Lewis Research Center의 Bruce Lundin은 궁극적으로 유인 행성 간 여행을 목표로 하여 현재는 유인 달 착륙 및 귀환이 이루어져야 한다고 주장했다.

43) "Goett, Harry J", Astronautix (http://www.astronautix.com/g/goett.html)

44) 이 운영위원회의 구성원 8명 중에서, 단 2명만이 ARPA 출신이었고, 6명은 NACA 출신으로 첫 유인 우주 비행 프로그램의 지침과 목표를 제시한 주요 정책 결정자들이었다.

45) Loyd S. Swenson, Jr.; James M. Grimwood; Charles C. Alexander, *This New Ocean: a History of Project Mercury* (SP-4201) (The NASA History Series, 1966), p. 110

46) Project Astronaut으로도 불렸던 프로그램으로 우주 경쟁의 초기 프로그램에서 강조되었던 목표는 유인 우주비행에 성공하고 소련보다 먼저 안전하게 귀환시키는 것이었다. 그리스-로마 신화에서 이름을 따온 이 프로그램은 23억 8,000만 달러의 예산이 들었다. 이 프로그램은 무인 비행(일부는 동물) 20회를 수행했으며, 유인 비행 6회를 수행했다.

47) Supra note 41, p.16

젝트를 위해 7명의 우주비행사[48]를 선발하였으며, 이들의 콜 싸인에는 7명의 우주비행사를 의미하는 숫자 7을 붙였다.[49]

> **그림 5** 1959년 4월 9일, 머큐리 프로젝트의 우주비행사 7명

출처: NASA, LIFE magazine의 사진작가 Ralph Morse' March 17, 1960(편집: Life Magazine)

> **표 1** 머큐리 프로젝트

임무	우주비행사	콜 싸인	발사일	비행시간
MR-3	Alan B. Shepard, Jr.	Freedom 7	1961.5.5.	15분 22초
MR-4	Virgil I. Grissom	Liberty Bell 7	1961.7.21.	15분 37초
MA-6	John H. Glenn, Jr.	Friendship 7	1962.2.20.	4시간 55분 23초
MA-7	M. Scott Carpenter	Aurora 7	1962.5.24.	4시간 56분 5초
MA-8	Walter M. Schirra, Jr.	Sigma 7	1962.10.3.	9시간 13분 15초
MA-9	L. Gordon Cooper	Faith 7	1963.5.15.	1일 10시간 19분 49초
-	Donald K. Slayton	건강상 이유로 미진행		

출처: Linda Neuman Ezell, *NASA Historical Data Book, Vol. II: Programs and Projects 1958−1968* (SP−4012) (The NASA History Series, 1988), pp.142−148

48) 아이젠하워 대통령의 강조로 7명 모두 군인 출신이 선발되었다.
49) Supra note 45, pp.159−165

그러나 머큐리 프로젝트가 진행되던 1961년 4월 12일, 소련이 최초의 우주비행사 유리 가가린(Yuri Gagarin)을 보스토크(Vostok) 1에 태워 궤도에 진입시키고 108분 동안 지구를 한 바퀴 도는 데 성공하여, 다시 한 번 우주 경쟁에서 미국을 앞서갔다.[50]

미국의 최초 유인 우주비행은 이로부터 약 한 달 뒤인 1961년 5월 5일 오전 9시 34분 케이프 커내버럴에서 알랜 셰퍼드(Alan B. Shepard, Jr.)가 탄 머큐리 우주선(Freedom 7)에 의해 실시되었으며, Freedom 7은 최대 속력 8,280km/h로 고도 180km 높이까지 올라갔다. 미국 최초의 유인 우주비행은 총 15분 22초 중 약 5분 정도를 무중력 상태에 머물렀으며,[51] 이후 머큐리 프로젝트는 1963년 5월 15일 고든 쿠퍼(L. Gordon Cooper)의 우주 비행을 마지막으로 종료되었다.

2) 제미니(Gemini) 프로젝트(1965 ~ 1966)[52]

제미니 프로젝트는 NASA의 세 번째 유인 우주비행 프로그램으로, 이 프로젝트가 2인 탑승 프로젝트였기 때문에 쌍둥이자리의 별 이름이자 라틴어로 '쌍둥이'를 의미하는 제미니로 명명되었으며, 머큐리 프로젝트와 아폴로 프로젝트 사이에 수행되었다.[53]

제미니 프로젝트의 목표는 아폴로 프로젝트의 달 착륙 임무를 지원하기 위한 우주비행 기술의 발전이었다.[54] 제미니 프로젝트는 1965년 3월 23일 버질 그리섬(Virgil I. Grissom)과 존 영(John W. Young)이 탄 제미니 3의 첫 유인 우주비행에서[55] 1966년 11월 15일 제임스 러벨(James A. Lovell, Jr.)과 버즈 올드린(Edwin E. Aldrin)이 탄 제미니 12의 마지막 비행까지 총 2번의 무인 비행과 10번의 유인 비행으로[56] 아폴로 임무의 성공에 기여하였다.[57] 이로써

---

50) James M. Grimwood, *Project Mercury. A Chronology* (NASA SP–4001) (The NASA History Series, 1963) Retrieved November 8, 2015
51) Supra note 45, pp.341
52) Barton C. Hacker, & James M. Grimwood, *On the Shoulders of Titans: A History of Project Gemini* (SP–4203) (The NASA History Series, 1977)
53) Helen T. Wells, Susan H. Whiteley, and Carrie Karegeannes, *Origins of NASA Names* (SP–4402) (The NASA History Series, 1976), p.104
54) Ibid., p.97
55) Supra note 50, pp.175–191
56) Ibid., pp.259–270
57) NASA STEM Team, "What Was the Gemini Program? (Grades K–4)", NASA, Mar 16, 2011 https://www.nasa.gov/audience/forstudents/k–4/stories/nasa–knows/what–was–gemini–

미국은 제미니 프로젝트를 통해 달 왕복에 필요한 8일~14일의 임무지속능력을 검증함으로써 우주 경쟁 초기 소련이 획득한 유인 우주비행 능력을 따라잡고 이를 극복할 수 있었다.[58]

다. 인류의 꿈, 달 착륙

1) 아폴로(Apollo) 프로젝트[59](1967 ~ 1972)

아폴로 프로젝트는 머큐리 프로젝트에 뒤이어 3인 탑승 우주선으로 고안되었으며, 실제 발사는 1967년 아폴로 1부터 1972년 아폴로 17까지 이루어졌고 1969년에 발사된 아폴로 11은 인류 최초로 달 착륙에 성공하였다.[60] 아폴로라는 이름은 1960년 초에 NASA의 우주비행 프로그램 책임자인 에이브 실버스타인(Abe Silverstein)[61]이 처음 제안한 것으로,[62] 1960년 7월 28일과 29일 워싱턴에서 열린 'NASA-산업 프로그램 계획 회의(NASA-Industry Program Plans Conference)'에서 최초로 공개되었다.[63]

1960년 11월, 케네디 대통령의 당선으로 미국 국방과 우주 프로그램에 많은 변화가 있었다. 케네디 대통령은 린든 존슨(Lyndon B. Johnson) 부통령 당선인에게 우주정책 수석 고문과

---

program-k4.html

58) Supra note 52, p.383

59) Courtney G. Brooks; James M. Grimwood; and Loyd S. Swenson, Jr., *Chariots for Apollo: A History of Manned Lunar Spacecraft* (SP-4205) (The NASA History Series, 1979) https://history.nasa.gov/Apollomon/Apollo.html

60) John Noble Wilford, "Men Walk On Moon: Astronauts Land On Plain; Collect Rocks, Plant Flag", New York Times, July 29, 1969; Richard W. Orloff, *Apollo by the Numbers: A Statistical Reference* (SP-2000-4029) (January 1, 2000), https://ntrs.nasa.gov/citations/20010008244 참조.

61) 당시 NASA의 우주비행 프로그램 사무소의 책임자이자 미국 우주 프로그램에서 중요한 역할을 한 미국 엔지니어로, 임무 계획, 우주선 설계 및 개발, 기내 연구 및 운영과 관련된 NASA 프로그램을 감독했다. 그는 Apollo, Ranger, Mariner, Surveyor 및 Voyager 임무 계획에 중요한 역할을 했으며, 그리스-로마 신의 이름을 따서 Apollo 프로그램을 명명했다.
"Abe Silverstein The Man Who Put Men on the Moon Fact Paper 45", Hebrew History Federation. Retrieved January 13, 2023. https://hebrewhistory.info/factpapers/fp045_silverstein.htm

62) NASA 프로젝트의 이름을 그리스 신의 이름으로 지정하는 전통을 확립하기를 원했다; Charles A. Murray and Catherine Bly Cox, Apollo: The Race to the Moon (New York: Simon and Schuster, 1989), pp.54-55, p.49(https://archive.org/details/apollo-the-race-to-the- moon)

63) Supra Note 54, p.99

미국 항공우주 위원회의 의장직을 맡을 것을 요청하였고, 존슨 부통령의 첫 번째 임무는 NASA의 새로운 국장을 추천하는 것이었다.[64] 케네디 대통령은 취임 10일 후, 존슨 부통령의 추천에 따라 제임스 웹(James E. Webb)을 NASA 국장으로 임명하였다. 케네디 대통령과 웹 국장은 미국이 우주탐사 분야에서 2위를 차지하는 것이 국제적으로 군사력에서도 2위라는 부정적인 인상을 줄 것이라고 생각하였으며, 케네디 대통령은 우주 분야에서 소련과의 협력을 원하는 한편, 군사적·기술적 우월성은 미국이 가지기를 원했다.[65] 1961년 4월 20일, 케네디 대통령은 존슨 부통령에게 미국 우주 프로그램의 현황과 NASA가 소련을 따라잡을 수 있는 프로그램을 확인하도록 요청하였고,[66] 약 1주일 후 존슨 부통령은 유인 달 착륙만큼은 미국이 소련보다 먼저 성공할 가능성이 높다고 답하였다.[67]

64) Edward Clinton Ezell and Linda Neuman Ezell, *The Partnership A History of the Apollo−Soyuz Test Project* (SP−4209) (The NASA History Series, 1978), p.29
65) Ibid., pp.30−31
66) John F. Kennedy, (April 20, 1961). "Memorandum for Vice President". The White House (Memorandum). Boston, MA: John F. Kennedy Presidential Library and Museum. Archived from the original on July 21, 2016. Retrieved August 1, 2013.
67) Lyndon B. Johnson, (April 28, 1961). "Memorandum for the President". Office of the Vice President (Memorandum). Boston, MA: John F. Kennedy Presidential Library and Museum. Archived from the original on July 1, 2016. Retrieved August 1, 2013.

1961년 5월 25일, 미국 의회 합동회의 연설에서 케네디 대통령은 10년이 지나기 전에 "사람을 달에 착륙시키고 지구로 안전하게 귀환시키는 것"이 목표라고 하였다.

출처: Edward Clinton Ezell and Linda Neuman Ezell, *The Partnership A History of the Apollo — Soyuz Test Project* (SP — 4209) (The NASA History Series, 1978), p.32

1961년 5월 25일, 케네디 대통령은 '긴급 국가요구에 관한 의회에 보내는 특별 메시지 (Special Message to the Congress on Urgent National Needs: The Goal of Sending a Man to the Moon)'를 통해 유인 우주선을 통한 달 착륙을 처음으로 제안했다.[68] 이에 따라 '아폴로 1'로 명명된 아폴로 프로젝트의 첫 유인 임무였던 AS — 204의 발사가 1967년 1월 27일 케이프 캐너버럴에서 이루어질 예정이었다. 그러나, 발사 예행연습 도중 우주비행사 버질 그리솜 (Virgil Grissom), 버즈 올드린(Edward White), 로저 차피(Roger Chaffee)가 탑승해 있었던 우주선 내에서 화재가 발생하여 지휘 모듈을 뒤덮으며 우주비행사 3명이 사망하는 사고가 일어

---

68) Kennedy, John F. (May 25, 1961). Special Message to Congress on Urgent National Needs (Motion picture (excerpt). Boston, MA: John F. Kennedy Presidential Library and Museum. Accession Number: TNC:200; Digital Identifier: TNC — 200 — 2. Retrieved August 1, 2013. https://en.wikisource.org/wiki/Special_Message_to_the_Congress_on_Urgent_National_ Needs

났다.[69] 이로 인해 NASA의 유인 우주비행 임무는 재허가 전까지 잠정 연기되었다.[70] 이후 1968년 10월 11일, 아폴로 7이 유인 임무를 위해 발사되어 11일간 궤도에서 머무르는 것에 성공하였고,[71] 이어진 아폴로 9의 비행은 1969년 3월 3일부터 10일 동안 달 착륙선 비행을 통해 지구 궤도를 지나며 도킹 해제 및 재도킹 등의 임무를 실시하였다.[72]

1969년 7월 20일, 케네디 대통령의 달 착륙 목표는 우주비행사 마이클 콜린스(Michael Collins), 닐 암스트롱(Neil Armstrong), 버즈 올드린(Edwin Aldrin)을 태운 아폴로 11이 달에 착륙하면서 이루어졌다. 아폴로 11의 달 착륙 6시간 21분 후에 암스트롱이 인류 역사상 처음으로 달에 발을 내디뎠다. 암스트롱은 다음과 같은 말을 남겼다.

"A.D. 1969년 7월, 지구로부터 온 인간이 여기 달에 첫발을 내디뎠다.

우리는 모든 인류의 평화를 위해 왔다. (Here Man from the planet Earth first set foot upon the Moon, July 1969 A.D. We came in peace for all mankind.)"

| 그림 7 | 1969년 7월 아폴로 11 임무 중 미국 국기를 바라보고 서 있는 우주비행사 버즈 올드린 |

출처: NASA, "Apollo 11"

---

69) Supra note 60, pp.214-217
70) NASA, "Apollo 1" (https://www.nasa.gov/mission_pages/apollo/missions/apollo1.html)
71) Supra note 60, pp.265-272
72) Ibid., pp.292-300

암스트롱과 올드린은 준비해 온 미국 국기를 달 표면에 꽂고 주어진 과학실험을 마친 후 세 가지 범주의 달 표본을 챙겼으며,[73] 임무를 마친 아폴로 11은 7월 24일 태평양에 안전하게 착륙했다.[74] 아폴로 11 이후에도 아폴로 프로그램은 1969년 12월 아폴로 12부터 1972년 12월 아폴로 17까지 이어졌으며,[75] 우주비행사 유진 서난(Eugene Cernan)은 달에 섰던 마지막(11번째) 인간이라는 영광을 얻고 108.86kg의 돌을 수집하는 기록을 달성하기도 했다. 아폴로 17 우주비행사들이 다음이 새겨진 명판을 달에 남기는 것을 마지막으로, 아폴로 프로그램은 종료되었다.[76]

"A.D. 1972년 12월, 인간의 첫 번째 달 탐사를 완성했다. 우리가 방문한 평화의 정신이 모든 인류의 삶에 반영되기를 바란다. (Here man completed his first exploration of the Moon, December 1972 A.D. May the spirit of peace in which we came be reflected in the lives of all mankind.)"[77]

라. 지구관측

1) 지구 원격탐사 위성(Landsat: Land Remote Sensing Satellite) 프로그램 (1965 ~)[78]

Landsat 프로그램은 현재까지 운용되고 있는 가장 오래된 프로그램 중 하나로, 1965년에 미 지질조사국(USGS: U.S. Geological Survey) 국장이었던 윌리엄 페코라(William Pecora)가 지구의 천연자원에 관한 자료들을 수집하기 위해 지구 원격탐사 위성 프로그램에 대한 아이디어를 제안하면서 시작되었다.

---

73) Ibid., pp.394-398
74) Ibid., pp.343-352
75) Ibid., pp.365-366
76) John Uri, "50 Years Ago: Apollo 17 Lands at Taurus-Littrow", NASA Johnson Space Center, Dec 12, 2022 (https://www.nasa.gov/history/50-years-ago-apollo-17-lands-at-taurus-littrow/)
77) Eric M. Jones and Ken Glover, "EVA-3 Close-out", *Apllo Lunar Surface Journal*, 1995 (Last revised 12 October 2016)
78) NASA, "Landsat History", retrieved 5 July 2021.

최초 '지구자원 기술위성(ERTS: Earth Resources Technology Satellite)'으로 불렸던 Landsat 프로그램은 지구의 천연자원 정보를 수집하기 위해 지구 자원관리 응용 프로그램을 위한 우주에서의 다중 스펙트럼 이미지의 획득과 지상 플랫폼에서의 데이터 수집, 유용한 사진 및 디지털 데이터의 생산을 목표로 하였다.[79] 당시 기상위성이 1960년부터 지구의 대기를 관측해 왔지만 1960년대 중반에 이르기까지도 우주에서 지형 자료를 인식하는 것은 없었고, 머큐리와 제미니 우주선이 찍은 지구관측 사진에 의해 지구 원격탐사의 가능성이 확신이 되었다. 그러나 Landsat 1이 처음 제안되었을 당시에는 재정적인 이유로 예산국의 강한 반대에 부딪혔고, 국방부도 Landsat과 같은 민간 프로그램이 정찰 임무의 비밀유지를 훼손할 것이라며 허가 없이 다른 나라들을 촬영하는 것에 대해 우려하였다. NASA는 1965년부터 지구 원격탐사에 대한 체계적인 조사를 시작했으며, 내무부가 자체 지구관측위성 프로그램을 진행할 것이라고 알리면서 1970년 Landsat 프로그램을 시작하였다. 이후 1972년 7월 26에 캘리포니아주에 있는 반덴베르그 공군 기지에서 Landsat 1[80]이 처음으로 발사되어 우주에서 지구를 관측하는 새로운 시대가 열렸다.[81] Landsat 1 이후 현재까지 9개의 Landsat이 발사되었으며,[82] Landsat 프로그램은 지구 표면 관측에 있어 가장 오랜 기간 지속되고 있는 프로그램으로 다음 모델은 2030년에 발사하는 것을 목표로 준비 중이다.[83]

---

79) Nicholas M. Short, The Landsat Tutorial Workbook, NASA 1982, p.409
80) '지구자원 기술위성(ERTS: Earth Resources Technology Satellite)'으로 불리다가 1975년에 'Landsat'이라는 이름으로 변경되었다.
81) Nicholas M. Short, The Landsat Tutorial Workbook, NASA 1982, p.3
82) 각 발사일은 Landsat 1(1972.7.23.), Landsat 2(1975.1.22.), Landsat 3(1978.3.5.), Landsat 4(1982.7.16.), Landsat 5(1984.3.1.), Landsat 6(1993.10.5.) Landsat 7(1999.4.15.) Landsat 8(2013.2.11.) Landsat 9(2021.9.27.)이며, Landsat 6은 궤도 도달에 실패하였다.
83) NASA, "A New and Revolutionary Landsat Mission"https://landsat.gsfc.nasa.gov/satellites landsat−next/

그림 8 Landsat 1

출처: NASA, "Imaging the Past" LandSat Science

마. 국제협력의 시작

1) 아폴로-소유즈(Apollo-Soyuz) 테스트 프로젝트(ASTP)(1975)[84]

우주와 관련하여 이루어진 최초의 국제협력은 미국과 소련 양국 간의 유인 우주비행 프로젝트인 아폴로－소유즈 테스트 프로젝트(ASTP)였다. 미국과 소련 양국은 우주의 이용과 탐사가 시작된 이래로 지속적인 경쟁을 이어왔고, NASA는 1961년에도 우주 분야에서의 미·소간 국제협력에 대해 회의론적이었으나 1962년 초 두 국가 간 논의는 새로운 국면을 맞이하였다.[85] 1962년 2월 20일 우주비행사 존 글렌(John Glenn)이 탑승한 Friendship 7이 궤

---

84) Supra note 66을 참고하였다.
85) Supra note 66, pp.32－37, Webb－McNamara memorandum(1961.5.8.)은 우주에서 미국의 기술적 우위를 지지하고, 어떠한 프로그램의 협력도 미국의 그러한 지위를 확립할 기회를 위험에 처

도 비행에 성공하자, 하루 뒤에 소련 흐루시초프(Khrushchev) 서기장은 케네디 대통령에게 먼저 축하 서한을 보냈다.[86] 이는 우주 분야에서의 협력을 요청하는 것이었고 케네디 대통령은 이 서한을 환영하며 두 나라가 우주탐사 분야에서 협력해야 한다는 것에 "오랫동안 같은 믿음"을 이어왔다고 답하였으며, 미국과 소련이 국제협력을 이끌어야 할 특별한 책임이 있다고 생각하였다.[87]

두 국가 지도자의 서한 교환 이후 NASA 부국장 휴 드라이든(Hugh Dryden)과 소련 과학자 블라고라보프 아나톨리(Blagonravov Anatoli)가 1962년부터 1964년까지 몇 차례 만나면서 관련한 대화를 이어갔는데, 두 사람은 1962년 5월 27일에 만나 12일 만인 6월 8일에 3가지 사항에 대해 합의[88]를 도출하며 드라이든-블라고라보프(Dryden - Blagonravov) 협정에 이르는 데 성공하였고,[89] 1962년 10월 쿠바 미사일 위기[90]로 양국 간 긴장 관계가 심화되기도 하였지만 같은 해 12월 5일 유엔에 공식적으로 협정 내용을 발표하며 우주에서 양국의 협력을 모색하려 하였다.[91]

하지 않는 틀 안에서 이루어져야 한다고 했다.

86) Foreign Relations of The United States, 1961-1963, Vol. VI, Kennedy-Khrushchev Exchanges, 35. Letter From Chairman Khrushchev to President Kennedy, https://history.state.gov/historicaldocuments/frus1961-63v06/d35

87) Supra note 66, pp.38-39

88) 위성의 기상 데이터 교환과 궁극적으로 기상위성의 공동 발사, 지자기 위성의 공동 발사 및 관련 지상 관측을 통해 지구 자기장을 지도화하는 공동 노력, Echo 위성을 통한 통신의 실험 중계에 대한 협력(JFKNSF-334-001- pp.118, 122-131)

89) Papers of John F. Kennedy. Presidential Papers. National Security Files. Meetings and Memoranda. National Security Action Memoranda [NSAM]: NSAM 129, U.S. - U.S.S.R. Cooperation in the Exploration of Space, JFKNSF-334-001. John F. Kennedy Presidential Library and Museum (https://www.jfklibrary.org/asset-viewer/archives/jfknsf -334-001#?image_identifier=JFKNSF-334-001-p0122); Kennedy Library, National Security Files, Meetings and Memoranda Series, NSAM No. 129, U.S.-USSR Space Cooperation, Box 334. Confidential. (JFKNSF-334-001- pp.118-131)

90) 1962년 10월 16일부터 28일까지 13일간 지속된 미국과 소련의 대립을 말하는 것으로, 이탈리아와 튀르키예에 미국의 핵미사일이 배치된 것에 대해 소련이 쿠바에 핵미사일을 배치함으로써 두 나라가 냉전 시대 핵전쟁의 가장 가까이 갔던 사건이다.
"Milestones: 1961-1968 - The Cuban Missile Crisis, October 1962". history.state.gov. Archived from the original on 3 April 2019.

91) Supra note 66, pp.42-45

그림
9

블라고라보프와 드라이든이 1962년 3월 우주 협력에 관한 회담을 시작하기 전 유엔 주재 미국 대표부 로비에서 비공식 대화를 나누고 있다(뉴욕 타임스 사진)

출처: Edward Clinton Ezell and Linda Neuman Ezell, *The Partnership A History of the Apollo—Soyuz Test Project* (SP−4209) (The NASA History Series, 1978), p.43

NASA는 우주에서의 두 국가 간 협력과 관련한 소련의 지속적인 제안을 예상하고 있었으나,[92] 케네디 대통령이 1963년 9월 20일 유엔 총회 연설[93]에서 "공동 달 탐사" 가능성을 언급하자[94] 이에 대한 반응은 정반대로 나타났다. 소련 정부와 언론은 공식적인 논평을 하지 않았으며 미국과 NASA 내에서의 반응은 다양했다.[95] 그러던 중 케네디 대통령 암살 사건과 흐루시초프의 퇴임 이후 두 나라의 국제협력은 어려움을 겪게 되었고 미국과 러시아는 각각 독자적으로 아폴로와 소유즈 시리즈의 개발을 지속하였다.

그러나 1969년 7월 아폴로 11이 인류 최초의 달 착륙에 성공하는 등 미국이 우주 분야에서 우위를 점하기 시작하였고, 두 나라의 협력은 새로운 가능성을 마주하게 되었다.[96] 당시

---

92) Ibid., pp.51−52
93) Address by President John F. Kennedy to the UN General Assembly, U.S. Department of State, September 20, 1963.
94) Public Papers of John F. Kennedy, 1963, pp.695−696(https://babel.hathitrust.org/cgi/pt?id=miua.4730928.1963.001&seq=751)
95) Supra note 66, p.52

NASA 직원이 소련 우주선의 발전 과정을 면밀히 추적하면서 아폴로와 소유즈의 특성 등을 비교하며 두 시스템의 장단점을 확인하였고, 이러한 자료 등을 바탕으로 두 국가는 협력을 위해 서로의 시스템을 확인하고 이해하는 시간을 가지기도 하였다. 그러던 중 미국이 제안한 ASTP에 대해 소련은 긍정적이고 적극적인 반응을 보였고, 두 나라는 워킹그룹들을 만들어 협력 진행에 관한 논의와 협상을 통해 합의를 도출하였다.[97]

두 나라는 협력하는 과정에서 발생할 수 있는 문제들과 이에 대한 조율에 대해 지속적으로 논의하였고,[98] 1972년 모스크바 정상회담[99] 이후 닉슨 대통령과 코시긴 총리는 '미·소 우주 협력 협정'[100]에 서명하면서 1975년에 있을 두 국가의 협력 프로그램을 발표하였다.[101]

미국과 소련의 랑데부 및 도킹 시스템의 호환성과 국제우주정거장(ISS) 건설 가능성의 시험을 목적으로 하는 9일간의 ASTP는 1975년 7월 15일에 실시되었다. 오전 8시 20분에 카자흐스탄의 바이코누르(Baikonur) 우주 기지에서 알렉세이 레오노프(Alexei Leonov)와 발레리 쿠바소프(Valery Kubasov)가 탑승한 소련의 소유즈 우주선이 먼저 발사되었고, 미국은 약 7시간 뒤인 오후 3시 50분에 토마스 스태포드(Thomas Stafford), 밴스 브랜드(Vance Brand), 도날드 슬레이튼(Donald Slayton)이 탑승한 아폴로의 지휘 서비스 모듈을 케네디 우주 센터에서 발사하였다.[102] 아폴로와 소유즈는 발사 후 2일 동안 궤도 조정을 하였고 229km 높이의 궤도에 올라 7월 17일 오후 12시 12분에 도킹을 한 후 오후 3시 17분에 우주선 간 해치가 열렸다. 약 2일간 양국 우주비행사는 5건의 공동 실험을 진행하는 등 약 47시간을 보낸 후 7월 19일 오전 11시 26분에 최종 도킹을 해제하였다. 소유즈는 추가적인 생명과학 실험을 수행하고 7월 21일 오전 6시 51분에 바이코누르 우주 기지 근처에 착륙하였는데, 당시 소련이 우주

96) Ibid., pp.87-96
97) Ibid., pp.97-145
98) Ibid., pp.161-180, 미국과 소련의 협력을 다루는 미국과 소련 우주 전문가 총회의 경우는 3번 (각각 1970년 10월 Moscow, 1971년 7월 Houston, 1971년 11-12월 Moscow에서) 열렸다.
99) 1972. 5. 22. ~ 5. 30. Moscow에서 열린 정상회담으로, 닉슨 대통령은 소련을 방문한 최초의 미국 대통령이 되었다. 이 회담을 통해 최초의 전략무기제한협정(SALT I), 탄도미사일(ABM) 조약 등이 체결되었다.
   "50th Anniversary of Moscow Summit", Richard Nixon Foundation, May 23, 2022.
100) "평화적 목적을 위한 우주의 탐사 및 이용 협력에 관한 협정(Agreement Concerning Cooperation in the Exploration and Use of Outer Space for Peaceful Purposes)"
101) Supra note 66, pp.190-193
102) Ibid., p.317

분야에 대해서 보안을 유지했었던 것과 달리 소유즈 19가 실시한 ASTP는 발사와 착륙이 TV
에 최초로 방영되었다. 아폴로는 우주과학과 지구관측 실험을 실시하고 3일 뒤인 7월 24일
오후 5시 18분에 하와이 서쪽 해상에 착륙했으며, 이는 미국 유인 우주 비행의 마지막 해상
착륙이 되었다.[103] 이로써 ASTP가 성공으로 마무리되며 미래 우주에서의 국제협력에 대한
가능성이 열리게 되었다.[104]

> **그림 10**
>
> 아폴로-소유즈 테스트 프로젝트의 미국-소련 합동 승무원. Thomas P. Stafford(왼쪽 위, 미국
> 승무원 사령관), Aleksey A. Leonov(오른쪽 위, 소련 승무원 사령관), Donald K. Slayton
> (왼쪽 아래, 미국 도킹 모듈 조종사), Vance D. Brand(중앙, 미국 지휘 모듈 조종사), Valery
> N. Kubasov(오른쪽 아래, 소련 엔지니어)

출처: NASA, "Apollo-Soyuz Test Project Overview"

103) NASA, "The Apollo-Soyuz Mission", Mar 18, 2010.
104) Sarah A. Loff "Apollo-Soyuz Test Project Overview", NASA, Apr 16, 2015.

바. 우주왕복선(Space Shuttle)[105] 프로그램(1981 ~ 2011)

우주왕복선은 우주 운송 시스템(STS: Space Transportation System)이라고도 불리며 지구 궤도를 도는 우주선 사이에서 사람과 화물을 수송하고 지구 표면으로 돌아올 수 있도록 설계된 부분적으로 재사용 가능한 로켓 발사체로, 컬럼비아(Columbia), 챌린저(Challenger), 디스커버리(Discovery), 아틀란티스(Atlantis), 엔데버(Endeavour) 5가지 모델이 1981년 4월 12일 첫 발사부터 2011년 7월까지 총 135회의 비행을 하였다.

1969년 아폴로 11의 달 착륙 이후, 닉슨 행정부가 NASA의 예산 요청에 대해 10억 달러를 삭감하여 우주정거장과 화성 비행에 대한 어려움이 있었으나 우주정거장과 우주왕복선을 공동사업으로 추진하는 것은 가능하였다.[106] 1971년 말, 당시 관리예산실장 조지 슐츠(George Shultz)는 우주왕복선이 국가 전체에 서비스를 제공해야 하므로 NASA와 공군이 요구하는 완전한 기능을 갖추어야 한다고 판단했고 그의 결정이 닉슨 대통령에게 영향을 미치며 우주왕복선 프로그램이 승인되었다.[107]

첫 우주왕복선은 우주비행사 존 영(John Young)과 로버트 크리픈(Robert Crippen)이 탑승한 Columbia가 1981년 4월 10일 케네디 우주센터에서 첫 발사가 예정되어 있었으나 컴퓨터 문제로 지연되면서 실제 발사는 이틀 뒤인 1981년 4월 12일 오전 7시에 이루어졌다. Columbia는 이륙 54시간 후 에드워즈(Edwards) 공군 기지에 성공적으로 착륙하였으나, 착륙 당시 Columbia는 계획보다 빠른 속도로 착륙하여 계획된 정지 지점을 약 900m 이상 넘기도 하였다. 첫 번째 비행의 성공으로 우주왕복선 설계의 타당성이 입증되었고, 재사용 가능한 우주선을 이용하는 시대가 열리게 되었다.[108] 1981년 11월부터 1982년 6월까지의 3번의 추가 비행[109] 이후, 레이건 행정부는 우주왕복선 프로그램의 장기적인 미래를 고려하며

---

105) T. A. Heppenheimer, *The Space Shuttle Decision: NASA's Search for a Reusable Space Vehicle* (SP-4221) (The NASA History Series, 1999)를 주로 참고하였다.

106) Ibid., pp.390-408

107) Ibid., p.xxi

108) John M. Logsdon, Editor with Amy Paige Snyder, Roger D. Launius, Stephen J. Garber, and Regan Anne Newport, *Exploring the Unknown: Selected Documents in the History of the U.S. Civil Space Program* (SP-2001-4407) Volume V (The NASA History Series, 2001), pp.177-178

109) 각각 1981. 11. 12., 1982. 3. 22., 1982. 6. 27. 이루어졌다.

NASA가 STS 관리의 주도적인 역할을 유지하기로 결정했다. NASA는 24번의 우주왕복선 발사에 성공하며 우주왕복선 프로그램을 이어가던 중, 1986년 1월 28일 7명의 승무원[110]을 태운 Challenger(STS-51L)가 발사 현장에 있던 수천 명의 관람객과 수백만 명의 시청자가 지켜보는 와중에 이륙 70여초 만에 거대한 불덩어리로 산산조각이 나면서 탑승한 우주비행사 전원이 사망하는 사고가 발생했다. 사고 조사 결과, 첫 번째와 두 번째 모터 사이의 연결부가 비행 시작 약 59초 만에 파손되어 접합부의 화염이 외부 탱크를 강타하여 액체 수소 및 액체 산소 탱크를 파열시켰다는 것이 밝혀졌고,[111] 이 사건으로 인해 우주왕복선 프로그램은 한동안 중단되었다.

1988년 9월 29일에 Discovery(STS-26)가 케네디 우주 센터의 39B 발사장에서 이륙하며 우주왕복선 프로그램은 다시 이어졌으며, Discovery는 5명의 우주비행사(John M. Lounge, David C. Hilmers, George D. Nelson, Richard O. Covey, Frederick H. Hauck)를 궤도에 진입시키는 데 성공했다. Discovery는 Challenger 폭발로 손실된 탑재체 중 하나인 NASA의 추적 및 데이터 중계 위성(TDRS: Tracking and Data Relay Satellite)을 대체하였으며, Discovery의 성공적인 비행과 TDRS 발사의 성공으로 우주왕복선 프로그램의 비행 상태 및 미국의 우주에 대한 접근이 재평가되는 기회를 맞았다.[112] 이후 4번째 모델인 Atlantis는 STS-51J가 1985년 10월에 처음 발사된 이후 2011년 7월 8일 우주왕복선 프로그램의 마지막 임무인 STS-135까지 총 33번 사용되었으며, 마지막 모델인 Endeavour는 1992년 5월 7일 STS-49가 첫 발사 된 이후 2011년 5월 STS-134까지 25번 사용되었다.

NASA는 1995년부터 1998년 사이에 우주왕복선을 이용하여 국제우주정거장의 건설을 위한 운영 경험을 쌓기 위해 궤도를 선회하는 러시아 우주정거장 Mir로의 왕복 임무를 실시했다. 1995년 6월 6일, Atlantis(STS-71)를 이용한 러시아 우주정거장 Mir로의 첫 발사는 러시아 우주인 2명을 Mir로 수송하고 Mir에 탑승한 지 115일이 지났던 NASA의 우주비행사 노먼 타가드(Norman Thagard)를 지구로 귀환시키는 데 성공했고,[113] 1998년 12월 6일에는

---

110) 지휘자 F. Richard Scobee를 포함하여, Michael J. Smith, Ronald McNair, Ellison Onizuka, Judith Resnik, Gregory Jarvis, Christa McAuliffe가 탑승하였다.
111) Supra note 110, pp.183-184
112) Ibid., p.186
113) Ibid., p.191

Endeavour(STS–88)가 미국이 만든 ISS의 첫 번째 구성요소인 Unity 모듈을 궤도로 진입시키며, 우주왕복선이 설계의 주된 용도로 사용되기 시작하였다.

그러나 2003년 2월 1일, Columbia(STS–107)가 17일간의 임무를 마치고 지구의 대기권으로 재진입하는 과정에서 착륙을 몇 분 남기고 분해되어 7명의 승무원이 사망하는 사고가 발생하였는데, 조사 결과 이 사고는 발포 단열재의 파편이 원인으로 추진제 탱크를 파괴하고 우주왕복선의 왼쪽 날개 가장자리를 손상한 것으로 판명되었으며 우주왕복선 프로그램이 또 다시 중단되는 결과를 가져왔다.[114] 이후 우주왕복선 비행은 2005년 7월 26일 Discovery의 발사로 재개되었고, 2011년 7월 8일 135번째 마지막 우주왕복선인 Atlantis가 발사되며 약 30년간의 우주왕복선 프로그램이 공식적으로 종료되었다.[115]

> **그림 11** Space Shuttle

출처: NASA, "Space Shuttle Era"

---

114) "Remembering the Columbia STS–107 Mission", NASA, https://history.nasa.gov/columbia/index.html

115) William Harwood, "Shannon to review exploration options for NASA", *CBS News,* August 29, 2011.

사. 국제우주정거장(ISS: International Space Station)프로그램 (1981 ~ 2011)[116]

ISS 프로그램은 1998년 1월 29일에 미국, 캐나다, 일본, 러시아와 유럽우주기구(ESA: European Space Agency)의 11개국[117]이 국제우주정거장 정부 간 협정[118](IGA: International Space Station Intergovernmental Agreement)에 서명한 국제협력 프로그램으로, 지금까지 우주 분야에서 이루어진 국제협력 중 가장 규모가 큰 프로그램이다. ISS가 운영된 25년이 넘는 기간 동안 18개국이 넘는 국가에서 270명 이상의 우주비행사들이 ISS에 방문하며 ISS는 인류의 의학·재료·기초 과학 및 미래 우주탐사의 발견을 이끄는 실험실 역할을 하였다.[119]

우주탐사 분야에서 경쟁하던 미국은 1973년에 Skylab[120]을 발사하여 1979년까지 운영하였다. 미국은 경제, 정치, 사회 및 문화적 우선순위의 변화로 NASA의 막대한 예산 삭감 이후 자체 우주정거장을 건설하는 데 어려움을 겪고 있었는데, 1984년에 레이건 대통령이 유인 우주정거장을 건설하도록 NASA에 지시하면서 유인 우주정거장 건설에 관한 논의가 다시 진행되었다. 레이건 대통령은 유인 우주정거장 건설과 관련하여 다음과 같은 연설을 하였다.

"오늘 밤, 저는 NASA에 유인 우주정거장을 개발하고 10년 이내에 이를 완료하도록 지시합니다. 우주정거장은 우주에서만 제조할 수 있는 과학, 통신, 금속 및 생명을 구하는 의약품에 대한 우리의 연구에서 비약적인 도약을 허용할 것입니다. 우리는 우방국들이 이러한 문제를 해결하고 혜택을 공유하도록 도와주기를 바랍니다.

---

116) F.G. von der Dunk and M.M.T.A. Brus, *The International Space Station: Commercial Utilisation from a European Legal Perspective*, Martinus Nijhoff Publishers Leiden/Boston (2006), pp.9−14
117) 벨기에, 덴마크, 프랑스, 독일, 이탈리아, 네덜란드, 노르웨이, 스페인, 스웨덴, 스위스, 영국, 북아일랜드
118) 미국, 캐나다, 일본, 러시아 연방, 유럽우주기구 11개국(벨기에, 덴마크, 프랑스, 독일, 이탈리아, 네덜란드, 노르웨이, 스페인, 스웨덴, 스위스, 영국)이 서명하였으며, 우주정거장 건설에 참여한 국가와 IGA 당사국은 다르다.
119) "International Space Station", NASA, (UPDATED MAY 23, 2023)(https://www.nasa.gov/reference/international−space−station/ 참조)
120) 1973년부터 1979년까지 운영된 미국 최초의 우주정거장으로, 1973년에 3회의 유인(각 3명 탑승) 발사를 통해 약 435km 상공의 궤도에서 총 171일 13시간(각각 28일, 59일, 84일) 머물렀고, 무중력에 대한 인간의 적응 의학 실험, 태양 관측과 지구 자원 실험들을 포함하는 약 300여 개의 과학적이고 기술적인 실험들이 진행되었다.

NASA는 우리의 목표를 공유하는 모든 사람들을 위해 평화를 강화하고 번영을 구축하며 자유를 확장할 수 있도록 다른 국가가 참여하도록 초대할 것입니다."[121]

이후 1984년 8월에 런던에서 열린 경제 정상회담에서 레이건 대통령은 G7 국가들에게 우주 탐사에 있어 협력이 될 미국의 ISS 건설에 동참할 것을 요청하였고, 1985년에 캐나다, 일본, ESA가 참여를 결정하였다.[122] ISS의 개발은 최고 수준의 기술력이 중요한 열쇠였고, 러시아의 참여가 필요한 상황이었다. 이에, 1993년 12월 클린턴 대통령은 러시아의 미사일 기술개발을 막기 위해 러시아에 ISS 프로그램 참여를 요청하면서 미사일기술통제체제(MTCR: Missile Technology Control Regime) 가입 등 미사일 기술의 확산에 관한 국제 기준 준수를 요구하였고, 러시아가 이를 받아들이며 ISS 프로그램에 참여하게 되었다. 우주 관련 기술력을 보유한 러시아가 ISS 프로그램에 참여하면서 미국은 ISS의 건설 비용을 줄일 수 있었다.

ISS 프로그램은 총 3단계로 계획되었는데, 1단계는 1994년부터 1998년까지 기간으로 shuttle-Mir 프로그램을 통해서 우주정거장 운영에 대한 경험을 얻는 목적이었으며, 2단계는 ISS의 실제 건설단계인 1998년부터 2000년까지 기간으로 첫 번째 모듈 Zarya의 발사와 2000년 첫 번째 우주비행사가 우주정거장에 체류하는 것까지로 계획되었고, 마지막 3단계는 2000년에 시작되는 ISS의 완전한 조립이 이루어지는 단계였다. 이로 인해 ISS 건설에는 참가국들의 역할분담이 요구되었고, 각국은 운송 시스템을 비롯한 요소 개발과 운영 책임에 동의하였다.

이후 ISS 프로그램이 진행되면서 모스크바의 후르니체프 국영 연구 생산 우주센터(Khrunichev State Research and Production Space Center(KhSC))에서 제작된 Zarya가 1998년 11월 20일에 처음 발사된 것을 시작으로, 12월 4일에는 우주왕복선 Endeavour에 의해 Unity 모듈이 발사되었고 두 모듈은 12월 6일에 성공적으로 도킹하였다. 2000년대 들어 ISS는 활발히 운영되며 많은 실험들이 실시되었다.

---

121) President Reagan State of the Union Message, 25 January 1984, Washington, DC.
122) Supra note 118, p.10

25년 전 국제우주정거장의 시작인 Unity 모듈과 Zarya 제어 모듈의 결합(왼쪽)과 최근
Harmony 모듈로부터 도킹을 해제한 후 SpaceX 사의 Dragon Endeavour가 촬영한
국제우주정거장(오른쪽)

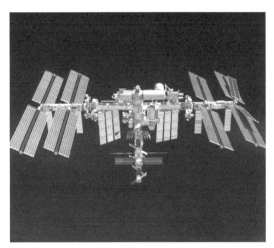

출처: NASA, ISS 2024 Calendar

ISS 구조

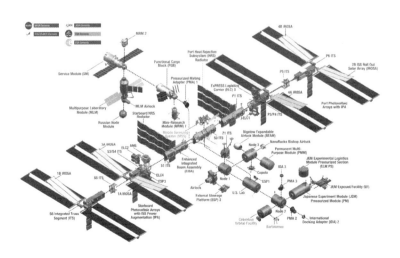

출처: NASA, ISS 2024 Calendar

제3기 (2017 ~)

가. 달로의 귀환[123]

1) 아르테미스(Artemis) 프로그램(2020 ~)

트럼프 대통령은 2017년 12월 11일, '우주 정책 지시(SPD: Space Policy Directive) — 1'[124]에 서명하였다. NASA 국장은 "상업 및 국제 파트너와 함께 혁신적이고 지속 가능한 탐사 프로그램을 이끌어 태양계를 넘는 인류 확장을 가능하게 하고 지구에 새로운 지식과 기회를 가져와야 하고, 우주의 탐사 및 이용은 지구 저궤도에서부터 시작하여 인류의 달 탐사가 이루어져야 한다."고 하였다.[125] 미국은 호주, 캐나다, 이탈리아, 일본, 룩셈부르크, UAE, 영국 7개 국과 함께 2020년 10월 NASA를 중심으로 하는 아르테미스 프로그램을 시작하면서 2024년에 최초의 유색 인종 여성을 달에 착륙시키고 우주의 탐사와 이용에 있어 새로운 시대를 여는 것을 목표로 하고 있다.[126]

---

123) NASA Science Editorial Team. "NASA's Exploration Campaign: Back to the Moon and on to Mars", APR 16, 2018, https://science.nasa.gov/earth/moon/nasas−exploration−campaign−back−to−the−moon−and−on−to−mars/

124) 82 FR 59501−Reinvigorating America's Human Space Exploration Program, Federal Register Volume 82, Number 239 (December 14, 2017)

125) SPD−1 section.1 (Amendment to Presidential Policy Directive-4); Presidential Policy Directive -4 of June 28, 2010 (National Space Policy)

126) NASA's Lunar Exploration Program Overview, National Aeronautics and Space Administration PLAN (September 2020), p.9

그림
14
아르테미스 서명 국가 (2024. 2. 15. 기준)

출처: NASA, "Artemis Accords"

아르테미스 프로그램은 평화로운 목적, 투명성, 상호운용성, 긴급 원조, 우주물체 등록, 과학 데이터의 공개, 유산 보존, 우주 자원, 활동의 간섭 해소, 궤도 쓰레기 경감이라는 10가지 원칙을 가진 프로젝트로, 총 3단계로 계획되었다. 아르테미스 I은 인간의 달 탐사와 향후 화성 탐사를 가능하게 하는 첫 번째 임무로, NASA의 새로운 초대형 로켓인 우주발사시스템(SLS)이 무인 오리온(Orion) 우주선을 지구 궤도로 보내 달로 4만 마일, 지구 귀환까지 총 28만 마일을 비행하는 것이며, 이 첫 비행 테스트를 통해 SLS 로켓의 성능을 시연하고 오리온이 마하 32의 고속으로 지구에 재진입하기 전에 기술 데이터를 수집하는 것이다. NASA는 이와 관련하여 2018년 9월에 오리온 낙하산의 최종 테스트를 완료했고, 2019년에는 오리온의 발사 및 상승 중에 꼭대기에 있는 발사 중단 시스템을 테스트하는 Ascent Abort−2를 성공적으로 수행하였다.

아르테미스 II의 유인 비행 목적은 50여 년 만에 처음으로 4명의 우주비행사를 달로 보내는 것이며, 탑승한 우주비행사들은 약 10일간의 임무를 위해 오리온에 탑승하여 달의 반대편으로 가장 먼 인류 여행의 기록을 세울 것으로 예상된다. 아르테미스 III는 엄격한 테스트 및

| 그림 15 | 2022년 케이프 커내버럴에서 오리온 우주선과 함께 이륙하고 있는 무인 아르테미스 I 로켓(SLS) |

편집: Bill Ingalls/NASA

아르테미스 I 과 II 기간 동안 NASA의 심우주 수송 시스템에 대한 200만 마일 이상의 우주비행 경험의 축적 정점이 될 것으로, 4명의 우주비행사는 다시 한 번 달로 향하여 달 표면을 걷는 최초의 여성과 두 번째 남성이 될 것이다. NASA는 아르테미스 프로그램을 통해 장기적인 우주탐사와 과학적 발견을 위해 인류를 달로 보내 심우주에 대한 미래 임무에 필요한 지식을 얻을 것을 계획하고 있다.[127] 그러나 2024년 2단계 진행 전에 오리온 내부 생명 유지 시스템의 전자 장치와 캡슐의 방열막의 마모 분석 및 발사타워 수리를 포함한 많은 기술적인 문제들로 인해 2024년에 예정되어 있었던 2단계가 2025년 9월 이후로 연기되었고, 후속인 3단계 역시 2026년 9월 이후로 순연되었다.[128]

---

127) Artemis Plan: NASA's Lunar Exploration Program Overview, NASA, Sep 2020.
128) Kenneth Chang, "NASA Delays Artemis Astronaut Moon Missions", The New York Times (Jan 9, 2024)(https://www.nytimes.com/2024/01/09/science/nasa−moon−artemis−spacex −delay.html)

2 법 · 정책

① 제1기(~ 1957)

가. 국가안전보장회의(NSC: National Security Council) 5520: 미국 과학위성 프로그램에 관한 정책 성명서 초안(Draft Statement of Policy on U.S. Scientific Satellite Program)[129]

1950년대 중반, 아이젠하워 대통령은 위성이 정보 수집을 위해 유용할 것이라는 확고한 믿음을 가지고 군사적 목적으로의 위성 이용을 지지하며 미국의 첫 번째 우주 정책을 이끌었다.[130]

NSC는 1955년 5월 20일, '미국 과학위성 프로그램(U.S. Scientific Satellite Program)'의 승인 근거로 일반적 고려사항 10가지[131]와 실행과정 2가지[132]를 담은 '미국 과학위성 프로그

---

129) James S. Lay, Jr. National Security Council Report, Foreign Relations of the United States, 1955-1957, United Nations and General International Matters, Volume XI(https://history. state.gov/historicaldocuments/frus1955 − 57v11/d340)

130) Sean N. Kalic, *US Presidents and the Militarization of Space, 1946 − 1967*, Texas A&M University Press, 2012, p.31

131) 1. 미국은 상당히 가까운 시일 내 지구궤도를 선회하는 소형 과학위성을 성공적으로 제작할 기술적 역량이 있는 것으로 믿어진다; 2. 대통령 과학자문위원회(PSAC: President's Science Advisory Committee)의 기술 역량 패널 보고서는 정보 응용 프로그램이 지구궤도의 매우 작은 위성으로 이어지는 즉각적인 프로그램을 보증할 것과 최근 무기 기술의 발전이라는 관점에서 '우주의 자유(Freedom of Space)'에 관한 국제법의 원칙이나 관행의 재검토를 권장한다; 3. 소련 정부는

램에 관한 정책 성명서 초안'을 제시하였다. NSC 위원들은 소련의 '행성 간 통신을 위한 상설 고위급 부처간 위원회' 창설을 인식하면서, IGY를 통해 미국이 우주를 통제하는 것이 아니라 모든 국가가 이익을 얻을 수 있도록 기여할 것임을 증명하고자 하였다.[133] 따라서, NSC 5520은 정찰 위성 개발뿐만 아니라 IGY의 일환으로 과학위성 프로그램의 수립을 권장했다. NSC는 이 보고서를 바탕으로 IGY 위성 프로그램을 승인하고 위성 프로그램이 IGY에 대한 미국의 기여를 위한 것이며 각국의 과학적 데이터에 도움이 될 것임을 강조했다.[134] 당시 아이젠하워 행정부의 참모들은 IGY가 NSC 5520과 발맞추어 미국이 뱅가드 발

1955년 4월 16일에 소련 과학아카데미의 천문위원회에 행성 간 통신을 위한 상설 고위급 부서 간 위원회(a permanent high-level, interdepartmental commission for interplanetary communications)를 만들었다고 발표했다; 4. 소형 과학위성을 설립하는 것으로부터 국방 통신과 미사일 연구 등에 적용될 중요한 발견들 등 잠재적 이점이 있을 것이다; 5. 미 합동참모본부는 intelligence applications strongly warrant 대형 감시위성의 구축을 언급해 왔다; 6. 인공위성 발사를 처음으로 성공하는 국가는 상당한 위신과 심리적 이익을 얻을 것이다. 특히 소련이 먼저 인공위성을 제작한다면, 첨단 기술의 시현과 인공위성 기술과 대륙 간 탄도 미사일(ICBM) 기술과의 명백한 연관성으로 인해 공산주의의 위협에 저항하기 위한 자유세계 국가들의 정치적 결정에 중요한 영향을 미칠 수 있다. 게다가, 소형 과학위성은 '우주의 자유' 원칙을 시험하게 될 것이다. 그러나, 예비 연구들은 이와 같은 인공위성의 발사에 대해서 국제법적 제약은 없다는 것을 보여주었다; 7. 인공위성이 상공을 지나가게 되는 모든 국가들에 대해서 군사적 공격 위협의 활동이 전혀 없다는 것이 강조되어야 한다; 8. 미국은 1957년 7월부터 1058년 12월까지의 IGY를 위한 많은 과학 프로그램에 적극적으로 협조하고 있다. 미국은 인공위성 발사의 평화적 목적을 강조해야 하고, IGY 진행중 어려움이 있으면 IGY와 별개로 진행한다거나 실현가능하고 필요로 할 때 대형 감시 인공위성을 발사하는 군사 인공위성 프로그램들을 계속하는 등의 미국의 행동의 자유에 대해 선입견을 갖지 않도록 주의해야 한다; 9. 국방부는 예비 설계 연구와 초기 핵심 구성부품 개발이 시작되면 IGY 기간 동안 소형 과학위성의 설립이 성공할 것이라고 확신한다; 10. 국방부에서 이미 진행 중인 미사일 프로그램에 의해서도 소형 과학위성 프로그램이 개발될 수 있다.

132) 11. 이 프로그램이 추가적인 연구 및 정보 목적을 위해 대형 계측 위성에 대한 지속적인 연구를 방해하거나 다른 주요 국방부 프로그램을 실질적으로 지연시키지 않을 것이라는 전제하에 1958년까지 소형 과학위성을 발사할 수 있는 능력을 개발하기 위한 국방부 프로그램을 시작한다; 12. 소형 과학위성의 평화적 목적을 강조하기 위해 IGY와 같은 국제적 원조하에 소형 과학위성을 발사하기 위해 노력한다. 다음과 같은 국제적 원조: a. 인공위성과 인공위성 관련 프로그램 분야에 있어서 미국의 자유로운 행동을 유지한다; b. 미국의 인공위성 프로그램과 이와 관련된 연구개발 프로그램을 지연 혹은 방해하지 않는다; c. 과학위성 발사의 수단과 같은 미국 기밀 정보의 보안을 지킨다; d. 인공위성이 상공의 궤도를 통과하게 될 모든 국가에 대해 사전 동의가 필요 없도록 하여 '우주의 자유(Freedom of Space)'의 개념이 위태롭지 않게 한다.

133) Supra note 132, p.32

134) "Sputnik and The Dawn of the Space Age", NASAhttps://history.nasa.gov/sputnik/17.html

사체 프로그램의 전반적인 이점을 활용하는 동시에 군사 위성 프로그램에도 도움이 될 것이라고 믿었다.[135)]

나. 국가 항공우주법(National Aeronautics and Space Act of 1958)[136)]

국가 항공우주법은 1958년 아이젠하워 행정부가 의회에 제출한 법안이 수정 통과된 후 아이젠하워 대통령이 7월 29일 서명하면서 발의된 법으로, 총 16개 조항[137)]으로 이루어졌다.[138)] 이 법의 제정 당시 미 의회는 우주에서의 활동이 모든 인류의 이익을 위해 평화적인 목적으로 이루어져야 하며, 미국의 일반적인 복지 및 국가안보를 위해 항공우주 활동에 대한 준비가 필요하다는 것을 인지하고 있었다.[139)] 이 법은 '국가 항공우주위원회(National Aeronautics and Space Council)'의 설립 및 구성[140)]과 NASA의 설립에 대한 법적 근거가 되었다.[141)] 이 법에서 미국의 항공우주 활동[142)]은 미국의 장기적인 목표[143)]에 기여해야 하며 항

---

135) Supra note 132, p.32
136) Public Law 85-568
137) 정책 선언 및 정의(sec. 101 - 103), 항공우주 활동의 조정(sec. 201 - 206), 기타(sec. 301 ~ 307)
138) Dwight D. Eisenhower, Statement by the President Upon Signing the National Aeronautics and Space Act of 1958. Online by Gerhard Peters and John T. Woolley, The American Presidency Project (https://www.presidency.ucsb.edu/node/233793)
139) Public Law 85-568 §102 (b)
140) Public Law 85-568 §201
141) Public Law 85-568 §202 (a)
142) Public Law 85-568 §103 1항의 3가지(지구 대기 안팎의 비행 문제에 대한 연구 및 해결, 항공 및 우주선의 연구 목적을 위한 개발, 건설, 테스트 및 운영, 우주탐사에 필요할 수 있는 기타 활동)를 의미한다.
143) Public Law 85-568 §102 (c)
   (1) 대기 및 우주 현상에 대한 인간 지식의 확장;
   (2) 항공 및 우주선의 유용성, 성능, 속도, 안전성 및 효율성의 개선;
   (3) 기구, 장비, 보급품 및 생명체를 우주로 운반할 수 있는 발사체의 개발 및 운영;
   (4) 평화적이고 과학적인 목적을 위한 항공우주 활동의 활용에서 얻을 수 있는 잠재적 이익, 기회 및 관련 문제에 대한 장기적인 연구 수립;
   (5) 항공우주 과학기술의 선도국으로서 미국의 역할을 유지하고 이를 대기권 내외의 평화 활동 수행에 적용하는 것;
   (6) 군사적 가치나 중요성이 있는 발견을 국방과 직접 관련된 기관이 사용가능하게 하고, 그러한 해당 기관이 비군사적 항공우주 활동을 지휘 및 통제하기 위해 설립된 민간 기관에 기관에 가치 또는 의미가 있는 발견에 관한 정보를 제공하는 것;

공우주 활동은 국내뿐만 아니라 국제 협력 프로그램을 통해서 평화적인 목적으로 수행되어야 한다고 정한다.[144]

 ## 2 제2기(1958 ~ 2016)

가. 수출통제 제도(Export Control System)

미국의 수출통제 제도는 미국의 국가안보 이익과 외교정책 목표 증진을 위한 수단으로, 민감한 장비, 소프트웨어 및 기술 등의 수출·재수출 및 이전 등을 통제하기 위한 제도이다.[145] 현재 미 행정부 내에서는 국무부, 상무부, 에너지부, 재무부가 수출통제를 규제하고 있다.[146] 그중에서도 미 국무부와 상무부는 각각 1976년 무기수출통제법(AECA: Arms Export Control of Act)[147]과 1979년 수출관리법(EAA: Export Administration Act)[148]을 제정하였고, 이 두 가지 법을 시행하기 위한 규정으로 각각 '국제 무기거래 규정(ITAR: International Traffic in Arms Regulations)'[149]과 '수출관리 규정(EAR: Export Administration Regulations)'[150]이 있다. 여기서 1979년 제정된 EAA가 2018년 수출통제개혁법(ECRA: Export Control Reform Act)에 의해 대체된 이후,[151] ECRA가 EAR의 시행을 위한 법적 근거를 제공한다.

---

(7) 이 법에 의하여 수행되는 작업과 그 결과의 평화적 적용에 대해 다른 국가들 및 국가 그룹들과 미국에 의한 협력, 그리고
(8) 노력, 시설 및 장비의 불필요한 중복을 피하기 위해 미국의 모든 관련 기관 간의 긴밀한 협력을 통해 미국의 과학 및 공학 자원의 가장 효과적으로 활용하는 것

144) Public Law 85-568 §205
145) Overview of U.S. Export Control System, a resource on strategic trade management and export controls, U.S. Department of State, https://2009-2017.state.gov/strategictrade/overview/index.htm
146) 방위사업청, 미국의 국제무기거래규정(ITAR), pp.3-4
147) 22 U.S.C. Ch. 39: Arms Export Control
148) 50 U.S.C. Ch. 56: Export Administration
149) 22 CFR Chapter I Subchapter M
150) 15 CFR Subtitle B Chapter VII Subchapter C
151) H.R.5040 - Export Control Reform Act of 2018 §114. Repeal

1) 미사일기술통제체제(MTCR: Misslie Technology Control Regime)

'MTCR'이란 1987년 4월 16일에 핵무기, 생화학무기 등의 대량살상무기(WMD: Weapon of Mass Destruction)[152]에 관련된 운반시스템(유인 항공기 제외)에 기여할 수 있는 이전을 통제함으로써 WMD 확산의 위험을 제한하기 위해 미국, 캐나다, 영국, 프랑스, 독일, 이탈리아, 일본 7개국이 공표한 정책 성명으로, 우리나라는 2001년 3월에 가입했다.[153] MTCR 문서는 MTCR 지침(MTCR Guidelines)과 MTCR 장비, 소프트웨어 및 기술 부속서(MTCR Equipment, Software and Technology Annex)을 포함하는데,[154] 이를 통틀어 'MTCR 부속서(Annex)'라고 하며, 이 부속서는 MTCR에 해당하는 품목 및 이와 관련한 모든 개정사항을 포함[155]한다. MTCR 자체의 항목들은 두 가지 Category로 이루어져 있는데, 모든 항목들이 USML에 해당된다.[156] MTCR의 두 가지 Category는 장비와 기술을 포함하는 항목(Item)[157]들로 구성되

---

152) 다음 각 호의 방출·전파 또는 충격을 통하여 다수의 사람에게 사망 또는 중상을 입히도록 의도되거나 능력이 있는 무기 또는 장치
   (A) 독성 또는 독성 화학물질 또는 그 전구체;
   (B) 질병 생물; 또는
   (C) 방사선이나 방사능. (50 U.S.C §2302(1))
153) 최정준, "미사일기술통제체제(MTCR)", 행정안전부 국가기록원(2017.12.26.).
154) MTCR Guidelines and the Equipment, Software and Technology Annex, Missile Technology and Control Regime (https://www.mtcr.info/en/mtcr−guidelines)
155) 22 CFR §120.29 (b) MTCR 부록(Annex)은 MTCR 지침(Guidelines)과 장비, 소프트웨어 및 기술 부록(Equipment, Software and Technology Annex) 그리고 그에 대한 모든 개정 내용을 의미한다.
156) 22 CFR §120.29 (c) MTCR 부록상의 모든 품목. AECA 제71조(22 U.S.C 2797) (a)항은 EAA 제6조(50 U.S.C 2405) (l)항에 따라 통제되지 않는 MTCR 부록상의 모든 품목 목록이 USML에 포함된다. 미 군용물자품목 목록(USML, U.S. Munitions List)에 명시된 MTCR 부록상의 품목은 제121.16조에 열거되어 있거나, 각 해당 단락 끝에 "(MT)"라고 표시되어 있다.
157) 총 20가지 항목으로, Category I 에는 Item 1{완전한 운반 시스템, 최소 300km 범위에 최소 500kg의 탑재체를 운반할 수 있는 완전한 로켓 시스템(탄도 미사일 시스템, 우주발사체 및 음향 로켓 포함) 및 무인 항공기 시스템(순항 미사일 시스템, 표적 드론 및 정찰 드론 포함)과 이 시스템들을 위해 특별히 설계된 생산 시설}과 Item 2{완전한 운반 시스템에 사용 가능한 완전한 하위 시스템, 로켓 단(stage), 재진입체(reentry vehicle), 로켓 엔진 등 Item 1의 시스템(로켓과 무인항공기)에서 사용할 수 있는 완전한 부분품과 이를 위해 특별히 설계된 생산 시설 및 생산 장비}가 포함되고, Category II 에는 그 외 Item 19{다른 완전한 운반 시스템, Item 1에 포함되지 않고 최대 사거리가 300km 이상인 완전한 로켓 시스템(탄도 미사일 시스템, 우주발사체 및 음향 로켓 포함) 및 무인 항공기(순항 미사일 시스템, 표적 드론 및 정찰 드론 포함) 등을 포함}를 포함하여 Item 3(추진 부품 및 장비), Item 4(추진제, 화학약품 및 추진제 생산), Item 9(계측장비, 항법 및 방향측정 장비 및 시스템), Item 10(비행제어시스템 및 기술), Item 11(항공 전

고, Category I 에 포함되는 Item 1과 Item 2에 속하는 것들은 가장 민감한 품목들이다. Category I 의 품목이 시스템에 포함된 경우에는 통합된 품목이 분리, 제거 또는 복제할 수 없는 경우를 제외하고 해당 시스템도 Category I 로 간주된다.[158]

2) 국무부의 AECA와 ITAR

가) AECA

AECA는 의회가 사회·경제·정치적 진보에 필수적인 요소로서 국제평화와 안보 환경 유지를 인식하고 전 세계적으로 국방에 대한 부담이 늘어나고 있는 상황에서 미국과 동맹국들의 국가방위와 관련한 협력을 위해 미국의 안보 목표 및 유엔 헌장의 목적 등을 고려한 국가 간 협력의 필요성을 인식하면서 제정되었다.[159] 이는 법에 근거하여 미국이 '국방 물자 및 국방 서비스(defense articles and defense services)'[160]의 수출을 관리하는 것이 전쟁 도구의 국제 거래와 지역 분쟁, 군비 부담을 줄이는 데 도움을 줄 수 있다는 미국의 국제적 차원에서의 리더십 발휘를 지속하는 정책의 일환이다.[161] AECA는 국방 물자 및 국방 서비스의 수입 또는 수출 통제와 관련한 권한을 대통령에게 부여하고,[162] 대통령은 행정명령 13637을 통해 이 권한을 다시 국무장관에게 위임한다.[163]

나) ITAR

국무부의 ITAR는 정부가 국방 서비스, 기술 데이터 및 특정 물품의 수출 및 재수출을 감독하기 위한 일련의 규정으로, 국무부의 국방무역통제국이 관련 업무를 담당한다. ITAR 는 '군수품목록(USML:United States Munitions List)'[164]을 통해 국방물품 관련된 기술 데이

자장비), Item 12(발사지원 시스템), Item 13(아날로그컴퓨터, 디지털차이분석기), Item 14(아날 로그–디지털 변환기), Item 15(시험시설 및 장비), Item 20(기타 완전한 하위 시스템) 등 18개 항목이 해당된다.

158) MTCR Team, MISSILE TECHNOLOGY CONTROL REGIME (M.T.C.R.) EQUIPMENT, SOFTWARE AND TECHNOLOGY ANNEX, 2023. 6. 15. p.7

159) 22 U.S.C. §2751

160) 22 U.S.C. §2794

161) 22 U.S.C. §2751

162) 22 U.S.C. §2778 (a), §2794 (7)

163) Executive Order 13637—Administration of Reformed Export Controls, March 8, 2013.

164) 22 CFR §121.1. 무기수출통제법 38조 및 47(7)조에 따라 방위 물품 또는 방위 서비스로 지정된

터[165])의 수출을 규제하고 있는데,[166]) USML에 해당하는 국방물품 서비스 지정 및 수·출입 통제 권한은 국무장관에게 있다.[167]) USML의 Category IV는 발사체, 유도미사일, 탄도미사일, 로켓, 어뢰, 폭탄 및 지뢰를 포함하고, Category XV는 우주선 및 관련 품목을 포함한다.[168]) 따라서 ITAR에 의해 국무부의 허가 또는 기타 승인을 통해서 상무부의 권한에 따라 EAR이 적용되는 품목[169])의 수출, 재수출 및 국내 이전이 승인될 수 있고, 이 품목은 차후 상무부 관할에 속하게 된다.[170])

3) 상무부의 EAR[171])

상무부의 EAR은 상무부 산업보안국에서 발행하여 특정 수출·재수출 및 활동을 통제하기 위한 것[172])으로 '이중 용도(dual-use) 품목'[173]) 및 기타 EAR이 적용되는 유형의 품목(순수한 민간 품목, 민간 및 군용, 테러 또는 잠재적인 WMD 관련 용도로 사용되는 품목과 군사용으로만 사용되지만 ITAR에 따라 통제되지 않는 품목)을 규제하고 있다.[174]) EAR에서 규제하는 항목의 전체 목

물품, 서비스, 관련 기술 데이터. 미 군수품목록 내 범주들, 주요 군사 장비, 미사일통제체제(MTCR)에서 지정한 품목이 이에 해당된다. (22 CFR §120.10 참조)

165) 총 21가지 Category로, 소형화기 및 관련 품목; 총기 및 화포; 탄약 및 병기; 발사체, 유도미사일, 탄도미사일, 로켓, 어뢰, 폭탄 및 지뢰; 화약, 활성물질, 추진제, 소이탄 및 구성품; 수상 전함 및 특수 해군 장비; 지상 차량; 항공기 및 관련 품목; 군사 훈련용 장비 및 훈련; 개인 보호 장비; 군용 전자장비; 사격 통제, 레이저, 영상 및 조종 장비; 재료 및 기타 품목; 화학작용제, 생물작용제 및 관련 장비를 포함한 독성 작용제; 우주선 및 관련 품목; 핵무기 관련 품목; 별도로 열거되지 않은 기밀문서, 기술 데이터 및 국방 서비스; 지향성 에너지 무기; 가스터빈 엔진 및 관련 장비; 잠수정 및 관련 품목; 열거되지 않은 물품, 기술 데이터 및 국방 서비스로 무기수출통제법 제38조에 따른 수정을 통해서만 변경이 가능하다.

166) 22 CFR §120.3

167) 22 U.S.C. §2778, Executive Order 13637, 22 CFR §120.2

168) https://www.govinfo.gov/content/pkg/FR-2022-03-23/pdf/2022-05629.pdf
Federal Register / Vol. 87, No. 56 / Wednesday, March 23, 2022 / Rules and Regulations International Traffic in Arms Regulations (ITAR), 22 CFR, Parts 120-130.

169) 수출관리규정 Part 774의 상무부 통제목록의 품목(Commerce Control List) 및 수출관리규정 Part 734의 정의를 충족하는 기타 품목)

170) 22 CFR §120.5(b)

171) 15 CFR §734. 수출, 재수출, 이전 등의 활동을 규제한다.

172) 15 CFR §730.1

173) 50 USC Ch. 58 §4801 (2), 각각의 품목과 관련하여 민간 분야 적용과 군사, 테러, 대량살상무기 또는 법 집행에 적용이 되는 것을 의미한다.

174) 15 CFR §730.3

록은 상업통제목록(CCL: Commerce Control List)[175]에 설명되어 있고, 이 목록은 기능, 의도된 용도 및 응용 프로그램을 기반으로 CCL에 대한 다양한 범주(Category)를 10가지[176]로 분류하고 있다.[177] 이 중 category 9는 항공우주 및 추진(Aerospace and Propulsion) 분야이다.[178]

나. 국가 및 상업 우주 프로그램(U.S.C. Title 51: National and Commercial Space Programs)[179]

1984년 제정된 지구 원격탐사 상업화법(Land Remote−Sensing Commercialization Act of 1984)은 Landsat 시스템을 포함하여 우주의 상업적 이용을 다루었고,[180] 1992년 지구 원격탐사 정책법(Land Remote−Sensing Policy Act of 1992)에 의해 대체되었다.[181] 이 법은 다시 2010년 연방법전 제51편 국가 및 상업 우주 프로그램에 의해 많은 부분이 대체되었다.[182]

연방법전 제51편은[183] 항공우주 연구 및 교육, 상업적 기회를 목표로 한 프로그램, 지구 관측, 우주로의 접근 등 다양한 범주를 다룬다. 이 법의 제정은 우주에서의 활동이 모든 인류의 이익을 위해 평화적인 목적에 전념해야 하고,[184] 미국의 복지와 안보를 위해 항공우주 활동에 대한 규정이 필요하다는 의회의 인식에서 비롯되었다.[185]

연방법전 제51편과 1958년 국가 항공우주법의 차이점을 살펴보면, 우주활동의 목적을 대기권과 우주뿐만 아니라 '지구'를 포함했다는 것과, '관련 제조과정과 연관된 연구 및 기술 개발을 통해서 항공우주 분야에서 미국의 탁월한 지위 유지'와 '우주에서 생명의 기원, 진화,

---

175) 15 CFR Appendix Supplement No. 1 to Part 774
176) 핵 물질, 시설 및 장비 및 기타; 재료, 화학물질, 미생물 및 독소; 재료 가공; 전자제품; 컴퓨터; 통신 및 정보 보안; 센서 및 레이저; 내비게이션 및 항공전자공학; 선박; 항공우주 및 추진
177) https://www.exportsolutionsinc.com/ear/
178) Commerce Control List Supplement No. 1 to Part 774 Category 9, Export Administration Regulations Bureau of Industry and Security, February 24, 2023
179) Public Law 111−314 (December 18, 2010) (미국 법전 51조 "국가 및 상업 우주 프로그램"과 같이 국가 및 상업 우주 프로그램과 관련된 특정 법률을 제정하는 법)
180) H.R.4836 − 98th Congress (1983−1984)
181) H.R.6133 − 102nd Congress (1991−1992)
182) U.S.C. Title 51—National and Commercial Space Programs, Repeals
183) Public Law 111−314 §20101
184) Public Law 111−314 §20102 (a)
185) Public Law 111−314 §20102 (b)

분포, 미래를 위한 연구' 두 가지 항목을 추가했다는 점이 있다.[186] 또한 '항공우주 활동'의 정의에 '우주왕복선, 상단부, 우주 플랫폼 및 관련 장비를 포함하는 우주수송시스템의 운영'을 추가하고 '항공우주 발사체'의 정의에 '발사체와 관련한 장비, 장치, 구성품 및 부품'을 추가하였다.[187] 이로 인해, 완전한 발사체뿐만 아니라, 발사체의 구성품 역시 발사체로 정의되기 때문에 발사체에 적용되는 규제를 동일하게 적용받게 된다.

연방법전 제51편은 우주탐사와 관련해서 미국의 기술적 우위를 유지하는 것의 중요성을 명시하고 지구의 상층 대기[188]에 대한 연구가 미국의 정책임을 명시하였다.[189] 또한, NASA에 이와 관련한 연구 및 기술 등의 프로그램과 유인 비행 프로그램을 개발하고 수행하는 것에 대한 권한을 부여하고, 미래 화성, 기타 목적지 및 달 관련 프로그램, 유인 비행 프로그램[190]과 관련한 권한을 NASA 국장에게 부여한다.[191]

국제협력 및 경쟁 분야에서는 중국 또는 중국이 소유하거나 중국 법률에 따라 설립된 회사들과의 우주선·우주선 시스템·발사 시스템 협력에 대해서 사전에 미 의회의 허가를 받도록 하고 있다.[192] 연방법전 제51편은 다른 국가와의 계약에 대해 미국과의 협정 혹은 계약이 종료되었을 때, 외국 정부가 이익을 얻게 하는 협정 또는 계약을 체결하지 않도록 명시하며, 우주활동이 국가 이익과 관련한 것임을 명시한다.[193] 또한, 우주수송 시스템과 관련하여서는 외국 발사체를 이용한 미국 탑재체의 발사를 금지하고 있다.[194]

우주의 상업적 이용에서는 우주정거장의 운영 및 서비스 등에 대해 우주정거장에 관한 미국 정부의 분담금 부담을 줄이고자 하는 목표를 제시하고,[195] 국가안보·공공안전·과학

---

186) Public Law 85−568 §102 (c), Public Law 111−314 §20102 (d)
187) Public Law 111−314 §20103
188) 대류권 위에 있는 지구의 감지대기의 부분
189) Public Law 111−314 §20161
190) (1) 늦어도 2020년까지 미국인들을 달로 보내는 것
　　(2) 2010년에 근접하여(빠른 시일 내) 유인 탐사 발사체 발사
　　(3) 국제우주정거장 등 가장 적절한 시설을 이용하여 우주에서 오래 머무는 것에 의한 인체의 영향에 대한 지식 증대
　　(4) 인간이 화성과 다른 목적지에 착륙하고 이로부터 돌아올 수 있도록 기술적, 예산상으로 실현 가능한 시간 계획
191) Public Law 111−314 §20302
192) Public Law 111−314 §30701
193) Public Law 111−314 §30702
194) Public Law 111−314 §30703

및 경제적 이익에 기여하는 GPS 시스템의 지원과 유지[196]를 위한 방향을 제시한다. 다만, 우주수송시스템의 상업적 이용을 장려하면서도 대륙 간 탄도미사일(ICBM)의 소유권 이전 또는 이를 STS로 변환하는 것을 금지하고 있다.[197]

③ 제3기(2017 ~)

제3기는 아르테미스 프로그램을 통한 달 탐사로 회귀하게 된 중요한 시기이다. 특히, 트럼프 행정부 시기에는 7개의 SPD를 포함하여, 2020년 국가 우주정책(National Space Policy)을 비롯한 우주 관련 법률 제정 등 우주에 관한 정책적 논의가 활발하게 이루어진 시기이다.

가. 항공우주국 전환 승인법(National Aeronautics and Space Administration Transition Authorization Act of 2017)[198]

2017년 항공우주국 전환 승인법은 NASA의 활동에 대한 승인 및 지침을 제시하는 법안으로, 의회에서 통과되고 2017년 3월 21일 트럼프 대통령이 서명한 법안이다. 법 제정의 주요 목적은 NASA의 프로그램 및 계획에 있어 장기적인 안정성과 방향 제공, NASA의 다양한 임무 부서에 대한 정책 및 자금 우선순위 설정 및 미래의 탐사 및 과학적 노력을 위한 프레임워크를 설정하는 것이다.[199]

2017 항공우주국 전환승인법은 총 8개 장으로 이루어져 있는데, NASA의 2017년 예산 승인 등을 포함한다.[200] 3장 "국제우주정거장 및 저궤도 활용 극대화"는 과학 연구, 기술 혁신 및 상업 활동을 위해 ISS와 지구 저궤도의 활용을 최적화하는 것의 중요성을 강조하는데, NASA가 상업용 유인 및 STS를 포함하여 ISS 운영 및 활용에 민간 부문의 참여를 촉진하도록

---

195) Public Law 111−314 §50111
196) Public Law 111−314 §50112
197) Public Law 111−314 §50134
198) Public Law 115−10 (03/21/2017)
199) Public Law 115−10 sec.101−201
200) 각각 Public Law 115-10—Mar. 21, 2017, sec.101, sec.201−202

지시한다. 이는 지구 저궤도 활성화 및 우주에서 경제적 기회를 촉진하기 위한 상업적 파트너십의 개발을 장려한다. 또한, 이 장은 NASA가 2024년 이후까지 ISS의 운영 수명을 연장하는 선택지를 탐색하여 과학 연구 및 국제협력을 위해 ISS에 계속 접근할 수 있도록 보장할 것을 요구한다.

4장 "인간 심우주 탐사의 발전"은 특히 화성과 같은 심우주 목적지에 대한 임무에 중점을 두고 지구 저궤도를 넘어 인간 탐사를 발전시키겠다는 것을 강조하며, 이를 주도하는 주요 기관으로 NASA의 역할을 재확인하고 화성과 기타 천체에 대한 유인 탐사계획을 개발하고 실행하도록 지시하면서 국제 파트너십과 민간 부문 협력을 활용의 중요성을 강조한다. '유인 우주 비행 및 탐사의 목표와 목적', '탐사를 위한 핵심 역량 확보', '화성으로의 여행', 'TREAT[201] 우주비행사 법'을 다룬다.

5장 "우주과학 발전"은 인간의 지식과 우주탐사를 발전시키는 데 있어 우주과학의 중요한 역할을 강조하는데, 우주에서의 과학 연구 및 탐사 활동을 촉진하고 강화하는 것의 중요성과 우주에 대한 이해 증진 및 과학 지식 향상과 미래 세대에게 영감을 주기 위한 NASA의 임무와 이니셔티브를 지원하는 것의 중요성을 강조한다.[202]

6장 "항공학"은 항공 연구개발 노력의 발전에 중점을 두고 혁신적인 연구 이니셔티브, 기술개발, 산업계 및 학계와의 협력을 통해 항공 능력, 안전 및 효율성을 향상시키는 NASA의 역할을 강조한다.[203]

7장 "우주 기술"은 미래의 우주탐사 임무를 가능하게 하고 지구 저궤도 이원의 과학 연구 및 탐사 역량을 향상시키기 위해 우주기술 개발에 투자하는 것의 중요성을 강조하며, 특히 화성 탐사와 관련한 고급 추진 기술을 포함하여 첨단 기술 연구 프로그램 진행 등을 위한 NASA의 역할을 강조한다.[204]

8장 "효율성 극대화"는 다양한 영역에 걸쳐 NASA 운영의 효율성, 효과 및 조정을 향상시키기 위한 것이며, 향상된 정보 기술 인프라, 사이버 보안 조치, 임무 부서 간 협력 강화 등을 통한 NASA의 운영 최적화에 중점을 두고 설명한다.

---

201) "To Research, Evaluate, Assess, and Treat"을 의미한다.
202) Public Law 115-10—Mar. 21, 2017, sec.501−517
203) Public Law 115-10—Mar. 21, 2017, sec.601−605
204) Public Law 115-10—Mar. 21, 2017, sec.701−702

나. 우주 정책 지시(SPD: Space Policy Directive)[205]

미국의 역대 대통령들은 행정부의 국가안보정책을 명시하고 법의 효력을 부여하는 행정명령의 특정 형태로 '대통령 지시(Presidential Directives)'를 사용했다.[206] 이는 각 행정부에 따라 다양한 명칭으로 사용되었으나, 'SPD'는 트럼프 행정부에 들어서 사용되었고 트럼프 대통령의 SPD는 다음 표와 같이 2017년 12월부터 2021년 1월까지 총 7번 발표되었다.

표 2 트럼프 대통령의 SPDs

구분	발표 시기	제목	내용
SPD-1	2017.12.11.	미국 유인 우주탐사 프로그램의 재활성화 (Reinvigorating America's Human Space Exploration Program)	유인 탐사 프로그램을 지구 궤도 이원부터 시작하여 달 탐사 이후 화성 탐사 등 기타 목적지로 확장
SPD-2	2018.5.24.	우주 공간의 상업적 이용에 관한 규제 간소화 (Streamlining Regulations on Commercial Use of Space)	우주 관련 상업의 활성화를 위한 규제 간소화를 통한 경제성장 촉진
SPD-3	2018.6.18.	국가 우주교통관리 정책 (National Space Traffic Management Policy)	우주상황인식(SSA) 및 우주교통관리 (STM)를 통해 우주비행의 안전성 확보
SPD-4	2019.2.19.	미 우주군 창설 (Establishment of the United States Space Force)	국가안보 및 현대전의 필수요소로 우주를 인식하고 잠재적인 적국의 우주 능력 발전이 우주에서의 미국의 우월적 지위를 위협함을 인지하며 미국의 6번째 군종인 우주군 창설
SPD-5	2020.9.4.	우주 시스템을 위한 사이버안보 원칙 (Cybersecurity Principles for Space Systems)	사이버 위협으로부터 미국의 우주작전의 자유를 보장하기 위한 사이버보안 조치의 필요성
SPD-6	2020.12.16.	우주 핵동력 추진을 위한 국가전략 (National Strategy for Space Nuclear Power and Propulsion)	미국의 기존 및 미래 우주 임무를 위한 우주 핵동력 추진(SNPP) 국가전략 수립의 필요성 강조
SPD-7	2021.1.15.	미국의 우주 기반 위치·항법·시각 (PNT) 정책 (U.S. Space-Based Positioning, Navigation, and Timing Policy)	GPS 운영 프로그램의 확장에 따른 국가안보를 고려한 PNT 정책의 필요성

출처: 저자 정리

---

205) 김호식, "미국의 안보전략과 우주력 건설", 『항공우주매거진』, 제16권 2호(2022)에 따라 우주 정책 지침이 아닌 우주 정책 지시로 번역하였다.
206) Harold C. Relyea, Order Code 98-611 GOV. Presidential Directives: Background and Overview, 2008. pp.4-9

1) SPD-1

2017년 12월 11일, 트럼프 행정부는 SPD-1 '미국의 인간 우주 탐험 프로그램의 재활성화'를 발표함으로써,[207] 이 정책지시가 오바마 대통령의 대통령 정책지시(PPD: Presidential Policy Directive)-4[208]를 대체하여 미국의 우주 프로그램이 지구 저궤도 이원의 임무부터 시작하여 장기적인 탐사와 이용을 위한 인류의 달로의 귀환을 주도하고 그 후에 화성 및 다른 목적지로 이어질 것이라는 방향성을 제시하고 있다.[209]

2) SPD-2

2018년 5월 24일 발표된 SPD-2 '우주 공간의 상업적 이용에 관한 규제 간소화'[210]는 총 7개 조항으로 이루어져 있으며, 미국의 국가안보와 외교정책의 목표 추진을 위한 우주 공간의 상업적 이용에 관한 규제 간소화[211]가 미국의 경제성장을 촉진하고 결국 미국의 우주 상업에서의 리더십을 이끌어낼 것임을 이야기한다. 이를 위해 연방 규정을 포함한 정부 조치가 신중하고 책임감 있는 정책이어야 한다는 것을 강조하고 각 분야[212]와 관련한 정부 부처

---

207) 82 FR 59501-Reinvigorating America's Human Space Exploration Program, Federal Register Volume 82, Issue 239, Presidential Documents (2017. 12. 14.)
208) PPD-4 국가 우주정책(National Space Policy)(2010. 6. 28.): 국가 우주정책에 관한 원칙, 목표, 다양한 분야에 대한 지침을 제시함
209) "태양계 너머로 인류의 확장을 가능하게 하고 새로운 지식과 기회를 지구로 다시 가져오기 위해 상업 파트너 및 국제 파트너와 협력하여 혁신적이고 지속 가능한 탐사 프로그램을 주도해라. 미국은 지구 저궤도 너머의 임무부터 시작하여, 장기적인 탐사와 이용을 위한 인류의 달로의 귀환을 주도하고 그 후에 화성 및 다른 목적지로의 유인 임무가 계속될 것이다."
210) 83 FR 24901 - Streamlining Regulations on Commercial Use of Space, Federal Register Vol. 83, No. 104, Presidential Documents (2018. 5. 30.)
SPD-3 sec.6 (a) 우주상황인식(SSA)은 안전하고 안정적이며 지속가능한 우주활동 지원을 위한 우주 물체 및 운영 환경에 대한 지식과 특성을 의미한다.
(b) 우주교통관리(STM)는 우주 환경에서 운영의 안전, 안정성 및 지속가능성 향상을 위한 활동의 계획, 조정 및 궤도상 동기화를 의미한다.
(c) 궤도잔해 또는 우주 잔해(쓰레기)는 더 이상 유용한 용도로 사용되지 않는 지구 궤도를 도는 인공 우주물체를 의미한다.
211) 5개 분야에 대한 규제 간소화: '발사와 재진입 허가(liscensing)', '상업용 원격탐사', '상무부 개편', '무선주파수 스펙트럼', '수출 허가 규정 검토'
212) 83 FR 24901 - Streamlining Regulations on Commercial Use of Space, Federal Register Vol. 83, No. 104, Presidential Documents (2018. 5. 30.)

의 역할과 책임을 정확히 명시한다.[213]

3) SPD-3

2018년 6월 18일 발표된 SPD−3 '국가 우주교통관리 정책'[214]은 총 6개 조항으로 이루어져 있으며, 우주에서의 경쟁으로 인해 미국의 우주 운영의 안전·안정성·지속가능성(Safe, Secure and Sustainable)[215]이 도전받고 있고, 우주쓰레기[216]의 증가로 인한 미국 우주 자산 보호의 필요성을 인식한다.[217] 그 외에도 우주에서의 미국의 리더십과 전 세계적으로 우주비행의 안전성을 위한 새로운 우주교통관리(STM: Space Traffic Management)[218] 방법, 우주상황인식(SSA: Space Situational Awareness)[219] 및 STM 혁신에 대한 우선순위 설정, 국가안보 우선순위와의 합치, 우주 상업 분야에서의 성장 장려 등[220]과 이와 관련한 원칙과 목표, 지침과 관련 부서 책임자의 역할 등을 다루고 있다.[221]

4) SPD-4

2019년 2월 19일 발표된 SPD−4 '미 우주군 창설'[222]은 총 11개 조항으로 이루어져 있으며, 미국이 우주를 국가안보 및 현대전의 필수요소로 인식하고, 잠재적인 적국의 우주 능력의 발전이 우주에서의 미국의 우월적 지위를 위협하고 있다고 인식함을 언급한다. 이에 대해, 입법안을 통해 공군 내에 미국의 6번째 군인 우주군을 창설하고 우주군을 조직·훈련·

---

213) SPD−2 sec.2~sec.6
214) 83 FR 28969 − National Space Traffic Management Policy, Federal Register Vol. 83, No. 120, Presidential Documents (2018. 6. 21.)
215) SPD−3 sec.3
216) 더이상 유용한 용도로 사용되지 않는 지구 궤도를 도는 인공우주물체를 의미한다.
217) SPD−3 sec.1
218) 안전하고 안정적이며 지속가능한 우주활동 지원을 위한 우주물체 및 운영 환경에 대한 지식과 특성을 의미한다.
219) 우주 환경에서 운영의 안전, 안정성 및 지속가능성 향상을 위한 활동의 계획, 조정 및 궤도상의 동기화를 의미한다.
220) SPD−3 sec.1
221) SPD−3 sec.3 ~ sec.6 참조.
222) 84 FR 6049 − Establishment of the United States Space Force, Federal Register Vol. 84, No. 37, Presidential Documents (2019. 2. 25.)

무장할 수 있도록 그 지침을 제시하고 있다.[223] 따라서, 미국의 우주군 창설은 우주 영역 내에서, 우주 영역으로부터 그리고 우주 영역으로의 미국의 작전의 자유를 제공하고 미 우주군을 포함한 합동군의 치명성과 효과적인 능력 향상을 위한 것이고 책임 있는 모든 주체의 우주의 평화적 이용을 보호하고 국가안보 차원에서의 침략 억제를 통한 미국 및 동맹국의 이익 방어 등의 역할을 위한 것이라고 할 수 있다.[224]

5) SPD-5

2020년 9월 4일 SPD-5 '우주 시스템을 위한 사이버안보 원칙'[225]은 총 5개 조항으로 이루어져 있으며, 사이버 위협으로부터 우주자산과 그 지원 인프라를 보호하고 운영의 연속성을 보장하기 위해 정부의 우주 운영 및 상업적 우주 분야 전반에 걸쳐 관행을 촉진하도록 행정 부서 및 정부 기관에 지시한다.[226] 우주 시스템[227]은 국가보안 응용 프로그램 같은 주요한 기능[228]을 가능하게 하므로, 안정적이고 효율적인 국가 중요 인프라 운영을 위해서는 사이버 사고로부터 우주 시스템을 보호하는 것이 필수적이며 미국이 국가안보, 경제적 번영 및 과학적 지식 발전에 필요한 제한 받지 않는 우주작전의 자유를 얻을 수 있다.[229] 즉, 임무 자료의 손실, 우주 시스템 등의 수명 또는 기능 감소, 시스템의 잠재적 손상, 우주선에 대한 긍정적인 통제력 상실 등 우주작전에 유해한 악의적인 사이버 활동[230]에 대해 사이버 보안 조치가 필요하며, 지상 시스템과 달리 우주 시스템에 대한 물리적 접근이 어려운 점을 고려

---

223) SPD-4 sec.1
224) SPD-4 sec.3
225) Memorandum on Space Policy Directive-5—Cybersecurity Principles for Space Systems, Presidential Memoranda
226) 85 FR 56155 - Cybersecurity Principles for Space Systems, Federal Register Vol. 85, No. 176, Presidential Documents (2020. 9. 10.)
227) 우주 기반 서비스를 제공하는 지상 시스템, 센서 네트워크 및 하나 이상의 우주선을 포함하는 시스템의 조합을 의미한다. 우주 시스템에는 일반적으로 지상 제어 네트워크, 우주선, 사용자 또는 임무 네트워크의 세 가지 부분이 있으며, 이러한 시스템에는 정부 국가보안 우주 시스템, 정부 민간 우주 시스템 및 민간 우주 시스템이 포함된다.
228) 글로벌 통신; 위치·항법·시각(PNT); 과학적 관찰; 탐사; 날씨 감시.
229) SPD-5 sec.3 ~ sec.4
230) 스푸핑 감지 자료; 감지 시스템 손상; 전파방해 혹은 승인되지 않은 유도 및 통제 전송; 악성 코드 주입; 서비스 거부 공격

했을 때, 설계 단계에서부터 보안 조치를 하여 우주 인프라 운영의 연속성이 보장되어야 함을 이야기한다.[231]

6) SPD-6

2020년 12월 16일 발표된 SPD-6 '우주 핵동력 추진을 위한 국가전략'[232]은 총 7개 조항으로 이루어져 있으며, 미국의 과학·탐사·국가안보 및 상업적 목적을 위한 SNPP 시스템의 개발과 사용[233]을 보장하는 국가전략 수립의 필요성[234]과 SNPP 활동 로드맵[235]을 제시하며 이를 통해 미국의 기존 및 미래의 우주 임무 수행이 가능할 것임을 이야기한다.

7) SPD-7

2021년 1월 15일 발표된 SPD-7 '미국의 우주 기반 위치·항법·시각(PNT) 정책'[236]은 총 9개 조항으로 이루어져 있고 기존에 있던 관련 정책을 보완[237] 및 대체[238]하여 미국의 국

---

231) SPD-5 sec.1
232) 85 FR 82873 - National Strategy for Space Nuclear Power and Propulsion, Federal Register Vol 85, No. 245, Presidential Documents (2020. 12. 21.)
233) SPD-6 sec.1
234) SPD-6 sec.2
235) (a) 2020년대 중반까지 필요에 따라 달과 행성 표면 및 우주 내 전력, NEP 및 NTP 응용에 적합한 연료 생산을 가능하게 하는 우라늄 연료 처리 능력을 개발한다.
    (b) 2020년대 중후반까지 지속적인 달의 존재와 화성 탐사를 지원하기 위해 40kWe 이상의 전력 범위로 확장 가능한 달 표면의 핵분열 발전 시스템 시연
    (c) 2020년대 후반까지 핵심기술과제의 식별 및 해결을 포함하여 NTP 옵션이 미래의 국방부 및 NASA 임무 요구사항을 충족할 수 있도록 하는 기술 기반 및 기능의 확립
    (d) 2030년까지 기존 RPS 기능보다 더 높은 연료 효율, 더 높은 특정 에너지 및 더 긴 작동 수명을 제공하고 달과 화성의 유무인 탐사를 지원하고 태양계의 무인 탐사를 확장하는 고급 RPS 역량 개발
    이에 대해 NASA는 2024년 첫 여성과 다음 남성을 월면에 착륙시키는 것을 포함한 동국의 아르테미스 계획에서 백악관이 계속 리더십을 발휘할 것을 강력히 지지한다. 달에서 우리는 태양계의 깊이에 새로운 과학과 인류의 임무를 준비할 예정이라고 밝혔다(https://www.nasa.gov/press-release/nasa-supports-americas-national-strategy-for-space-nuclear-power-and-propulsion 참조).
236) Memorandum on Space Policy Directive 7, Presidential Memoranda
237) 행정명령(Executive Order)-13905(PNT의 책임 있는 사용을 통한 국가 회복력 강화)(2020. 2. 12.), 국가 우주정책(2020. 12. 9.)의 일부
238) 국가안보 대통령 지시(National Security Presidential Directive)-39 (미국 우주 기반 PNT 정책)

가 및 국토 안보·민간·상업·과학 목적을 위한 PNT[239] 서비스와 그 활동에 대한 구현 조치 및 지침을 설정한다.[240] 미국 중요 인프라 부문[241]의 핵심 구성요소인 GPS는 미국 국가 안보의 중요한 시스템으로 PNT 서비스에 대한 지속적인 개발을 비롯하여 국제적인 요구사항을 충족하는 관리 정책 및 체제를 잘 유지하는 것이 중요하다. 따라서, 이를 방해 및 조작할 수 있는 신호를 비롯한 사이버 위협에 대비하여 GPS의 사이버보안 조치 개선과 미국 및 동맹국의 국가안보, 국토안보 및 민간 목적에 부합하는 우주기반 PNT 서비스의 관리[242]가 필요함을 이야기한다.

다. 우주 외교를 위한 전략적 프레임워크(A Strategic Framework for Space Diplomacy)

미 국무부는 2023년 5월 30일에 '우주 외교를 위한 전략적 프레임워크'라는 첫 번째 우주 관련 전략 문서를 발표하였다.[243] 토니 블링컨(Tony Blinken) 국무장관은 이 전략 문서의 발표에 대해 "우리는 책임 있는 행동을 장려하고, 미국 국가 우주 정책에 대한 이해와 지원을 강화하며, 미국 우주 역량의 국제적 활용을 촉진할 것입니다."라고 하였다.[244]

'우주 외교를 위한 전략적 프레임워크'는 2020년 '국가 우주 정책'[245]과 2021년 '미국 우

(2004. 12. 15.)

239) 경도, 위도, 고도 또는 시간 또는 주파수 데이터의 전송 또는 이들의 조합을 계산하거나 확장하기 위한 참조를 제공하는 모든 시스템, 네트워크 또는 기능을 의미한다.

240) SPD—7 sec.4

241) 대통령 정책지시(PPD: Presidential Policy Directive)—21(중요한 인프라의 안보와 회복력Critical Infrastructure Security and Resilience)

242) SPD—7 sec.5

243) Christian Davenport, "State Department seeks to expand its space diplomacy efforts", The Washington Post, May 30, 2023, https://www.washingtonpost.com/technology/2023/05/30/space—diplomacy—state—department/. 이날은 중국이 2030년까지 달에 사람을 보내겠다는 의도를 발표한 지 하루 만이자 중국이 선저우(神舟, Shenzhou) 16으로 톈궁(天宮, Tiangong) 우주정거장에 3명의 우주비행사를 추가로 보낸 날이었다.

244) Blinken, Antony. United States Leads in Space with Diplomacy, U.S. Department of State, Press Statement, May 30, 2023, https://www.state.gov/united—states—leads—in—space—with—diplomacy/

245) Donald J. Trump, "Memorandum on The National Space Policy", The White House, Dec 9, 2020.

주 우선순위 프레임워크'[246])를 비롯한 다양한 정책[247])의 기반으로[248]) 국무부 산하 부서인 해양·국제환경 및 과학국(OES)[249])과 군비통제·억제 및 안정국(ADS)[250])에서 초안을 작성하였다. 이는 우주 프로그램의 확장이 갈등 및 오해를 피하는 데 있어 국제협력을 중요하게 만든다는 인식에서 비롯되어 우주에서의 행동에 대한 법적 프레임워크를 마련하기 위해 아르테미스 협정을 기반으로 한다.[251])

국무부는 미국이 지난 65년간 우주를 평화적 목적으로 탐사 및 활용하는 것과 전 인류를 위한 우주의 혜택 극대화에 선도적인 역할을 해 왔으며 이 전략 문서를 통해 모든 우주활동 주체들의 책임 있는 행동을 촉진하기 위한 것임을 밝힌다. 또한, 이 문서는 미국의 지속적인 우주 리더십 발전 및 상호 이익이 되는 우주활동에 대한 국제협력 확대, 미국의 우주 정책 및

---

246) The White House, "United States Space Priorities Framework", Dec 2021.

247) 2022년 국가안보 전략, 7개의 우주 정책지시, FY 2022-2026 내무부-국제개발처 공동전략계획 (FY 2022-2026 State-USAID Joint Strategic Plan), 기타 국가 우주 관련 정책 및 행정명령과 기타 국가전략 및 정책(국가 사이버안보 전략(National Cybersecurity Strategy), 대테러 국가 안보 각서(National Security Memorandum on Counterterrorism), 성 형평성 및 평등에 관한 국가전략(National Strategy on Gender Equity and Equality), 세계 여성의 경제적 안보에 관한 미국의 전략(U.S. Strategy on Global Women's Economic Security), 중요 인프라의 안보 및 회복력에 관한 국가 정책 및 계획) 등

248) Rachel Jewett, "US State Department Releases its First Strategic Framework for Space Diplomacy", Via Satellite, June 1, 2023, https://www.satellitetoday.com/government-military/2023/06/01/us-state-department-releases-its-first-strategic-framework-for-space-diplomacy/

249) 정식 명칭은 'Bureau of Oceans and International Environmental and Scientific Affairs.' 현재 세대와 미래 세대의 번영·평화·안보를 위해 지구 환경, 해양, 우주를 보존하고 보호하기 위해 미국의 리더십, 외교, 과학적 협력 제공을 임무로 한다.

250) 기존 명칭은 'Bureau of Arms Control, Verification and Compliance(AVC)'였으나 2023년 11월 13일, 'Bureau of Arms Control, Deterrence, and Stability(ADS)'로 명칭 변경되었으며, 이는 해당 부서의 업무 전체 범위와 신흥 안보 기술 및 영역으로 야기되는 새로운 도전을 다루기 위한 것으로(US State Department, "Announcing the Renaming of the Bureau of Arms Control, Verification and Compliance to the Bureau of Arms Control, Deterrence, and Stability", Retrieved 25 November 2023. 참조), ADS는 안정성 증대, 의도하지 않은 확대 (escalation)의 위험 감소, 갈등 예방을 위한 외교적 노력을 담당하는 것을 임무로 하고, 우주·해저·북극 등의 분쟁 영역과 AI 및 양자 컴퓨팅을 포함한 신흥 군사 기술과 관련하여 안정성과 책임 있는 행동을 장려한다.

251) Christian Davenport, "State Department seeks to expand its space diplomacy efforts", The Washington Post, May 30, 2023, https://www.washingtonpost.com/technology/2023/05/30/space-diplomacy-state-department/

프로그램에 대한 이해와 지원 강화, 미국의 우주 역량 및 제도와 서비스에 대한 국제적인 활용을 촉진하고자 함을 밝힌다.[252] 우주 외교에 대한 국무부의 임무는 평화적 목적을 위한 우주의 탐사와 이용에 있어 미국의 우주 리더십 촉진, 미국과 동맹국의 안보 우선순위 증진, 우주의 장기 지속가능성·상업화·탐사·활용 등 우주활동에 대한 규칙 기반 국제규범 체계의 추구 및 유지를 통한 연합에서의 미국의 리더십 역할 강화, 유인 탐사 지원, 모두를 위한 우주의 편익 확대이다.[253]

이 문서는 세 가지 축(pillar)[254]으로 "우주를 위한 외교"[255], "외교를 위한 우주"[256], "우주 외교에 대한 부서 인적 역량 강화"[257]를 제시하고 세 가지 차원에서 국무부가 해나가야 할 일을 각각 제시한다. 첫 번째로 '우주를 위한 외교'는 안전하고 책임감 있는 우주활동에서 미국의 리더십 강화를 위해 양자 및 다자간 참여와 협력을 통해 국제적으로 미국의 우주 정책과 프로그램을 발전시키고, 미국과 동맹국의 역량 강화 및 갈등 가능성을 줄이기 위해 노력하는 것을 말한다. 두 번째로 '외교를 위한 우주'는 글로벌 문제[258]에 대한 해결과 미국 외

---

252) Department of State, "Strategic Framework for Space Diplomacy", May 2023, p.3
253) 국무부는 지정학적 역학에 대한 포괄적인 분석을 통해 동맹 및 파트너 국가들을 포함한 국내·외적 협력으로 중국, 러시아를 포함한 전략적 경쟁자들과 직면한 다양한 도전을 UN COPUOS 4개 조약을 포함한 국제 규칙 기반 질서의 준수와 우주에서의 미국의 리더십, 외국 파트너 및 대중의 참여로 개방성, 투명성, 적응성, 아이디어와 정보의 자유로운 흐름이라는 민주적 가치의 공유와 다양성, 형평성, 포용성, 접근성(DEIA)을 포함한 기타 미국 가치에 맞춰 미국의 우주활동이 어떻게 합법적이고 책임감 있고 평화롭고 지속 가능한 방식으로 수행되는지 보여줄 것이라고 밝힌다("Strategic Framework for Space Diplomacy" pp.12–19 참조).
254) 정책적 논의에서 "축(pillar)"은 일반적으로 정책의 전체 프레임워크나 구조를 지원하는 근본적인 측면이나 원칙을 의미하며, 이는 정책이 구축되는 핵심 요소 또는 기반을 나타낸다.
255) 우주 탐사와 상업을 포함한 안전하고 책임감 있는 우주활동에서 미국의 리더십을 강화하기 위해 양자 및 다자간 참여와 협력을 통해 미국의 우주 정책과 프로그램을 국제적으로 발전시키는 한편, 미국과 동맹국의 역량을 강화하고 갈등 가능성을 줄이기 위해 노력한다는 내용을 담음("A Strategic Framework for Space Diplomacy", p.7)
256) 기후변화와 환경 지속가능성, 위기관리 및 갈등 예방; 군비통제 및 국제 안보; 경제적 경쟁력과 번영; 인류 건강과 같은 문제에 대한 긴급한 사회적 과제 해결 및 미국 외교정책 목표 달성에 도움이 되도록 위성 응용 프로그램, 원격탐사위성 이미지 및 우주에서 얻은 데이터를 이용하는 데 있어 국제협력을 강화하는 동시에 외국 대중에 대한 지원 활동을 포함하여 미국 표준, 모범 사례 및 민주적 가치를 홍보하기 위해 노력한다는 내용을 담음("A Strategic Framework for Space Diplomacy", p.7)
257) 모든 관련 양자 및 다자간 포럼과 메커니즘을 통해 우주 관련 정책과 프로그램 목표를 추구하는 데 필요한 현대화된 기술 및 지식을 워싱턴 D.C.의 외교관과 국무부 직원에게 제공한다. ("A Strategic Framework for Space Diplomacy", pp.7–8)

교정책 목표 달성에 도움이 되도록 국제협력 강화 및 외국 대중에 대한 지원 활동을 포함하여 미국 표준, 모범 사례 및 민주적 가치를 홍보하기 위해 노력하는 것을 말한다. 마지막으로 '우주 외교에 대한 부서의 인적 역량 강화'는 모든 관련 양자 및 다자간 포럼과 메커니즘을 통해 우주 관련 정책과 프로그램의 목표 추구에 필요한 현대화된 기술 및 지식을 외교관 국무부 직원에게 제공하는 것을 말한다.[259]

이러한 전략을 통해 미국은 우주 외교가 미국의 안보·번영·민주적 가치의 보호 및 증진과 모든 미국인이 번영할 수 있는 국제환경 형성이라는 국무부의 임무를 바탕으로 하여, 미국 민간 우주 외교의 핵심인 아르테미스 협정을 기반으로 동맹국 및 파트너와 협력하고 사회에 이익이 되도록 우주를 활용할 것임을 밝힌다. 또한, 미국이 달, 화성 및 심우주를 탐사하여 우주에 대한 인류의 지식과 인식 확장으로 글로벌 우주 리더로서 미국의 지위를 높이고자 한다.

---

258) 기후변화와 환경 지속가능성, 위기관리 및 갈등 예방; 군비통제 및 국제 안보; 경제적 경쟁력과 번영; 인류 보건 등

259) Department of State, "Strategic Framework for Space Diplomacy", May 2023, pp.19-35

3 우주 거버넌스

그림
16
미국의 우주 거버넌스

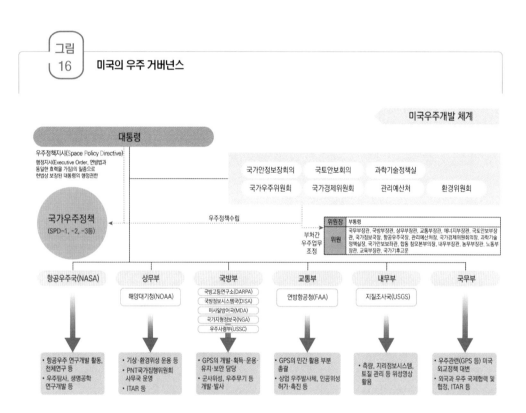

출처: 정영진, (2022), 해외 주요 우주활동국의 국가 우주거버넌스, 항공우주연구원

그림
17
트럼프 대통령이 우주정책지시-1에 서명하는 모습

출처: NASA 공식 홈페이지(nasa.gov)

① 국가 우주 거버넌스

　　2017년 12월 11일 미국의 트럼프 대통령은 의회 및 국가우주위원회 대표와 NASA 우주
비행사들과 함께 유인우주선을 달과 화성에 보내는 미국 주도의 통합프로그램에 대한 우주
정책지시 1호에 서명하였다.[260] 미국은 이처럼 우주개발 분야를 비롯한 국가 우주정책에 관
하여 여러 부·처가 함께 협력하여 진행한다. 미국의 국가 우주 거버넌스는 우주개발 전 분
야를 다루고 부·처 간 우주 관련 업무를 조정하는 국가우주위원회와 미국의 위성항법시스
템인 GPS에 관련된 GPS 거버넌스로 나눌 수 있다.

---

260) NASA.GOV, "New Space Policy Directive Calls for Human Expansion Across Solar
System", 12 December 2017, https://www.nasa.gov/press−release/new−space−policy−
directive−calls−for−human−expansion−across−solar−system

가. 국가우주위원회(NSpC: National Space Council)

냉전 시대 소련과의 우주경쟁에서 뒤처진 미국은 아이젠하워 대통령의 지시로 대통령을 위원장으로 하는 국가항공우주위원회(NASC: National Aeronautics and Space Council)를 1958년 설립하고 1973년까지 운영하였다. 이후 1989년 미국항공우주국 인가법의 일부로 인하여 NSpC가 설립되었으나, NASA와의 갈등으로 인하여[261] 1993년부터 2017년까지 운영되지 않았다. [262]이후 2017년 트럼프 대통령의 행정명령 13803을 통하여 NSpC는 대통령 산하 기구로 부활하였다.[263] 2021년 출범한 바이든 정부는 기존 13명의 위원[264]에 5명을 추가하여 NSpC를 구성하였다.

- 위원장: 부통령
- 위원: 국무부장관, 국방부장관, 상무부장관, 교통부장관, 에너지부장관, 국토안보부장관, 국가정보국장, 항공우주국장, 관리예산처장, 국가경제위원회의장, 과학기술정책실장, 국가안보좌관, 합동 참모본부의장, 내무부장관, 농무부 장관, 노동부 장관, 교육부 장관, 국가기후고문

위원장을 비롯한 18명의 위원들이 다음과 같은 업무를 수행한다.

- 미국 정부의 우주 정책을 검토하고 국가 우주 전략을 수립
- 우주 정책 및 우주 관련 문제에 대한 대통령자문 및 미국 정부가 수행하는 국제 우주 활동 참여에 대해 조언
- 국가 우주 정책 및 전략의 목표 이행 감독 및 조정
- 민·관·군 간 협조·협력 및 기술·정보 교류를 촉진하고 정책에 대한 의견 조정

---

261) Leary Warren E, "Quayle's Influence Seen in NASA Shake-Up", The New York Times. 6 August 2008
262) NATIONAL SPACE COUNCIL, https://www.whitehouse.gov/spacecouncil
263) Ex. Ord. No. 13803, Reviving the National Space Council, 30 June 2017, 82 F.R. 31429
264) NATIONAL SPACE COUNCIL, Amending Executive Order 13803, 13 February 2020.

나. 항공우주국(NASA: National Aeronautics and Space Administration)

NASA는 1958년 대통령의 제안으로 설립된 미국의 민간 우주 기관으로서 독립된 정부 기관이다. NASA는 '국가 및 상업적 우주계획'에 대한 연방법전 제51편[265])에 명시된 미국 항공우주활동과 관련된 대부분의 업무를 수행한다. 미국 항공우주활동에 대한 주요 내용은 다음과 같다.

- 대기와 우주의 현상에 관한 인류의 지식 확대
- 항공 · 우주선의 효율성, 안전성, 신속성, 기능성 및 유용성 향상
- 우주로 기구, 장비, 물품 및 생물체를 운반할 수 있는 우주 운송 수단의 개발 및 운영
- 평화적이고 과학적인 연구 목적을 위한 항공우주활동의 활용에 따른 잠재적 이익, 기회 및 문제점에 관한 장기적 연구 계획 수립
- 항공우주 과학기술분야의 리더로서 미국의 역할을 유지하고 대기 안팎에서의 평화 활동 수행
- 국방 관련 기관이 군사적 가치 또는 중요한 발견에 접근할 수 있도록 하고, 비군사적 항공우주활동에 관여 · 통제하는 민간 기관에 가치가 있거나 중요한 발견에 대한 정보 제공
- 미국은 다른 국가 및 국가 그룹과 협력하여 법에 따라 수행하고 그 결과를 평화적으로 적용
- 미국의 과학 및 공학 자원을 가장 효과적으로 활용하고, 불필요한 시설, 장비, 노력의 중복을 방지하기 위해 관련된 기관 간 긴밀한 협력 실시

또한 NASA는 미국 전역에 분포한 20개의 센터와 시설을 통하여 지구와 기후, 태양과 태양계에 대한 연구를 진행한다. 전기추진과 초음속 비행을 포함한 항공학에 대해 연구개발하고 있으며 미국의 산업과 국제협력을 통해 달과 화성으로의 우주탐사를 주도하고 있다. 이외에도 미래 인력 창출을 위하여 과학, 기술, 공학, 수학 전공자들을 지원하고 있다.[266])

---

265) HOUSE.GOV, *enactment of title 51—national and commercial space programs, public law 111-314*, 18 Dec 2010.
266) NASA.GOV, https://www.nasa.gov/about/index.html

다. 주요 정부 부처 책임사항

1) 상무부

가) 주요 역할[267]

- 세계 우주산업에서 미국의 경쟁력을 높이기 위한 활동을 실시한다.
- 우주 기반 자산을 통한 경제성장 추구한다. 2019년 BEA 통계에 따르면 미국의 우주 경제는 민간 부문 일자리 354,000개, 실질 총생산 1,946억 달러, 경상 달러 GDP 1,203억 달러를 차지하였다.
- 국내외 이해관계자 간에 규제 기능을 조정하고, 미국 상업용 우주 사업의 법적 안정성을 높인다.
- 우주상업의 혁신을 장려하고 우주 안전 및 지속 가능성을 향상하여 미국 상업용 우주 상품 및 서비스에 대한 고객 기반을 확대한다.
- 공공 및 민간 부문의 더 나은 의사 결정을 지원하기 위한 우주 기반 지구 관측 기능의 개발, 사용 및 적용을 촉진한다.

나) 국립해양대기청(NOAA: National Oceanic and Atmospheric Administration)

NOAA는 상무부의 하부기관으로 기후, 우주 날씨, 해안 및 해양 예측에 대한 연구 데이터를 수집하여 경제를 성장시키고 생명을 보호하기 위한 활동을 실시한다. 공공 및 민간 부문의 의사결정을 위한 기후 데이터를 제공한다.

다) 우주상업국(NOAA Office of Space Commerce)

우주상업국은 상무부 내에서 우주 상업 정책 활동을 위한 주요 부서로 미국 상업 우주산업의 경제성장과 기술 발전을 위한 여건을 조성한다.

---

267) *U.S. Department of Commerce Strategic Plan* (2022 – 2026).

2) 국방부

가) 주요 역할[268]

- 미국은 우주 분야에서 세계의 리더로서 우위를 유지하고, 우주에서의 안보를 보장하기 위해 국제적인 노력을 한다.
- 우주 거버넌스를 개선하고, 우주 교통 조정 시스템을 구축하며, 미래 우주 규범과 군비 통제를 위한 능력을 갖춘다.
- 미국은 동맹국 및 파트너들과 협력하여, 급성장하고 있는 미국의 상업 우주 분야가 경쟁력을 가질 수 있는 정책과 규정을 개발한다.
- 국토 안보 기능을 위한 미국 우주 시스템의 회복탄력성을 강화하여 미국의 이익을 보호하고, 불안정한 군비 경쟁을 피하고, 책임감 있게 우주 환경을 보호하는 것을 목표로 한다.

나) 산하 주요 기관

표 3 **미국방부 산하 우주 관련 주요 기관**

기관	역할
NGA(국립지리정보국)	위성 정보에 기반을 둔 국방·안보 목적의 이미지 솔루션 제공
MDA(미사일방어청)	탄도미사일 프로그램을 담당
DISA(국방정보체계국)	국방부의 상업 위성 영상 구매를 담당
DARPA(방위고등연구계획국)	국방 목적의 혁신적인 우주기술 연구 및 사업 수행
US Strategic Command(전략사령부)	군의 우주 작전을 총괄
NRO(국가정찰국)	군의 우주 정보를 총괄
US Army and US Navy(육군 및 해군)	군 위성의 조달·운영, 군용 위성 우주발사체의 산업기반 유지·확대, 군 위성 발사 서비스 계약 등

출처: 정영진, (2022), 해외 주요 우주활동국의 국가 우주거버넌스, 항공우주연구원

---

268) DOD, *U.S. NATIONAL SECURITY STRATEGY* (2022).

다) 우주군(Space Force)

미국 우주군은 2019년 12월에 창설된 공군부 산하의 미국의 6번째 군대로 약 8,000여 명의 인원들로 구성되어 있다. 우주군은 국가와 우주에서의 작전 활동의 자유, 안보, 우주력에 대한 접근성을 보장한다.

- 미 국방부의 신 우주 전략의 경쟁력을 높여주고 군 위성에 대한 지휘통제를 통해 전역을 감시하며, 안전하고 자동화된 작전을 수행한다.
- 위성은 지상, 항공 및 함대 운영 및 위협 경고를 위해 필수적인 전구 내 통신, 날씨 및 항법 데이터를 제공한다.
- 지상 및 우주 기반 시스템은 미국에 대한 기습적인 미사일 공격을 방지하기 위해 전 세계의 탄도 미사일 발사를 감시한다.
- 우주 감시 센서의 글로벌 네트워크를 통해, 위성과 우주 쓰레기의 위치에 대한 중요한 정보를 제공한다.
- 우주 우세 확보를 통하여 적의 공격으로부터 미국의 우주자산을 보호한다.

그림
18 미국 우주군의 구조

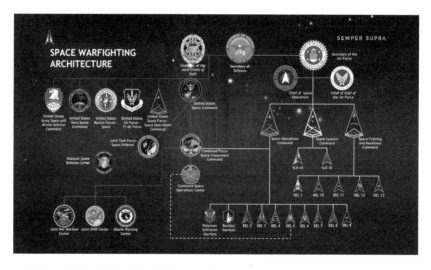

출처: SPACE OPERATIONS COMMAND(SPOC) 공식 홈페이지

3) 국무부

가) 우주과(Office of Space Affairs)

미국의 국가 우주 정책과 프로그램에 대한 이해와 지원을 증진함으로써 우주 탐사, 활용 및 상업화에 있어 미국의 리더십을 강화한다. 또한 미국의 우주 능력, 시스템 및 서비스의 해외 사용을 장려하기 위한 외교 및 공공 외교 노력을 수행한다.

- 유엔 우주 평화 이용 위원회(COPUOS)에 정부대표로 참석하고, 우주발사물체의 등록 부를 관리한다.
- 글로벌시스템, 우주기상과 관련한 모든 협약에 대하여 NASA, NOAA, USGS 및 다른 우주 기관 파트너와의 조정을 주도한다.

나) 국무부 국방 무역 통제국(DDTC: Directorate of Defense Trade Controls)

DDTC는 무기 수출 통제법(AECA:Arms Export Control Act)과 국제 무기 거래 규정(ITAR: Interntional Traffic in Arms Regulations)에 따라 미국 군수품 목록(USML: United States Munitions List)[269]에 기술된 국방 물품 및 국방 서비스의 수출을 통제하는 임무를 맡고 있다. DDTC는 파트너 및 동맹국과는 합법적인 국방 무역을 촉진하나, 적대국들이 미국의 민감한 방위 기술에 접근하는 것을 금지한다. 국방 물품 및 국방 서비스의 상업적 수출을 통하여, 미국의 국가 안보와 외교 정책 목표 달성에 도움을 주는 것을 임무로 한다. DDTC는 국방 무역 규제 정책(DTCP)과 국방 무역 규제 준수(DTCC), 국방 무역 규제 계약(DTCL)과 같은 세 개의 사무국 지원으로 운영된다.

4) 내무부: 지질조사국(USGS: U.S.Geological Survey)

USGS는 내무부 산하의 과학부서로서 환경, 자원 및 공공 안전 문제에 대한 의사 결정을 지원하기 위한 관련 데이터를 제공한다.

USGS가 미국의 대표적인 관측 위성인 LANDSAT을 운영해오고 있으며 주요 임무는 아래와 같다.

---

269) Federal Register, 58 FR 39287, The United States Munitions List, part 121, 22 July 1993.

- Landsat은 글로벌 지표 데이터 기록 보관소(national glbal land surface data archive)를 구축하고 정기적인 데이터 업데이트를 실시한다.
- 인간의 건강, 농업, 기후, 에너지, 화재, 자연 재해, 도시 성장, 물 관리, 생태계 및 생물 다양성 및 산림 관리를 포함하는 다양한 분야에 지속적으로 정보를 제공한다.
- USGS 아카이브에 저장된 데이터는 다양한 포털에서 무료로 검색 및 다운로드를 할 수 있도록 한다.

5) 교통부: 연방항공청(FAA: Federal Aviation Administration)

교통부는 FAA를 통해 1990년대부터 등장한 상업용 우주 운송 활동에 대한 규제를 담당하며 아래와 같은 업무를 실시한다.

- 공공 안전에 영향을 미칠 수 있는 상업 우주 운송 활동의 운영에 대한 전반적 단계를 감독한다.
- 상용 우주 발사법, 상용 우주 교통 허가 규정 및 면허에 명시된 조건을 준수하는 면허를 감독한다. 면허가 없이는 상업적 우주 운송사업에 종사하지 못하도록 한다.
- FAA 허가를 받은 상업 우주 운영자와 NASA, 미군 및 기타 미국 정부 기관을 위한 안전한 우주 운영에 대한 책임이 있다.
- 국내와 해외에서의 모든 미국 상업적 발사체 발사와 재진입의 허가를 담당한다.
- 미국의 법률 및 FAA 규정은 다른 국가들이 상업적 우주 발사, 재진입에 대한 자체 규정을 개발할 때 고려해야 할 기준이 된다.
- 교통부는 국방부와 함께 우주기반PNT국가집행위원회(EXCOM)의 공동의장을 맡고 있으며, FAA는 민간 항공에서의 GPS의 사용을 감독하고 사용자로부터 문제 보고를 받는다.

② GPS 거버넌스

가. 우주 기반 PNT 국가집행위원회

우주 기반 PNT 국가집행위원회(EXCOM: National Executive Committee for Space－Based Positioning, Navigation and Timing)는 대통령 지시에 의해 설립된 정부 기관이다. 구성은 아래와 같다.

- EXCOM은 GPS 관련 문제에 대하여, 연방 부서 및 기관에 조언을 하며 국방부와 교통부 차관이 공동으로 위원장을 맡고 있다.
- EXCOM은 국방부, 교통부. 국무부, 내무부, 농무부, 상무부, 국토안보부, 합동참모본부, 항공우주국으로 구성되며 연 2회 이상 비공개로 회의를 개최한다.
- 자문 위원회는 NASA를 통해 국가 집행 위원회에 독립적인 조언을 제공한다.

그림
19 우주기반 PNT 국가집행위원회 조직도

출처: 정영진(2022), 해외 주요 우주활동국의 국가 우주거버넌스, 항공우주연구원

– EXCOM은 '우주기반 PNT 정책'을 이행하기 위해 다음과 같은 세 가지 정책을 수립한다.

> - 우주기반 PNT 국가전략(National Space-Based PNT Strategy):개별 부처 및 기관이 정한 '우주 기반 PNT 정책'을 구현하고 부처 및 기관 간의 일관성, 통합성, 투명성 및 조정을 촉진하는 포괄적인 전략이다.
> - 우주기반 PNT 5개년 국가계획(Five-Year National Space-Based PNT Plan): 관련 부처 및 기관들의 정책, 사업 계획, 예산, 국제협력 및 과학 기술 투자 전략 등을 포함하는 5개년 국가계획으로 매년 갱신된다. 우주 기반 PNT 5개년 국가계획은 국가 우주 기반 PNT 전략을 기반으로 수립되어야 하며 그 내용이 일치해야 한다.
> - 프로그램 평가(Program Assessment): 계획에 명시된 우주 기반 PNT 관련 서비스를 적시에 제공하기 위하여, 매년 부처 및 기관 예산 및 일정의 적정성에 대하여 분석한다. 실행 위원회 위원 부서 및 기관, 그리고 관리예산처를 통해 대통령에게 관련 권고 사항을 제공한다,

– PNT 국가조정실(National Space-Based Positioning, Navigation, and Timing (PNT) Coordination Office)을 감독한다.

1) 국가집행위원회 구성 부처 · 기관의 역할과 책임

미국 정부의 수많은 부처와 기관은 EXCOM의 구성원으로서, GPS를 국가 자산으로 운영하고 관리, 사용하는 데 참여한다. 2021년 1월 발표된 우주정책지시－7(Space Policy Directive 7)[270]에는 미국 국가 및 국토 안보, 민간, 상업 및 과학적 목적을 위한 미국 PNT 프로그램 및 활동에 대한 지침이 명시되었다. 관련하여 부처, 기관의 역할과 책임에 대한 내용은 아래와 같다.

가) 국방부

국방부는 위성, 제어장치 및 군용장비를 포함한 GPS를 개발, 획득, 운영, 유지 및 보안을 담당하는 책임부처로서. EXCOM의 공동의장직을 수행한다. 국방부는 GPS 기술을 정밀유

---

270) US Whitehouse, *Memorandum on Space Policy Directive 7*, 15 January 2021, https://trump whitehouse.archives.gov/presidential－actions/memorandum－space－policy－directive－7

도무기, 병력 추적, 수색 및 구조, 무인 항공기 원격조종 등 다양한 군사 작전에 적용한다.

- 국방부는 GPS의 개발, 획득, 운영, 보안 및 지속적인 현대화를 책임져야 하며, 민간 및 미국의 국토 안보의 형평성에 영향을 미치는 결정에 참여해야 한다.

- 항법전투역량(NAVWAR) 및 필요한 기타 기능의 개발, 획득, 운영, 시험, 평가 및 유지 관리를 아래와 같이 수행한다.

- 상대방의 재밍, 방해, 조작 발생 시에도 GPS 서비스를 효과적으로 활용한다.
- PNT 서비스를 재밍 또는 조작하려는 적에 대한 효과적인 조치를 개발한다.
- 군사 작전을 위한 GPS 사용에 악영향을 미치는 의도적인 방해나 조작을 다른 기관과 적절히 협력하여 식별, 위치 파악 및 대응한다.

- 현대화된 군사 및 항법전투역량을 위하여 신속한 운용 가용성을 보장한다.

- GPS의 성능저하를 포함한 현실적인 상황에서의 훈련을 실시한다. 교통부 장관 및 국토안보부 장관과 협력하고, 상황에 따라서 국무장관과 협력하여 관련 서비스 및 운영을 과도하게 방해하거나 저하시키지 않는 항법전투역량 훈련지침을 개발한다.

- 미국은 동맹군 간의 상호운용성을 발전시키고, 동맹국의 군사 PNT 능력을 사용 및 유지하기 위한 GPS 국가 보안 서비스 사용을 아래와 같이 장려한다.

- GPS 국가 보안 서비스, 사용자 장비, 정보 및 기술을 연합군이 사용할 수 있도록 한다.
- 동맹국과 협력하여 적대국이 미국 및 동맹국 군대에 대해 이러한 기능에 대한 접근을 제한한다.

- GPS의 표준 위치결정 서비스의 정확도를 고의적으로 저하하는 선별적 활용 기능의 사용을 중단하겠다는 약속을 준수한다.

- 교통부와 협력하여 영공에서의 민간 및 군사 PNT 서비스의 국제적 수용을 지속적으로 가능하게 하기 위한 인명 안전 보장에 대한 약속을 준수한다.

- 연방 차원에서 적절한 수준의 국가 보안 서비스와 사용자 장비에 대한 민간 목적의 접근을 촉진한다. 양해각서에 따른 주 또는 지역 비상 대응을 포함하여 기타 국토 안보 목적에 대한 중요한 요구사항을 충족한다.

- 보다 다양하고 유연한 신호 및 서비스를 포함한 국가 안보 PNT 능력을 개발한다.
- 교통부 장관과 협력하여 교통부의 전략 및 향후 요구사항에 기초한 GPS 프로그램 예산을 책정한다.
- 외국의 국방기관과 GPS 군사 서비스에 대한 접근 또는 정보와 관련된 협상을 논의한다.
- 기타 정부 부처 및 기관들과 협력하여, GPS 위성에 보조 탑재체의 탑재에 대한 효용성 및 실현 가능성을 평가한다. 보조 탑재체는 GPS 신호나 서비스의 성능, 일정 또는 비용에 악영향을 끼치지 않는다. 탑재체의 평가, 개발, 취득, 통합 및 운영에 필요한 자원은 관련 기관의 책임으로 한다.
- 국방부는 상무부와 협조하에 GPS가 사용하는 무선 항법 위성 서비스(RNSS)와의 무선 주파수 호환 조정에 대한 책임을 진다.

나) 교통부

교통부는 GPS 관련 문제에 대해 미국 정부 내에서 민간 기관의 주요 역할을 수행하며 EXCOM의 공동의장직을 수행한다. 교통부는 민간의 GPS 능력을 통해 얻은 정보를 국방부에 제공한다. 또한 항공 안전 및 효율성을 지원하기 위해 초정밀 GPS 보정시스템(WAAS)을 운영한다.

교통부는 CGSIC(Civil GPS Service Interface Committee)의 의장을 맡고 있으며 차세대 항공 운송 시스템(NextGen) 및 지능형 운송 시스템 개발을 포함한 광범위한 정부 활동에 GPS 기술을 적용한다.

- 국방부 및 국토안보부 장관과 협력하여 민간 우주 기반 PNT 서비스의 수행을 감독하며, 국무부 장관과 협력하여 우주 기반 PNT 서비스를 사용하는 민간 운송 애플리케이션 개발에 국제적인 참여를 촉진한다.
- 국방부 장관과 협력하여 미국의 우주 기반 PNT 서비스에 기반한 공공 안전 서비스 애플리케이션 및 운송 애플리케이션이 국제 표준을 충족하는지 확인한다.
- 다른 기관과 협력하여 EO 13905[271])에 명시된 우주 기반 PNT 서비스의 책임 있는 사

---

271) Executive Order 13905 ,"Strengthening National Resilience Through Responsible Use of

용을 촉진한다.

- GPS의 개발, 획득, 관리 및 운영에 있어 민간 기관을 대표한다.
- 우주 기반 PNT 서비스 중단에 대비하여, 운송 안전, 국토 안보, 민간, 상업 및 과학적 목적을 위한 우주 기반 PNT의 사용에 대한 백업 PNT 역량을 개발, 취득, 운영, 유지한다.
- 국방부 장관과 협력하여 GPS에 대한 현대화된 서비스에 대한 가장 빠른 운영 가용성을 보장하고, 민간 공역에서 GPS의 군용 PNT 서비스가 국제적으로 사용되도록 분석하고 지원한다.
- 우주 기반 PNT 서비스 감독에 대한 국제 표준을 조정하고, 외국 우주 기반 PNT 서비스 사용과 관련된 위험과 잠재적 이점에 대한 인식을 유지한다.
- 국방부 및 국토안보부 장관과 협력하여, FRP(Federal Radionavigation Plan)[272]과 국토 안보 및 공공 안전을 위하여, 민간 GPS 및 광역 증강 데이터를 구현하기 위한 요건과 자금 조달을 검증한다.

다) 국무부

국무부는 국가 집행 위원회와 GPS 관련 미국의 외교 정책을 대변하고 GPS 관련 문제에 대해 다른 국가와 국제적인 협의 및 협상을 주도한다. 또한 GPS 국제 실무 협의회(GIWG)의 의장을 맡으며 NCO와 협력하여 국제 GPS 활동을 계획하고 조정한다. 국무부는 국제 GNSS 위원회(ICG)를 지원하고 참여하며 GPS 주파수 할당을 협상하는 국제 전기 통신 연합(ITU)의 세계 무선 회의에 미국 대표단으로 참석한다. 군사용 GPS 기술에 대한 수출 허가를 처리하며 어업, 건강 정보 추적, 원격 감지 및 지리 정보 시스템을 포함한 광범위한 정부 활동에 GPS 사용을 지원한다.

- 국방부, 교통부장관 및 기타 정부부처 및 기관들과 협력하여 외국 정부 및 국제기구와 함께 GPS, GPS보강시스템 및 표준의 이용을 촉진하고, GPS를 기반으로 한 외국의 민

Positioning, Navigation, and Timing Services", 12 February 2020, https://www.federalregister.gov/documents/2020/02/18/2020-03337/strengthening-national-resilience-through-responsible-use-of-positioning-navigation-and-timing
272) GPS.GOV, "Federal Radionavigation Plan", https://www.gps.gov/technical/

간 PNT 서비스 개발을 장려한다.

— 국방부 장관과 협력하여 민간용 또는 군용 PNT 문제에 관한 아래 사항과 같은 기관 간 검토 및 조정을 포함하여, 외국 정부 및 국제 조직과의 협상을 주도한다.

- GPS, 기타 내비게이션 위성 시스템 및 GPS 보강 시스템의 계획, 관리 및 사용과 관련된 양자 및 다자 협상시, 미국 대표단에 대한 지침을 검토한다.
- GPS, 기타 내비게이션 위성 시스템 및 GPS 보강 시스템의 계획, 관리 및 사용과 관련된 외국 정부 및 국제 조직과의 국제 협정을 체결한다.

— 동맹국, 특히 NATO와의 PNT 대화(PNT dialog)에 국방부 장관과 함께 참여한다.

라) 내무부

GPS 기술을 측량, 지리 정보 시스템, 토지 관리를 포함한 광범위한 정부 활동에 적용한다. GPS기술을 활용하는 내무부 산하기관으로는 미국지질조사소(USGS: U.S. Geological Survey), 토지관리국(BLM: Bureau of Land Management), 국립공원관리청(NPS: National Park Service), 미국어류야생국(U.S. Fish and Wildlife Service)이 있다.

마) 농무부

농무부 소속 기관의 임무 및 활동을 지원하기 위해 GPS 기술을 연구하고 응용 프로그램을 개발한다. 지도 제작, 원격 감지 및 지리 정보 시스템과 GPS를 통합하고 정밀농업, 천연자원 보호, 화재예방 및 진압, 농업법 시행 지원분야에서 GPS 사용 촉진한다.

GPS기술을 활용하는 농무부 산하기관으로는 산림청(FS: Forest Service), 위험관리기관(RMA: Risk Management Agency), 동식물검역소(APHIS: Animal and Plant Health Inspection Service), 농업연구청(ARS: Agriculture Research Service) 등이 있다.

바) 상무부

상무부는 상용 GPS 사용자와 제조업체, 그리고 서비스 제공업체의 이익을 대변하며 상시관측소(CORS: Continuous Operating Reference Station)[273]의 네트워크를 관리한다.

상무부는 EXCOM의 사무국 역할을 하며 GPS가 사용하는 무선 주파수를 FCC와 공동으로 관리한다. GPS 관련 상품 및 서비스에 대한 글로벌 시장의 공정한 거래를 촉진하고 GPS 응용 프로그램과 관련된 경제 연구를 수행한다. GPS 기술을 기상 및 우주 기상 예보, 기후 모니터링, 선박, 항공기, 위성 운영, 어업, CORS 유지, 측량, 원격 감지, 지리 정보 시스템 구현, 정밀 시간 전송 및 국가 인구 조사에 적용한다.

- 상업용 GPS 발전을 위한 차세대 기술 연구개발에 투자하며, GPS 및 GPS 보강시스템의 상업적 이익에 대하여 미국을 대표한다.
- 국무부, 국방부 및 교통부 장관, 그리고 NASA와 협력하여, 국내외 주파수 관리 및 규제를 통해 GPS와 보강시스템에 의해 사용되는 무선주파수를 관리한다.
- 무선주파수의 사용에 의존하는 기술 및 서비스의 개발을 허용하는 한편, 국방부, 교통부 및 국토안보부 장관, 그리고 NASA와 협력하여, 우주 기반 PNT의 사용을 보존하기 위한 미국 정부와 민간의 협력을 촉진한다.
- NASA와 협력하여 민간 우주 시스템을 지원하기 위한 GPS 사용과 GPS보강시스템 요건을 개발하고 교통부 장관에게 제공한다.
- EO 13905에 명시된 경제성장, 교통안전 및 국토 안보 내용과 관련하여, 정부 부처 및 기관과 협력하여 조작되거나 위조된 신호를 탐지 및 거부하는 능력을 포함한 PNT 장비개선을 위한 지침을 개발한다.

사) 국토안보부

국토안보부는 해안경비대 항법센터(NAVCEN: Navigation Center) 및 민간 GPS 서비스 소통 위원회(CGSIC: Civil GPS Service Interface Committee) 작성을 통해 민간 GPS 사용자를 지원한다. 또한 국내외 민간 GPS 사용에 대한 간섭 보고서 작성을 위한 중앙 데이터베이스를 유지, 관리하고 정보 부처 및 기관에 GPS 간섭에 대해 통보한다. 공공 안전 및 비상 대응을 담당하는 연방, 주, 지역, 민간 부문의 GPS 사용을 촉진하고, GPS 기술을 비상 계획 및 대응,

---

273) 국립해양대기청이 관리하는 미국의 CORS 네트워크는 NSRS(National Spatial Reference System)에 연결된 정확한 위치를 파악하기 위해 GPS 데이터를 보관하고 배포한다. 200개 이상의 민간, 공공 및 학술 단체가 약 2,000개의 GPS 추적 스테이션의 데이터를 CORS에 제공한다.

국경 보호, 법 집행, 해안경비대 운영 등 다양한 정부 활동에 적용한다.

- 국토 안보 목적을 위한 우주 기반 PNT 수요의 총괄 부처로, 교통부 장관 및 기타 기관의 장과 적절히 협력하여, GPS 및 기타 PNT 서비스의 책임 있는 표준의 사용을 촉진한다.
- 국방부, 교통부 및 상무부 장관과 협력하여 미국의 주요 인프라 및 과학적 목적 등의 우주 기반 PNT 서비스를 통해 위협에 관한 정보를 감독하고 식별할 수 있는 체계를 마련한다.

아) 국가정보국

국가정보국은 GPS PNT의 시스템 및 관련 서비스의 사용에 대한 외부 위협을 식별, 감시 및 평가하고, 국방부 장관의 대책 개발을 지원하기 위한 정보를 제공해야 한다.

자) 합동참모본부

합동검토위원회(JROC: Joint Requirements Oversight Council)를 통해 GPS 현대화를 위한 요구사항을 검증한다. GPS 기술을 정밀 유도 무기, 병력 추적, 수색 구조, 무인 항공기 원격 조종 등 다양한 군사 작전에 적용한다.

합동참모본부 소속의 미국전략사령부(USSTRATCOM: United States Strategic Command), 합동군우주사령부(JFSCC: Joint Force Space Component Commander), 통신전자참모부(J6: Directorate for Command, Control, Communications, & Computers/Cyber), 전력구조자원평가부(J8: Directorate for Force Structure, Resources, and Assessment)가 GPS 업무를 수행한다.

차) NASA

NASA의 GPS에 대한 역할 및 책임은 다음과 같다.

- NASA의 과학 임무를 위해 개발된 고정밀 GPS 증강 시스템(GDGPS: Global Differential GPS System) 운용과, 350개 이상의 GPS 측정소로 구성된 네트워크(IGS: International GNSS Service)를 운영한다.
- EXCOM을 위하여 우주 기반 PNT 국가자문위원회에 자문 역할을 한다.

— 새로운 GPS 기술을 개발하고, GPS를 우주비행체 항법을 포함한 다양한 정부 활동에 적용한다.

나. 우주 기반 PNT 국가집행운영위원회(ESG: Executive Steering Group)

ESG는 공군 및 연방항공청의 대표 각 1인과 국가 집행 위원회의 각 구성원을 대표하는 1인으로 구성된다. ESG의장은 국방부와 교통부 차관이 공동으로 수행한다. ESG는 국가집행위원회보다 더 자주 회의를 열며, 국가집행위원회에 논의될 의제를 제시한다.

다. PNT 국가조정실(NCO: National Coordination Office for Space-Based Positioning, Navigation, and Timing)

NCO는 EXCOM의 회의를 소집하고 운영을 지원하기 위한 사무국 역할을 수행한다. 연방기관으로부터 GPS관련 정보를 수집하며 기관간의 조정, 합의 및 문제해결 업무를 수행한다. NCO의 운영내용 및 책임사항은 아래와 같다.
— 상무부가 NCO의 운영에 대한 업무시설, 장비, 기타 행정지원 등을 제공하며 EXCOM의 구성 부처 및 기관은 순환직으로 직원들을 파견한다.
— 국방부와 교통부는 NCO 직원의 출장 및 기타활동에 필요한 연간 경비를 제공한다.
— NCO는 우주기반 PNT 5개년 국가계획을 지속 수행하고 EXCOM 구성 부처 및 기관의 이행여부 등을 평가한다.
— NCO는 GPS 공식 웹사이트(gps.gov)를 GPS 활동 캠페인의 중심으로 운영하고 있으며, GPS 관련 교육자료를 개발 및 보급한다.

라. 우주 기반 PNT 국가자문위원회(National Space-Based Positioning, Navigation, and Timing Advisory Board)

— 국가자문위원회는 국내외 위성항법 서비스의 현황에 관련한 GPS정책, 계획, 프로그램 관리 및 자금에 대해 미국 정부에 조언을 제공한다.

– 현재 국가자문위원회 위원(2021~2023)은 총 27명으로 EXCOM의 구성기관에 의하여 지명되고 NASA 국장에 의하여 임명된다. 이중 21명은 미국 산업체, 학계의 전문가로 일시적인 연방 직원 신분을 가진다. 이외 6명은 특정 이익단체를 대표하여 발언하도록 지정된 해외전문가(크로아티아, 호주, 영국 등)로 구성된다.

Chapter 03

분야별 우주기술

1 인공위성

① LANDSAT

LANDSAT은 미국 지질조사국(USGS)과 NASA의 공동임무로, 국가 토지 이미징(NLI) 프로그램 일부이다. LANDSAT은 지구관측을 위한 위성 시리즈이며, 1972년에 첫 위성인 LANDSAT 1(ERTS)이 발사되었다. LANDSAT 1은 지구의 산림, 농장, 도시지역의 담수에 대한 정보를 수집하여 농업과 수자원 관리에 도움을 주었다. 이후 2023년 현재 LANDSAT 9까지 운용 중이며, 지금까지 8백만 장 이상의 사진을 수집하였다. 이러한 정보들은 슈퍼컴퓨터를 통해 분석되며, 2008년 이후 LANDSAT의 모든 정보를 전 세계 대중에게 자유롭게 공개하고 있다. 1978년 LANDSAT 3가 발사된 이후 미국은 LANDSAT의 상용화를 결정하고 LANDSAT에 대한 책임을 NASA가 아닌 기상위성 운영을 담당하는 국립해양대기청(NOAA)으로 이관[274]하였다. 이후 LANDSAT 4가 발사되고 난 뒤인 1998년에 LANDSAT 4의 운영 및 관리는 NOAA에서 USGS로 이관되었다. NASA는 장비와 위성, 관측소, 임무 전반과 발사, 궤도 도달 확인을 담당한다. LANDSAT 5는 28년 10개월 동안 고품질의 지구 지표면 데이터를 전달하여 공식적으로 "가장 오래 작동하는 지구 관측 위성"의 기네스 세계 기록 타이틀을 세웠다. 지금까지 발사된 LANDSAT의 발사 시기와 운영 여부는 표 4와 같다.

---

274) Presidential Directive, NSC−54, "management responsibility for civil operational land remote sensing activites.", 16 Nov 1979.

(표 4) LANDSAT

종류	발사시기	임무종료시기
LANDSAT 1	1972년 7월 23일	1978년 1월 6일
LANDSAT 2	1975년 1월 22일	1985년 2월 5일
LANDSAT 3	1978년 3월 5일	1983년 9월 7일
LANDSAT 4	1982년 7월 16일	2001년 6월 15일
LANDSAT 5	1984년 3월 1일	2013년 1월
LANDSAT 6	1993년 10월 5일	궤도 도달 실패
LANDSAT 7	1999년 4월 15일	2022년 4월 6일
LANDSAT 8	2013년 2월 11일	임무 진행 중
LANDSAT 9	2021년 9월 27일	임무 진행 중

출처: NASA 공식 홈페이지(nasa.gov)

LANDSAT 8, 9는 최신기술을 적용하여 이전보다 더 개선된 지구관측 데이터를 수집하고 있다. LANDSAT 8,9는 대지영상(OLI)과 열적외선(TIRS)과 같은 센서를 이용하여, 지구의 표면에서 방출되거나 반사되는 여러 가지 파장을 감지한다. 이러한 데이터는 USGS에서 분석 및 저장[275]한다.

---

275) NASA.GOV, Landsat Fact Sheets, https://landsat.gsfc.nasa.gov/wp−content/uploads/2020−11/Landsat%209%20brochure%20final%20508%20compliant.pdf

| 표5 | LANDSAT 8 |

명칭	LANDSAT 8

장착 장비	대지영상(OLI) 센서 제조사: Ball Aerospace & 　　　　Technologies Corporation 열적외선 센서(TIRS) 제조사: NASA Goddard Space 　　　　Flight Center	
제원	높이	3m
	직경	2.4m
	무게	2,071kg
	고도	705km

출처: USGS, NASA 공식 홈페이지

| 표6 | LANDSAT 9 |

명칭	LANDSAT 9

장착 장비	대지영상(OLI-2) 센서 제조사: Ball Aerospace & 　　　　Technologies 　　　　Corporation 열적외선 센서(TIRS-2) 제조사: NASA Goddard Space 　　　　Flight Center	
제원	궤도 주기	99분
	데이터 전송량(일)	700장 이상
	고도	705km
	발사체	ULA Atlas V 401 rocket

출처: USGS, NASA 공식 홈페이지

2 GPS(Global Positioning System)276)

　GPS는 사용자에게 PNT(positioning, navigation, and timing) 서비스를 제공하는 미국 소유 글로벌 위성 항법 시스템이며 아래와 같은 세 가지 부문으로 구성된다.

가. 우주 부문

그림 20 24-Slot satellite constellation

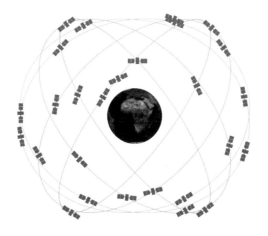

출처: GPS 공식 홈페이지(gps.gov)

　GPS는 사용자에게 무선 신호를 전송하는 위성들로 이루어져 있다. 미국은 최소 24개의 GPS 위성이 운용되도록 유지하고 있으며, 이를 위해 미군은 10년동안 31개의 GPS 위성을 발사하였다. GPS 위성은 약 20,200km의 지구 중궤도로 비행하며, 각 위성은 하루에 두 바퀴씩 지구를 돈다. GPS 위성은 22년 6월 기준으로 총 31개의 구형과 신형위성으로 구성되어 있으며 Block IIR 7대, Block IIR-M 7대, Block IIF 12대, GPS III/IIIF 5대가 작동 중이다. 미 우주군에서 GPS위성을 개발 및 유지, 통제 중이다.

---

276) GPS.GOV, "GPS Overview", https://www.gps.gov/systems/gps/

| 그림 21 | 작동중인 31개 위성 |

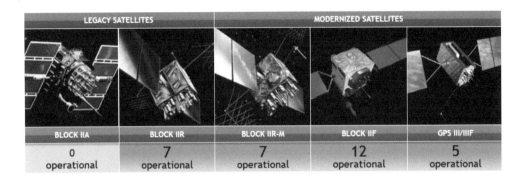

출처: GPS 공식 홈페이지(gps.gov)

나. 통제 부문

| 그림 22 | GPS 통제 부문 |

출처: GPS 공식 홈페이지(gps.gov)

GPS 위성의 제어 및 데이터 분석 등을 위해서는 지상국의 글로벌 네트워크가 필요하다. 미 우주군의 1SOPS와 2SOPS 두 개의 대대가 GPS 위성군의 운용을 맡고 있다. 지상의 16개의 관측소에서는 GPS 위성으로부터 항법 신호와 대기 정보 등의 데이터를 수집하고, 이를 중앙 제어소에 제공한다. 이후 중앙 제어소에서는 GPS 위성군에 대한 명령 및 통제를 수행하며 위성들의 정확한 위치를 계산한다. 위성에 이상이 생겼을 경우에는 AEP[277] & RADO[278] 시스템을 사용하여 제어한다. 백업 정보는 대체 중앙 제어소에 저장된다. 마지막으로 지상의 안테나는 S-BAND를 통해 위성에게 명령과 탐색 정보 등을 전송한다. 4개의 GPS 전용 지상 안테나와 공군의 Satellite Control Network (AFSCN) 원격 제어소 7개로 구성되어 있다.

다. GPS 활용

GPS는 현대 생활의 필수 요소가 되었으며, 이는 수백 개의 응용 프로그램의 개발로 이어졌다. GPS 관련 기술은 휴대폰, 손목시계, 농업, 물류배송 그리고 군사작전에 이르기까지 모든 것에 적용되고 있다.

---

277) Architecture Evolution Plan의 약어로 모든 GPS 위성들을 제어하는 관리 시스템이다.
278) Launch/Early Orbit, Anomaly Resolution, and Disposal Operations의 약어로 새로 발사한 위성을 점검하고 이상이 생긴 위성을 제어하는 시스템이다.

2 우주발사체

① 아틀라스 V(Atlas V)

아틀라스 V는 록히드마틴사가 개발하고 ULA(United Launch Alliance, 이하 ULA)가 제작 및 발사하는 로켓으로, 미국이 처음 개발한 ICBM인 SM−65, ATLAS로부터 파생되었다.[279] 15년 이상동안 600회 이상 발사에 성공하였으며 우주 탐사, 기밀 시스템 및 주요 상업 자산 방어를 포함한 임무를 수행한다. 또한 보잉의 스타라이너 캡슐의 국제 우주 정거장으로 발사 시에도 사용된다.

 그림 23 Atlas V의 명명법

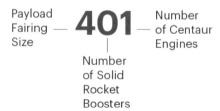

출처: ULA 공식 홈페이지(ulalaunch.com)

---

279) CSIS, *MISSILE THREA*, "SM−65 ATLAS", https://missilethreat.csis.org/missile/atlas/

Atlas V의 모델별 숫자에는 그림 24와 같이 탑재체 페어링의 사이즈, 로켓 부스터의 수와 중앙엔진의 갯수로 표현된다.

Atlas V 탑재체 페어링은 그림 25와 같이 다양한 우주선 높이에 맞게 구성할 수 있으며, 직경 4m 및 5m 변형 모두 Short, Medium, Long과 같은 세 가지 길이로 사용할 수 있다.

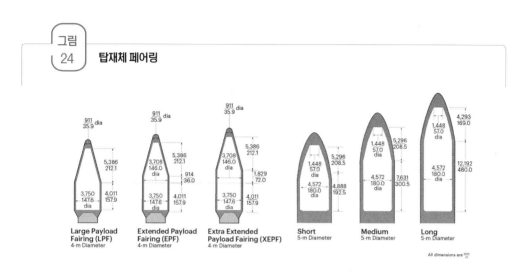

그림 24 탑재체 페어링

출처: ULA 공식 홈페이지(ulalaunch.com)

표 7 ATLAS V PROPULSION

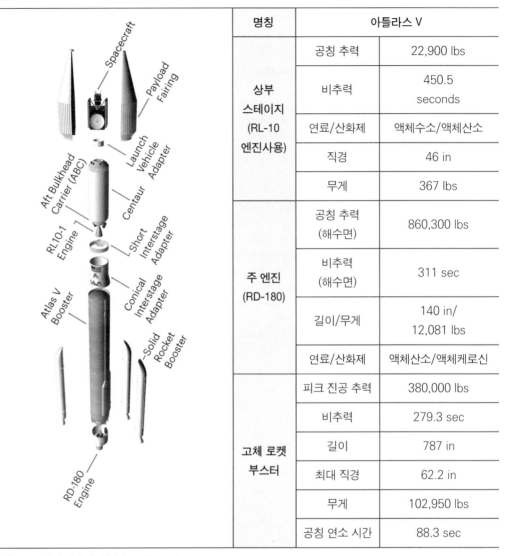

명칭	아틀라스 V	
상부 스테이지 (RL-10 엔진사용)	공칭 추력	22,900 lbs
	비추력	450.5 seconds
	연료/산화제	액체수소/액체산소
	직경	46 in
	무게	367 lbs
주 엔진 (RD-180)	공칭 추력 (해수면)	860,300 lbs
	비추력 (해수면)	311 sec
	길이/무게	140 in/ 12,081 lbs
	연료/산화제	액체산소/액체케로신
고체 로켓 부스터	피크 진공 추력	380,000 lbs
	비추력	279.3 sec
	길이	787 in
	최대 직경	62.2 in
	무게	102,950 lbs
	공칭 연소 시간	88.3 sec

출처: ULA 공식 홈페이지(ulalaunch.com)

2 팰컨 9(Falcon 9) / 팰컨 헤비(Falcon Heavy)

그림 25 SPACE X DEMO-2

출처: SPACE X 공식 홈페이지

팰컨 9는 SPACE X사가 설계하고 제작한 세계 최초의 재사용 2단 로켓이다. 팰컨 9의 멀린 엔진이 재사용 가능함에 따라 우주 접근 비용을 현저하게 낮추었다. 2023년 5월까지 223번의 발사와 181번 귀환에 성공하였으며, 158번의 재사용 발사에 성공하였다. 발사 능력은 지구 저궤도까지는 22,000kg, 지구 정지천이궤도[280]까지 8,300kg, 화성까지는 4,020kg의 화물 운송이 가능[281]하다.

2020년 5월 30일에는 우주선 Dragon을 국제우주정거장으로 발사하는 DEMO−2 미션을 수행하였으며, 다음날인 5월 31일 Dragon은 민간 유인 우주선 최초로 국제우주정거장 도킹에 성공하였다. DEMO−2 미션은 NASA로부터 국제우주정거장 운영 인원 운송에 대한 마지막 인증 테스트[282]였다.

SPACE X의 초대형 발사체인 팰컨 헤비(FALCON HEAVY)는 팰컨 9의 FIRST STAGE의 코

---

280) 호만궤도 또는 호만전이궤도라고도 하며 고도가 다른 두 궤도 사이에서 첫 번째 궤도로부터 다음 목표 궤도로 올려놓기까지의 중간 단계 궤도이다. 행성 탐사에서의 기본 비행 궤도로 활용된다.

281) *SPACE X, CAPABILITIES & SERVICES* https://www.spacex.com/media/Capabilities&Services. pdf

282) SPACE X, *UPDATES*, 30 MAY 2020, https://www.spacex.com/launches/crew−demo−2− mission−update−5−30−2020

어 엔진을 3개로 늘려 총 27개의 Merlin엔진을 사용한다. 팰컨 헤비는 2018년 2월 6일 첫 발사에 성공하였으며 2023년 5월까지 총 6번의 발사, 11번의 착륙, 8번의 재사용 발사에 성공하였다.

표 8   FALCON 9 OVERVIEW

	명칭	팰컨 9		
	높이	70m		
	직경	3.7m		
	중량	549,054kg		
	추력 (해수면)	1.7million lbs		
	첫 번째 스테이지	엔진 (Merlin engines)	갯수	9
			추력 (해수면)	7,607 kN
			추력 (진공)	8,227 kN
		연료	액체 산소와 케로신(RP-1) 추진체	
		LANDING LEGS	4	
	두 번째 스테이지	엔진	Merlin Vacuum Engine 1개	
		연소시간	397sec	
		추력	981kN	
	탑재체	높이	13.1m	
		직경	5.2 m	

출처: SPACE X 공식 홈페이지(spacex.com)

③ SLS(Space Launch System)

NASA는 달과 화성으로의 임무를 포함하여, 미래의 심우주 탐사를 위한 기초로서 초대형 발사체인 SLS를 설계하였다. 이 발사체는 미국의 유인 달 탐사 프로젝트인 아르테미스 계획에 사용되었다. 2022년 11월 16일에 아르테미스 1호(Artemis 1)가 발사되어 임무를 수행하고 같은해 12월 11일 안전하게 귀환하며 성공적으로 임무를 종료하였다.

NASA는 오리온 우주선,[283] 우주 비행사 승무원 그리고 화물을 실은 SLS를 한번의 이동으로 달로 보내기 위한 연구를 지속하고 있다. 이를 위해 SLS는 TLI(trans−lunar injection)로 알려진 기동을 수행함으로써 우주선을 지구 궤도에서 달 궤도로 전이시킨다. 아르테미스 1호에는 그림 27에 명시된 무인 우주선이 탑재된 SLS BLOCK 1이 사용되었으며, 2024년 11월에 발사될 아르테미스 2호부터는 유인 우주선이 탑재된다.

그림 26 SLS EVOLVABILITY

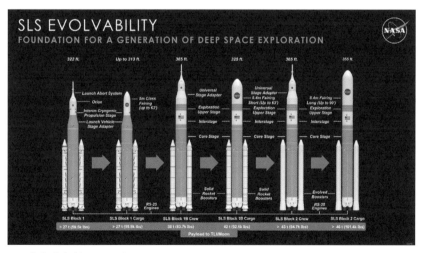

출처: NASA 공식 홈페이지(nasa.gov)

---

283) 밤하늘에서 가장 큰 별자리 중 하나인 오리온자리 이름을 따서 지은 유인 유주선이다. 아르테미스 1호에 실린 오리온은 무인으로 시험 비행하였으며 2022년 12월 11일 태평양 상공으로 안전하게 귀환하였다.

표 9	SLS BLOCK1

명칭	SLS Block1

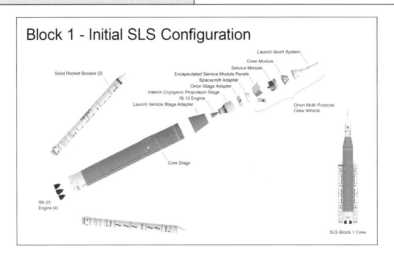

RS-25 엔진	갯수	4	코어 스테이지	높이	212ft
	추력	512,000lbs		직경	27.6ft
	연료	액체연료 (액체산소, 액체수소)		역할	액체연료 저장 및 비행 조종 관련 항전장비 포함
	제작사	Pratt& Whitney Rocketdyne, Aerojet Rocketdyne			
고체 로켓 부스터[284]	갯수	2	탑재체 요소	엔진/ 갯수	RL10/1개
	높이	153ft		연료	액체연료 (액체산소, 액체수소)
	직경	12ft			
	제작사	Northrop Grumman		추력	24,750lbs

출처: NASA공식 홈페이지(nasa.gov)

---

284) NORTHROPGRUMMAN, *Nasas－Artemis－Program.*

4 뉴 셰퍼드 (New Shephard) 로켓

뉴 셰퍼드는 블루오리진에서 개발 및 운영하는 유인 우주선 발사체로 미국 최초의 우주 비행사인 앨런 셰퍼드의 이름에서 유래되었다. 뉴 셰퍼드는 1단 로켓으로 부스터와 캡슐은 25번 이상 재사용되도록 설계되었다. 2021년 7월 20일 4명의 민간인을 실은 뉴 셰퍼드는 최초의 민간 우주 비행을 성공적으로 수행하고 귀환[285]하였다. 뉴 셰퍼드는 카르만 선(Kármán line)[286]을 통과하여 약 11분을 비행하고 돌아오는 준궤도 로켓이다.

그림 27 **NEW SHEPARD**

최상단에 장착된 승무원캡슐에는 최대 6명의 인원이 탑승할 수 있으며, 캡슐 하단에 장착된 링과 보조날개들을 이용하여 지구로 안전하게 귀환 및 착륙할 수 있도록 해준다. 발사체는 따로 조종사가 필요하지 않으며 모두 자율로 작동된다.

엔진은 BE-3(Blue Engine 3)이 장착되었으며 액체산소와 액체수소를 연료로 사용하여 수증기가 유일한 배기가스로 배출[287]된다. 최하단에 장착된 랜딩기어는 총 4개로 뉴 셰퍼드가 지상에 착륙할 수 있도록 해준다.

출처: Blueorigin 공식 홈페이지 (blueorigin.com)

---

285) BLUEORIGIN, *NEWS*, 20 JUL 2021, https://www.blueorigin.com/news/first−human−flight−updates
286) FAI, *100KM ALTITUDE BOUNDARY FOR ASTRONAUTICS*, https://www.fai.org/page/icare−boundary
287) BLUEORIGIN, *NEW−SHEPARD*, https://www.blueorigin.com/new−shepard/

BE-3 ENGINE		
추력	해수면	490 kN
	랜딩	90 kN
연료	액체산소와 액체수소	

⑤ 벌컨 센타우르(Vulcan Centaur) 로켓 - ULA 개발

벌컨 센타우르는 ULA가 개발한 발사체로 2027년까지 미국 우주군의 60%의 발사를 담당하게 될 발사체로 선정[288])되었다. 2023년 3월 29일 구조 시험 중에 상단부에 불이 붙으면서 1차 시험비행이 연기되었다. 2024년 1월 8일 벌컨 센타우르는 미국 첫 민간 달착륙선인 '페레그린'[289])을 싣고 1차 시험비행을 성공하였다.

그림
28

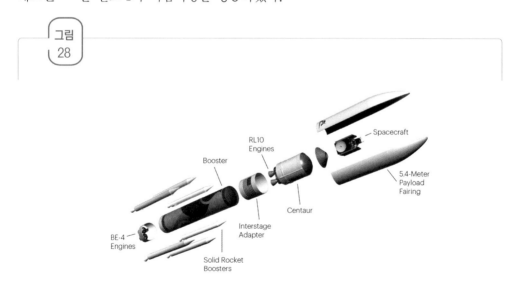

출처: ULA 공식 홈페이지(www.ulalaunch.com)

---

288) ULA, *NEWS*, 2 Feb 2021, https://www.ulalaunch.com/about/news/2021/02/09/united−launch−alliance−modifies−launch−pad−and−facilities−in−advance−of−first−vulcan−centaur−launch−this−year,
289) 미국의 첫 민간 달착륙선인 페레그린은 추진시스템의 고장으로 인하여 임무에 실패하였다.

주 엔진은 블루 오리진사의 BE−4 엔진으로 액화 천연가스(LNG)를 연료로, 액체산소를 산화제로 쓴다. 고체 로켓 부스터는 Northrop Grumman사의 63XL을 최대 6개까지 사용한다. 두 번째 단계의 엔진은 Aerojet Rocketdyne에서 제조한 RL10C를 사용하며 액체수소를 연료로 사용한다.

3 우주탐사

1 달 탐사 - 아르테미스 1(Artemis I)

그림 29 | 아르테미스1 경로

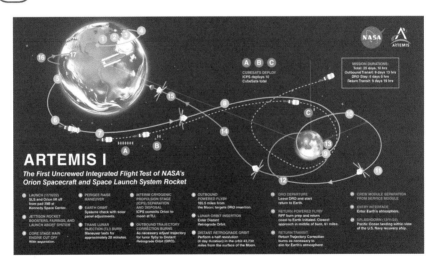

출처: NASA 공식 홈페이지(nasa.gov)

아르테미스 1호는 2022년 11월 16일 미국 플로리다주의 케네디 우주 센터에서 성공적으로 발사되었으며 같은해 12월 11일 안전하게 귀환하였다. 이 미션은 무인 오리온 우주선, 우주 발사 시스템(SLS) 로켓 및 지상 시스템과 같은 NASA의 심우주탐사 시스템의 첫 통합 시험이었으며, 전체적인 임무 순서는 그림 30과 같다. 아르테미스 1호에 사용된 SLS 로켓은 승무원이나 화물을 달과 그 너머로 보내기 위한 임무를 위해 설계되었다. 로켓에 탑재된 우주선인 오리온은 달 표면에서 약 62마일(100km) 상공을 비행하며 데이터를 수집하고, 관제사들이 우주선의 성능을 평가할 수 있도록 약 6일 동안 그 궤도에 머문다. 이후 오리온은 달의 중력을 이용하여 지구로 귀환하며 태평양 상공으로 낙하하여 미 해군과 NASA로부터 구조된다. 이 첫 번째 탐사 임무로, NASA는 달 표면 탐사와 화성을 포함한 심우주 탐사에 필요한 시스템을 발전시키고 있다. 아르테미스 2호 미션은 인간이 탑승한 오리온의 중요 시스템을 시험하는 것이다. SLS 로켓을 26톤 이상을 달에 보낼 수 있는 초기 구성에서 최소 45톤 이상을 보낼 수 있도록 발전시킬 예정이다. 아르테미스 1호의 SLS와 오리온에는 기술시연 및 과학적 조사를 위한 여러 가지 탑재체들이 실려 있었다. 오리온과 탑재체에 관한 세부 사항은 아래와 같다.

표 10　ARTEMIS I PRESS KIT

오리온 우주비행체	
	오리온은 우주로 승무원을 운송하고, 비상 중단 기능을 제공하며, 우주탐사 기간 동안 승무원을 보호하며 지구로 안전하게 귀환할 수 있는 탐사 차량 역할을 한다. 최대 탑승인원은 4명이며, 최대 임무 기간은 21일이다.
발사 중단 시스템	발사 또는 SLS 로켓이 상승하는 동안 비상사태가 발생할 경우 승무원들을 안전한 곳으로 이동시킨다.
승무원 모듈	승무원들이 생활하는 공간으로 오리온 우주선의 가압 된 부분이다.
서비스 모듈	추진, 열 제어, 태양열 전지판에 의해 생성된 전력 및 물, 산소 및 질소를 포함한 생명 유지 시스템을 제공한다.
우주 비행체 어댑터	오리온 우주선을 SLS에 연결하는 역할을 한다.

초소형 위성			
분야	이름	제작	임무
달	Lunar IceCube	미국 대학	달의 물 및 기타 휘발성 물질 탐색하고, 달 남극의 크레이터, 표면 영역 등에 대한 이미지 생성, 세계 최소 달 착륙선 개발 등의 임무를 실시한다.
달	LunaH-Map	미국 대학	
달	LunIR	Lockheed Martin	
달	OMOTENASHI	JAXA, Japan	
방사선	CuSP	미국 기관	우주기상관측소로서의 입자 및 자기장 측정하고 심우주 방사선이 생물에 미치는 영향 측정 등의 임무를 실시한다.
방사선	BioSentinel	미국 기관	
방사선	EQUULEUS	일본 도쿄 대학 / JAXA	
소행성	NEA Scout	미국 기관	태양 돛을 이용하여 지구에 가까운 소행성으로 이동하여 소행성의 표면 및 특성을 촬영한다.
기술 시범	ArgoMoon	Italian Space Agency (ASI)	첨단 광학 및 소프트웨어 이미징 시스템을 이용한 극저온 추진 단계 관찰하고 플라스마 추진기를 사용한 추진력을 시연한다.
기술 시범	Team Miles	미국	

추가 방사선 센서	
이름	임무
Radiation Area Monitor(RAM)	오리온에 장착되는 센서들로 달과 심우주의 방사선 환경에 대하여 연구하기 위해 개발되었다.
Hybrid Electronic Radiation Assessor(HERA)	
ESA Active Dosimeters	
Biology Investigations	

마네킹 승객	
이름	임무
Commander Moonikin Campos	오리온에 실리는 마네킹으로 두 개의 센서(하나는 헤드레스트 아래에, 다른 하나는 시트 뒤에)가 장착되어 미션 내내 가속과 진동을 기록한다.

Helga and Zohar	사람의 뼈와 장기를 모방한 재료로 만들어진 마네킹으로, 오리온 시트에 장착되어 방사선 보호조끼의 효과를 평가한다.

출처: NASA공식 홈페이지(nasa.gov)

그림
30

Moonikin, Helga and Zohar

출처: NASA 공식 홈페이지(nasa.gov)

(2) 명왕성 탐사(NEW HORIZONS)

NEW HORIZONS는 미국의 뉴 프론티어 계획[290]의 첫 번째 임무 우주선으로 메릴랜드 주 로렐에 있는 존스 홉킨스 대학 응용 물리학 연구소(APL)에서 NEW HORIZONS 우주선을 설계, 제작, 운영하고 있다. NEW HORIZONS는 명왕성을 처음으로 정찰하고 태양계 형성의 유물인 카이퍼 벨트[291]를 탐험함으로써 태양계 가장자리를 이해하는 데 임무목적이 있다. 2006년 1월 19일에 발사된 NEW HORIZONS는 약 10년에 걸친 비행 끝에 2015년 7월

---

290) NASA의 특정 태양계 행성 탐사 목적을 가진 프로그램이다. New Horizons, Juno, OSIRIS－REx, Dragonfly 4가지의 임무로 이루어져 있다.

291) 카이퍼 벨트(Kuiper Belt)는 태양계의 해왕성궤도(태양에서 약 30AU)보다 바깥이며, 황도면 부근에 천체가 도넛 모양으로 밀집한 영역이다.

14일에 명왕성이 가장 가까이 접근하였다. 명왕성과 그 위성들에 대한 6개월 간의 정찰 비행을 수행했으며, 이후에는 명왕성을 포함한 카이퍼 벨트의 탐사를 최우선 과제로 하고 있다. 또한 NEW HORIZONS 팀은 허블 우주 망원경 이미지를 사용하여 이전에 알려지지 않았던 명왕성의 네 개의 위성인 닉스, 히드라, 스틱스 그리고 케르베로스를 발견[292]했다.

그림 31 NEW HORIZONS

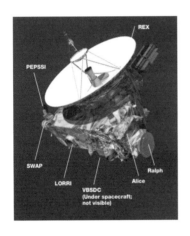

	과학탑재체
Ralph	대기 적외선 분광계
Alice	명왕성 대기의 구성과 구조를 분석하고 카론과 카이퍼 벨트 천체(KBO) 주변의 대기 관찰
REX	대기 구성 및 온도 측정
LORRI	장거리 이미지 획득(광학망원경)
SWAP	태양풍과 플라즈마 측정
PEPSSI	명왕성의 대기, 에너지 입자 측정
VBSDC	우주 먼지 측정(콜로라도대학 학생들에 의해 운영)

출처: NASA 공식홈페이지(nasa.gov)

③ 소행성 탐사(Origins Spectral Interpretation Resource Identification Security-Regolith Explorer, OSIRIS-REx)

OSIRIS－REx는 2016년 9월 8일 지구 근처의 소행성인 Bennu를 향하여 발사되었다. 소행성 표면 샘플을 가지고 지구로 귀환하는, 미국 최초의 임무이다. 표본을 실은 OSIRIS－REx는 2021년 3월에 소행성에서 출발하였으며 2023년 9월 지구로 귀환하였다.

---

292) NASA.GOV, *New Horizons(NASA FACTS)*, https://www.nasa.gov/sites/default/files/atoms/files/nh－fact－sheet－2015_1.pdf

록히드 마틴은 Bennu 표면의 샘플을 수집하기 위해, 탐사선에 관절형 로봇 팔을 장착하였다. 또한 소행성 탐색을 위하여 카메라와 레이저 고도계, 열방출 분광계, 가시 적외선 분광계, X선 분광계가 장착되어 있다.

그림 32	오시리스 렉스의 컨셉사진

Spacecraft specifications (Lockheed Martin Space Systems Company 제작)	
길이	20.25feet
너비	8feet x 8feet
높이	10.33feet
TAGSAM[293] 길이	11feet
건조질량	1,940pounds
총질량	4,650pounds
전력	1,226~3,000watts

출처: NASA 공식 홈페이지(nasa.gov)

④ 목성 탐사(JUNO)

2011년 8월 5일, NASA는 태양계에서 가장 큰 행성인 목성의 탐사를 위하여 JUNO를 발사하였다. JUNO는 5년, 17억 마일의 비행 끝에 2016년 7월 4일 목성의 궤도에 안착하였다. 임무 기간은 JUNO의 수명이 끝날 것으로 예상되는 2025년 9월까지이며, 목성의 기원과 발달에 대해 이해하는 것이 임무의 목적이다. 이에 따라 목성의 내부 구조와 자기장, 대기 및

---

293) Touch-And-Go Sample Acquisition Mechanism (TAGSAM) - 베누 표면의 샘플 수집을 위해 로봇팔에 샘플러 헤드를 장착한 방법이다.

자기권 등에 대한 과학적 목적의 조사 임무를 수행 중이다.

출처: NASA 공식 홈페이지(nasa.gov)

JUNO는 목성의 강력한 방사선 영역을 피하기 위하여 타원형의 극궤도를 사용한다. 우주선의 주요 부분은 대부분 록히드 마틴에 의해 만들어졌으나, 장비와 부품들은 여러 나라에서 조달되었다. 이 부품들이 모여 플로리다주의 케네디 우주 센터에서 조립되었으며, 아틀라스 V 551 로켓으로 발사되었다.

JUNO는 주 로켓 엔진과 추진기에 연료를 공급하는 6개의 대형 추진제 탱크로 이루어져 있다. 주 엔진은 목성으로 가는 기동을 위해 사용되며, 위성이 목성의 궤도에 안착할 수 있도록 한다. 추진기는 태양 에너지를 충전하기 위해 태양 방향으로 자세를 잡는 것과, 지구와의 통신을 위해 위성의 방향을 변경하는 데 사용된다. 하이드라진과 사산화질소가 주 엔진의 액체 로켓 추진제로 사용되며, 추진제는 하이드라진만을 사용한다.

5 타이탄 탐사(Dragonfly)

Dragonfly는 미국의 뉴 프론티어 계획의 마지막 임무로 2027년에 발사되어 2034년에 화성의 위성인 타이탄에 도착할 예정이다. Dragonfly는 8개의 블레이드를 갖춘 NASA의 최초의 회전익 탐사 비행체로, 드론처럼 비행하며 타이탄의 다양한 환경을 탐험할 것이다.

> **그림 34** 드래곤플라이 컨셉 사진

출처: NASA 공식 홈페이지(nasa.gov)

타이탄은 수성보다 크고 대기 중 질소의 밀도는 지구보다 4배 높다. 또한 메탄으로 이루어진 구름이 있고 비도 내리며, 표면에 메탄 호수와 강도 존재한다. 타이탄은 지구에서 생명체가 발생하기 전의 환경과 비슷할 것으로 예상되며 탐사를 통해 우주생물학의 발달과 그 이전의 화학물질을 연구하는 것에 목적을 둔다. Dragonfly는 타이탄 표면의 샘플 획득을 위하여 복합유기체 수집용 드릴(DrACO)을 사용하여 시료를 채취한다. 이후 샘플은 드래곤플라이 질량 분석기(DraMS)라 불리는 장비를 통하여 샘플의 화학적 구성을 조사한다.

6 화성 탐사(Mars 2020/Perseverance rover)[294]

NASA는 지난 20년동안 여러 가지 종류의 화성탐사 로봇을 이용하여 화성을 탐사하고 관찰하였다. 이로 인하여 화성의 습한 환경으로 미생물이 존재할 수 있다는 가능성을 가지게 되었고, 관련 탐사를 위하여 Mars 2020/Perseverance 로버가 설계되었다. 이 로버의 임무는 화성의 지질을 분석하고 생명체의 흔적을 찾으며, 지구로 가져올 화성의 암석과 토양 샘플을 수집하는 것이다. 로버는 2020년 7월 30일에 ULA의 Atlas 541를 통해 발사되었으며, 2021년 2월 18일에 화성에 착륙하였다. 로버는 화성 탐사를 위해 7가지의 장비를 장착하고 있으며 내용은 아래 표와 같다.

표 11) 화성 탐사 로버의 7가지 장비

퍼서비어런스 로버 중요 장비	
Mastcam-Z	카메라 시스템(파노라마, 입체적 이미지)
SuperCam	화학 성분 분석 및 광물학 기능
PIXL	화학 원소 검출 및 분석 기능
SHERLOC	자외선(UV) 레이저를 사용하여 광물학 및 유기 화합물을 매핑
MOXIE	화성의 대기 중 이산화탄소에서 산소를 생산하는 실험
MEDA	온도, 풍속 및 방향, 압력, 상대 습도, 먼지 크기 및 모양을 측정
RIMFAX	지하의 지질 구조를 분해할 수 있는 지상 침투 레이더

---

294) NASA.GOV, *Fact Sheet,* https://mars.nasa.gov/files/mars2020/Mars2020_Fact_Sheet.pdf

그림 35	Mars 2020/퍼서비어런스 로버

제원	
길이	3meters
폭	2.7meters
높이	2.2meters
무게	1,025kg

출처: NASA 공식 홈페이지(nasa.gov)

4 기타

① 게이트웨이(Gateway)[295]

　NASA의 Gateway는 아르테미스 계획을 지원하기 위한 프로그램으로, 인류 최초로 달 궤도상의 우주 정거장을 건설하는 데 목적을 둔다. 여러 국가들이 건설에 참여하며, 이러한 국제적, 상업적 협력으로 구축된 Gateway는 심우주에서의 지속적인 탐사를 지원하는 기능을 한다. 다양한 우주선을 위한 도킹 포트를 구비하고, 승무원들이 거주하고 작업할 수 있는 공간과 과학 조사 시설 등이 설치될 것이다. 이러한 역할은 향후 이어지는 달과 화성 탐사 기술 개발에 도움을 줄 것이다.

　동력 및 추진 요소(PPE)는 Gateway에 동력, 고속 통신, 자세 제어 및 궤도 전이 능력을 제공할 60KW의 고출력 태양 전기추진 우주선이다.

　거주 및 물류 전초기지(HALO)는 우주비행사들의 Gateway 방문 시, 생활하고 연구를 수행하는 곳이다. HALO에는 오리온 우주선, 달 착륙선 그리고 물류 보급선과 같은 방문 우주선들의 도킹이 가능하며, 달 및 화성 탐사 시 필요한 통신 등을 포함한 여러 가지 핵심 기능을 수행한다.

　우주 환경실험을 위하여 Gateway에는 다음과 같은 세 가지 과학기구들이 포함된다. 태양의 방사선 환경과 우주 기상을 감시하기 위한 태양계 물리학 환경 및 방사선 측정 실험 장

---

295) NASA.GOV, *Gateway(Overview)*, https://www.nasa.gov/gateway/overview

비(HERMES)와 유럽 방사선 센서 집합체(ERSA)가 있다. 또한 방사선 차폐 효과를 연구하고 암, 심혈관 및 중추 신경계 효과에 대한 방사선 물리학 모델을 개선하여 탐사 임무에 대한 승무원의 위험을 평가하는 내부 방사선 선량계(IDA) 장비가 있다. IDA는 JAXA의 추가 과학 장비와 함께 ESA에 의해 구축된다.

NASA는 SpaceX와 Gateway Logistics Services 계약을 체결하였으며, SpaceX는 화물 및 기타 물품을 Gateway로 배송하는 최초의 미국 상업 공급업체가 되었다.

<table>
<tr><td>그림
36</td><td>게이트웨이 전체 모습</td></tr>
</table>

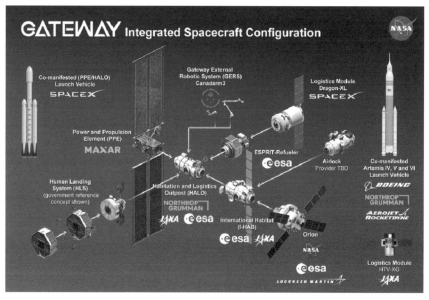

출처: NASA 공식 홈페이지(nasa.gov)

표 12 게이트웨이 개관(각 부분 명칭 및 내용)

명칭		내용	제공
PPE/HALO	PPE	개발 및 구축	Maxar Technologies
	HALO	설계	NORTHROP GRUMMAN
		배터리(전력공급)	JAXA
		로봇 인터페이스	CSA(Canadian Space Agency)
		달 통신 시스템	ESA
	발사체	FALCON HEAVY ROCKET (2024년 11월 이전 발사 예정)	SPACE X
과학장비	HERMES	개발 및 구축	NASA
	ERSA	개발 및 구축	ESA
	IDA	개발 및 구축	ESA

② 제임스 웹 망원경(James Webb Telescope)

제임스 웹 망원경은 2021년 12월 25일 프랑스령의 기아나에서 ESA의 Ariane 5 로켓으로 발사되었다. 제임스 웹 망원경의 임무 목적은 빅뱅 이후 최초의 은하 또는 발광 물질을 발견하고, 지금까지 은하가 어떻게 진화했는지 확인하는 것이다. 또한 행성계가 형성되기까지의 단계를 관찰하고, 태양계를 포함한 행성계의 물리적, 화학적 특성을 측정하며 잠재적인 생명에 대한 조사에 목적을 둔다. 제임스 웹 망원경은 NASA가 국제 협력을 통해 주도하는 국제 프로그램이다. ESA와 CSA 그리고 미국 29개 주와 14개의 국가의 300개 이상의 대학, 단체, 기업에서 온 수천명의 엔지니어와 과학자들이 제작에 참여하였다.

그림 37

제임스 웹의 첫 번째 배포 사진

출처: NASA 공식 홈페이지(nasa.gov)

제임스 웹 망원경의 주경은 크기가 매우 커서, 거울을 18개의 육각형 조각으로 만들어 접은 상태에서 발사되었다. 2022년 3월 11일 제임스 웹 망원경 거울들의 정렬이 완료되고 웹의 광학 성능이 성공적으로 작동[296]되었다. 2022년 7월 12일, 제임스 웹 망원경이 촬영한 사진이 처음으로 공개되었다. 위 사진(그림 38)은 46억년 전에 나타난 은하단 SMACS 0723이며, 제임스 웹 망원경의 NIRCam을 통하여 정확한 초점을 맞추어 촬영하였다. 이러한 데이터들은 과학자들에게 우주 초기의 은하를 찾기 위한 여러 정보를 제공하고 있다.

---

296) NASA.GOV, *News&Events*, 17 Mar 2022, https://www.nasa.gov/press−release/nasa−s−webb−reaches−alignment−milestone−optics−working−successfully

그림
38   제임스 웹 망원경 장비

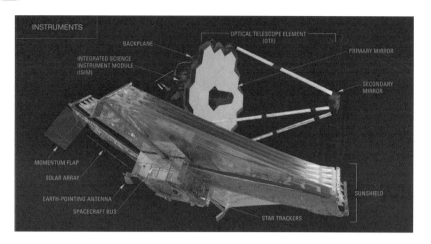

출처: NASA 공식 홈페이지(nasa.gov)

명칭		내용
주경	크기	지름 약 6.5m
	개수	18개
	모양	도금된 육각형
과학장비	NIRCam	근적외선카메라
	NIRSpec	근적외선분광기
	MIRI	중적외선장비
	NIRISS	근적외선 이미저 및 슬릿리스 분광기
	FGS	미세유도센서
지구와의 거리		1.5million kilometers
무게		6,200kg

Chapter

04

결론

미국의 우주개발 역사는 인간의 도전정신이 우주개발의 핵심 요소임을 명확히 보여준다. 미국은 우주 분야에서의 도전과 열정을 바탕으로 놀라운 성과를 이뤄냈다. 아폴로 프로그램을 통해 인간을 달에 보내고, 스페이스 셔틀 프로그램을 통해 재사용 우주발사체를 개발했다. 미국은 과학과 기술의 중요성을 강조하며, 지속적인 투자를 통해 독보적인 기술을 개발하고 우주탐사를 주도하였다. 이러한 성과들은 우주탐사의 새로운 시대를 열었으며, 미국은 여전히 우주개발 분야에서 선도적인 역할을 하고 있다.

또한 미국은 국제 협력을 강화하여 우주 분야에서의 성과를 극대화하고 다양한 국가와 기관들 간의 협력을 통해 우주 연구를 진행했다. 우주개발은 매우 비용이 많이 드는 분야이며, 각 국가가 홀로 이뤄내기 어려운 프로젝트가 많다. 이러한 상황에서 국제협력은 자원과 경비를 분담하고 기술과 지식을 공유함으로써 보다 효율적인 임무 수행을 실현할 수 있다. 따라서 더욱 효과적인 우주개발을 위해서는 국제협력이 중요한 과제가 될 것임이 분명하다.

미국은 끊임없는 혁신과 도전정신을 통해 다양한 분야의 우주탐사에 앞장서고 있다. 앞으로의 우주개발은 심우주 탐사와 우주자원 탐사 등 여러 분야로 발전해 나갈 것이다. 이렇듯 우주는 더 이상 공상 과학 속 미지의 공간이 아니다.

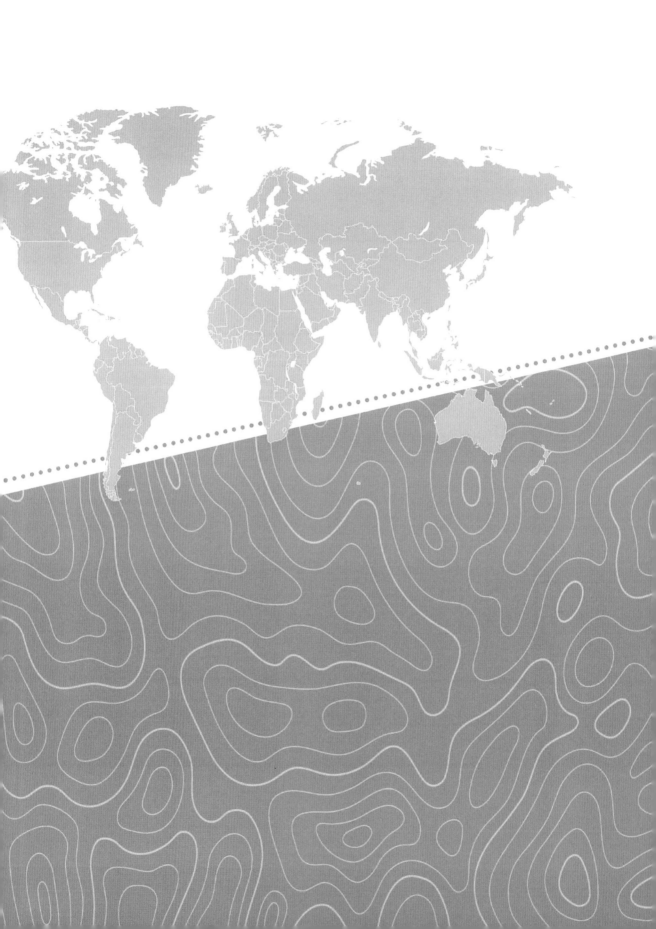

러시아 우주활동역사

- 이현우

Chapter

01

서론

2021년 2월 발발한 러시아－우크라이나 전쟁은 기존 재래식 무기체계의 충돌이 아닌 국가 간 우주력(Space Power)을 기반으로 한 우주전을 중심으로 전개되었다. 전쟁 개시 직전 러시아는 악성 소프트웨어인 맬웨어를 활용한 유럽의 Viasat 통신위성에 대한 공격을 시도하였다. 우크라이나 전역의 통신마비를 의도한 것이었다. 그러나 공격 직후 미국의 민간기업인 Space－X가 우크라이나와 협력하여 Starlink를 설치하고 러시아의 공격은 무위로 돌아갔다. 2,500여 개나 되는 위성을 운용하고 있는 Starlink를 모두 무력화할 수 없었기 때문이다. 또한 ISR 정찰위성의 수적 열세와 기술 후진성, Glonass 위치결정의 기술적 오류는 지상전에서의 정보획득, 표적위치 선정과 자기위치결정에 장애를 가져오며, 정확성과 적시성을 요구하는 현대 전장에서의 실패로 귀결되었다. 이는 2010년대 중반 이후 수년간 경제불황과 서방의 제재가 우주산업의 핵심 기술들을 국산화하겠다는 종전의 목표를 달성하지 못하게 하였기 때문이라고 분석된다.[1] 일례로 2021년 러시아의 우주예산은 『러시아연방 우주프로그램 2016－2025』의 당초 예상 우주예산의 30%도 충당하지 못한 것으로 분석된다. 그 결과 장기전으로 이어지고 있는 우크라이나 전쟁에서 서방의 우주력 지원을 받는 우크라이나를 상대로 우위를 달성하지 못하고 있다. 지난 세기 가장 강력한 우주활동국 중 하나였던 러시아의 우주력에 대한 의문이 제기되고 있는 시점인 것이다.

지난 2021년 2월 러시아 지구물리학 센터 수석연구원 D.N. 우바로프는 러시아 유인우주비행 60주년을 기념하여 개최된 총회에서 논문발표를 통해 국내 우주산업의 문제점으로 자금부족, 후진적 인프라와 인적 자원 감소를 지적하며, 현재 러시아의 우주전문가들이 과거의 영광 속 낙관주의에 빠져있다고 신랄하게 비판하였다.[2] 그는 지금으로부터 60여 년 전인 1957년 소련의 바이코누르 우주기지에서 발사된 최초의 위성인 스푸트니크 1호를 시작으로 최초의 유인 우주비행, 우주 유영, 여성 우주인 탄생 등 러시아가 냉전시기 우주공간의 '개척자(первопроходца)'였다고 평가하지만, 악화되는 국제정세 속 잘못된 국가 우주전략의 방향성이 국가 우주력의 몰락을 가져왔다고 분석하였다.[3]

---

1) David T. Burbach, "Early lessons from the Russia－Ukraine war as a space conflict", Atlantic Council, 2022. 8. 30. https://www.atlanticcouncil.org/content－series/airpower－after－ukraine/early－lessons－from－the－russia－ukraine－war－as－a－space－conflict/ (검색일: 2023. 3. 20.)
2) Д. Н. Уваров, "Проблемы и перспективы космической отрасли России", 『Геофизический центр РАН』, (2021), pp.1－3.
3) Ibid, p.12.

이처럼 러시아의 현재 우주력은 국내·외 관점에서 비판적으로 평가되고 있다. 그렇다면 러시아 우주력의 현 상태는 어떠할까. 이를 위해 본 고는 소련시절부터의 우주활동역사를 2장에서, 우주활동 거버넌스, 우주전략문서를 3장에서 설명하며 우주력 변화요인을 도출할 것이며, 3장에서는 변화요인들이 현재 러시아의 주력 우주산업 분야인 인공위성, 우주발사기지와 발사체 그리고 유인우주탐사에 어떻게 적용되었는지 살펴보도록 한다. 결론에서는 러시아의 미래 우주전략문서를 기반으로 향후 우주활동의 전망과 함의를 알아본다.

러시아의 우주전략 문서인 「2006－2015년 러시아연방 우주프로그램(федеральная косми ческая программа 2006－2015)」과 「2016－2025 러시아 연방 우주프로그램(федеральная космич еская программа 2016－2025)」 비교를 통해 시기별 전략변화를 분석하며, 「2030 러시아 우주활동 발전전략(Стратегия развития космической деятельности россий 2030)」을 통해 러시아의 장기 우주전략을 살펴본다. 또한 추가로 「GLONASS 연방프로그램 2002－2011」과 「2012－2020년 GLONASS 시스템 유지 개발 및 사용에 관한 연방프로그램」 등의 하위 우주전략문서를 참고하여 러시아 정부의 우주전략을 세부적으로 연구하였다.

러시아는 2000년대 이후 푸틴의 장기 집권이 이어졌고, 우주전략에 있어 지도자의 결심이 큰 영향을 미치는 특징을 가지고 있다. 이에 따라 ТАСС통신, НОВОСТИ 언론 기사 내용과 푸틴의 발언을 살펴보면서 우주공간에 대한 러시아 지도자의 인식을 분석하도록 한다. 객관적 수치적 자료획득이 제한되는 것은 미국방정보국(Defense Intelligence Agency)에서 출판한 「Challenges to Security in Space(2022)」와 미국 국제전략문제연구(CSIS)의 우주위협 평가 2022(Space Threat Assessment 2022) 등의 미국 공식자료를 참고하였다.

우주활동역사

1 연구개발사

　이 장에서 러시아의 연구개발사를 4개의 시기로 나누어 설명하도록 한다. 먼저 러시아가 우주강대국으로 발돋움했던 소련시기(1950~1991) 연구개발사를 살펴보고, 소련 붕괴 후 1991년 이후 2000년 푸틴 대통령의 집권 이전의 시기를 두 번째 시기로 보았다. 2000년대 이후에는 2014년 크림반도 갈등 전후로 시기를 나누어 러시아 연구개발사의 변화과정을 설명하고자 한다. 이처럼 연구개발사를 시기별로 나눈 기준은 국가체제 변화, 국가지도자 교체, 서방세력의 제재 등 국가적 사건이 러시아 우주개발에 미친 영향이 크기 때문이다.

　1980년대 말 소련은 우주분야에 있어 가장 앞서가는 국가였다. 1976년 미국의 스카이랩 우주정거장 발사에 대응하여 1986년 미르 우주정거장을 발사하였다. 소련 우주비행사 유리 로마넨코는 소유즈 T-15호를 탑승하여 미르 우주정거장에 도킹하는 장면은 TV로 생중계 되었고, 324일을 우주에 체류하는 기록을 세웠다. 1984년 발사된 금성 탐사선 '베가'는 금성에 탐사 장치를 착륙시켰으며, 핼리 혜성의 중심부 촬영에 성공하였다. 바이코누르 발사대를 활용하여 주 1회 무인우주선 발사를 실시하였으며, 새로운 우주정거장 건설과 행성 유인탐사 프로젝트는 꿈이 아닌 현실로 다가왔다.

　그러나 1991년 소련 붕괴는 우주산업의 침체를 가져왔다. 러시아는 극심한 경제 불안정을 겪게 되면서 우주활동 투자가 현격히 감소하기 시작하였다. 실제로 1989년 7조 루블에 달했던 우주예산은 1995년 1.8조 루블로 감소하였다.[4] 자금, 자원, 예산의 감소로 인해 기존에 추진되었던 사업들은 지연되기 시작하였고, 새로운 우주정거장 건설 계획은 폐기되었다. 결국 러시아의 우주기술은 기존 수준을 유지하거나 후퇴하게 되면서 반세기 가까이 경쟁하던

---

4) Brian Harvey, 『Runssia in Space The failed frontier?』, (2012), p.324.

우주 패권을 미국에게 넘겨주고 뒤안길로 물러설 것으로 보였다.

블라디미르 푸틴은 대통령 취임을 얼마 앞둔 1999년 12월 러시아 신문사(Независимая газета)에 글을 게재하며, '지난 200~300년 역사상 최초로 러시아가 2류, 3류 국가가 될 위기에 처해있다.'라고 언급하면서 과거 소련의 영광을 되찾아야만 하고, 국민들이 하나로 뭉쳐야만 한다는 점을 강조하였다.[5] 강대국이었던 과거 향수 속에 젖어있던 국민들은 푸틴에게 강력한 지지를 보여주었다.

한편 2001년 5월 미국의 일간지「The Atlantic」은 'Russia is Finished'라는 기사를 통해 사회적 부조리와 부패로 인해 강대국으로의 도약은 실패할 것이라고 단언하였다.[6] 그러나 이러한 예상과는 달리 러시아는 우주개발을 통해 경제 재건과 국제사회의 영향력을 재고할 수 있었다. 특히, 2000년대 중반부터 예산 증액과 투자 확대를 통해 국제우주정거장 건설과 인공위성 개발을 확대하여 러시아는 우주강국으로 재도약하였다

2014년 발발한 크림반도 전쟁은 러시아 우주산업의 큰 변화를 이끌었다. 기존 서방국가들과 우주협력을 지속해왔던 것과 반대로 우크라이나와의 크림반도 갈등은 서방으로부터의 제재를 야기했고, 기존의 우주개발과 다르게 독립적인 자체 기술력 개발과 새로운 파트너를 찾는 방향으로 나아갔다.

---

5) Владимир Путин, "Россия на рубеже тысячелетий", Независимая газета, 1999. 12.30. https://www.ng.ru/politics/1999-12-30/4_millenium.html (검색일: 2023. 3. 20.)

6) Jeffrey Tayler, "Russia Is Finished", The Atlantic, 2001. 5. https://www.theatlantic.com/magazine/archive/2001/05/russia-is-finished/302220/ (검색일: 2023. 3. 20.)

① 1단계(1921년 ~ 1991년)

소련의 첫 번째 로켓 개발은 1921년 젊은 과학자였던 니콜라이 티코미로프(Nikolai Tikhomirov)가 고체 연료 연구실을 건설함으로써 시작되었다. 이후 티코미로프를 중심으로 한 젊은 공학도 모임인 가스 역학실험실(GDL: Gas Dynamics Laboratory)은 액체 추진제를 사용하는 로켓엔진이었던 ORM-1을 개발하였고, 연구원이었던 글루슈코는 1936년 최초로 추력 조절이 가능한 액체 추진엔진 개발에 성공하였다. 이러한 소련의 젊은 연구자들의 노력은 우주발사체의 엔진 능력을 비약적으로 발전시켰고, 1950년대 서방의 우주기술을 앞서게 한 계기가 되었다.[7]

우주에 대한 관심이 높아진 소련은 폭격기 수석 엔지니어 출신이자 로켓 개발을 위한 최초의 후원센터였던 GIRD(Reactive Movement Study for Reactive Motion)에서 로켓동력개발을 하고 있던 세르게이 코롤료프에 주목하였다. 괄목할 만한 그의 로켓엔진개발 성과에 1946년 스탈린은 소련 로켓프로그램을 시작할 것을 명령하였고 최초의 책임자로서 그를 임명하였다. 그는 임무를 받은 지 한 달 뒤부터 새로 개발하는 로켓엔진 R-7 "Semyorka"(숫자 7)을 통해 인공위성을 우주로 발사하려는 계획을 정부에 제안하였다. 약 10년 뒤 1957년 8월, 그가 개발한 R-7 엔진은 더미 미사일을 바이코누르 발사장으로부터 캄차카반도까지 6,400km 비행시키는 데 성공했다. 이러한 성공은 미국의 발사체 기술에 2년 가까이 앞서있던 것이었고 당시 서방세계에 충격을 주었다.[8]

약 2달 뒤였던 1957년 10월 4일, 바이코누르 발사장에서 발사된 인공위성 '스푸트니크'가 궤도에 성공적으로 진입하고 "삐,삐,삐" 소리가 수신기로 울려퍼졌다. 당시 모스크바 일간지 프라우다(Pravda)는 "러시아인이 경쟁에서 승리하였다"라고 1면을 장식하며 자축하였으며,[9] 지도자였던 후루시쵸프는 코롤료프를 통해 우주 개발에 박차를 가하라고 지시했다. 코롤료프는 다음 단계로 인류를 우주로 보내는 계획을 구상하고, 스푸트니크 발사 3주 후 개

---

7) Brian Harvey, supra note 4, p.3.
8) James Harford, 『Korolev: how one man masterminded the soviet drive to beat america to the moon』, (1997), p.91.
9) Ibid, p.126.

를 태운 인공위성 로켓을 발사했다. 수차례 실험 끝에 1961년 최초의 우주인 유리가가린은 보스토크 우주선을 탑승하고 108분간 지구 궤도 비행에 성공했다. 인류가 직접 우주공간에 발을 딛는 역사적인 순간이자, 냉전시대 우주경쟁의 시작을 알리는 순간이기도 하였다.

다음 우주 경쟁의 목표는 달 착륙이었다. 그러나 코롤료프가 1966년 갑자기 사망하게 되면서, 소련의 우주프로그램은 기존의 추동력을 잃게 되었다. 게다가 1960년대 미국의 공격적인 우주분야 투자의 성과가 나오게 되면서, 달 착륙을 누가 먼저 할 것인가에 대한 경쟁에서 소련은 더 이상 우위를 점하지 못하였다. 결국 1969년 발사 예정이었던 소련의 N-1 발사로켓의 폭발과 기계오류로 미국 아폴로 11호가 먼저 발사되었고, 소련의 우주 프로그램은 첫 패배를 맛보게 되었다.

그림 1   스푸트니크 1호(좌), 보스토크 1호(우)

출처: NASA

그러나 소련은 패배에 그치지 않고 그간 발전시킨 발사체 기술을 활용하여 달 궤도 진입을 시도하였고 무인 우주선을 통한 달탐사에 괄목할 만한 성과를 거두게 되었다. 1970년대 소련 우주개발 키워드는 우주정거장 건설이었다. 1971년 소련은 살류트 우주정거장을 발사하였고, 소유즈 우주선을 통해 우주인들이 우주정거장에서 체류시키는 프로젝트를 진행했다. 수차례 우주정거장, 우주선의 폭발이 이어졌고, 미국 Skylab 우주정거장의 성공과 대비되어 정체기로 돌입하는 것처럼 보였지만 1977년 살류트 6호의 발사 성공으로 소련 우주프로그램은 1970년대 후반 성과를 내게 되었다. 그 결과 우주인을 우주정거장에 장기체류시키면서 우주환경에서 인간의 적응, 기술적 경험들을 축적해나갔다.

1980년대 소련은 군사위성의 발사와 새로운 우주정거장 건설에 집중하였다. 소련은 미국과의 우주발사체 발사 경쟁에서 압도적으로 앞섰으며, 최신식 기술을 접목한 우주정거장인 살류트 8호 발사를 준비했다. 고르바초프 서기장 집권 후 살류트 우주정거장의 이름을 '미르'로 바꾸었다. 1986년 미르 우주정거장은 발사에 성공하여 우주 장기체류 기록을 갈아치웠다.

그림
2   1960~1985 미국 소련 우주발사 비교

출처: The US National Archives[10]

---

10) The US National Archives, "A graph comparing the number of U.S. and Soviet space launches between 1960 and 1985", https://picryl.com/media/a－graph－comparing－the－number－of－us－and－soviet－space launches－between－1960－and－69dd9b (검색일: 2023. 4. 26.)

소런 말기 우주기술은 소련이 세계 시장에서 수요가 큰 몇 안 되는 분야 중 하나였다. 고르바초프 서기장은 폐쇄적인 군 주도의 소련 우주프로그램을 개방하고, 미국과 협력을 촉진하면 이윤을 창출할 수 있다고 확신하였다. 1985년 소련은 서방국가의 민간 위성 제조업체에 군사용 발사 서비스를 제공하기 시작하였고, 위성의 고해상도 이미지까지 판매하기 위해 글라브코스모스(Главкосмос)를 설립하였다.[11]

2단계(1991년 ~ 2000년)

소련의 붕괴 후 상황은 급변하였다. 러시아는 이전의 소련 우주산업 기술의 대부분을 물려받았지만, 심각한 경제침체로 인해 로켓과 인공위성에 대한 외국의 주문이 급감하면서 러시아 우주 기업들은 가혹한 현실을 마주해야만 하였다. 소련 해체 전 1989년 우주예산은 7조 루블에 달하였으나, 1992년 4.15조 루블로 감소하였고, 1995년에는 1.8조 루블로 감소하였다.[12]

---

11) James Clay Moltz, "The Russian Space Program: In Search of a New Business Model", 『Asia Policy』, Volume 14, 2, (2020), pp.19－26.
12) Brian Harvey, supra note 4, p.324.

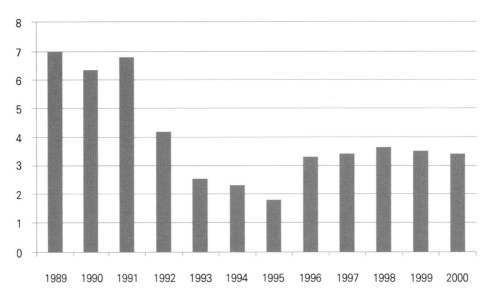

출처: Brian Harvey, 『Russia in Space The failed frontier?』[13]

게다가 러시아의 우주 연구자는 1990년 당시 99,200여 명에서 2년만에 348,000여 명 수준으로 줄어들었다. 임금체불 문제와 사회불안정으로 상당수의 연구자가 해외로 유출된 것이다.[14] 소련 말기에 작성하였던 1990년대 우주정책은 새로운 우주정거장, 정기적 우주왕복선 운행, 화성 착륙선의 건설 등의 우주프로그램의 계획이 존재하였지만, 실현될 수 없는 상황이었다.

이러한 재정적 어려움을 극복하기 위해 러시아는 상업화 전략을 선택하였다. 러시아의 우주기업들은 서방의 회사와 협력하였고, 우수한 발사체 엔진기술(RD－180, NK엔진)을 판매하고, 상업용 프로톤 로켓 발사를 지원하여 수익을 창출하였다. 또한 1992년 러시아 연방 우주국(Russian Federal Space Agency)을 설립하였다. 연방우주청은 러시아의 우주활동을 관리, 계획하는 임무를 갖게 되었으며, 러시아의 우주 정책, 프로그램, 국제협력들에 대한 주요 권한

---

13) Ibid, p.325. 표 재구성.
14) Д. Н. Уваров, "Проблемы и перспективы космической отрасли России", 『Геофизический центр РАН』, (2021), p.9.

을 위임받았다. 부정적인 상황에서도 우주개발의 끈을 놓지 않고 추진하였던 것이다.

　이를 통해 몇 가지 성과를 거두었는데, 먼저 1986년 소련시절 발사된 미르 우주정거장은 1990년대에도 러시아의 관리하에 운영되었다. 미르 우주정거장이 생물학, 재료공학, 지구 관찰을 포함한 다양한 과학 실험들의 플랫폼역할을 하였기에 충돌, 화재, 부품조달의 어려움이 있음에도 유지된 것이다. 우주정거장은 미국, 유럽인들을 비롯한 수많은 우주인들이 방문하였으며 우주분야에서 국제협력을 가능하게 하였다.

　그러나 재원의 한계로 인해 단독으로 우주정거장을 유지하는 것은 현실적으로 어려웠고 새로운 우주정거장 프로그램이 필요했다. 미ㆍ러 간의 협력이 진행되면서 1993년 NASA는 ISS 국제우주정거장 건설을 추진하였다. 경제 침체로 인한 예산부족으로 우주인을 상주시킬 수 없었던 러시아는 미국의 자본을 통해 새로운 우주정거장 프로젝트를 진행시킬 수 있었기에 매력적인 제안이었다. 결국 1998년 1월 29일 러시아를 포함한 미국, ESA, 캐나다 그리고 일본이 ISS 건설과 유지에 대한 국제우주정거장 협정(Intergovernmental Agreement on International Space Station, IGA)을 체결하게 되었다.[15] 협정상 러시아는 러시아 연방우주국을 통하여 서비스동 및 타동을 포함한 ISS 기반요소, 실험동 및 탑재물의 장착장비, 보급 및 추가적 능력비행요소를 제공하기로 되어 있다. 러시아는 첫 번째 ISS 모듈 자랴(Zarya)가 1998년 발사된 이후, ISS 승무원의 생활공간인 즈베즈다 모듈을 2000년 발사하였고, 해당 모듈은 ISS의 핵심을 구성하였다.

---

15) 김종복, "국제우주정거장협정의 법제도에 관한 고찰", 『한국항공우주정책ㆍ법학회지』, (2007), pp.18-20.

1998년 ISS 국제협약(좌), ISS 국제우주정거장(우)

출처: ESA

또한 소유즈(Soyuz)와 프로그레스(Progress) 우주왕복선을 개발하고 운행하였다. 소유즈 우주왕복선은 1990년대에 미르 우주정거장과 ISS 국제우주정거장으로 승무원을 수송하는 임무를 수행하였으며 프로그레스는 우주정거장 장기체류를 위한 필수 물품을 지구로부터 보내는 역할을 하였다.

3 3단계(2000년 ~ 2014년)

2000년대 초반 러시아 경제회복과 더불어 전략적 공간으로서 우주의 급부상은 우주예산의 증가를 가져왔다. 우주는 러시아에게 국제적 위상을 되찾는 상징과 같았고, 이러한 시도는 과거의 영광과 유산을 회복하는 것이었다.[16] 푸틴에게 우주정책은 강력한 국가로 러시아가 재탄생하는 핵심이 되었다.

---

16) Facon, Isabelle and Sourbes－Verger, "La cooperation spatiale Russie－Europe－une entreprise inarchevee", 『Geoeconomie 43, autumne』, pp.75－89.

러시아는 2000년 초반부터 국가주도로 우주산업을 재건설하기 시작하였다. 푸틴의 첫 두 집권기간(2000~2008) 동안 많은 우주 프로그램[17]과 대통령령의 확고한 의지는 러시아를 세계 우주산업에서의 리더로 만들었으며, 국제협력관계도 확장시켰다.

1990년대 재원의 문제로 중단되었던 글로나스(GLONASS) 위성항법시스템이 추진되었으며, 이를 작동시키기 위해서 새로운 위성들이 발사되었다. 이것은 미국 주도의 GPS 시스템으로부터의 독립을 의미하는 것이었다. GPS, GALILEO의 지속적인 개선과 확장이 되는 상황에서 글로나스 시스템은 경쟁력을 확보하고자 하였다. 글로나스는 2011년에 전 세계를 커버할 수 있는 운영능력을 획득하였다.

동시에 러시아는 위성관리와 우주감시에 필요한 지상 인프라를 현대화하기 시작하였다. 카자흐스탄 바이코누르 우주 기지에 의존하던 발사기지를 플레세츠크, 보스토치니와 같이 러시아 영토 내의 신 기지를 개발하기 시작하였다. 또한 ASAT(Anti Satelite)시스템을 부활하였으며, 탄도미사일, 레이더 및 미사일 방어 시스템 구축에 있어 성과를 거두었다.

이러한 러시아의 우주전략은 2005년 「2006－2015 러시아 우주 프로그램」 문서를 통해 구체적으로 살펴볼 수 있다. 프로그램 추진을 주도하는 러시아 연방우주국의 예산은 329억 루블(약 3억 3천만 달러)로 책정되었다. 당시 예산은 NASA예산의 1/13 수준, ESA예산의 1/3 수준에 그치긴 했지만 2000년대 초반의 예산보다 월등히 높아진 것을 확인할 수 있다.[18]

---

17) 러시아 연방우주프로그램(2005~2015), 글로나스 연방 프로그램(2002~2011), 러시아 우주기지 발전프로그램(2006~2015)을 의미한다.
18) B.Harvey, "The Rebirth of The Russian Space Program", Springer, (2007), p.337.

그림 5 2005~2010 러시아연방우주국(FSA) 예산

단위:10억 루블

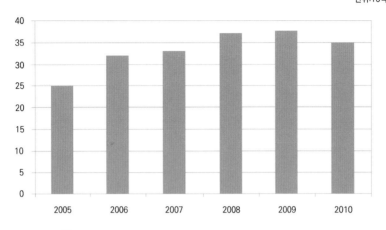

출처: Charlotte Mathieu[19]

그림 6 2007년 러시아 연방우주국 예산 분배

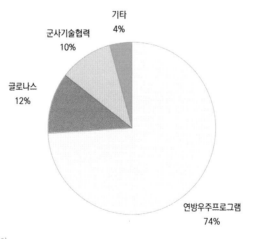

출처: 러시아 정부 홈페이지[20]

19) Charlotte Mathieu, "Assessing Russia's Space Cooperation with China and India", ESPI, (2008), p.62.
20) Russian Federation. Ministry of Finance of the Russian Federation. Federal Budget. 2008.

그림 6에서 보는 바와 같이 상당 부분의 러시아 연방우주국 예산이 연방우주프로그램 (74%)과 글로나스 프로그램(12%)에 사용된 것을 알 수 있으며, 나머지 14% 가운데 상당부분은 발사기지인 바이코누르 발사기지의 유지와 운용, ISS에 사용되었다.[21]

프로그램의 주요 내용은 다음과 같다[22]

- Kliper 우주왕복선과 Parom 우주선 설계(소유즈와 프로그레스 우주선 대체)
- 달로의 복귀(Luna Glob)
- 화성으로의 복귀(Phobos Grunt)
- 앙가라 발사체 개발
- 국제우주정거장에서의 러시아 모듈의 완료
- 글로나스 위성 배치 및 운용

주요 프로그램에는 글로나스 시스템 개발, 지상인프라 현대화, 국제협력 다변화가 있다. 먼저 1990년대 재원의 문제로 중단되었던 글로나스(GLONASS) 위성항법시스템 개발이 추진되었다. 재정적 문제로 인한 관리소홀, 장비의 노후화로 2000년 당시 글로나스 항법시스템은 24개의 위성 중 8개만이 정상작동하고 있는 상태였다. 전 지구를 영역으로 운용하기에는 부족하였고 러시아는 이를 작동시키기 위해서 2002년부터 새로운 위성들을 발사하였다. 글로나스 프로그램을 통해 러시아는 2011년까지 전 세계를 커버할 수 있는 운영능력을 획득하려 하였다.[23]

동시에 러시아는 위성관리와 우주감시에 필요한 지상 인프라를 현대화하기 시작하였다. 카자흐스탄 바이코누르 우주 기지에 의존하던 우주발사기지를 보스토치니 우주 기지와 같은 러시아 영토 내의 새로운 기지를 개발하기 시작하였다. 「러시아 우주기지 발전 프로그램 2006－2020」의 계획에 따라 2006－2010년에는 플레세츠크 발사기지는 소유즈－2와 앙가라 발사체를 발사할 수 있게 건설을 계획하였으며 매년 카자흐스탄에게 사용료를 지불하였

---

2. 22. http://www1.minfin.ru/ru/budget/federal_budge (검색일: 2023. 8. 13.)
21) Charlotte Mathieu, supra note 19, p.623.
22) B.Harvey, supra note 18, p.338.
23) Прикладном потребительском центре Роскосмоса, https://glonass－iac.ru/en/about_glonass/ (검색일: 2023. 4. 26.)

던 바이코누르의 인프라를 보스토치니 발사기지로 모두 옮기려 시도하였다.[24]

마지막으로 러시아는 국제협력을 적극적으로 추진하였다. ISS 건설은 국가 간 이견으로 어려움을 겪었지만, 협력을 통해 비용 분담뿐만 아니라 러시아 우주프로그램 자체의 안정성과 지속성을 보장하였다. 이는 러시아로 하여금 국제협력의 중요성을 인식하게 하였고, 우주 분야에 대한 지속적인 투자로 이어지게 하였다. 기존의 미국과의 우주분야 협력을 유지하면서 유럽을 비롯한 다른 국가들과도 협력을 통해 국제관계에서 영향력을 행사하려 했던 것이다. 일례로 러시아는 2005년 이란의 첫 위성이었던 시나－1(Sina－1) 위성을 발사하였으며, 한국의 첫 우주인을 2008년 ISS로 보냈다. 이러한 국제협력은 신흥 우주활동국인 중국, 인도, 브라질과 같은 국가와도 이루어졌으며 기술과 노하우를 공유하는 형식으로 진행되었다.[25]

4단계(2014년~)

2010년대 중반 크림반도 분쟁과 시리아 군사개입으로 인해 러시아와 서구권의 갈등과 긴장이 증가되었다. 2014년 작성된 러시아 군사독트린을 보면 외부의 위협에 관해 전 세계 어떤 장소라도 1시간 이내에 재래식 미사일 공격을 가능하게 한다는 미국의 전략인 '전 지구적 타격(Global Strike)'[26]을 중심적으로 명시하였다.[27] 러시아는 지속적으로 미국과의 전략적 균형을 추구하였기에 '전 지구적 타격'의 재래식 정밀 미사일 시스템에 대응하여 공격적 전략의 감축을 선택할 수 없었다. 따라서 사이버, 전자전의 강화 등의 대우주전 활동(Counter space Activities)에 초점을 맞춘 기술적 우위를 강화하려 하였다. 또한 서방과의 갈등에서 촉발된 강력한 제재와 경제불황이 이어지면서 우주전략을 수정해야만 하였다. 기존 2000년대 우주전략 문서와 달리 2010년대 이후 작성된 우주전략 문서들을 보면 우주기술에 있어 서방의 의존도를 줄이기 위해 로켓엔진, 발사체에 대한 자체 기술력 확보에 대한 투자를 실시하

---

24) Alexandr Ivanter, The mainstream is mined, 2015. 4. 20. https://veb.ru/en/press－center/2336/ (검색일: 2023. 4. 26.)
25) Charlotte Mathieu, supra note 19, p.17.
26) 전 세계 어떤 장소라도 1시간 이내에 재래식 미사일 공격을 가능하게 한다는 미국의 전략을 의미한다.
27) Russian Security council, The Military Doctrine of the Russian Federation, 2014. 12. 25.

였다. 국제협력분야에서도 서방이 아닌 새로운 파트너로서 2000년대 후반 우주강국으로 발돋움한 중국과의 협력을 통해 기존의 우주 사업들을 진행하고자 하였다. 그러나 자체적인 노력에도 불구하고 러시아를 향한 강도높은 국제적 제재들로 인해 재정악화, 부품조달부족의 문제가 발생하고 있는 상황이었다.

현재 이루어지고 있는 국제적 제재는 소련 붕괴 이후인 1990년대에도 존재하였다. 1992년 인도에 로켓엔진 관련 생산 기술을 제공하려한 글라브코스모스(Glavkosmos)에 대해 제재가 가해졌다. 결국 국제우주정거장 프로젝트에 참여하는 조건으로 인도에 로켓엔진 기술을 이전하지 않기로 합의하였고, 제재는 완화되며 일단락되었다.

2008년의 러시아-조지아 전쟁으로 이루어진 제재 역시 서방의 우주 핵심기술과 부품들에 대한 일부 수입이 금지되었지만, 러시아는 기존 수입한 부품들과 자체 핵심 기술력에 의존하여 산업을 유지해나갔고, 비난 여론은 크지 않았다.[28] 오히려 2010년대 들어서 러시아는 상업용 우주발사 분야에서 선두주자로서 역할을 하였다. 미국 발사체의 높은 발사비용으로 인해 러시아의 소유즈 로켓을 활용한 경제적인 로켓발사가 시장에서 우위를 점하였기 때문이다. 실제로 2011년 러시아는 10회의 상업용 우주발사를 실시하여 7억7천만 달러의 수익을 올린 반면, 미국은 1회도 실시하지 못했다. 특히 2005년 유럽우주기구(European Space Agency, ESA)와 로스코스모스가 프랑스령 기아나에 민간우주발사를 위한 소유즈 발사시설을 건설하기로 한 이후, 러시아는 국제 우주산업에 있어서 입지를 확고히 하는 것처럼 보였다.[29]

그러나 2014년 3월 크림반도와 세바스토폴에서의 주민투표를 통해 러시아가 크림반도를 일방적으로 합병한 이후 서방과의 관계는 급속도로 악화되었고, 이전의 제재가 일시적이고 약한 제재로 끝난것과는 다르게 국제사회의 분위기가 흘러갔다.

유엔에서는 2014년 3월 27일 러시아의 크림반도 합병으로 이어진 국민 투표를 불법으로 규정하는 총회 결의가 채택되었다. 실시된 주민투표는 효력이 없으며 우크라이나의 주권을 보장하라는 내용이었다.[30] 총회 결의는 법적 구속력은 없었지만 회원국의 절반 이상이 이를

28) P.Luzin, "Sanctions and the Russian degence industry", Riddle, (2020. 10. 30.), https://ridl.io/sanctions-and-the-russian-defence-industry/ (검색일: 2023. 10. 10.)
29) Jeremy Grunert, "SANCTIONS AND SATELLITES: THE SPACE INDUSTRY AFTER THE RUSSO-UKRAINIAN WAR", WAR ON THE ROCKS, (2022. 6. 10.)
30) USA TODAY, Russia vetoes U.N. resolution on Crimea's, future, https://www.usatoday.com/story/news/world/2014/03/15/russia-vetoes-un-resolution-crimea/6456495/ (검색일: 2023.

지지하였기에 러시아의 우크라이나 영토 합병은 국제적 비난을 직면하게 되었다.

미국에서는 3월 17일 오바마 대통령이 직접 우크라이나에 대한 러시아 정부의 행동이 민주적 절차와 제도를 훼손한다는 행정명령을 발표하였다. 명령에 따르면 재무장관과 국무장관이 협의하여 러시아정부의 지명된 관리, 무기산업에서 활동하는 개인 또는 단체에 제재를 가할 수 있는 권한을 부여하였다. 이 명단에는 당시 로스코스모스의 국장을 지내고 있었던 드미트리 올레고비치 로고진과 로스코스모스가 포함되면서 러시아 우주산업에도 역시 강력한 제재가 가해졌다.[31]

NASA(National Aeronutics and Space Administraion, NASA)는 4월 2일 ISS 활동을 제외한 러시아 기관과의 모든 접촉 및 협력 중단을 발표하였다.[32] 협력 중단에는 러시아 정부대표의 NASA 방문, 양자회의, 화상회의가 포함되었다. 이에 러시아 부총리였던 드미트리 로고진은 얼마 후 자국 영토 내에 위치한 미국 GPS 시스템 기지를 무력화하고, RD-180 로켓 엔진의 대미 공급을 중단할 것이며, 2020년 이후의 ISS 운영을 반대할 것이라는 입장을 밝혔다.[33]

---

4. 20.)

31) Federal Register 56 "Executive Order 13662", (2014), https://www.treasury.gov/resource-center/sanctions/Programs/Documents/ukraine_eo3.pdf

32) NASA, "NASA Internal Memo: Suspension of NASA contact with Russian entities", https://spaceref.com/status-report/nasa-internal-memo-suspension-of-nasa-contact-with-russian-entities/ (검색일: 2023. 4. 20.)

33) Stuart Clark, "Russia halts rocket exports to US, hitting space and military programmes", The Guardian, 2014. 5. 15. https://www.theguardian.com/science/ 2014/may/15/us-space-military-programme-russia-sanctions (검색일: 2023. 4. 26.)

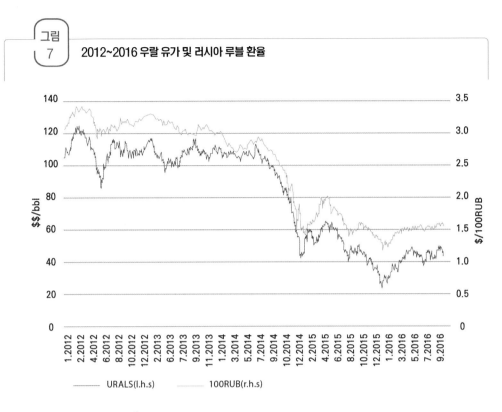

출처: Sergey Aleksasgenko[34]

이러한 국제적 제재와 더불어 위 그림 7에서 보이는 유가와 루블환율의 폭락은 러시아 경제에 큰 타격을 입혔다. 러시아 중앙은행의 자료에 따르면 2014년 말 분기별 부채상환액은 GDP의 약 10%에 달했다고 평가했다.[35] 악화된 경제상황으로 인해 진행 중이었던 국가정책들은 기존보다 축소될 수밖에 없었고, 이는 우주분야도 마찬가지였다.

34) Sergey Aleksasgenko, "Evaluating Western Sanctions On Russia", Atlantic Council, (2016), p.17.
35) Central Bank of the Russian, "Statistics of the Internal Sector", Federation, (2016), http://cbr.ru/statistics/?PrtId＝svs. (검색일: 2023. 4. 26.)

| 표 1 | 2013~2015 연방 우주프로그램 예산 |

연도	프로그램상 예산	연방 예산	프로그램 예산 대비 연방예산 비율
2013	128,330.25	126,023.72	98%
2014	120,813.26	103,279.79	85%
2015	113,756.70	97,174.54	85%

출처: 세르게이 발렌테이, 미하일 쿠즈네초프 외 4명[36]

「러시아 연방 우주프로그램 2006 – 2015」에서 계획했던 프로그램상 편성되었던 예산을 집행할 수 없었고 표 1에서 보다시피 책정된 연방 예산은 기존 계획된 예상의 85% 수준으로 낮아졌다. 이에 따라 새로운 우주전략인 「러시아 연방 우주프로그램 2016~2025」를 통해 돌파구를 만들어야만 하였다. 이에 앞서 서술한 연방 우주프로그램을 시행하면서 '새로운 도전과 협력'을 시도하였다.

먼저 우주기술력에 있어 러시아는 새로운 도전을 하게 되었다. 기존의 우수한 우주기술을 가지고 있었지만 러시아는 서방의 제재로 인해 수입부품과 기술을 활용할 수 없었으며, 이는 러시아 우주산업에 큰 타격으로 다가왔다. 당시 블라드미르 슈바리예프 모스크바 세계 무기 거래분석센터 부소장은 인터뷰를 통해 러시아의 위성용 전자 부품의 최대 75%가 미국에서 생산된다고 말하였다.[37] 그는 러시아가 한동안 수입없이 우주에서 살아남기 힘들 것이라고 주장하였다.

게다가 우주비행을 통한 수입 감소와 경제상황 악화는 기술 국산화에 대한 필요성과 함께 새로운 협력 파트너를 구상해야만 하였다. 결과적으로 기존 서방의 파트너십을 다변화하는 방향을 선택하였고, 2010년대에 한국, 일본, 이스라엘과 같은 기술강국과의 관계개선과 BRICS 국가 중 브라질, 중국 및 인도와 협력을 진행하였다.[38] 이러한 협력은 주로 국가 간

---

36) 세르게이 발렌테이, 미하일 쿠즈네초프 외 4명, "러시아의 우주산업 발전 동향과 국제협력 전망", 대외경제정책연구원, (2021. 12. 30.), p.65.
37) Василий Ваньков, "США поведут наш космос на посадку", SVpress, (2015. 3. 11.) https://svpressa.ru/economy/article/124761/ (검색일: 2023. 10. 13.)
38) F.Vidal, "Russia's Space Policy Path or Decline?", French Institute of International Relations, (2021. 1.), p.17.

연합 우주활동이나 기술 교류를 통해 이루어졌다.

그러나 미국에 대한 의존성을 타파하기 위해 추진된 협력국 다변화 정책은 러시아 우주 전략에 있어 글로벌 전략의 부재를 여실히 드러냈다고 평가된다.[39] 예를 들어 BRICS 국가들과 실시된 우주협력은 이해관계, 우선순위, 역량의 불일치의 문제를 가지고 있고,[40] 러시아의 기술 및 산업의 쇠퇴를 해결하지 못하는 결과를 낳았다.

반면 중국과는 꾸준히 협력을 강화해나가고 있다. 예를 들어 러시아는 '전략적 파트너십'의 한 축을 담당하는 중국과 우주 조기경보 시스템을 구축하려는 시도를 하였다.[41] 또한 양국은 2018－2022년 우주협력 프로그램을 기반으로 로스코스모스와 중국 국가항천국의 주도하에 협력을 진행하고 있다. 양측은 공동 달우주 센터를 설립하기로 합의하였으며, 위성시스템, 행성탐사와 우주쓰레기 분야에서도 협력을 진행하고 있다.[42]

---

39) M. Aliberti and K. Lisitsyna, "Russia's Posture in Space: Prospects for Europe", Cham: Springer, (2019), p.61.
40) Ibid, p.89.
41) F.Vidal, supra note 38, p.18.
42) A. Jones, "China, Russia to Cooperate on Lunar Orbiter, Landing Mission", Space News, (2019. 9. 19.)

2 법·정책

1957년 소련은 스푸트니크 1호 발사와 1961년 유리가가린의 우주탐사를 통해 국제협력과 협상을 통한 우주법 제정 노력이 시작되었다. 1967년 우주조약에서 소련과 미국 그리고 영국은 달과 천체들을 포함한 외기권의 탐사와 사용에 대한 원칙에 합의하면서, 국제 우주법의 초석을 마련하게 되었다.

이후 소련은 1982년 우주기본법을 제정하고, 국제협력의 원칙과 우주의 평화적 사용과 환경보호를 포함하는 소련 우주프로그램의 법적 근거를 마련하였다. 1991년 소련의 붕괴에 따라 러시아는 소련의 우주프로그램과 법적 체계를 이어받게 되었다. 러시아는 변화하는 우주환경에 따라 새로운 우주 거버넌스의 설립과 우주법 제정을 하게 되었고, 2000년대 이후 러시아 우주프로그램 정책을 통해 우주전략을 구체화하였다. 본 장에서는 1993년 제정되어 현재까지 개정되어온 러시아 우주활동법과 러시아 우주프로그램, 정책들에 대해 논하고자 한다.

① 러시아 우주활동법

최초로 인공위성을 발사하고, 우주인을 배출한 국가이지만, 소련에는 오랫동안 우주활동을 규제하는 법률이 없었다. 소련이 붕괴할 때까지 우주활동을 규제하는 법적인 근거는 소련 공산당 중앙위원회, 각료회의, 소련 각료회의와 같은 국가 및 정치기관의 특별 결의 및 결정으로 구체화되었다.[43]

---

43) Ram S. Jakhu, "National Regualtion of Space Activities", Springer, (2010), p.316.

1991년 소련의 붕괴 후 우주활동을 수행하기 위한 틀을 확립하기 위해서 러시아 국내 법률 제정의 필요성이 요구되었다. 이에 1992년 후술할 러시아 연방우주청(Russia Space Agency)이 설립되었고, 1993년 8월 20일 러시아 우주활동법(The Law on Space Activity, Federal Law No. 5663 – 1)이 통과되었다. 이 법은 러시아의 우주활동을 관할하는 기본법이다. 러시아의 우주개발과 정책의 진화과정을 반영해왔으며, 우주활동의 범위, 즉 과학연구, 기술 사용, 유인 우주비행 등을 정의한다.[44] 최초 제정 이후 몇 번의 개정을 통해 현재까지 변화하는 우주환경과 국제 우주법 원칙을 반영해오고 있다.

법의 목표는 서문에 '경제 과학 및 기술을 발전시키고 러시아 연방의 방위 및 안보를 강화하며 러시아 연방의 국제협력을 더욱 확대하기 위해 우주활동의 법적 규제를 보장하는 것'[45]으로 명시되어 있으며 '러시아에서 달과 다른 우주 천체를 포함한 우주 탐사 및 사용은 우선권 중 하나이다'라고 하며 우주공간의 탐사와 사용이 국가이익 중 가장 우선순위임을 강조한다.

표 2 러시아 우주활동법 목차

조항	제목
제1섹션	총칙
제2섹션	우주활동의 조직화
제3섹션	우주활동의 경제적 요건
제4섹션	우주물체와 우주 인프라
제5섹션	우주활동의 안전
제6섹션	국제 협력
제7섹션	책임
제8섹션	우주에서 지구 원격 감지 연방 데이터베이스

---

44) Seonhee Kim, SPARC Brief: Russia, U. WASH. SPACE POL'Y AND RES. CTR., https://www.sparc. uw.edu/russia/
45) Federal Law No. 5663 – 1

러시아 우주활동법은 8개 섹션, 33개조으로 구성되어있으며 목차는 표 2와 같다. 제1섹션 총칙에서는 우주 활동 관계의 법정규제와 우주활동 개념화, 목적과 원리를 제시하면서 러시아 우주활동의 범위와 의의를 정의한다. 러시아의 우주활동을 '달 및 기타 천체를 포함하여 우주공간의 탐사 및 사용에 대한 직접적인 작업 수행과 관련된 모든 활동을 의미한다'라고 규정하며, 이를 바탕으로 사회, 경제, 과학, 국방 분야 전반의 적용하는 것을 목적으로 한다. 이러한 국가 이익을 보장하기 위해 국제협력과 책임을 보장하는 것 또한 명시하였다.

제2섹션 우주활동의 조직화에서는 러시아의 우주활동의 운영 구조를 설명한다. 먼저 우주활동의 일반 운영은 러시아 연방 대통령이 수행하며, 국가우주정책에서 대통령이 직접 문제를 해결한다고 명시함으로써 대통령이 러시아 우주활동 결정의 가장 중요한 역할을 수행한다는 것을 보여주고 있다. 다음으로는 국영우주공사인 '로스코스모스'를 '국가로부터 우주활동의 권한을 부여받은 기관'으로 말하며 국방을 담당하는 연방기관과 함께 기술개발을 맡아하는 것을 역할로 규정한다. 러시아 우주산업의 발전을 관할하고 규제하고 있으며, 러시아의 우주활동을 연방 국내법과 비준한 국제 조약에 적용을 받는다고 규정한다. 국방을 담당하고 있는 연방 행정기관을 통해 우주 군사기술 개발을 추진하며, 우주활동에 관한 권한을 부여받은 다른 기관과의 개발을 명시하였다.

제3섹션은 '우주활동의 경제적 요건'으로서 우주활동을 위한 자금의 결정과정과 우주기술의 사용 및 운영에 대한 내용으로 구성되어 있다. 제12조는 우주활동에 적용되는 자금 조달 체계를 규정하고 있으며, 그 기본 원칙은 우주활동에 투자되는 금액이 매년 연방 예산에 의해 결정된다는 것이다. 예산은 국가방위 명령에 규정된 방식으로 집행되며 정부 계약에 따라 프로젝트 실행자에게 분배된다. 제15조에서는 우주기술이 국가재산임을 규정하고, 우주장비를 소유하거나 연방 법률으로부터 권한을 취득한 사용자의 경우 우주기술을 사용할 수 있다고 명시하였다.[46]

제4섹션은 우주물체와 우주 인프라를 설명하고 있다. 제17조 '우주물체'에서 러시아 정부는 우주물체가 지구표면에서 비행하고 귀환할 때까지 등록된 우주물체에 대한 관할권과 통제권을 유지한다고 명시되어 있다. 제18조에서는 러시아 연방의 우주 인프라를 구성하는 대상들을 나열하며, 이는 우주 비행장, 발사 시설, 명령 및 측정 시설 등이 포함된다.

---

46) Ram S. Jakhu, "National Regualtion of Space Activities", Springer, (2010), p.335.

우주활동에 적용되는 안전은 제5섹션에 명시되어 있으며, 모든 유형의 우주활동에 적용된다. 이와 관련한 주요 관리기관은 국방부와 국영우주공사 로스코스모스이다. 제22조 제2항에 따르면 인류와 환경의 안전을 위협하는 우주활동의 경우 규정된 수준을 넘지 않는 상황에서만 우주활동을 추구해야 한다고 명시하였다. 우주활동 시 안보위협이 발생할 경우 로스코스모스와 국방부는 정부와 국민에게 정보를 제공할 의무를 가지고 있다.

제6섹션인 국제협력에서는 러시아 연방의 관할 아래에서 우주활동을 수행하는 외국 기관 및 시민의 법적 지위를 규정하고 있다. 제27조에 따르면 외국 기관 및 시민은 러시아에 설립된 법적 제도를 따라 우주활동을 수행해야 한다. 또한 러시아 연방은 관할 내에서 우주활동에 참여하는 기술에 대한 법적 보호를 보장한다.

제7섹션 '책임'에서는 우주활동 수행 중 피해가 발생할 경우 손해배상 책임을 규정한다. 만약 지구 표면 이외의 장소에서 러시아 연방 물체가 다른 러시아 연방의 우주물체에 의해 손상될 경우, 발생한 피해에 대한 전액 보상은 피해를 일으킨 우주 물체를 소유한 조직 또는 국민에게 러시아 연방 민법에 따라 부과된다.[47]

우주활동법의 주요 목적은 러시아 우주활동의 일반 원칙을 정의하고 기본 개념을 도입하는 것이며 당시 우주활동의 가장 시급한 법적 문제를 해결하는 것이었다. 특히 러시아 우주인에게 법적 지위를 부여하는 것에 의미가 있다고 볼 수 있다. 당시 소련 붕괴 후의 경제적 및 정치적 상황을 고려하였을 때 그러한 법이 부재하였다면 우주인의 생존이 끊임없이 위협받았을 것이라 평가된다.[48]

---

47) Federal Law No. 5663-1
48) Моисеев Иван Михайлович, "25 лет Закону о космической деятельности в РФ. Законодательное обеспечение космической деятельности – истокисостояние и перспективы", ICC. (2018. 9. 10.)

② 러시아 우주 전략문서

| 그림 8 | 러시아 우주 프로그램 구성 |

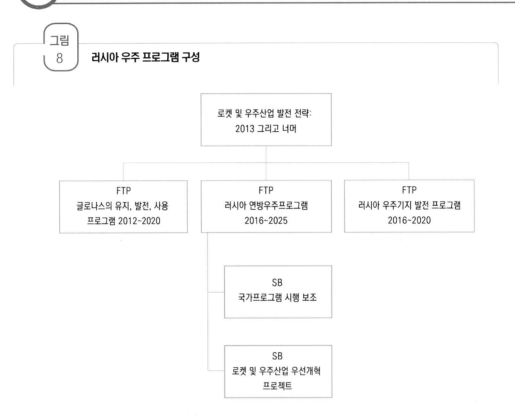

출처: Marco Aliberti, Ksenia Lisitsyna[49]

　　러시아의 우주전략 문서는 「로켓 및 우주산업 발전전략: 2013 그리고 너머(Стратегия развития космической деятельности России до 2013 года и на дальнейшую перспективу)」 문서를 기초로 5개의 문서로 구성되어 있다. 이는 3개의 연방목표프로그램과 두 개의 보조프로그램으로 이루어져 있고 기간이 정해져 있는 연방목표프로그램의 경우 기간 도래 전 새로 최신화한다. 연방목표프로그램 중 주목해야 하는 전략 프로그램은 「러시아 연방우주프로그램 2016－2025(Основные положения Федерально йкосмической программы 2016－2025)」로 러시아 우주분야 전략의 중추적 기능을 담당하고 있다. 문서의 작성은 러시아 우주기본법상 러시아 연방우주청이 총괄하고 있으며, 군사분야의 작성은 러시아 국방부 산하의 우주군이 담당하고 있

---

49) Marco Aliberti, Ksenia Lisitsyna, supra note 89, p.36. 재구성.

다. 먼저 상위문서인 「로켓 및 우주산업 발전전략: 2013 그리고 너머」를 분석하여 현재 러시아 우주전략의 목표와 전망에 대해 기술한다.

러시아 우주전략 문서의 근간을 이루는 「로켓 및 우주산업 발전전략: 2013 그리고 너머」는 장기적으로 우주활동 분야에서 러시아의 전략적 이익을 구현하기 위한 일련의 원칙, 목표 및 우선 순위를 명시하였다. 이 전략은 「러시아 우주활동법」의 주요 조항을 이행하는 방법을 명시하고 있으며 러시아의 우주활동 발전 전망에 대한 장기 예측 결과를 고려하여 작성되었다.[50]

명시된 러시아 우주활동 「로켓 및 우주산업 발전전략: 2013 그리고 너머」 개발전략의 장기적인 목표는 다음과 같다.

- 증가하는 사회경제적, 과학, 방위 및 안보요구에 대한 우주시설(발사장) 만족
- 기초 우주연구의 주요 분야에서 선도적 위치 차지
- 달 탐사 분야에서 선도적 위치 유지
- 발사체 분야의 선도적 위치 유지
- 러시아 영토에서 우주로의 독립적인 접근을 제공
- 국내 우주시설을 세계적 수준으로의 운영
- 세계 우주시장에서 러시아의 정당한 위치 달성

장기목표를 달성하기 위해 전략 목표를 기간별로 세분화하였으며, 2015년, 2020년, 2030년을 기준으로 기간별 세부목표를 표 3으로 정리하였다.

---

50) Роскосмос, Стратегия развития космической деятельности России до 2030 года и на дальнейшую перспективу, 2012. 4. 27. https://www.aex.ru/docs/8/2012/4/27/1561/ (검색일: 2023. 9. 5.)

표 3 「로켓 및 우주산업 발전전략: 2013 그리고 너머」 연도별 우주전략 목표

목표 연도	내 용
2015	기회 회복의 기간(단기적 전략을 통한 목표의 성취) • 국가안보와 사회경제영역에 필요한 데이터를 제공하기 위한 위성 배치 • 발사체 및 유인비행에서의 선도적 위치 유지 • 보스토치니 발사장 개발 • 후속 기간의 우주탐사를 위한 과학기술 토대 마련
2020	기회 통합의 기간(우주 강대국에서의 러시아 입지 확보) • 세계 최고수준의 우주시설 및 서비스를 충족시키는 궤도 위성 배치 • 모든 영역에 있어 러시아가 자국 영토에서 우주로 독립적으로 접근할 수 있는 여건 조성 • SS 운영 종료를 준비하기 위한 조치의 이행 • 차세대 유인우주선 개발 • 개발 도상국과의 우주협력에 있어 선도적 위치 차지
2030	획기적 성과의 기간(우주 탐사를 위한 대규모 프로젝트 구현) • 보스토치니 발사장을 통한 우주에 대한 독립적 접근 보장 • 달의 유인비행 실시와 달기지 개발을 위한 우주 예인선 개발 • 프로톤(Proton) 발사체의 퇴역
2030 이후	돌파구의 개발 기간(달, 화성 유인 비행을 위한 프로젝트 구현) • 달 유인정기비행과 영구 기지 배치 • 화성 유인비행에 대한 국제협력을 위한 기술적 기반의 창출

출처: Anatoly Zak[51]

즉 공통적으로 발사시설 분야와 위성 분야가 강조되었고, 구체적 목표가 설정되었다. 이를 위해 「러시아 연방우주 프로그램」은 별도로 「글로나스 유지, 발전, 사용 프로그램」과 「러시아 우주기지 발전 프로그램」이 작성되었다.

「러시아 연방우주프로그램 2016 – 2025」는 다섯 가지 프로그램[52] 중 가장 많은 예산과 하부 프로그램들이 할당되었다. 러시아 연방우주프로그램의 제안은 로스코스모스에 위임되

---

51) Anatoly Zak, "Russian rocket development strategy in the 2010s", russianspaceweb, 2021. 1. 26. https://www.russianspaceweb.com/rockets_launchers_2010s.html (검색일: 2023. 9. 17.)
52) 3개의 연방목표프로그램인 "글로나스 유지, 발전, 사용프로그램 2012 – 2020", "러시아 연방우주프로그램 2016 – 2025", "러시아 우주기지 발전 프로그램 2016 – 2020", 2개의 보조프로그램인 "국가프로그램 시행 보조", "로켓 및 우주산업 우선개혁 프로젝트"를 의미

어 있으며, 정부에 최종안을 제출하기 전 작성은 로스코스모스를 중심으로 국방부와 통합하여 작성하도록 법제화되어 있다. 프로그램의 예산 부분은 프로그램 승인 전 로스코스모스와 러시아 재정부에 의해 계획된다. 배정된 프로그램의 총 예산은 1,266억 루블로 전체 우주예산에 48%를 차지하고 있다. 이는 이전의 연방우주프로그램에 비해(7,460억 루블) 2배 가까운 인상을 의미한다.[53] 경제상황 악화와 국제제재 사이에서도 우주프로그램을 적극 추진한다는 전략적 방향성을 설정한 것이라 평가할 수 있다.

「러시아 연방우주프로그램 2016－2025」의 목표는 다음과 같다.[54]

> • 우주선, 위성의 구성과 유지를 통한 우주활동 분야의 국가 정책 보장
> • 위험 및 위협으로부터 국민과 영토를 보호
> • 유인 우주프로그램의 달성, 발사체 및 기술 발전
> • 미래를 위한 과학기술 예산 포함하여 사회경제적 영역에서 국제협력 지원

프로그램은 2단계로 이루어져 있으며 5년 단위로(1단계: 2016년~2020년, 2단계: 2021년~2025년) 나누어져 있다. 1단계(2016년~2020년)에서는 사회경제적, 과학적 목적을 위해 이전 프로그램에서 제작된 위성을 중심으로 우주프로그램을 진행하고, 세계 수준의 로켓 및 우주 기술의 개발을 목표로 하고 있다. 2단계(2021년~2025년)에서는 우주활동을 위한 위성 구성을 완료하고, 세계 수준을 넘어서는 차세대 우주선을 제작하며 새로운 우주발사장 건설을 위한 핵심 기술을 발전시키는 것을 목표로 하고 있다. 우주프로그램의 주요 임무는 다음과 같다.[55]

---

53) 세르게이 발렌테이, 미하일 쿠즈네초프 외 4인, "러시아의 우주산업 발전 동향과 국제협력 전망", 대외경제정책연구원, (2021. 12. 30.), p.69.
54) 러시아 연방우주청(ROSCOSMOS) 홈페이지, https://web.archive.org/web/20220207103725/https://www.roscosmos.ru/22347/ (검색일: 2023. 5. 20.)
55) 러시아 연방우주청(ROSCOSMOS) 홈페이지, https://web.archive.org/web/20220207103725/https://www.roscosmos.ru/22347/ (검색일: 2023. 5. 20.)

- 발사체
    - 발사체 종류를 8가지에서 2가지로 축소(앙가라, 소유즈)
    - 발사체의 버전들을 12개에서 6개로 축소
    - 신형 중형 발사체 발사대(Pheonix) 개발
    - 보스토치니 발사장 확장

- 유인 우주선
    - 2024년까지 ISS에서의 업무 지원
    - ISS로 세 번의 러시아 모듈 발사
    - 새로운 유인 우주선 "Federation" 개발 착수

- 우주과학 및 탐사
    - 2030년 유인 달 착륙의 핵심 기술 개발

- 인공위성 시스템
    - 지구관측 위성을 8개에서 23개로 확대
    - 통신위성을 32개에서 41개로 확대
    - 글로나스 시스템을 유지 확장하고 24개에서 30개로 증가하여 개선
    - 데이터 활용 및 어플리케이션 개발

특히 전략문서에서 주목할만한 점은 러시아 연방우주 프로그램의 구현을 위한 국내 기술 개발이 여러 차례 강조된 점이다. 특히 프로그램 구현의 기본 원칙 항목에서 '부품의 국내생산을 통한 수입 부품의 완전한 대체(последовательное замещение импортной электронной компонентной базы отечественного производства)'[56]라는 문구는 8개의 원칙 중 세 번째 원칙으로 강조되었다. 이는 2010년대 중반 러시아가 당면한 국제적 상황을 단면적으로 보여주는 것이라 볼 수 있다.

---

56) 세르게이 발렌테이, 미하일 쿠즈네초프 외 4인, 앞의 주 53).

3 우주 거버넌스

① 러시아 연방우주청

러시아의 우주프로그램은 정부와 분리된 적이 없으며, 모든 활동은 러시아 연방우주청 (Роскосмос)과 그 전신들에 의해 진행되었다. 다시 말해 다른 우주활동국에서 중요하게 여겨지는 민간 우주활동분야는 러시아에서는 거의 존재하지 않는다. 러시아 우주활동을 수행하는 산업체들을 볼 때 국가주도 우주활동은 표준으로 자리잡았다.[57]

소련 붕괴 직후인 1993년 제정된 우주활동법은 우주활동에 대한 일반적 법적 틀을 제공하고 있다. 법에서는 우주활동의 핵심 행위자를 명시하고 있는데, 러시아 우주정책 결정의 주요 행위자는 대통령, 정부(국방부와 재정부) 그리고 로스코스모스이다. 러시아 대통령은 우주활동에 있어 전반적 리더십을 행사한다. 대통령은 러시아 우주활동에서 대통령령을 통해 기본 원칙을 제시한다. 정부는 러시아 우주프로그램을 검토, 승인하며, 러시아 의회는 대통령에게 우주, 안보 이슈에 대한 조언을 한다.

---

57) Marco Aliberti, Ksenia Lisitsyna, supra note 39, p.21.

그림
9
러시아 우주프로그램 결정구조

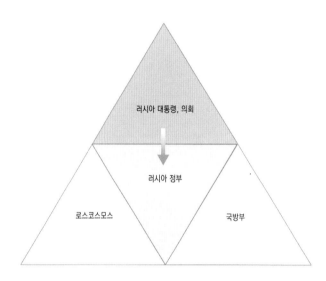

출처: Marco Aliberti, Ksenia Lisitsyna[58]

　　러시아의 우주활동은 러시아 우주프로그램(FTP)과 보조프로그램(SB)으로 운영된다. 이 프로그램들은 연방 예산과 민간 예산을 지원받게 된다. 2012년 정책 개혁이 실행되었으며, 우주프로그램과 보조프로그램은 실행기관인 로스코스모스와 국방부의 관리체계로 통합되었다.[59]

---

58) Ibid, p.35. 재구성.
59) Marco Aliberti, Ksenia Lisitsyna, supra note 39, p.35., 이 정책개혁은 "러시아 우주활동프로그램 2013－2020"(Presential Decree No. 2594.)에서 시행되었다.

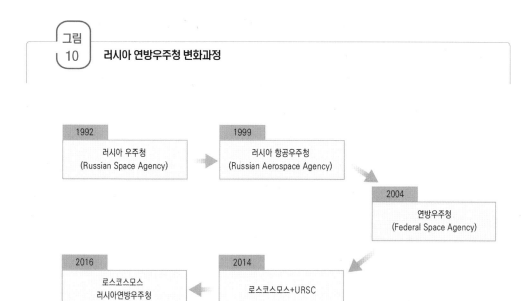

그림 10 러시아 연방우주청 변화과정

출처: Marco Aliberti, Ksenia Lisitsyna[60]

1992년 러시아 연방 정부는 국영 기업으로 러시아 우주청(Russian Space Agency)을 설립하였다. 러시아 우주청은 민간 우주활동의 시행과 관리를 주로 하였으며, 우주 군사활동의 경우는 국방부 산하 러시아 우주군이 맡아서 수행하였다.

1999년 러시아 우주청은 항공분야도 담당하게 되면서 러시아 항공우주청(Russian Aerospace Agency, Rosaviacosmos)으로 명칭도 변경하게 되었으나, 러시아 우주산업과 항공산업의 내적 이질성으로 인한 인식차이가 발생하였고 2004년 항공과 우주가 다시 분리되어 연방우주청(Federal Space Agency)으로 재탄생하였고 이를 로스코스모스(Roscosmos)라고 명명하게 되었다. 또한 2004년 제정된 정부조직시스템관련 정부령에 의해 로스코스모스는 정부에 우주분야를 직접 보고하는 국영 기업의 지위를 갖게 되었다.

2010년대 이후에 러시아는 「러시아 연방 우주프로그램 2006–2015」의 계획에 따라 우주발사체 개발을 지속하였다. 그러나 2011년 소유즈 우주발사체 발사의 연속된 실패로 인해 푸틴 대통령은 우주산업의 전반적인 개혁을 지시하였다. 이에 2014년에는 연방우주청의 업무가 과중하다는 판단으로 연방우주청 전략 계획과 행정업무를 담당하게 하고, URSC(United

60) Ibid, p.21. 재구성.

Rocket and Space Corporation)를 설립하여 우주산업을 진행하게 하도록 이분화하였다.[61] 당시 정부는 연방우주청이 중복된 조직과 과도한 인력으로 인해 효율성이 낮다고 판단하였다.

그러나 두 조직 내의 관료주의적 문제점이 붉어지면서 다시 이전으로 돌아가야 한다는 목소리가 커지게 되었고 결국 2015년 국영우주공사로 URSC를 합병하고 단일기관 러시아 연방우주청 로스코스모스로 탄생하였다. 푸틴은 2015년 7월 로스코스모스 조직법을 새로 비준하면서 국가 전체 로켓 및 우주산업에 필요한 정책 수립과 전략적 계획 및 관리 기능을 결합하였다. 이러한 역할의 통합으로 최근 러시아의 우주활동은 로스코스모스를 중심으로 이루어지고 있다.

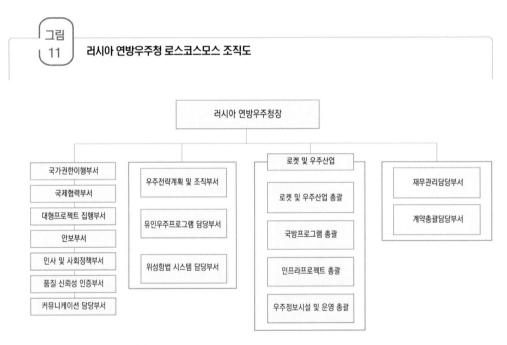

그림 11 러시아 연방우주청 로스코스모스 조직도

출처: 로스코스모스 홈페이지[62]

---

61) Doug Messier, Rogozin Outlines Plans for Consolidating Russia's Space, 2013. 10. 9. Industryhttps://parabolicarc.com/2013/10/09/rogozin-outlines-plans-consolidating-russias-space-industry/ (검색일: 2023. 4. 25.)
62) www.roscosmos.ru 참조, 저자 번역하여 작성하였다.

로스코스모스는 연방우주청장 예하에 크게 10개의 부서를 두고 있으며 이 중 정책부서와 로켓 및 우주산업 부서의 면면을 살펴보면 현재 러시아 우주전략의 방향을 유추할 수 있다. 정책부서에는 러시아 우주전략의 전반적 계획과 핵심 목표로 두고 있는 유인우주프로그램과 위성항법시스템 담당부서를 비중있게 다루고 있다. 또한 로켓 및 우주산업 부서에서는 전반적 우주산업뿐만 아니라 국방프로그램, 인프라프로젝트를 포괄적으로 다루는 것을 알 수 있다.

로스코스모스의 현재 활동목표는 크게 7가지로 주요 내용은 다음과 같다.[63]

- 러시아의 우주활동을 보장하기 위한 주요 과제 이행
- 국가방위명령(государственного оборонного заказа)의 실행
- 우주 활동 분야의 국제법 준수
- 러시아 연방 대통령의 결정에 따른 구조적 변화 구현
- 로켓 및 우주조직의 관리 및 구조 개선 및 로스코스모스의 관리구조 형성
- 로스코스모스와 로켓 및 우주조직의 활동을 지원하기 위한 규제 프레임워크 형성
- 로스코스모스 조직의 혁신적 발전 지원

이러한 목표에 맞추어 최근 로스코스모스가 추진하고 있는 프로젝트는 크게 3가지로 1) 우주발사기지 건설 및 이전, 2) 발사체 제작과 현대화, 3) ISS 국제협력으로 나눌 수 있다.

가. 우주발사기지 건설 및 이전

소련 시절 러시아의 우주발사기지는 '바이코누르' 우주기지였다. 그러나 소련 해체 이후 '바이코누르' 우주기지는 카자흐스탄 영토에 위치하게 되었고, 매년 115억 달러의 임대료를 카자흐스탄에 청구하면서 발사체 발사를 지속하였다.[64] 그러나 카자흐스탄의 정치상태의 불안정성과 국내 재정불안정성으로 인해 자국 우주발사장 건설 필요성이 대두되었다. 국내

---

63) Roscosmos, "Годовой отчет Государственной корпорации по космической деяте льности «Роскосмос» за 2020 год", (2021. 9. 17.), p.13.
64) Ольга Самофалова, "Лучше свое и новое", ВЗГЛЯД, 2012. 6. 21. https://vz.ru/economy/2012/4/6/573255.html (검색일: 2023. 7. 25.)

에 플레세츠크(Plesetsk) 발사장이 있었지만 지리적인 위치로 인해 프로톤(Proton) 발사체와 같은 대형발사체를 발사할 수 있는 발사대가 없었다. 푸틴 대통령은 이러한 현실에 대해 "인공위성으로부터 우주선, 행성 간 왕복선까지 모든 발사를 우리의 영토에서 할 수 있는 능력을 갖추어야 한다."고 강조하였다.[65] 이에 2007년 11월 6일 대통령은 극동 아무르 지역에 보스토치니(Vostochny) 발사장 건설을 승인하였다.[66]

보스토치니 발사장 건설은 「러시아연방 우주프로그램 2006−2015」에 반영되었다. 이 계획에는 2015년까지 보스토치니 발사기지 건설을 완료하고 무인비행 시도를 한 후, 2018년에 유인우주선을 발사하고 2020년까지 러시아의 모든 유인우주활동발사의 인프라를 보스토치니 발사기지로 이전하는 것을 목표로 하였다. 이러한 계획은 2010년대 러시아 연방프로그램 예산편성에도 반영되어 전체 우주예산 중 우주기지 개발 예산을 23%인 597억 루블을 배정하여 추진하였다.[67] 그러나 재정적 위기와 공사 담당자들의 부패, 횡령 등의 이유로 지연되었고, 2015년 목표였던 무인우주선인 소유즈 발사체는 2016년이 되어서야 성공하였다. 또한 대형발사체인 앙가라(Angara) 발사체의 발사도 지연되고 있어, 인프라를 보스토치니 발사기지로 이전하는 목표는 아직 현재 진행형이라고 평가할 수 있다.[68]

나. 발사체 제작과 현대화

러시아는 소련시절의 충분한 투자와 우수한 연구인력 덕분에 세계적인 수준의 발사체 제작 기술을 가지게 되었다. 부족한 예산에도 불구하고 세계 우주시장에서의 경쟁력을 위해 차세대 모델을 지속적으로 개발 중이며, 발사체 모델은 크게 소유즈(Soyuz), 프로톤(Proton), 앙

---

65) The Kremlin. "Opening remarks at a meeting with the security council on Russia's space exploration policy for the period through to 2020 and beyond", 2008. 4. 11. http://en.kremlin.ru/events/president/transcripts/24913 (검색일: 2023. 7. 25.)

66) Alexey Eremenko, "Vostochny Cosmodrome: Russian Space Project Isn't Going to Plan", NBC NEWS, (2016. 8. 30.)

67) 세르게이 발렌테이, 미하일 쿠즈네초프 외 4인, "러시아의 우주산업 발전 동향과 국제협력 전망", 대외경제정책연구원, (2021. 12. 30.), p.68.

68) Anatoly Zak, "Angara pad in Vostochny nears completion", russianspaceweb,2023. 10. 10. https://www.russianspaceweb.com/protected/vostochny−angara−2023.html (검색일: 2023. 7. 25.)

가라(Angara) 발사체로 나눌 수 있다.

소유즈 발사체는 1957년 스푸트니크 위성을 우주궤도에 올린 이래로 지금까지 1900여 회가 넘게 사용된 가장 많은 우주비행을 성공한 발사체이다. 2000년대 콜롬비아호 사고 이후 우주인을 국제우주정거장(ISS)으로 운송하는 주요 수단으로 활용되었던 소유즈 발사체는 개발을 거듭하여 소형발사체인 소유즈-2.1v, 중형발사체인 소유즈-2.1a와 2.1b, ST-A, ST-V 가 사용되고 있으며 대형발사체인 소유즈-5는 현재 개발 중이다.[69]

프로톤 발사체는 최초 ICBM 미사일 발사용도로 1960년대 개발되었으나 최초 설계보다 대형으로 개발되어 우주발사체에 활용되었다. 최초 프로톤-K 모델로 발사에 사용되었으나 2001년 프로톤-M타입이 상용화되면서 지금까지 대형 우주선 발사에 활용되고 있다.

앙가라 발사체는 대형 우주발사에 사용되는 발사체로, 소련 붕괴 직후인 1992년 개발 계획이 세워졌지만 탈냉전 직후의 재정악화로 인해 2000년대 들어서야 본격적인 개발이 착수되었다. 프로톤 발사체의 수명이 다해감에 따라 앙가라-1.2, 앙가라-5의 버전이 개발되었으며, 2014년에 앙가라-1.2와 앙가라-5 실험을 실시하였다. 2022년과 2023년에 연달아 플레세츠크, 보스토치니 발사대에서 실험을 진행하였으며, 향후 러시아 대형 우주발사체로 주요하게 사용될 전망이다.

다. ISS 국제협력

국제우주정거장(ISS, international Space Station)은 1990년대 초반 미국 주도로 계획된 우주정거장이다. 건설 당시 러시아는 1980년대 중반부터 운영하던 미르(Mir)우주 정거장의 기술력을 협력하여 건설에 동참하였다. 러시아는 각종 모듈 및 왕복선을 제공하여 재정적 이익을 확보하였다. 크림반도 위기 이후 서방 제재가 직접적으로 영향을 미치자 국제우주정거장 협력 중단을 빌미로 서방의 제재완화를 요구하였다.

2022년 우크라이나 전쟁 발발 이후에는 서방을 포함한 국제 사회의 제재가 실시되자 러시아는 자체 우주정거장 건설을 언급하며 2024년에 국제우주정거장 프로그램에서 탈퇴할

---

69) Elizabeth Howell, "Soyuz Rocket: Russia's Venerable Booster", Space.com, 2021. 4. 26. https://www.space.com/40282-soyuz-rocket.html (검색일: 2023. 6. 30.)

것이라고 밝혔다.[70] 그러나 30년 넘게 지속되었던 우주협력의 상징이었던 ISS에 대해 러시아가 2028년까지 참여 연장을 약속하면서 ISS에서의 국제 우주협력은 지속되고 있다.[71]

러시아 우주군

러시아 우주군은 2001년부터 2011년까지는 러시아 연방 군대(RFA)의 별도 군으로 존재하고 있었으며, 2011년부터 러시아 항공 우주 방위군으로 전환되었다.[72]

2015년 우주작전을 담당하는 군대 부서는 많은 개편을 겪었다. 러시아군은 지상군, 항공 우주군, 해군으로 나뉘는데 러시아 우주군은 2015년 8월 1일 러시아 공군(VVS)과 러시아 항공 우주 방위군(VVKO)이 통합된 러시아 항공 우주군(VKS)의 하위 군으로 편성되었다.[73]

우주군의 주요 임무는 러시아 지도자에게 미사일 공격을 조기경보하고, 탄도미사일 방어, 새로운 정찰위성과 같은 궤도 우주발사체 제작, 배치, 유지보수를 수행하는 것이다. 특히 우주군은 러시아 연방 우주청과 함께 글로나스(GLONASS)를 운영하고 있다. 러시아 연방군 홈페이지에 명시된 임무는 다음과 같이 크게 4가지로 구분된다.[74]

70) Brett Tingley, "Russia says it will leave the International Space Station after 2024", 2022. 7. 26. https://www.space.com/russia−leaving−international−space−station−2024 (검색일: 2023. 6. 30.)

71) Jeff Foust, "Russia commits to ISS extension to 2028", Space News, (2023. 4. 23.)

72) РИА Новости, "Войска Воздушно−космической обороны заступают на боевое дежурство в РФ", 2011. 12. 1. https://ria.ru/20111201/503030677.html (검색일: 2023. 10. 17.)

73) Pavel Podvig, "Russian Space Systems and the Risk of Weaponizing space", Chatham House, (2021. 9. 23.), p.35.

74) Ministry of Defence of the Russian Federation, 'Космические войска' [Space Forces], https://structure.mil.ru/structure/forces/vks/cosmic.htm (검색일: 2023. 8. 12.)

- 우주 물체의 감시 및 우주로부터의 러시아에 대한 위협 식별, 필요 시 위협제거
- 탄도 미사일 발사 탐지 및 미사일 공격에 대한 정보를 보고
- 우주선을 궤도에 진입시키고 위성시스템을 제어하며, 러시아 연방군에 필요한 정보를 제공하기 위한 정보 활용
- 군용 및 이중용도 위성 시스템 발사 및 제어를 하기 위한 준비상태 유지

러시아 군은 현대전이 위성 시스템이 제공하는 정보와 통신능력에 의존하고 있다는 이해를 바탕으로 우주 자산을 이용한 정보 우위를 확보하기 위해 노력하고 있다.

Chapter

03

분야별 우주기술

1 우주발사체

① 발사횟수

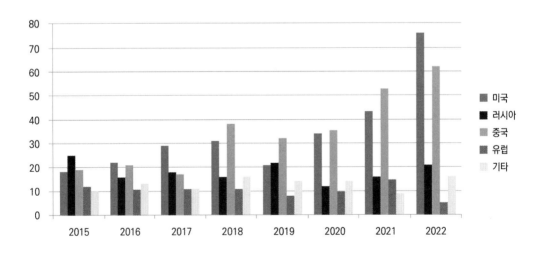

그림 12 2015~2022 국가별 우주발사횟수

표 4 2015~2022 국가별 우주발사횟수

구분	2015	2016	2017	2018	2019	2020	2021	2022
미국	20	22	29	31	21	37	45	78
러시아	26	17	19	17	22	12	16	21
중국	19	22	18	39	34	39	56	64
유럽	12	11	11	11	9	10	15	6
한국	0	0	0	0	0	0	1	1
북한	0	1	0	0	0	0	0	0
인도	5	7	5	7	6	2	2	5
일본	4	4	7	6	2	4	3	1
이란	1	0	0	0	2	2	2	1
이스라엘	0	1	0	0	0	1	0	0
뉴질랜드	0	0	1	3	6	7	6	9
총합	87	85	90	114	102	114	146	186

출처: Jonathan McDwell, "Space Activities in 2022"[75]

2015년도까지만 해도 러시아의 우주발사횟수는 여타 우주활동국 가운데 가장 많은 횟수를 보유하였다. 그러나 2014년 크림반도 갈등으로 인한 국제제재로 우주활동에 큰 제약을 받았고 이로 인해 여러 기업들과 추진하였던 우주발사가 취소·연기되는 상황이 발생하였다.

결국 뛰어난 우주발사체 기술을 보유하였음에도 불구하고 주요 부품들의 수입 제한으로 2010년대 후반 우주발사횟수가 미국과 중국에 이어 3위로 밀려났고, 2023년의 발사횟수를 비교하게 되면 10월까지 미국 91회, 중국 47회, 러시아 13회, 인도 7회[76]로 1, 2위 국가인 미국, 중국과의 차이가 점점 벌어지고 있는 상황이다. 13회의 발사는 소유즈(Soyuz), 프로톤 (Proton) 발사체로 발사가 진행되었으며, ISS(국제우주정거장) 왕복선이 5회, 레이더 관측 군사위성 3회, 달착륙위성 1회, 기상위성 2회, 데이터위성 1회, 글로나스 위성 1회로 구성되었다.[77]

---

75) Jonathan McDwell, "Space Activities in 2022", JSR, (2023. 1. 17.), p.4. 자료 재구성.
76) Anatoly Zak, "Russian Space Program 2023". russian spaceweb, (2023. 10. 17.) ,https://www. russianspaceweb.com/2023.html (검색일: 2023. 10. 1.)
77) Ibid, 자료 참고 (검색일: 2023. 10. 1.)

현재 미국과 인도, 유럽의 우주발사 현황을 살펴보면 스타링크(Starlink), 원웹(Oneweb) 등의 민간, 상업위성 발사가 주를 이루고 있다. 그러나 러시아는 현재 국제협력의 의무인 ISS 왕복선 발사를 제외하면 민간, 상업발사가 전무한 수준이다. 일례로 러시아 우주전략의 주요 프로젝트 중 하나로 추진되고 있는 GLONASS 위성항법시스템 위성 발사의 경우 궤도상에 있는 25개의 위성 중 14개의 위성이 예상 수명을 초과하였으며, 기존 GLONASS-M 버전의 위성을 GLONASS-K 위성으로 교체하기 위해 2018년 K2 모델이 발사될 예정이었지만 2023년이 되어서야 첫 발사가 이루어졌다.[78] 사용 기한이 끝나가는 위성이 대다수이기에 2030년 전까지 20여 개의 위성을 더 발사해야 하지만,[79] 연간 1개에서 2개의 위성을 생산할 수 있을지 확신할 수 없으며, 적시에 발사될지 또한 미지수이다.[80]

② 발사체 다양성

러시아 우주발사체의 역사는 냉전시대로부터 시작된다. 2차 세계대전 이후 독일의 V-2 로켓을 접한 소련은 지구 대기권 위에서 탐사할 수 있는 로켓의 잠재력을 빠르게 인식하였다. R-7 세묘르카(Semyorka) 자체 발사체를 개발하여 1961년 유리가가린을 인류 최초로 궤도 위로 올려놓았으며, R-7 발사체군의 다양화를 통해 소유즈(Soyuz) 발사체를 개발하였다.[81] 또한 ICBM용으로 개발되었던 프로톤(Proton) 발사체는 ISS 운송수단으로 사용되어 왔으며, 2000년대부터 개발된 대형발사체 앙가라(Angara) 발사체는 우주의 새 영역으로 나아가는 임무를 수행하기 위해 개발되었다.[82] 고도화된 발사체 기술의 보유는 다른 국가에

---

78) P.Luzin, "Russian Space Spending for 2023", Eurasia Daily Monitor Volume: 20 Issue: 25, (2023. 2. 10.) https://jamestown.org/program/russian-space-spending-for-2023/ (검색일: 2023. 10. 15.)

79) Юрий Борисов: Россия должна производить к 2025 году 250 спутников ежегодно,Ria Novosti, (2023. 10. 2.), https://ria.ru/20230210/borisov-1850850429.html (검색일: 2023. 10. 15.)

80) Bruce Einhorn, "Russia's Alternative to GPS Satellites Is Outdated and Outnumbered", Bloomberg, (2023. 9. 21.), https://www.bloomberg.com/news/articles/2023-09-20/russia-s-glonass-satellite-system-badly-needs-an-upgrade#xj4y7vzkg (검색일: 2023. 10. 1.)

81) Brian Harvey, supra note 4, p.242.

의존하지 않고 독자적으로 우주에 접근할 수 있는 능력을 제공하기에 중요하며, 또한 상업발사를 통한 경제적 수익과 외교적 영향력 증진 등 국가의 우주력을 평가하는 데 중요한 요소라고 할 수 있다.

가. 소유즈 2.1a / 2.1b

표 5 │ 소유즈 2.1a, 2.1b 제원

구분		소유즈 2.1a, 2.1b
전장 / 직경		46.3m / 2.95m
이륙중량		312,000kg
LEO 탑재체 (2.1a / 2.1b)		7,020kg / 8,200kg
GTO 탑재체 (2.1a / 2.1b)		2,810kg / 3,250kg
부스터 액체 엔진	엔진	RD-107A
	추력	1019.93kN
	비추력	320.2초
1단 엑체 엔진	엔진	RD-108A
	추력	920.86kN
	비추력	320.6초
2단 엑체 엔진	엔진	RD-0110(2.1a) RD-0124(2.1b)
	추력	298 kN(2.1a) 294.3kN(2.1b)
	비추력	326초(2.1a) 359초(2.1b)

출처: Eduard Perez, "Soyuz from the Guiana Space Centre - User's manual"[83]

---

82) Ibid, pp.245－248.
83) Eduard Perez, "Soyuz from the Guiana Space Centre - User's manual" (PDF). Ariane space. (2012. 12. 16.), p.5.

소유즈-2 버전은 소련시기부터 개발된 소유즈 발사체의 현대화 버전이며 탑재체를 지구 저궤도에 올려놓기 위한 3단 발사체이다. 2.1a와 2.1b 버전은 2단 액체엔진으로, 사용되는 엔진 종류의 차이로 구분된다. 2004년 2.1a 버전의 최초 발사 이후 2006년 2.1b 버전의 발사가 이루어졌으며 이후 현재까지 164회 발사하여 157회 성공하였다. 주 임무로는 각종 군사, 통신, 기상위성의 발사와 ISS 물류, 인원 수송을 위한 발사이다. 그러나 2010년대 이후 연속된 소유즈-2 버전의 발사 실패로 인해 노후화된 소유즈-2의 새로운 버전의 소유즈 개발에 대한 필요성이 제기되어 소유즈-5, 소유즈-6 버전의 개발이 이루어지고 있다.[84]

나. 프로톤-M

표 6 **프로톤-M 발사체 제원**

구분		프로톤-M
전장 / 직경		58.2m / 7.4m
이륙중량		705,000kg
LEO 탑재체		23,000kg
GTO 탑재체		6,920kg
1단 로켓	엔진	RD-275M(액체)
	추력	10,532kN
	비추력	285초
2단 로켓	엔진	RD-0211(액체)
	추력	2,399kN
	비추력	327초
3단 로켓	엔진	RD-D0212(액체)
	추력	613.8kN
	비추력	325초
4단 로켓	엔진	S-598M(액체)
	추력	19.62kN
	비추력	326초

출처: Proton Launch System Mission Planner's Guide - Section 2. LV Performance[85]

---

84) F.Vidal, supra note 38, p.32.

2001년 최초 발사된 프로톤(Proton)—M 발사체는 ICBM 목적으로 1965년 개발된 프로톤(Proton) 발사체의 최신 버전이다. 프로톤 발사체는 1967년 프로톤—K 버전 개발 이후 미르 우주정거장과 ISS 건설에 사용되었으며 새로운 M 버전의 개발이 이어졌다. 프로톤—M은 통신위성의 배치부터 심우주 및 달 탐사선 발사에 이르기까지 수많은 임무에 활용되었다. 또한 상업용 발사 서비스를 통해 다른 국가에게 발사 서비스를 제공하였다.

그러나 2010년대 이후 매년 기체결함으로 인해 충돌 및 추락사고가 발생하였다.[86) 이러한 실패는 프로톤—M을 상업적으로 사용하기 위한 신뢰성에 큰 타격을 미쳤고 더 나은 품질 향상에 대한 요구로 이어졌다. 이러한 요구는 「로켓 및 우주산업 발전전략: 2013 그리고 너머(Стратегия развития космической деятельности России до 2013 года и на дальнейшую перспективу)」에 포함되어 2030년까지 프로톤 발사체의 퇴역과 앙가라 로켓의 개발 및 상용화라는 정책으로 이어지고 있다.[87)

다. 앙가라(Angara) 발사체

기술 노후화에 대응하여 러시아 우주산업은 1990년대 후반부터 앙가라 발사체 개발에 착수하였다. 중형발사체인 앙가라—A1.2 모델과 대형발사체인 앙가라—A5 모델이 개발되었으며,[88) 2014년 첫 시험발사에 성공하면서 상용화되고 있다. 「로켓 및 우주산업 발전전략: 2013 그리고 너머」상에 계획으로는 2025년까지 모든 프로톤—M 모델을 앙가라—A5 모델로 대체하게 되어 있다.[89) 그러나 흐루니체프 센터(Khrunichev Center)의 2019년 경제 리포트에 따르면 앙가라—A5 모델의 생산비용(7,900만 유로)은 프로톤—M 모델의 3배에 달하

---

85) "Proton Launch System Mission Planner's Guide – Section 2. LV Performance" (PDF). International Launch Services. (2009. 7.), p.5.

86) William Graham, "Russian Proton—M fails at launch and crashes into spaceport", NASA space flight, 2013. 7. 1. https://www.nasaspaceflight.com/2013/07/proton—m—launch—three—glonass/ (검색일: 2023. 10. 5.)

87) Роскосмос, "Стратегия развития космической деятельности России до 2030 года и на дальнейшую перспективу", Роскосмос, (2012. 4. 27.)

88) 중형과 대형발사체의 구분은 통상 LEO 페이로드 20,000kg를 기준으로 나눈다. 소형과 중형의 경우 2,000kg을 기준으로 나눈다.

89) F.Vidal, supra note 39, p.31.

며[90)] Space―X Falcon9 사용 비용(6,000만 유로)과 비교하여 가격 경쟁력에서 떨어지기 때문에 국제시장에서 살아남을 수 있을지에 대한 우려가 나오고 있다. 그러나 본질적으로 러시아의 우주전략적 자율성을 보장하는 중요한 수단이라고 할 수 있다.[91)]

표 7 **프로톤-M 발사체 제원**

구분		앙가라-A1.2
전장 / 직경		42.7m / 2.9m
이륙중량		171,500kg
LEO 탑재체		3,800kg
GTO 탑재체		5,400kg
1단 로켓	엔진	RD-191(액체)
	추력	1,920kN
	비추력	310.7초
2단 로켓	엔진	RD-0124A1(액체)
	추력	294.3kN
	비추력	359초

---

90) "Raketa Angara okazalas' v tri raza dorozhe Protona" [The Angara Rocket Is Three Times More Expensive Than the Proton], Ria Novosti, (2020. 6. 29.)

표 8   앙가라- A1.2, A5 발사체 제원

구분	앙가라-A5	
전장 / 직경	64m / 8.86m	
이륙중량	790,000kg	
LEO 탑재체	24,500kg	
GTO 탑재체	7,500kg	
1단 로켓	엔진	RD-191(액체)
	추력	1,920kN
	비추력	310.7초
2단 로켓	엔진	RD-0124A1(액체)
	추력	294.3kN
	비추력	359초
3단 로켓	엔진	S5.98M
	추력	19.6kN
	비추력	326초

출처: Gunter's Space Page[92]

    현재 러시아는 소유즈-5와 7 모델, 앙가라의 새로운 모델을 개발 중이며 최대 2030년까지 상용화를 목표로 하고 있다.[93]

---

92) Gunter's Space Page, https://space.skyrocket.de/doc_lau_fam/angara.htm (검색일: 2023. 10. 10.) 자료 참조.

93) Falconski Nineski, "Russian space corporation unveils planned "Amur" rocket—and it looks familiar", Ars Technica, (2020. 10. 7.), https://arstechnica.com/science/2020/10/russian-space-corporation-unveils-planned-amur-rocket-and-it-looks-familiar/ (검색일: 2023. 10. 15.)

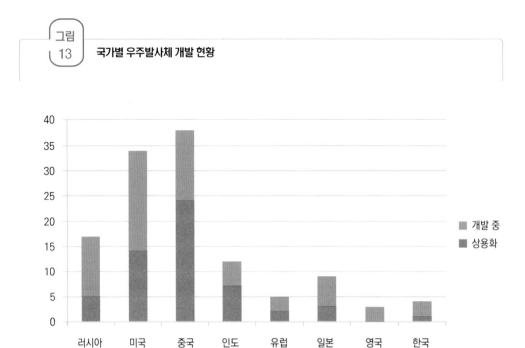

그림 13

그림 13 국가별 우주발사체 개발 현황

현재 운용 중인 발사체의 다양성은 미국과 중국, 인도에게도 뒤처지고 있으며, 개발 중인 발사체 종류를 합쳤을 경우 격차는 더 벌어지게 된다. 물론 중국과 미국의 경우 몇 가지 대표적인 발사체 군(Launch Vehicle Family)의 개량을 통해 여러 가지 버전의 모델이 출시되었기에 종류가 상대적으로 많아 보인다고도 할 수 있다.

소련시기부터 2000년대 중후반까지 러시아 발사체 기술의 핵심은 신뢰성과 경제성이었다. 그러나 서방과 러시아의 갈등이 가져온 제재로 인해 우주활동국가들은 자체 발사체 기술 개발 필요성을 인식하였으며, 다수의 발사경험을 통해 러시아 발사체 기술 의존으로부터 차츰 탈피하고 있다.

2 지상 부분(Ground Segment)

1 지상 우주관제시설

가. 임무 통제 센터(MCC)(TsUP, RKA Mission Control Center, Центр упра вления полётами)

임무 통제 센터(MCC)는 국영우주공사 로스코스모스의 구조에서 우주비행체 제어의 핵심적인 역할을 하는 기관이다. MCC는 약 20대의 유인 및 무인 우주비행체 비행을 동시에 제어할 수 있으며 주요 국제 프로젝트를 지원하는 범용 센터 중 하나이다.[94]

오늘날 MCC는 소유즈, 프로그레스 우주비행체 및 국제우주정거장 임무와 각종 위성 관리를 하고 있으며, 우주선이 궤도에 진입하는 순간부터 임무가 종료될 때까지의 모든 정보를 수집 및 관리하고 있다. 처리되는 정보는 분석되어 우주선으로 전송되는 명령을 생성하고 있다.

---

94) MCC 공식 홈페이지, https://web.archive.org/web/20190927160753/http://www.mcc.rsa.ru/cup. htm (검색일: 2023. 10. 10.)

나. 제821 우주상황정찰센터(Main Centre for Reconnaissance_of Situation in Space, Главный центр разведки космической обстановки)

제821 우주상황정찰센터는 1965년 건설이 시작되었고 1972년 구소련의 레이더 방공망의 일부로 운용되었다. 1970년대 이후 우주감시에 대한 필요성 인식과 함께 '코스모스'프로그램을 통해 미사일 경보 및 우주 감시를 수행하게 되었다.[95]

현재 러시아 우주군 예하로 편성되어 있으며 러시아 미사일 조기경보 네트워크와 옥노(Okno), 크로나(Krona)와 같은 우주감시센터로부터 모든 정보를 수신하는 우주감시 네트워크센터의 기능을 하고 있다.[96] 설계 목적은 위성을 탐지, 식별하고 자국의 우주물체를 총괄하여 관리하는 것이며, 우주발사 지원과 타국의 군사위성에 대한 정보를 데이터로 생산하는 기능도 수행한다.[97]

---

95) Votintsev, "Unknown Troops of the Vanished Superpower", Voyenno−Istoricheskiy Zhurnal, (1993), p.12.
96) 러시아 항공 우주군 홈페이지, https://web.archive.org/web/20111207112536/http://eng.mil.ru/en/structure/forces/cosmic/structure.htm (검색일: 2023. 10. 10.)
97) Podvig Pavel, "Early Warning: Russian Strategic Forces", 2012. 4. 12. https://web.archive.org/web/20130112211124/http://russianforces.org/sprn/ (검색일: 2023. 10. 1.)

② 발사 시설

> **그림 14** 러시아 우주발사장 현황

출처: https://goforlaunch.nl[98]

가. 바이코누르 발사기지

카자흐스탄에 위치한 바이코누르 발사기지는 1955년에 설립되으며, 최초 개발된 R-7 발사체를 지원하기 위해 만들어졌다. 바이코누르 발사장은 1957년 스푸트니크 1호를 발사하는 데에도 사용되었으며, 최초 우주비행을 한 유리가가린을 우주로 보낸 곳이기도 하다. 당시 소련의 다른 우주발사장들에 비해 위도가 낮다는 장점이 부각되어 주로 이용되었으며, 연간 1억 1500만 달러로 임대하고 있다.[99]

소유즈 및 프로톤 발사체를 통해 각종 위성과 ISS를 목적지로 하는 유무인 우주발사를 실시하고 있으며, 2023년 실시된 13번의 발사 중 7번의 발사가 시행되어 가장 중요한 발사기

---

98) https://goforlaunch.nl/why-russia-needs-its-own-corrupt-vostochny-spaceport/ 참고 재구성.
99) Asif A. Siddiqi, "Challenge to Apollo: The Soviet Union and the Space Race", 1945-1974 Washington, DC: NASA History Div., Off. of Policy and Plans, (2000), p.133.

지로 평가된다. 그러나 시설의 노후화로 인해 새로운 발사가 제한되기 때문에, 건설 중인 보스토치니 우주발사장으로 대체될 예정이다.[100]

나. 플레세츠크 발사기지

1,500회 이상 발사가 이루어진 플레세츠크 발사기지는 세계에서 가장 많은 우주발사가 수행된 곳이다.[101] 1957년 소련은 미국 본토를 미사일 사정권 내에 포함시키기 위해 플레세츠크 발사기지를 건설하였다. 플레세츠크 발사기지는 냉전시기 연간 70여 회가 넘는 발사 횟수를 기록하였으나 점차 줄어들었다. 북 위도에 위치하고 있기에 적도 궤도로 위성을 발사가 불가하며, 지구궤도로의 발사도 비효율적인 단점을 가지고 있었기 때문이다.[102] 그럼에도 불구하고 현재 보스토치니 발사장으로의 완전한 이전이 지연되고 있기에 군사, 기상위성의 발사는 플레세츠크 발사기지에 의존하여 실시되고 있다.

다. 보스토치니 발사기지

스보드니(Svbodny) 발사기지와 가까운 곳에 위치한 보스토치니 발사기지는 러시아의 최신 우주발사기지이다. 2007년 러시아는 새로운 발사기지를 건설하겠다고 발표하였으며, 이듬해 스보드니 발사기지에서의 마지막 발사가 이루어졌다. 2016년 건설 이후 보스토치니 발사기지는 처음으로 우주 발사를 성공적으로 실시하였고 현재까지 소유즈 발사체를 활용한 달 궤도 발사를 지원하고 있다. [103]

---

100) Andrew E. Kramer, "Russian Space Center in Kazakhstan Counts Down Its Days of Glory", New York Times, (2013. 6. 18.) https://www.nytimes.com/2013/06/19/world/ asia/kazakh-town-fades-its-days-of-space-glory-numbered.html (검색일: 2023. 10. 15.)

101) Isakowitz, Hopkins, and Hopkins, International Reference Guide to Space Launch Systems, 4th ed. (2014. 1. 14.), p.575.

102) Thomas G. Roberts, "SPACEPORTS of the world", Center for Strategic and International Studies (CSIS), (2019), pp.13-14.

103) Igor Ageyenko, "Russia's Vostochny Cosmodrome Transforms the Far Eastern Region", Russia Beyond, (2016.4.26.), https://www.rbth.com/science_and_tech/2016/04/26/russias-vos tochny-cosmodrome-transforms-the-far-eastern-region_588331. (검색일: 2023. 10. 10.)

3 우주 운영시스템(Operational Space System)

    미국 민간 궤도 위성 데이터 수집 사이트인 ORBITING NOW에 따르면 2023년 10월 기준 지구궤도에는 8,700여 개가 넘는 위성이 운용 중이다. 이 중 절반에 가까운 위성이 미국의 위성이며, 중국과 영국이 500여 개가 넘는 위성을 보유중이고, 현재 러시아는 167개의 위성을 운용 중이다.[104] 과거 가장 많은 우주발사횟수를 가지고 있던 러시아였지만 민간, 상업분야 위성발사가 대다수를 차지하게 된 최근 우주발사에서 국가주도의 우주발사만을 하고 있는 러시아의 위성발사는 뒤쳐질 수밖에 없다. 그렇다면 현재 국가주도로 개발되고 있는 위성의 능력은 어느 정도인가. 러시아의 주요 위성들의 능력을 알아보고, 위성항법 시스템인 GLONASS 위성항법의 역량도 분석한다.

---

104) ORBITING NOW 사이트, https://orbit.ing−now.com/ 자료 참고 (검색일: 2023. 10. 10.)

① 위성 능력

가. 조기 경보 위성(Tundra Satellite)

툰드라(Tundra) 혹은 EKS라고 불리는 조기경보 위성은 2000년대까지 사용되던 US−K, US−KMO 조기경보를 대체하기 위한 러시아의 차세대 조기경보위성으로 개발되었다. 기존 US−KMO 위성의 제한된 시야각으로 다수의 위성발사가 필요하였고, 2000년대 초반 러시아정부 예산은 이를 감당할 수 없었다.[105) EKS는 2000년에 개발이 시작되었고, 최초 2009년에 시험발사를 예정하였으나 2014년까지 지연되어 발사되었다.[106)

툰드라 위성은 이전의 조기경보위성 시스템과 다르게 미사일 발사 위치를 파악하고 감지할 뿐만 아니라 미사일의 목표물을 예측할 수 있는 것으로 보고되었다. TASS 통신이 인용한 러시아 국방부 주장에 따르면 툰드라 위성 1기가 기존의 위성 5~6기를 대체할 수 있다고 한다.[107) 이는 기존의 제한된 시야각을 넓힌 효과라고 판단할 수 있다. 자세한 제원 및 능력이 공개된 적은 없으나 현재 6개의 툰드라 위성이 궤도비행 중이며, 이는 전 세계에서 발사되는 탄도미사일을 추적하는 데 충분한 능력을 갖춘 것으로 평가된다.

나. 정찰 신호 위성

1) 리서스-P(Resrus-P) 위성

리서스−P 위성은 러시아의 지구관측위성이다. 현재 로스코스모스가 운용하고 있다. 리서스−P 위성이 수집한 정보는 러시아의 농업, 어업, 기상, 교통, 비상사태 등의 영역과 국방부의 지도제작, 정보획득의 영역에도 사용되었다. 특히 러시아 매체인 Коммерсант지에

---

105) Zavaly, N., "Rubezhi oborony v kosmose i na zemle", Veche, Moscow, 2003, p.14.
106) Bart Hendrickx: EKS: Russia's space−based missile early warning system, in The Space Review, (2021. 2. 8.), p.8.
107) Russia replaces orbital missile early warning system with new satellites, (2019. 12. 18.)

따르면 지난 2015년 발생한 시리아 내전 당시 실제 작전 지원을 위한 지형 측량 등 군사 목적으로 사용되었다.[108]

2013년에 최초 발사된 이래로 2016년 마지막 발사를 하였으며, 잦은 고장과 짧은 비행수명으로 인해 2024년 3월에 추가로 발사되었다. 또한 기존의 버전의 리서스－P 위성의 경우 1m 해상도를 가지고 있었지만 TASS 통신 기사에 따르면 현재 로스코스모스에서 리서스－PM 위성을 제작하여 해상도를 0.4m까지 향상시키려 시도하고 있다.[109]

2) 로토스-S(Lotos-S)

로토스－S 위성은 러시아 군의 우주기반 자산 중 하나로 위성을 통해 적의 무선신호를 가로채서 군용 차량과 시설의 위치 및 표적을 특정화하는 역할을 하고 있다. 1980년대에 발사되어 운영되었던 트셀리나－2 위성을 대체하기 위해 2000년대 개발되었으며 2009년 11월에 첫 발사가 이루어진 이래로 계속된 업그레이드를 통해 현재 운용 중인 위성은 7개이며 자세한 제원은 보안상의 이유로 공개되어있지 않다.[110]

다. 통신 위성

1) 익스프레스(Ekspress)

익스프레스는 러시아의 인터넷, TV, 라디오 방송을 제공하는 정지궤도 통신위성이다. 현재 위성은 아프리카와 유럽 전 지역을 커버하도록 운용되고 있다. 익스프레스 위성 프로그램은 1994년 민간부분의 통신서비스를 제공하기 위해 개발되었고 전반적인 목표는 러시아와 서방의 통신위성 개발 격차를 줄이는 것이었다.[111]

108) Synergiev, Ivan, "Космической группировке не хватило "Ресурса"". Коммерсант. (2018. 11. 26.), https://www.kommersant.ru/doc/3811631 (검색일: 2023. 10. 10.)

109) "В России уже изготавливаются первые спутники нового поколения "Ресурс－ПМ", (2021. 10. 11.), https://tass.ru/kosmos/13174655 (검색일: 2023. 10. 10.)

110) Justin Mooney, "Soyuz－2.1b launches from Plesetsk carrying Lotos－S satellite", NasaSpaceFlight, (2022. 12. 1.), https://www.nasaspaceflight.com/2022/12/soyuz－lotos－s/ (검색일: 2023. 10. 10.)

111) https://spaceflight101.com/spacecraft/ekspress－am－7/ 자료 참고, (검색일: 2023. 10. 15.)

현재까지 발사된 익스프레스 위성 중 14개의 위성이 구동 중이며, 비행수명이 최소 15년에 달하고 경제성이 뛰어나기 때문에 연간 3~4기의 추가발사가 예정되어 있다.

2) 고네츠(Gonets)-M 위성

고네츠-M 위성은 저궤도 통신위성으로 Gonets Satcom 통신회사에서 운영하고 있다. 고네츠 위성의 2세대인 고네츠-M 위성은 이동 및 고정 물체 추적, 환경 모니터링, 기상 및 전력망의 원격 제어를 포함한 다양한 목적으로 산업체 및 정부에서 활용되고 있다. 또한 고네츠 위성들은 재난 피해 및 고립된 위치에 통신을 제공하는 데 사용될 수 있다.

② 위성 항법 능력

냉전시기였던 1967년 소련은 코스모스-192 항법위성 발사를 시작으로 위성항법 능력을 갖추기 시작하였으며, 소련 붕괴 이후 1995년에 이르러 24개의 위성으로 구성된 글로나스(GLONASS) 시스템을 완성하였다. 그러나 소련 붕괴 이후 재정 상황이 악화되면서, 시스템 유지를 할 수 없게 되었고 기술적 진보도 이루어지지 않았다. 그러나 국제협력과 대외적 여건 개선을 통한 우주력 개선이 가능해지면서 「2006-2015년 러시아연방 우주프로그램(федеральная космическая программа 2006-2015)」부터 우선순위 정책으로서 적극적으로 위성항법 능력을 발전시켰고, 2010년대 초반에 들어서서 지구 전체를 커버할 수 있게 되었다.

글로나스 시스템은 현재 18개의 글로나스-M 모델과 4개의 글로나스-K1 모델이 운용 중이며, K2 모델은 개발 중이다. 우크라이나 사태로 인해 러시아에 대한 국제제재로, 러시아는 계획된 글로나스 위성을 발사하지 못하고 있는 상황이다. 또한 미국의 GPS 위성이 최대 15년의 비행수명을 가지고 있는 것에 반해 차세대 위성인 글로나스-K2 모델은 10년이 채 안 되는 비행수명으로 인해 잦은 발사횟수가 요구되고 재정적 부담은 더욱 늘어날 전망이다.

표 9 　글로나스 모델별 비교

구분			
모델명	글로나스-M	글로나스-K1	글로나스-K2(예정)
수명	7년	10년	10년
신호	Glonass+L2OF	Glonass-M+L3OC	Glonass-M+L1OC, L3OC, L1SC, L2SC
시간 안정성 (Clock Stability)	1x10-13	5x10-14	zx10-14

출처: ESA[112]

---

112) ESA, "GLONASS Future and Evolutions", GMV, 2011, 자료 재구성, https://gssc.esa.int/navipedia/index.php/GLONASS_Future_and_Evolutions (검색일: 2023. 10. 15.)

4 과학 및 탐사

① 우주 탐사 미션

가. 루나 글롭(Luna Glob)

루나 글롭(Luna Glob) 프로그램은 러시아의 달 탐사 프로그램이다. 냉전기 강대국의 달탐사 경쟁으로부터 시작한 달 탐사 프로그램은 탈냉전 이후에도 추진되었다. 그러나 재정 악화와 국제정세 고립은 달 탐사를 위한 기술투자 부족으로 이어졌고 2000년대 초중반까지 답보상태였다.

그러나 경제호전과 신흥우주강대국의 출현은 우주로의 복귀를 갈망하는 러시아의 우주전략의 방향을 바꾸었으며, 「러시아 연방 우주프로그램 2006-2015」부터 본격적으로 달 탐사 프로그램이 추진되었다. 루나 글롭 프로젝트를 통해 러시아는 달의 남극 지방에서의 조사를 통해 물의 존재유무를 탐사하고 달의 표토 샘플을 연구하고자 하였다. 이를 통해 미래 달 유인탐사와 기지건설의 가능성을 확인하는 것이 최종의 목표였다.[113] 당초 2012년 최초 소유즈 로켓을 활용해 발사 예정이었으나, 러시아 연방 우주청의 기술적, 재정적 문제로 인해 2019년까지 여러 차례 연기되었다.[114]

---

113) Mitrofanov Igor, "Luna-Glob" and "Luna-Resurs": science goals, payload and status, EGU General Assembly, (2014. 5.)

114) Anatoly Zak, "Russian Moon missions face three-year delay", Russianspaceweb, (2023. 5. 31.) https://russianspaceweb.com/spacecraft_planetary_2014.html (검색일: 2023. 10. 15.)

2023년 8월 11일 발사된 Luna−25호는 성공적으로 발사되었지만 비정상적인 궤도 하강 기동으로 인해 달 표면에 추락하였다.[115] 그러나 푸틴 대통령은 Luna−25호의 임무실패가 달 탐사 임무의 끝이 아니라고 강조하며 루나 글롭 프로그램의 진행을 강조하였다.[116] 후속으로 진행되고 있는 Luna−26호는 달궤도선으로 2026년 발사될 예정이고, Luna−27호는 극지방 착륙선으로 2025년 발사가 계획되어 있지만, 우크라이나 전쟁으로 인한 서방의 제재로 부품의 수입이 제한되어 발사계획에 차질이 예상된다.[117]

115) Zak, Anatoly "Luna−Glob mission lifts off". RussianSpaceWeb. (2023. 8. 20.) https://www.russianspaceweb.com/luna−glob−flight.html (검색일: 2023. 10. 15.)

116) TASS, "Luna−25 had difficult mission, but its failure doesn't mean end of program—Putin", EASTERN ECONOMIC FORUM, (2023. 9. 12.), https://tass.com/science/1673613 (검색일: 2023. 10. 15.)

117) ТАСС, "Роскосмос подписал госконтракты на создание двух лунных миссий", (2022. 3. 7.) https://tass.ru/kosmos/16234177 (검색일: 2023. 10. 15.)

Chapter 04

결론

    1921년 우주에 대한 관심이 시작된 이후 1957년 스푸트니크 1호의 발사, 1980년대 우주 정거장 개발까지 20세기 러시아는 우주분야에 있어 미국과 더불어 초강대국의 지위를 누렸다. 그러나 소련의 붕괴 이후 이어진 정치적 불안정과 경제 상황 악화는 우주분야에 대한 국가적 관심도를 떨어지게 하였고 퇴보하는 모습을 보여주었다. 하지만 강력한 리더십을 가지고 있는 푸틴의 집권 이후 지금까지 24년간 러시아의 우주력은 기존의 우주기술과 경험들을 바탕으로 발전해나가고 있다. 2000년대 초반 러시아는 소련시기 우주강국으로의 회귀, 강력한 우주선진국 건설이라는 목표 아래 대외협력을 통해 대내적 상황을 개선하고자 하였다. 당시의 러시아는 발전된 기술력을 가지고 있었기에 우주력 강화를 위해 ISS 건설, 발사체 지원 등 국제협력을 통해 경제적 상황을 안정화시키려 하였고, 푸틴도 국제사회와의 협력을 통해 정치적 안정을 확보하였다.

    2000년대 중반에 이르게 되면서 국제유가의 상승, 상업발사 지원등을 통해 국가재정이 안정화되면서 적극적인 우주전략을 펼 수 있게 되었다. 게다가 2007년, 2008년에 이루어진 주변국의 ASAT 실험은 러시아로 하여금 우주영역에 대한 지정학적 우위를 위협받고 있다는 인식을 가지게 하였다. 결국 미국과 서방세력의 우주무기화를 견제함과 동시에 ASAT을 개발하는 방향으로 나아갔다. 또한 우주우위 달성을 위해 본격적으로 군사위성을 개발하였으며, 특히 글로나스 시스템을 구축함으로써 위성항법우위를 가지려 하였다.

    2010년대 중반 러시아는 2014년 크림반도 병합 이후 새로운 국면을 맞게 되었다. 서방의 강도 높은 제재와 국제사회에서의 고립은 우주분야에서 새로운 탈출구를 모색하게 하였다. 우주기술과 부품 거래가 중단되자 국내 자체 기술력 개발을 강조하고 막대한 예산을 투입하였으며, 중국과 인도와 같이 새로운 우주강국과의 협력을 추구하였다. 그러나 제재로 인한 경제침체, 민간분야 우주산업의 부재는 대내외적으로 부정적 요인으로 작용하였고, 계획되었던 우주전략의 추진을 저해하였다. 이러한 상황에서 발발한 우크라이나 전쟁에서 러시아는 우주우위를 점하고자 전쟁초기 우주전을 진행하였으나, 언급한 2010년대 중반 이후의 우주전략의 한계로 인해 서방의 우주강국들에게 우주영역을 내주고 있는 상황이다.

    러시아는 우주영역에서 지정학적 우위를 놓치지 않기 위해 전략을 변화하는 모습을 보여주고 있다. 탈냉전 이후 2000년 초반까지는 국제우주정거장 건설을 기반으로 한 상업적 우주개발을 통해 우주를 협력의 공간으로 인식하고 있었으며, 조지아, 크림반도 사태가 수면위로 올라온 2010년대 중반 이후로는 서방과 독립하여 살아남아야 하는 생존의 공간으로 인식하였다. 또한 최근 우크라이나 전쟁 이후 서방의 제재가 심해지자 ISS 공동운영의 중단을 언급하는 등[118) 우주공간에서의 우주우위를 놓치지 않기 위해 국제관계를 이용하고 있다.

---

118) Jeff Fous, "tRussia commits to ISS extension to 2028", SpaceNews, 2023. 4. 27. https://space news.com/russia−commits−to−iss−extension−to−2028/ (검색일: 2023. 10. 25.)

저자 소개

정영진

2009년 7월 프랑스 파리11대학에서 "국가 우주활동의 법체계"라는 주제로 박사학위를 취득한 후 2009년 10월부터 2022년 8월까지 한국항공우주연구원에서 국제우주협력, 우주정책 등의 업무를 담당하였다. 2022년 9월부터 현재까지 국방대학교에 재직하며 우주법, 우주개발사, 국방우주정책 등을 강의하고 있다.

배진호

공군사관학교를 졸업하고 조종 장교로 복무하고 있으며 국방대학교 군사전략 석사 학위를 2024년 1월 취득했다.

이현우

육군사관학교를 졸업하고 포병 장교로 복무하고 있으며 국방대학교 군사전략 석사 학위를 2024년 1월 취득했다.

김용우

해군사관학교를 졸업하고 함정 장교로 복무하고 있으며 국방대학교 우주정책 석사 과정을 2025년 1월 졸업 예정이다.

이승현

해군사관학교를 졸업하고 함정 장교로 복무하고 있으며 국방대학교 우주정책 석사 과정을 2025년 1월 졸업 예정이다.

김태영

공군사관학교를 졸업하고 항공통제 장교로 복무하고 있으며 국방대학교 우주정책 석사 과정을 2025년 1월 졸업 예정이다.

양윤영

공군사관학교를 졸업하고 조종 장교로 복무하고 있으며 국방대학교 우주정책 석사 과정을 2026년 1월 졸업 예정이다.

신승환

공군사관학교를 졸업하고 조종 장교로 복무하고 있으며 국방대학교 우주정책 석사 과정을 2025년 1월 졸업 예정이다.

주 연

공군사관학교를 졸업하고 군수 장교로 복무하고 있으며 국방대학교 우주정책 석사 과정을 2025년 1월 졸업 예정이다.

김남기

육군사관학교를 졸업하고 포병 장교로 복무하고 있으며 국방대학교 우주정책 석사 과정을 2025년 1월 졸업 예정이다.

남정현

육군사관학교를 졸업하고 보병 장교로 복무하고 있으며 국방대학교 우주정책 석사 과정을 2025년 1월 졸업 예정이다.

이우석

육군사관학교를 졸업하고 보병 장교로 복무하고 있으며 국방대학교 우주정책 석사 과정을 2025년 1월 졸업 예정이다.

김근형

충남대학교를 졸업하고 항공 장교로 복무하고 있으며 국방대학교 우주정책 석사 과정을 2025년 1월 졸업 예정이다.

박준우

해군사관학교를 졸업하고 포병 장교로 복무하고 있으며 국방대학교 우주정책 석사 과정을 2025년 1월 졸업 예정이다.

최수진

해군사관학교를 졸업하고 포병 장교로 복무하고 있으며 국방대학교 우주정책 석사 과정을 2025년 1월 졸업 예정이다.

〈편별 집필자 명단〉

유엔― 정영진
미국 ― 양윤영, 남정현
영국 ― 주연
호주 ― 신승환
독일 ― 박준우
프랑스 ― 최수진, 김남기
일본 ― 김용우, 김근형
북한 ― 이승현, 이우석
인도 ― 김태영
중국 ― 배진호
러시아 ― 이현우

세계우주개발사

초판발행	2024년 8월 30일
엮은이	정영진
펴낸이	안종만·안상준
편 집	장유나
기획/마케팅	최동인
표지디자인	이영경
제 작	고철민·김원표
펴낸곳	(주) **박영사**
	서울특별시 금천구 가산디지털2로 53, 210호(가산동, 한라시그마밸리)
	등록 1959. 3. 11. 제300-1959-1호(倫)
전 화	02)733-6771
f a x	02)736-4818
e-mail	pys@pybook.co.kr
homepage	www.pybook.co.kr
ISBN	979-11-303-2046-5 93340

copyright©정영진 외 14인, 2024, Printed in Korea

정 가   43,000원